VOTRE HOROSCOPE PERSONNEL COMPLET 2024

Prévisions mensuelles de prévisions astrologiques Lectures de chaque astrologie du zodiaque Sun Star Signs - Amour, Romance, Argent, Finances, Carrière, Santé, Spiritualité.

Iris Quinn

Alpha Zuriel Publishing

Alpha Zuriel
United States.

Votre horoscope personnel complet 2024 / Iris Quinn . -- 1ère éd.

"Dans la danse des planètes, nous retrouvons les rythmes de la vie. L'astrologie nous rappelle que nous sommes tous connectés au grand univers, et nos actions ont des effets d'entraînement dans tout le cosmos."

— IRIS QUIN

CONTENU

CHAPITRE UN

INTRODUCTION

L'astrologie, avec son lien profond avec les étoiles et les constellations, nous offre un voyage fascinant de découverte et de compréhension de soi. Au-delà des horoscopes populaires, l'astrologie plonge dans les profondeurs de notre individualité, révélant le réseau complexe de placements planétaires, d'aspects et de maisons dans nos cartes de naissance. Alors que beaucoup peuvent initialement se concentrer sur leur signe solaire, l'astrologie nous enseigne que notre signe lunaire, ascendant/ascendant et d'autres influences planétaires sont tout aussi importants.

Le système astrologique occidental comprend douze signes : Bélier, Taureau, Gémeaux, Cancer, Lion, Vierge, Balance, Scorpion, Sagittaire, Capricorne, Verseau et Poissons. Ces signes, ainsi que les positions de planètes telles que Vénus, Mars, Mercure, Jupiter, Saturne, Uranus, Neptune et Pluton, constituent la base de l'apprentissage en profondeur et de l'auto-analyse en astrologie. Qu'il s'agisse de la nature nourricière de la Lune en Cancer ou de la compassion rêveuse de Vénus en Poissons, chaque placement ajoute des couleurs uniques à notre tapisserie cosmique.

Les transits astrologiques, également connus sous le nom de placements planétaires dans un thème natal/natal, offrent des informations précieuses sur divers aspects de nos vies. De nos désirs et forces à nos faiblesses et attitudes envers l'amour et les relations, ces transits éclairent les subtilités de notre existence. En comprenant les planètes, les éléments, les aspects, les maisons et les caractéristiques qui façonnent notre composition astrologique, nous nous lançons dans un profond voyage d'auto-exploration.

Alors que nous entamons ce voyage astrologique, explorons brièvement ces éléments fondamentaux avant de plonger dans le domaine intrigant de votre horoscope 2024.

Glossaire des termes astrologiques

Les planètes

Les planètes symbolisent les impulsions et les pulsions de base de la psyché humaine. Les influences planétaires façonnent nos personnalités et notre caractère; chaque planète, avec la maison et le signe dans lequel elle se trouve, sert de cadre à notre fonctionnement interne. En astrologie, les planètes sont parfois appelées entités célestes. Chaque corps vivant produit un champ d'énergie électromagnétique, qui comprend des vibrations délicates qui interagissent avec les vibrations et l'énergie d'autres espèces vivantes. Les planètes ne font pas exception. Chaque planète a sa propre aura (fréquence énergétique), qui comprend une variété d'attributs et de caractéristiques uniques à cette planète. De plus, il y a une raison pour laquelle nous appelons les "vibes" énergétiques des gens dans le monde moderne ! Nous émettons des vibrations à travers nos idées, nos impressions subtiles, nos croyances, nos sentiments et nos actes ; les planètes émettent également des vibrations, et c'est un plan astral.

Les planètes ne sont pas seulement des entités astrales avec des vibrations distinctes, mais elles représentent également un archétype. Les archétypes universels imprègnent la conscience humaine, l'univers, notre propre moi et notre psychisme, et les rêves. Nous voyons l'imagerie et le symbolisme apparaître comme des archétypes dans les rêves, par exemple. Carl Jung, le célèbre psychologue et psychothérapeute, a proposé un ensemble d '«archétypes universels» inhérents à la psyché humaine, qu'il croyait que tous les individus partageaient, peu importe où et quand ils sont nés. L'humanité a des archétypes universels tels que l'âge, le sexe, la culture, la couleur de la peau, la race et la sexualité. En termes de planètes et d'astrologie, nous syntonisons l'énergie astrale de chaque archétype planétaire dans la vie éveillée (réalité quotidienne) ainsi que dans les rêves et le sommeil, lorsque nous sommes le plus liés à notre subconscient. La symbologie planétaire facilite la compréhension, la perspicacité et la conscience de soi. Parce que les thèmes, les cycles de vie et les enseignements se manifestent fréquemment à des moments ou à des intervalles cruciaux tout au long de la vie, comprendre le symbolisme planétaire est une approche extrêmement efficace pour se reconnecter à soi-même.

Un dernier mot... La règle d'un signe astrologique peut être à la fois ancienne et moderne. En d'autres termes, comme le montrent les Poissons et le Scorpion, plus d'une planète peut être associée à un signe astrologique. Cela peut être déroutant, mais la meilleure façon de voir les choses est que votre ancien dirigeant représente une "ancienne" version de vous, une partie de votre âme ou de votre esprit d'une existence antérieure, si vous croyez en de telles choses, ou simplement quelque chose que vous dépassé et progressé au-delà. Votre moi actuel est votre planète dirigeante. Par exemple, Pluton, la planète de la renaissance et de la transformation alchimique, gouverne actuellement le Scorpion. Pluton représente la transformation constructive et le développement progressif, tandis que Mars, l'ancien (ancien) souverain du Scorpion, représente la fureur, la violence, la luxure et la guerre. Nous pouvons comprendre à quel point ce "changement" est bénéfique lorsque nous regardons le signe astrologique moderne (actuel) connecté à Mars, Bélier. Le Scorpion a quitté ou évolue activement loin des qualités impétueuses, violentes, vigoureuses et guerrières de Mars. Et cela se reflète dans les caractéristiques dominantes du Bélier, qui incluent être impatient, compétitif, capricieux et colérique au point d'être agressif ; peu importe à quel point un Bélier peut être affectueux, attentionné, gentil ou aimant, ces traits resteront toujours. Cette composante de soi ne peut être évitée car elle fait partie intégrante de leur psyché et de leur essence authentique, et est donc dominée par Mars. De plus, le Scorpion est l'un des signes les plus émouvants et les plus compatissants du zodiaque, démontrant comment ce puissant signe d'eau s'est « nivelé », faute d'un meilleur terme.

Soleil

Le Soleil, la pièce maîtresse rayonnante de notre système solaire, revêt une immense importance en astrologie car il symbolise la force vitale, l'énergie masculine, la volonté et l'ego. Dans le domaine de l'astrologie, l'ego peut se manifester de manière à la fois positive et négative, façonnant notre individualité et notre sens de soi. Les qualités et les influences du Soleil donnent naissance à notre ego, représentant le "je" et la conscience individuelle. En astrologie, le Soleil gouverne le signe du Lion et domine la 5e maison, soulignant encore son rôle dans l'identité personnelle et l'expression de soi.

La force du Soleil dans votre thème natal détermine la mesure dans laquelle vous pouvez briller et vous connecter avec vos forces inhérentes. Un placement fort du Soleil vous permet de rayonner et d'embrasser vos qualités uniques de manière spectaculaire. Il vous procure un sentiment de confiance et de vitalité, vous permettant d'exprimer pleinement votre moi authentique. Cependant, pour ceux qui ont un placement solaire plus faible, une croissance personnelle et des périodes de transformation peuvent être nécessaires avant d'atteindre un état de plénitude et de réalisation de soi. L'énergie du Soleil est étroitement associée à l'intégration et à la sagesse, nous guidant dans un voyage de découverte de soi et de réalisation de soi.

Symboliquement, le Soleil représente le feu, la passion, le désir, la persévérance et l'énergie vitale. Les personnes avec un fort placement solaire possèdent une abondance de vitalité et d'enthousiasme, abordant la vie avec passion et dévouement. Ils canalisent leur énergie vers eux-mêmes, les autres, les idées et les causes auxquelles ils croient. Le Soleil est la source des forces primaires et conscientes, englobant tout ce qui est illuminé à la lumière de la conscience, y compris notre esprit conscient et notre perception consciente du monde.

En astrologie, le Soleil nous guide vers la découverte de soi, la croissance personnelle et la réalisation de notre potentiel unique. Il illumine notre chemin, apportant clarté et direction dans notre parcours d'expression de soi et d'épanouissement. L'énergie du Soleil alimente nos efforts créatifs, enflamme nos passions et nous propulse vers l'avant avec confiance et vitalité. En embrassant les qualités et les leçons du Soleil, nous exploitons le pouvoir de la conscience de soi, intégrons notre ego à notre moi supérieur et nous lançons dans un voyage transformateur de découverte de soi et de réalisation de soi.

Lune

La Lune, une planète douce et féminine, exerce une influence significative sur notre paysage émotionnel, notre subconscient et les forces intérieures subtiles qui façonnent notre être. Son influence s'étend au-delà de notre domaine émotionnel pour englober le pouvoir transformateur des phases lunaires. Symbolisant la féminité, l'éducation, l'empathie et l'archétype de la mère, la Lune régit le flux et le reflux de nos émotions, de notre intuition et des cycles de vie en constante évolution.

L'un des aspects les plus captivants de la Lune est ses phases, qui reflètent le cycle continu de naissance, de croissance, de transformation et de renouvellement. Les phases lunaires symbolisent les différentes étapes du voyage de la Lune autour de la Terre, chacune portant ses propres qualités énergétiques et son symbolisme. Comprendre les phases de la Lune nous donne un aperçu plus profond des processus de croissance personnelle, de manifestation et de transformation émotionnelle.

Mercure

Mercure est considéré comme « le Messager » et il gouverne les signes des Gémeaux et de la Vierge, ainsi que la troisième maison. C'est la maison de la communication, et elle représente tout ce que Mercure représente. La parole, la communication écrite et verbale, la musique et l'expression de soi sont tous des exemples de processus mentaux, tout comme la raison, la logique, l'intuition, la rationalité, l'esprit, l'intelligence et le langage. Une personne avec un fort placement de Mercure valorise la connaissance et la quête de sagesse. Si vous avez une bonne influence de Mercure dans votre thème, vous pouvez traiter beaucoup d'e-mails, de lettres ou de communications. Cette planète messagère fournit une énergie pratique et ancrée tout en étant psychologiquement stimulante, stimulante, cérébrale et rapide. Mercure est responsable de la pensée supérieure , de l'imagination, des idées originales et de la modélisation de nouvelles connaissances, concepts et idées. Il est également en charge de l'écriture, du journalisme, de la prise de parole en public, de la radio, des médias, de la télévision ou du cinéma, et de toutes sortes de travaux créatifs.

On se sent encouragé à dire sa vérité, à être honnête avec soi-même au sujet de ses sentiments et à s'exprimer honnêtement. Les résultats positifs sont liés à l'intelligence émotionnelle, à une cognition supérieure, à une communication honnête et directe, à l'intelligence et à la pensée intuitive et analytique.

Vénus

Vénus gouverne le Taureau et la Balance, ainsi que la deuxième maison, représentant l'amour, la beauté, la romance, les relations, les finances, le luxe, la créativité et la sensualité - le plaisir et les activités agréables terrestres. Vénus est parfois considérée comme une déesse, la déesse de l'amour, de la beauté et de la sexualité, et cela démontre ce que nous pouvons apprendre d'elle. L'impact de cette planète est féminin, mais en plus d'apporter le féminin divin dans nos vies, Vénus signifie également le matérialisme ; de l'argent, de l'argent et des ressources. Le plaisir est ancré dans les domaines physique et matériel, donc Vénus nous impacte de cette manière ; la valeur et la valeur que vous accordez aux biens relèvent du domaine de Vénus.

L'estime de soi et l'estime de soi sont également mentionnées. Vénus peut vous aider à acquérir et à renforcer des dons et des talents spirituels uniques, ainsi que du charme et du charisme. Le parfum, les odeurs, les phéromones, les échanges d'énergie que vous ressentez et dont vous avez envie, et presque tout ce qui est associé à l'amour, à la romance et à la proximité platonique, ainsi qu'aux demandes, pulsions et expériences sexuelles, sont tous inclus. Un autre thème important est la sécurité.

Mars

Mars est le pendant masculin et fougueux de Vénus, une autre planète associée à l'amour et à la sexualité. Mars domine le signe Bélier et est l'ancien dirigeant du Scorpion, tout en dirigeant également la première maison. Mars influence l'action, la volonté, la passion, la confiance en soi, la force et la vigueur physiques, la sexualité masculine et les thèmes de la violence, de la luxure et de la guerre (tendances négatives/ombres). Mars encourage une saine affirmation de soi et la capacité de défendre ce que vous croyez être juste, par exemple, se battre pour la justice ou dire sa vérité. Un placement fort sur Mars pourrait vous aider à atteindre une force intérieure. Mars est plus qu'une simple planète de combat ; il (étant masculin) représente un feu intérieur qui fait rage, une pulsion d'initiative et d'invention, et la primalité tout à la fois. Cette planète représente nos instincts et nos désirs primitifs.

Mars enseigne le respect de soi et quand dire "non". Les limites sont une expression significative. De plus, la colère peut être exprimée de manière saine et productive, ce qui peut vous aider à vous débarrasser des mauvais sentiments.

Jupiter

Jupiter, la planète de la bonne fortune, de l'abondance et de l'expansion, gouverne le Sagittaire et la 9e maison. L'énergie de Jupiter est associée à la sagesse, à l'enseignement supérieur, aux activités spirituelles et philosophiques, ainsi qu'au développement et à la croissance personnels. Développer la maturité spirituelle est une indication d'un placement puissant de Jupiter, tout comme avoir une éthique et une morale très élevées. L'impact de Jupiter façonne nos croyances personnelles. Cette planète englobe les activités savantes et la conscience, ainsi que les voyages. On aime rencontrer des gens de différents horizons, découvrir de nouvelles cultures et élargir leurs perspectives. Il est possible d'atteindre la perception et la maîtrise de soi. Jupiter donne également de l'énergie intellectuelle aux gens. Ils peuvent passer beaucoup de temps à penser à eux-mêmes ou être très intéressés à en apprendre davantage sur le monde, la conscience, la philosophie et les mystères de la vie.

Le croissant de réceptivité s'élevant au-dessus de la croix de la matière est le signe de Jupiter (glyphe). Cela fait référence à la matérialisation des idées et des opportunités (expansion), ainsi qu'à la richesse et à l'abondance matérielles, ainsi qu'à la chance, à l'attraction et à la manifestation. Jupiter est considérée comme une planète "chanceuse". D'autres associations incluent le pouvoir, la confiance, l'autorité, l'autonomisation et le moi supérieur.

Saturne

Saturne est l'une des planètes qui apporte structure et discipline. Cette planète gouverne le Capricorne ainsi que la dixième maison. Le domaine de Saturne comprend toutes les questions concernant l'autorité, le temps linéaire, les fondations, l'ordre, les structures et l'organisation. Saturne est également connu sous le nom de «temps paternel» ou «le seigneur du karma» et est associé à l'énergie patriarcale, à la masculinité, aux limites et aux limitations. Un placement de Saturne reflète l'approche que l'on a de toutes ces choses : autorité, structure, etc. Les limites, le respect de soi, le respect que nous montrons aux autres, le pouvoir, la loi et l'ordre jouent tous un rôle important. Le placement de Saturne note tout ce qui concerne les devoirs et responsabilités, les obligations pratiques, les échanges karmiques conclus avec des amis et les partenariats divers (affaires, platoniques, romantiques), les structures et les restrictions ; Saturne agit comme une figure paternelle dans nos vies - sévère, sage, perspicace et parfois trop stricte . C'est un enseignant dur à cuire qui est là pour nous apprendre ce que nous devons savoir, changer, dépasser et transcender. Avant de pouvoir entrer complètement dans notre moi adulte, nous devons apprendre et éliminer les comportements, les modes de pensée, les croyances, les idéologies et les cycles récurrents obsolètes ou inutiles. Enfin, cette planète est synonyme de maturité et d'âge adulte.

Uranus

Uranus, souvent connu sous le nom de « grand éveilleur », gouverne le Verseau et la 11e maison. Uranus est associée à l'unicité, l'ingéniosité, l'intelligence, l'invention, la créativité et le changement. Les bouleversements internes et la transformation positive conduisent à la manifestation et au progrès extérieurs. Uranus régit l'illumination et la transformation peut être rapide ou inattendue - il existe une énergie catalytique.

La science et la technologie, ainsi que les avancées qu'elles offrent, font toutes partie du domaine de cette planète. Aussi, tout ce qui est inhabituel, étrange, farfelu ou bizarre ! Cette planète peut aider quelqu'un à se connecter avec son éclat intérieur, ainsi qu'avec sa propre imagination et sa capacité artistique. Cette planète est synonyme de chaos et de bouleversements, de mouvements soudains et de progrès vers l'avant. Il représente également la croissance individuelle et collective, la liberté, la mémoire collective, l'éveil, la véritable rébellion et l'inspiration créative.

L'énergie d'Uranus concerne la communauté, la conscience individuelle et collective, les objectifs humanitaires, les technologies futuristes, l'évolution et une vibration plus élevée de sagesse et d'intellect. Enfin, Uranus est associée à l'illumination et à de nouvelles façons de voir la vérité, qu'elle soit universelle ou personnelle. Dans sa mauvaise forme, cela pourrait être un signe d'immaturité et de rébellion incontrôlée. Au lieu de rechercher la vérité ou la lumière, cela conduirait à la destruction pour la destruction.

Neptune

Neptune supervise la 12e maison et les Poissons, le dernier signe. La spiritualité, les arts, l'inspiration, la créativité, le mysticisme, les rêves, les capacités psychiques et les illusions... Ce sont des thèmes importants de Neptune. Neptune, connu sous le nom de "Dieu de la mer", a beaucoup d'énergie aqueuse et émotionnelle, qui se reflète dans les capacités psychiques et intuitives disponibles. Les Poissons sont le signe le plus spirituel, intuitif, psychique et clairvoyant, en raison de la présence de Neptune. influence. Neptune peut vous aider à atteindre des idéaux spirituels et une conscience, une réceptivité, un magnétisme personnel, des compétences de persuasion, des dons et capacités psychiques, des phénomènes surnaturels et extrasensoriels, ainsi qu'une créativité et une imagination améliorées et évoluées. Le domaine de Neptune comprend l'expression de soi imaginative et artistique, et le les médias sont fréquemment associés à l'influence de Neptune ; les industries du divertissement, le cinéma et les médias, et tous les types de commerce créatif sont inclus : écriture, édition, illustration, poésie, musique, art et artisanat.

Toute personne ayant un fort placement Neptune est intuitive, sensible, rêveuse et exceptionnellement douée dans les domaines de l'imagination et de l'expression artistique. Les personnes ayant cette influence font d'excellents poètes, peintres, musiciens, philosophes, médiums, clairvoyants, voyageurs de rêve et artistes, tout en étant extrêmement sensibles et sympathiques. Cette planète est définie par l'âme et la spiritualité, ainsi que par une grande fascination et une compréhension de l'ésotérisme et des concepts métaphysiques. Les instincts sont puissants et il existe également un lien direct et puissant avec le subconscient.

Pluton

Pluton gouverne la maison 8 et le signe du zodiaque du Scorpion. Pluton représente les thèmes de la mort et de la renaissance, du développement et de la transformation cycliques, de l'alchimie et du pouvoir. Il y a de la férocité et de la maturité spirituelle, ainsi que de l'empathie et une forte intuition. Les capacités intuitives individuelles et de groupe peuvent avoir un impact et une transformation significatifs. Pluton représente le renouvellement, les fins et les débuts, la destruction menant à la création, l'activité consciente et intentionnelle. Lorsqu'il y a un bon placement, le pouvoir et le contrôle peuvent se manifester de manière saine et stimulante. L'autonomisation se produit lorsque nous sommes conscients des thèmes et des cycles qui apparaissent dans nos vies, des thèmes et des cycles qui doivent être renforcés et développés ou abandonnés.

Pluton, cependant, a un côté sombre. Le domaine de Pluton comprend un désir irrésistible de pouvoir, de contrôle, de domination (mondiale ou personnelle) et d'obsession. La possessivité, la jalousie, l'envie, la cupidité, la destruction, le ressentiment et le désir de vengeance sont tous des traits d'ombre ; les sentiments de trahison, de rejet ou d'abandon peuvent conduire à des techniques assez trompeuses . Des hypersensibilités peuvent se développer à partir de sensibilités. Pluton est lié à la recherche de la vérité et à la signification plus profonde de la vie. La maîtrise de soi est accessible; maîtrise de son intellect, de son corps, de ses émotions et de son esprit, ou maîtrise de son chemin et de la ou des compétences choisies. Le glyphe de Pluton représente une réceptivité à la super conscience sous la forme d'un cercle (esprit) au-dessus d'un croissant (réceptivité) et d'une croix (matière). Une connexion à l'esprit et au «monde souterrain» (le subconscient) est également plus valorisée que les mondes physique, terrestre et matériel.

Chiron

Bien qu'il ne s'agisse pas d'une planète, Chiron est un symbole important et un corps astronomique dont il faut être conscient. Chiron est essentiellement une comète avec une orbite particulière et irrégulière. Ce corps céleste est connu sous le nom de «guérisseur blessé», car il reflète les cicatrices les plus profondes tout en servant simultanément de plus grand professeur. Chiron nous apprend à transformer nos blessures les plus profondes et les plus sombres en magnifiques leçons - les épreuves et les tribulations existent pour nous servir et nous guider sur la voie du développement personnel. Enfin, Chiron parle d'auto-évolution, de devenir les meilleures versions de nous-mêmes.

Les éléments

Le feu est vif, passionné, optimiste et expressif. Cette caractéristique de base représente votre besoin d'action, d'inspiration et d'influences motivantes. L'élément feu est lié à l'énergie vitale, à la vitalité et à l'expression de soi, ainsi qu'à la transmission de vos sentiments, émotions et style de communication ; le feu est lié à l'esprit intérieur - l'esprit imprègne tous les êtres vivants, mais il peut aussi s'agir d'énergie spirituelle, d'énergie universelle et de force vitale, vous permettant de tout percevoir comme interconnecté (Source, le divin). Ou peut-être votre propre esprit intérieur. L'énergie du feu est passionnée et énergique, optimiste et inspirante. Le feu est un élément en expansion, énergétique, de départ et d'activation. Si vous le permettez, chaque partie de votre carte touchée par l'énergie du feu scintille comme de l'or. Cet élément est également lié au chi. Le Chi est une énergie vitale universelle qui régit la durée de vie, la santé, le bien-être et la vitalité. Les niveaux de Chi sont liés à votre santé mentale, émotionnelle, physique et spirituelle. Lorsqu'il y a une circulation saine et libre du chi, votre système immunitaire et les autres systèmes corporels sont forts.

L'eau est réceptive, passive, «fluide» (se référant à l'abandon / suivre le courant), malléable et de nature yin. Le yin est magnétique, féminin et sombre - l'obscurité intérieure et extérieure avec des liens étroits avec le moi de l'ombre. L'eau est l' opposé polaire du feu, tout comme le yin (eau) est l'opposé polaire et la contrepartie du yang (feu). Comprendre cela vous aidera à fonctionner plus efficacement avec vos propres attributs et caractéristiques intérieurs de feu et d'eau. L'eau dénote des émotions, des humeurs et des sensations intérieures. Il y a une raison pour laquelle presque tous les êtres humains de la planète se sentent à l'aise et chez eux lorsqu'ils visitent une plage, un océan ou un bord de mer... L'immense et magnifique immensité des vagues de l'océan crée un sentiment profond et ancestral d'appartenance, de confort, de sécurité , et se rendre ; on se sent "chez soi" et connecté à la planète d'une manière incompréhensible, éthérée et surnaturelle. C'est à cause de la connexion de la mer au subconscient. L'eau est considérée comme une représentation holistique de l'esprit subconscient, avec des liens vers l'inconnu, les "eaux infinies de la création" et la source d'énergie.

La Terre est une force ancrée, pratique et axée sur la sécurité. L'élément Terre est associé à des attributs tels que l'organisation, l'ordre, la structure, les racines physiques et les fondations. Si l'on a une forte intégration terrestre, on dit qu'ils sont dévoués, pratiques, responsables et enracinés; ils se sentent connectés à la fois à leur corps et à la terre, à leur maison et à l'environnement qui les entoure. La qualité terreuse apporte des sentiments de sécurité, de protection et de chaleur. Une énergie terrestre saine est graduelle et régulière, se développe et grandit - elle apporte dévouement et un sentiment de longévité aux personnes, aux lieux, aux relations et aux entreprises. Un poids ou un physique sain et équilibré correspond à « juste assez » de terre, ni trop peu ni trop. Les biens matériels sont considérés comme nécessaires et utiles, mais ils ne sont pas respectés de manière malsaine ou autodestructrice. L'accumulation de richesses et les attitudes envers le succès, la richesse matérielle, l'argent et les ressources sont progressives et bénéfiques pour la croissance personnelle. Avoir des possessions matérielles vous permet de cultiver une relation harmonieuse avec votre monde physique et vos « racines ».

La thésaurisation, une insistance excessive sur les choses matérielles et les choses, la prise de poids, la léthargie, la paresse, un manque d'avance et d'inspiration (pour les projets, les loisirs et la créativité) et un manque général de désir de vivre peuvent tous résulter d'avoir trop de terre . Avec trop de terre, la force vitale peut être épuisée. Il y a aussi une prédisposition à lutter pour «lâcher prise». On peut devenir trop engagé ou trop dépendant des gens, des lieux et des choses. Un excès de terre peut également entraîner un manque de créativité créative et inventive. Nous pouvons devenir trop enracinés, terrestres et obsédés par le passé - sur les anciennes croyances, attachements et philosophies. Trop peu de terre, d'autre part, conduit souvent à l'instabilité et à la difficulté dans une variété de questions pratiques. La maison, l'argent, la richesse, les ressources, les affaires, le travail et les relations réelles (c'est-à -dire l'engagement et les liens formés) sont mis en évidence et diminués. Le sens de l'engagement est diminué, et on ne se sent pas à l'aise ou satisfait de son (ses) environnement(s) physique(s). En termes de santé et de bien-être, la malnutrition peut survenir lorsque l'énergie de l'élément terre est insuffisante. L'immunité peut diminuer et les fonctions et systèmes de l'organisme peuvent se détériorer.

L'air représente l'esprit, l'intellect, la cognition raisonnable et logique, la pensée originale et la résolution de problèmes. L'élément air englobe toutes les cognitions cérébrales, cognitives et imaginatives supérieures. La communication sous toutes ses formes est également liée à l'élément air. L'écriture, la parole, la poésie, la parole, l'enseignement et la capacité de s'exprimer sont tous des symboles de l'air. Le souffle et l'air sont inextricablement liés... Un bon flux d'air permet au chi, votre force vitale, de s'accumuler. L'élément air est léger, aéré, fluide et subjectif. Ses caractéristiques sont principalement liées à l'intellect et aux processus mentaux, bien qu'avoir une forte énergie de l'air dans son thème ait de nombreux effets favorables sur les autres éléments. Une énergie d'air forte et saine peut vous aider à exprimer clairement vos émotions (eau), en fournissant une inspiration et une direction créative/imaginative pour des projets de passion et des itinéraires de vie (feu), et en aidant à ancrer la sagesse, l'inspiration, les idées et les croyances/philosophies dans un base structurée (terre).

Les signes aériens sont intelligents, intellectuels et auto-expressifs en général. Chacun des trois signes aériens a des caractéristiques distinctes liées à la communication, aux idées, à l'échange d'informations et de connaissances et à l'expression esthétique. Juste assez d'air est en corrélation avec le fait d'être calme, instinctivement et rationnellement équilibré, d'avoir une bonne mémoire et d'être capable d'acquérir des compétences d'apprentissage supérieures et cognitives. Lorsqu'il y a un air équilibré à l'intérieur, on peut lâcher prise librement et doucement. Il n'est pas nécessaire d'avoir raison ou de « gagner » lorsque vous êtes engagé dans une discussion ou un débat constructif ; les arguments sont bénéfiques et harmonieux. En termes de créativité, l'imagination se déchaîne et les idées nouvelles volent comme l'éclair. Lorsqu'il y a une énergie atmosphérique saine, on peut se connecter avec son génie créatif intérieur. Trop d'air rend la pensée fragmentée, frénétique, désorganisée ou hyperactive. Les informations, la sagesse et les souvenirs sont perdus ou oubliés, et il est difficile d'exprimer votre vérité. Vous ne pouvez pas non plus prendre les choses au sérieux; vous pouvez adopter une approche trop négligente et légère des personnes, des situations et des événements. En conséquence, l'esprit et l'humour seront mal utilisés, comme ne pas reconnaître quand "ça suffit", quand atténuer les commentaires amusants ou les plaisanteries, et quand adopter une approche plus mesurée. Le confort et la dignité de quelqu'un d'autre peuvent être compromis (à cause de la honte) et vous ne vous en rendrez même pas compte. Des qualités mentales inférieures, telles que le sarcasme, le rabaissement, les commérages, la calomnie ou les mauvais discours en général, peuvent être affichées. Les pensées, les paroles et les esprits sont souvent mal placés et biaisés.

Les Maisons

Une maison spécifique est occupée par des planètes distinctes (dans votre thème natal). Le système House vous permet d'avoir une meilleure connaissance de ce qui vous motive. Chaque maison représente le type de leçons, de problèmes et de leçons de vie auxquels vous serez confronté. Les thèmes, les capacités, les talents et les dons, ainsi que le symbolisme énergétique et les associations associées à chaque maison, peuvent tous être appris afin d' élargir votre compréhension des placements planétaires. Le zodiaque lui-même est divisé en 12 parties, chacune étant régie par un signe différent. La première maison se rapporte au Bélier, le premier signe astrologique, et se termine avec les Poissons, le 12ème signe. En astrologie, le système des maisons décrit comment les planètes s'expriment, le type d'énergie et les traits qui sont censés être liés à cette planète. Pourquoi et comment l'énergie et les thèmes se manifestent dans votre vie, y compris vos talents, vos dons, vos désirs cachés et subconscients, vos motivations internes et vos passions. Qu'espérez-vous réaliser ou ne pas réaliser, quels types de relations espérez-vous attirer et souhaiter secrètement, ou graviter naturellement vers ? Dans les maisons, chaque facette de la vie et de soi est amenée à l'introspection et à l'examen. Les maisons peuvent être considérées comme un niveau supplémentaire à votre auto-découverte astrologique.

Les facettes

Ascendant/Ascendant

En astrologie, vous devez être familier avec le signe Ascendant ou Ascendant. L'ascendant représente votre personnalité sociale ou publique, tout comme votre signe solaire est votre personnalité principale et votre signe lunaire est vos besoins et vos déclencheurs subconscients et émotionnels. C'est ainsi que les autres et le monde extérieur vous perçoivent. Il reflète votre corps physique ainsi que votre apparence extérieure ou la façon dont vous vous montrez au monde. L'Ascendant régit votre apparence personnelle, y compris la façon dont vous vous habillez, la façon dont vous vous coiffez et les bijoux et accessoires que vous portez. Le Rising / Ascendant ajoute une autre couche à votre personnalité et à votre caractère authentique. Par exemple, disons que vous êtes un Cancer Soleil avec une Lune en Poissons (double eau !), et beaucoup d'énergie de la terre et de l'eau dans votre thème natal (la terre et l'eau sont toutes deux féminines), un Ascendant Lion vous donnerait une toute nouvelle identité à votre caractère apparemment émotif / aqueux. Le signe Rising représente votre moi extérieur.

Nœud Nord et Nœud Sud

Les nœuds nord et sud sont également appelés nœuds lunaires. Ils sont liés à la Lune et sont immédiatement opposés l'un à l'autre, formant «l'axe nodal». Les nœuds nord et sud ne sont pas des corps planétaires, mais plutôt des points précis définis par des angles qui tiennent compte de la relation entre le Soleil, la Lune et la Terre au moment de notre naissance, comme le montre notre thème natal. Les nœuds lunaires sont essentiellement les points où l'orbite de la Lune coupe le plan de "l'écliptique". Enfin, ils représentent le karma - l'équilibre karmique personnel. Le nœud nord reflète les expériences que nous avons et sommes susceptibles d'avoir dans cette vie qui conduisent à notre développement personnel. Le nœud nord favorise le développement spirituel, émotionnel, psychologique et physique en jetant les bases d'un apprentissage et de possibilités de croissance ancrées dans le monde matériel. Il peut être considéré comme son destin, ainsi que son héritage et son sens du service. La position du nœud nord lunaire décide de ce que vous pouvez être destiné à faire et à réaliser dans cette vie, quelles compétences et qualités vous allez acquérir et développer, et comment, si et quand, vous ancrerez ces talents dans une carrière, une vocation ou profession.

Le nœud sud représente notre sentiment d'appartenance et de confort, ou ce sur quoi nous comptons. Le nœud sud représente notre force inhérente, nos talents, nos capacités et nos tendances légèrement « surdéveloppées » ; les comportements, les dons et les modèles auxquels nous sommes habitués. Les dons et les compétences liés au nœud sud nous viennent naturellement, mais ils peuvent conduire à une personnalité déséquilibrée et "extrême". Le message du nœud sud est de transcender et de progresser au-delà de la familiarité et du confort. On s'attend à ce que nous gravitions davantage vers le nœud nord, en nous efforçant d'incarner les traits et les opportunités du symbolisme / de l'énergie du nœud nord, et en devenant moins dépendants de l'énergie du nœud sud familier. Nous devons abandonner l'attachement si nous voulons retrouver notre véritable force, notre chemin et notre corps mature. L'attachement aux personnes, aux lieux, aux expériences, aux biens, aux croyances, aux idées ou aux idéologies peut être impliqué ; l'important est que nous nous engagions à la transcendance. Le nœud sud peut être comparé à un jouet d'enfance sali et abîmé dont on n'arrive jamais à se séparer, malgré le fait qu'il ait perdu son utilité. Le nœud nord serait le chef-d'œuvre d'un livre sur lequel vous travaillez depuis votre adolescence. Ce serait le reflet de votre héritage et des perles de sagesse, de perspicacité et de leçons de vie dont vous voulez que les générations futures apprennent.

Les qualités

Les qualités en astrologie sont utilisées pour décrire les 12 signes du zodiaque. Ce sont Mutable, Fixe et Cardinal.

Mutable : Gémeaux, Vierge, Sagittaire et Poissons

Les signes mutables peuvent s'adapter et se modifier. Ils consistent tous à adapter la transformation de soi et le progrès aux circonstances, aux personnes et aux situations extérieures. Les Gémeaux, la Vierge, le Sagittaire et les Poissons sont tous des signes qui nécessitent du mouvement. Néanmoins, ils ont chacun des façons uniques d'exposer leur mutabilité. Des signes mutables apparaissent à la fin de chaque saison et sont associés à l'apprentissage, à l'intégration, à l'équilibre intérieur et à l'harmonie. Ces signes sont les plus adaptables et les plus équilibrés car ils se situent à la fin de chaque saison, ce qui annonce naturellement le début d'une nouvelle. Ils sont puissants et ont le potentiel d'apporter des changements significatifs. Leur rôle diffère de celui des signes cardinaux, qui sont aussi des initiateurs de changement et de transformation. Les signes mutables sont plus anciens et plus sages. Ils sont généralement à l'aise de jouer les rôles de sage, d'enseignant, d'élève, de conseiller, de conseiller, d'auditeur ou de système de soutien silencieux. Ils sont comme des caméléons, polyvalents et changeants.

Les personnes ayant beaucoup d'énergie changeante peuvent être comparées au meilleur éditeur d'un manuscrit. Tout est presque parfait; le monteur ajoute la touche finale et effectue les derniers ajustements. Les signes mutables offrent une touche dorée ! Ils peuvent faire briller, scintiller ou avoir une qualité exceptionnelle tout ce qu'ils mettent leur cœur et leur esprit. Avec une touche gagnante, des signes mutables ou ceux avec beaucoup d'énergie mutable "finissent le paquet".

Fixe : Taureau, Scorpion, Lion et Verseau

Les panneaux fixes sont « enracinés », stables et axés sur l'engagement . Ils dégagent une aura qui démontre une passion et un respect pour les questions pratiques et les fondements. Leurs approches et leurs innovations diffèrent, mais une chose qu'ils ont tous en commun est la capacité d'être obsédé par quelque chose qu'ils adorent. Les relations, les biens monétaires, les croyances et les idéologies, les passions, un chemin ou une ligne de conduite spécifique et tout attachement en sont des exemples. Les signes fixes ont une forte volonté. Rien ne peut les arracher ou perturber leur dévouement une fois qu'ils se sont fixés un objectif et s'engagent à quelque chose. L'endurance et le dévouement sont énormes. Du côté négatif, il peut être difficile d'accomplir un changement lorsque ces symptômes sont présents. Vous pouvez être têtu et résistant au changement si vous êtes un signe fixe ou si vous avez beaucoup d'énergie fixe dans votre thème natal (naissance). Vous pouvez devenir obsédé par des idées, des croyances, des philosophies et des opinions, et vous pourriez vous consacrer à une cause. La dernière fonctionnalité est, bien sûr, un plus ; la qualité fixe présente de nombreux avantages.

Chaque saison, les panneaux fixes apparaissent au milieu. Les personnes avec beaucoup d'énergie fixe sont aptes à jeter les bases des objectifs et des fondations. Ce sont des passionnés naturels, joyeux et optimistes quant aux tâches et aux aspirations auxquelles ils se sont engagés. Avec une étincelle, une idée peut être ancrée dans quelque chose de substantiel, et ils peuvent suivre le cours sans vaciller ni se laisser distraire. Il y a peu de manipulation ou de tromperie, et tout le monde est digne de confiance, dévoué et délicieusement sincère. Tout ce dans quoi ils mettent leur esprit, leur cœur et leur âme, ils le font avec honnêteté et authenticité.

Cardinal : Balance, Bélier, Capricorne et Cancer

Les signes cardinaux sont de merveilleux agents de transformation. Ils expriment généralement le mouvement et les progrès vers l'avant d'une manière créative et artistique. La productivité est vitale pour ces signes au début de chaque saison. Le Bélier est le premier signe du zodiaque, le Cancer inaugure l'été, la Balance inaugure l'automne et le Capricorne inaugure l'hiver. Les signes cardinaux sont des individus autonomes, autonomes et

volontaires. Des changements positifs, des changements et des transformations peuvent se produire ; leur énergie et leurs qualités mettent les choses en mouvement. Chaque signe contient un élément d'idéalisme. Ils ont chacun leur style unique pour exprimer leur désir sincère de transformation et d'évolution personnelle.
Les signes cardinaux aiment prendre l'initiative d'une manière, d'une forme ou d'une forme. On les voit rarement se relâcher ou se fondre dans le décor. Indépendamment de leur individualité, ils sont tous capables d'être des joueurs d'équipe. L'inconvénient est qu'ils peuvent être excessivement contrôlants et exigeants. Les signes cardinaux, à un moment donné de leur vie, ou fréquemment pour certains, tentent de contrôler tout le monde et tout ce qui les entoure. Cependant, s'ils utilisent leurs compétences innées de manière intentionnelle et productive, ils peuvent être des conférenciers inspirants, des motivateurs et des leaders.

Grand Place :

Un Grand Carré, également connu sous le nom de Grand-Croix, est une configuration dans laquelle quatre planètes ou points forment un carré, créant un motif d'aspect dynamique et stimulant. Cet alignement représente des tensions, des conflits et le besoin de croissance et de résolution. Le Grand Carré indique une période de défis et de leçons importants qui nécessitent une résolution proactive des problèmes et un développement personnel. Elle peut être un catalyseur de transformation et de croissance intérieure, car elle pousse les individus à affronter et à surmonter les obstacles.

Karma:

Karma fait référence au concept de cause à effet en astrologie. Cela suggère que nos actions, nos choix et nos intentions dans le passé influencent nos circonstances présentes et nos expériences futures. Le karma représente les conséquences de nos actions et les leçons que nous devons apprendre dans cette vie. Cela nous rappelle que notre situation actuelle est le résultat de nos actions passées et que nous avons le pouvoir de faire des choix qui façonnent nos expériences futures.

Natal:

L'astrologie natale se concentre sur le thème natal d'un individu, également connu sous le nom de thème natal. Le thème natal est un instantané des positions des planètes et autres corps célestes au moment exact de la naissance d'un individu. Il sert de modèle qui révèle des traits de personnalité, des potentiels et des modes de vie uniques. L'astrologie natale donne un aperçu du caractère, des forces, des défis et du but de la vie d'un individu, permettant une compréhension plus profonde de soi et des énergies qui influencent son parcours de vie.

Rétrogrades :

En astrologie, les rétrogrades se produisent lorsqu'une planète semble reculer sur son orbite du point de vue de la Terre. Bien que la planète ne change pas réellement de direction, l'illusion d'optique crée une influence énergétique unique. Les rétrogrades représentent une période d'introspection, de réévaluation et de réévaluation. Ils offrent une opportunité de réflexion et de travail intérieur, car les énergies associées à la planète rétrograde sont tournées vers l'intérieur. Les rétrogrades sont souvent associés à des retards, à des défis et à un besoin de patience et de flexibilité.

Passage :

Les transits en astrologie font référence au mouvement des planètes lorsqu'ils établissent des liens avec les positions des planètes dans le thème natal d'un individu. Les transits donnent un aperçu des influences cosmiques actuelles et de la manière dont elles interagissent avec les énergies natales d'un individu. Ils indiquent le potentiel d'événements, d'opportunités et de défis qui peuvent survenir au cours d'une période particulière. En étudiant les transits, les astrologues peuvent offrir des conseils et des prédictions basés sur l'interaction entre les planètes en transit et le thème natal d'un individu, aidant à naviguer dans les hauts et les bas de la vie avec conscience et compréhension.

CHAPITRE DEUX

ASTROLOGIE GENERALE POUR 2024

Regardons maintenant l'astrologie générale de 2024. Il s'agit de transits significatifs qui affectent tout le monde, d'un point de vue holistique.

L'ANNÉE DU DRAGON DE BOIS 2024.

Dans le zodiaque chinois, l'année 2024 est désignée comme l'Année du Dragon de Bois. Le dragon est le cinquième animal du cycle du zodiaque chinois et il est souvent associé à la force, à la chance et à la noblesse. Dans la théorie chinoise des cinq éléments, chaque année du zodiaque est également associée à l'un des cinq éléments : le bois, le feu, la terre, le métal ou l'eau. L'année 2024 combine le Dragon avec l'élément Bois, ce qui en fait une année particulièrement unique et énergique. Cet article se penche sur l'importance de l'année du Dragon de Bois et sur ce à quoi s'attendre pendant cette période.

Symbolisme du Dragon de Bois :

Dans la culture chinoise, le Dragon est une créature mythique symbolisant le pouvoir, la sagesse et le bon augure. Contrairement à la représentation souvent effrayante des dragons dans les cultures occidentales, les dragons chinois sont des êtres bienveillants, associés à l'autorité impériale et à la bonne fortune.

L'élément Bois, dans la philosophie chinoise, est associé à la croissance, la flexibilité et la créativité. Cela signifie une période d'expansion, de nouveaux départs et de mouvement vers le haut, tout comme la croissance des arbres et des plantes.

Lorsque la puissance et la noblesse inhérentes du Dragon se combinent avec la créativité et la croissance du Bois, l'Année du Dragon des Bois devient un puissant symbole de transformation, d'innovation et de pensée visionnaire.

Tendances économiques :

L'Année du Dragon de Bois devrait apporter des changements dynamiques au paysage économique. La nature ambitieuse du Dragon, combinée à l'énergie axée sur la croissance de Wood, peut conduire à un environnement économique innovant et en évolution rapide. C'est une année où les entrepreneurs et les visionnaires sont susceptibles de prospérer. De nouvelles idées commerciales révolutionnaires pourraient émerger, et les investissements dans la technologie et les ressources renouvelables pourraient être prometteurs.

Cependant, l'audace du Dragon peut également conduire à l'imprévisibilité et aux fluctuations des marchés financiers. Il est essentiel d'aborder les décisions financières avec un équilibre d'optimisme et de prudence au cours de cette année.

Impacts sociaux et culturels :

L'Année du Dragon de Bois sera probablement marquée par un sentiment d'optimisme et un désir de progrès au sein de la société. Il peut y avoir d'importants mouvements sociaux visant au changement et à la réforme. Le courage du Dragon inspire les individus à défendre leurs croyances, et la créativité de l'élément Bois peut donner lieu à des solutions innovantes aux défis sociaux.

Culturellement, cette année est propice à l'expression artistique. Les énergies créatrices du Dragon de Bois peuvent conduire à un épanouissement des arts, y compris la musique, la littérature et les arts visuels. Attendez-vous à voir des expressions artistiques audacieuses et non conventionnelles qui défient le statu quo.

Innovations technologiques :

pensée visionnaire et la créativité de Wood Dragon font de 2024 un terrain fertile pour les avancées technologiques. C'est une année où l'on peut s'attendre à des percées dans des domaines tels que les énergies renouvelables, l'intelligence artificielle et l'exploration spatiale. La nature ambitieuse du Dragon pourrait pousser les scientifiques et les inventeurs à atteindre de nouveaux sommets.

Politique mondiale :

Dans la politique mondiale, l'Année du Dragon de Bois sera probablement caractérisée par des actions audacieuses et des changements transformateurs. Les dirigeants mondiaux peuvent prendre des mesures audacieuses dans les relations internationales. Cela peut être une épée à double tranchant, car l'audace du Dragon peut conduire à des accords révolutionnaires ou à des tensions accrues. La diplomatie et les négociations peuvent adopter une approche novatrice et de jeunes leaders visionnaires peuvent émerger.

Croissance personnelle et relations :

Sur le plan personnel, l'Année du Dragon de Bois est une période propice au changement et à la poursuite de ses passions avec vigueur. Les individus peuvent se sentir motivés à prendre des risques et à explorer de nouvelles voies, que ce soit dans leur carrière, leurs relations ou leur développement personnel.

Dans les relations, l'année du Dragon de Bois encourage l'ouverture et la croissance. C'est une bonne année pour cultiver des relations qui soutiennent vos aspirations et pour abandonner les relations qui entravent votre croissance.

Cependant, il est également essentiel de faire preuve de patience et de ne pas agir de manière trop impulsive. L'énergie du Dragon peut parfois être trop zélée, et il est important de peser les conséquences des actions et des décisions.

Spiritualité et découverte de soi :

L'Année du Dragon de Bois est aussi une période d'exploration spirituelle et de découverte de soi. L'association de l'élément Bois avec la croissance s'étend à la croissance spirituelle, et beaucoup peuvent se retrouver à chercher une compréhension plus profonde de leur place dans le monde. Les pratiques spirituelles traditionnelles, ainsi que les formes alternatives de spiritualité, peuvent connaître un regain d'intérêt.

Santé et bien-être:

En matière de santé et de bien-être, l'Année du Dragon de Bois encourage un mode de vie actif et dynamique. La nature énergétique du Dragon combinée à l'élément Bois axé sur la croissance en fait le moment idéal pour se lancer dans de nouveaux régimes de remise en forme ou pour adopter des passe-temps qui favorisent le bien-être physique et mental. Cependant, la vigueur du Dragon peut également entraîner un surmenage, il est donc important de trouver un équilibre et de ne pas se surmener.

Éducation et apprentissage :

En éducation, l'Année du Dragon de Bois est propice à l'apprentissage et à l'exploration intellectuelle. Les étudiants et les universitaires peuvent trouver cette année particulièrement stimulante, avec des opportunités de réussite académique. Les méthodes d'apprentissage innovantes et les réformes éducatives peuvent également être importantes pendant cette période.

Considérations environnementales:

L'association de l'élément Bois avec la nature et la croissance attire également l'attention sur les préoccupations environnementales. L'Année du Dragon de Bois pourrait voir un accent accru sur la conservation de l'environnement, les pratiques durables et les initiatives de lutte contre le changement climatique. Les qualités de leadership du Dragon pourraient inspirer les individus et les organisations à prendre position pour les causes environnementales.

Dans l'ensemble, l'Année du Dragon de Bois, avec son mélange de la puissance du Dragon et de la créativité de l'élément Bois, est une année de transformation, d'innovation et de visions audacieuses. C'est une année qui invite les individus et les sociétés à accepter le changement et à aller de l'avant avec ambition et optimisme.

Alors que le mythique Dragon plane dans les cieux, il nous invite à déployer nos ailes et à viser les étoiles. Cependant, cela nous rappelle également l'importance d'une sagesse fondée et d'une action mesurée.

En 2024, laissez les énergies du Dragon de Bois vous guider pour poursuivre vos rêves, cultiver des relations significatives et contribuer positivement au monde qui vous entoure. Embrassez les vents fougueux du changement, mais n'oubliez pas de rester enraciné dans les valeurs et les principes qui définissent votre caractère.

Dans un monde en constante évolution, l'Année du Dragon de Bois est un appel non seulement à faire partie du changement, mais aussi à être les acteurs du changement, les visionnaires et les gardiens d'un monde aux possibilités infinies.

PRÉDICTIONS D'ASTROLOGIE 2024

Dans le théâtre céleste du cosmos, 2024 se présente comme une année où les planètes et les étoiles orchestrent une symphonie de changement et de découverte. Cette symphonie est composée d'alignements planétaires, de rétrogrades et d'éclipses, et résonne avec des thèmes de transformation, d'innovation et d'éveil spirituel. Le guide suivant propose une exploration en profondeur des énergies qui vont imprégner l' année dans son ensemble .

L'année commence avec l'entrée de Mars en Taureau, insufflant à la conscience collective un sentiment de détermination. Cette période se caractérise par un accent mis sur la durabilité et l'ingéniosité. De plus, Neptune en Poissons encourage l'idéalisme et une connexion à la spiritualité.

En février, Mercure rétrograde, provoquant une phase d'introspection. Pendant cette période, il est essentiel de faire preuve de prudence dans la communication et la prise de décision. C'est une période de réévaluation et de réflexion, plutôt que de se lancer dans de nouvelles entreprises.

Avril introduit un changement radical avec une éclipse solaire en Bélier. Cette éclipse signifie un moment puissant pour de nouveaux départs et des transformations radicales. Les énergies sont puissantes pour initier des projets et adopter des changements qui s'alignent sur son vrai soi.

En mai, Jupiter se transforme en Poissons, créant une vague de créativité et de compassion. Ce transit renforce l'intérêt collectif pour la spiritualité, les efforts humanitaires et les efforts artistiques. De plus, une éclipse lunaire en Scorpion se produit en mai, symbolisant une période de nettoyage émotionnel profond et de réévaluation financière.

En juin, Mercure redevient rétrograde. Cette deuxième période rétrograde peut entraîner des malentendus et des perturbations dans les déplacements. Il est conseillé de revérifier les communications et les plans de voyage.

Juillet voit Vénus entrer en Cancer, soulignant l'importance d'entretenir des relations et de créer un environnement familial harmonieux. C'est aussi un moment où beaucoup ressentiront le besoin de se connecter avec leurs racines et leurs ancêtres.

Le mois d'août est marqué par le passage de Mars en Lion. Ce transit amplifie la confiance, la créativité et les qualités de leadership. Les gens sont susceptibles de se sentir plus ambitieux et déterminés à atteindre leurs objectifs.

En septembre, l'attention se porte sur le thème de l'équilibre avec l'entrée du Soleil en Balance. Les relations, la justice et l'équilibre dans divers aspects de la vie deviennent des points focaux.

En octobre, Mercure rétrograde pour la troisième fois. Durant cette période, la réflexion sur les événements de l'année est essentielle. C'est le moment de réévaluer les objectifs et de faire les ajustements nécessaires.

L'éclipse solaire en Balance en octobre souligne davantage l'importance des relations et de l'équilibre. C'est une période qui peut entraîner des changements importants dans les relations personnelles et professionnelles.

Vénus entre en rétrogradation de fin septembre à mi-novembre. Ce transit fait souvent émerger des problèmes relationnels et financiers.

L'année se termine par une éclipse lunaire en Taureau en novembre. Cette éclipse renforce les thèmes de la gestion des ressources et de la durabilité. C'est le moment de consolider les acquis et de préparer l'avenir.

Alors que le rideau tombe sur 2024, il est évident que la symphonie céleste de l'année en est une de changement, de découverte et d'éveil. À travers les alignements planétaires, les rétrogrades et les éclipses, le cosmos guidera le collectif à travers un voyage de transformation. L'année défiera les normes, stimulera l'innovation et invitera à la profondeur spirituelle. En tant qu'individus et en tant que collectif, l'interaction des énergies célestes en 2024 appelle à une participation active pour façonner nos destinées au sein de la grande tapisserie de l'Univers. Avec les cœurs ouverts et les esprits éveillés, le monde avancera dans les années à venir, portant les harmonies et les leçons d'une année qui n'était rien de moins qu'une alchimie cosmique.

CHAPITRE TROIS

HOROSCOPE 2024 DU BÉLIER

Aperçu Bélier 2024

Cher Bélier, alors que vous entrez dans l'année 2024, le cosmos s'aligne d'une manière qui façonnera votre voyage de manière profonde. Les mouvements planétaires tout au long de l'année indiquent une période d'opportunités, de défis et de croissance. L'alignement de Mercure, Uranus, Soleil, Vénus, Mars, Jupiter, Saturne, Neptune, Chiron et Pluton jouera un rôle crucial dans divers aspects de votre vie, y compris votre carrière, vos relations, votre santé et votre développement personnel. Approfondissons ce que l'année vous réserve.

L'année commence avec Mercure en Taureau formant un demi-carré avec Neptune en Poissons fin mai, suggérant une période de confusion potentielle ou d'incompréhension au travail. Il est important de communiquer clairement et honnêtement pendant cette période et de rechercher la clarté si nécessaire. Le Soleil en Gémeaux formant un demi-carré avec Chiron en Bélier fin mai suggère également que la guérison et le rétablissement peuvent être des thèmes dans votre vie professionnelle en ce moment.

En juin, Mercure en Taureau forme un sextile avec Saturne en Poissons, indiquant une période de stabilité et de croissance potentielle de votre situation financière. C'est le bon moment pour investir ou économiser de l'argent. Cependant, le carré entre Vénus et Uranus en août suggère des dépenses ou des changements financiers inattendus potentiels. Il est important de se préparer à ces fluctuations potentielles et de gérer judicieusement ses finances.

En termes de relations et de vie sociale, le carré entre Vénus et Neptune en juin indique une période de confusion ou d'incompréhension dans vos relations. Il est important de communiquer clairement et honnêtement pendant cette période et de rechercher la clarté si nécessaire. Le sextile entre Mercure et le Vrai Nœud en juin suggère également que la communication et les interactions sociales seront particulièrement importantes pendant cette période. C'est un bon moment pour construire et renforcer les relations.

Au fil de l'année, vous constaterez que votre vie sociale s'accélère. Il y a un sentiment de camaraderie et d'appartenance qui vous enveloppe. Participez à des activités sociales, mais veillez à ne pas trop vous engager. L'équilibre est la clé.

Votre santé et votre bien-être sont des domaines qui nécessitent une attention particulière cette année. Le sesquiquadrate entre le Soleil et Chiron en juin est un appel à la guérison. C'est le moment d'intégrer des pratiques de bien-être dans votre routine quotidienne. Que ce soit par le yoga, la méditation ou simplement passer du temps dans la nature, entretenir votre bien-être est essentiel.

La dernière partie de l'année apporte de la vitalité. Le sextile entre le Soleil et Chiron en juin est une énergie rajeunissante. Engagez-vous dans des activités physiques qui non seulement renforcent votre corps, mais apportent également de la joie à votre âme.

Sur le plan spirituel, 2024 est une année de profonde croissance et d'apprentissage. Le quintile entre Jupiter et Saturne en mai est une salle de classe cosmique. C'est une période d'apprentissage spirituel et de recherche d'une sagesse supérieure. Vous êtes appelé à approfondir les mystères de la vie.

La conjonction entre Vénus et Pluton en juillet est un catalyseur de transformation. C'est une période de se débarrasser des vieilles peaux et d'émerger à nouveau. Embrassez les changements et permettez-vous de grandir et d'évoluer.

En conclusion, Bélier, l'année 2024 sera une année de croissance, de transformation et de découverte de soi. Bien qu'il y aura des défis en cours de route, ces défis offriront des opportunités de développement personnel et de compréhension. Embrassez le voyage et profitez au maximum des opportunités qui se présentent à vous. Restez ouvert à l'apprentissage et à la croissance, et n'ayez pas peur d'explorer de nouvelles voies. Votre esprit aventureux vous guidera à travers les hauts et les bas de l'année, vous menant vers de nouveaux sommets dans votre vie personnelle et professionnelle.

N'oubliez pas que les étoiles ne sont que des guides. Vous avez le pouvoir de façonner votre destin. Utilisez les informations de votre horoscope pour naviguer dans l'année, mais écoutez toujours votre voix intérieure. C'est votre guide le plus fiable. Voici une année remplie de croissance, de succès et de bonheur.

janvier 2024

Horoscope:

Cher Bélier, bienvenue dans le passionnant mois de janvier 2024 ! Ce mois est rempli d'aspects astrologiques qui auront un impact significatif sur divers aspects de votre vie. Vous pouvez rencontrer un mélange de défis et d'opportunités, vous permettant de grandir et d'évoluer.

Le mois débute avec un aspect Vénus carré Saturne le 1er janvier. Cet alignement apporte des tensions et des obstacles dans vos relations et vos questions financières. Cependant, cela vous encourage également à adopter une approche réaliste et à faire les ajustements nécessaires pour trouver la stabilité et la satisfaction à long terme.

Le 3 janvier, Vénus forme un aspect en quinconce avec Jupiter, indiquant un besoin d'équilibre entre vos désirs personnels et vos responsabilités. Il est essentiel de trouver l'harmonie entre vos ambitions et vos relations pendant cette période.

Le quintile de Mercure avec Saturne le même jour améliore vos compétences en communication et vos capacités intellectuelles. C'est un moment propice pour planifier, organiser et se concentrer sur vos objectifs à long terme.

Tout au long du mois, Mars, la planète de l'action et de l'énergie, interagit avec Pluton, Neptune et Uranus, apportant un mélange dynamique d'énergie transformatrice, d'inspiration et de changements inattendus. Cette combinaison alimente votre motivation et intensifie votre volonté de réaliser vos aspirations.

Le carré du Soleil avec Chiron le 6 janvier peut faire remonter des blessures ou des insécurités passées, mais il offre également une opportunité de guérison et de croissance. Utilisez ce temps pour faire face à toute douleur émotionnelle ou doute de soi et demandez le soutien de vos proches ou d'un professionnel si nécessaire.

Au fur et à mesure que le mois avance, le trigone du Soleil avec Uranus le 9 janvier vous encourage à embrasser vos qualités uniques et à vous exprimer de manière authentique. Vous pouvez ressentir une soudaine poussée d'inspiration ou un moment décisif qui vous propulse vers l'avant.

En résumé, janvier est un mois de croissance, de transformation et de découverte de soi pour le Bélier. Acceptez les défis comme des opportunités de développement personnel et restez ouvert aux changements inattendus. Avec concentration et détermination, vous pouvez naviguer ce mois-ci en toute confiance et réaliser des progrès remarquables.

Aimer:

Bélier, votre vie amoureuse en janvier 2024 sera un mélange d'excitation, de défis et de croissance. Les aspects astrologiques influençant votre sphère amoureuse vous obligent à trouver un équilibre entre vos désirs personnels et les besoins de votre partenaire.

En début de mois, l'aspect Vénus carré Saturne du 1er janvier peut introduire des tensions et des obstacles dans votre relation. Cet alignement vous encourage à réévaluer vos engagements et à vous assurer que vous et votre partenaire êtes sur la même page.

Le 3 janvier, Vénus forme un aspect en quinconce avec Jupiter, soulignant le besoin de compromis et de compréhension. Vous devrez peut-être faire des ajustements pour trouver un équilibre harmonieux entre vos aspirations personnelles et les besoins de votre couple.

Tout au long du mois de janvier, Mars interagit avec Pluton, Neptune et Uranus, apportant une énergie intense et transformatrice à votre vie amoureuse. Cette énergie peut conduire à des expériences passionnées et profondes, mais elle peut aussi apporter des changements ou des défis inattendus.

Le trigone du Soleil avec Uranus le 9 janvier peut apporter des moments excitants et libérateurs dans votre relation. Adoptez la spontanéité et soyez ouvert à essayer de nouvelles choses ensemble. Cet alignement peut renforcer le lien entre vous et votre partenaire et insuffler à votre relation une vitalité renouvelée.

Le 15 janvier, Vénus est au carré de Neptune et vous devrez peut-être vous méfier des illusions ou des idéalisations dans votre vie amoureuse. Il est essentiel de maintenir des attentes réalistes et de communiquer ouvertement avec votre partenaire pour éviter les malentendus.

Vers la fin du mois, le carré du Soleil avec Jupiter le 27 janvier peut apporter des conflits ou des divergences d'opinion. Cependant, avec une communication ouverte et honnête, vous pouvez trouver des solutions et approfondir votre compréhension mutuelle.

Carrière:

Cher Bélier, votre vie professionnelle en janvier 2024 est prometteuse de croissance, d'opportunités et de changements transformateurs. Les aspects astrologiques influençant votre secteur de carrière vous incitent à puiser dans votre caractère affirmé et ambitieux pour atteindre vos objectifs.

En début de mois, l'aspect Vénus carré Saturne le 1er janvier peut apporter des défis ou des retards dans votre carrière. Cependant, cet alignement souligne également l'importance de la discipline, de la patience et de la planification à long terme. Prenez ce temps pour revoir vos stratégies professionnelles et assurez-vous que vous êtes sur la bonne voie.

Le 3 janvier, le quintile de Mercure avec Saturne améliore vos compétences en communication et en organisation, vous permettant de présenter efficacement vos idées et vos projets. Cet alignement favorise la planification à long terme, la définition d'objectifs et l'établissement de bases solides pour le succès futur.

Tout au long du mois de janvier, Mars interagit avec Pluton, Neptune et Uranus, apportant un mélange dynamique d'énergie et d'inspiration à votre vie professionnelle. Cette combinaison peut enflammer votre motivation, alimenter vos ambitions et vous pousser à prendre des risques calculés.

Le carré du Soleil avec Chiron le 6 janvier pourrait déclencher des insécurités ou des blessures passées liées à votre carrière. Cependant, il offre également une opportunité de guérison et de croissance. Utilisez ce temps pour répondre à tout doute de soi, rechercher le soutien de mentors ou de collègues et embrasser votre force intérieure.

Le trigone du Soleil avec Uranus le 9 janvier offre des opportunités passionnantes d'innovation et des approches non conventionnelles de votre travail. Adoptez vos idées uniques et soyez ouvert aux nouvelles méthodes ou technologies. Votre capacité d'adaptation rapide vous aidera à vous démarquer et à progresser dans votre carrière.

Le 27 janvier, le Soleil place Jupiter au carré, ce qui peut créer quelques tensions ou conflits dans vos relations professionnelles. Cependant, avec de la diplomatie et en mettant l'accent sur la collaboration, vous pouvez trouver des solutions et créer des situations gagnant-gagnant.

Finances:

Bélier, en janvier 2024, les aspects astrologiques qui influencent votre secteur financier indiquent un besoin de planification minutieuse, d'attentes réalistes et d'adaptabilité. Bien qu'il puisse y avoir des défis, il existe également des opportunités de croissance et de stabilité.

Le mois commence avec Vénus carré Saturne le 1er janvier, ce qui peut introduire des obstacles ou des retards financiers. Cet aspect vous rappelle de faire preuve de prudence et de faire attention à vos habitudes de dépenses. Envisagez de créer un budget et de vous concentrer sur des objectifs financiers à long terme pour assurer la stabilité.

Le 3 janvier, Vénus forme un aspect en quinconce avec Jupiter, soulignant la nécessité d'un équilibre entre vos désirs et vos responsabilités financières. Il est essentiel d'éviter les achats impulsifs et de trouver une approche harmonieuse qui aligne vos aspirations financières avec l'aspect pratique.

Tout au long du mois de janvier, Mars interagit avec Pluton, Neptune et Uranus, apportant un mélange d'énergie transformatrice, d'inspiration et de changements inattendus à votre situation financière. Cette combinaison peut apporter à la fois des opportunités et des défis, vous obligeant à vous adapter rapidement et à prendre des décisions éclairées.

Le carré du Soleil avec Chiron le 6 janvier pourrait déclencher des insécurités financières ou des blessures passées. Il est crucial de régler tous les problèmes émotionnels liés à l'argent et de développer une relation saine avec vos finances. Demandez conseil à des conseillers financiers ou à des professionnels si nécessaire.

Le 9 janvier, le trigone du Soleil avec Uranus peut apporter des opportunités financières inattendues ou des idées innovantes pour augmenter vos revenus. Restez ouvert à de nouvelles possibilités et soyez prêt à prendre des risques calculés.

Cependant, soyez prudent avec Vénus carré Neptune le 15 janvier, car cela peut apporter des illusions ou des idéalisations dans vos affaires financières. Évitez de faire des investissements impulsifs ou de faire confiance à des sources non fiables. Tenez-vous en à des stratégies pratiques et bien documentées pour protéger votre bien-être financier.

Santé:

Le mois commence avec Vénus au carré de Saturne le 1er janvier, ce qui peut apporter des défis émotionnels ou des sensations de lourdeur. Il est essentiel de prendre soin de votre bien-être émotionnel en vous engageant dans des activités qui vous procurent de la joie et en recherchant le soutien de vos proches.

Le 3 janvier, le quintile de Mercure avec Saturne améliore votre concentration mentale et votre clarté. Utilisez cet alignement pour vous engager dans des pratiques de pleine conscience, de méditation ou de journalisation. Prendre le temps de nourrir votre esprit vous aidera à rester équilibré et centré tout au long du mois.

Tout au long du mois de janvier, Mars interagit avec Pluton, Neptune et Uranus, apportant un mélange d'énergie transformatrice et d'inspiration à votre vitalité physique. Cette combinaison peut améliorer votre motivation pour les activités physiques et vous pousser à explorer de nouvelles routines d'exercices ou pratiques de bien-être.

Le carré du Soleil avec Chiron le 6 janvier pourrait faire remonter de vieilles blessures ou des insécurités liées à votre santé. Profitez de cette occasion pour résoudre les problèmes sous-jacents et demander des conseils professionnels si nécessaire. N'oubliez pas de pratiquer l'auto-compassion et de vous concentrer sur la guérison.

Le 15 janvier, le sextile du Soleil avec Neptune encourage une approche holistique de votre bien-être. Explorez des thérapies alternatives, telles que la méditation, le yoga ou la guérison énergétique, pour améliorer votre santé globale et rétablir l'équilibre dans votre vie.

Tout au long du mois, accordez la priorité à une bonne nutrition, à des exercices réguliers et à un repos suffisant. Nourrir votre corps et votre esprit vous fournira l'énergie et la vitalité nécessaires pour relever les défis du mois et saisir les opportunités qui se présentent à vous.

N'oubliez pas d'écouter votre corps et d'honorer ses besoins. Si vous vous sentez dépassé ou fatigué, prenez le temps de prendre soin de vous et de vous détendre. Adopter un mode de vie sain et mettre en œuvre des techniques de gestion du stress contribuera à votre bien-être général.

Voyage:

En début de mois, l'aspect Vénus carré Saturne le 1er janvier peut introduire quelques obstacles ou retards dans vos projets de voyage. Cependant, cet alignement vous encourage à aborder vos préparatifs de voyage avec patience et flexibilité. Envisagez d'avoir des plans de sauvegarde et préparez-vous à des changements inattendus.

Le 9 janvier, le trigone du Soleil avec Uranus offre des opportunités de voyage passionnantes et inattendues. Vous pouvez recevoir des invitations spontanées ou découvrir de nouvelles destinations qui captent votre intérêt. Saisissez ces opportunités et soyez ouvert à l'exploration de l'inconnu.

Tout au long du mois de janvier, Mars interagit avec Pluton, Neptune et Uranus, insufflant à vos expériences de voyage une énergie et une inspiration transformatrices. Cette combinaison peut conduire à des aventures profondes et qui changent la vie. Soyez ouvert à sortir de votre zone de confort et à adopter de nouvelles cultures, langues et expériences.

Cependant, soyez conscient de Vénus carré Neptune le 15 janvier, car cela peut créer des illusions ou des idéalisations dans vos projets de voyage. Vérifiez les détails, lisez les avis et assurez-vous que vos arrangements sont fiables et dignes de confiance.

Si vous prévoyez un voyage d'affaires, le carré du Soleil avec Jupiter le 27 janvier peut apporter des défis ou des conflits. Restez diplomate et concentrez-vous sur la recherche de solutions. N'oubliez pas que ces obstacles peuvent également offrir des opportunités de croissance personnelle et professionnelle.

Aperçu des étoiles :

L'univers vous rappelle l'importance de la patience et de la planification. Bien que votre nature ardente soit l'une de vos plus grandes forces, c'est le moment de tempérer ce feu avec une pratique terre à terre.

Les meilleurs jours du mois : 9 , 15 , 19 , 23 , 27 , 28 et 30 janvier .

Février 2024

Horoscope

Cher Bélier, bienvenue dans le mois transformateur de février 2024 ! Ce mois-ci apporte un mélange d'opportunités, de défis et de changements profonds qui auront un impact sur divers aspects de votre vie. Embrassez l'énergie transformatrice et utilisez-la pour grandir, évoluer et créer un changement positif.

Le mois commence avec Mars semi-carré Saturne le 2 février, ce qui peut apporter des tensions ou des obstacles sur votre chemin. Cependant, cet aspect vous encourage également à affronter les défis de front et à persévérer dans vos poursuites.

Le 5 février, le semi-sextile du Soleil avec Vénus met en lumière le besoin d'équilibre entre vos désirs personnels et vos relations. Efforcez-vous de trouver l'harmonie et le compromis pour maintenir des relations saines.

Tout au long du mois de février, Mars interagit avec Pluton, Neptune et Uranus, apportant une énergie transformatrice, de l'inspiration et des changements inattendus. Cette combinaison intensifie votre motivation, vous encourage à explorer de nouveaux horizons et offre des opportunités de croissance personnelle.

La conjonction du Soleil avec Pluton le 5 février vous permet d'embrasser votre pouvoir personnel et de vous engager dans une profonde réflexion sur vous-même. Utilisez cet alignement pour découvrir votre force intérieure et transformer toute croyance ou schéma limitant.

Le 6 février, le sextile du Soleil avec le vrai nœud et le quintile de Saturne avec Uranus créent un mélange harmonieux de stabilité et d'innovation. Cet alignement vous encourage à accepter le changement tout en restant ancré et concentré sur des objectifs à long terme.

Le 19 février, le Vrai Nœud et Chiron se rejoignent en Bélier, marquant un moment significatif de guérison et de croissance de l'âme. Cet alignement vous invite à accepter la vulnérabilité et à utiliser vos expériences pour inspirer et guider les autres.

Tout au long du mois de février, faites attention à votre intuition et aux messages subtils de l'univers. Engagez-vous dans des pratiques spirituelles, la méditation ou la journalisation pour approfondir votre connexion avec votre moi intérieur.

En résumé, février est un mois de transformation et de croissance pour le Bélier. Embrassez la puissante énergie et utilisez-la pour créer des changements positifs dans votre vie. Restez ouvert à de nouvelles opportunités, entretenez des relations saines et faites confiance à votre propre force intérieure. En vous alignant sur les forces cosmiques, vous pouvez naviguer dans le mois avec résilience, authenticité et détermination.

Aimer

Bélier, février 2024 apporte une énergie excitante et transformatrice à votre vie amoureuse. Les aspects astrologiques qui influencent votre secteur amoureux vous encouragent à accepter le changement, à approfondir vos relations et à évoluer dans vos relations.

En début de mois, le semi-sextile du Soleil avec Vénus souligne l'importance de l'équilibre dans vos relations. Trouvez un mélange harmonieux entre vos désirs personnels et les besoins de votre partenaire. La communication et le compromis seront essentiels pour maintenir des relations saines.

Tout au long du mois de février, Mars interagit avec Pluton, Neptune et Uranus, imprégnant votre vie amoureuse d'intensité, de passion et de changements inattendus. Cette combinaison peut apporter des changements profonds et des opportunités de croissance dans vos relations amoureuses.

Le 7 février, le trigone de Vénus avec Uranus introduit l'excitation et la spontanéité dans votre vie amoureuse. Soyez ouvert à de nouvelles expériences et accueillez l'inattendu. Cet alignement peut apporter des aventures palpitantes et approfondir le lien entre vous et votre partenaire.

Tout au long du mois, les interactions de Mercure avec Chiron et le véritable nœud créent des opportunités de guérison et de croissance dans vos relations. Une communication honnête et ouverte sera essentielle pour remédier à toute blessure ou incompréhension du passé.

Le carré du Soleil avec Uranus le 8 février pourrait créer des perturbations ou des conflits dans votre vie amoureuse. Restez calme et adaptable, et abordez tous les défis avec la volonté de trouver des solutions. Cet aspect peut également conduire à des moments décisifs qui vous rapprochent de votre partenaire.

Le 19 février, le Vrai Nœud et Chiron se conjoignent en Bélier, offrant une puissante opportunité de guérison et de croissance dans vos relations. Acceptez la vulnérabilité et abandonnez les vieux schémas ou les croyances limitantes. Cet alignement peut apporter une transformation profonde et approfondir l'amour et la connexion que vous partagez avec votre partenaire.

Carrière

Bélier, en février 2024, votre carrière occupe le devant de la scène car les aspects astrologiques offrent des opportunités de croissance, de développement professionnel et de changements transformateurs. Ce mois-ci vous encourage à vous affirmer, à prendre des risques calculés et à adopter des approches innovantes dans votre vie professionnelle.

En début de mois, Mars en demi-carré Saturne le 2 février peut apporter des tensions ou des obstacles dans votre cheminement de carrière. Cependant, cet aspect vous encourage également à relever les défis avec détermination et persévérance.

Le semi-sextile du Soleil avec Vénus le 5 février met en lumière l'importance de l'équilibre dans vos relations professionnelles. S'efforcer d'avoir des interactions harmonieuses et rechercher la coopération et le compromis pour maintenir un environnement de travail positif.

Tout au long du mois de février, Mars interagit avec Pluton, Neptune et Uranus, insufflant à votre secteur professionnel une énergie et une inspiration transformatrices. Cette combinaison alimente votre ambition, vous motive à prendre des risques et ouvre les portes à de nouvelles opportunités.

La conjonction du Soleil avec Pluton le 5 février vous permet de puiser dans votre pouvoir personnel et votre affirmation de soi. Utilisez cet alignement pour approfondir vos ambitions et apporter des changements significatifs dans votre vie professionnelle.

Le 6 février, le sextile du Soleil avec le vrai nœud et le quintile de Saturne avec Uranus créent un mélange harmonieux de stabilité et d'innovation. Cet alignement vous encourage à accepter le changement tout en restant ancré et concentré sur des objectifs à long terme.

Tout au long du mois, Mercure interagit avec diverses planètes, dont Chiron et le vrai nœud, améliorant vos compétences en communication et offrant des opportunités de croissance professionnelle. Engagez-vous dans un réseautage efficace, exprimez vos idées en toute confiance et recherchez la collaboration pour faire avancer votre carrière.

Le carré du Soleil avec Uranus le 8 février pourrait apporter des changements ou des perturbations inattendus dans votre vie professionnelle. Restez adaptable et ouvert à de nouvelles possibilités, car cet aspect peut également apporter des moments décisifs et des opportunités d'avancement personnel et professionnel.

Finance

Bélier, en février 2024, votre secteur financier subit des changements importants et des opportunités de croissance. Les aspects astrologiques qui influencent vos finances vous encouragent à accepter le changement, à prendre des risques calculés et à faire preuve de prudence dans vos décisions monétaires.

En début de mois, Mars en demi-carré Saturne le 2 février pourrait apporter des tensions ou des obstacles dans vos affaires financières. Cet aspect vous rappelle d'aborder les défis financiers avec patience et détermination.

Le semi-sextile du Soleil avec Vénus le 5 février souligne l'importance de l'équilibre dans vos décisions financières. Efforcez-vous d'une approche harmonieuse qui aligne vos désirs avec l'aspect pratique. Évitez les achats impulsifs et concentrez-vous sur des objectifs financiers à long terme.

Tout au long du mois de février, Mars interagit avec Pluton, Neptune et Uranus, insufflant à votre secteur financier une énergie transformatrice et des changements inattendus. Cette combinaison peut apporter à la fois des opportunités et des défis, vous obligeant à vous adapter rapidement et à prendre des décisions éclairées.

La conjonction du Soleil avec Pluton le 5 février vous permet de transformer votre relation avec l'argent. Utilisez cet alignement pour découvrir les croyances ou schémas limitants qui pourraient entraver votre croissance financière. Adoptez un état d'esprit d'abondance et prenez des mesures pour manifester vos objectifs financiers.

Le 7 février, le trigone de Vénus avec Uranus introduit des opportunités passionnantes et inattendues dans vos finances. Soyez ouvert aux nouvelles entreprises ou aux opportunités d'investissement qui se présentent à vous. Cependant, soyez prudent et faites des recherches approfondies avant de vous engager dans des décisions financières.

Tout au long du mois, faites attention à votre intuition financière et fiez-vous à votre instinct. Engagez-vous dans une planification financière minutieuse, suivez vos dépenses et assurez-vous d'avoir un budget solide en place.

Le carré du Soleil avec Uranus le 8 février pourrait apporter des changements ou des perturbations inattendus dans votre situation financière. Restez adaptable et ouvert d'esprit, car cet aspect peut également apporter des moments décisifs et de nouvelles avenues de croissance financière.

Santé

Au début du mois, Mars en demi-carré Saturne le 2 février peut apporter des tensions ou des défis à votre bien-être général. Cet aspect vous rappelle de traiter tout déséquilibre physique ou mental et de prendre des mesures proactives pour maintenir votre santé.

Le semi-sextile du Soleil avec Vénus le 5 février souligne l'importance de l'équilibre et des soins personnels. Recherchez l'harmonie entre votre bien-être physique, émotionnel et mental. Prenez le temps de vous engager dans des activités qui nourrissent votre corps et vous apportent de la joie.

Tout au long du mois de février, Mars interagit avec Pluton, Neptune et Uranus, insufflant à votre secteur de la santé une énergie et une inspiration transformatrices. Cette combinaison peut apporter à la fois des défis et des opportunités de croissance pour votre bien-être.

La conjonction du Soleil avec Pluton le 5 février vous permet d'approfondir votre santé physique et émotionnelle. Utilisez cet alignement pour découvrir tout problème sous-jacent et rechercher un soutien et des modalités de guérison appropriés.

Le 7 février, le trigone de Vénus avec Uranus vous encourage à explorer de nouvelles pratiques et routines de bien-être. Soyez ouvert aux thérapies alternatives, aux programmes d'exercices ou aux pratiques spirituelles qui résonnent en vous.

Tout au long du mois, faites attention à votre intuition et écoutez les messages subtils de votre corps. Engagez-vous dans des pratiques de pleine conscience, de méditation ou de journalisation pour améliorer votre conscience de soi et vous connecter avec votre moi intérieur.

Le carré du Soleil avec Uranus le 8 février pourrait entraîner des perturbations ou des changements inattendus dans vos habitudes de santé. Restez adaptable et ouvert à de nouvelles approches. Cet aspect peut également conduire à des moments décisifs et à de nouvelles perspectives sur votre bien-être.

Voyage

En début de mois, le demi-carré de Mars Saturne le 2 février pourrait entraîner des tensions ou des retards dans vos projets de voyage. Cet aspect vous rappelle de rester patient et flexible, car des changements inattendus peuvent survenir.

Le semi-sextile du Soleil avec Vénus le 5 février souligne l'importance de l'équilibre dans vos expériences de voyage. Recherchez l'harmonie entre exploration et détente et laissez-vous savourer la beauté de chaque destination.

Tout au long du mois de février, Mars interagit avec Pluton, Neptune et Uranus, insufflant à vos aventures de voyage une énergie et une inspiration transformatrices. Cette combinaison peut apporter à la fois de l'excitation et des changements inattendus à vos voyages.

La conjonction du Soleil avec Pluton le 5 février vous permet d'embrasser le pouvoir transformateur du voyage. Utilisez cet alignement pour explorer de nouvelles cultures, élargir vos horizons et mieux comprendre le monde qui vous entoure.

Le 7 février, le trigone de Vénus avec Uranus introduit des opportunités d'aventures spontanées et palpitantes. Soyez ouvert aux opportunités inattendues et embrassez la joie de l'exploration.

Tout au long du mois, faites confiance à votre intuition lors de la planification de vos expériences de voyage. Engagez-vous dans des recherches, lisez des critiques et soyez ouvert à des rencontres fortuites en cours de route.

Le carré du Soleil avec Uranus le 8 février pourrait apporter des changements ou des perturbations inattendus dans vos projets de voyage. Restez adaptable et ouvert d'esprit, car cet aspect peut également mener à des expériences passionnantes et mémorables.

Aperçus des étoiles

Ce mois-ci, l'univers vous rappelle que la vie est une danse délicate de donner et de recevoir, d'action et de réflexion. Embrassez la danse avec un cœur ouvert et un esprit ancré.

Les meilleurs jours du mois : 7 , 15 , 19 , 22 , 27 , 28 et 29 février .

Mars 2024

Horoscope

Cher Bélier, mars 2024 apporte une énergie dynamique et transformatrice à votre vie. Les aspects astrologiques qui influencent votre signe encouragent la croissance, la découverte de soi et l'action courageuse. C'est un mois pour accueillir le changement, approfondir les relations et s'aligner sur votre véritable objectif.

Au début du mois, le sextile du Soleil avec Jupiter le 1er mars vous insuffle optimisme, confiance et un sentiment d'expansion. Cet alignement vous permet de poursuivre vos rêves et de prendre des risques calculés pour atteindre vos objectifs.

Tout au long du mois de mars, Mercure, la planète de la communication, interagit avec divers corps célestes, amplifiant votre agilité mentale et votre créativité. Le 2 mars, le semi-sextile de Mercure avec Mars améliore votre capacité à exprimer vos idées avec assurance et à prendre des mesures décisives. Utilisez cette énergie pour poursuivre vos passions et vous affirmer dans tous les domaines de la vie.

Le 3 mars, Vénus place Uranus au carré, apportant une touche d'imprévisibilité à votre vie amoureuse et à vos relations. Cet aspect vous encourage à accepter le changement et à être ouvert aux connexions et aux expériences non conventionnelles. Cependant, soyez conscient des actions impulsives et recherchez un équilibre dans vos interactions.

Le semi-sextile du Soleil avec Pluton le 6 mars vous permet de puiser dans votre pouvoir personnel et de transformer tous les aspects de votre vie qui ne vous servent plus. Utilisez cet alignement pour libérer les anciens schémas et adopter un sens renouvelé de soi.

Tout au long du mois, Mars, votre planète dirigeante, interagit avec Neptune et Chiron, imprégnant vos actions de compassion, de perspicacité spirituelle et d'énergie de guérison. Embrassez votre nature intuitive et faites confiance à votre instinct lorsque vous naviguez dans diverses situations.

Le 18 mars, la conjonction de Mercure avec le véritable nœud améliore votre capacité à vous connecter avec les autres à un niveau profond de l'âme. Cet alignement offre des opportunités de conversations significatives, de liens profonds et de collaboration.

Le sextile du Soleil avec Pluton le 21 mars vous permet d'exploiter davantage votre force intérieure et d'apporter des changements transformateurs dans votre vie. Cet aspect vous encourage à embrasser votre véritable identité et à poursuivre vos passions avec une détermination inébranlable.

Mars 2024 vous invite à entrer dans votre moi authentique, à accepter le changement et à prendre des mesures audacieuses. Faites confiance à votre instinct, entretenez vos relations et explorez de nouveaux horizons. C'est un mois de croissance personnelle, d'autonomisation et d'approfondissement des relations.

Aimer

En mars 2024, Bélier, l'amour occupe le devant de la scène dans votre vie. Les aspects célestes qui influencent votre secteur amoureux offrent des opportunités pour approfondir les connexions, explorer de nouvelles expériences et trouver l'harmonie dans vos relations.

Le carré entre Vénus et Uranus le 3 mars introduit un élément d'excitation et d'imprévisibilité dans votre vie amoureuse. Soyez ouvert aux changements inattendus et aux nouvelles connexions qui peuvent remettre en question vos notions préconçues de l'amour. Embrassez le potentiel de croissance et d'aventure.

Tout au long du mois, Vénus interagit avec Neptune et Chiron, imprégnant vos expériences d'amour de compassion, de connexion spirituelle et d'énergie de guérison. Cette combinaison vous encourage à donner la priorité à l'intimité émotionnelle, à la confiance et à la vulnérabilité dans vos relations.

Le 6 mars, le semi-sextile de Vénus avec Pluton vous invite à plonger dans les profondeurs de vos émotions et à transformer tout schéma obsolète qui entrave votre capacité à vivre pleinement l'amour. Embrassez votre pouvoir intérieur et libérez toutes les peurs ou insécurités qui pourraient vous retenir.

Le semi-sextile du Soleil avec Chiron le 7 mars soutient davantage votre voyage de guérison et de découverte de soi dans les relations. Cet aspect vous encourage à être authentique, à communiquer vos besoins et à accepter la vulnérabilité avec vos proches.

Le 18 mars marque une journée importante pour les connexions profondes et les interactions émouvantes alors que Mercure rejoint le vrai nœud. Cet alignement offre des opportunités de conversations sincères et de liens significatifs. C'est le moment de s'ouvrir , de partager sa vraie personnalité et d'écouter les autres avec empathie et compréhension.

Carrière

En mars 2024, Bélier, les influences astrologiques apportent une énergie dynamique à votre carrière et à vos activités professionnelles. C'est un mois d'expansion, d'innovation et d'action affirmée dans votre vie professionnelle.

Les interactions de Mercure avec Mars et Jupiter tout au long du mois amplifient vos compétences en communication, votre agilité mentale et votre confiance. Le 2 mars, le semi-sextile de Mercure avec Mars vous permet d'exprimer vos idées avec assurance et de prendre des mesures décisives. Utilisez cette énergie pour poursuivre de nouveaux projets, présenter vos idées à vos supérieurs ou assumer des rôles de leadership.

Le 18 mars, la conjonction de Mercure avec le véritable nœud améliore votre capacité à vous connecter avec les autres à un niveau profond de l'âme. Cet alignement est favorable aux efforts de collaboration, au réseautage et à l'établissement de relations professionnelles significatives. Adoptez le travail d'équipe et recherchez des opportunités de croissance et de soutien mutuels.

Le sextile du Soleil avec Pluton le 21 mars apporte une énergie transformatrice à votre cheminement de carrière. Cet aspect vous permet de puiser dans votre pouvoir personnel, d'apporter des changements influents et de vous affirmer avec confiance dans vos efforts professionnels. Embrassez votre force intérieure et poursuivez vos objectifs avec détermination.

Tout au long du mois, Mars interagit avec Neptune et Chiron, imprégnant vos actions de compassion, de perspicacité spirituelle et d'énergie de guérison. Cette combinaison vous encourage à aligner votre travail sur votre objectif supérieur, à trouver un sens à vos efforts et à contribuer au bien-être des autres.

Finance

En mars 2024, Bélier, les aspects célestes influençant votre secteur financier vous invitent à adopter une approche consciente et stratégique de vos finances. C'est un mois pour équilibrer vos dépenses, faire des investissements réfléchis et aligner vos objectifs financiers sur vos valeurs.

Le carré entre Vénus et Uranus le 3 mars pourrait entraîner des changements financiers ou des dépenses inattendus. Il est important d'être adaptable et ouvert à des solutions alternatives à tous les défis financiers qui se présentent. Adoptez un état d'esprit flexible et recherchez des opportunités d'approches innovantes pour vos finances.

Tout au long du mois, Vénus interagit avec Neptune et Chiron, insufflant à vos décisions financières de la compassion, une conscience spirituelle et une concentration sur la durabilité à long terme. Cette combinaison vous encourage à aligner vos objectifs financiers sur vos valeurs, à rechercher des investissements qui soutiennent votre croissance personnelle et à donner la priorité au bien-être financier.

Le 12 mars, le semi-sextile de Vénus avec Pluton vous invite à réfléchir à votre relation avec l'argent et à transformer toutes les croyances ou schémas obsolètes qui entravent votre croissance financière. Adoptez un état d'esprit autonome et libérez toute peur ou mentalité de pénurie.

Le demi-carré du Soleil avec Jupiter le 19 mars vous encourage à trouver un équilibre entre optimisme et sens pratique dans vos décisions financières. Évitez de vous dépasser ou de prendre des risques inutiles. Au lieu de cela, recherchez la stabilité et prenez des décisions basées sur une analyse minutieuse et des avantages à long terme.

Santé

Mars, votre planète dirigeante, interagit avec Neptune et Chiron tout au long du mois, imprégnant vos actions et votre énergie de compassion, de perspicacité spirituelle et d'énergie de guérison. Cette combinaison vous encourage à écouter les besoins de votre corps, à honorer vos émotions et à rechercher des approches holistiques de votre bien-être.

Faites attention à votre niveau d'énergie et évitez de vous pousser trop fort. Pratiquez des mouvements conscients, comme le yoga ou la méditation, pour équilibrer votre état physique et mental. Nourrissez votre bien-être émotionnel grâce à la journalisation, à la thérapie ou à la connexion avec vos proches.

Le 7 mars, le semi-sextile du Soleil avec Chiron soutient votre parcours de guérison et vous encourage à accepter la vulnérabilité pour résoudre tout problème de santé. Demandez conseil à un professionnel, écoutez la sagesse de votre corps et soyez proactif en prenant soin de votre bien-être.

Voyage

Qu'il s'agisse d'une courte escapade ou d'une aventure longue distance, ce mois-ci vous encourage à vivre de nouvelles expériences, à élargir vos horizons et à vous adonner à votre sens de l'aventure.

Le carré entre Vénus et Uranus le 3 mars pourrait introduire des rebondissements ou des changements inattendus dans vos projets de voyage. Adoptez un état d'esprit flexible et soyez ouvert aux destinations ou aux itinéraires alternatifs. La spontanéité peut conduire à des expériences passionnantes et uniques.

Alors que Mars interagit avec Neptune et Chiron tout au long du mois, vos expériences de voyage sont imprégnées de compassion, de perspicacité spirituelle et d'énergie de guérison. Adoptez une approche consciente et présente de vos voyages, vous permettant d'être complètement immergé dans la beauté et l'émerveillement de nouveaux environnements.

Le 19 mars, le sextile du Soleil avec Jupiter amplifie votre sens de l'aventure et vous incite à élargir vos horizons. Cet aspect offre des opportunités de croissance, d'exploration culturelle et de liens significatifs avec des personnes d'horizons différents.

Lors de la planification de vos voyages, envisagez des destinations qui offrent un mélange d'aventure, de détente et d'opportunités de croissance personnelle. Recherchez des expériences qui correspondent à vos intérêts et à vos valeurs, qu'il s'agisse de vous immerger dans la nature, d'explorer des sites historiques ou de vous engager auprès des communautés locales.

Adoptez un esprit de spontanéité et soyez ouvert aux opportunités inattendues qui peuvent survenir lors de vos voyages. Permettez-vous de sortir de votre zone de confort, essayez de nouvelles activités et embrassez l'inconnu. Chaque expérience a le potentiel d'élargir votre perspective et d'enrichir votre âme.

Aperçus des étoiles

Mars est un mois de débuts pour le Bélier. Les étoiles vous invitent à embrasser votre guerrier intérieur et à aller de l'avant, mais avec sagesse et équilibre. Votre planète dirigeante vous rappelle l'importance de la structure et de la discipline pour atteindre vos objectifs.

Les meilleurs jours du mois : 1, 7 , 12 , 18 , 19 , 21 et 25 mars .

Avril 2024

Horoscope

Cher Bélier, avril 2024 est un mois de découverte de soi et de croissance personnelle. Avec le Soleil dans votre signe pendant la majeure partie du mois, votre niveau d'énergie est élevé et votre personnalité brille de mille feux. C'est le moment idéal pour se concentrer sur le développement personnel, se fixer de nouveaux objectifs et prendre des mesures pour réaliser ses rêves. Le cosmos vous encourage à embrasser vos qualités uniques et à vivre de manière authentique.

Avril 2024 est un mois dynamique et transformateur pour le Bélier. Les énergies sont mûres pour la croissance personnelle, les efforts romantiques, les avancements de carrière et les voyages passionnants. Embrassez la vitalité d'avril et exploitez-la pour façonner votre destin. Que votre esprit soit audacieux, que votre cœur soit ouvert et que vos actions soient sages.

Aimer

Ce mois-ci est marqué par un puissant mélange de passion, de dynamisme et d'introspection. C'est un moment de découverte de soi, de croissance personnelle et d'acceptation des changements qui se présentent à vous.

Le mois commence par le semi-sextile du Soleil avec Saturne le 2 avril, vous incitant à trouver un équilibre entre affirmation de soi et patience. Prenez le temps d'évaluer vos objectifs et de faire des plans pratiques pour les atteindre. Cet aspect vous rappelle également d'être conscient de vos responsabilités et de vos engagements.

Le quintile du Soleil avec Pluton le 3 avril approfondit votre conscience de soi et vous permet de puiser dans votre force intérieure et votre résilience. Utilisez cette énergie pour transformer tous les domaines de votre vie qui ont besoin de changement ou d'amélioration. Ayez confiance en votre capacité à surmonter les défis et à embrasser votre pouvoir personnel.

Mars quintile Uranus le 3 avril enflamme votre esprit aventureux et alimente votre désir de liberté et d'excitation. Vous pouvez ressentir une forte envie de vous libérer de la routine et de vivre de nouvelles expériences. Permettez-vous d'explorer un territoire inexploré et de saisir les opportunités qui correspondent à vos passions.

La conjonction de Vénus avec Neptune le 3 avril apporte une touche de romantisme, de créativité et de rêverie à votre vie amoureuse. Cet aspect vous encourage à exprimer vos émotions et à vous connecter avec les autres à un niveau plus profond et plus compatissant. C'est une période propice aux gestes romantiques, aux activités artistiques et à l'entretien de vos relations.

La conjonction du Soleil avec le Vrai Nœud le 4 avril amplifie votre sens du but et de la destinée. Cet alignement vous invite à entrer dans votre moi authentique et à aligner vos actions sur l'appel de votre âme. Faites confiance au chemin qui se déroule devant vous et saisissez les opportunités de croissance et de découverte de soi.

Carrière

Le semi-sextile du Soleil avec Jupiter le 8 avril élargit vos horizons et ouvre la porte à de nouvelles possibilités dans votre carrière. Cet aspect vous encourage à sortir de votre zone de confort, à relever des défis et à rechercher des opportunités d'avancement. Ayez confiance en vos capacités et ayez foi en votre potentiel.

Le demi-carré de Vénus avec Jupiter le 8 avril pourrait introduire quelques tensions ou conflits dans vos relations professionnelles. Soyez conscient des luttes de pouvoir ou des conflits d'ego qui peuvent survenir. Concentrez-vous sur la diplomatie et trouvez un équilibre harmonieux entre l'affirmation de vous-même et la collaboration avec les autres.

La conjonction du Soleil avec Mercure le 11 avril améliore vos compétences en communication et vos prouesses intellectuelles dans vos efforts professionnels. Cet alignement favorise des discussions productives, des négociations et la résolution de problèmes. C'est un moment propice pour présenter vos idées, réseauter avec des personnes influentes et progresser dans votre carrière.

Finance

En avril 2024, Bélier, les influences astrologiques apportent un mélange d'opportunités et de défis à votre paysage financier. Ce mois-ci nécessite un examen attentif de vos habitudes de dépenses et une approche équilibrée des questions d'argent.

Le demi-carré de Vénus avec Uranus le 10 avril pourrait entraîner des changements financiers ou des dépenses inattendus. Il est important d'être préparé à l'imprévu et d'avoir un plan d'urgence en place. Évitez les achats impulsifs et évaluez l'impact à long terme de vos décisions financières.

Le semi-sextile du Soleil avec Neptune le 17 avril appelle au discernement financier et à un jugement avisé. Méfiez-vous des escroqueries potentielles ou des offres financières trompeuses. Faites confiance à votre intuition et demandez conseil à un professionnel si nécessaire. Concentrez-vous sur le maintien de la stabilité financière et la protection de vos actifs.

Santé

En avril 2024, Bélier, les influences astrologiques vous rappellent de prioriser votre santé et votre bien-être. Ce mois-ci appelle à prendre soin de soi, à équilibrer et à nourrir son esprit, son corps et son âme.

La conjonction du Soleil avec Chiron le 8 avril apporte une énergie de guérison à votre bien-être physique et émotionnel. Cet aspect vous invite à aborder tout problème de santé persistant ou blessure émotionnelle. Recherchez des approches holistiques de la guérison et intégrez des pratiques de soins personnels qui favorisent votre bien-être général.

Le semi-sextile de Mercure avec Saturne le 24 avril souligne l'importance de la stabilité mentale et émotionnelle. Faites attention à vos schémas de pensée et recherchez des exutoires sains pour la gestion du stress.

Trouvez des moyens de maintenir un équilibre travail-vie sain et accordez la priorité à la relaxation et au rajeunissement.

Voyage

Ce mois offre des opportunités de voyages passionnants, à la fois physiques et métaphoriques.

Le semi-sextile de Vénus avec Mars le 6 avril apporte un sentiment d'aventure et de spontanéité à vos projets de voyage. C'est un excellent moment pour entreprendre un voyage spontané ou s'adonner à des activités de plein air qui revigorent votre esprit. Vivez de nouvelles expériences et élargissez vos horizons grâce aux voyages.

Le carré du Soleil avec Pluton le 21 avril vous invite à explorer les profondeurs de votre propre psyché et à vous lancer dans un voyage de découverte de soi. Cela peut impliquer un voyage intérieur, une introspection et des pratiques transformatrices telles que la méditation ou des retraites spirituelles. Permettez-vous de plonger dans les profondeurs de votre âme et d'embrasser le pouvoir transformateur de l'auto-exploration.

Aperçus des étoiles

Avril est un mois chargé de puissance pour le Bélier. Les étoiles sont alignées d'une manière qui améliore vos qualités naturelles de leadership, de courage et d'enthousiasme. Cependant, un grand pouvoir s'accompagne d'une grande responsabilité. Les étoiles vous rappellent de manier vos énergies avec sagesse.

Les meilleurs jours du mois : 3 , 8 , 11 , 17 , 19 , 20 et 24 avril .

Mai 2024

Horoscope

Les influences astrologiques vous encouragent à accepter le changement, à explorer de nouvelles opportunités et à cultiver une compréhension plus profonde de vous-même et de vos relations. Ce mois présente un mélange de défis et de croissance, vous offrant la possibilité d'évoluer et de manifester vos désirs.

Le carré entre Vénus et Pluton le 1er mai peut apporter des expériences émotionnelles intenses dans vos relations. Il est essentiel de maintenir une communication ouverte, la confiance et l'honnêteté pour naviguer dans les luttes de pouvoir ou les problèmes de contrôle. Profitez de cette occasion pour transformer et renforcer vos liens grâce à une guérison émotionnelle profonde.

Le sextile de Mars avec Pluton le 3 mai vous donne un puissant dynamisme et une détermination à poursuivre vos objectifs. Votre assurance et votre ambition sont accrues et vous possédez la capacité de surmonter les obstacles et de faire des progrès significatifs dans vos efforts. Embrassez cette énergie transformatrice pour créer un changement positif dans votre vie.

Aimer

Les alignements planétaires vous invitent à approfondir vos relations, à favoriser les liens émotionnels et à renforcer les liens que vous partagez.

Le demi-carré entre Vénus et Neptune le 10 mai peut apporter des moments de confusion ou d'incertitude dans vos relations amoureuses. Il est crucial de maintenir une communication claire et ouverte pour éviter tout malentendu ou illusion. Faites confiance à votre intuition et prenez le temps de vous connecter avec vos émotions et vos désirs.

Le semi-sextile du Soleil avec Chiron le 11 mai présente une opportunité de guérison émotionnelle et de croissance dans votre vie amoureuse. Cet aspect vous invite à aborder toutes les blessures émotionnelles ou les insécurités qui peuvent avoir un impact sur vos relations. La vulnérabilité et l'ouverture d'esprit permettent une intimité et une connexion plus profondes.

Carrière

En mai 2024, Bélier, les influences astrologiques mettent en valeur vos ambitions professionnelles et apportent des opportunités d'avancement et de reconnaissance. Ce mois présente une période favorable pour poursuivre vos objectifs de carrière et faire des progrès significatifs dans le domaine que vous avez choisi.

La conjonction de Mercure avec Chiron le 6 mai améliore vos compétences en communication et permet des conversations curatives sur le lieu de travail. C'est un excellent moment pour régler tout conflit ou malentendu et trouver des solutions qui favorisent l'harmonie et la productivité. Utilisez vos mots à bon escient et exprimez vos idées avec confiance et compassion.

La conjonction du Soleil avec Uranus le 13 mai apporte des opportunités inattendues et des idées innovantes dans votre carrière. Adoptez le changement et soyez ouvert aux nouvelles approches et perspectives. Cet alignement vous encourage à sortir des sentiers battus et à prendre des risques calculés qui peuvent mener à des percées et à la réussite.

Finance

En mai 2024, Bélier, les influences astrologiques dans le domaine des finances amènent un besoin de prudence et de sens pratique. Il est essentiel de prendre des décisions éclairées et d'éviter les dépenses impulsives ou les investissements risqués.

Le demi-carré de Vénus avec Mars le 10 mai pourrait créer des tensions financières ou des désirs contradictoires. Il est important de trouver un équilibre entre profiter des plaisirs de la vie et maintenir la stabilité financière. Soyez conscient de vos habitudes de dépenses et priorisez vos objectifs financiers à long terme.

La conjonction du Soleil avec Jupiter le 18 mai offre des opportunités d'expansion financière et d'abondance. Cet aspect favorise la planification stratégique, les investissements et la recherche de nouvelles sources de revenus. Profitez des opportunités financières favorables qui se présentent à vous, mais assurez-vous qu'elles correspondent à vos objectifs et valeurs à long terme.

Santé

En mai 2024, Bélier, les influences astrologiques soulignent l'importance de prendre soin de soi et de maintenir une approche équilibrée de sa santé et de son bien-être. Il est crucial de prioriser les routines de soins personnels et de créer un équilibre harmonieux entre le travail et le repos.

Le demi-carré du Soleil avec Chiron le 27 mai peut apporter une certaine sensibilité émotionnelle et physique. Prenez le temps de vous nourrir et de traiter les blessures émotionnelles sous-jacentes ou les facteurs de stress. Engagez-vous dans des activités qui vous apportent joie et détente, comme faire de l'exercice, méditer ou passer du temps dans la nature.

Faites attention à votre niveau d'énergie et écoutez les besoins de votre corps. Établissez des limites saines et évitez le surmenage ou l'épuisement professionnel. N'oubliez pas que les soins personnels sont une composante essentielle du bien-être général et que prendre soin de vous vous permet de vous manifester pleinement dans d'autres domaines de votre vie.

Voyage

C'est une période propice pour élargir vos horizons et vous lancer dans de nouveaux voyages.

Les alignements planétaires encouragent la spontanéité et embrassent l'inconnu. Permettez-vous de sortir de votre zone de confort et d'explorer de nouvelles destinations ou de vivre des expériences uniques. Voyager peut fournir des informations précieuses, élargir votre perspective et offrir des opportunités de croissance personnelle.

Lors de la planification de vos voyages, assurez-vous d'avoir un itinéraire flexible pour tenir compte de tout changement ou retard imprévu. Embrassez le sens de l'aventure et soyez ouvert à la connexion avec des personnes de cultures et d'horizons différents. Ces interactions peuvent apporter des informations précieuses et élargir votre compréhension du monde.

Aperçus des étoiles

Les étoiles en mai chuchotent de croissance et de changement. C'est le moment de définir des intentions, en particulier en ce qui concerne les relations et les valeurs personnelles.

Les meilleurs jours du mois : 7 , 13 , 18 , 19 , 23 , 25 et 30 mai .

juin 2024

Horoscope

En juin 2024, Bélier, les influences astrologiques apportent une combinaison de dynamisme, d'intuition et de croissance émotionnelle. Ce mois offre des opportunités de transformation personnelle et d'approfondissement de vos liens avec les autres. C'est le moment de faire confiance à votre instinct et d'embrasser votre moi authentique.

Le semi-sextile de Mars avec Uranus le 1er juin enflamme votre désir de liberté et d'indépendance. Cet aspect vous encourage à vous libérer des limites et à explorer de nouvelles possibilités. Embrassez votre individualité unique et laissez vos idées novatrices s'épanouir.

Le quintile du Soleil avec Neptune le 1er juin améliore votre intuition et votre connexion spirituelle. Faites confiance à vos conseils intérieurs et faites attention aux signes subtils et aux synchronicités. S'engager dans des pratiques telles que la méditation et la tenue d'un journal peut aider à approfondir votre connexion spirituelle et à améliorer votre bien-être général.

Aimer

En juin 2024, Bélier, les influences astrologiques dans le domaine de l'amour et des relations offrent des opportunités de croissance, de passion et de liens émotionnels profonds. C'est le moment d'explorer les profondeurs de votre cœur et de nourrir les liens que vous avez avec vos proches.

Le sextile de Vénus avec Chiron le 11 juin favorise la guérison et la croissance émotionnelle dans vos relations. C'est un aspect favorable pour traiter les blessures passées ou les barrières émotionnelles qui ont pu entraver votre connexion. Ouvrez-vous à la vulnérabilité et permettez-vous de recevoir et de donner de l'amour librement.

La conjonction du Soleil avec Vénus le 4 juin amplifie votre charme et votre attractivité. Cet alignement améliore votre énergie romantique et peut apporter de nouvelles opportunités d'amour ou approfondir les relations existantes. Embrassez la beauté de l'amour et laissez votre cœur vous guider dans les affaires de cœur.

Carrière

Ce mois présente des opportunités de croissance, de reconnaissance et de manifestation de vos ambitions. C'est le moment de vous affirmer et d'avancer vers vos objectifs.

La conjonction de Mercure avec Jupiter le 4 juin améliore vos compétences en communication et vos prouesses intellectuelles. Cet alignement soutient votre capacité à transmettre efficacement vos idées et à présenter des arguments convaincants. C'est un moment propice aux négociations, aux présentations ou à toute entreprise nécessitant une communication claire et convaincante.

Le carré du Soleil avec Saturne le 9 juin peut apporter des défis ou des obstacles dans votre carrière. Il est important de rester persévérant et concentré sur vos objectifs à long terme. Utilisez cet aspect comme une occasion de réévaluer vos plans, de renforcer vos stratégies et d'aborder votre travail avec discipline et dévouement.

Finance

En juin 2024, Bélier, les influences astrologiques dans le domaine des finances soulignent l'importance de la stabilité, de la discipline et des décisions financières judicieuses. C'est le moment d'évaluer vos objectifs financiers, de gérer efficacement vos ressources et de faire des choix éclairés.

Le carré de Vénus avec Saturne le 8 juin pourrait entraîner des difficultés ou des restrictions financières. Il est essentiel de créer un budget solide et de faire preuve de prudence dans vos habitudes de dépenses. Concentrez-vous sur la sécurité financière à long terme et évitez les achats impulsifs ou les investissements risqués.

Le quinconce du Soleil avec Pluton le 22 juin appelle à une réévaluation de vos stratégies financières et de votre dynamique de pouvoir. Réfléchissez à tous les schémas ou croyances cachés qui pourraient influencer votre relation avec l'argent. Adoptez l'autonomisation financière et faites des choix qui correspondent à vos valeurs et à vos objectifs à long terme.

Santé

En juin 2024, Bélier, les influences astrologiques soulignent l'importance des soins personnels, du bien-être émotionnel et du maintien d'une approche équilibrée de votre santé. Il est essentiel de donner la priorité aux routines de soins personnels et de nourrir votre esprit, votre corps et votre esprit.

Le quintile du Soleil avec Chiron le 26 juin soutient votre parcours de guérison émotionnelle et de découverte de soi. Prenez le temps de l'introspection et de l'autoréflexion. Engagez-vous dans des activités qui vous apportent de la joie, comme l'exercice, la méditation ou des débouchés créatifs. Connectez-vous à vos émotions et demandez de l'aide si nécessaire.

Maintenez une approche équilibrée de votre santé physique. Concentrez-vous sur les aliments nourrissants, l'exercice régulier et un repos adéquat. Écoutez les besoins de votre corps et établissez des limites saines pour éviter le surmenage ou l'épuisement professionnel.

Voyage

Le semi-sextile de Mars avec Jupiter le 15 juin enflamme votre esprit d'aventure et vous encourage à vous lancer dans des voyages passionnants. Qu'il s'agisse d'une escapade spontanée d'un week-end ou d'un voyage international soigneusement planifié, adoptez l'esprit d' aventure et permettez-vous d'être ouvert à de nouvelles expériences.

Faites attention à toutes les restrictions ou directives liées aux voyages et planifiez en conséquence. Recherchez vos destinations, connectez-vous avec les habitants et immergez-vous dans différentes cultures. Ces expériences vous procureront non seulement de la joie et de la détente, mais élargiront également votre compréhension du monde.

Aperçus des étoiles

Les étoiles de juin sont alignées pour favoriser la croissance intellectuelle et l'épanouissement émotionnel du Bélier. Écoutez votre intuition ce mois-ci car elle vous guidera à travers les marées changeantes. N'oubliez pas qu'il est crucial d'équilibrer l'esprit et le cœur. Les étoiles vous offrent les énergies, mais ce sont vos choix conscients qui façonneront votre chemin.

Les meilleurs jours du mois : 14 , 16 , 20 , 21 , 22 , 26 et 29 juin .

juillet 2024

Horoscope

Ce mois-ci vous encourage à accepter le changement, à poursuivre votre croissance personnelle et à explorer de nouvelles possibilités. C'est le moment de puiser dans votre pouvoir intérieur, d'affirmer votre individualité et de faire des progrès significatifs vers vos objectifs.

Le demi-carré de Jupiter avec Chiron le 1er juillet vous invite à affronter toutes les blessures émotionnelles et à rechercher la guérison. Prenez le temps de régler les problèmes non résolus et donnez la priorité aux soins personnels. Faites confiance au processus de guérison et rappelez-vous que la vulnérabilité est une force.

Le quintile de Mercure avec Mars le 1er juillet améliore votre agilité mentale et votre assurance. Cet aspect favorise une communication efficace et vous permet d'exprimer vos idées et opinions en toute confiance. Utilisez cette énergie pour poursuivre vos objectifs et vous affirmer dans les interactions professionnelles et personnelles.

Le semi-carré du Soleil avec Uranus le 1er juillet apporte des événements inattendus et des changements à votre routine quotidienne. Acceptez l'élément de surprise et soyez prêt à vous adapter à de nouvelles circonstances. C'est à travers ces expériences inattendues que vous découvrirez des opportunités cachées de croissance.

Aimer

En juillet 2024, Bélier, les influences astrologiques apportent passion et intensité à votre vie amoureuse. Ce mois-ci vous encourage à faire preuve d'audace pour exprimer vos désirs et entretenir vos relations.

L'opposition de Mercure avec Pluton le 3 juillet pourrait entraîner des conversations intenses et le besoin de profondeur émotionnelle dans vos partenariats. Plongez sous la surface et engagez-vous dans des discussions honnêtes et transformatrices. Utilisez cette énergie pour renforcer vos liens émotionnels et créer une compréhension plus profonde avec votre partenaire.

Le carré de Vénus avec Chiron le 6 juillet appelle à la guérison et à la compassion en matière de cœur. Cet aspect peut faire remonter des blessures ou des insécurités passées. Soyez patient avec vous-même et votre partenaire pendant que vous naviguez à travers ces émotions. Offrez du soutien et de la compréhension et laissez de l'espace pour que la guérison émotionnelle ait lieu.

Carrière

Ce mois offre des opportunités d'avancement, de reconnaissance et de manifestation de vos ambitions. C'est le moment d'affirmer vos compétences en leadership, de mettre en valeur vos talents et de faire des progrès significatifs dans le domaine de votre choix.

Le trigone de Vénus avec Saturne le 2 juillet apporte stabilité et praticité à votre carrière. Cet aspect soutient la planification à long terme et les efforts disciplinés. Utilisez cette influence pour établir une base solide, établir des relations professionnelles et prendre des décisions judicieuses qui contribuent à votre succès à long terme.

Le sextile de Mercure avec Jupiter le 8 juillet améliore vos compétences en communication et élargit votre réseau. Cet alignement favorise les interactions positives, la collaboration et le partage d'idées. Utilisez cette influence pour vous connecter avec des personnes influentes, rechercher un mentorat et explorer de nouvelles opportunités de croissance et de développement.

Finance

En juillet 2024, Bélier, les influences astrologiques vous incitent à faire attention à votre stabilité financière et à vos objectifs à long terme. Ce mois-ci appelle à l'aspect pratique et à une gestion disciplinée de l'argent.

Le quinconce de Mercure avec Saturne le 15 juillet vous invite à évaluer vos habitudes financières et à faire des ajustements si nécessaire. Évaluez votre budget, réduisez les dépenses inutiles et concentrez-vous sur des investissements à long terme qui correspondent à vos objectifs financiers.

Le trigone de Vénus avec Neptune le 11 juillet offre une opportunité de prise de décision financière intuitive. Faites confiance à votre instinct en matière financière et recherchez des opportunités qui correspondent à vos valeurs. Évitez les dépenses impulsives et faites des choix qui contribuent à votre bien-être financier à long terme.

Santé

Ce mois-ci vous encourage à maintenir un équilibre entre l'activité physique, le repos et les soins personnels.

La conjonction de Mars avec Uranus le 15 juillet dynamise votre corps physique et vous encourage à explorer de nouvelles formes d'exercice et de mouvement. Adoptez des activités qui vous mettent au défi et vous passionnent, comme essayer un nouveau sport ou participer à des entraînements de haute intensité. Cependant, n'oubliez pas d'écouter votre corps et d'éviter de vous pousser au-delà de vos limites.

Le trigone du Soleil avec Neptune le 21 juillet vous invite à trouver l'harmonie et l'équilibre par la relaxation et l'introspection. Prenez le temps de vous reposer et de vous ressourcer, engagez-vous dans des activités qui favorisent la paix intérieure et le bien-être émotionnel, comme la méditation, le yoga ou passer du temps dans la nature. Écoutez votre intuition et respectez les signaux de votre corps.

Voyage

Ce mois-ci vous invite à élargir vos horizons, à découvrir de nouvelles cultures et à créer des souvenirs durables.

Le quintile de Vénus avec Uranus le 8 juillet enflamme votre esprit aventureux et vous encourage à vous lancer dans des voyages passionnants. Qu'il s'agisse d'une escapade spontanée d'un week-end ou d'un voyage international soigneusement planifié, adoptez l'esprit d' aventure et permettez-vous d'être ouvert à de nouvelles expériences.

Faites attention à toutes les restrictions ou directives liées aux voyages et planifiez en conséquence. Recherchez vos destinations, connectez-vous avec les habitants et immergez-vous dans différentes cultures. Ces expériences vous procureront non seulement de la joie et de la détente, mais élargiront également votre compréhension du monde.

Aperçus des étoiles

Ce mois-ci, les étoiles exhortent le Bélier à nourrir son monde émotionnel, à harmoniser sa vie domestique et à exprimer son moi unique. Embrassez les énergies du mois avec un cœur ouvert et laissez les étoiles guider votre voyage.

Les meilleurs jours du mois : 10 , 15 , 18 , 21 , 23 , 26 et 31 juillet .

Août 2024

Horoscope

En août 2024, Bélier, les influences astrologiques apportent un mélange d'énergie et d'opportunités d'introspection. Ce mois-ci vous encourage à trouver un équilibre entre l'action et l'introspection. C'est le moment d'évaluer vos objectifs, vos relations et votre croissance personnelle, et de faire les ajustements nécessaires pour vous aligner sur vos vrais désirs.

Le sextile de Mars avec True Node le 1er août enflamme votre motivation et vous pousse vers vos objectifs. Cet aspect vous permet de prendre des mesures décisives qui contribuent à votre développement personnel et professionnel. Faites confiance à votre instinct et saisissez les opportunités qui correspondent à votre moi authentique.

Le carré de Vénus avec Uranus le 2 août pourrait apporter des changements ou des perturbations inattendus dans votre vie amoureuse et vos relations. Il est essentiel de rester adaptable et ouvert d'esprit pendant cette période. Adoptez la spontanéité et laissez place à la croissance et à l'évolution de vos partenariats.

Le biquintile du Soleil avec Saturne le 4 août soutient votre approche disciplinée du travail et des responsabilités personnelles. Cet alignement améliore votre capacité à structurer efficacement votre temps, à fixer des objectifs et à progresser régulièrement. Embrassez les récompenses du travail acharné et de la persévérance.

Aimer

Ce mois-ci vous invite à approfondir vos relations, à exprimer vos désirs et à favoriser l'intimité émotionnelle.

Le quintile de Vénus avec Jupiter le 2 août améliore votre nature romantique et étend votre capacité de joie et d'amour. Cet aspect vous encourage à vivre des expériences positives et à créer des opportunités de croissance et d'aventure dans vos relations.

Faites attention au carré de Vénus avec Mars le 22 août, car cela peut apporter des tensions ou des conflits dans votre vie amoureuse. Utilisez cette énergie comme une opportunité de communication et de compréhension honnêtes. Cherchez des compromis et trouvez un terrain d'entente avec votre partenaire pour maintenir l'harmonie.

Carrière

En août 2024, Bélier, les influences astrologiques mettent en lumière votre carrière et vos projets professionnels. Ce mois présente des opportunités de croissance, de reconnaissance et d'avancement. C'est le moment d'affirmer vos compétences en leadership, de poursuivre vos ambitions et de faire des progrès significatifs dans le domaine que vous avez choisi.

La conjonction de Mars avec Jupiter le 14 août amplifie votre dynamisme et votre ambition. Cet aspect vous incite à prendre des mesures audacieuses, à explorer de nouvelles possibilités et à élargir vos horizons professionnels. Saisissez les opportunités de croissance et faites confiance à vos capacités pour réussir.

Le carré de Mercure avec Uranus le 18 août apporte une énergie innovante et non conventionnelle à votre carrière. Cet aspect vous encourage à sortir des sentiers battus, à accepter le changement et à prendre des risques calculés. Faites confiance à votre instinct et soyez ouvert aux nouvelles idées et perspectives qui peuvent mener à des percées dans votre vie professionnelle.

Finance

L'opposition de Vénus avec Neptune le 28 août vous invite à la prudence en matière de décisions financières. Évitez les dépenses impulsives ou les investissements risqués pendant cette période. Prenez du recul et évaluez votre situation financière avec clarté et objectivité.

Concentrez-vous sur le trigone de Vénus avec Pluton le 29 août, qui offre des opportunités de transformation financière et d'autonomisation. Cet aspect prend en charge la planification stratégique, les investissements à long terme et l'exploration de moyens d'augmenter votre abondance financière. Demandez conseil à des professionnels et prenez des mesures proactives pour assurer votre avenir financier.

Santé

Ce mois-ci appelle à un équilibre entre prendre soin de votre corps et nourrir votre moi intérieur.

Le quintile de Mars avec Neptune le 6 août vous encourage à explorer des approches holistiques de la santé et du bien-être. Envisagez d'intégrer des pratiques comme la méditation, le yoga ou la guérison énergétique dans votre routine. Concentrez-vous sur les techniques de soins personnels et de gestion du stress pour maintenir une santé optimale.

Faites attention au sesquiquadrate du Soleil avec Chiron le 30 août, car il peut faire apparaître des blessures émotionnelles ou des vulnérabilités. Prenez le temps de résoudre les problèmes persistants et demandez l'aide d'amis ou de professionnels de confiance. La guérison émotionnelle est un aspect essentiel du bien-être général.

Voyage

Le trigone de Vénus avec Uranus le 27 août stimule votre sens de l'aventure et vous encourage à vous lancer dans des voyages passionnants. Qu'il s'agisse d'une escapade spontanée d'un week-end ou d'un voyage international soigneusement planifié, adoptez l'esprit d' exploration et vivez de nouvelles expériences.

Faites attention à toutes les restrictions ou directives de voyage et planifiez en conséquence. Recherchez vos destinations, connectez-vous avec les habitants et participez à des activités qui correspondent à votre sens de l'aventure. Saisissez les opportunités de croissance personnelle et d'enrichissement culturel qu'apportent les voyages.

Aperçus des étoiles

Août est un mois de dualité pour le Bélier – commençant par l'expression créative et se terminant par l'aspect pratique. L'équilibre est la clé; profitez de l'espièglerie du Lion et de la diligence de la Vierge.

Les meilleurs jours du mois : 6 , 14 , 15 , 18 , 22 , 27 et 30 août .

Septembre 2024

Horoscope

En septembre 2024, Bélier, les influences astrologiques apportent un mélange d'introspection et d'affirmation de soi. Ce mois-ci vous encourage à trouver un équilibre entre la réflexion et l'action . C'est le moment de plonger profondément dans votre monde intérieur, de réévaluer vos relations et de saisir les opportunités de croissance personnelle et professionnelle.

Le trigone de Mercure avec Chiron le 2 septembre invite à l'introspection et à la guérison. Cet aspect favorise les conversations profondes et l'autoréflexion, vous permettant de traiter les blessures émotionnelles et de trouver la paix intérieure. Prenez le temps de communiquer vos sentiments et de rechercher la compréhension dans vos relations.

Faites attention au quintile du Soleil avec Mars le 2 septembre, ce qui renforce votre motivation et votre affirmation de soi. Cet aspect vous permet de prendre des mesures audacieuses et de poursuivre vos objectifs avec vigueur. Faites confiance à votre instinct et saisissez les opportunités de croissance et d'avancement.

Aimer

En septembre 2024, Bélier, les influences astrologiques mettent l'accent sur votre vie amoureuse et vos relations. Ce mois-ci vous encourage à entretenir vos relations, à exprimer vos émotions et à approfondir vos liens.

L'opposition de Vénus avec le Vrai Nœud le 3 septembre pourrait apporter des défis ou des conflits dans vos relations. Il est essentiel de communiquer ouvertement et honnêtement avec votre partenaire, en cherchant un équilibre entre vos besoins et les leurs. Acceptez les compromis et trouvez un terrain d'entente pour maintenir l'harmonie.

Faites attention au quinconce de Vénus avec Chiron le 16 septembre, car cela peut faire apparaître des insécurités ou des vulnérabilités émotionnelles. Utilisez cette énergie comme une opportunité de croissance et de guérison. Pratiquez l'amour de soi et cultivez une communication ouverte avec votre partenaire pour renforcer votre lien.

Carrière

En septembre 2024, Bélier, les influences astrologiques mettent en lumière votre parcours et vos aspirations professionnelles. Ce mois-ci présente des opportunités de croissance, d'innovation et de collaboration. C'est le moment d'affirmer vos compétences en leadership et de relever de nouveaux défis.

Le quintile de Mars avec Chiron le 12 septembre stimule votre créativité et vous encourage à trouver des solutions innovantes aux problèmes liés au travail. Cet aspect vous permet de sortir des sentiers battus et de faire des progrès significatifs dans vos efforts professionnels. Faites confiance à votre instinct et prenez des risques calculés.

Faites attention au biquintile de Mercure avec Pluton le 12 septembre, qui apporte une énergie transformatrice à votre carrière. Cet aspect soutient la planification stratégique et vous aide à mieux comprendre votre parcours professionnel. Embrassez le pouvoir de la connaissance et utilisez vos compétences en communication pour avoir un impact dans votre domaine.

Finance

Le biquintile de Vénus avec Uranus le 15 septembre suscite des opportunités d'innovation financière et des gains inattendus. Adoptez de nouvelles stratégies d'investissement ou explorez d'autres sources de revenus. Restez ouvert aux opportunités uniques qui peuvent apporter l'abondance financière.

Faites attention au quinconce de Vénus avec Saturne le 29 septembre, car cela peut entraîner des difficultés ou des restrictions financières. Il est essentiel de donner la priorité à la planification financière, à la budgétisation et à la prise de décision responsable. Demandez conseil à des professionnels si nécessaire et faites des choix réfléchis pour assurer une stabilité financière à long terme.

Santé

Le trigone du Soleil avec Uranus le 19 septembre apporte un regain d'énergie et vous encourage à explorer de nouvelles approches de la santé et du bien-être. Adoptez des routines d'exercices innovantes ou essayez des modalités de guérison alternatives pour soutenir votre bien-être général.

Faites attention à l'opposition du Soleil avec Neptune le 20 septembre, car cela peut apporter une certaine sensibilité émotionnelle ou de la confusion. Prenez le temps de réfléchir et assurez-vous de prendre soin de votre santé mentale et émotionnelle. Engagez-vous dans des activités qui vous apportent de la joie et pratiquez la pleine conscience pour maintenir votre équilibre intérieur.

Voyage

Le trigone de Vénus avec Jupiter le 15 septembre stimule votre sens de l'aventure et vous encourage à vous lancer dans des voyages passionnants. Qu'il s'agisse d'une escapade spontanée d'un week-end ou d'un voyage international bien planifié, adoptez l'esprit d'exploration et plongez dans de nouvelles expériences.

Faites attention à l'opposition du Soleil avec le True Node le 29 septembre, car cela peut entraîner des changements ou des retards inattendus dans vos projets de voyage. Soyez adaptable et flexible, et ayez des plans d'urgence en place. Saisissez les opportunités de croissance personnelle et d'enrichissement culturel qu'offrent les voyages.

Aperçus des étoiles

Septembre est un mois d'organisation, de relations et d'événements inattendus pour le Bélier. L'énergie de la Vierge encourage l'aspect pratique, tandis que la Balance se concentre sur l'équilibre dans les relations. Uranus apporte des surprises, alors soyez adaptable. Concentrez-vous sur la clarté de la communication et sur l'établissement de relations solides, tant sur le plan personnel que professionnel.

Les meilleurs jours du mois : 2 , 12 , 15 , 19 , 20 , 29 et 30 septembre .

Octobre 2024

Horoscope

Cher Bélier, octobre 2024 vous apporte un mélange d'influences énergiques et transformatrices. C'est un mois de découverte de soi, de croissance et de réflexion profonde. Les alignements planétaires vous invitent à accepter le changement, à affirmer vos limites et à vous concentrer sur votre développement personnel. C'est le moment d'abandonner les vieux schémas et de faire de la place pour de nouveaux départs. Restez ouvert d'esprit et adaptable lorsque vous naviguez dans l'énergie dynamique de ce mois. Ayez confiance en votre capacité à gérer tout ce qui se présente à vous et rappelez-vous que la transformation mène souvent à la croissance et à des résultats positifs. Saisissez cette opportunité de transformation personnelle et alignez vos actions sur vos véritables désirs et valeurs. Utilisez ce mois pour établir une base solide pour vos projets futurs et cultiver des relations harmonieuses.

Aimer

En amour, Bélier, octobre 2024 recèle le potentiel de liens émotionnels profonds et d'expériences transformatrices. L'alignement de Vénus et du vrai nœud le 3 octobre améliore votre capacité à établir des liens significatifs et émouvants. Vous pouvez être attiré par des partenaires qui ont un impact significatif sur votre chemin de vie et votre croissance spirituelle. Cet alignement vous invite à ouvrir votre cœur et à embrasser la vulnérabilité, permettant des connexions profondes et authentiques.

Le 4 octobre, Vénus forme un trigone avec Saturne, apportant stabilité et engagement à vos relations. Si vous êtes dans un partenariat engagé, c'est un moment propice pour solidifier votre lien, exprimer votre amour et votre dévotion et relever ensemble tous les défis. Le Bélier célibataire peut attirer une personne mature, fiable et prête pour une relation engagée. L'énergie de cet aspect soutient la construction de fondations durables basées sur la confiance et des valeurs partagées.

Cependant, il est important d'être conscient des blessures émotionnelles potentielles qui peuvent surgir. L'opposition de Mercure avec Chiron le 8 octobre peut faire apparaître des insécurités et des blessures passées dans les relations. C'est une occasion de guérison et de compréhension. Engagez-vous dans une communication ouverte et honnête avec votre partenaire, en traitant tout problème émotionnel qui survient. Cherchez le soutien d'amis de confiance, de votre famille ou de professionnels si nécessaire.

Dans l'ensemble, octobre présente une opportunité de croissance émotionnelle profonde et de transformation dans votre vie amoureuse. Acceptez la vulnérabilité, communiquez de manière authentique et favorisez les connexions qui correspondent à vos désirs les plus profonds. Rappelez-vous que le véritable amour exige des efforts, un engagement et une volonté de grandir ensemble.

Carrière

En ce qui concerne votre carrière, Bélier, octobre 2024 recèle un potentiel de croissance, de collaboration et d'affirmation de soi. Le carré entre Mercure et Mars le 6 octobre peut temporairement obscurcir votre vision ou créer une confusion quant à vos objectifs professionnels. Profitez de cette occasion pour réévaluer vos plans, en vous assurant qu'ils correspondent à vos désirs et valeurs authentiques. Recherchez la clarté avant d'aller de l'avant.

Un aspect significatif se produit le 15 octobre lorsque Vénus forme un trigone avec Mars. Cet alignement renforce votre charisme et attire une attention positive dans votre carrière. C'est un excellent moment pour mettre en valeur vos compétences, présenter de nouvelles idées ou lancer des projets créatifs. La collaboration et la coopération avec des collègues peuvent conduire à des avancées significatives. Tirez parti de votre capacité à bien travailler avec les autres et inspirez-les avec votre enthousiasme et votre vision.

Le quinconce du Soleil avec Uranus le 19 octobre pourrait apporter des changements ou des perturbations inattendus dans votre cheminement de carrière. Restez adaptable et ouvert aux nouvelles opportunités qui peuvent se présenter. Ayez confiance en votre capacité à gérer tout ce qui se présente à vous et gardez un état d'esprit flexible.

Le 21 octobre, le biquintile de Mercure avec le Vrai Nœud souligne l'importance d'aligner vos choix de carrière sur votre chemin et votre objectif de vie. Cet alignement vous encourage à suivre votre intuition et à prendre des décisions qui résonnent avec le voyage de votre âme. Ayez confiance que l'univers vous guidera vers des expériences professionnelles épanouissantes.

Finances

L'aspect sesquiquadrate entre Vénus et Neptune le 3 octobre peut apporter une certaine confusion ou des tendances idéalistes concernant votre situation financière. Il est important de rester ancré et réaliste lorsqu'il s'agit de questions d'argent. Évitez les achats impulsifs ou les investissements qui semblent trop beaux pour être vrais.

Le trigone entre Vénus et Saturne le 4 octobre apporte stabilité et praticité à vos transactions financières. Cet aspect favorise la planification financière à long terme, la budgétisation et la prise de décision responsable. C'est le bon moment pour revoir vos objectifs financiers, évaluer vos ressources et faire des ajustements si nécessaire. Envisagez de demander conseil à un expert financier ou à un mentor qui peut vous fournir des informations et des conseils précieux.

Le 22 octobre, le carré entre le Soleil et Pluton pourrait apporter une énergie intense à vos affaires financières. Il est crucial de maintenir une approche équilibrée et d'éviter les luttes de pouvoir ou les tactiques de manipulation. Au lieu de cela, concentrez-vous sur l'autonomisation et la prise de contrôle de votre situation financière. Cet aspect peut également signifier un besoin de transformation et de libération d'anciens schémas qui ne servent plus votre bien-être financier.

Au fur et à mesure que le mois avance, le sextile entre Vénus et Pluton le 24 octobre offre un potentiel de croissance financière et des opportunités d'augmenter votre patrimoine. Cet aspect favorise les investissements stratégiques, les négociations et les collaborations. Soyez ouvert aux idées novatrices ou aux coentreprises qui pourraient entraîner des gains financiers.

N'oubliez pas de donner la priorité à l'épargne et à la création d'une base financière solide pour votre avenir. Évitez les dépenses impulsives et concentrez-vous sur la sécurité financière à long terme. En restant discipliné et en faisant des choix conscients, vous pouvez naviguer dans le paysage financier avec confiance et créer un avenir stable et prospère.

Santé

L'aspect sesquiquadrate entre Mercure et Neptune le 12 octobre peut créer un besoin d'attention supplémentaire à votre santé mentale et émotionnelle. Prenez le temps de vous reposer, de vous détendre et de participer à des activités qui favorisent la paix intérieure et la stabilité émotionnelle. Les pratiques de pleine conscience, la méditation et la journalisation peuvent vous aider à naviguer dans le brouillard mental ou la confusion qui survient.

Le 13 octobre, le carré entre Mars et Chiron peut apporter des défis physiques ou énergétiques. Il est important d'écouter les signaux de votre corps et d'éviter de vous pousser trop fort. Participez à des activités qui favorisent la guérison, telles que des exercices doux, des étirements et des routines de soins personnels. Faites attention à votre alimentation et assurez-vous de nourrir votre corps avec des aliments nutritifs.

L'opposition du Soleil avec Chiron le 28 octobre met en évidence le besoin d'auto-compassion et de soins personnels. Soyez conscient des blessures émotionnelles ou des vulnérabilités qui peuvent survenir. Cherchez le soutien de vos proches, de thérapeutes ou de groupes de soutien si nécessaire. Adoptez des modalités de guérison qui résonnent en vous, comme la thérapie, le travail énergétique ou les pratiques holistiques.

Voyage

Les aspects planétaires de ce mois vous encouragent à sortir de votre zone de confort, à vivre de nouvelles expériences et à élargir vos horizons.

L'aspect sesquiquadrate entre Mercure et Uranus le 2 octobre met en évidence le potentiel de voyages spontanés ou d'opportunités inattendues. Restez ouvert à de nouvelles aventures et soyez flexible avec vos plans.

Le 8 octobre, le trigone entre Vénus et Mars renforce l'esprit d'aventure et vous encourage à vous livrer à des expériences de voyage qui vous apportent joie et épanouissement. Qu'il s'agisse d'une escapade d'un week-end, d'un voyage en voiture ou d'un voyage longue distance, vivez le frisson d'explorer de nouveaux endroits et de rencontrer de nouvelles personnes.

L'aspect biquintile entre Mercure et Jupiter le 23 octobre améliore vos capacités de communication et votre curiosité intellectuelle. C'est un excellent moment pour s'engager dans des échanges culturels, des voyages éducatifs ou assister à des ateliers et des séminaires qui élargissent vos connaissances et vos perspectives.

Cependant, soyez conscient de l'aspect quinconce entre Mercure et True Node le 17 octobre, qui peut introduire des détours ou des changements inattendus dans vos projets de voyage. Maintenez un état d'esprit flexible et embrassez le voyage, même s'il s'écarte de vos attentes initiales.

Lorsque vous entreprenez votre voyage, n'oubliez pas de donner la priorité à la sécurité et de tenir compte de toutes les restrictions ou directives de voyage. Prenez les précautions nécessaires et planifiez à l'avance pour assurer un voyage agréable et agréable.

Aperçus des étoiles

Octobre est un mois d'équilibre, de transformation et de profondeur pour le Bélier. L'énergie de la Balance encourage l'harmonie dans les relations, tandis que le Scorpion appelle à l'introspection et au changement. Concentrez-vous sur l'équilibre émotionnel, les décisions réfléchies et la croissance personnelle.

jours du mois : 8 , 12 , 17 , 22 , 25 , 28 et 31 octobre .

novembre 2024

Horoscope

En novembre 2024, les Béliers peuvent s'attendre à un mois dynamique et mouvementé rempli d'opportunités et de défis. Les aspects planétaires indiquent un mélange d'alignements harmonieux et d'influences tendues, vous incitant à trouver un équilibre entre vos désirs personnels et vos responsabilités. Ce mois-ci, vous devrez adopter vos compétences naturelles en leadership, votre assurance et votre adaptabilité pour tirer le meilleur parti des opportunités qui se présentent à vous.

Le mois commence avec Jupiter en Gémeaux formant un sextile avec Chiron en Bélier le 2 novembre. Cet alignement encourage la croissance personnelle et la guérison par l'apprentissage et la communication. Vous constaterez peut-être que l'élargissement de vos connaissances et le partage de vos expériences peuvent conduire à une guérison profonde et à une nouvelle sagesse. C'est un excellent moment pour s'engager dans des activités éducatives ou participer à des conversations significatives qui vous aident à mieux vous comprendre et à mieux comprendre les autres.

Le même jour, Mercure en Scorpion forme un trigone avec Mars en Cancer, améliorant votre communication et votre agilité mentale. Votre assertivité et vos capacités de persuasion seront à leur apogée, vous permettant d'exprimer vos idées et opinions avec clarté et conviction. Cet aspect favorise les négociations, les transactions commerciales et les activités intellectuelles. Utilisez cette énergie à votre avantage dans les interactions professionnelles et personnelles.

Mercure forme également un sextile avec Pluton en Capricorne, apportant profondeur et intensité à vos processus de pensée. Vous aurez un aperçu précis des motivations sous-jacentes et de la dynamique des situations, ce qui en fait un excellent moment pour la recherche, le travail d'enquête ou la découverte d'informations cachées. Cependant, veillez à ne pas devenir trop obsédé ou obsédé par certaines idées ou croyances. L'équilibre est la clé.

Vénus forme également un trigone avec Chiron le même jour, offrant des opportunités de guérison émotionnelle au sein de vos relations. Cet aspect encourage la vulnérabilité, l'empathie et la compréhension. S'il y a eu des blessures ou des conflits dans le passé, il est maintenant temps de les aborder avec compassion et volonté de trouver des solutions.

Ce ne sont là que quelques-uns des aspects planétaires qui influencent votre horoscope de novembre en tant que Bélier. Le mois contient une myriade d'énergies et d'influences, vous incitant à être adaptable, attentif et proactif. En exploitant les forces de votre signe et en travaillant avec les énergies cosmiques, vous pouvez naviguer ce mois-ci en toute confiance et atteindre vos objectifs.

Aimer

Dans le domaine de l'amour, novembre présente au Bélier un mélange de possibilités passionnantes et de défis potentiels. L'opposition entre Vénus en Sagittaire et Jupiter en Gémeaux le 3 novembre ouvre la voie aux aventures et à l'exploration romantiques. Vous pouvez ressentir une forte envie d'élargir vos horizons et de rechercher de nouvelles expériences au sein de vos relations. Cela pourrait se manifester par un désir de stimulation intellectuelle ou un besoin de plus de liberté et d'indépendance.

Cependant, il est crucial de maintenir une communication ouverte et honnête avec votre partenaire pour vous assurer que vos désirs s'alignent. Discutez de vos aspirations et aspirations, en trouvant des moyens de trouver un équilibre entre la croissance personnelle et les besoins de votre relation. N'oubliez pas que la confiance et la compréhension mutuelle sont les fondements d'un partenariat sain.

Le même jour, Vénus forme un trigone avec Chiron, offrant des opportunités de guérison émotionnelle et de connexion plus profonde. Cet aspect encourage la vulnérabilité et la compréhension empathique au sein de vos relations. C'est le moment idéal pour aborder les blessures passées ou les conflits non résolus avec votre partenaire, favorisant un sentiment d'harmonie et de proximité.

Tout au long du mois, soyez conscient des luttes de pouvoir et des conflits potentiels qui pourraient survenir en raison de l'opposition Mars-Pluton le 3 novembre. Ces tensions peuvent avoir un impact sur votre vie amoureuse, en particulier si vous ou votre partenaire affirmez votre contrôle ou adoptez un comportement manipulateur. Faites preuve de patience, de compréhension et de compromis pour relever ces défis avec succès.

Pour les célibataires Bélier, ce mois-ci offre des opportunités de rencontres passionnantes et de nouvelles connexions. Embrassez votre esprit aventureux et soyez ouvert à rencontrer des gens d'horizons ou de cultures différents. Cependant, faites preuve de prudence et de discernement pour vous assurer que vous vous alignez avec des personnes qui partagent vos valeurs et vos objectifs à long terme.

N'oubliez pas que l'amour exige des efforts, de la compréhension et des compromis. En adoptant l'énergie aventureuse de novembre et en favorisant une communication ouverte, vous pouvez améliorer vos relations, approfondir vos relations et créer une vie amoureuse harmonieuse et épanouissante.

Carrière

Le trigone entre Mercure en Scorpion et Mars en Cancer le 2 novembre renforce vos compétences en communication et votre agilité mentale. Votre assertivité et vos capacités de persuasion seront renforcées, ce qui vous permettra de présenter des arguments convaincants pour vos idées et vos projets. Cet aspect favorise les négociations, les présentations et la planification stratégique. Utilisez cette énergie influente pour faire avancer vos objectifs de carrière et rechercher de nouvelles opportunités.

De plus, le sextile entre Mercure et Pluton le même jour améliore vos capacités d'analyse et d'investigation. Vous posséderez une connaissance approfondie des questions complexes et serez en mesure de découvrir des informations cachées. Cela peut être particulièrement avantageux si vous êtes impliqué dans la recherche, la résolution de problèmes ou tout travail nécessitant une compréhension approfondie de la dynamique sous-jacente. Cependant, veillez à ne pas devenir trop obsédé ou obsédé par certaines idées ou croyances. Maintenez l'équilibre et abordez votre travail avec un esprit ouvert.

L'opposition Mars-Pluton du 3 novembre introduit une énergie plus intense et transformatrice dans votre vie professionnelle. Cet aspect peut apporter des luttes de pouvoir, des conflits ou des rencontres avec des figures d'autorité. Il est essentiel d'éviter de devenir trop contrôlant ou manipulateur pendant cette période. Au lieu de cela, canalisez votre énergie vers des activités productives et concentrez-vous sur ce que vous pouvez contrôler. Embrassez la transformation et soyez ouvert à l'abandon des anciens schémas ou croyances qui ne servent plus votre croissance professionnelle.

Au fur et à mesure que novembre avance, l'opposition entre Mercure et Jupiter le 18 novembre invite à l'expansion et à l'abondance dans vos projets de carrière. Cet aspect vous encourage à voir grand et à avoir confiance en vos capacités. C'est une période propice au réseautage, à la recherche de mentorat ou à l'exploration de nouvelles opportunités éducatives qui peuvent améliorer vos compétences professionnelles.

N'oubliez pas que l'adaptabilité, l'affirmation de soi et le maintien d'un état d'esprit de croissance sont essentiels pour tirer parti des opportunités de carrière que présente novembre. Embrassez l'énergie transformatrice et utilisez vos compétences naturelles en leadership pour faire avancer vos aspirations professionnelles.

Finance

Dans le domaine des finances, novembre apporte un sac mélangé d'influences pour les individus Bélier. Alors que certains aspects indiquent une croissance potentielle et des opportunités financières, d'autres suggèrent la nécessité de faire preuve de prudence et d'une planification minutieuse.

Le trigone entre Vénus en Sagittaire et Chiron le 3 novembre signifie le potentiel de guérison et de transformation dans votre approche des finances. Cet aspect vous encourage à réfléchir à vos schémas et croyances financiers passés, vous permettant de faire face à toute blessure émotionnelle ou croyance limitante qui pourrait vous empêcher d'atteindre l'abondance financière. Envisagez de demander des conseils ou une formation dans les domaines des finances personnelles pour améliorer votre compréhension et prendre des décisions éclairées.

Cependant, le carré Vénus-Neptune du 9 novembre appelle à la prudence en matière financière. Il est essentiel d'être réaliste et pratique lorsqu'il s'agit d'argent. Évitez les dépenses impulsives ou les investissements risqués pendant cette période. Au lieu de cela, concentrez-vous sur le maintien d'un budget équilibré et accordez la priorité à la stabilité financière à long terme.

Le trigone du Soleil avec Saturne le 4 novembre fournit une énergie de soutien pour une planification et une organisation financières disciplinées. Cet aspect vous encourage à adopter une approche responsable de vos finances, en fixant des objectifs clairs et en mettant en œuvre des stratégies pratiques pour les atteindre. Envisagez de demander conseil à des professionnels de la finance ou à des mentors qui peuvent vous fournir des informations et des conseils précieux.

Tout au long du mois, il est crucial de maintenir une approche consciente et équilibrée de vos décisions financières. Envisagez d'épargner et d'investir à long terme, tout en vous accordant des récompenses bien méritées pour votre travail acharné. Restez informé des tendances du marché et faites des choix éclairés qui correspondent à vos objectifs financiers.

Santé

L'opposition entre Mars en Cancer et Pluton le 3 novembre peut entraîner une intensité accrue et des luttes de pouvoir potentielles, ce qui peut avoir un impact sur votre niveau de stress global. Il est crucial de trouver des exutoires sains pour canaliser cette énergie, comme faire de l'exercice régulièrement, pratiquer des techniques de pleine conscience ou rechercher un soutien professionnel si nécessaire. Prendre des mesures proactives pour gérer le stress contribuera à votre santé et à votre bien-être en général.

Le trigone du Soleil avec Neptune le 4 novembre offre une opportunité de guérison spirituelle et émotionnelle. Cet aspect vous encourage à vous engager dans des activités qui nourrissent votre âme et favorisent la paix intérieure. Envisagez d'incorporer des pratiques telles que la méditation, le yoga ou de passer du temps dans la nature pour améliorer votre bien-être général.

Maintenir une alimentation équilibrée et nutritive est essentiel pendant cette période. Faites attention aux besoins de votre corps et assurez-vous de lui fournir les nutriments nécessaires. Envisagez d'incorporer des aliments anti-stress, tels que les acides gras oméga-3, les légumes-feuilles et les aliments riches en antioxydants, dans votre alimentation.

Il est également important de privilégier le repos et le rajeunissement. Créez une routine apaisante à l'heure du coucher et visez un sommeil de qualité chaque nuit. Un repos adéquat contribuera à votre vitalité globale et à votre niveau d'énergie.

N'oubliez pas d'écouter les signaux de votre corps et de répondre rapidement à toute préoccupation. Si vous rencontrez des problèmes de santé persistants, envisagez de demander un avis médical professionnel pour assurer des soins et un traitement appropriés.

Voyage

Que ce soit pour les loisirs ou à des fins professionnelles, voyager pendant ce mois peut être enrichissant et instructif.

Le sextile entre Jupiter en Gémeaux et Chiron le 2 novembre suggère que les voyages peuvent jouer un rôle dans votre croissance personnelle et votre parcours de guérison. Explorer de nouveaux lieux, cultures et idées peut élargir votre perspective et offrir des informations précieuses. Envisagez de planifier un voyage qui correspond à vos intérêts et offre des opportunités d'apprentissage et de découverte de soi.

Le sextile du Soleil avec Pluton le 21 novembre renforce le potentiel de transformation de vos voyages. Vous pouvez vous retrouver attiré par des destinations qui offrent des expériences profondes ou qui ont une signification historique ou spirituelle importante. Saisissez les opportunités de croissance personnelle et d'autoréflexion que les voyages peuvent offrir pendant cette période.

En voyage, pensez à votre bien-être physique et mental. Maintenez une approche équilibrée de vos activités, permettant à la fois l'exploration et la détente. Faites des pauses au besoin et participez à des activités qui favorisent le rajeunissement et les soins personnels.

De plus, faites attention aux considérations pratiques telles que les préparatifs de voyage, les précautions de sécurité et le respect des coutumes et réglementations locales. Une planification et une organisation adéquates assureront une expérience de voyage fluide et agréable.

Que vous entamiez une courte escapade ou un voyage plus long, gardez l'esprit ouvert et profitez des aventures qui s'offrent à vous. Les voyages peuvent être une expérience transformatrice, offrant de nouvelles perspectives, une croissance personnelle et des souvenirs précieux.

Aperçus des étoiles

En novembre, les étoiles s'alignent pour offrir au Bélier une opportunité de transformation profonde et d'expansion aventureuse. C'est le moment de sortir de votre zone de confort et d'embrasser l'inconnu.

Les meilleurs jours du mois : 2 , 4 , 9 , 18 , 19 , 23 , 27 novembre .

Décembre 2024

Horoscope

Ce mois-ci vous invite à puiser dans votre force intérieure, à accepter le changement et à relever les défis avec confiance et résilience. Les aspects planétaires mettent en évidence le besoin d'équilibre, d'adaptabilité et d'autoréflexion à mesure que vous avancez dans votre voyage.

Le mois commence avec Vénus formant un biquintile avec Jupiter le 1er décembre, donnant un ton harmonieux à l'amour et à l'abondance. Cet aspect vous encourage à cultiver la gratitude et l'optimisme, à attirer des expériences positives et à approfondir vos liens avec vos proches.

Le trigone de Mercure avec Chiron le 2 décembre améliore vos compétences en communication et offre des opportunités de guérison émotionnelle. Cet aspect favorise les conversations ouvertes et honnêtes, ce qui en fait le moment idéal pour aborder les blessures ou les conflits passés au sein de vos relations.

L'opposition entre Vénus et Mars le 12 décembre apporte un mélange de passion et de tension dans votre vie amoureuse. Il est important de trouver un équilibre entre l'affirmation de soi et le compromis dans vos relations. Évitez les luttes de pouvoir et visez une communication ouverte et respectueuse.

Le carré du Soleil avec Neptune le 18 décembre peut apporter un sentiment de confusion ou d'incertitude. Il est important de garder les pieds sur terre et de maintenir des attentes réalistes. Soyez prudent lorsque vous prenez des décisions financières ou concluez de nouveaux accords. Prenez le temps de réfléchir sur vous-même et recherchez la clarté avant de vous engager dans des choix majeurs.

Alors que décembre touche à sa fin , le trigone de Mercure avec Chiron le 31 décembre offre des opportunités de guérison émotionnelle et de croissance personnelle. Réfléchissez aux leçons apprises tout au long de l'année et libérez tout bagage émotionnel qui pourrait vous retenir. Cet aspect offre un nouveau départ et un optimisme renouvelé alors que vous entrez dans la nouvelle année.

En résumé, décembre 2024 appelle les Béliers à embrasser leur force intérieure et à relever les défis avec grâce. Concentrez-vous sur la communication ouverte, l'adaptabilité et le maintien d'une approche équilibrée des relations et des responsabilités. Restez ancré et prenez soin de vous pendant que vous avancez dans ce mois de transformation.

Aimer

L'aspect biquintile entre Vénus et Jupiter le 1er décembre imprègne votre vie amoureuse de joie, d'optimisme et d'un sentiment d'abondance. Cet alignement vous encourage à apprécier les bénédictions dans vos relations et à entretenir un esprit de gratitude. Embrassez l'énergie positive et créez des moments mémorables avec votre partenaire.

Cependant, le carré entre Vénus et Uranus le 28 décembre introduit une certaine imprévisibilité et des perturbations potentielles dans votre vie amoureuse. Il est important d'être ouvert d'esprit et flexible, car des changements inattendus peuvent vous obliger à vous adapter et à trouver de nouvelles façons de vous connecter avec votre partenaire. Saisissez les opportunités de croissance et approfondissez votre compréhension des besoins et des désirs de chacun.

Le demi-carré du Soleil avec Vénus le 11 décembre peut créer des tensions et des défis mineurs dans vos relations. Il est crucial de trouver un équilibre entre vos aspirations personnelles et les besoins de votre partenaire. Recherchez des compromis et une communication ouverte pour maintenir l'harmonie et éviter les malentendus.

Pour les célibataires Bélier, ce mois invite à l'exploration et à l'autoréflexion sur les questions de cœur. Embrassez l'énergie transformatrice de décembre pour libérer tout bagage émotionnel et vos anciens schémas qui auraient pu entraver votre capacité à attirer et à entretenir des relations significatives. Faites confiance au processus de croissance personnelle et ayez confiance que la bonne personne entrera dans votre vie au bon moment.

Carrière

Les aspects planétaires indiquent le besoin d'adaptabilité, de persévérance et d'une approche stratégique pour atteindre vos objectifs de carrière.

L'opposition de Mercure avec Jupiter le 4 décembre peut apporter des défis potentiels et des points de vue contradictoires dans votre environnement de travail. Il est important de rester ouvert d'esprit et réceptif aux différentes perspectives. Engagez des conversations constructives et recherchez des solutions qui profitent à toutes les parties concernées.

Le carré du Soleil avec Saturne le même jour souligne le besoin de discipline et de responsabilité dans vos projets de carrière. Cet aspect peut entraîner des exigences et des obligations accrues, mettant à l'épreuve votre patience et votre engagement. Considérez ces défis comme des opportunités de croissance et visez l'excellence dans votre travail.

Le demi-carré entre le Soleil et Vénus le 11 décembre pourrait introduire des tensions ou des distractions mineures dans votre vie professionnelle. Il est essentiel de rester concentré et d'éviter de se laisser entraîner dans des politiques de bureau ou des conflits inutiles. Restez dédié à vos objectifs et alignez vos actions sur vos aspirations à long terme.

L'aspect biquintile entre le Soleil et Mars le 20 décembre enflamme votre dynamisme et votre ambition. Utilisez cette énergie pour prendre des mesures proactives en vue d'atteindre vos objectifs de carrière. Relevez de nouveaux défis, recherchez des opportunités d'avancement et mettez en valeur vos compétences en leadership.

Tout au long du mois de décembre, il est important de maintenir une approche équilibrée de votre carrière. Restez organisé, hiérarchisez les tâches et demandez de l'aide si nécessaire. Embrassez l'énergie transformatrice du mois pour réévaluer votre parcours professionnel et faire les ajustements nécessaires.

Finance

Le carré entre Vénus et Uranus le 28 décembre pourrait introduire une certaine imprévisibilité et des perturbations financières potentielles. Il est important d'avoir des plans d'urgence et d'être prêt à faire face à des dépenses imprévues ou à des changements dans votre situation financière. Évitez les dépenses impulsives et concentrez-vous sur la construction d'une base financière solide.

Le demi-carré entre Vénus et Saturne le 5 décembre souligne le besoin de responsabilité financière et de discipline. Tenez compte de votre budget et privilégiez la stabilité financière à long terme plutôt que la gratification à court terme. Envisagez de demander des conseils ou des conseils professionnels pour gérer efficacement vos finances.

Le demi-carré entre Vénus et Neptune le 17 décembre appelle à la prudence en matière financière. Méfiez-vous des offres ou des investissements qui semblent trop beaux pour être vrais. Faites preuve de discernement et recherchez la clarté avant de prendre des décisions financières importantes. Protégez vos actifs et évitez les risques inutiles.

Tout au long du mois de décembre, il est important de se concentrer sur l'aspect pratique et les objectifs financiers à long terme. Fixez-vous des objectifs financiers clairs et créez un budget qui permet à la fois des économies et des dépenses responsables. Pratiquez l'autodiscipline et évitez les dépenses inutiles qui pourraient nuire à votre progression financière.

Santé

Le demi-carré entre le Soleil et Mars le 12 décembre peut apporter des niveaux d'énergie accrus et un sentiment d'agitation. Il est important de canaliser cette énergie de manière productive par des exercices réguliers et des activités physiques. Participez à des activités qui favorisent la force, l'endurance et le soulagement du stress.

Le quinconce du Soleil avec Uranus le 15 décembre peut créer un sentiment d'agitation ou de malaise. Il est crucial de faire attention à votre bien-être mental et émotionnel pendant cette période. Pratiquez des techniques de pleine conscience, telles que la méditation ou des exercices de respiration profonde, pour trouver le calme intérieur et l'équilibre.

Le carré entre le Soleil et Neptune le 18 décembre souligne l'importance de maintenir un mode de vie sain. Faites attention à vos choix alimentaires et assurez-vous de nourrir votre corps avec des aliments nutritifs. Visez une alimentation équilibrée qui comprend beaucoup de fruits, de légumes, de protéines maigres et de grains entiers.

Tout au long du mois de décembre, privilégiez le repos et la ressourcement. Établissez une routine apaisante à l'heure du coucher et visez un sommeil de qualité chaque nuit. Un repos adéquat est essentiel pour reconstituer vos niveaux d'énergie et favoriser votre bien-être général.

Si vous rencontrez des problèmes de santé persistants, il est conseillé de consulter un médecin professionnel. Soyez proactif dans la résolution de tout problème et suivez les traitements ou les thérapies recommandés.

Voyage

Le biquintile entre Vénus et Jupiter le 1er décembre crée une énergie harmonieuse et joyeuse pour le voyage. Cet aspect vous encourage à vivre de nouvelles expériences, à élargir vos horizons et à vous connecter avec différentes cultures et perspectives. Envisagez de planifier un voyage qui correspond à vos intérêts et offre des opportunités de croissance personnelle.

Le biquintile du Soleil avec Uranus le 21 décembre imprègne vos voyages d'excitation et d'aventures inattendues. Embrassez la spontanéité et permettez-vous de sortir de votre zone de confort. C'est un moment propice pour explorer de nouvelles destinations ou vivre des expériences uniques qui élargissent votre perspective.

Lorsque vous voyagez en décembre, il est important de privilégier les soins personnels et le bien-être. Faites des pauses au besoin et participez à des activités qui favorisent la relaxation et le rajeunissement. Soyez conscient de votre sécurité personnelle et respectez tous les avis de voyage ou réglementations dans les lieux que vous visitez.

Envisagez d'intégrer des pratiques de pleine conscience dans votre routine de voyage, telles que la méditation, la journalisation ou la connexion avec la nature. Ces pratiques peuvent améliorer vos expériences de voyage, favoriser l'autoréflexion et vous permettre de vous immerger pleinement dans l'énergie transformatrice de vos voyages.

Que vous vous lanciez dans une courte escapade ou dans une aventure plus longue, gardez l'esprit ouvert et saisissez les opportunités de développement personnel et de découverte de soi qu'offrent les voyages. Permettez-vous d'être présent à chaque instant, connectez-vous avec les personnes que vous rencontrez et créez des souvenirs durables.

Aperçus des étoiles

Les étoiles de décembre apportent un mélange d'énergies aventureuses et disciplinées pour le Bélier. Utilisez l'énergie du Sagittaire pour l'exploration et l'énergie du Capricorne pour établir des bases solides pour l'avenir. Réfléchissez à l'année écoulée et définissez vos intentions pour l'année à venir.

Les meilleurs jours du mois : 2 , 10 , 13 , 19 , 23 , 24 et 31 décembre .

HOROSCOPE TAUREAU 2024

Aperçu Taureau 2023

Cher Taureau, alors que vous entrez en 2024, les étoiles s'alignent pour créer une année de croissance et de transformation profondes. Les aspects planétaires de votre signe suggèrent une année remplie d'opportunités et de défis qui façonneront votre vie de manière significative. L'univers vous invite à sortir de votre zone de confort et à accepter les changements qui s'annoncent. Cette année, vous vivrez des changements dans divers aspects de votre vie, notamment votre carrière, vos relations, votre santé et votre développement personnel.

L'année commence par un petit défi dans votre vie professionnelle. Fin mai, Mercure dans votre signe forme un demi-carré avec Neptune en Poissons. Cet aspect suggère une période de confusion potentielle ou de mauvaise communication au travail. C'est un moment où vous devez être extrêmement prudent avec vos paroles et vos décisions. Ne vous précipitez pas dans quoi que ce soit sans bien comprendre la situation.

Cependant, à mesure que vous avancez en juin, les planètes apportent des conditions plus favorables. Mars dans votre signe forme un semi-sextile avec Jupiter en Gémeaux. Cet aspect indique une période de croissance et d'expansion dans votre carrière. Vous pourriez vous retrouver à assumer de nouvelles responsabilités ou à saisir de nouvelles opportunités qui amélioreront votre statut professionnel. C'est un moment où votre travail acharné commence à porter ses fruits.

En août, Mars en Gémeaux forme un sextile avec le Vrai Nœud en Bélier. Cet aspect suggère une évolution de carrière significative. Vous pouvez vous retrouver dans un poste de direction ou assumer un rôle qui correspond à vos objectifs de carrière à long terme. C'est un moment où votre vie professionnelle fait un bond en avant.

Cependant, votre vie financière exige une certaine prudence cette année. Début août, Vénus en Lion place Uranus dans votre signe, indiquant une instabilité financière potentielle. C'est un moment où vous devez faire attention à vos finances et éviter les dépenses impulsives. Assurez-vous de planifier votre budget et respectez-le.

Dans votre vie sociale et personnelle, 2024 apporte un mélange d'excitation et de défis. A la mi-juin, Mercure en Gémeaux forme un semi-sextile avec Uranus dans votre signe. Cet aspect suggère une période de rencontres passionnantes et inattendues. Vous pouvez rencontrer de nouvelles personnes qui remettent en question vos points de vue et vous encouragent à penser différemment. C'est un moment où votre cercle social s'élargit et se diversifie.

Cependant, le même mois, Vénus en Gémeaux forme un carré avec Neptune en Poissons. Cet aspect indique des malentendus potentiels ou de la confusion dans vos relations. C'est un moment où la communication devient cruciale. Assurez-vous d'exprimer clairement vos sentiments et d'écouter les autres avec un esprit ouvert.

Fin juin, Vénus en Cancer forme un carré avec le Vrai Nœud en Bélier. Cet aspect suggère des relations significatives entrant ou sortant de votre vie. Ces relations joueront un rôle crucial dans votre croissance et votre développement personnels. C'est un moment où vous apprenez de précieuses leçons sur l'amour et l'amitié.

En ce qui concerne votre santé, 2024 met l'accent sur les soins proactifs. En juin, le Soleil en Gémeaux forme un semi-sextile avec Uranus dans votre signe. Cet aspect suggère une période de changements inattendus dans votre santé. C'est un moment où vous devez être proactif pour prendre soin de votre bien-être physique. Des contrôles réguliers et une alimentation équilibrée deviennent plus importants que jamais.

En août, le Soleil en Lion forme un trigone avec le vrai nœud en Bélier. Cet aspect indique une période de vitalité et de bonne santé. C'est un moment où vous vous sentez énergique et plein de vie. Utilisez ce temps pour vous concentrer sur vos objectifs de bien-être et mettre en œuvre des habitudes saines dans votre routine quotidienne.

2024 est une année importante pour votre croissance spirituelle et votre développement personnel. En mai, Jupiter en Gémeaux forme un quintile avec Saturne en Poissons, suggérant une période d'éveil et de croissance spirituelle. Vous pouvez vous retrouver attiré par des pratiques spirituelles ou des philosophies qui améliorent votre compréhension de l'univers et de votre place dans celui-ci. C'est un moment d'introspection et de découverte de soi, où vous pourriez trouver un sens plus profond du but et du sens de votre vie.

En décembre, le Soleil en Sagittaire forme un quinconce avec Uranus dans votre signe. Cet aspect indique une période d'intuitions et de révélations soudaines. Ces idées peuvent remettre en question vos croyances actuelles et vous encourager à explorer de nouvelles perspectives. C'est une période de transformation, où vous pourriez vous retrouver à remettre en question les anciennes croyances et à vous ouvrir à de nouvelles idées et philosophies.

Tout au long de 2024, les planètes vous encouragent à vous concentrer sur votre développement personnel. Le semi-sextile entre Mars en Taureau et Jupiter en Gémeaux en juin suggère une période d'apprentissage et d'élargissement de vos compétences. C'est le moment idéal pour adopter un nouveau passe-temps ou apprendre quelque chose de nouveau qui peut contribuer à votre croissance personnelle.

En août, Vénus en Lion place Uranus en Taureau, indiquant une période d'autoréflexion. Vous pourriez vous retrouver à remettre en question vos valeurs et ce qui compte vraiment pour vous. C'est le moment de réévaluer vos priorités et d'apporter des changements qui correspondent à votre vrai moi.

Cher Taureau, 2024 est une année de transformation et de croissance. Les aspects planétaires suggèrent que cette année sera un voyage de découverte de soi et de développement personnel. Vous ferez face à des défis, mais rappelez-vous que ces défis sont des opportunités de croissance. Embrassez les changements et laissez-les vous guider vers votre plus haut potentiel. Restez ancré, embrassez votre résilience et faites confiance au voyage. C'est votre année pour briller, Taureau. Embrassez-le à bras ouverts et à cœur ouvert.

janvier 2024

Horoscope

Janvier apporte un mélange d'influences célestes pour le Taureau, créant un mois dynamique et mouvementé. En ce début d'année, le 1er janvier, Vénus forme un aspect carré avec Saturne, indiquant un conflit potentiel entre votre désir d'aventure et le besoin de stabilité. Il est important de trouver un équilibre entre l'exploration de nouveaux horizons et le maintien de bases solides dans votre vie.

Le 3 janvier, Vénus forme un aspect en quinconce avec Jupiter, suggérant que des ajustements pourraient être nécessaires en matière d'amour et de relations. Vous pouvez vous sentir déchiré entre différents désirs ou trouver difficile d'aligner vos valeurs personnelles sur la dynamique de vos partenariats. C'est un moment de réflexion et d'harmonie entre vos besoins individuels et les attentes des autres.

Le quintile de Mercure avec Saturne le 3 janvier améliore vos capacités intellectuelles et encourage la réflexion pratique. Cet aspect soutient vos compétences en communication et vous aide à trouver des solutions pratiques à tous les défis qui se présentent.

Tout au long du mois, plusieurs interactions planétaires soulignent l'importance d'équilibrer vos désirs personnels avec vos relations sociales. L'aspect carré du Soleil avec Chiron le 6 janvier suggère un besoin de guérison et de croissance dans votre expression de soi et votre confiance. Saisissez l'opportunité d'aborder toutes les insécurités et puisez dans votre force intérieure.

Dans le domaine de la carrière et des activités professionnelles, le trigone entre le Soleil et Uranus le 9 janvier apporte des opportunités innovantes et inattendues. Vous pourriez être attiré par des projets ou des idées uniques qui ont le potentiel de faire avancer votre carrière. Les aspects favorables de Mars avec Saturne et Jupiter les 9 et 12 janvier, respectivement, fournissent le dynamisme et l'ambition nécessaires pour faire des progrès significatifs dans vos projets professionnels.

Aimer

En matière de cœur, janvier apporte un mélange d'énergies harmonieuses et stimulantes pour le Taureau. L'aspect en quinconce entre Vénus et Jupiter le 3 janvier pourrait apporter quelques ajustements ou compromis dans vos relations. Vous devrez peut-être réévaluer vos valeurs et vos attentes pour trouver un meilleur alignement avec les besoins de votre partenaire.

Le 11 janvier, Vénus forme un trigone avec Chiron, offrant des opportunités de guérison émotionnelle profonde au sein de vos relations. Cet aspect encourage une communication ouverte et la volonté de traiter toute blessure émotionnelle ou traumatisme passé qui pourrait affecter votre vie amoureuse. C'est un moment propice pour comprendre et soutenir les vulnérabilités de chacun.

Tout au long du mois, le Taureau peut s'attendre à des surprises romantiques et à des relations inattendues, grâce à l'aspect biquintile de Vénus avec Jupiter et Uranus les 8 et 19 janvier, respectivement. Ces aspects apportent de l'excitation et de la nouveauté dans votre vie amoureuse, offrant de nouvelles perspectives et le potentiel de rencontres passionnées.

Pour ceux qui sont célibataires, janvier offre des opportunités de rencontrer de nouvelles personnes et d'explorer différentes possibilités romantiques. Cependant, il est important d'aborder ces rencontres avec un œil averti, car l'aspect carré de Vénus avec Neptune le 19 janvier peut créer une certaine confusion ou des illusions en matière de cœur. Prenez votre temps pour apprendre à connaître quelqu'un avant de plonger dans une relation engagée.

Carrière

Janvier recèle des énergies prometteuses pour le Taureau en termes de carrière et de croissance professionnelle. L'aspect trigone entre Mars et Jupiter le 12 janvier vous donne l'ambition, la motivation et la confiance nécessaires pour poursuivre vos objectifs de carrière. Vous pourriez vous retrouver à prendre l'initiative d'élargir votre réseau professionnel, de rechercher de nouvelles opportunités ou de mettre en valeur vos compétences et vos talents.

Les aspects de soutien de Saturne avec Mars et Uranus les 9 et 19 janvier, respectivement, ajoutent stabilité et structure à vos projets de carrière. C'est un moment propice pour jeter les bases solides d'un succès à long terme, que ce soit par une planification méticuleuse, une éthique de travail disciplinée ou la recherche de conseils auprès de mentors ou d'experts dans votre domaine.

La conjonction entre le Soleil et Pluton le 20 janvier marque une période de transformation dans votre vie professionnelle. Vous pouvez vivre un changement dans vos ambitions, un changement dans votre cheminement de carrière ou une plongée profonde dans la croissance personnelle et l'autonomisation. Embrassez cette énergie transformatrice et utilisez-la pour apporter des changements positifs dans votre vie professionnelle.

Tout au long du mois, la communication et la collaboration jouent un rôle crucial dans la réussite de votre carrière. L'aspect carré de Mercure avec Neptune le 8 janvier peut introduire une certaine confusion ou une mauvaise communication sur le lieu de travail. Il est important de revérifier les détails, de clarifier les attentes et de maintenir des lignes de communication ouvertes pour éviter les malentendus.

Les professionnels du Taureau peuvent se retrouver attirés par des projets ou des idées innovants et non conventionnels, grâce au trigone de Mercure avec Uranus le 19 janvier. Embrassez votre pensée créative et votre volonté de sortir des frontières traditionnelles. Cet aspect peut conduire à des percées passionnantes et à des solutions uniques dans vos efforts professionnels.

Finance

Les personnes Taureau peuvent s'attendre à des perspectives financières mitigées en janvier. L'aspect carré entre Vénus et Saturne le 1er janvier suggère la nécessité de faire preuve de prudence et de prudence en matière d'argent. Il est essentiel de respecter un budget, d'éviter les dépenses impulsives et de se concentrer sur la stabilité financière à long terme plutôt que sur la gratification immédiate.

Le 8 janvier, l'aspect biquintile de Vénus avec Jupiter offre des opportunités de croissance financière et d'abondance. Vous pouvez recevoir des récompenses financières inattendues ou trouver de la chance dans des entreprises spéculatives. Cependant, il est important de faire preuve de modération et d'éviter de prendre des risques excessifs. Maintenez une approche équilibrée des décisions financières et envisagez de demander des conseils professionnels au besoin.

Tout au long du mois, il est crucial de garder une perspective claire et réaliste sur votre situation financière. L'aspect carré de Mercure avec Neptune le 8 janvier peut créer de la confusion ou des attentes irréalistes concernant les questions d'argent. Soyez prudent lorsque vous concluez des accords financiers ou des investissements et assurez-vous de bien comprendre les termes et conditions impliqués.

L'aspect trigone entre Vénus et Chiron le 11 janvier vous encourage à aborder tous les facteurs émotionnels ou psychologiques qui pourraient influencer vos décisions financières. Envisagez de demander des conseils financiers ou d'explorer vos croyances et attitudes envers l'argent pour parvenir à une relation plus saine avec vos finances.

L'aspect pratique et la discipline sont essentiels au succès financier en janvier. L'aspect semi-carré de Saturne avec True Node le 15 janvier renforce l'importance d'une planification à long terme et de faire des choix financiers responsables. Concentrez-vous sur la construction d'une base financière solide et envisagez des investissements à long terme qui correspondent à vos objectifs et à vos valeurs.

Santé

Janvier met l'accent sur le bien-être physique et émotionnel du Taureau. Avec l'aspect carré du Soleil à Chiron le 6 janvier, il est essentiel de prêter attention à toute blessure physique ou émotionnelle qui pourrait nécessiter une guérison. Prenez le temps de prendre soin de vous, participez à des activités qui nourrissent votre corps et votre esprit et demandez de l'aide si nécessaire.

Maintenir une routine équilibrée est la clé de votre santé et de votre bien-être en général. L'aspect semi-carré entre le Soleil et Saturne le 9 janvier souligne le besoin de discipline et de structure dans vos habitudes quotidiennes. Envisagez de mettre en place une routine d'exercices réguliers, d'assurer un repos et une relaxation suffisants et de maintenir un régime alimentaire nutritif.

L'aspect trigone entre Mars et Jupiter le 12 janvier apporte un regain d'énergie et de motivation. Utilisez cette énergie dynamique pour vous engager dans des activités physiques que vous aimez, comme le sport, le yoga ou la danse. L'exercice régulier est non seulement bénéfique pour votre santé physique, mais améliore également votre bien-être mental et émotionnel.

Les individus Taureau peuvent également trouver avantageux d'explorer des modalités de guérison alternatives ou des approches holistiques de la santé. L'aspect quintile entre Mars et Neptune le 22 janvier soutient l'intégration de l'esprit, du corps et de l'esprit. Envisagez des pratiques telles que la méditation, la guérison énergétique ou la pleine conscience pour favoriser l'équilibre et l'harmonie intérieure.

Le bien-être émotionnel est tout aussi important, et l'aspect trigone entre Vénus et Chiron le 11 janvier offre des opportunités de guérison émotionnelle et de soins personnels. Prenez le temps de réfléchir, exprimez vos émotions de manière saine et demandez le soutien de vos proches ou de professionnels si nécessaire.

Pour maintenir une santé optimale, il est important de privilégier les techniques de gestion du stress et de relaxation. L'aspect quintile entre Mercure et Neptune le 24 janvier améliore vos capacités intuitives et encourage des pratiques telles que la journalisation, l'art-thérapie ou l'engagement avec la nature pour promouvoir la paix intérieure et réduire le stress.

Voyage

Janvier présente des opportunités de voyage et d'exploration pour les individus Taureau. L'aspect semi-sextile entre Uranus et le Vrai Nœud le 23 janvier introduit des opportunités de voyage inattendues et spontanées. Vous pouvez vous retrouver attiré par de nouvelles expériences ou rencontrer des voyages imprévus qui offrent des aventures uniques.

Lors de la planification de vos voyages, il est important de maintenir la flexibilité et l'adaptabilité. L'aspect semi-sextile entre Vénus et Uranus le 14 janvier laisse penser que des changements inattendus pourraient survenir lors de vos voyages. Considérez ces surprises comme des opportunités de croissance et de nouvelles découvertes.

Les personnes Taureau peuvent également trouver de la joie à renouer avec la nature ou à explorer des destinations qui offrent paix et tranquillité. L'aspect sextile entre le Soleil et Neptune le 15 janvier renforce votre connexion avec le monde naturel et encourage les retraites ou les vacances qui favorisent la relaxation et le rajeunissement spirituel.

En voyage, il est essentiel de privilégier les soins personnels et le bien-être. L'aspect carré entre le Soleil et Jupiter le 27 janvier peut créer une tendance à abuser ou à prendre des risques. Assurez-vous de maintenir une approche équilibrée de vos expériences de voyage, notamment en maintenant une alimentation saine, en vous reposant suffisamment et en respectant votre budget.

Envisagez d'explorer des destinations qui correspondent à vos intérêts et désirs personnels. L'aspect trigone entre Vénus et Jupiter le 8 janvier améliore votre appréciation de la culture, de l'art et de la beauté. Planifiez des voyages qui vous permettent de vous adonner aux arts, de visiter des musées ou de vous immerger dans la cuisine locale.

Tout au long de vos voyages, saisissez l'opportunité d'élargir vos horizons, d'apprendre de différentes cultures et de vous connecter avec de nouvelles personnes. L'aspect quintile entre Mars et Neptune le 22 janvier renforce votre sens de l'aventure et encourage les interactions avec les habitants ou la participation à des expériences significatives qui élargissent vos perspectives.

Aperçu des étoiles

Janvier est un mois de dualité pour le Taureau - c'est un temps d'action mais aussi de réflexion. Les astres favorisent vos ambitions, mais le rétrograde appelle à la prudence. Utilisez l'énergie ancrée du Capricorne pour jeter les bases de l'année à venir, mais soyez adaptable aux rebondissements que la rétrogradation pourrait apporter.

Les meilleurs jours du mois : 9 , 11 , 12 , 15 , 19 , 22 et 28 janvier .

Février 2024

Horoscope

En février, les individus Taureau connaîtront un mélange d'énergies transformatrices et d'opportunités d'autoréflexion. Le mois commence avec Mars formant un aspect semi-carré avec Saturne le 2 février, indiquant des défis potentiels pour vous affirmer et prendre des mesures décisives. Il est important de faire preuve de patience et d'éviter les réactions impulsives. Concentrez-vous sur la recherche d'un équilibre entre l'ambition et l'aspect pratique.

Au fur et à mesure que le mois avance, les individus Taureau ressentiront une poussée d'énergie intellectuelle et de créativité. L'aspect sextile de Mercure avec Neptune le 5 février améliore vos capacités intuitives et stimule la pensée imaginative. C'est un excellent moment pour l'introspection, les activités créatives et l'exploration de nouvelles idées.

Les individus Taureau peuvent trouver des opportunités de croissance spirituelle et d'introspection en février. La conjonction entre le Soleil et Neptune le 15 février renforce votre intuition et votre connexion avec les royaumes supérieurs. Engagez-vous dans des pratiques telles que la méditation, la journalisation ou l'engagement avec la nature pour améliorer votre bien-être spirituel.

Dans l'ensemble, février encourage les individus Taureau à adopter l'autoréflexion, à donner la priorité à la guérison et à la croissance des relations, à faire preuve de discipline financière, à maintenir leur bien-être physique et émotionnel et à se lancer dans des expériences de voyage significatives. En adoptant ces aspects, les individus Taureau peuvent naviguer le mois avec grâce, développement personnel et une connexion plus profonde avec leur moi intérieur.

Aimer

En matière de cœur, février offre des opportunités de guérison, de croissance et de connexion émotionnelle accrue pour les individus Taureau. L'aspect carré entre Vénus et Chiron le 5 février pourrait faire remonter à la surface des blessures émotionnelles ou des insécurités. Il est essentiel d'aborder ces problèmes dans vos relations et de créer un espace sûr pour une communication ouverte et honnête.

L'aspect sextile entre le Soleil et Chiron le même jour offre une chance de guérison émotionnelle et de croissance. Cet aspect encourage la vulnérabilité et la compréhension, vous permettant de surmonter les blessures du passé et d'approfondir le lien émotionnel avec votre partenaire. Les célibataires Taureau peuvent trouver que cette énergie ouvre les portes à de nouvelles connexions basées sur l'authenticité et la profondeur émotionnelle partagée.

Tout au long du mois, il est important de maintenir un équilibre entre vos besoins individuels et les attentes de votre partenaire. La conjonction entre Vénus et Mars le 22 février apporte un mélange de passion et d'affirmation de soi à vos relations. Embrassez cette énergie dynamique mais n'oubliez pas de communiquer vos désirs et d'écouter les besoins de votre partenaire.

Pour les célibataires Taureau, février offre des opportunités de nouvelles rencontres amoureuses. L'aspect sextile entre Vénus et True Node le 29 février améliore votre magnétisme et augmente les chances de rencontrer quelqu'un qui correspond à vos objectifs et valeurs à long terme.

Carrière

Février présente des énergies transformatrices et des opportunités significatives pour les individus Taureau dans leur vie professionnelle. La conjonction entre Mercure et Pluton le 5 février améliore vos capacités d'analyse et approfondit votre compréhension de problèmes complexes. Utilisez cette énergie transformatrice pour prendre des décisions stratégiques, vous engager dans un travail significatif et rechercher des opportunités de croissance professionnelle.

Tout au long du mois, la communication et le réseautage jouent un rôle crucial dans la réussite de votre carrière. L'aspect sextile entre Mercure et Chiron le 15 février améliore vos compétences en communication et vous encourage à exprimer vos idées et opinions avec confiance. Profitez des événements de réseautage ou engagez des conversations qui favorisent la collaboration et l'apprentissage.

Les questions financières nécessitent un examen attentif en février. L'aspect semi-carré entre Vénus et Saturne le 10 février vous rappelle l'importance de la discipline et de la responsabilité financières. Il est crucial de créer un budget réaliste, de surveiller vos dépenses et de prendre des décisions éclairées concernant les investissements ou les engagements financiers.

Les individus Taureau peuvent connaître une période d'autonomisation et de reconnaissance dans leurs efforts professionnels. L'aspect quintile entre Mercure et Jupiter le 22 février améliore votre créativité, vos capacités de résolution de problèmes et votre enthousiasme pour votre travail. C'est un moment propice pour entreprendre de nouveaux projets, rechercher des promotions ou explorer des opportunités entrepreneuriales.

La collaboration et le travail d'équipe sont mis en avant en février, grâce à l'aspect quintile entre Mercure et Uranus le 27 février. Adoptez des idées novatrices, soyez ouvert aux commentaires et recherchez diverses perspectives. Cette énergie collaborative peut mener à des percées et à des solutions créatives dans votre carrière.

Finance

En février, il est conseillé aux Taureau d'aborder leurs finances avec discipline, prudence et une perspective à long terme. L'aspect semi-carré entre Vénus et Saturne le 10 février rappelle l'importance de la responsabilité financière. Cet aspect appelle à budgétiser, à respecter un plan financier et à éviter les dépenses impulsives.

Il est crucial de trouver un équilibre entre la stabilité financière et la poursuite de vos désirs. La conjonction entre Vénus et Mars le 22 février apporte un mélange de passion et d'affirmation de soi, qui peut parfois conduire à des décisions financières impulsives. Gardez à l'esprit vos objectifs financiers et tenez compte de l'impact à long terme de vos choix.

Tout au long du mois, il est important de demander des conseils financiers en cas de besoin. L'aspect quintile entre Mercure et Jupiter le 22 février améliore vos capacités d'analyse et vos capacités de prise de décision. Envisagez de consulter des experts financiers, de faire des recherches ou de demander des conseils professionnels pour faire des choix financiers éclairés.

L'aspect semi-carré entre Mercure et Neptune le 12 février rappelle aux individus Taureau de rester prudents et perspicaces en matière financière. Soyez conscient des escroqueries potentielles ou des promesses irréalistes concernant les investissements ou les opportunités financières. Effectuez des recherches approfondies et fiez-vous à des sources fiables avant de prendre des engagements financiers importants.

Des opportunités de croissance financière et des gains inattendus pourraient se présenter en février. L'aspect sextile entre Vénus et Uranus le 7 février ouvre les portes à des entreprises financières innovantes ou à des aubaines inattendues. Cependant, il est essentiel de faire preuve de modération et d'éviter les prises de risques excessives. Équilibrez votre désir de croissance financière avec une prise de décision responsable et une stabilité à long terme.

Santé

L'aspect semi-carré entre Mars et Saturne le 2 février peut présenter des défis pour maintenir votre bien-être physique. Il est crucial de faire preuve de patience, d'écouter votre corps et d'éviter de vous pousser trop fort. Adoptez une approche équilibrée des activités physiques, combinant l'exercice avec le repos et la relaxation.

Le bien-être émotionnel est tout aussi important pour les Taureau en février. L'aspect semi-carré entre Mars et Neptune le 7 février souligne la nécessité de fixer des limites saines et de prendre soin de soi. Engagez-vous dans des activités qui nourrissent votre santé émotionnelle, comme la journalisation, la méditation ou passer du temps dans la nature.

Maintenir une alimentation et une nutrition saines est crucial pour le bien-être général. L'aspect sextile entre Vénus et Neptune le 13 février vous encourage à explorer de nouvelles recettes, à adopter des aliments nourrissants et à rechercher le plaisir dans les arts culinaires. Faites attention aux besoins de votre corps et visez une alimentation équilibrée et nutritive.

Février invite les individus Taureau à s'engager dans des pratiques spirituelles qui favorisent la paix intérieure et le bien-être. La conjonction entre le Soleil et Neptune le 15 février améliore vos capacités intuitives et votre connexion avec le royaume spirituel. Adoptez des pratiques telles que la méditation, le yoga ou la guérison énergétique pour favoriser l'équilibre et l'harmonie en vous-même.

La gestion du stress est cruciale pour maintenir une santé optimale. L'aspect quintile entre le Soleil et Uranus le 26 février vous encourage à explorer de nouvelles techniques de soulagement du stress et à trouver ce qui vous convient le mieux. Envisagez des pratiques telles que la pleine conscience, des exercices de respiration profonde ou des loisirs qui vous apportent de la joie.

Voyage

En février, les individus Taureau peuvent avoir des opportunités de voyage et d'exploration. L'aspect quintile entre Mercure et Jupiter le 22 février renforce votre sens de l'aventure, votre curiosité et votre désir d'explorer de nouveaux horizons.

Lors de la planification de vos voyages, il est important de faire preuve de flexibilité et d'adaptabilité. L'aspect en demi-carré entre Vénus et Saturne le 10 février suggère que des changements inattendus pourraient se produire lors de vos voyages. Soyez ouvert à l'ajustement de vos plans et considérez ces surprises comme des opportunités de croissance et de nouvelles expériences.

Envisagez d'explorer des destinations qui offrent un mélange de richesse culturelle et de beauté naturelle. L'aspect sextile entre Vénus et True Node le 29 février améliore votre appréciation des expériences uniques et des liens avec les habitants. Participez à des activités culturelles, essayez les cuisines locales et plongez dans les traditions des lieux que vous visitez.

Février encourage également les individus Taureau à se lancer dans des voyages intérieurs et des retraites spirituelles. La conjonction entre le Soleil et Neptune le 15 février renforce votre connexion avec le monde spirituel et favorise l'introspection. Envisagez des retraites qui offrent des opportunités de méditation, d'autoréflexion et de connexion avec la nature.

Lorsque vous voyagez, pensez à votre bien-être physique et émotionnel. L'aspect semi-carré entre Mars et Neptune le 28 février souligne la nécessité de fixer des limites et de prendre soin de soi. Assurez-vous de privilégier le repos, de vous engager dans des activités qui nourrissent votre corps et votre esprit et de pratiquer des techniques de gestion du stress.

Aperçu des étoiles

Février est un mois de dualité - le besoin d'innovation et de stabilité, d'expansion sociale et d'introspection. C'est un mois pour embrasser votre unicité, mais aussi pour rester fidèle à vos racines Taureau.

Les meilleurs jours du mois : 2 , 5 , 10 , 15 , 22 , 26 et 29 février

Mars 2024

Horoscope

En mars, les individus Taureau connaîtront un mélange d'énergies transformatrices, d'exploration spirituelle et d'opportunités de croissance personnelle. Ce mois-ci vous invite à accepter le changement, à puiser dans vos capacités intuitives et à cultiver une connexion plus profonde avec votre moi intérieur.

L'aspect sextile entre le Soleil et Jupiter le 1er mars apporte l'optimisme, l'expansion et un sens renouvelé de l'objectif. Cet aspect vous encourage à explorer de nouveaux horizons, à vous fixer des objectifs ambitieux et à saisir les opportunités de croissance personnelle et spirituelle.

Tout au long du mois de mars, vous serez peut-être attiré par les pratiques spirituelles et l'introspection. La conjonction entre le Soleil et Neptune le 17 mars améliore vos capacités intuitives et favorise une connexion plus profonde avec le domaine spirituel. Adoptez des pratiques telles que la méditation, la journalisation ou la guérison énergétique pour améliorer votre voyage spirituel.

Dans l'ensemble, March encourage les individus Taureau à accepter le changement, à entretenir leur bien-être spirituel, à naviguer dans les relations avec adaptabilité, à se concentrer sur la croissance professionnelle, à pratiquer la responsabilité financière, à donner la priorité à la santé et aux soins personnels et à saisir les opportunités de voyage et d'aventure.

Aimer

L'aspect carré entre Vénus et Uranus le 3 mars peut apporter des changements inattendus ou des perturbations dans les relations établies. Cet aspect sert de catalyseur de croissance et vous encourage à adopter de nouvelles expériences et perspectives.

Pour les célibataires Taureau, mars offre des opportunités de rencontres romantiques passionnantes. L'aspect sextile entre Vénus et Chiron le 6 mars renforce votre magnétisme et augmente les chances de rencontrer quelqu'un qui apprécie vos qualités uniques. Embrassez votre vulnérabilité, soyez ouvert à de nouvelles connexions et faites confiance à votre instinct lorsqu'il s'agit de questions de cœur.

La conjonction entre Vénus et Saturne le 21 mars souligne l'importance de l'engagement et de la compatibilité à long terme dans les relations amoureuses. Cet aspect vous encourage à prendre votre temps, à construire une base solide et à vous assurer que vos valeurs s'alignent sur celles de votre partenaire. La patience et la compréhension seront essentielles pour naviguer dans les complexités de l'amour.

Dans les relations établies, la communication et le compromis sont cruciaux pour maintenir l'harmonie. L'aspect semi-carré entre Vénus et Pluton le 12 mars peut apporter des émotions intenses ou des luttes de pouvoir. Il est important d'aborder les conflits avec empathie, d'écouter activement le point de vue de votre partenaire et de trouver des solutions mutuellement bénéfiques.

La guérison et la croissance émotionnelles peuvent être obtenues grâce à une communication ouverte et honnête. La conjonction entre Mercure et Chiron le 20 mars soutient les conversations de guérison et encourage la vulnérabilité avec votre partenaire. Partagez vos peurs, désirs et rêves les plus profonds, permettant une connexion plus profonde et une compréhension mutuelle.

Carrière

L'aspect semi-sextile entre Mercure et Saturne le 16 mars met l'accent sur la nécessité d'efforts concentrés, de discipline et d'attention aux détails dans votre carrière.

Ce mois-ci, il est important de prendre la responsabilité de votre développement professionnel. Cherchez des occasions d'affiner vos compétences, d'élargir vos connaissances et de vous tenir au courant des tendances de l'industrie. Cela renforcera votre expertise et contribuera à votre succès à long terme.

Le réseautage et la collaboration jouent un rôle important dans votre avancement professionnel. L'aspect en demi-carré entre Mercure et Mars le 14 mars souligne l'importance de l'affirmation de soi et d'une communication efficace dans les relations professionnelles. Saisissez les occasions de vous connecter avec des collègues, de partager vos idées et de collaborer sur des projets.

Le maintien d'une image et d'une réputation professionnelles est essentiel. La conjonction entre Vénus et Saturne le 21 mars vous encourage à respecter des normes élevées de professionnalisme, d'intégrité et de fiabilité. Soyez cohérent dans votre travail, respectez les délais et démontrez votre engagement envers l'excellence.

La stabilité financière et la responsabilité devraient être au centre de vos efforts de carrière. L'aspect en demi-carré entre Vénus et Pluton le 12 mars vous rappelle d'être prudent en matière financière. Évitez les décisions impulsives et demandez conseil à un expert si nécessaire. La planification financière et la budgétisation à long terme contribueront à votre réussite professionnelle globale.

Mars présente également des opportunités de leadership et d'assumer de nouvelles responsabilités. La conjonction entre Mercure et le Vrai Nœud le 18 mars renforce votre influence et vous encourage à occuper des postes d'autorité. Saisissez ces opportunités avec confiance et utilisez vos capacités naturelles de leadership pour avoir un impact positif.

Finance

En mars, les individus Taureau sont encouragés à aborder leurs finances avec prudence, responsabilité et planification à long terme. La conjonction entre Vénus et Saturne le 21 mars vous rappelle l'importance de la stabilité financière et des décisions financières judicieuses.

Il est crucial de revoir votre budget, d'évaluer vos dépenses et de faire les ajustements nécessaires pour vous assurer que vous vivez selon vos moyens. Réduisez les dépenses inutiles et priorisez les engagements financiers essentiels.

La planification financière à long terme est essentielle pour votre sécurité future. Envisagez de consulter un conseiller financier qui pourra vous guider dans la prise de décisions éclairées concernant les investissements, l'épargne et la planification de la retraite. Profitez des connaissances et de l'expertise à votre disposition.

S'il est important d'épargner pour l'avenir, il est également essentiel de trouver un équilibre et de profiter du présent. L'aspect semi-carré entre Vénus et Pluton le 12 mars vous rappelle de trouver du plaisir dans les choses simples sans trop dépenser. Recherchez la joie dans des expériences qui ne nécessitent pas nécessairement un investissement financier important, comme passer du temps de qualité avec des êtres chers ou vous adonner à des passe-temps qui vous épanouissent.

Évitez les décisions financières impulsives ou risquées. L'aspect semi-carré entre Mercure et Uranus le 12 mars vous rappelle d'être prudent et de réfléchir aux risques potentiels avant de prendre des engagements financiers majeurs. La patience et une analyse approfondie vous protégeront des revers financiers inutiles.

Santé

En mars, les Taureau sont encouragés à donner la priorité à leur santé et à leur bien-être. La conjonction entre Mercure et Chiron le 20 mars offre des opportunités de guérison émotionnelle et de soins personnels.

Le bien-être émotionnel est crucial pour la santé globale. Prenez le temps de réfléchir, engagez-vous dans des activités qui vous apportent de la joie et demandez le soutien de vos proches ou d'un thérapeute si nécessaire. Donnez la priorité à votre santé mentale et émotionnelle, car elles jouent un rôle important dans votre bien-être général.

Maintenir un mode de vie équilibré est essentiel. L'aspect semi-carré entre Vénus et Pluton le 12 mars vous rappelle d'éviter les extrêmes et de trouver la modération dans vos habitudes. Concentrez-vous sur le maintien d'une alimentation saine, d'une routine d'exercices réguliers et d'un sommeil suffisant. Adoptez des pratiques telles que la méditation ou le yoga pour promouvoir la paix intérieure et réduire le stress.

La gestion du stress est cruciale en mars. L'aspect semi-carré entre Mercure et Mars le 14 mars peut apporter des moments de tension ou d'agitation. Participez à des activités anti-stress telles que des exercices de respiration profonde, la tenue d'un journal ou des loisirs qui vous apportent de la détente. Trouvez des exutoires sains pour libérer l'énergie refoulée et maintenir un sentiment de calme.

Il est essentiel d'écouter les besoins de votre corps et de traiter tout inconfort ou malaise physique. Des contrôles réguliers avec des professionnels de la santé sont encouragés, car la prévention et la détection précoce sont essentielles pour maintenir une santé optimale.

Nourrir votre bien-être spirituel peut avoir un impact positif sur votre santé globale. La conjonction entre le Soleil et Neptune le 17 mars améliore vos capacités intuitives et votre connexion au royaume spirituel. Engagez-vous dans des pratiques telles que la méditation, la pleine conscience ou la prière pour améliorer votre cheminement spirituel et trouver la paix intérieure.

Voyage

L'aspect quintile entre Vénus et Uranus le 18 mars enflamme votre sens de l'aventure et vous encourage à embrasser de nouvelles expériences et destinations.

Lors de la planification de vos voyages, recherchez des destinations qui offrent un enrichissement culturel, une beauté naturelle et une croissance spirituelle. Adoptez la flexibilité dans votre itinéraire et autorisez la spontanéité, car des opportunités inattendues peuvent se présenter.

Envisagez de participer à des activités telles que des retraites de yoga, des ateliers de méditation ou des aventures axées sur la nature. Ces expériences vous procureront non seulement un rajeunissement physique, mais contribueront également à votre croissance personnelle et à votre découverte de soi.

Embrassez les voyages en solo ou les expériences de groupe qui vous permettent de vous connecter avec des personnes partageant les mêmes idées. Cherchez des occasions de dialoguer avec les communautés locales, plongez-vous dans différentes cultures et élargissez vos perspectives.

March encourage les Taureau à donner la priorité à leur bien-être lors de leurs voyages. Prenez le temps de prendre soin de vous, accordez la priorité au repos et à la relaxation et engagez-vous dans des activités qui favorisent la paix intérieure et le rajeunissement. Trouvez un équilibre entre exploration et ressourcement pour tirer le meilleur parti de vos expériences de voyage.

Les destinations axées sur la nature peuvent procurer un sentiment d'enracinement et de connexion. Envisagez de visiter des paysages sereins, des parcs nationaux ou des zones côtières qui vous permettent de renouer avec le monde naturel et de trouver du réconfort dans sa beauté.

Incorporez des pratiques spirituelles à vos expériences de voyage. Visitez des sites sacrés, engagez-vous dans des pratiques de méditation ou de pleine conscience, ou recherchez des enseignants ou des guides spirituels qui peuvent approfondir votre voyage spirituel.

N'oubliez pas de privilégier la sécurité lors de vos déplacements. Restez informé des coutumes locales, suivez les directives et les réglementations et prenez les précautions nécessaires pour assurer un voyage en douceur et en toute sécurité.

Aperçu des étoiles

Les étoiles de mars s'alignent pour provoquer une transformation personnelle. À travers les Poissons, ils chuchotent rêves et intuition, et à travers Bélier, ils crient action et ambition. C'est un mois pour rêver, agir et transformer.

Les meilleurs jours du mois : 1, 6 , 17 , 18 , 21 , 24 et 26 mars .

Avril 2024

Horoscope

Avril apporte un mélange d'énergie pour les individus Taureau, avec des opportunités de croissance, d'autoréflexion et la nécessité de s'adapter aux circonstances changeantes. Le mois commence avec l'aspect semi-sextile entre Mercure et Vénus le 2 avril, encourageant une communication harmonieuse et des interactions sociales. C'est le moment idéal pour vous connecter avec vos proches, exprimer vos pensées et engager des conversations significatives.

L'aspect semi-sextile du Soleil avec Saturne le 2 avril rappelle aux individus Taureau de maintenir une approche équilibrée des responsabilités et des engagements. Trouver un équilibre harmonieux entre le travail et la vie personnelle est crucial pendant cette période.

Le 3 avril, le Soleil forme un aspect quintile avec Pluton, offrant une opportunité de transformation de soi et d'autonomisation. Embrassez votre force intérieure et utilisez-la pour surmonter les défis et apporter des changements positifs dans votre vie.

Mars et Uranus forment un aspect quintile le 3 avril, vous insufflant une énergie innovante et aventureuse. C'est le moment d'embrasser votre côté spontané, d'explorer de nouvelles expériences et de prendre des risques calculés.

Maintenir une communication efficace devient essentiel alors que Mercure est en demi-carré avec Mars le 6 avril. Soyez conscient des conflits ou des réactions impulsives et concentrez-vous sur la recherche de solutions diplomatiques dans vos interactions.

L'aspect sextile entre Vénus et Pluton le 6 avril intensifie vos relations amoureuses et émotionnelles. C'est un moment propice pour approfondir les relations et explorer la profondeur de vos désirs.

L'aspect semi-sextile entre le Soleil et Jupiter le 8 avril apporte un regain de confiance et d'optimisme. Cet alignement soutient vos efforts, en particulier dans les domaines de la croissance personnelle et de l'avancement professionnel.

La conjonction entre le Soleil et Chiron le 8 avril vous invite à accepter vos vulnérabilités et à vous engager dans des activités de guérison. Cet alignement offre des opportunités de guérison émotionnelle et de découverte de soi, vous permettant de vous libérer de vieilles blessures et d'embrasser un sens renouvelé de vous-même.

Aimer

En amour, avril présente à la fois des défis et des opportunités pour les individus Taureau. La conjonction entre Vénus et Chiron le 21 avril met en évidence le besoin de guérison et de croissance dans les relations. C'est le moment d'affronter les blessures du passé, de libérer le bagage émotionnel et d'accepter la vulnérabilité pour favoriser des liens plus profonds.

La communication joue un rôle vital dans l'amour pendant cette période. La conjonction de Mercure avec Vénus le 19 avril améliore votre capacité à exprimer vos sentiments et vos désirs avec clarté et sincérité. Utilisez ce temps pour avoir des conversations ouvertes et honnêtes avec votre partenaire, en abordant les problèmes non résolus et en favorisant une meilleure compréhension.

Les personnes Taureau peuvent ressentir un fort désir de stabilité et de sécurité dans leurs relations. L'aspect semi-sextile entre Vénus et Saturne le 17 avril vous encourage à investir dans des engagements à long terme et à construire une base solide de confiance et de fidélité. Prenez le temps d'évaluer la force de vos relations et faites les ajustements nécessaires pour améliorer la stabilité et l'harmonie.

L'aspect semi-carré entre Vénus et Jupiter le 8 avril vous rappelle de maintenir une approche équilibrée de l'amour. Évitez les attentes excessives ou les excès, car cela peut entraîner des déceptions ou des conflits. Au lieu de cela, concentrez-vous sur l'entretien de vos relations grâce à des soins authentiques, de la compassion et du temps de qualité ensemble.

Pour les célibataires Taureau, la conjonction entre Vénus et Neptune le 3 avril insufflera à votre vie amoureuse une touche de magie et d'enchantement. Vous pourriez vous retrouver attiré par des partenaires rêveurs et imaginatifs. Cependant, veillez à ne pas trop idéaliser les autres et maintenez une perspective ancrée pour assurer la compatibilité et l'épanouissement à long terme.

Carrière

L'aspect semi-sextile entre Mercure et Vénus le 2 avril améliore vos capacités de communication et vous permet d'exprimer vos idées avec clarté et charme. C'est un excellent moment pour présenter vos propositions, engager des négociations ou partager vos idées créatives avec vos collègues et vos supérieurs.

L'aspect semi-sextile du Soleil avec Saturne le 2 avril rappelle aux individus Taureau de maintenir une approche disciplinée et responsable de leur travail. Concentrez-vous sur le respect des délais, le respect de vos obligations et la preuve de fiabilité. Vos efforts diligents seront reconnus et récompensés, ouvrant la voie à un succès à long terme.

Le 8 avril, l'aspect semi-sextile entre le Soleil et Jupiter offre des opportunités d'expansion et de croissance de carrière. Relevez de nouveaux défis, prenez des risques calculés et faites confiance à vos capacités pour réussir professionnellement. Cet alignement vous encourage également à rechercher des mentors ou des opportunités éducatives qui peuvent encore améliorer vos compétences et vos connaissances.

La conjonction entre le Soleil et Chiron le 8 avril invite les individus Taureau à aborder toute croyance limitante ou doute de soi qui pourrait entraver leur progression de carrière. Utilisez ce temps pour l'introspection et la croissance personnelle, car la guérison des blessures du passé peut libérer votre plein potentiel et vous permettre d'accéder à des postes de direction et d'influence.

Maintenir une communication efficace devient crucial alors que Mercure est en demi-carré avec Mars le 6 avril. Soyez conscient des conflits ou des malentendus sur votre lieu de travail et efforcez-vous de trouver des solutions diplomatiques. Pratiquer une écoute active et un dialogue constructif pour maintenir des relations harmonieuses avec ses collègues et ses supérieurs.

L'aspect sextile entre Vénus et Pluton le 6 avril enflamme votre passion et votre détermination dans la poursuite de vos objectifs de carrière. Cet alignement vous permet d'apporter des changements transformateurs et d'affirmer votre influence au sein de votre sphère professionnelle. Utilisez cette énergie pour relever de nouveaux défis, assumer des rôles de leadership et mettre en valeur vos talents.

Les individus Taureau peuvent également bénéficier du réseautage et de la formation d'alliances en avril. L'aspect semi-sextile entre Vénus et Mars le 27 avril encourage la collaboration et le travail d'équipe. Cherchez des occasions de vous connecter avec des personnes partageant les mêmes idées ou des pairs de l'industrie qui peuvent soutenir vos aspirations professionnelles.

Finance

L'aspect semi-carré entre Vénus et Saturne le 17 avril met en garde contre les dépenses impulsives ou le luxe sans tenir compte des conséquences à long terme. Il est essentiel de maintenir une approche équilibrée et disciplinée de vos finances pendant cette période. Créez un budget, hiérarchisez vos dépenses et concentrez-vous sur la construction d'une base solide pour la stabilité financière.

Le 9 avril, l'aspect semi-carré entre le Soleil et Jupiter rappelle aux individus Taureau d'éviter la prise de risques excessifs ou l'excès de confiance en matière financière. Adoptez une approche prudente et mesurée lorsque vous prenez des décisions d'investissement ou que vous vous engagez dans des entreprises financières. Demander conseil à des conseillers financiers ou à des professionnels de confiance peut vous fournir des informations précieuses et vous aider à faire des choix judicieux.

La conjonction entre Vénus et Neptune le 3 avril met en lumière l'importance du discernement financier. Méfiez-vous des illusions potentielles ou des stratagèmes financiers trompeurs. Assurez-vous de bien rechercher et analyser toutes les opportunités d'investissement avant d'engager vos ressources. Faites confiance à votre intuition et écoutez votre voix intérieure lorsque vous prenez des décisions financières.

L'aspect semi-sextile entre Vénus et Mars le 27 avril offre des opportunités de collaborations financières ou de joint-ventures. Envisagez de vous associer à des personnes fiables qui partagent vos objectifs et vos valeurs financières. Ensemble, vous pouvez mettre en commun vos ressources et tirer parti des forces de chacun pour atteindre un succès financier mutuel.

Les personnes Taureau peuvent également bénéficier de l'exploration d'autres sources de revenus en avril. L'aspect semi-sextile entre Mercure et Uranus le 21 avril encourage une réflexion innovante et une volonté d'explorer des voies financières non conventionnelles. Restez ouvert aux nouvelles idées, adoptez votre esprit d'entreprise et envisagez de diversifier vos sources de revenus.

Maintenir la discipline financière et éviter les dépenses impulsives sont cruciaux tout au long du mois d'avril. Créez un plan d'épargne, pratiquez des dépenses conscientes et accordez la priorité à la sécurité financière. Cela fournira une base solide pour la prospérité financière à long terme et la tranquillité d'esprit.

N'oubliez pas que le bien-être financier est étroitement lié à votre sentiment général de stabilité et de sécurité. Utilisez ce mois-ci pour cultiver une relation saine avec l'argent, équilibrer vos désirs matériels avec l'aspect pratique et vous concentrer sur des objectifs financiers à long terme. En adoptant une approche disciplinée et consciente, vous pouvez ouvrir la voie à l'abondance et à la sécurité financières à l'avenir.

Santé

L'aspect semi-sextile entre Mars et Chiron le 11 avril attire l'attention sur l'importance de traiter tout problème de santé ou inconfort persistant. N'ignorez pas les signes subtils de votre corps. Prenez des mesures proactives pour traiter tout mal physique ou demandez conseil à un professionnel si nécessaire. C'est une période propice à la guérison et à la recherche de thérapies alternatives ou d'approches holistiques pour améliorer votre bien-être général.

La conjonction entre Vénus et Chiron le 21 avril met l'accent sur le lien entre la santé émotionnelle et physique. Faites attention à votre état émotionnel et prenez des mesures pour favoriser votre bien-être mental et émotionnel. Engagez-vous dans des activités qui vous apportent de la joie, pratiquez des rituels de soins personnels et recherchez le soutien de vos proches ou de professionnels si vous rencontrez des difficultés émotionnelles.

Maintenir une alimentation équilibrée et nutritive est essentiel pour votre santé en avril. L'aspect semi-carré entre Vénus et Saturne le 30 avril vous rappelle de faire des choix conscients en matière d'alimentation. Soyez conscient de ne pas vous adonner à des aliments malsains ou réconfortants. Concentrez-vous sur l'incorporation d'aliments riches en nutriments dans vos repas, en restant hydraté et en maintenant une routine d'exercice constante.

L'aspect sextile entre Mars et Jupiter le 19 avril encourage l'activité physique et une approche proactive de la forme physique. Engagez-vous dans des exercices ou des activités qui vous procurent du plaisir et aident à libérer toute énergie ou tout stress refoulé. Envisagez d'explorer de nouvelles routines d'entraînement ou de rejoindre des cours de groupe pour que votre parcours de remise en forme reste passionnant et motivant.

Avril est aussi une période propice à la relaxation et aux pratiques de soins personnels. La conjonction entre le Soleil et Mercure le 11 avril permet de faire des pauses et de trouver des moments de calme au milieu d'un emploi du temps chargé. Incorporez des exercices de pleine conscience, de la méditation ou d'autres techniques de relaxation dans votre routine quotidienne pour favoriser un sentiment de paix intérieure et réduire le stress.

Voyage

L'aspect semi-carré entre Vénus et Saturne le 17 avril suggère la nécessité d'une planification et d'une préparation minutieuses avant de se lancer dans tout voyage. Vérifiez les itinéraires de voyage, assurez-vous d'avoir tous les documents nécessaires et l'hébergement réservé à l'avance. Faites attention aux avertissements aux voyageurs et préparez-vous à tout changement ou retard imprévu qui pourrait survenir.

La conjonction entre le Soleil et Mercure le 11 avril encourage la communication et la collecte d'informations sur les destinations de voyage potentielles. Faites des recherches approfondies, lisez les critiques et recherchez des recommandations pour prendre des décisions éclairées sur où aller et quoi faire pendant vos voyages. Engagez des conversations avec d'autres voyageurs ou des habitants pour obtenir des informations précieuses et améliorer votre expérience de voyage globale.

Avril est une période propice aux expériences de voyage axées sur la découverte de soi et la croissance personnelle. L'aspect semi-sextile entre Mars et Chiron le 13 avril favorise la participation à des activités ou à des retraites qui favorisent la guérison intérieure et le développement spirituel. Envisagez des destinations connues pour leurs environnements sereins et paisibles, telles que des retraites dans la nature ou des centres de bien-être. Ces expériences peuvent fournir un sentiment plus profond de rajeunissement et d'autoréflexion.

L'aspect semi-sextile entre Vénus et Jupiter le 22 avril amplifie le potentiel de vivre des expériences de voyage luxueuses et indulgentes. Offrez-vous des vacances bien méritées où vous pourrez vous immerger dans le confort et la détente. Qu'il s'agisse d'une retraite au spa, d'une escapade à la plage ou d'une excursion culturelle, permettez-vous de profiter pleinement des plaisirs et des expériences que les voyages ont à offrir.

Cependant, il est important de rester flexible et adaptable lors de vos voyages, car l'aspect semi-carré entre Vénus et Mars le 27 avril peut apporter des défis ou des conflits inattendus. Restez patient et ouvert d'esprit, et soyez prêt à ajuster vos plans si nécessaire. Embrassez l'esprit d'aventure et voyez tout détour ou changement comme une opportunité de croissance et de nouvelles expériences.

Aperçu des étoiles

"Tout comme les étoiles brillent le plus dans les nuits les plus sombres, votre résilience brille à travers l'adversité. Continuez à briller, Taureau." - Les étoiles reconnaissent la résilience innée du Taureau et leur rappellent de continuer à persévérer dans les moments difficiles, sachant que leur lumière continuera de briller.

Les meilleurs jours du mois : 2 , 8 , 10 , 16 , 19 , 22 et 30 avril .

Mai 2024

Horoscope

Mai apporte un mélange d'énergies pour le Taureau, avec des opportunités de croissance, des défis à surmonter et des moments d'autoréflexion. Le mois commence avec Vénus carré Pluton, créant des tensions dans les relations. Il est essentiel de résoudre tous les problèmes sous-jacents et de communiquer ouvertement pour maintenir l'harmonie.

Mars sextile Pluton le 3 mai apporte détermination et puissance pour poursuivre vos objectifs. Utilisez cette énergie pour faire avancer votre carrière ou vos projets personnels. Cependant, soyez conscient des luttes de pouvoir ou des conflits potentiels, car Mars peut être intense.

Le 6 mai, le Soleil semi-carré Neptune peut créer une certaine confusion ou un besoin d'échapper à la réalité. Prenez le temps de prendre soin de vous et de réfléchir pour trouver la clarté et vous ressourcer. Embrassez la spiritualité ou les activités créatives pour trouver l'inspiration.

L'alignement entre le Soleil et le véritable nœud les 5 et 11 mai encourage la découverte de soi et l'alignement avec votre véritable objectif. Ces moments offrent une chance de réfléchir sur vos valeurs, vos aspirations et votre orientation dans la vie.

Le 18 mai est un jour significatif avec Vénus en conjonction avec Uranus et le Soleil en conjonction avec Jupiter. Cette combinaison puissante apporte de l'excitation, des opportunités inattendues et un désir de liberté. Vivez de nouvelles expériences et explorez des territoires inexplorés. Cependant, veillez à ne pas être impulsif ou imprudent dans vos activités.

Le 19 mai marque la conjonction de Mars avec le vrai nœud, symbolisant un tournant dans votre destin. Faites attention aux synchronicités et faites confiance à votre instinct. C'est le moment d'agir, de courage et de faire des pas décisifs vers vos objectifs.

Le mois se termine avec Mercure en conjonction avec Uranus le 31 mai, suscitant des idées innovantes et des conversations stimulantes. Embrassez votre point de vue unique et partagez vos pensées avec les autres. Cet alignement peut apporter des idées et des percées inattendues.

Aimer

En matière d'amour, May présente à la fois des défis et des opportunités pour le Taureau. L'aspect Vénus carré Pluton le 1er mai apporte intensité et luttes de pouvoir dans les relations. Il est crucial de résoudre les problèmes sous-jacents et de trouver un équilibre entre l'affirmation de vos besoins et le maintien de l'harmonie.

Le sextile Vénus Saturne le 13 mai et la conjonction Vénus Uranus le 18 mai apportent stabilité et excitation aux relations amoureuses. Ces alignements favorisent l'approfondissement des liens et la création d'un sentiment de sécurité dans les relations tout en encourageant la spontanéité et la nouveauté.

Les célibataires Taureau peuvent se trouver attirés par des individus non conventionnels et uniques pendant cette période. Saisissez les opportunités de croissance et d'exploration, mais maintenez également un sentiment d' enracinement et de stabilité dans vos interactions.

Carrière

Du point de vue de la carrière, May est prometteuse pour le Taureau. L'aspect Mars sextile Pluton du 3 mai vous donne la détermination et la capacité de faire des progrès significatifs dans vos efforts professionnels. Cet alignement apporte de la concentration, de l'ambition et la volonté d'atteindre vos objectifs.

Le 10 mai, le demi-carré de Mars Uranus peut apporter des changements ou des perturbations inattendus sur le lieu de travail. L'adaptabilité et la flexibilité sont essentielles pour naviguer avec succès dans ces changements. Adoptez l'innovation et soyez ouvert aux nouvelles idées ou approches.

Le Soleil conjoint à Jupiter le 18 mai offre des opportunités d'expansion, de croissance et de reconnaissance. Cet alignement peut ouvrir des portes et apporter des développements positifs dans votre carrière. Embrassez de nouvelles responsabilités et montrez vos capacités en toute confiance.

Finance

En termes de finances, mai nécessite une gestion financière prudente et pratique pour le Taureau. Le carré Vénus Pluton du 1er mai vous rappelle d'être attentif à la dynamique du pouvoir dans les partenariats financiers. Assurez-vous que les accords sont équitables et transparents pour éviter tout litige potentiel.

Le sextile Vénus Saturne le 13 mai soutient une planification financière responsable et une stabilité à long terme. Cet alignement vous encourage à fixer des objectifs réalistes, à budgétiser judicieusement et à vous concentrer sur la construction d'une base solide pour votre avenir financier.

La conjonction Vénus Uranus du 18 mai offre des opportunités de croissance financière par des moyens non conventionnels. Soyez ouvert aux perspectives financières inattendues et aux opportunités d'investissement innovantes. Cependant, évaluez soigneusement les risques avant de prendre des décisions financières importantes.

Santé

En termes de santé, May rappelle au Taureau de donner la priorité aux soins personnels et au bien-être émotionnel. Le Soleil semi-carré Neptune le 3 mai peut créer une certaine confusion émotionnelle ou un besoin de retraite. Prenez le temps de vous détendre, de méditer ou de participer à des activités qui vous apportent la paix intérieure.

La conjonction de Mars Chiron le 29 mai vous encourage à traiter toute blessure émotionnelle ou physique qui pourrait avoir un impact sur votre bien-être. Recherchez des modalités de guérison, une thérapie ou engagez-vous dans une réflexion personnelle pour promouvoir la santé et l'harmonie globales.

Maintenir une routine équilibrée, des exercices réguliers et une alimentation saine sont essentiels pendant cette période. Concentrez-vous sur des activités qui nourrissent votre corps, votre esprit et votre âme pour maintenir un bien-être optimal.

Voyage

Mai présente des opportunités de voyage et d'exploration pour le Taureau. Cependant, il est important de planifier et de se préparer avec soin en raison d'éventuels changements ou perturbations inattendus.

Le Soleil conjoint à Jupiter le 18 mai signale des conditions favorables pour les voyages, en particulier vers des destinations inconnues. Vivez de nouvelles expériences et élargissez vos horizons grâce à une immersion culturelle et des activités aventureuses.

Cependant, avec le demi-carré de Mars Uranus le 10 mai, il est crucial de rester flexible et adaptable dans vos projets de voyage. Tenez-vous au courant des avis aux voyageurs et préparez-vous à d'éventuels ajustements ou retards.

Aperçu des étoiles

Mai est un mois puissant pour le Taureau, avec un accent sur la croissance personnelle, les relations et la stabilité financière. Prenez le temps de réfléchir, mais n'hésitez pas non plus à socialiser et à réseauter. L'équilibre est la clé.

Les meilleurs jours du mois : 3 , 13 , 18 , 19 , 23 , 28 et 31 mai .

juin 2024

Horoscope

Juin apporte un mélange dynamique d'énergies pour le Taureau, avec des opportunités de croissance, d'introspection et d'ajustements. Le mois commence avec Mars semi-sextile Uranus le 1er juin, vous insufflant une bouffée d'énergie et le désir de changement. Cet aspect vous encourage à embrasser votre individualité et à explorer de nouvelles possibilités.

Le quintile solaire Neptune le 1er juin améliore votre intuition et votre connexion spirituelle. Cet alignement vous invite à faire confiance à votre guidance intérieure et à puiser dans votre potentiel créatif.

Vénus quintile Neptune le 2 juin approfondit votre sensibilité et votre compassion en matière d'amour et de relations. Cet aspect soutient la connexion émotionnelle et favorise la compréhension avec vos proches.

Mercure semi-carré True Node le 2 juin met l'accent sur l'importance d'une communication efficace et de connexions significatives. Faites attention aux informations et aux messages qui vous parviennent, car ils peuvent vous guider et vous éclairer sur votre chemin de vie.

Le Jupiter trigone Pluton le 2 juin vous donne un sens renouvelé du but et la capacité de transformer votre vie. Cet alignement offre des opportunités de croissance, de réussite et d'évolution personnelle.

Le sextile Mercure Neptune du 2 juin améliore vos capacités imaginatives et créatives. C'est un excellent moment pour les activités artistiques, l'exploration spirituelle et l'expression de vos idées avec clarté et sensibilité.

Le Sun sextile True Node du 3 juin met en évidence votre capacité à vous aligner sur votre véritable objectif et à établir des liens positifs avec les autres. Cet aspect soutient les efforts de collaboration et peut amener des personnes utiles dans votre vie.

Aimer

En matière d'amour, June présente des opportunités de liens émotionnels plus profonds et d'auto-réflexion pour le Taureau. La conjonction Soleil et Vénus du 4 juin amplifie votre magnétisme et votre attractivité, vous rendant plus séduisant pour les autres.

Le trigone de Mercure à Pluton le 4 juin intensifie votre profondeur émotionnelle et encourage des conversations significatives dans les relations. Cet aspect favorise l'honnêteté, la confiance et le partage d'expériences profondes.

Vénus carré Saturne le 8 juin peut apporter des défis ou des limites en amour. Il est crucial d'aborder les problèmes relationnels avec patience, compréhension et volonté de trouver un terrain d'entente.

Le sextile de Vénus Chiron le 11 juin offre une opportunité de guérison et de croissance au sein de vos relations. Il encourage la vulnérabilité et l'exploration des blessures émotionnelles afin de favoriser des connexions plus profondes.

Carrière

En termes de carrière, juin apporte un mélange d'opportunités et de défis pour Taureau. Le carré de Mars à Pluton le 11 juin pourrait entraîner des luttes de pouvoir ou des conflits sur le lieu de travail. Il est essentiel de maintenir le professionnalisme, d'affirmer des limites saines et de trouver des solutions diplomatiques.

Le carré Vénus Saturne le 8 juin pourrait entraîner des limitations financières ou des retards dans les efforts professionnels. Soyez prudent avec les questions d'argent et budgétisez judicieusement pendant cette période.

Le sextile Mercure Mars du 21 juin améliore vos capacités de communication et votre affirmation de soi dans des situations professionnelles. C'est un excellent moment pour les négociations, les présentations et la prise d'initiatives dans votre carrière.

Finance

Financièrement, June appelle à la prudence et à l'aspect pratique du Taureau. Le carré Vénus Saturne le 8 juin conseille une budgétisation prudente et des dépenses responsables. Il est crucial d'évaluer vos engagements financiers et de prioriser la stabilité à long terme.

Le Neptune semi-carré de Mars le 8 juin pourrait apporter une certaine confusion ou des pièges financiers potentiels. Soyez prudent avec les investissements ou les décisions financières importantes pendant cette période. Demandez conseil à un professionnel si nécessaire.

Santé

En termes de santé, June rappelle au Taureau de se concentrer sur les soins personnels et de maintenir un mode de vie équilibré. Le quintile solaire Chiron du 26 juin offre des opportunités de guérison et d'amélioration de soi. Explorez des modalités de guérison alternatives et nourrissez votre bien-être émotionnel.

Le Neptune semi-carré de Mars le 29 juin pourrait avoir un impact sur votre niveau d'énergie et votre système immunitaire. Privilégiez le repos, la gestion du stress et les habitudes saines pour favoriser votre bien-être général.

Voyage

Juin présente des conditions favorables aux voyages et à l'exploration pour le Taureau. Cependant, il est essentiel de planifier et de se préparer avec soin pour garantir des expériences fluides.

Le sextile Mercure Uranus du 29 juin vous encourage à faire preuve de spontanéité et à rechercher des opportunités de voyage uniques. C'est le moment idéal pour l'aventure, l'exploration de nouvelles cultures et la connexion avec des personnes d'horizons différents.

Aperçu des étoiles

Juin est un mois équilibré pour le Taureau, avec des opportunités dans les finances, les relations et la croissance personnelle. Les énergies de la Nouvelle Lune et du Soleil en Gémeaux favorisent la planification et la communication financières.

Les meilleurs jours du mois : 4 , 11 , 21 , 26 , 29 et 30 juin

juillet 2024

Horoscope

Juillet apporte un mélange de changements énergétiques et d'opportunités de croissance pour le Taureau. Au début du mois, le Chiron semi-carré de Jupiter le 1er juillet vous encourage à affronter toutes les blessures émotionnelles et à rechercher la guérison. Cet aspect incite à la réflexion sur soi et à la croissance personnelle.

Le quintile de Mercure Mars le 1er juillet améliore votre agilité mentale et votre assurance. C'est un excellent moment pour communiquer efficacement et prendre des mesures décisives dans divers domaines de votre vie.

Uranus en demi-carré du Soleil le 1er juillet pourrait apporter des changements ou des perturbations inattendus. Il est important de rester adaptable et ouvert à de nouvelles possibilités pendant cette période.

Le trigone Mercure Neptune du 2 juillet renforce votre intuition et vos capacités imaginatives. C'est une période idéale pour l'exploration spirituelle, les activités créatives et l'approfondissement de votre lien avec le mystique.

Le Sun Square True Node du 2 juillet met l'accent sur la nécessité de s'aligner sur votre véritable objectif et de prendre des décisions en harmonie avec votre moi authentique. C'est le moment de réévaluer vos objectifs et de faire les ajustements nécessaires.

Aimer

En matière d'amour, July encourage le Taureau à se concentrer sur l'amour de soi et les relations authentiques. Le trigone Vénus Saturne le 2 juillet favorise la stabilité et l'engagement dans les relations. C'est une période propice pour construire des fondations solides et approfondir les liens affectifs.

Le carré de Vénus Chiron le 6 juillet peut évoquer des blessures ou des insécurités passées dans les relations. Utilisez ce temps pour guérir et résoudre tout problème émotionnel non résolu avec compassion et compréhension.

Le quintile de Mercure Uranus le 7 juillet améliore votre capacité à exprimer vos idées et opinions uniques dans les relations. C'est le moment idéal pour des conversations ouvertes et pour embrasser l'individualité au sein des partenariats.

Carrière

Sur le plan professionnel, juillet présente des opportunités de croissance et de succès pour le Taureau. Le sextile Mars Saturne du 5 juillet apporte un mélange harmonieux de discipline et d'ambition, vous permettant de progresser régulièrement vers vos objectifs professionnels.

Le sextile de Mercure à Jupiter le 8 juillet améliore vos compétences en communication et vos capacités intellectuelles. Cet aspect soutient le réseautage, les négociations et les efforts de collaboration dans votre carrière.

Le vrai nœud sextile de Jupiter le 9 juillet apporte une énergie positive et un alignement avec votre objectif de vie. C'est le moment de saisir de nouvelles opportunités et d'élargir vos horizons professionnels.

Finance

Financièrement, July encourage Taurus à se concentrer sur l'aspect pratique et la stabilité à long terme. Le trigone Vénus Saturne le 2 juillet soutient des décisions financières judicieuses et une budgétisation responsable. C'est un moment propice pour évaluer vos objectifs financiers et faire les ajustements nécessaires.

Le sextile Vénus Uranus du 8 juillet offre des opportunités de croissance financière et d'innovation. Gardez l'esprit ouvert et soyez prêt à explorer de nouvelles avenues de revenu et d'investissement.

Santé

En matière de santé, July encourage Taureau à privilégier les soins personnels et le bien-être. La conjonction Mars Uranus du 15 juillet peut apporter des bouffées d'énergie et de motivation mais aussi un besoin d'équilibre et de modération. Évitez de vous pousser trop fort et écoutez les besoins de votre corps.

Le Soleil trigone Saturne le 10 juillet soutient la discipline et la cohérence dans le maintien d'un mode de vie sain. C'est le moment idéal pour établir de nouvelles routines et s'engager à s'améliorer.

Voyage

Juillet présente des conditions favorables pour les voyages et l'exploration pour le Taureau. Le quintile de Vénus Uranus le 18 juillet apporte de l'excitation et des opportunités d'expériences uniques lors de vos voyages. Adoptez la spontanéité et soyez ouvert à de nouvelles expériences culturelles.

Le sextile Soleil Uranus du 18 juillet renforce votre sens de l'aventure et vous encourage à sortir de votre zone de confort. C'est un excellent moment pour se lancer dans des voyages spontanés ou essayer quelque chose de nouveau et d'excitant.

Aperçu des étoiles

En juillet, les étoiles guident le Taureau à travers un voyage de profondeur émotionnelle, de créativité et d'autoréflexion. Alors que le Soleil entre en Lion, il est temps de libérer votre côté créatif et de poursuivre ce qui fait chanter votre cœur. L'équilibre dans tous les aspects de la vie est essentiel ce mois-ci.

Les meilleurs jours du mois : 8 , 10 , 15 , 18 , 21 , 23 et 30 juillet .

Août 2024

Horoscope

Le mois d'août apporte un mélange de défis et d'opportunités de croissance pour le Taureau. Au début du mois, Mars sextile True Node le 1er août dynamise vos interactions sociales et vous encourage à vous connecter avec des personnes partageant les mêmes idées qui partagent vos objectifs et vos aspirations.

Le quintile de Vénus Jupiter le 2 août apporte un sentiment d'optimisme et d'expansion dans l'amour et les relations. C'est un moment propice pour explorer de nouvelles possibilités romantiques ou approfondir les relations existantes.

Cependant, le carré Vénus Uranus le 2 août peut apporter des perturbations ou des changements inattendus dans les relations. Il est important de rester adaptable et ouvert d'esprit pendant cette période.

Le Soleil biquintile Saturne le 4 août favorise la discipline et l'aspect pratique dans divers aspects de votre vie. C'est le moment idéal pour planifier, organiser et progresser régulièrement vers vos objectifs.

En amour, carrière, finances, santé et voyages, août présente à la fois des défis et des opportunités de croissance. C'est un mois qui demande de l'adaptabilité, de la persévérance et de l'introspection.

Aimer

En matière d'amour, August encourage le Taureau à se concentrer sur la communication ouverte et la guérison émotionnelle. Le carré Vénus Neptune le 4 août peut apporter confusion ou idéalisation dans les relations. Il est essentiel de maintenir la clarté et de communiquer honnêtement pour éviter les malentendus.
Le véritable nœud biquintile de Vénus du 6 août améliore votre intuition et vous encourage à faire confiance à votre instinct en matière de cœur. C'est un moment favorable pour prendre des décisions qui s'alignent sur la croissance de votre âme.
Le Soleil sextile Jupiter le 7 août apporte joie et enthousiasme dans les activités romantiques. C'est une période idéale pour créer des expériences mémorables avec votre proche ou explorer de nouvelles activités sociales où vous pourrez rencontrer des partenaires potentiels.

Carrière

Sur le plan professionnel, le mois d'août présente des opportunités de croissance et d'avancement professionnel pour le Taureau. La conjonction Mars Jupiter le 14 août apporte une poussée d'énergie et de motivation pour poursuivre vos objectifs de carrière et élargir vos horizons.

Le carré Soleil Uranus du 19 août pourrait apporter des changements ou des perturbations inattendus dans votre vie professionnelle. Il est important de rester adaptable et ouvert à de nouvelles possibilités pendant cette période.

Le carré de Jupiter à Saturne le 19 août appelle à l'équilibre et à la modération dans vos projets de carrière. C'est le moment d'évaluer vos objectifs à long terme et de faire les ajustements nécessaires pour réussir.

Finance

Financièrement, August encourage Taurus à se concentrer sur une budgétisation responsable et des investissements stratégiques. Le carré de Vénus à Jupiter le 19 août pourrait inciter à trop dépenser ou à prendre des décisions financières impulsives. Il est crucial de maintenir une approche équilibrée et de tenir compte des conséquences à long terme de vos actions.

Le trigone Vénus Pluton le 29 août offre des opportunités de transformation financière et de croissance. C'est un moment propice pour explorer de nouvelles opportunités d'investissement ou demander conseil à des conseillers financiers de confiance.

Santé

En termes de santé, August souligne l'importance des soins personnels et de la gestion du stress pour le Taureau. Le Soleil sesquiquadrate Neptune le 6 août peut apporter une sensibilité émotionnelle et de la fatigue. Il est crucial de privilégier le repos et la détente pour maintenir votre bien-être physique et émotionnel.

Le Soleil biquintile Pluton du 28 août améliore votre capacité à vous transformer et à guérir en profondeur. C'est un moment propice pour intégrer de nouvelles pratiques de bien-être ou rechercher des modalités de guérison alternatives.

Voyage

Le mois d'août présente des conditions favorables aux voyages et à l'exploration pour le Taureau. Le trigone Vénus Uranus le 27 août apporte de l'excitation et des expériences uniques lors de vos voyages. Adoptez la spontanéité et soyez ouvert à de nouvelles rencontres culturelles.

Le Soleil biquintile Pluton du 28 août renforce votre sens de l'aventure et vous encourage à sortir de votre zone de confort. C'est un excellent moment pour se lancer dans des aventures en solo ou se connecter avec des voyageurs partageant les mêmes idées.

Aperçu des étoiles

En août, Taureau, embrassez le changement qui se présente à vous et voyez-le comme une opportunité de croissance. N'oubliez pas de rester flexible et adaptable ce mois-ci, et faites confiance à votre force et à votre résilience.

jours du mois : 6 , 14 , 19 , 22 , 23 , 28 et 30 août .

Septembre 2024

Horoscope

En septembre 2024, les individus Taureau peuvent s'attendre à un mélange d'opportunités et de défis dans divers domaines de la vie. Les aspects planétaires de ce mois influenceront votre vie amoureuse, votre carrière, vos finances, votre santé et vos voyages. Il est important de garder les pieds sur terre et de prendre des décisions pratiques pour naviguer à travers ces influences.

Le mois commence avec Mercure en trigone Chiron le 2 septembre, favorisant la guérison et la communication. Cet aspect encourage le Taureau à exprimer ses émotions et à rechercher des solutions dans les relations. De plus, Mercure biquintile Neptune améliore vos capacités intuitives, vous permettant de puiser dans votre subconscient pour obtenir des conseils.

Le même jour, le quintile solaire Mars vous donne vitalité et affirmation de soi. Vous vous sentirez motivé pour poursuivre vos objectifs et progresser dans vos efforts. Cependant, soyez prudent car Mars carré Neptune le 3 septembre peut apporter confusion ou malentendus. Faites très attention à votre communication et évitez de prendre des décisions impulsives.

Le Soleil sesquiquadrate Pluton le 6 septembre peut apporter des conflits intérieurs et des luttes de pouvoir en vous-même. Cet aspect vous pousse à examiner vos motivations et à vous attaquer à toute croyance auto-limitante qui pourrait entraver votre progression. Utilisez ce temps pour l'introspection et la croissance personnelle.

Mercure carré Uranus le 7 septembre indique un besoin de flexibilité et d'adaptabilité dans votre communication. Des changements ou des perturbations inattendus peuvent survenir, vous obligeant à réfléchir et à trouver des solutions innovantes. Saisissez l'opportunité de vous libérer de la routine et d'explorer de nouvelles possibilités.

Aimer

L'opposition entre Vénus et le Vrai Nœud le 3 septembre pourrait faire émerger des tensions relationnelles. Il est essentiel de résoudre tout problème sous-jacent et de communiquer ouvertement avec votre partenaire. N'oubliez pas de trouver un équilibre entre vos désirs personnels et les besoins de votre relation.

Au fil du mois, Vénus trigone à Jupiter le 15 septembre apporte une énergie harmonieuse et joyeuse à votre vie amoureuse. Cet aspect encourage les gestes romantiques, approfondissant le lien avec votre partenaire. C'est un excellent moment pour des escapades romantiques ou pour explorer ensemble des intérêts communs.

Le 16 septembre, Vénus s'oppose à Chiron, ce qui peut faire apparaître des blessures non résolues ou des insécurités dans vos relations. Il est essentiel d'aborder ces défis avec compassion et ouverture d'esprit . Recherchez la guérison en vous-même et soutenez le bien-être émotionnel de votre partenaire.

Le mois se termine avec Vénus sesquiquadrate Jupiter le 27 septembre, vous rappelant de maintenir un équilibre sain entre l'amour et la croissance personnelle. Évitez de devenir trop dépendant de votre partenaire pour le bonheur. Nourrissez votre individualité et poursuivez vos passions, car cela contribuera positivement à votre relation.

Carrière

Mars quinconce Pluton le 4 septembre pourrait créer des luttes de pouvoir ou des conflits sur le lieu de travail. Il est crucial de gérer ces situations avec diplomatie et de trouver un terrain d'entente avec ses collègues et ses supérieurs. Concentrez-vous sur la création d'alliances et la promotion de la collaboration plutôt que sur l'affirmation de votre domination.

Le soleil sesquiquadrate Pluton le 6 septembre présente une opportunité d'auto-réflexion et de croissance. Évaluez vos motivations et traitez les croyances auto-limitantes qui pourraient entraver votre progression professionnelle. Embrassez votre pouvoir personnel et utilisez-le de manière responsable pour atteindre vos objectifs.

Mercure carré Uranus le 7 septembre indique des perturbations potentielles ou des changements soudains dans votre environnement de travail. L'adaptabilité et la flexibilité seront essentielles pendant cette période. Saisissez l'opportunité de sortir des sentiers battus et de trouver des solutions innovantes aux défis qui se présentent.

Au fur et à mesure que le mois avance, Mercure quintile de Mars le 21 septembre améliore vos compétences en communication et votre assurance. C'est un excellent moment pour présenter des idées, négocier des accords ou prendre des décisions importantes. Vos mots auront du poids, alors choisissez-les judicieusement et affirmez-vous avec confiance.

N'oubliez pas d'équilibrer votre ambition avec patience et diplomatie, comme vous le rappelle l'opposition Soleil Saturne du 8 septembre. Soyez prudent lorsque vous faites des changements de carrière impulsifs ou que vous prenez des risques inutiles. La planification stratégique et une approche par étapes donneront de meilleurs résultats à long terme.

Finance

Les individus Taureau doivent faire preuve de prudence et de prudence dans leurs affaires financières en septembre 2024. L'opposition Soleil Saturne le 8 septembre vous exhorte à évaluer votre situation financière et à faire des choix responsables. Évitez les dépenses impulsives ou les investissements risqués. Concentrez-vous sur la stabilité à long terme plutôt que sur les gains à court terme.

Vénus trigone Jupiter le 15 septembre apporte une énergie favorable à votre secteur financier. Cet aspect peut ouvrir des portes à des opportunités financières ou apporter des récompenses financières. Cependant, il est crucial d'aborder ces opportunités avec discernement et d'éviter de trop dépenser ou de trop se livrer.

Vénus biquintile Saturne le 15 septembre vous encourage à trouver un équilibre entre la jouissance des fruits de votre travail et le maintien de la discipline financière. Envisagez de créer un budget ou de réévaluer vos objectifs financiers pendant cette période. Adopter une approche pratique et stratégique de vos finances vous apportera stabilité et sécurité à long terme.

Au cours de la dernière partie du mois, Vénus sesquiquadrate Jupiter le 27 septembre rappelle de ne pas compter uniquement sur les possessions matérielles ou les sources externes de bonheur. La véritable abondance vient de l'intérieur et il est important de privilégier le bien-être émotionnel au matérialisme excessif.

En maintenant une discipline financière, en faisant des choix prudents et en vous concentrant sur la stabilité à long terme, vous pouvez relever les défis financiers de septembre 2024 et établir une base solide pour votre futur bien-être financier.

Santé

En septembre 2024, les Taureaux devraient faire attention à leur bien-être physique et mental. Vénus sesquiquadrate Uranus le 8 septembre vous rappelle de donner la priorité aux soins personnels et d'écouter les besoins de votre corps. Des changements soudains ou des perturbations dans votre routine peuvent avoir un impact sur votre santé, il est donc crucial de maintenir un mode de vie équilibré.

Maintenir une alimentation saine et une routine d'exercice régulière est particulièrement important pendant cette période. Établissez une pratique de soins personnels qui favorise à la fois votre bien-être physique et émotionnel. Envisagez d'incorporer des activités comme le yoga, la méditation ou de passer du temps dans la nature pour réduire le stress et favoriser le bien-être général.

Faites attention à tout signe d'épuisement professionnel ou de stress excessif. Si vous vous sentez dépassé, prenez du recul et privilégiez le repos et la relaxation. N'oubliez pas que les soins personnels ne sont pas égoïstes, mais nécessaires à votre santé et à votre productivité en général.

La recherche d'un soutien émotionnel auprès de vos proches ou d'un thérapeute professionnel peut également être bénéfique pendant cette période. Partager vos sentiments et vos préoccupations avec les autres peut aider à atténuer le stress et offrir de nouvelles perspectives.

N'oubliez pas de vous engager dans des activités qui vous apportent de la joie et nourrissent votre âme. Qu'il s'agisse de poursuivre un passe-temps, de passer du temps avec des êtres chers ou de se livrer à des activités créatives, donnez la priorité aux activités qui vous remontent le moral et contribuent positivement à votre bien-être mental.

Enfin, pratiquez la pleine conscience et l'auto-compassion. Soyez patient avec vous-même lorsque vous affrontez les problèmes de santé qui peuvent survenir. Célébrez vos progrès et vos réalisations, aussi petites soient-elles, et rappelez-vous que votre bien-être est un voyage, pas une destination.

Voyage

Le Soleil biquintile Chiron du 8 septembre vous encourage à sortir de votre zone de confort et à vivre de nouvelles aventures. Qu'il s'agisse d'une excursion d'une journée spontanée ou de vacances planifiées, permettez-vous de profiter du voyage et d'élargir vos horizons.

Si vous envisagez un voyage, c'est un excellent moment pour planifier et prendre les dispositions nécessaires. Envisagez d'explorer de nouvelles destinations qui correspondent à vos intérêts et offrent des opportunités de croissance personnelle et d'enrichissement culturel.

Cependant, comme pour tout projet de voyage, il est essentiel de rester informé des restrictions de voyage en vigueur, des protocoles de sécurité et des avis de santé. Soyez prêt à faire face à des changements ou à des perturbations imprévus dans vos projets de voyage et restez flexible.

Lors de vos voyages, adoptez l'esprit d'aventure et d'ouverture d'esprit. Découvrez la culture locale, essayez de nouvelles cuisines et plongez dans de nouvelles expériences. C'est le moment d'élargir vos horizons et de créer des souvenirs durables.

Que vous voyagiez seul, avec un partenaire ou en groupe, la communication et le compromis seront essentiels. Veiller à ce que les besoins et les préférences de chacun soient pris en considération, permettant une expérience de voyage harmonieuse et agréable.

N'oubliez pas de privilégier les soins personnels lors de vos voyages. Faites des pauses, reposez-vous au besoin et maintenez un horaire équilibré pour éviter l'épuisement. Restez hydraté, mangez des repas nutritifs et pratiquez une bonne hygiène pour préserver votre bien-être.

Enfin, gardez l'esprit ouvert et accueillez l'inattendu. Les voyages amènent souvent des aventures imprévues et des rencontres fortuites. Permettez-vous d'être dans le moment présent et immergez-vous pleinement dans la beauté et l'émerveillement des destinations que vous avez choisies.

Aperçu des étoiles

C'est une période d'équilibre, d'autoréflexion et d'établissement de relations. Dans votre carrière, vos relations, votre santé et vos voyages, recherchez l'harmonie et soyez ouvert à donner et à recevoir. Restez ancré mais permettez-vous de rêver. Faites confiance à votre intuition et embrassez les flux et reflux du mois.

Meilleurs jours du mois : 2 , 15 , 19 , 21 , 22 , 26 et 30 septembre .

Octobre 2024

Horoscope

En octobre 2024, les individus Taureau peuvent s'attendre à un mois rempli d'énergies transformatrices et d'opportunités de croissance. Les aspects planétaires pendant cette période influenceront votre vie amoureuse, votre carrière, vos finances, votre santé et vos voyages. Il est important d'accepter le changement, de cultiver la conscience de soi et de faire des choix conscients pour naviguer à travers ces influences.

Le sesquiquadrate Uranus de Mercure le 2 octobre pourrait apporter des changements ou des perturbations inattendus dans la communication. Soyez ouvert aux nouvelles idées et soyez prêt à vous adapter à différentes perspectives. Saisissez l'opportunité de vous libérer des anciens schémas et adoptez des solutions innovantes.

L'influence de Vénus tout au long du mois met en lumière les thèmes de l'amour et des relations. Le trigone de Vénus Saturne le 4 octobre apporte stabilité et engagement à votre vie amoureuse. C'est un moment propice pour approfondir votre connexion avec votre partenaire et solidifier votre engagement.

Aimer

En matière d'amour, octobre 2024 détient des énergies transformatrices pour les individus Taureau. L'influence de Vénus tout au long du mois met l'accent sur les liens profonds, la passion et la croissance personnelle au sein des relations.

L'aspect sesquiquadrate entre Vénus et Neptune le 3 octobre apporte une sensibilité accrue et une profondeur émotionnelle à votre vie amoureuse. C'est le moment de vous connecter à un niveau spirituel et intuitif avec votre partenaire. Faites attention à vos rêves, car ils peuvent contenir des messages symboliques liés à votre relation.

Le trigone de Vénus Saturne le 4 octobre apporte stabilité et engagement à votre vie amoureuse. Cet aspect renforce les fondements de votre relation et encourage une communication ouverte, la confiance et le partage des responsabilités. C'est un excellent moment pour faire des plans à long terme et fixer des objectifs communs avec votre partenaire.

Le 8 octobre, Vénus trigone Mars améliore la passion, la sensualité et les interactions harmonieuses dans vos relations amoureuses. Cet aspect approfondit votre connexion et favorise un sentiment de compréhension et de soutien mutuels. Profitez de moments intimes et exprimez ouvertement votre amour et votre désir avec votre partenaire.

Cependant, l'opposition de Mercure à Chiron le 8 octobre pourrait faire remonter des blessures ou des insécurités passées dans les relations. Il est essentiel d'aborder ces défis avec empathie, compréhension et patience. Profitez-en pour guérir les blessures du passé et approfondir votre lien émotionnel avec votre partenaire.

Tout au long du mois, soyez ouvert à l'exploration de nouvelles profondeurs d'intimité et de vulnérabilité dans vos relations. Faites confiance à votre instinct et laissez votre cœur vous guider. Embrassez les énergies transformatrices et communiquez vos besoins, vos désirs et vos peurs à votre partenaire.

Carrière

Octobre 2024 présente à la fois des défis et des opportunités dans votre carrière, Taureau. Il est essentiel de maintenir une approche diplomatique et de prendre des décisions judicieuses pour traverser ces influences avec succès.

Le carré Mars de Mercure le 6 octobre pourrait entraîner des problèmes de communication ou des conflits sur le lieu de travail. Il est crucial de rester calme et calme lorsque vous traitez avec des collègues ou des supérieurs. Pratiquez l'écoute active et choisissez judicieusement vos mots pour éviter les malentendus ou les confrontations inutiles.

L'aspect biquintile entre Mercure et Uranus le 7 octobre améliore vos capacités de réflexion novatrice et de résolution de problèmes. Saisissez l'opportunité de sortir des sentiers battus et de trouver des solutions créatives aux défis qui se présentent. Vos idées et perspectives uniques peuvent apporter une nouvelle approche à votre travail.

Le 8 octobre, le trigone de Mercure, Jupiter, amplifie vos compétences en communication et vos capacités intellectuelles. Cet aspect favorise les opportunités de collaboration et de réseautage, vous permettant d'élargir vos relations professionnelles. C'est un excellent moment pour les présentations, les négociations ou les activités intellectuelles.

Cependant, l'opposition de Mercure à Chiron le 8 octobre pourrait déclencher des doutes ou des insécurités liées à votre carrière. N'oubliez pas d'avoir confiance en vos capacités et de demander du soutien ou des conseils à des mentors ou à des collègues de confiance. Utilisez ce temps pour la croissance personnelle et l'autoréflexion afin de surmonter toute croyance limitante.

Finance

Octobre 2024 oblige les Taureau à faire preuve de prudence et de prudence dans leurs affaires financières. Il est crucial de faire des choix conscients et de demander des conseils d'experts pour naviguer avec succès dans les influences du mois.

L'opposition de Vénus à Uranus le 14 octobre pourrait entraîner des changements financiers ou des dépenses inattendus. Il est important d'avoir un plan d'urgence et d'être préparé à toute circonstance imprévue. Évitez les dépenses impulsives et concentrez-vous sur le maintien de la stabilité et de la sécurité financières.

Le 17 octobre, le sextile Pluton de Vénus offre des opportunités de croissance financière et d'autonomisation. Cet aspect peut ouvrir des portes pour des revenus accrus ou des investissements favorables. Cependant, soyez prudent et effectuez des recherches approfondies avant de prendre des décisions financières importantes. Demandez conseil à des experts financiers ou à des professionnels si nécessaire.

L'opposition de Mercure à Uranus le 30 octobre pourrait introduire des incertitudes ou des perturbations financières. Il est essentiel de rester adaptable et flexible dans vos stratégies financières. Gardez un œil sur votre budget et privilégiez les objectifs financiers à long terme aux gains à court terme.

Durant ce mois, évitez les risques inutiles ou les investissements impulsifs. Au lieu de cela, concentrez-vous sur la création d'une base financière solide et sur l'exploration de voies de croissance stables et fiables. Maintenez une approche équilibrée de vos finances et cherchez des occasions d'augmenter votre épargne ou de réduire vos dettes.

Envisagez de revoir vos plans financiers et votre budget en octobre. Cherchez des domaines où vous pouvez faire des ajustements ou réduire les dépenses inutiles. Gardez une trace de vos transactions financières et cherchez des moyens d'optimiser vos ressources.

En étant proactif et conscient dans vos décisions financières, vous pouvez relever les défis d'octobre 2024 et établir une base solide pour la stabilité et la croissance financières à long terme.

Santé

L'aspect biquintile entre Vénus et Chiron le 15 octobre souligne le besoin de guérison émotionnelle et d'auto-éducation. Faites attention à votre bien-être émotionnel et engagez-vous dans des activités qui vous apportent joie et paix intérieure. Pratiquez l'auto-compassion et permettez-vous de vous reposer et de vous ressourcer si nécessaire.

Le biquintile Neptune du Soleil le 26 octobre encourage le bien-être holistique et les pratiques spirituelles. Envisagez d'intégrer des activités telles que la méditation, le yoga ou la pleine conscience dans votre routine quotidienne. Connectez-vous avec votre moi intérieur et nourrissez votre côté spirituel pour promouvoir l'équilibre et l'harmonie globale.

Maintenir un mode de vie sain est crucial pendant cette période. Concentrez-vous sur l'alimentation de votre corps avec des repas nutritifs, de l'exercice régulier et un repos suffisant. Établissez un horaire de sommeil cohérent et créez une routine apaisante à l'heure du coucher pour améliorer la qualité de votre sommeil.

Il est également important de gérer efficacement le stress. Identifiez les déclencheurs de stress et trouvez des mécanismes d'adaptation sains pour réduire son impact sur votre bien-être général. Pratiquez des activités qui vous aident à vous détendre, comme lire, écouter de la musique ou passer du temps dans la nature.

N'hésitez pas à faire appel à un professionnel si besoin. Qu'il s'agisse de consulter un thérapeute, un nutritionniste ou un entraîneur personnel, demander des conseils peut vous fournir des informations précieuses et un soutien dans votre cheminement vers une santé optimale.

Rappelez-vous que prendre soin de soi n'est pas égoïste mais essentiel pour votre bien-être général. Donnez la priorité aux activités de soins personnels qui reconstituent votre énergie et favorisent un état d'esprit positif. En prenant soin de vous physiquement, mentalement et émotionnellement, vous serez mieux équipé pour relever les défis et saisir les opportunités qu'apporte octobre.

Voyage

Le 6 octobre, Mercure carré Mars peut créer des tensions ou des perturbations dans vos projets de voyage. Il est crucial de rester adaptable et d'être prêt à faire face à des changements ou à des défis inattendus. Ayez des plans de secours et restez flexible pour assurer des déplacements fluides.

Au fur et à mesure que le mois avance, Mercure trigone à Jupiter le 8 octobre améliore vos compétences en communication et apporte une énergie positive à vos expériences de voyage. C'est un excellent moment pour les échanges culturels, rencontrer de nouvelles personnes ou explorer de nouvelles destinations. Saisissez les opportunités de croissance et d'apprentissage pendant vos voyages.

Cependant, soyez conscient des malentendus ou des erreurs de communication potentiels alors que Mercure s'oppose à Chiron le 8 octobre. Une communication claire et ouverte sera essentielle pour relever tous les défis qui surviendront lors de vos voyages. Faites preuve de patience et de compréhension, à la fois avec vous-même et avec les autres.

Le 22 octobre, Vénus trigone True Node encourage les expériences de voyage significatives et fatales. Faites attention aux synchronicités et faites confiance aux conseils divins qui vous mènent vers de nouvelles destinations ou rencontres. Embrassez l'esprit d'aventure et permettez-vous d'être ouvert à des découvertes inattendues.

Dans l'ensemble, octobre 2024 offre aux Taureau des opportunités de se lancer dans des aventures de voyage et d'élargir leurs horizons. Restez adaptable, vivez de nouvelles expériences et abordez vos voyages avec curiosité et émerveillement.

Aperçu des étoiles

Octobre est un mois de transformation pour le Taureau. C'est le moment d'accepter le changement, tant dans votre vie personnelle que professionnelle. Exploitez l'énergie équilibrée de la Balance pour établir des relations harmonieuses et utilisez l'énergie pénétrante du Scorpion pour plonger dans les profondeurs de votre âme. Soyez ouvert, soyez courageux et soyez prêt à vous transformer.

jours du mois : 8 , 13 , 17 , 22 , 25 , 28 et 31 octobre

Novembre 2024

Horoscope

En novembre 2024, les individus Taureau peuvent s'attendre à un mois de transformation, de croissance et d'exploration spirituelle. Les aspects planétaires influencent divers domaines de votre vie, vous incitant à accepter le changement, à poursuivre votre développement personnel et à vous aligner sur votre objectif supérieur.

Jupiter sextile Chiron le 2 novembre offre des opportunités de guérison et de découverte de soi. Cet aspect vous encourage à affronter les blessures émotionnelles ou les croyances limitantes qui pourraient vous retenir. Recherchez des pratiques spirituelles, une thérapie ou une réflexion personnelle pour soutenir votre parcours de croissance personnelle.

Mercure en trigone Mars le 2 novembre améliore votre clarté mentale et vos capacités de communication. C'est un excellent moment pour exprimer vos idées, vous engager dans des activités intellectuelles ou poursuivre des opportunités éducatives. Utilisez cette énergie pour vous affirmer avec confiance et progresser dans vos efforts.

L'opposition de Vénus à Jupiter le 3 novembre peut entraîner des conflits ou des défis dans vos relations ou vos partenariats. Il est important de trouver un équilibre entre vos besoins individuels et les besoins des autres. Pratiquez une communication ouverte et honnête pour résoudre tout problème et rechercher des compromis.

Au fur et à mesure que le mois avance, le Soleil trigone à Saturne le 4 novembre apporte stabilité et discipline à votre vie. Cet aspect vous encourage à vous concentrer sur des objectifs à long terme et à prendre des décisions pratiques qui soutiennent votre croissance personnelle et professionnelle. Embrassez la structure et la responsabilité pendant que vous naviguez sur votre chemin.

Mercure carré Saturne le 12 novembre peut créer des obstacles ou des retards dans vos projets. Il est crucial de rester patient et persévérant dans la poursuite de vos objectifs. Prenez ce temps pour réévaluer vos stratégies et trouver des solutions innovantes aux défis qui se présentent.

L'opposition Soleil Uranus du 16 novembre apporte des changements ou des perturbations inattendus dans votre vie. Il est important de rester adaptable et de saisir les opportunités qui découlent de ces changements. Soyez ouvert à de nouvelles expériences et faites confiance à votre capacité à naviguer dans le changement.

Alors que le mois tire à sa fin, le trigone Soleil Neptune du 18 novembre améliore votre intuition et votre connexion spirituelle. Cet aspect vous invite à explorer votre monde intérieur, à vous engager dans la méditation ou des pratiques créatives et à puiser dans votre conscience supérieure. Faites confiance à votre instinct et embrassez la sagesse qui vient de l'intérieur.

Dans l'ensemble, novembre 2024 est un mois transformateur et chargé spirituellement pour les individus Taureau. Embrassez la croissance personnelle, relevez les défis avec résilience et restez ouvert aux possibilités qui se présentent. En vous alignant sur votre objectif supérieur, vous pouvez créer une voie significative et épanouissante.

Aimer

En novembre 2024, les individus Taureau pourraient connaître des changements et une croissance dans leur vie amoureuse. Les aspects planétaires influencent vos relations, vous incitant à adopter l'authenticité, à approfondir les connexions et à entretenir les liens émotionnels.

L'opposition de Vénus à Jupiter le 3 novembre peut créer des conflits ou des défis dans vos relations. Il est important de trouver un équilibre entre vos désirs individuels et les besoins de votre partenaire. Pratiquez une communication ouverte et honnête pour résoudre tous les problèmes et trouver des compromis qui soutiennent les deux parties.

Le Soleil trigone Saturne le 4 novembre apporte stabilité et engagement dans vos relations amoureuses. Cet aspect vous encourage à construire une base solide basée sur la confiance, la loyauté et des valeurs partagées. C'est un excellent moment pour approfondir vos engagements, faire des plans à long terme ou faire passer votre relation au niveau supérieur.

Cependant, méfiez-vous des perturbations potentielles ou des changements soudains alors que le Soleil s'opposera à Uranus le 16 novembre. Cet aspect peut apporter des changements ou des conflits inattendus dans votre vie amoureuse. Il est important de rester adaptable et d'aborder tous les défis avec patience et compréhension.

Au fur et à mesure que le mois avance, le Soleil trigone à Neptune le 18 novembre renforce les aspects romantiques et compatissants de vos relations. Cet aspect vous invite à approfondir votre connexion émotionnelle et à exprimer votre amour de manière sincère. Nourrissez les dimensions spirituelles et émouvantes de vos partenariats.

Carrière

En novembre 2024, les Taureau peuvent s'attendre à des développements et des opportunités significatifs dans leur carrière. Les aspects planétaires influencent votre vie professionnelle, apportant croissance, reconnaissance et nouvelles voies de réussite.

Jupiter sextile Chiron le 2 novembre vous encourage à explorer vos talents uniques et à poursuivre votre développement personnel dans votre carrière. Saisissez les opportunités d'apprentissage, d'amélioration des compétences ou d'expansion de votre réseau professionnel. Cet aspect soutient votre croissance et renforce votre confiance dans le lieu de travail.

Mercure en trigone Mars le 2 novembre améliore votre communication et votre affirmation de soi dans un cadre professionnel. C'est un excellent moment pour exprimer vos idées, négocier des contrats ou entreprendre une planification stratégique. Utilisez cette énergie pour progresser dans vos objectifs de carrière et vous affirmer avec confiance.

Le Soleil trigone Saturne le 4 novembre apporte stabilité et discipline à votre vie professionnelle. Cet aspect vous encourage à vous concentrer sur des objectifs à long terme, à établir des bases solides et à prendre des décisions pratiques qui soutiennent votre avancement. Assumer la responsabilité et assumer des rôles de leadership avec confiance.

Mercure carré Saturne le 12 novembre peut apporter des défis ou des retards dans vos plans de carrière. Il est important de rester patient et persévérant, même face aux obstacles. Utilisez ce temps pour réévaluer vos stratégies, faire les ajustements nécessaires et trouver des solutions innovantes à tout revers.

Au fur et à mesure que le mois avance, le Soleil trigone Neptune du 18 novembre améliore votre intuition et votre créativité au travail. Cet aspect vous invite à puiser dans votre sagesse intérieure, à faire confiance à votre instinct et à apporter des idées innovantes sur la table. Adoptez votre point de vue unique et mettez vos talents créatifs au service de vos projets professionnels.

Finance

En novembre 2024, les individus Taureau pourraient connaître des changements et des opportunités dans leur situation financière. Les aspects planétaires influencent votre secteur financier, encourageant la stabilité, l'ingéniosité et une gestion financière avisée.

L'opposition de Vénus à Jupiter le 3 novembre pourrait entraîner des conflits ou des défis financiers. Il est important de trouver un équilibre entre vos désirs d'abondance matérielle et le besoin de responsabilité financière. Pratiquez des dépenses et une budgétisation conscientes et recherchez des opportunités de croissance financière qui correspondent à vos objectifs à long terme.

Le Soleil trigone Saturne le 4 novembre apporte stabilité et discipline à vos affaires financières. Cet aspect vous encourage à établir des bases solides, à prendre des décisions pratiques et à vous concentrer sur des objectifs financiers à long terme. Adoptez une gestion financière responsable et envisagez des investissements ou des plans d'épargne qui soutiennent votre sécurité financière future.

Méfiez-vous des changements ou des perturbations inattendus alors que le Soleil s'oppose à Uranus le 16 novembre. Cet aspect peut entraîner des dépenses imprévues ou des fluctuations de votre situation financière. Il est essentiel de rester adaptable et d'avoir des plans d'urgence pour surmonter les difficultés financières qui se présentent.

Au fur et à mesure que le mois avance, le Soleil trigone Neptune du 18 novembre renforce votre intuition et votre créativité en matière financière. Cet aspect vous invite à faire confiance à votre instinct lors de la prise de décisions financières et à explorer des approches novatrices en matière d'accumulation de patrimoine. Saisissez les opportunités d'investissements ou d'entreprises spirituels et intuitifs.

Santé

En novembre 2024, les individus Taureau sont encouragés à donner la priorité à leur bien-être physique et émotionnel. Les aspects planétaires influencent votre secteur de la santé, vous incitant à adopter les soins personnels, l'équilibre et les approches holistiques du bien-être.

Jupiter sextile Chiron le 2 novembre soutient votre parcours de guérison et votre croissance personnelle dans tous les aspects de la vie, y compris la santé. Adoptez des pratiques qui favorisent le bien-être physique et émotionnel, telles que la pleine conscience, la méditation ou les thérapies holistiques. Cherchez des occasions d'introspection et de transformation personnelle.

Le Soleil trigone Saturne le 4 novembre apporte discipline et stabilité à vos routines de santé. Cet aspect vous encourage à établir des habitudes saines, à vous fixer des objectifs réalistes et à donner la priorité aux soins personnels. Adoptez une approche équilibrée de votre bien-être physique et émotionnel, en vous assurant d'avoir du temps pour vous reposer, vous nourrir et faire de l'exercice.

Cependant, méfiez-vous des perturbations potentielles ou des changements soudains alors que le Soleil s'opposera à Uranus le 16 novembre. Cet aspect peut entraîner des problèmes de santé inattendus ou des perturbations dans vos routines. Il est important de rester adaptable et d'aborder tous les défis avec patience et volonté de rechercher des solutions alternatives.

Au fur et à mesure que le mois avance, le Soleil trigone Neptune le 18 novembre améliore votre intuition et votre connexion spirituelle à votre bien-être. Cet aspect vous invite à explorer des approches holistiques et intuitives de la santé. Adoptez des pratiques qui nourrissent votre âme, comme la méditation, la guérison énergétique ou la connexion avec la nature.

Voyage

En novembre 2024, les personnes Taureau pourraient connaître des opportunités et des changements dans leurs plans de voyage. Les aspects planétaires influencent votre secteur du voyage, encourageant l'exploration, l'expansion et les expériences culturelles.

L'opposition de Vénus à Jupiter le 3 novembre peut apporter des défis ou des conflits liés au voyage. Il est important de trouver un équilibre entre votre désir d'aventure et le besoin de praticité. Envisagez la budgétisation, la planification et la communication pour garantir des expériences de voyage fluides et éviter les complications inutiles.

Le Soleil trigone Saturne le 4 novembre apporte stabilité et discipline à vos projets de voyage. Cet aspect vous encourage à prendre des décisions pratiques, à prioriser la sécurité et l'organisation et à adopter des habitudes de voyage responsables. Que ce soit pour affaires ou pour le plaisir, abordez votre voyage avec un sens de la structure et de la préparation.

Au fur et à mesure que le mois avance, le trigone Soleil Neptune du 18 novembre améliore votre connexion intuitive à vos expériences de voyage. Cet aspect vous invite à embrasser les aspects spirituels et transformateurs de vos voyages. Permettez-vous d'être ouvert à de nouvelles cultures, expériences et connexions, et faites confiance à votre instinct pour choisir les bonnes destinations et activités.

Aperçu des étoiles

Novembre est un mois transformateur pour le Taureau. Les énergies du Scorpion et du Sagittaire se combinent pour créer une période d'introspection profonde suivie d'expansion et d'exploration. Faites attention à vos rêves et à votre intuition, car ils peuvent révéler des idées importantes.

Meilleurs jours du mois : 2 , 4 , 12 , 18 , 21 , 23 et 27 novembre

Décembre 2024

Horoscope

En décembre 2024, les individus Taureau connaîtront un mélange d'énergies qui façonneront leur horoscope général. Les aspects planétaires influencent divers domaines de la vie, apportant des opportunités, des défis et des expériences transformatrices.

Vénus biquintile Jupiter le 1er décembre apporte des énergies harmonieuses et expansives à vos relations et à votre croissance personnelle. Cet aspect vous encourage à embrasser la joie, l'amour et les expériences positives. Concentrez-vous sur la culture de liens significatifs et sur l'entretien de vos relations existantes.

Le Soleil carré Saturne le 4 décembre peut présenter des obstacles ou des restrictions sur votre chemin. Cet aspect vous pousse à rester ancré, discipliné et concentré sur vos objectifs à long terme. Soyez patient et persévérant pour surmonter tous les défis qui surviennent pendant cette période.

Vénus sextile Neptune le 4 décembre améliore votre créativité, votre intuition et votre connexion spirituelle. Cet aspect vous invite à explorer votre côté artistique et à adopter des activités qui vous apportent joie et épanouissement. Utilisez votre imagination pour manifester vos désirs et apporter de la beauté dans votre vie.

Au fur et à mesure que le mois avance, l'opposition du Soleil à Jupiter le 7 décembre apporte un sentiment d'expansion et d'abondance. Cet aspect vous encourage à élargir vos horizons, à rechercher de nouvelles opportunités et à adopter un état d'esprit positif. Ayez confiance en vos capacités et ayez confiance que l'univers soutient votre croissance.

Le 19 décembre, Vénus trigone Jupiter améliore votre vie sociale et offre des opportunités de croissance et de bonheur. Cet aspect vous encourage à nouer de nouvelles amitiés, à élargir votre cercle social et à vous engager dans des activités qui vous apportent de la joie. C'est un moment propice pour réseauter, collaborer et rechercher le soutien des autres.

Le carré Soleil Neptune le 18 décembre peut apporter une certaine confusion ou incertitude. Il est important de maintenir la clarté et la concentration pendant cette période. Évitez de prendre des décisions impulsives ou de prendre des risques inutiles. Faites confiance à votre intuition et demandez conseil à votre sagesse intérieure pour relever les défis qui se présentent.

Alors que le mois touche à sa fin, le Soleil semi-sextile Pluton du 21 décembre vous invite à embrasser la transformation personnelle et l'autonomisation. Cet aspect apporte de l'intensité et un désir de croissance intérieure. Utilisez cette énergie pour libérer ce qui ne vous sert plus et embrassez votre pouvoir personnel.

Dans l'ensemble, décembre 2024 présente une combinaison d'opportunités et de défis pour les individus Taureau. Embrassez l'expansion, la joie et les relations positives tout en restant ancré, discipliné et concentré sur vos objectifs à long terme. Faites confiance à votre intuition, recherchez du soutien en cas de besoin et adoptez la croissance et la transformation personnelles.

Aimer

En décembre 2024, les individus Taureau connaîtront un mélange d'énergies dans leur vie amoureuse. Les aspects planétaires influencent vos relations et vos rencontres amoureuses, apportant à la fois harmonie et défis.

Vénus trigone Uranus le 2 décembre suscite de l'excitation et un désir de liberté dans votre vie amoureuse. Cet aspect peut apporter des rencontres inattendues ou des opportunités d'aventures amoureuses. Embrassez la spontanéité et permettez-vous d'explorer de nouvelles expériences et connexions.

La conjonction Soleil Mercure le 5 décembre améliore la communication et la connexion intellectuelle dans vos relations. Cet aspect encourage les conversations ouvertes et honnêtes, vous permettant d'approfondir votre compréhension et votre connexion avec votre partenaire. C'est un moment propice pour exprimer vos pensées, vos désirs et vos préoccupations.

Cependant, méfiez-vous des conflits potentiels ou des malentendus car Vénus carré Mars le 12 décembre apporte des tensions et des affrontements dans les relations amoureuses. Il est important de faire preuve de patience, de compromis et d'une communication ouverte pour surmonter tous les défis qui se présentent. Évitez les actions ou les mots impulsifs qui peuvent aggraver les conflits.

Vénus sextile Chiron le 23 décembre offre des opportunités de guérison et de croissance dans votre vie amoureuse. Cet aspect vous encourage à embrasser la vulnérabilité, à ouvrir votre cœur et à traiter les blessures émotionnelles ou les barrières qui pourraient affecter vos relations. C'est un moment propice pour rechercher une thérapie de couple ou s'engager dans une réflexion personnelle pour favoriser des liens plus profonds.

Carrière

Le carré Soleil Saturne le 4 décembre peut présenter des défis et des obstacles dans votre cheminement de carrière. Il est essentiel de rester concentré, discipliné et engagé envers vos objectifs à long terme pendant cette période. Utilisez cet aspect comme une occasion de revoir vos stratégies, d'améliorer vos compétences et de développer une base solide pour votre succès futur.

Vénus sextile Neptune le 4 décembre améliore votre créativité et votre intuition au travail. Cet aspect vous encourage à insuffler à votre travail une touche artistique et des solutions imaginatives. Faites confiance à votre instinct et explorez des approches innovantes pour vos tâches et projets. Votre capacité à allier praticité et créativité impressionnera les autres et ouvrira des portes à l'avancement.

L'opposition Soleil Jupiter le 7 décembre apporte des opportunités d'expansion et d'abondance dans votre carrière. Cet aspect vous encourage à prendre des risques calculés, à explorer de nouvelles entreprises et à adopter un état d'esprit positif. Ayez confiance en vos capacités et recherchez des opportunités de croissance professionnelle. Le réseautage et la collaboration avec d'autres peuvent mener à des perspectives et à des avancements passionnants.

Le 19 décembre, Vénus trigone Jupiter améliore vos relations professionnelles et apporte des interactions positives avec vos collègues et vos supérieurs. Cet aspect favorise la coopération, le soutien et la reconnaissance. C'est un moment propice pour mettre en valeur vos talents, partager vos idées et demander conseil et mentorat à ceux qui occupent des postes plus élevés. Construire des alliances solides et tirer parti de votre réseau contribuera à la réussite de votre carrière.

Dans l'ensemble, décembre présente une combinaison de défis et d'opportunités dans votre carrière. Restez concentré, discipliné et engagé envers vos objectifs à long terme. Embrassez la créativité, faites confiance à votre instinct et explorez des approches innovantes de votre travail. Rechercher des opportunités d'expansion et de collaboration, et entretenir des relations positives avec des collègues et des supérieurs. Votre dévouement et vos efforts stratégiques mèneront à la croissance et à l'avancement professionnels.

Finance

Le carré Soleil de Saturne le 4 décembre peut apporter des défis et des limitations financières. Il est important de faire preuve de prudence et de discipline dans vos habitudes de dépenses pendant cette période. Respectez un budget, hiérarchisez les dépenses essentielles et évitez les folies inutiles ou les investissements risqués. La patience et la planification à long terme seront essentielles à la stabilité financière.

Vénus sextile Neptune le 4 décembre améliore votre compréhension intuitive des questions financières. Cet aspect vous encourage à faire confiance à votre instinct lorsque vous prenez des décisions financières. Écoutez vos conseils intérieurs et comptez sur vos compétences créatives en résolution de problèmes pour identifier les opportunités de croissance et de stabilité financières.

L'opposition Soleil Jupiter le 7 décembre apporte des opportunités d'expansion financière et d'abondance. Cet aspect vous encourage à être ouvert à de nouvelles sources de revenus et à explorer des investissements ou des entreprises qui correspondent à vos objectifs à long terme. Cependant, soyez prudent et faites des recherches approfondies avant de vous engager dans des opportunités financières.

Le 19 décembre, Vénus trigone Jupiter apporte des perspectives financières positives et des opportunités de croissance. Cet aspect améliore votre capacité à attirer l'abondance et le succès matériel. C'est un moment propice pour demander des conseils financiers ou s'engager dans une planification financière stratégique. Saisissez les opportunités de collaboration ou de partenariat qui peuvent conduire à une stabilité financière et à une prospérité accrues.

Santé

Le carré Soleil de Saturne le 4 décembre peut apporter des défis physiques ou mentaux. Considérez cet aspect comme un rappel pour ralentir, vous reposer et résoudre tout problème de santé qui nécessite votre attention. Donnez la priorité aux pratiques de soins personnels telles que le sommeil, la nutrition et l'exercice. Mettre en œuvre des techniques de gestion du stress pour maintenir le bien-être général.

Vénus sextile Neptune le 4 décembre améliore votre santé émotionnelle et mentale. Cet aspect vous encourage à donner la priorité aux activités d'amour-propre, d'auto-compassion et d'éducation. Participez à des activités qui vous apportent joie, détente et tranquillité d'esprit. Pratiquez la pleine conscience, la méditation ou engagez-vous dans des activités créatives pour maintenir l'équilibre émotionnel.

L'opposition Soleil Jupiter le 7 décembre peut entraîner une tendance à abuser ou à négliger des habitudes saines. Soyez conscient des comportements excessifs, qu'ils soient liés à la nourriture, à la boisson ou à d'autres domaines des soins personnels. Trouvez un équilibre entre profiter des plaisirs de la vie et maintenir une routine saine. Cherchez des occasions d'activités physiques qui apportent de la joie et contribuent à votre bien-être général.

Le 19 décembre, Vénus trigone Jupiter améliore votre vitalité et votre bien-être général. Cet aspect encourage une attitude positive et augmente votre niveau d'énergie. Profitez de cette période pour vous adonner à des activités qui favorisent votre santé physique et votre rajeunissement. Pratiquez des rituels de soins personnels qui favorisent la relaxation, l'équilibre et l'auto-éducation.

Voyage

En décembre 2024, les individus Taureau connaîtront un mélange d'influences en matière de voyage. Bien qu'il puisse y avoir des perturbations ou des défis, il existe également des opportunités d'aventures passionnantes et d'expériences significatives.

Le Soleil carré Saturne le 4 décembre pourrait entraîner des obstacles ou des retards dans vos projets de voyage. Il est important d'être patient et flexible pendant cette période. Ayez des plans d'urgence en place et préparez-vous à d'éventuels changements ou reprogrammations. Utilisez cette période pour revoir vos itinéraires de voyage, vous assurer que tous les documents nécessaires sont en ordre et faire les ajustements nécessaires.

Vénus sextile Neptune le 4 décembre améliore vos expériences de voyage avec une touche de magie et d'inspiration. Cet aspect vous incite à rechercher des destinations qui résonnent avec vos rêves et vos envies. Saisissez l'opportunité de vous immerger dans différentes cultures, de vous adonner à des délices culinaires et de vous connecter à la beauté de votre environnement. Participez à des activités qui favorisent la détente et le rajeunissement pendant vos voyages.

L'opposition du Soleil à Jupiter le 7 décembre offre des opportunités d'expériences de voyage expansives et aventureuses. Cet aspect vous encourage à sortir de votre zone de confort et à explorer de nouvelles destinations ou à vous lancer dans des voyages passionnants. Embrassez l'esprit d'aventure, connectez-vous avec les habitants et plongez dans des expériences uniques. Cependant, soyez conscient des dépenses excessives ou des excès lors de vos voyages.

Le 19 décembre, Vénus trigone Jupiter améliore vos expériences de voyage en favorisant des connexions positives et des opportunités d'échange culturel. Cet aspect vous encourage à vous engager avec les autres, à rechercher des expériences authentiques et à embrasser la beauté de différentes cultures. Saisissez les opportunités de croissance personnelle, de découverte de soi et élargissez vos horizons grâce aux voyages.

Aperçu des étoiles

Décembre est un mois de célébration, de réflexion et de planification pour le Taureau. Embrassez l'énergie aventureuse du Sagittaire au début du mois, puis passez à l'énergie concentrée du Capricorne. Les étoiles chuchotent que ce mois est le point culminant d'un voyage d'un an ; embrassez-le à bras ouverts et le cœur plein de gratitude.

Jours du mois : 2 , 8 , 10 , 19 , 21 , 24 et 31 décembre

HOROSCOPE GÉMEAUX 2024

Aperçu Gémeaux 2024

Bienvenue, Gémeaux, à l'année 2024, une année de transformation et de croissance. Les corps célestes se sont alignés d'une manière qui entraînera des changements significatifs dans divers aspects de votre vie. L'année sera marquée par une série d'aspects astrologiques qui influenceront votre carrière, vos relations, votre santé et votre développement personnel. En tant que jumeaux du zodiaque, vous êtes connus pour votre adaptabilité et votre polyvalence, des traits qui vous seront très utiles au cours de l'année à venir.

L'année commence par un trigone Jupiter-Pluton prometteur le 2 juin, indiquant une période de puissance et d'influence dans votre carrière. Cet aspect suggère que votre travail acharné et votre détermination porteront leurs fruits, entraînant des progrès significatifs dans votre vie professionnelle. Vous pourriez vous retrouver à assumer plus de responsabilités et à prendre des décisions importantes qui façonneront votre cheminement de carrière. C'est le moment pour vous d'exercer votre pouvoir et d'affirmer vos compétences en leadership.

Cependant, le demi-carré entre Vénus et Saturne le 8 juin suggère des défis financiers. Vous devrez peut-être vous serrer la ceinture et prendre des décisions difficiles concernant vos finances. Mais n'oubliez pas, Gémeaux, que ces défis sont temporaires et visent à renforcer vos compétences en gestion financière. C'est le moment de réévaluer vos habitudes financières et d'apporter les changements nécessaires.

Le trigone entre Vénus et Jupiter le 19 décembre apportera un soulagement bien nécessaire du stress financier. Cet aspect indique une période de croissance financière et d'abondance. Vous pouvez recevoir une offre d'emploi, une promotion ou un gain financier inattendu à cette époque. C'est le moment de célébrer vos réalisations et de profiter des fruits de votre travail.

En termes de relations, la conjonction entre Mercure et Jupiter le 4 juin suggère une période de communication et de compréhension ouvertes. Il vous sera plus facile d'exprimer vos pensées et vos sentiments, ce qui conduira à des relations plus fortes et plus significatives. C'est le moment de conversations profondes et de compréhension mutuelle. Vous constaterez peut-être que vos relations se sont renforcées pendant cette période.

Cependant, le carré entre Mercure et le Vrai Nœud le 22 juin indique des conflits dans votre vie sociale. Vous pouvez vous retrouver en désaccord avec vos amis ou votre groupe social. Rappelez-vous, Gémeaux, vous pouvez être en désaccord. Utilisez vos compétences diplomatiques naturelles pour naviguer dans ces conflits. C'est le moment de défendre vos croyances et vos valeurs, même si cela signifie aller à l'encontre de la foule.

Le sextile entre Vénus et Chiron le 23 décembre apporte une énergie de guérison à vos relations. C'est le bon moment pour réparer des relations brisées et abandonner toutes les rancunes auxquelles vous vous êtes accroché. C'est le moment du pardon et de la réconciliation. Vous constaterez peut-être que vos relations sont guéries et renforcées pendant cette période.

Le semi-sextile entre Mars et Jupiter le 15 juin suggère une période de haute énergie et de vitalité. C'est le moment idéal pour commencer un nouveau régime de remise en forme ou pour vous pousser dans vos entraînements actuels. Votre niveau d'énergie sera élevé pendant cette période, ce qui en fait un moment idéal pour repousser vos limites physiques.

Cependant, le carré entre le Soleil et Neptune le 20 juin met en garde contre d'éventuels problèmes de santé liés au stress ou à l'épuisement. Assurez-vous de prendre soin de votre santé mentale pendant cette période et n'hésitez pas à demander de l'aide si nécessaire. C'est le moment de donner la priorité aux soins personnels et de vous assurer que vous prenez soin de votre santé mentale et émotionnelle.

Le trigone entre Mercure et Saturne le 26 juin apporte une période de stabilité et d'équilibre dans votre santé. C'est le bon moment pour se concentrer sur l'élaboration d'habitudes et de routines saines. C'est le moment pour vous de prendre le contrôle de votre santé et d'apporter des changements positifs à votre mode de vie.

Le quintile entre le Soleil et le Vrai Nœud le 3 juin indique une période de croissance spirituelle et de découverte de soi. C'est le moment idéal pour explorer de nouvelles pratiques spirituelles ou pour approfondir celles qui existent déjà. Vous pouvez vous sentir attiré par la méditation, le yoga ou d'autres pratiques spirituelles. C'est un moment d'introspection et de découverte de soi. Vous constaterez peut-être que vous acquérez de nouvelles connaissances sur vous-même et sur le monde qui vous entoure.

Le demi-carré entre Mercure et Uranus le 22 juin suggère une période d'intuitions et de révélations soudaines. Vous pouvez rencontrer un changement dans vos croyances ou vos perspectives pendant cette période. C'est le moment pour vous de remettre en question vos anciennes croyances et de vous ouvrir à de nouvelles idées. Vous constaterez peut-être que vous voyez le monde sous un nouveau jour après cette période.

Le quintile entre Jupiter et le vrai nœud le 13 décembre apporte une période de croissance personnelle et d'expansion. C'est le moment idéal pour se fixer de nouveaux objectifs personnels et sortir de sa zone de confort.

C'est le moment pour vous de vous mettre au défi et de vous efforcer de vous épanouir. Vous constaterez peut-être que vous êtes capable de plus que vous ne le pensiez possible.

En conclusion, Gémeaux, 2024 est une année de croissance et de transformation. Bien qu'il y aura des défis en cours de route, rappelez-vous que ce sont des opportunités de croissance et d'apprentissage. Embrassez les changements et ayez confiance que l'univers vous guide vers votre plus grand bien. C'est une année pour vous de prendre votre pouvoir et de réaliser votre plein potentiel. N'oubliez pas, Gémeaux, que vous êtes adaptable et polyvalent, et que vous avez les compétences et les capacités nécessaires pour relever tous les défis qui se présentent à vous. Voici une année de croissance, de transformation et de succès.

janvier 2024

Horoscope

En janvier 2024, les individus Gémeaux vivront un mois dynamique et mouvementé. Les aspects planétaires suggèrent un mélange de défis et d'opportunités, ce qui vous obligera à rester adaptable et ouvert d'esprit. Le mois commence par un aspect carré entre Vénus en Sagittaire et Saturne en Poissons le 1er janvier, indiquant des conflits potentiels entre votre désir de liberté et vos responsabilités. Il est crucial de trouver un équilibre entre la poursuite de vos intérêts personnels et le respect de vos engagements.

Le 6 janvier, le Soleil forme un aspect carré avec Chiron, mettant en évidence les opportunités de guérison potentielles dans votre vie. Cet aspect encourage l'autoréflexion et le traitement des blessures émotionnelles. Utilisez ce temps pour faire une introspection et demander le soutien de vos proches ou de professionnels si nécessaire.

Dans le domaine des relations, Vénus forme divers aspects tout au long du mois. Le 8 janvier, Vénus biquintile Jupiter apporte une énergie harmonieuse et optimiste à votre vie amoureuse. Cet aspect renforce votre charme et augmente vos chances d'attirer des opportunités romantiques. Cependant, soyez prudent le 10 janvier, lorsque Vénus est en demi-carré avec Pluton, car des luttes de pouvoir ou des émotions intenses peuvent survenir.

La communication et les activités intellectuelles reçoivent un coup de pouce le 19 janvier lorsque Mercure trigone à Jupiter. Cet alignement favorise l'apprentissage, l'écriture et le partage de vos idées avec les autres. C'est un excellent moment pour s'engager dans des discussions intellectuelles ou poursuivre des efforts éducatifs.

Dans l'ensemble, janvier apporte une combinaison de défis et d'opportunités pour les individus Gémeaux. Équilibrer vos désirs personnels avec vos responsabilités, aborder la guérison émotionnelle et tirer parti de vos compétences en communication seront des thèmes clés tout au long du mois.

Aimer

Les individus Gémeaux peuvent s'attendre à un mois mouvementé dans leur vie amoureuse en janvier 2024. Les aspects planétaires suggèrent une dynamique à la fois excitante et stimulante dans les relations. Vénus, la planète de l'amour, prend divers aspects tout au long du mois, influençant vos expériences romantiques.

Le 8 janvier, Vénus biquintile Jupiter apporte une énergie harmonieuse et joyeuse à votre vie amoureuse. Cet aspect améliore votre attrait, votre charme et vos compétences sociales, vous rendant plus attrayant pour les partenaires potentiels. C'est un excellent moment pour rencontrer de nouvelles personnes, socialiser ou planifier des rendez-vous agréables.

Cependant, le 10 janvier, Vénus est en demi-carré avec Pluton, ce qui peut introduire des luttes de pouvoir ou des émotions intenses dans vos relations. Soyez conscient de tout problème de contrôle ou de comportement manipulateur qui pourrait survenir. Une communication ouverte et honnête sera essentielle pour résoudre les conflits et maintenir l'harmonie.

L'aspect trigone entre Vénus et Chiron le 11 janvier favorise la guérison et la compréhension au sein de vos relations. Cet alignement permet des connexions émotionnelles profondes et offre la possibilité de traiter toute blessure ou insécurité persistante. C'est un moment propice pour créer des liens affectifs et renforcer la confiance entre vous et votre partenaire.

Carrière

Janvier 2024 présente à la fois des opportunités et des défis dans la carrière et le domaine professionnel pour les individus Gémeaux. Les aspects planétaires suggèrent un besoin d'adaptabilité et de prise de décision proactive pour tirer le meilleur parti du mois.

Le mois commence par un aspect carré entre Vénus en Sagittaire et Saturne en Poissons le 1er janvier. Cet alignement met en évidence les conflits potentiels entre vos désirs personnels et vos responsabilités professionnelles. Il est important de trouver un équilibre entre la poursuite de vos propres objectifs et le respect de vos obligations au travail.

Le 19 janvier, Mercure trigone à Jupiter apporte une énergie positive à votre secteur professionnel. Cet aspect favorise le réseautage, le brainstorming et le partage de vos idées avec des collègues ou des supérieurs. C'est un excellent moment pour mettre en valeur vos compétences en communication et présenter des solutions innovantes à tous les défis qui peuvent survenir.

De plus, la conjonction entre Mercure et Mars le 27 janvier améliore votre agilité mentale et votre assurance. Cet alignement permet de prendre des mesures décisives et de faire des mouvements stratégiques dans votre carrière. Cependant, soyez conscient des conflits potentiels résultant d'opinions fortes ou de conflits d'idées. La diplomatie et le compromis seront essentiels pour maintenir un environnement de travail harmonieux.

Finance

En janvier 2024, les Gémeaux devront aborder leurs finances avec prudence et pragmatisme. Les aspects planétaires suggèrent la nécessité d'une gestion consciente de l'argent et d'une planification financière à long terme.

Le mois commence par un aspect carré entre Vénus en Sagittaire et Saturne en Poissons le 1er janvier. Cet alignement vous rappelle d'être responsable et discipliné dans vos décisions financières. Évitez les achats impulsifs ou les dépenses excessives, car la stabilité financière devrait être votre priorité.

Le 10 janvier, Vénus est en semi-carré avec Pluton, ce qui peut entraîner des luttes de pouvoir financières ou des dépenses imprévues. Soyez prudent avec les efforts financiers conjoints et évitez de prendre des risques inutiles. Il est essentiel de maintenir une approche équilibrée et réaliste de vos finances pendant cette période.

Le trigone de Mercure avec Jupiter le 19 janvier apporte une énergie positive à votre secteur financier. Cet aspect améliore vos compétences en communication et peut ouvrir des opportunités de croissance financière grâce au réseautage ou aux partenariats. Utilisez cet alignement favorable pour rechercher des conseils professionnels, rechercher des opportunités d'investissement ou explorer des moyens d'augmenter vos revenus.

De plus, la conjonction entre Mercure et Mars le 27 janvier peut apporter de l'assurance et une réflexion stratégique à votre prise de décision financière. Attention cependant à ne pas vous précipiter dans des investissements impulsifs ou des engagements financiers. Analysez soigneusement les risques et les avantages avant de faire des mouvements financiers majeurs.

Santé

En janvier 2024, les Gémeaux doivent donner la priorité à leur bien-être physique et mental. Les aspects planétaires suggèrent un besoin de soins personnels, d'équilibre et de gestion du stress pour maintenir une santé optimale.

Le 6 janvier, le Soleil met Chiron au carré, attirant l'attention sur les blessures émotionnelles et physiques potentielles qui nécessitent une guérison. Prenez ce temps pour vous engager dans une réflexion sur vous-même et résoudre tout problème émotionnel persistant. Cherchez le soutien de vos proches ou de professionnels pour vous aider dans votre processus de guérison.

Maintenir un mode de vie équilibré est crucial pendant ce mois. L'aspect carré entre Vénus et Saturne le 1er janvier souligne l'importance de trouver un équilibre entre le travail, la vie personnelle et les soins personnels. Évitez de trop travailler ou de négliger vos propres besoins, car cela peut conduire à l'épuisement ou à l'épuisement professionnel.

Le trigone entre Vénus et Chiron le 11 janvier favorise la guérison émotionnelle et le bien-être. Cet aspect vous encourage à entretenir vos relations, à vous engager dans des pratiques d'amour de soi et à vous entourer d'influences positives. Prenez le temps de vous engager dans des activités qui vous apportent de la joie, de la détente et un sentiment d'épanouissement.

De plus, le demi-carré du Soleil avec Neptune le 30 janvier vous rappelle de faire attention à vos limites physiques et d'éviter le surmenage. Écoutez les besoins de votre corps et privilégiez le repos et le rajeunissement.

Voyage

Janvier 2024 offre des opportunités de voyage et d'exploration pour les individus Gémeaux. Les aspects planétaires suggèrent des conditions favorables pour élargir vos horizons et découvrir de nouvelles cultures et environnements.

L'aspect trigone entre Vénus et Jupiter le 8 janvier apporte un sentiment d'aventure et d'optimisme à vos projets de voyage. Cet alignement renforce votre désir de nouvelles expériences et augmente la probabilité de vivre des voyages agréables et mémorables. C'est un excellent moment pour planifier des voyages, explorer différentes destinations ou s'engager dans des activités qui élargissent votre perspective.

Cependant, soyez conscient des défis potentiels liés aux préparatifs de voyage. L'aspect semi-carré entre Vénus et Pluton le 10 janvier pourrait apporter des perturbations inattendues ou des luttes de pouvoir lors de vos voyages. Restez adaptable et ayez des plans d'urgence en place pour faire face à toutes les circonstances imprévues.

Le trigone entre Mercure et Jupiter le 19 janvier soutient davantage vos efforts de voyage. Cet aspect améliore vos compétences en communication, ce qui facilite la connexion avec des personnes d'horizons et de cultures différents. Profitez des opportunités de réseautage ou d'apprentissage pendant vos voyages, car elles peuvent s'avérer bénéfiques pour votre croissance personnelle et professionnelle.

Aperçus des étoiles

Les étoiles signalent une période de stimulation intellectuelle, de communication et d'exploration pour les Gémeaux en janvier 2024. C'est le moment d'accepter le changement, d'exprimer vos pensées et vos sentiments et de favoriser les relations.

jours du mois : 8 , 11 , 19 , 27 , 28 , 29 et 30 janvier .

Février 2024

Horoscope

En février 2024, les individus Gémeaux vivront un mois rempli d'opportunités de croissance, d'autoréflexion et de transformation. Les aspects planétaires indiquent une période dynamique qui demande adaptabilité et introspection.

Le mois commence par un aspect semi-carré entre Mars en Capricorne et Saturne en Poissons le 2 février. Cet alignement peut introduire des défis et des obstacles sur votre chemin. La patience et la persévérance seront essentielles pour surmonter ces obstacles et atteindre vos objectifs.

La conjonction de Mercure avec Pluton le 5 février apporte intensité et profondeur à votre style de communication. Vous pouvez vous retrouver engagé dans des conversations profondes ou découvrir des vérités cachées. Utilisez cette énergie à bon escient, car elle peut entraîner de puissantes transformations dans vos relations et votre croissance personnelle.

Dans l'ensemble, février présente une période transformatrice et dynamique pour les individus Gémeaux. En adoptant l'équilibre dans les relations, en prenant des mesures énergiques dans votre carrière, en pratiquant une gestion financière prudente, en accordant la priorité aux soins personnels, en saisissant les opportunités de voyage et en adoptant la croissance personnelle, vous pouvez faire des progrès significatifs dans divers aspects de votre vie.

Aimer

Le 5 février, le Soleil forme un aspect semi-sextile avec Vénus, suivi d'un aspect carré entre Vénus et Chiron. Ces aspects soulignent l'importance de l'équilibre et de l'harmonie émotionnelle dans vos relations. Soyez conscient des conflits potentiels ou des insécurités qui peuvent survenir. Une communication ouverte et honnête sera cruciale pour résoudre les problèmes sous-jacents et entretenir votre relation avec votre partenaire.

L'aspect trigone entre Vénus et Uranus le 7 février introduit de l'excitation et des changements positifs potentiels dans votre vie amoureuse. Cet alignement vous encourage à adopter la spontanéité et à explorer de nouvelles expériences avec votre partenaire. Les Gémeaux célibataires peuvent rencontrer des opportunités ou des relations romantiques inattendues pendant cette période. Restez ouvert d'esprit et laissez-vous surprendre agréablement.

De plus, la conjonction entre Vénus et Mars le 22 février renforce votre passion et votre désir de liens émotionnels plus profonds. Cet alignement intensifie votre énergie romantique et vous encourage à exprimer ouvertement vos sentiments. C'est un moment opportun pour renforcer le lien avec votre partenaire ou vous lancer dans un nouveau voyage amoureux.

Pour ceux qui recherchent la guérison dans les relations, l'aspect sextile entre Mercure et Chiron le 15 février favorise la compréhension et la croissance émotionnelles. Utilisez cet alignement pour engager des conversations sincères, traiter des blessures passées et rechercher une guérison et un soutien mutuels.

Carrière

La conjonction entre Vénus et Mars le 22 février renforce votre dynamisme et votre ambition au travail. Cet alignement renforce votre confiance et votre assurance, vous permettant de prendre les devants et de poursuivre vos objectifs professionnels. C'est un moment opportun pour mettre en valeur vos compétences, initier de nouveaux projets ou chercher à progresser dans votre carrière.

Le 10 février, l'aspect semi-carré entre Vénus et Saturne vous rappelle de faire preuve de prudence et d'une planification financière minutieuse dans vos projets de carrière. Évitez les décisions financières impulsives ou les investissements risqués. Au lieu de cela, concentrez-vous sur la construction d'une base financière solide et faites des choix éclairés.

L'aspect sextile entre Mercure et Jupiter le 11 février améliore vos compétences en communication et vos prouesses intellectuelles sur le lieu de travail. Cet alignement prend en charge le réseautage, le brainstorming et le partage d'idées innovantes avec des collègues ou des supérieurs. C'est un excellent moment pour présenter vos propositions ou engager des discussions intellectuelles qui contribuent à votre épanouissement professionnel.

De plus, l'aspect semi-carré entre Mercure et Neptune le 24 février vous rappelle de maintenir la clarté et la concentration dans vos efforts professionnels. Vérifiez les détails, évitez les erreurs de communication et comptez sur vos compétences analytiques pour relever les défis potentiels.

.

Finance

Les aspects planétaires suggèrent la nécessité d'une gestion consciente de l'argent, d'une planification financière à long terme et d'éviter les décisions impulsives.

L'aspect semi-carré entre Vénus et Saturne le 10 février appelle à la prudence et à une planification financière minutieuse. Évitez les achats impulsifs, les dépenses inutiles ou les investissements risqués. Au lieu de cela, concentrez-vous sur la construction d'une base financière solide et faites des choix éclairés.

L'aspect trigone entre Vénus et Uranus le 7 février apporte de l'excitation et des changements positifs potentiels dans votre situation financière. Cet alignement vous encourage à saisir de nouvelles opportunités et à explorer d'autres sources de revenus. Restez ouvert d'esprit et soyez prêt à prendre des risques calculés qui peuvent conduire à une croissance financière.

Le 24 février, l'aspect semi-carré entre Mercure et Neptune vous rappelle de rester clair et concentré dans votre prise de décision financière. Méfiez-vous des malentendus potentiels, des erreurs de communication ou des illusions financières. Vérifiez les détails et fiez-vous à vos compétences analytiques pour relever les défis potentiels.

C'est également un moment propice pour demander des conseils professionnels, rechercher des opportunités d'investissement ou explorer des moyens d'augmenter vos revenus. Profitez des opportunités de réseautage, participez à l'éducation financière et restez diligent dans le suivi de vos dépenses et de votre budgétisation.

Santé

L'aspect semi-carré entre Mars et Saturne le 2 février vous rappelle de trouver un équilibre entre travail et repos. Évitez de vous surmener ou de négliger votre bien-être physique. La mise en place d'une routine d'exercice cohérente, la pratique de techniques de gestion du stress et le maintien d'une alimentation saine contribueront à votre bien-être général.

Le bien-être émotionnel est également important au cours de ce mois. L'aspect sextile entre Mercure et Chiron le 15 février soutient la compréhension et la croissance émotionnelles. Utilisez cet alignement pour vous engager dans l'introspection, traiter les blessures du passé et demander de l'aide si nécessaire. Recherchez des mécanismes d'adaptation sains, tels que des pratiques de pleine conscience, une thérapie ou passer du temps avec des êtres chers, pour soutenir votre bien-être émotionnel.

Maintenir un mode de vie équilibré est crucial en février. L'aspect semi-carré entre Vénus et Saturne le 10 février souligne l'importance de trouver un équilibre entre le travail, la vie personnelle et les soins personnels. Évitez de trop travailler ou de négliger vos propres besoins, car cela peut conduire à l'épuisement ou à l'épuisement professionnel.

Voyage

L'aspect sextile entre Vénus et Uranus le 7 février suscite de l'excitation et des changements positifs potentiels dans vos expériences de voyage. Cet alignement vous encourage à adopter la spontanéité et à explorer de nouvelles destinations. Qu'il s'agisse d'une escapade d'un week-end ou d'un voyage plus long, profitez-en pour vous immerger dans de nouvelles cultures, essayer de nouvelles activités et élargir votre perspective.

L'aspect quintile entre le Soleil et Jupiter le 16 février améliore encore vos opportunités de voyage. Cet alignement apporte un sens de l'aventure et élargit vos horizons. Saisissez l'opportunité d'explorer de nouveaux endroits, de vous connecter avec des personnes d'horizons différents et de créer des souvenirs durables.

Lors de la planification de vos voyages, envisagez d'incorporer des activités qui correspondent à vos intérêts et à vos passions. Participez à des aventures en plein air, visitez des sites culturels ou participez à des ateliers éducatifs ou à des retraites. Saisissez l'opportunité d'apprendre et de grandir grâce à vos expériences de voyage.

Il est important de rester adaptable et flexible pendant vos voyages, car des circonstances imprévues peuvent survenir. Gardez l'esprit ouvert et soyez prêt à embrasser l'inconnu. Ayez confiance que l'univers vous guidera sur votre chemin et permettra des rencontres et des expériences fortuites.

Aperçu des étoiles

Gémeaux, février 2024 est un mois qui appelle à l'ouverture et à l'adaptabilité. Ce mois est rempli d'énergies changeantes. Embrassez-les. Soyez ouvert à de nouvelles expériences et laissez-vous surprendre par ce que l'univers vous réserve.

jours du mois : 7 , 15 , 16 , 22 , 24 , 28 et 29 février .

Mars 2024

Horoscope

Mars 2024 apporte une énergie dynamique et transformatrice aux individus Gémeaux. Les aspects planétaires indiquent une période de découverte de soi, de croissance et le potentiel de changements significatifs dans divers aspects de la vie.

L'aspect sextile entre le Soleil et Jupiter le 1er mars marque le début du mois avec un regain d'optimisme, d'expansion et d'opportunités. Cet alignement apporte un sentiment de confiance et vous encourage à vivre de nouvelles expériences et à poursuivre votre croissance personnelle. C'est un moment propice pour se fixer des objectifs ambitieux et explorer des pistes d'amélioration personnelle.

La conjonction entre Mercure et Neptune le 8 mars améliore votre intuition, votre créativité et votre conscience spirituelle. Cet alignement vous encourage à faire confiance à vos conseils intérieurs et à vous engager dans des activités qui nourrissent votre âme. Faites attention à vos rêves, pratiquez la méditation et cherchez du réconfort dans des activités artistiques ou spirituelles.

L'aspect semi-sextile entre Mercure et Saturne le 16 mars vous rappelle de trouver un équilibre entre affirmation de soi et discipline dans vos processus de communication et de prise de décision. C'est un moment opportun pour canaliser vos idées et vos plans avec pragmatisme et vision à long terme. En incorporant la structure et l'organisation, vous pouvez atteindre vos objectifs plus efficacement.

La conjonction entre le Soleil et Neptune le 17 mars intensifie votre sensibilité et votre compassion. Cet alignement appelle à l'introspection, à l'autoréflexion et à la connexion avec vos profondeurs émotionnelles et spirituelles. Embrassez les moments de solitude, engagez-vous dans des pratiques de soins personnels et nourrissez votre bien-être émotionnel.

L'aspect semi-sextile entre Jupiter et le vrai nœud le 23 mars apporte un sentiment de destin et d'alignement avec le but de votre vie. Cet alignement vous encourage à faire confiance au chemin sur lequel vous êtes et à avoir confiance dans le déroulement de votre voyage. Saisissez les opportunités de croissance, élargissez vos horizons et connectez-vous avec des personnes partageant les mêmes idées qui peuvent soutenir vos aspirations.

Tout au long du mois de mars, les Gémeaux sont encouragés à accepter le changement, à rechercher leur croissance personnelle et à puiser dans leurs pouvoirs intuitifs et créatifs. En trouvant un équilibre, en étant ouverts à de nouvelles expériences et en alignant leurs actions sur leur vision à long terme, ils peuvent traverser cette période de transformation avec grâce et saisir les opportunités qui se présentent à eux.

Aimer

L'aspect sextile entre Vénus et Chiron le 2 mars encourage la guérison émotionnelle et la croissance des relations. Cet alignement vous invite à aborder les blessures et les insécurités du passé, permettant une plus grande intimité et vulnérabilité. C'est le moment de s'engager dans une communication ouverte et honnête avec votre partenaire, favorisant la compréhension et l'empathie.

L'aspect carré entre Vénus et Uranus le 3 mars apporte excitation et imprévisibilité dans votre vie amoureuse. Cet alignement peut conduire à des rencontres inattendues ou à des changements dans la dynamique romantique. Embrassez la spontanéité et soyez ouvert à l'exploration de nouvelles possibilités dans vos relations.

La conjonction entre Vénus et Saturne le 21 mars souligne l'importance de l'engagement et de la stabilité dans vos partenariats. Cet alignement vous encourage à entretenir des relations à long terme et à construire une base solide basée sur la confiance, le respect mutuel et des valeurs partagées. C'est le moment d'évaluer l'authenticité et la profondeur de vos relations, en vous assurant qu'elles correspondent à vos objectifs à long terme.

Carrière

L'aspect semi-sextile entre Mercure et Saturne le 16 mars souligne l'importance de l'aspect pratique et de la discipline dans vos activités professionnelles. Cet alignement vous encourage à être organisé, minutieux et concentré sur des objectifs à long terme. La mise en place de systèmes de travail efficaces et le maintien d'une solide éthique de travail contribueront à votre réussite professionnelle.

La conjonction entre Mercure et Neptune le 8 mars renforce votre intuition et votre créativité au travail. Cet alignement encourage la pensée novatrice et la capacité de trouver des solutions imaginatives aux défis. Embrassez vos capacités artistiques et intuitives, car elles peuvent offrir une perspective unique et améliorer vos efforts professionnels.

L'aspect semi-sextile entre Mercure et Uranus le 22 mars apporte une vague d'inspiration et d'idées non conventionnelles à votre carrière. Cet alignement vous encourage à sortir des sentiers battus, à accepter le changement et à être ouvert aux nouvelles technologies ou méthodologies. En adoptant l'innovation et en vous adaptant aux nouvelles tendances, vous pouvez garder une longueur d'avance dans votre domaine.

Tout au long du mois de mars, les compétences en réseautage et en communication jouent un rôle essentiel dans l'avancement de votre carrière. Cherchez des occasions d'élargir votre réseau professionnel, de vous engager dans des collaborations et de présenter vos idées. En communiquant efficacement votre expertise et en établissant des relations solides, vous pouvez créer de nouvelles opportunités et connaître une croissance professionnelle.

Finance

L'aspect semi-sextile entre Vénus et Saturne le 21 mars souligne l'importance de la stabilité financière et de la gestion responsable de l'argent. Cet alignement exige une prise de décision prudente, une budgétisation et une planification financière à long terme. C'est le moment d'évaluer vos objectifs financiers, de réduire les dépenses inutiles et de prioriser l'épargne pour l'avenir.

L'aspect carré entre Vénus et Uranus le 3 mars peut entraîner des dépenses inattendues ou des fluctuations financières. Il est essentiel de conserver flexibilité et adaptabilité dans votre approche financière. Évitez les dépenses impulsives et concentrez-vous sur la construction d'une base financière solide.

La conjonction entre Vénus et Saturne le 21 mars vous incite à réévaluer vos engagements financiers et vos investissements. C'est un moment propice pour consulter des conseillers financiers ou des experts afin de vous assurer que vos décisions financières correspondent à vos objectifs à long terme.

Tout au long du mois de mars, la recherche diligente, l'aspect pratique et la discipline sont essentiels au maintien de la stabilité financière. Envisagez d'explorer d'autres sources de revenus, comme un travail à temps partiel ou des opportunités d'investissement, pour améliorer votre bien-être financier. En restant organisé, en suivant vos dépenses et en prenant des décisions éclairées, vous pouvez surmonter les défis potentiels et favoriser la sécurité financière à long terme.

Santé

La conjonction entre le Soleil et Neptune le 17 mars augmente votre sensibilité et votre bien-être émotionnel. Cet alignement appelle à l'auto-réflexion, à la relaxation et à prendre le temps de se connecter avec votre moi intérieur. Intégrez des pratiques de pleine conscience, de méditation ou de yoga dans votre routine quotidienne pour réduire le stress et favoriser le bien-être général.

L'aspect semi-sextile entre Mars et Neptune le 19 mars encourage une approche équilibrée de vos activités physiques. Il est important d'écouter votre corps et d'éviter de vous épuiser. Pratiquez des activités qui favorisent la relaxation, comme des exercices doux, des promenades dans la nature ou des bains apaisants.

Maintenir un mode de vie sain grâce à une alimentation et un repos appropriés est crucial pendant cette période. Faites attention à votre alimentation, assurez-vous de nourrir votre corps avec des aliments sains et de rester hydraté. Un sommeil adéquat et un repos réparateur soutiendront votre système immunitaire et votre vitalité globale.

La conjonction entre le Soleil et Mercure le 28 mars souligne l'importance du bien-être mental et d'une communication efficace. Donnez la priorité à la clarté mentale, participez à des activités stimulantes et engagez des conversations ouvertes et honnêtes avec vos proches pour favoriser l'équilibre émotionnel.

Tout au long du mois de mars, faites des soins personnels une priorité. Fixez des limites, pratiquez la pleine conscience et participez à des activités qui vous apportent joie et détente. En prenant soin de votre santé physique et mentale, vous pouvez faire face aux exigences de la vie quotidienne avec résilience et maintenir un sentiment de bien-être général.

Voyage

L'aspect carré entre Vénus et Uranus le 3 mars apporte des opportunités de voyage inattendues ou des voyages spontanés. Embrassez le sens de l'aventure et soyez ouvert à l'exploration de nouvelles destinations ou à l'immersion dans différentes cultures. Les voyages peuvent élargir vos horizons, élargir votre perspective et apporter une nouvelle inspiration à votre vie.

L'aspect semi-sextile entre Mars et Neptune le 19 mars vous encourage à vivre des expériences de voyage propices à la détente et au rajeunissement. Envisagez des destinations qui offrent un équilibre entre aventure et sérénité, vous permettant de vous connecter avec la nature ou de vous adonner à des activités qui favorisent la paix intérieure.

Mars est aussi une période propice aux voyages éducatifs ou intellectuels. La conjonction entre le Soleil et Mercure le 28 mars renforce votre curiosité intellectuelle et vos capacités de communication. Envisagez de participer à des ateliers, des séminaires ou des conférences dans des domaines d'intérêt. S'engager dans des activités intellectuelles pendant vos voyages élargira vos connaissances et vous fournira des informations précieuses.

Lors de la planification de vos voyages, restez flexible et ouvert aux opportunités inattendues. Embrassez la spontanéité du voyage et soyez prêt à sortir de votre zone de confort. Engagez-vous avec les habitants, immergez-vous dans la culture locale et recherchez des expériences uniques qui vous permettent de vous connecter avec l'essence de chaque destination.

Tout au long du mois de mars, les voyages peuvent être une expérience transformatrice. Embrassez le sens de l'aventure, explorez de nouveaux environnements et saisissez les opportunités de croissance personnelle et de découverte de soi qu'offrent les voyages. Qu'il s'agisse d'une escapade spontanée d'un week-end ou d'un voyage plus long, laissez-vous inspirer par le monde qui vous entoure.

Aperçu des étoiles

Les étoiles chuchotent une histoire d'expansion et de croissance pour les Gémeaux en mars 2024. Pendant que vous traversez ce mois-ci, rappelez-vous que l'univers est votre allié. Acceptez le changement et adaptez-vous. Les vents de mars sont des sables mouvants et la flexibilité est votre force. Considérez chaque jour comme une nouvelle aventure et laissez votre curiosité Gémeaux vous guider.

Meilleurs jours du mois : 2 , 8 , 17 , 21 , 22 , 23 et 28 mars .

Avril 2024

Horoscope

L'aspect semi-sextile entre Mercure et Vénus le 2 avril améliore vos capacités de communication et favorise des interactions harmonieuses avec les autres. Cet aspect favorise une communication ouverte et honnête, ce qui en fait un moment idéal pour exprimer vos sentiments et renforcer vos relations.

La conjonction entre le Soleil et Saturne le 2 avril souligne l'importance de la discipline, de la responsabilité et de la planification à long terme. Cet aspect vous encourage à évaluer vos objectifs, à faire les ajustements nécessaires et à rester engagé dans vos efforts. En cultivant la patience et la persévérance, vous pouvez réaliser des progrès constants et construire une base solide pour votre succès futur.

La conjonction entre Vénus et Neptune le 3 avril apporte une touche d'énergie romantique et rêveuse à votre vie amoureuse. C'est un moment pour les liens émotionnels profonds, l'empathie et la compréhension. Utilisez cette période pour entretenir vos relations, exprimer votre amour et votre affection et créer des moments mémorables avec votre partenaire.

L'aspect carré entre le Soleil et le Vrai Nœud le 4 avril met l'accent sur le but de votre vie et l'alignement de vos actions avec votre destin. C'est un moment d'introspection et d'introspection pour s'assurer que vous êtes sur la bonne voie. Faites confiance à votre intuition et saisissez les opportunités qui résonnent avec votre moi authentique.

La conjonction entre le Soleil et Chiron le 8 avril apporte une guérison et une transformation profondes. C'est le moment d'affronter et de guérir les blessures du passé, de libérer les croyances limitantes et d'embrasser votre force intérieure. Utilisez cette période pour favoriser l'acceptation de soi, cultiver l'amour de soi et entreprendre un voyage de croissance personnelle.

La conjonction entre Mercure et Vénus le 19 avril améliore vos compétences sociales et de communication. C'est un moment propice pour réseauter, nouer de nouvelles amitiés et s'engager dans des conversations intellectuellement stimulantes. Les projets collaboratifs et les activités de groupe prospèrent pendant cette période.

Dans l'ensemble, avril présente une opportunité passionnante pour les individus Gémeaux de se développer personnellement et professionnellement. Embrassez l'énergie transformatrice, cultivez des liens significatifs et restez concentré sur vos objectifs à long terme. Avec détermination, adaptabilité et ouverture d'esprit, vous pouvez faire des progrès significatifs dans divers aspects de votre vie.

Aimer

Les aspects planétaires soulignent l'importance de la vulnérabilité, de l'authenticité et de la communication ouverte.

La conjonction entre Vénus et Neptune le 3 avril renforce votre côté romantique et rêveur. Cet aspect crée une atmosphère d'empathie, de compréhension et d'amour inconditionnel. C'est le moment de vous connecter profondément avec votre partenaire, d'exprimer vos émotions et de favoriser un sentiment d'intimité.

L'aspect semi-carré entre Vénus et Uranus le 10 avril introduit une étincelle d'excitation et de spontanéité dans votre vie amoureuse. Acceptez les surprises inattendues et soyez ouvert à l'exploration de nouvelles expériences avec votre partenaire. Cet aspect vous encourage à vous libérer de la routine et à insuffler à votre relation une énergie nouvelle.

La conjonction entre Vénus et Chiron le 21 avril apporte une profonde guérison émotionnelle et une transformation dans vos relations. C'est le moment d'affronter les blessures du passé, de libérer les bagages émotionnels et de favoriser l'amour de soi. Cet aspect vous permet de créer des liens plus sains et plus authentiques avec votre partenaire.

Tout au long du mois d'avril, une communication ouverte et honnête est essentielle pour maintenir des relations saines. La conjonction entre Mercure et Vénus le 19 avril améliore vos capacités de communication, facilitant l'expression de vos sentiments et de vos désirs. Profitez de cette occasion pour avoir des conversations sincères avec votre partenaire, résoudre tout conflit et approfondir votre lien émotionnel.

N'oubliez pas d'écouter activement les besoins et les préoccupations de votre partenaire. Avec empathie et compréhension, vous pouvez favoriser un environnement favorable et stimulant dans vos relations. Acceptez la vulnérabilité et permettez-vous d'être vraiment vu et compris par votre partenaire.

Les Gémeaux célibataires peuvent vivre des rencontres et des connexions inattendues en avril. Restez ouvert à de nouvelles possibilités et soyez prêt à tenter votre chance en amour. Faites confiance à votre intuition et suivez les désirs de votre cœur. Ce mois transformateur recèle le potentiel d'un amour profond et d'une croissance personnelle dans le domaine des relations.

Carrière

Les aspects planétaires mettent l'accent sur l'affirmation de soi, l'ambition et l'adaptabilité au travail.

L'aspect semi-sextile entre Mercure et Vénus le 2 avril améliore vos compétences en communication et en négociation, ce qui en fait un excellent moment pour les collaborations, les présentations et le travail d'équipe. Profitez de cet aspect pour exprimer vos idées, nouer des alliances et réseauter avec des personnes influentes dans votre domaine.

La conjonction entre le Soleil et Saturne le 2 avril encourage un travail discipliné et concentré. C'est le moment d'évaluer vos objectifs de carrière à long terme, d'identifier les domaines à améliorer et de mettre en œuvre des plans stratégiques. En démontrant votre fiabilité et votre dévouement, vous pouvez gagner la confiance et le respect de vos supérieurs.

Le 8 avril, l'aspect semi-sextile entre le Soleil et Jupiter booste votre confiance, votre optimisme et votre ambition. Cet aspect vous encourage à élargir vos horizons, à relever de nouveaux défis et à saisir les opportunités de croissance. Saisissez l'opportunité de mettre en valeur vos compétences, de rechercher des promotions ou d'explorer de nouveaux cheminements de carrière.

La conjonction entre le Soleil et Chiron le 8 avril apporte un potentiel de transformation personnelle et professionnelle. C'est le moment d'aborder toutes les croyances auto-limitantes, de guérir les blessures du passé liées à votre carrière et d'embrasser vos forces uniques. Utilisez cette période pour embrasser votre véritable potentiel et aligner votre travail sur votre moi authentique.

Tout au long du mois d'avril, l'adaptabilité et la polyvalence sont essentielles car Mars et Saturne font tous deux des aspects importants. La conjonction entre Mars et Saturne le 10 avril met en lumière l'importance de la persévérance, de la discipline et de la patience pour atteindre vos objectifs professionnels. C'est une période où le travail acharné et l'attention portée aux détails porteront leurs fruits à long terme.

Les individus Gémeaux doivent également être préparés aux opportunités et aux changements inattendus sur le lieu de travail. La conjonction entre le Soleil et Mercure le 11 avril améliore vos capacités d'analyse et de résolution de problèmes, facilitant la navigation dans les défis et la recherche de solutions créatives.

Finance

Les aspects planétaires soulignent l'importance de la budgétisation, de la planification stratégique et de l'adaptation aux circonstances financières changeantes.

La conjonction entre Vénus et Neptune le 3 avril apporte une influence rêveuse et idéaliste à vos affaires financières. Bien que cet aspect puisse inspirer la générosité et le désir de se faire plaisir, il est crucial de maintenir une approche réaliste des questions d'argent. Évitez les dépenses impulsives et concentrez-vous sur la stabilité financière à long terme.

L'aspect semi-carré entre Vénus et Uranus le 10 avril pourrait apporter des gains ou des opportunités financières inattendues. Restez ouvert à de nouvelles sources de revenus et soyez prêt à prendre des risques calculés. Cependant, soyez prudent et évaluez soigneusement tout investissement ou entreprise financière avant de vous engager.

Le 21 avril, la conjonction entre Vénus et Chiron met en évidence le besoin de guérison émotionnelle et d'estime de soi dans votre vie financière. Prenez le temps d'évaluer votre relation avec l'argent, d'aborder toute croyance ou peur auto-limitante et de cultiver un état d'esprit sain autour de l'abondance et de la prospérité. Cet aspect vous encourage à reconnaître votre propre valeur en matière financière.

Tout au long du mois d'avril, il est essentiel de pratiquer une gestion responsable de l'argent. La conjonction entre le Soleil et Saturne le 2 avril souligne l'importance de la discipline et de la planification à long terme dans vos efforts financiers. Créez un budget, fixez-vous des objectifs financiers et priorisez l'épargne pour l'avenir. Avec des efforts diligents et une planification minutieuse, vous pouvez établir une base solide pour la stabilité financière.

Les Gémeaux doivent également être préparés aux dépenses imprévues ou aux défis financiers. L'aspect semi-carré entre Mercure et Mars le 6 avril pourrait vous obliger à vous adapter et à apporter les ajustements nécessaires à vos plans financiers. Restez flexible et ingénieux pour trouver des solutions à tous les obstacles financiers qui surviennent.

Santé

En avril 2024, les Gémeaux devraient donner la priorité à leur bien-être physique et mental, car les aspects planétaires apportent à la fois vitalité et besoin de soins personnels. La clé du maintien d'une santé optimale réside dans l'équilibre, la conscience de soi et les pratiques proactives d'autosoins.

L'aspect semi-sextile entre Mercure et Vénus le 2 avril améliore vos compétences en communication, ce qui peut avoir un impact positif sur votre bien-être mental et émotionnel. Prenez le temps d'exprimer vos pensées et vos sentiments, recherchez le soutien de vos proches et engagez des conversations qui vous élèvent et vous inspirent.

La conjonction entre le Soleil et Saturne le 2 avril souligne l'importance de la discipline et de la structure dans le maintien d'un mode de vie sain. Concentrez-vous sur l'établissement d'une routine cohérente pour l'exercice, la nutrition et le sommeil. Fixez-vous des objectifs réalistes et surveillez vos progrès pour rester motivé et sur la bonne voie.

Le 8 avril, l'aspect semi-sextile entre le Soleil et Jupiter booste votre énergie et votre enthousiasme pour les activités physiques. Profitez de cette période pour explorer de nouvelles formes d'exercice, vous engager dans des activités de plein air et vous mettre au défi d'atteindre de nouveaux jalons de remise en forme. Équilibrez l'effort avec le repos et la récupération pour éviter l'épuisement professionnel.

La conjonction entre le Soleil et Chiron le 8 avril met en évidence le potentiel de guérison émotionnelle profonde et de découverte de soi. Profitez de cette occasion pour aborder tout problème émotionnel sous-jacent qui pourrait affecter votre bien-être. Envisagez de rechercher un soutien professionnel ou de vous engager dans des pratiques telles que la thérapie, la méditation ou la journalisation pour favoriser la guérison et l'équilibre intérieurs.

Tout au long du mois d'avril, il est crucial de prioriser la gestion du stress et les soins personnels. La conjonction entre Mercure et Vénus le 19 avril améliore votre capacité à vous détendre et à trouver de la joie dans des plaisirs simples. Consacrez du temps à des activités qui vous apportent paix et bonheur, comme lire, passer du temps dans la nature ou vous engager dans des activités créatives.

Les Gémeaux doivent également faire attention à leur santé mentale pendant cette période. L'aspect semi-sextile entre Mercure et Saturne le 28 avril souligne l'importance de l'autoréflexion et des pratiques de soins personnels qui favorisent le bien-être mental. Soyez conscient de tout facteur de stress ou schéma de pensée négatif et recherchez des mécanismes d'adaptation sains.

Voyage

L'aspect semi-sextile entre Mercure et Vénus le 2 avril améliore vos capacités de communication et favorise des interactions harmonieuses, ce qui en fait un moment idéal pour de courtes escapades ou des week-ends avec vos proches. Planifiez des aventures spontanées ou visitez des lieux qui inspirent la créativité et la stimulation intellectuelle.

La conjonction entre Vénus et Neptune le 3 avril ajoute une touche de magie et d'enchantement à vos expériences de voyage. Envisagez des destinations qui offrent une beauté naturelle, une inspiration artistique ou des retraites spirituelles. Saisissez l'opportunité de vous connecter à de nouvelles cultures, de vous adonner à la cuisine locale et de vous immerger dans les merveilles de différents environnements.

Tout au long du mois d'avril, soyez ouvert aux opportunités de voyage inattendues qui pourraient se présenter. L'aspect semi-carré entre Vénus et Uranus le 10 avril peut apporter des voyages impromptus ou des invitations de dernière minute. Embrassez l'esprit d'aventure et soyez prêt à sortir de votre zone de confort.

Le 21 avril, la conjonction entre Vénus et Chiron vous invite à vivre des expériences de voyage transformatrices qui favorisent la guérison et la découverte de soi. Envisagez des retraites ou des destinations axées sur le bien-être qui vous permettent de vous ressourcer et de trouver un équilibre intérieur.

Les Gémeaux devraient également profiter de l'aspect semi-sextile entre Mercure et Uranus le 13 avril. Cet aspect soutient les plans de voyage innovants et non conventionnels. Explorez des destinations hors des sentiers battus, vivez des expériences culturelles uniques et profitez de l'inattendu lors de vos voyages.

En voyage, privilégiez les soins personnels et le bien-être. Maintenez un horaire de voyage équilibré, assurez-vous de bien vous reposer et soyez conscient de vos limites physiques et mentales. Pratiquez la pleine conscience et restez présent dans le moment pour vous immerger pleinement dans les expériences de voyage.

N'oubliez pas de rester flexible et adaptable car des changements inattendus peuvent survenir pendant vos voyages. Ayez des plans de sauvegarde en place et adoptez la spontanéité qui accompagne l'exploration de nouveaux endroits.

Aperçu des étoiles

Les étoiles s'alignent en avril pour offrir à Geminis une montagne russe d'expériences. La dualité des Gémeaux est testée lorsque les énergies passent du Bélier au Taureau. La clé est de trouver un équilibre. Utilisez l'énergie vibrante du Bélier pour lancer de nouveaux projets et adoptez l'énergie stabilisatrice du Taureau pour les développer.

Jours du mois : 2 , 8 , 19 , 21 , 24 , 28 et 30 avril .

Mai 2023

Horoscope

Mai 2024 apporte une énergie dynamique et transformatrice aux individus Gémeaux, car les aspects planétaires encouragent l'expression de soi, la croissance personnelle et un sens renouvelé de l'objectif. Ce mois présente des opportunités de découverte de soi, de croissance relationnelle et d'avancement professionnel.

Les individus Gémeaux ressentiront l'impact du carré Vénus-Pluton le 1er mai, ce qui peut provoquer des émotions intenses et un besoin de connexion plus profonde dans les relations. Il est important de naviguer dans toute dynamique de pouvoir ou de contrôler les problèmes avec une communication ouverte et une volonté de résoudre les problèmes sous-jacents. Cet aspect vous invite à explorer la profondeur de vos émotions et à transformer vos relations par la vulnérabilité et l'authenticité.

Le sextile Mars-Pluton du 3 mai enflamme votre ambition et votre détermination, vous permettant de poursuivre vos objectifs avec confiance et ténacité. Utilisez cette énergie pour initier des changements positifs dans votre vie personnelle et professionnelle. Cependant, soyez conscient des luttes de pouvoir ou des comportements trop affirmés. Canalisez cette intensité dans des efforts productifs et restez conscient de l'impact de vos actions sur les autres.

Le demi-carré Soleil-Neptune du 3 mai peut apporter une certaine confusion ou incertitude concernant votre sens de vous-même et votre objectif. Prenez le temps de l'introspection et reconnectez-vous à votre intuition pour gagner en clarté. Adoptez des pratiques spirituelles, la méditation ou la journalisation pour puiser dans votre sagesse intérieure et trouver un sens renouvelé de l'orientation.

Le 11 mai, le semi-sextile Soleil-Chiron met en lumière le potentiel de guérison et de croissance personnelle. Cet aspect vous invite à accepter vos vulnérabilités et vos blessures passées comme des opportunités de découverte et d'acceptation de soi. Engagez-vous dans des pratiques de soins personnels, recherchez le soutien de vos proches et explorez les modalités thérapeutiques pour faciliter la guérison émotionnelle et la transformation personnelle.

Les individus Gémeaux devraient également prêter attention à la conjonction Mars-True Node le 19 mai. Cet aspect puissant vous encourage à aligner vos actions sur votre objectif supérieur et à saisir les opportunités de croissance et d'expansion personnelles. Embrassez votre chemin unique et faites confiance au voyage à venir.

Tout au long du mois de mai, maintenez une communication ouverte et honnête dans vos relations. La conjonction Mercure-Uranus du 31 mai apporte des idées passionnantes et une réflexion innovante. Embrassez votre curiosité intellectuelle, engagez des conversations stimulantes et exprimez-vous de manière authentique.

Cet aspect améliore votre capacité à communiquer efficacement vos idées et favorise la résolution créative de problèmes.

Mai est un mois de découverte de soi, de croissance personnelle et de transformation des relations pour les individus Gémeaux. Embrassez l'énergie transformatrice, nourrissez votre bien-être émotionnel et restez aligné avec votre objectif supérieur. En acceptant la vulnérabilité, en vous exprimant de manière authentique et en maintenant une communication ouverte, vous pouvez naviguer avec grâce dans ce mois de transformation et en sortir plus fort que jamais.

Aimer

Dans le domaine de l'amour et des relations, mai 2024 recèle un potentiel de transformation pour les individus Gémeaux. Les aspects planétaires vous invitent à approfondir vos relations, à explorer la vulnérabilité émotionnelle et à adopter la croissance personnelle au sein de partenariats.

Le carré Vénus-Pluton du 1er mai apporte intensité et profondeur à vos relations amoureuses. Cet aspect peut révéler des dynamiques de pouvoir ou des problèmes de contrôle qui doivent être résolus. Adoptez une communication ouverte et honnête avec votre partenaire, exprimez vos besoins et vos préoccupations avec compassion et compréhension. Profitez de cette opportunité pour transformer vos relations et créer une base plus solide basée sur la confiance et l'authenticité.

Le semi-sextile Soleil-Chiron du 11 mai met en évidence le potentiel de guérison et de croissance de votre vie amoureuse. Cet aspect vous encourage à accepter vos vulnérabilités et vos blessures passées, leur permettant d'être des catalyseurs de transformation personnelle. Engagez-vous dans une réflexion honnête sur vous-même et communiquez vos désirs et vos limites à votre partenaire. Cela peut favoriser un sentiment plus profond de connexion et de compréhension au sein de votre relation.

Les individus Gémeaux peuvent également connaître des changements dans leur vie amoureuse en raison de la conjonction Mars-True Node le 19 mai. Cet aspect vous encourage à aligner vos actions sur votre objectif supérieur, ce qui peut inclure la réévaluation de vos objectifs et désirs relationnels. Soyez ouvert à de nouvelles opportunités et faites confiance au chemin qui se déroule devant vous. Les Gémeaux célibataires peuvent être attirés par des personnes qui s'alignent sur leur parcours de croissance personnelle.

Carrière

Mai 2024 présente des perspectives prometteuses pour les Gémeaux dans leur vie professionnelle. Les aspects planétaires soutiennent la pensée créative, une communication efficace et la prise de mesures stratégiques vers vos objectifs de carrière.

Le sextile Mars-Pluton du 3 mai enflamme votre ambition et votre dynamisme, vous donnant la motivation de poursuivre vos aspirations professionnelles avec détermination. Canalisez cette énergie dynamique dans des efforts productifs, comme lancer de nouveaux projets, créer des réseaux ou assumer des rôles de leadership. Cet aspect vous permet d'apporter des changements positifs dans votre carrière et d'affirmer votre influence sur le lieu de travail.

Le demi-carré Soleil-Neptune du 3 mai peut apporter temporairement une certaine confusion ou incertitude quant à votre orientation professionnelle. Profitez-en pour réévaluer vos objectifs et vous réaligner sur vos valeurs fondamentales. Engagez-vous dans l'auto-réflexion et recherchez la clarté grâce à des exercices de visualisation ou en vous connectant avec des mentors ou des collègues de confiance. Faites confiance à votre intuition pour vous guider vers le bon chemin.

Les Gémeaux devraient également prêter attention à la conjonction Mercure-Uranus le 31 mai. Cet aspect stimule la pensée novatrice, ouvrant les portes à de nouvelles idées et approches dans votre carrière. Embrassez votre curiosité intellectuelle, recherchez des opportunités de développement professionnel et envisagez de mettre en œuvre de nouvelles stratégies ou technologies qui peuvent améliorer votre performance au travail. Cet aspect favorise une communication efficace, vous permettant d'exprimer vos idées avec clarté et impact.

Tout au long du mois de mai, maintenez un équilibre entre la collaboration et le travail indépendant. Cherchez des occasions de collaborer avec des collègues ou des partenaires qui peuvent compléter vos compétences et élargir votre réseau professionnel. Adoptez la polyvalence et l'adaptabilité face à l'évolution des circonstances, car cela peut ouvrir la porte à des opportunités inattendues.

Restez concentré sur vos objectifs de carrière à long terme et prenez des mesures stratégiques en vue de leur réalisation. Faites confiance à votre instinct, embrassez vos forces uniques et maintenez un état d'esprit positif. En exploitant l'énergie transformatrice de mai, vous pouvez faire des progrès significatifs dans votre parcours professionnel et créer un cheminement de carrière épanouissant et réussi.

Finance

Les aspects planétaires encouragent une planification minutieuse, des décisions stratégiques et une concentration sur la stabilité financière à long terme.

Le carré Vénus-Pluton du 1er mai peut entraîner certaines complexités financières. Cet aspect vous invite à examiner votre rapport à l'argent et les dynamiques de pouvoir qui peuvent exister au sein des transactions financières. Méfiez-vous des dépenses impulsives ou de prendre des décisions basées sur des impulsions émotionnelles. Au lieu de cela, prenez du recul, évaluez vos objectifs financiers et faites des choix éclairés qui correspondent à votre stabilité financière à long terme.

Le semi-sextile Soleil-Chiron du 11 mai offre une opportunité de guérison et de croissance dans votre vie financière. Utilisez cet aspect pour aborder les croyances limitantes ou les blocages émotionnels qui peuvent entraver votre abondance financière. Engagez-vous dans une réflexion personnelle et demandez conseil à des conseillers financiers ou à des mentors qui peuvent vous fournir des idées et des stratégies pour améliorer votre bien-être financier.

Les individus Gémeaux devraient également prêter attention à la conjonction Mars-True Node le 19 mai. Cet aspect vous encourage à aligner vos actions sur votre objectif supérieur, ce qui inclut l'alignement de vos objectifs financiers sur vos valeurs et vos aspirations. Prenez le temps de réévaluer vos stratégies financières, de vous fixer des objectifs réalistes et atteignables et de faire les ajustements nécessaires pour assurer une sécurité financière à long terme.

Tout au long du mois de mai, pratiquez une gestion financière prudente. Élaborez un budget, hiérarchisez les économies et évaluez vos habitudes de dépenses. Cherchez des occasions d'augmenter vos revenus grâce à des sources supplémentaires ou en explorant de nouvelles avenues de revenus. Envisagez d'investir dans votre développement professionnel pour améliorer votre commercialisation et augmenter votre potentiel de revenus.

Maintenir une communication ouverte avec les partenaires financiers ou les conseillers. Demandez conseil, examinez les portefeuilles d'investissement et envisagez de diversifier vos projets financiers. En adoptant une approche stratégique et en gardant à l'esprit vos objectifs financiers à long terme, vous pouvez naviguer dans le paysage financier avec confiance et préparer le terrain pour votre réussite future.

Santé

Le sextile Mars-Pluton du 3 mai peut apporter une poussée d'énergie et de vitalité. Cependant, soyez conscient de l'épuisement professionnel ou du surmenage potentiel. Trouvez des débouchés sains pour cette énergie dynamique, comme faire de l'exercice régulièrement, pratiquer la pleine conscience ou explorer de nouvelles activités physiques. Privilégiez le repos et le rajeunissement pour éviter un stress excessif et l'épuisement.

Le demi-carré Soleil-Neptune du 3 mai peut avoir un impact temporaire sur votre niveau d'énergie et votre bien-être émotionnel. Il est crucial de prendre du temps pour prendre soin de soi et se détendre pendant cette période. Engagez-vous dans des activités qui vous apportent de la joie, comme passer du temps dans la nature, pratiquer la méditation ou rechercher des débouchés créatifs. Cet aspect vous rappelle l'importance de maintenir un équilibre travail-vie sain et de prioriser votre santé émotionnelle.

Le semi-sextile Soleil-Chiron du 11 mai présente une opportunité de guérison et de croissance de votre bien-être général. Traitez les blessures émotionnelles ou les problèmes sous-jacents qui pourraient avoir un impact sur votre santé. Recherchez le soutien de professionnels de confiance, tels que des thérapeutes ou des praticiens holistiques, qui peuvent vous guider dans votre cheminement vers la guérison. Embrassez l'auto-compassion et pratiquez le pardon envers vous-même et envers les autres.

Tout au long du mois de mai, maintenez une routine d'exercice constante et privilégiez les repas nutritifs. Concentrez-vous sur l'incorporation d'aliments entiers, de fruits et de légumes dans votre alimentation. Restez hydraté et écoutez les signaux de votre corps pour vous assurer que vous répondez à ses besoins nutritionnels. Envisagez d'incorporer des techniques de gestion du stress, telles que le yoga, la méditation ou des exercices de respiration profonde, pour soutenir votre bien-être mental et émotionnel.

Faites attention à tout inconfort physique ou symptôme qui pourrait survenir et consultez des professionnels de la santé si nécessaire. La prévention et l'intervention précoce sont essentielles pour maintenir une santé optimale. Privilégiez les bilans de santé et les dépistages réguliers pour surveiller votre bien-être général.

N'oubliez pas de prendre également soin de votre santé émotionnelle. Recherchez le soutien de vos proches, engagez-vous dans une réflexion personnelle et pratiquez la gratitude et la pleine conscience. En donnant la priorité à votre bien-être holistique, vous pouvez naviguer en mai avec vitalité, résilience et un sens renouvelé de l'équilibre.

Voyage

Le sextile Mars-Pluton du 3 mai enflamme votre sens de l'aventure et vous encourage à vivre de nouvelles expériences. Cet aspect fournit l'énergie et la motivation nécessaires pour planifier et entreprendre des voyages passionnants. Qu'il s'agisse d'une escapade d'un week-end, d'un road trip ou d'une excursion internationale, permettez-vous de sortir de votre zone de confort et de vous immerger dans différentes cultures et environnements.

Le semi-sextile Soleil-Chiron du 11 mai vous invite à explorer le voyage comme moyen d'épanouissement personnel et de découverte de soi. Envisagez des destinations qui offrent des opportunités de retraites spirituelles, de pratiques de bien-être ou d'expériences immersives qui correspondent à vos intérêts. Engagez-vous dans des activités qui nourrissent votre âme et contribuent à votre développement personnel.

Les individus Gémeaux devraient également prêter attention à la conjonction Mars-True Node le 19 mai. Cet aspect peut apporter des opportunités de voyage inattendues ou des rencontres avec des individus qui élargissent votre perspective. Restez ouvert aux aventures spontanées et aux rencontres fortuites qui peuvent conduire à la croissance personnelle et à de nouvelles connexions.

Tout au long du mois de mai, accordez la priorité à la planification et à la recherche de voyages. Explorez des destinations qui correspondent à vos intérêts, qu'il s'agisse de sites historiques, de merveilles naturelles ou d'expériences culturelles. Envisagez des voyages en solo ou en groupe qui correspondent à votre désir de croissance personnelle et de découverte de soi.

Lorsque vous embarquez pour votre voyage, restez attentif aux précautions de sécurité et aux conseils aux voyageurs. Prenez les précautions nécessaires pour protéger votre bien-être et assurer une expérience de voyage fluide et agréable. Adoptez la flexibilité et l'adaptabilité, car des changements inattendus d'itinéraires ou de circonstances peuvent survenir.

Aperçu des étoiles

"Dans le domaine de l'amour, la communication est l'élixir qui nourrit et soutient. Dites votre vérité, écoutez avec un cœur ouvert et regardez l'amour s'épanouir." - Gémeaux, votre don de communication est un outil puissant en matière de cœur. Ouvrez-vous , exprimez vos sentiments et favorisez des liens profonds grâce à un dialogue authentique.

Jours du mois : 3 , 11 , 18 , 19 , 22 , 23 et 30 mai .

juin 2024

Horoscope

Juin apporte une vague d'énergie vibrante et de stimulation intellectuelle pour les individus Gémeaux. Avec le Soleil qui brille en Gémeaux jusqu'au 21, votre charisme naturel et vos prouesses communicatives seront à leur apogée. C'est un mois d'expression de soi, de liens sociaux et de nouvelles expériences. Les alignements planétaires améliorent votre adaptabilité et votre polyvalence, vous permettant de naviguer sans effort dans diverses situations.

Votre curiosité et votre soif de connaissances seront insatiables, vous poussant à explorer différents sujets et à engager des conversations significatives. C'est un excellent moment pour le réseautage, le remue-méninges et le partage de vos idées avec les autres. Votre jus créatif coulera abondamment, menant à des solutions innovantes et à des perspectives uniques.

Dans l'ensemble, juin recèle un immense potentiel pour les individus Gémeaux. Embrassez vos dons naturels, entretenez vos relations et saisissez les opportunités qui se présentent à vous. Restez adaptable, ouvert d'esprit et faites confiance au voyage qui se déroule devant vous.

Aimer

En matière de cœur, les Gémeaux connaîtront une poussée d'énergie romantique et de connexion émotionnelle tout au long du mois de juin. La présence du Soleil dans votre signe jusqu'au 21 amplifie votre magnétisme naturel et votre charme, vous rendant irrésistible aux yeux des autres. Que ce soit célibataire ou dans une relation engagée, c'est une période de découverte de soi, d'approfondissement des liens et d'exploration des domaines de l'amour.

Pour les célibataires, les opportunités de nouvelles rencontres amoureuses ne manquent pas. Vous rayonnez de confiance et de charisme, attirant sans effort des partenaires potentiels vers vous. Votre style de communication plein d'esprit et engageant agit comme un aimant, faisant de vous la vie de tout rassemblement social. Soyez ouvert à l'exploration de nouvelles relations et faites confiance à votre intuition lorsqu'il s'agit de choisir des partenaires potentiels.

Pour ceux qui sont déjà en couple, June apporte un sentiment renouvelé de passion et de compréhension. C'est un excellent moment pour une communication ouverte et honnête avec votre partenaire. Partagez vos désirs, vos rêves et vos peurs et encouragez votre partenaire à faire de même. Des liens émotionnels profonds peuvent être forgés grâce à des conversations sincères et à un soutien mutuel.

Cependant, soyez conscient des conflits potentiels ou des malentendus qui pourraient survenir en raison de la place Mercure-Chiron le 28 juin. Cet aspect pourrait réveiller de vieilles blessures ou déclencher des problèmes sensibles. Il est crucial d'aborder de telles situations avec compassion, patience et volonté d'écouter et de comprendre les points de vue de chacun.

Dans l'ensemble, juin présente un terrain fertile pour que l'amour s'épanouisse et que les relations s'épanouissent pour les individus Gémeaux. Embrassez l'énergie cosmique, exprimez vos sentiments et soyez ouvert au pouvoir transformateur de l'amour. Cultivez des liens profonds grâce à une communication ouverte, des expériences partagées et un véritable intérêt pour le bien-être de votre partenaire.

Carrière

La présence du Soleil dans votre signe jusqu'au 21 vous donne confiance, clarté et une abondance d'idées. C'est le moment de vous affirmer, de mettre en valeur vos compétences et de saisir les opportunités de croissance.

Votre don naturel de communication et d'adaptabilité sera déterminant dans la réussite de votre carrière. C'est le moment idéal pour collaborer avec d'autres, participer à des séances de remue-méninges et présenter vos idées avec conviction. Votre capacité à articuler des concepts complexes de manière pertinente vous vaudra la reconnaissance et vous ouvrira des portes pour l'avancement.

Tout au long du mois de juin, restez ouvert à de nouveaux défis et soyez prêt à sortir de votre zone de confort. Saisissez les opportunités d'apprentissage et de développement des compétences, car elles amélioreront votre croissance professionnelle. Envisagez de suivre des cours supplémentaires, d'assister à des ateliers ou de rechercher un mentorat pour élargir votre base de connaissances et garder une longueur d'avance dans votre domaine.

Le réseautage jouera un rôle important dans votre avancement professionnel ce mois-ci. Assistez à des événements sociaux, participez à des discussions liées à l'industrie et connectez-vous avec des professionnels partageant les mêmes idées. L'établissement de relations solides et le maintien d'un réseau professionnel solide ouvriront les portes à de nouvelles opportunités et collaborations.

Attention cependant aux potentiels conflits ou luttes de pouvoir sur le lieu de travail, comme l'indique le carré Mars-Pluton du 14 juin. Faites preuve de professionnalisme, de diplomatie et concentrez-vous sur la recherche de solutions gagnant-gagnant dans de telles situations. Votre capacité à naviguer dans des dynamiques difficiles vous vaudra le respect et l'admiration de vos collègues et supérieurs.

Dans l'ensemble, juin présente un paysage prometteur pour la croissance de carrière et le succès des individus Gémeaux. Tirez parti de vos compétences en communication, de votre adaptabilité et de vos prouesses intellectuelles pour faire des progrès significatifs dans votre parcours professionnel. Saisissez les opportunités d'apprentissage, de collaboration et de réseautage, et faites confiance à vos capacités pour manifester vos aspirations professionnelles.

Finance

Juin apporte un mélange d'opportunités financières et de défis pour les individus Gémeaux. Il est essentiel d'aborder vos finances avec prudence, discipline et une perspective équilibrée.

La première quinzaine du mois pourrait présenter des perspectives financières favorables, notamment avec le trigone Mercure-Jupiter le 4 juin. Cet aspect améliore vos capacités d'analyse, vous rendant apte à repérer les opportunités d'investissement lucratives. Envisagez de demander des conseils professionnels ou de mener des recherches approfondies avant de prendre des décisions financières importantes.

Maintenir la stabilité financière et éviter les achats impulsifs devrait être une priorité. Le carré Vénus-Saturne du 8 juin pourrait vous inciter à vous livrer à des dépenses inutiles ou à prendre des risques qui pourraient ne pas être dans votre intérêt financier à long terme. Faites preuve de modération et concentrez-vous sur des objectifs financiers à long terme.

June souligne également l'importance de la budgétisation et de la planification financière. Faites le point sur vos revenus, vos dépenses et vos économies. Identifiez les domaines où vous pouvez réduire ou optimiser vos dépenses. Envisagez d'élaborer un plan d'épargne ou d'explorer de nouvelles avenues d'investissement pour assurer votre avenir financier.

Méfiez-vous des conflits financiers potentiels ou des différends avec les autres, en particulier avec le carré Vénus-Neptune le 16 juin. Assurez la transparence et la clarté des transactions financières et évitez de conclure des accords sans en comprendre parfaitement les termes et conditions.

Bien qu'il soit crucial d'être conscient de vos décisions financières, il est tout aussi important de ne pas laisser les préoccupations financières éclipser votre bien-être général. Maintenez un équilibre sain entre profiter des plaisirs de la vie et épargner pour l'avenir. Cultivez un état d'esprit d'abondance et ayez confiance que l'univers pourvoira à vos besoins lorsque vous alignez vos actions sur vos objectifs financiers.

Santé

Ce mois présente des opportunités de rajeunissement, de soins personnels et de maintien d'un équilibre sain dans tous les aspects de la vie.

Avec le Soleil dans votre signe jusqu'au 21, votre vitalité et votre énergie seront au rendez-vous. Cependant, la nature rapide de l'énergie des Gémeaux peut parfois conduire à une agitation mentale et à une énergie dispersée. Pratiquer des techniques de pleine conscience, telles que la méditation ou des exercices de respiration profonde, peut aider à calmer votre esprit et à rétablir la paix intérieure.

L'exercice physique est essentiel pour maintenir votre santé et votre bien-être en général. Trouvez des activités que vous aimez, comme la marche, la danse ou le yoga, et intégrez-les à votre routine quotidienne. L'exercice régulier vous permet non seulement de rester en forme physiquement, mais libère également des endorphines, améliore votre humeur et réduit le stress.

Il est important de trouver un équilibre entre le travail et le repos pour éviter l'épuisement professionnel. Les Gémeaux ont tendance à être très motivés et peuvent trouver difficile de faire des pauses. Cependant, prendre des pauses régulières tout au long de la journée et vous accorder du temps pour la détente et les loisirs améliorera votre productivité et votre bien-être général.

Le bien-être émotionnel est tout aussi important. June vous invite à explorer vos émotions et à pratiquer l'autoréflexion. Cherchez des débouchés sains pour l'expression émotionnelle, comme la tenue d'un journal ou la participation à des activités créatives. Connectez-vous avec vos proches et partagez vos sentiments, car cela favorisera des liens émotionnels plus profonds et fournira un système de soutien pendant les périodes difficiles.

Faites attention à vos choix alimentaires et efforcez-vous d'avoir une alimentation équilibrée et nutritive. Incorporez beaucoup de fruits, de légumes, de grains entiers et de protéines maigres dans vos repas. Restez hydraté et limitez votre consommation d'aliments transformés et de collations sucrées, car ils peuvent affecter votre niveau d'énergie et votre bien-être général.

Enfin, soyez conscient des déclencheurs de stress potentiels et pratiquez des techniques de gestion du stress. Cela peut inclure des loisirs, passer du temps dans la nature ou rechercher un soutien professionnel si nécessaire. Votre bien-être mental et émotionnel est tout aussi important que votre santé physique.

Voyage

Avec le Soleil dynamisant votre signe jusqu'au 21, votre curiosité naturelle et votre sens de l'aventure seront exacerbés.

Juin présente un moment idéal pour entreprendre de courts voyages ou se livrer à des escapades spontanées. Qu'il s'agisse d'une escapade d'un week-end dans une ville voisine ou d'une excursion d'une journée dans un lieu pittoresque, saisissez l'occasion d'explorer de nouveaux endroits et d'élargir vos horizons. Ces voyages fourniront une pause bien méritée de votre routine et rajeuniront votre esprit.

Voyager pendant cette période offre de nombreux avantages, notamment l'exposition à différentes cultures, la rencontre de nouvelles personnes et l'acquisition de nouvelles perspectives. Plongez dans les expériences locales, essayez les cuisines régionales et participez à des activités culturelles. Saisissez l'opportunité d'élargir votre compréhension du monde et d'approfondir votre connexion avec différentes communautés.

Si des voyages internationaux sont à l'horizon, assurez-vous de planifier à l'avance et de tenir compte des restrictions de voyage ou des protocoles de sécurité nécessaires. Restez informé des dernières mises à jour et suivez les directives fournies par les autorités sanitaires. Souplesse et adaptabilité seront des qualités essentielles pour faire face aux imprévus qui pourraient survenir lors de vos déplacements.

En plus des voyages physiques, pensez à explorer de nouveaux horizons intellectuels ou spirituels. Cela pourrait impliquer d'assister à des ateliers, des séminaires ou des conférences liés à vos domaines d'intérêt. Engagez des conversations avec des personnes partageant les mêmes idées, échangez des idées et élargissez vos perspectives intellectuelles et spirituelles.

Le voyage est aussi une occasion de découverte de soi et d'introspection. Utilisez ce temps loin de votre routine quotidienne pour réfléchir à vos objectifs, à vos aspirations et à votre croissance personnelle. Embrassez la solitude et la sérénité qu'offre le voyage, lui permettant de vous inspirer et d'apporter un nouveau sens à votre vie.

Aperçu des étoiles

Les étoiles de ce mois de juin apportent un message d'équilibre et de découverte de soi pour les Gémeaux. Votre double nature est un atout, et l'exploiter peut conduire à une croissance exponentielle dans diverses facettes de la vie. Cependant, il est important de ne pas se perdre dans le processus. Rester ancré et connecté à votre moi intérieur est la clé.

Meilleurs jours du mois : 4 , 14 , 17 , 20 , 22 , 26 et 29 juin .

juillet 2024

Horoscope

Juillet apporte un mélange d'énergies dynamiques et d'opportunités de transformation pour les individus Gémeaux. Avec le Soleil qui éclaire votre nature créative et expressive, c'est un mois pour embrasser votre individualité et briller de mille feux.

Vos compétences en communication seront améliorées pendant cette période, vous permettant de vous exprimer avec éloquence et charme. Utilisez ce cadeau pour vous connecter avec les autres, partager vos idées et établir des relations significatives. Votre intelligence et votre adaptabilité seront vos armes secrètes pour naviguer dans les situations sociales et avoir un impact positif.

Cependant, soyez conscient des conflits potentiels qui pourraient survenir en raison de l'opposition entre le Soleil et Pluton le 23 juillet. Cet alignement pourrait faire émerger des luttes de pouvoir ou des tensions cachées. Restez ancré, maintenez votre intégrité et efforcez-vous d'établir une communication ouverte et honnête pour relever ces défis avec succès.

En termes d'épanouissement personnel, le demi-carré entre Jupiter et Chiron le 1er juillet vous invite à explorer et soigner des blessures profondes. Profitez de cette occasion pour aborder tout bagage émotionnel qui pourrait vous retenir et engager une réflexion personnelle pour favoriser la guérison et la croissance intérieures.

Aimer

En matière de cœur, juillet offre à la fois de l'excitation et des défis potentiels pour les Gémeaux. Vénus, la planète de l'amour, influence vos relations et apporte harmonie et affection à vos efforts romantiques.

Pour ceux qui sont engagés dans des partenariats, le trigone de Vénus avec Saturne le 2 juillet favorise la stabilité et la connexion émotionnelle. Cet alignement vous encourage à renforcer les fondations de votre relation par une communication ouverte, la confiance et le soutien mutuel. Planifiez des sorties romantiques ou surprenez votre partenaire avec des gestes réfléchis pour approfondir votre lien.

Les Gémeaux célibataires peuvent connaître une vague d'opportunités romantiques pendant cette période. Le sextile entre Vénus et Uranus le 8 juillet suscite des rencontres inattendues et des étincelles d'attraction. Adoptez de nouvelles connexions et explorez les possibilités qui se présentent, mais prenez également le temps d'évaluer la compatibilité et de vous assurer que vos besoins émotionnels sont satisfaits.

Carrière

Juillet présente des opportunités favorables d'avancement professionnel et de croissance financière pour les individus Gémeaux. Le trigone entre Vénus et Saturne le 2 juillet influence vos efforts professionnels, favorisant la stabilité, la reconnaissance et les récompenses pour votre travail acharné.

C'est le moment idéal pour mettre en valeur vos compétences, assumer des rôles de leadership et démontrer vos idées novatrices. Votre capacité à communiquer efficacement et à sortir des sentiers battus sera très appréciée sur le lieu de travail. Les projets collaboratifs et les efforts d'équipe donneront des résultats fructueux, alors saisissez l'occasion de collaborer et de partager votre expertise.

Financièrement, July encourage une prise de décision responsable et une planification prudente. L'aspect sesquiquadrate entre Vénus et Saturne le 14 juillet vous rappelle de faire preuve de prudence en ce qui concerne les engagements financiers et d'éviter les dépenses impulsives. Concentrez-vous sur la stabilité financière à long terme et envisagez de consulter un conseiller financier pour prendre des décisions d'investissement éclairées.

Finance

Juillet présente des perspectives financières mitigées pour les individus Gémeaux. Bien qu'il puisse y avoir des opportunités de croissance financière, il est essentiel d'aborder vos finances avec prudence et prudence. Le trigone entre Vénus et Saturne le 2 juillet apporte stabilité et discipline à vos affaires financières, encourageant une gestion financière responsable. C'est un excellent moment pour revoir votre budget, évaluer vos objectifs financiers à long terme et faire les ajustements nécessaires. Cependant, gardez à l'esprit l'aspect sesquiquadrate entre Vénus et Neptune le 13 juillet, qui peut introduire une certaine confusion ou des attentes irréalistes en matière d'argent. Évitez les dépenses impulsives ou la prise de décisions financières hâtives pendant cette période. Au lieu de cela, concentrez-vous sur la création d'un plan financier solide et demandez des conseils d'experts si nécessaire. Avec une planification minutieuse et des habitudes financières disciplinées, vous pouvez naviguer le mois avec succès et assurer une stabilité à long terme.

Santé

Gémeaux, votre santé et votre bien-être nécessitent une attention et des soins supplémentaires en juillet. L'énergie dynamique et transformatrice de ce mois peut apporter un certain stress physique et émotionnel. Il est crucial de donner la priorité aux soins personnels et de maintenir un mode de vie équilibré. Faites attention aux signaux de votre corps et résolvez rapidement tout problème de santé. Le trigone entre Mercure et Chiron le 18 juillet offre une opportunité de guérison et d'autoréflexion, vous encourageant à explorer les causes sous-jacentes de tout problème de santé et à rechercher les remèdes appropriés. Participez à des activités anti-stress telles que la méditation, le yoga ou des exercices réguliers pour favoriser le bien-être physique et mental. Assurez-vous de maintenir une alimentation saine, de vous reposer suffisamment et de pratiquer de bonnes habitudes de soins personnels tout au long du mois. En donnant la priorité à votre santé, vous pouvez naviguer dans l'énergie transformatrice de juillet avec vitalité et résilience.

Voyage

Des opportunités de voyage peuvent se présenter pour les individus Gémeaux en juillet, offrant une chance d'explorer de nouveaux environnements et d'élargir vos horizons. Qu'il s'agisse d'une courte escapade ou d'un voyage plus long, les voyages peuvent apporter de nouvelles perspectives et enrichir votre croissance personnelle. Le sextile du Soleil avec Uranus le 18 juillet renforce votre sens de l'aventure et de la curiosité, ce qui en fait le moment idéal pour entreprendre un voyage. Cependant, avec l'aspect Mercure carré Uranus le 21 juillet, il peut y avoir des perturbations ou des changements inattendus dans vos projets de voyage. Il est important de rester flexible et d'avoir des plans d'urgence en place pour atténuer les problèmes liés aux voyages. Embrassez la spontanéité et embrassez l'inattendu dans le cadre de l'aventure. Que vous voyagiez pour le plaisir ou pour les affaires, permettez-vous de vous immerger pleinement dans les expériences et de profiter de l'énergie transformatrice que les voyages peuvent apporter.

Aperçu des étoiles

"Les étoiles vous poussent à accepter le changement et à vous lancer avec audace dans l'inconnu. Vos prouesses intellectuelles et votre adaptabilité vous mèneront à des opportunités remarquables de croissance et de transformation personnelle. Faites confiance à votre curiosité et laissez-la vous guider sur un chemin de découverte de soi et succès."

Meilleurs jours du mois : 8 , 11 , 15 , 18 , 21 , 25 et 30 juillet .

Août 2024

Horoscope

En août 2024, Gémeaux, vous êtes prêt pour un mois d'énergie dynamique et de croissance personnelle significative. Les aspects planétaires indiquent un équilibre entre les activités intellectuelles, les connexions émotionnelles et l'exploration spirituelle. Ce mois-ci offre des opportunités d'élargir vos horizons, de renforcer vos relations et de prendre des mesures inspirées pour atteindre vos objectifs.

La présence de Mars en Gémeaux apporte un élan de vitalité et d'affirmation de soi à votre personnalité. Vous ressentirez un fort désir de vous exprimer de manière authentique et de vous engager dans des activités intellectuelles stimulantes. C'est un excellent moment pour poursuivre de nouveaux intérêts, engager des conversations significatives et entrer en contact avec des personnes partageant les mêmes idées qui inspirent votre curiosité.

Le sextile entre Mars et le vrai nœud le 1er août prépare le terrain pour aligner vos actions sur vos aspirations à long terme. Profitez de cet aspect harmonieux en vous concentrant sur la croissance personnelle, en définissant des intentions claires et en prenant des mesures décisives vers vos objectifs. Vous avez le potentiel de faire des progrès significatifs dans divers domaines de votre vie.

Aimer

En matière d'amour, August apporte un mélange de passion et de profondeur émotionnelle pour les Gémeaux. Avec Vénus quintile Jupiter le 2 août, vos interactions amoureuses et sociales sont empreintes de joie et d'harmonie. Cet aspect vous encourage à embrasser l'amour avec un cœur ouvert, vous permettant de vivre des relations profondes et de cultiver des relations significatives.

Cependant, méfiez-vous du carré Vénus-Uranus du 2 août, qui peut apporter des changements ou des perturbations inattendus dans votre vie amoureuse. Il est essentiel de rester adaptable et de communiquer ouvertement avec votre partenaire pour relever les défis qui se présentent.

Pour ceux qui entretiennent des relations engagées, le biquintile du Soleil avec Saturne le 4 août vous rappelle l'importance de la stabilité et de l'engagement. C'est le moment idéal pour renforcer les liens avec votre partenaire par la confiance, la loyauté et le partage des responsabilités.

Les Gémeaux célibataires peuvent se retrouver attirés par des expériences romantiques passionnantes et non conventionnelles, grâce au quintile Mars-Neptune le 6 août. Embrassez la magie de la spontanéité tout en maintenant un équilibre entre passion et sens pratique.

Carrière

Août présente des opportunités favorables pour l'avancement de carrière et la croissance professionnelle. La conjonction de Mars et Jupiter en Gémeaux le 14 août dynamise vos activités professionnelles et ouvre la porte à de nouvelles possibilités. Cet alignement vous permet de prendre des mesures audacieuses, d'affirmer vos idées et de faire des progrès significatifs dans votre carrière.

Gémeaux, vos compétences en communication sont à leur apogée pendant cette période et votre capacité à vous exprimer efficacement impressionnera les autres. Utilisez votre charme charismatique et vos prouesses intellectuelles pour réseauter, négocier des accords et mettre en valeur vos talents uniques.

Le trigone du Soleil avec Jupiter le 7 août améliore encore vos perspectives de carrière, offrant des opportunités de reconnaissance, de promotion ou de nouveaux projets. Cet aspect renforce votre confiance et vous encourage à assumer des rôles de leadership, à saisir les projecteurs et à élargir vos horizons professionnels.

Finance

Le mois d'août apporte un besoin de prudence et de planification stratégique en matière financière. L'opposition Vénus-Saturne du 19 août vous rappelle de faire preuve de prudence et de sens pratique dans vos décisions financières. Évitez les achats impulsifs et évaluez soigneusement les investissements ou les engagements financiers à long terme.

Cependant, le trigone Vénus-Pluton du 29 août offre des opportunités de transformation financière et d'augmentation de la richesse. Cet aspect vous invite à puiser dans votre ingéniosité et à explorer des façons novatrices d'augmenter vos revenus ou d'améliorer votre situation financière.

Santé

Votre bien-être physique et émotionnel occupe le devant de la scène en août, Gémeaux. Avec l'aspect sesquiquadrate du Soleil par rapport à Neptune le 6 août, il est crucial de maintenir un équilibre sain entre le travail, le repos et les soins personnels. Faites attention à votre niveau d'énergie et assurez-vous de donner la priorité aux activités d'auto-éducation pour éviter l'épuisement professionnel.

Le carré Mercure-Mars du 18 août peut créer des tensions mentales et physiques. Pratiquez des techniques de gestion du stress, faites de l'exercice régulièrement et accordez la priorité à la relaxation pour maintenir votre bien-être général. Ne négligez pas l'importance d'une alimentation saine et d'un sommeil suffisant pour soutenir votre système immunitaire.

Voyage

Le mois d'août présente des opportunités d'expériences de voyage transformatrices qui élargissent votre perspective et approfondissent votre compréhension du monde. Le biquintile du Soleil avec Pluton le 28 août vous invite à embarquer pour des voyages qui inspirent la croissance personnelle et la découverte de soi. Qu'il s'agisse d'une aventure en solo ou d'une exploration en groupe, embrassez l'inconnu et plongez dans de nouvelles cultures et expériences.

Aperçu des étoiles

"L'univers récompense ceux qui acceptent le changement et suivent leurs passions. Ayez confiance en vos capacités, Gémeaux, et laissez votre curiosité vous guider vers de nouveaux horizons. Embrassez la magie de la spontanéité et restez ouvert à l'inattendu. Équilibrez les activités intellectuelles avec la profondeur émotionnelle, et cultivez des liens significatifs. N'oubliez pas que vos mots ont le pouvoir d'inspirer et de transformer. Exprimez-vous de manière authentique et laissez vos idées briller. Ayez confiance dans le voyage qui vous attend, car les étoiles s'alignent en votre faveur.

Meilleurs jours du mois : 1 , 7 , 14 , 19 , 23 , 28 et 31 août .

Septembre 2024

Horoscope

Septembre 2024 apporte une énergie dynamique et transformatrice aux individus Gémeaux. Les aspects planétaires indiquent une période d'introspection, de croissance personnelle et de changements importants dans divers aspects de votre vie. C'est le moment de réfléchir à vos valeurs, de renforcer vos relations et de prendre des décisions réfléchies qui correspondent à votre moi authentique.

La présence de Mercure en Lion tout au long du mois améliore vos compétences en communication et encourage l'expression de soi. C'est un moment propice pour partager vos idées, engager des conversations significatives et établir des liens avec les autres. Utilisez vos capacités de persuasion pour transmettre efficacement vos pensées et favoriser des relations harmonieuses.

Le trigone du Soleil avec Pluton le 22 septembre vous permet de plonger profondément dans votre subconscient et d'affronter toutes les peurs cachées ou les croyances limitantes. Cet aspect soutient la croissance et la transformation personnelles, vous permettant de vous débarrasser des anciens schémas et d'embrasser un sens renouvelé de vous-même.

Aimer

Septembre apporte un mélange d'intensité émotionnelle et de liens profonds en matière d'amour pour les Gémeaux. Avec Vénus opposée au vrai nœud le 3 septembre, vous pouvez ressentir un fort désir de connexions profondes et émouvantes dans vos relations amoureuses. Cet aspect vous incite à rechercher l'harmonie et l'équilibre dans vos relations et à privilégier la compatibilité émotionnelle.

Cependant, gardez à l'esprit le carré Vénus-Pluton du 22 septembre, qui peut apporter des luttes de pouvoir ou des émotions intenses dans les relations. Il est essentiel de maintenir une communication ouverte et honnête, d'établir des limites saines et d'entretenir la confiance pour relever les défis qui se présentent.

Pour les célibataires, le carré Mars-Neptune du 3 septembre peut créer une certaine confusion ou des attentes idéalistes en matière d'amour. Il est important de garder les pieds sur terre et de maintenir des attentes réalistes tout en étant ouvert aux possibilités de nouvelles connexions.

Carrière

Septembre présente des opportunités de croissance et d'avancement dans votre carrière, Gémeaux. Le sextile Mercure-Mars du 11 septembre booste votre énergie et votre motivation, vous permettant d'aborder des projets avec enthousiasme et efficacité. Cet aspect favorise une communication efficace, le travail d'équipe et l'affirmation de soi sur le lieu de travail.

L'opposition du Soleil à Saturne le 8 septembre pourrait apporter des défis ou des obstacles dans votre vie professionnelle. Il est important d'aborder ces situations avec patience, résilience et un état d'esprit stratégique.

En restant concentré et en démontrant vos capacités, vous pouvez surmonter tous les obstacles et obtenir la reconnaissance de vos efforts.

Profitez du quintile Mercure-Jupiter le 10 septembre, qui améliore vos capacités de résolution de problèmes et élargit votre perspective. Cet aspect vous encourage à voir grand et à explorer des idées innovantes qui peuvent conduire à de nouvelles opportunités et à des avancées dans votre carrière.

Finance

Septembre appelle à une planification financière minutieuse et à une prise de décision prudente. Le quinconce Vénus-Saturne du 8 septembre vous rappelle d'être prudent et discipliné avec vos ressources financières. Évitez les achats impulsifs et évaluez soigneusement les investissements à long terme.

L'opposition Mercure-Neptune du 25 septembre pourrait créer une certaine confusion ou désinformation concernant les questions financières. Il est essentiel de recueillir des informations précises, de demander des conseils professionnels si nécessaire et de faire confiance à votre instinct lorsque vous prenez des décisions financières.

Concentrez-vous sur la budgétisation, l'épargne et la création d'une base financière solide. Le trigone du Soleil avec Uranus le 19 septembre pourrait apporter des opportunités inattendues ou des aubaines financières. Restez ouvert aux nouvelles possibilités et soyez prêt à saisir les perspectives financières favorables lorsqu'elles se présenteront.

Santé

Septembre met l'accent sur l'importance de prendre soin de soi et de maintenir un équilibre sain dans tous les aspects de votre vie, y compris le bien-être physique, mental et émotionnel. L'opposition du Soleil à Neptune le 20 septembre peut créer une certaine sensibilité émotionnelle ou un besoin d'introspection.

Donnez la priorité aux activités de soins personnels qui nourrissent votre corps, votre esprit et votre âme. Faites régulièrement de l'exercice, pratiquez la pleine conscience ou la méditation et assurez-vous de vous reposer et de vous détendre suffisamment. Écoutez les signaux de votre corps et résolvez rapidement tout problème de santé.

Le trigone Mars-Saturne du 30 septembre apporte une énergie ancrée et disciplinée qui soutient votre santé et votre bien-être en général. Utilisez ce temps pour établir des habitudes saines, créer une routine équilibrée et vous concentrer sur l'amélioration de soi.

Voyage

Septembre offre des opportunités favorables pour voyager, explorer et élargir vos horizons. L'opposition du Soleil au Vrai Noeud le 29 septembre vous encourage à vous lancer dans des voyages qui contribuent à votre croissance personnelle et élargissent votre vision du monde.

Qu'il s'agisse d'une courte escapade ou d'un voyage plus long, lancez-vous dans l'aventure et plongez dans différentes cultures et expériences. Les voyages peuvent fournir des informations précieuses, de nouvelles perspectives et des rencontres mémorables qui améliorent votre développement personnel.

Aperçu des étoiles

"Embrasse l'énergie transformatrice de septembre, Gémeaux. Faites confiance à votre intuition, suivez vos passions et osez être différent. Nourrissez vos relations, communiquez avec le cœur et concentrez-vous sur la croissance personnelle. Embrassez l'inconnu avec curiosité et adaptabilité. L'univers est conspirant en votre faveur. »

Meilleurs jours du mois : 11 , 19 , 22 , 25 , 26 , 28 et 30 septembre

Octobre 2024

Horoscope

En octobre 2024, Gémeaux, vous pouvez vous attendre à un mois dynamique et mouvementé rempli d'opportunités de croissance et de transformation. Les aspects planétaires indiquent que c'est le moment pour vous d'embrasser le changement, de vous adapter aux nouvelles circonstances et de puiser dans vos prouesses intellectuelles pour tirer le meilleur parti des énergies qui vous entourent.

Le mois démarre avec un aspect important puisque Mercure, votre planète dirigeante, forme un sesquiquadrate avec Uranus le 2 octobre. Cet alignement suggère un besoin de flexibilité mentale et d'ouverture d'esprit. Il est crucial pour vous d'accepter des idées inattendues et d'être prêt à sortir des sentiers battus. Vos compétences en communication seront aiguisées comme un rasoir, vous permettant de vous exprimer efficacement et d'avoir un impact positif sur les autres.

Aimer

Le mois commence avec Mercure formant un semi-sextile avec Vénus le 3 octobre, apportant harmonie et facilité dans vos interactions avec les autres. Cet alignement améliore votre charme et vos compétences en communication, ce qui en fait un moment idéal pour exprimer vos sentiments et vous connecter avec votre partenaire ou vos intérêts amoureux potentiels.

Au fur et à mesure que le mois d'octobre avance, Vénus, la planète de l'amour, joue un rôle important en influençant vos expériences romantiques. Le 4 octobre, Vénus forme un trigone avec Saturne, créant une énergie stable et engagée dans vos relations. Cet aspect favorise la loyauté, la confiance et un sentiment de sécurité avec votre partenaire. C'est un moment propice pour approfondir votre connexion émotionnelle et jeter les bases solides d'un amour à long terme.

De plus, Vénus forme un trigone avec Mars le 8 octobre, intensifiant la passion et le désir dans votre vie amoureuse. Cet alignement apporte un équilibre entre affirmation de soi et tendresse, créant une atmosphère harmonieuse et passionnée. C'est un excellent moment pour des rendez-vous romantiques, des moments intimes et pour explorer de nouvelles dimensions de votre relation.

Pour les célibataires, le biquintile entre Vénus et Jupiter le 5 octobre ouvre les portes à des rencontres fatidiques et à de potentielles connexions d'âmes sœurs. Vous pouvez rencontrer quelqu'un qui partage vos croyances et vos valeurs, créant un lien spirituel profond qui transcende le superficiel.

Carrière

Le mois commence avec Mercure formant un sesquiquadrate avec Uranus le 2 octobre, vous invitant à être adaptable et ouvert aux changements inattendus dans votre vie professionnelle. Cet aspect peut apporter des changements soudains, de nouveaux projets ou des opportunités inattendues. Il est essentiel d'adopter la flexibilité, de sortir des sentiers battus et d'être prêt à explorer des approches innovantes.

Le 6 octobre, Mercure place Mars au carré, ce qui peut entraîner des conflits potentiels ou des luttes de pouvoir sur le lieu de travail. Il est important de maintenir votre professionnalisme, d'éviter les confrontations inutiles et de canaliser votre énergie vers des tâches productives. Concentrez-vous sur la recherche de solutions créatives pour surmonter les obstacles et maintenir un environnement de travail harmonieux.

Cependant, le 8 octobre apporte un alignement très favorable alors que Mercure trigone à Jupiter, ouvrant les portes de la chance, de l'expansion et de la croissance intellectuelle dans votre carrière. Cet aspect améliore vos compétences en communication, renforce votre confiance et vous permet d'exprimer vos idées avec clarté et enthousiasme. C'est un moment idéal pour le réseautage, les négociations et le partage de votre expertise. Vos paroles ont du poids et de l'influence, ce qui a un impact positif sur vos collègues et vos supérieurs.

En termes de croissance de carrière à long terme, le sextile entre Jupiter et Chiron le 12 octobre vous encourage à explorer votre véritable vocation et à poursuivre des voies professionnelles alignées sur votre objectif profond. Cet aspect inspire la découverte de soi, la guérison et la croissance personnelle. Réfléchissez à vos passions, vos compétences et vos aspirations pour aligner votre carrière sur votre moi authentique.

Finance

Gémeaux, octobre 2024 appelle à l'aspect pratique et à une gestion financière avisée. Le mois commence avec Vénus formant un sesquiquadrate avec Neptune le 3 octobre, soulignant le besoin de prudence et de clarté en matière financière. Soyez conscient des illusions potentielles ou des offres financières trompeuses. Évitez les dépenses impulsives et évaluez soigneusement toutes les opportunités d'investissement avant de vous engager.

Le 14 octobre, Vénus s'oppose à Uranus, apportant un bouleversement financier potentiel ou des dépenses imprévues. Il est essentiel d'avoir un fonds d'urgence et d'être prêt à faire face à des circonstances imprévues. Restez adaptable et évitez de prendre des décisions impulsives qui pourraient avoir un impact négatif sur votre stabilité financière.

Cependant, le trigone entre Vénus et Neptune le 15 octobre offre une énergie favorable aux solutions financières créatives et intuitives. Faites confiance à votre instinct, explorez des sources de revenus alternatives et envisagez des stratégies d'investissement innovantes. Cet alignement soutient les efforts artistiques, les agitations secondaires ou les pratiques spirituelles qui peuvent apporter des récompenses financières.

Le sextile entre Vénus et Pluton le 17 octobre offre des opportunités de transformation financière et de régénération. C'est un moment propice pour revoir vos objectifs financiers à long terme, évaluer vos placements et prendre des décisions stratégiques pour améliorer votre bien-être financier. Demandez conseil à un professionnel si nécessaire et envisagez une stabilité à long terme plutôt que des gains à court terme.

N'oubliez pas de maintenir une approche équilibrée de vos finances tout au long du mois. Évitez les dépenses excessives ou la prise de risques inutiles. Concentrez-vous sur la budgétisation, l'épargne et la prise de décisions éclairées pour protéger et accroître vos ressources financières.

Santé

Le mois commence avec le Soleil formant un sesquiquadrate avec Uranus le 4 octobre, ce qui peut apporter de l'agitation ou un désir de changement dans votre routine quotidienne. Il est essentiel de trouver des débouchés sains pour cette énergie, comme s'engager dans des activités physiques, essayer de nouveaux programmes d'exercices ou explorer des pratiques de pleine conscience pour calmer votre esprit.

Le carré entre Mercure et Mars le 6 octobre peut créer des tensions mentales et physiques. Il est crucial de gérer les niveaux de stress et de trouver des moyens sains de libérer l'énergie refoulée. Faites de l'exercice régulièrement, pratiquez des techniques de respiration profonde ou envisagez la méditation pour favoriser la relaxation et la clarté mentale.

L'opposition entre le Soleil et Chiron le 13 octobre souligne l'importance de la guérison émotionnelle et de l'auto-compassion. Prenez le temps de réfléchir aux blessures émotionnelles ou aux schémas qui pourraient avoir un impact sur votre bien-être général. Cherchez le soutien d'amis de confiance, de votre famille ou de thérapeutes professionnels pour surmonter tous les défis émotionnels.

Maintenir une alimentation équilibrée et se concentrer sur des repas nutritifs est essentiel pendant ce mois. Faites attention à votre santé digestive et incorporez des aliments qui favorisent la santé intestinale, tels que des probiotiques, des aliments riches en fibres et de nombreux fruits et légumes. Restez hydraté et évitez la consommation excessive de caféine ou de boissons sucrées.

Privilégiez un repos régulier et un sommeil de qualité pour rajeunir votre esprit et votre corps. Établissez un horaire de sommeil cohérent et créez une routine apaisante au coucher pour favoriser un repos optimal.

Voyage

Le mois commence avec Mercure formant un sesquiquadrate avec Uranus le 2 octobre, apportant un sentiment d'aventure et de spontanéité. Cet aspect peut vous inciter à vous lancer dans des voyages impromptus ou à rechercher des expériences de voyage uniques. Soyez ouvert aux opportunités inattendues qui peuvent élargir vos horizons et élargir votre perspective.

Le 21 octobre, Mercure forme un biquintile avec le Vrai Nœud, indiquant une période propice aux voyages éducatifs ou spirituels. Envisagez de participer à des ateliers, des conférences ou des retraites qui correspondent à votre croissance personnelle et à vos intérêts. Ces expériences peuvent fournir des informations précieuses, des connexions et élargir votre base de connaissances.

Si vous planifiez un voyage international, soyez conscient des difficultés et des retards potentiels. Tenez-vous au courant des conseils aux voyageurs, vérifiez les conditions d'entrée des destinations souhaitées et assurez-vous d'avoir tous les documents et vaccins nécessaires. La flexibilité et l'adaptabilité sont essentielles pendant cette période.

Pour les voyages intérieurs, envisagez d'explorer des paysages naturels, des événements culturels ou des sites historiques. Octobre offre des opportunités de se connecter avec la nature et de s'immerger dans des expériences enrichissantes. Participez à des activités de plein air, telles que la randonnée, le vélo ou l'exploration des parcs locaux, pour revigorer votre esprit et votre corps.

En voyage, privilégiez votre sécurité et votre bien-être. Prenez les précautions nécessaires, maintenez de bonnes pratiques d'hygiène et suivez les directives et réglementations locales. Gardez l'esprit ouvert, adoptez de nouvelles cultures et soyez réceptif aux expériences transformatrices que les voyages peuvent apporter.

Aperçu des étoiles

Les étoiles d'octobre exhortent les Gémeaux à accepter le changement et à rechercher la profondeur dans tous les aspects de la vie. Les Gémeaux doivent être attentifs à leur communication, en particulier lorsque les émotions sont fortes. C'est un mois pour explorer, apprendre et transformer. Embrassez les énergies avec ouverture et adaptabilité.

Jours du mois : 8 , 12 , 15 , 21 , 22 , 28 et 31 octobre .

novembre 2024

Horoscope

Gémeaux, novembre 2024 apporte un mélange dynamique d'énergie et d'opportunités de croissance personnelle. Le mois commence avec Jupiter sextile Chiron le 2 novembre, vous offrant une chance de guérir et d'intégrer les blessures du passé. Cet aspect encourage l'autoréflexion et la transformation personnelle, vous permettant d'embrasser votre voyage unique avec sagesse et compassion.

La communication occupe le devant de la scène ce mois-ci, Mercure formant divers aspects qui améliorent votre capacité à vous exprimer. Le trigone de Mercure avec Mars le 2 novembre vous donne plus d'assurance et d'agilité mentale. C'est un excellent moment pour les activités intellectuelles, les négociations et les conversations stimulantes.

Le sextile entre Mercure et Pluton le 2 novembre amplifie encore vos prouesses mentales, vous permettant de plonger dans des idées profondes et de découvrir des vérités cachées. Utilisez cette énergie pour explorer des sujets d'intérêt, entreprendre des recherches ou initier des conversations transformatrices.

Le sesquiquadrate du Soleil avec Neptune le 4 novembre appelle à la prudence en matière de confiance et de clarté. Soyez conscient de l'auto-tromperie ou des attentes irréalistes. Recherchez la clarté et fiez-vous à votre intuition pour discerner la vérité.

Le 12 novembre marque une puissante opposition entre le Soleil et Uranus, qui peut apporter des changements ou des perturbations inattendus à vos plans. Adoptez la flexibilité et l'adaptabilité, car cet alignement peut servir de catalyseur pour la croissance personnelle et la libération.

L'opposition de Mercure avec Jupiter le 18 novembre améliore votre agilité mentale et élargit vos horizons intellectuels. C'est un excellent moment pour apprendre, enseigner ou s'engager dans des discussions philosophiques. Embrassez la diversité des idées et des perspectives.

Aimer

Gémeaux, novembre 2024 apporte un mélange d'énergie transformatrice et harmonieuse à votre vie amoureuse. Le mois commence avec Vénus s'opposant à Jupiter le 3 novembre, créant une tension dynamique entre les désirs personnels et les besoins de votre partenaire. Il est essentiel de trouver un équilibre entre individualité et compromis. Une communication ouverte et honnête favorisera la compréhension et l'harmonie.

Le 12 novembre, Vénus sextile Saturne, apportant stabilité et engagement dans vos relations. Cet aspect favorise la loyauté, la planification à long terme et la construction d'une base solide. C'est un moment propice pour approfondir les liens émotionnels et créer un sentiment de sécurité avec votre partenaire.

Cependant, Vénus carré Neptune le 9 novembre peut apporter une certaine confusion ou idéalisation en matière d'amour. Il est crucial de maintenir des attentes réalistes et de communiquer ouvertement pour éviter les malentendus. Faites confiance à votre intuition et faites preuve de discernement en matière de cœur.

Carrière

En termes de carrière, novembre 2024 offre des opportunités de croissance, d'innovation et de développement professionnel. Le mois commence avec Mercure trigone à Mars le 2 novembre, vous donnant plus d'agilité mentale et d'assurance dans votre environnement de travail. Cet aspect favorise une communication efficace, une réflexion rapide et la capacité de s'attaquer facilement à des tâches difficiles.

L'opposition entre Mercure et Jupiter le 18 novembre renforce vos capacités de communication et élargit vos horizons professionnels. C'est une période propice au réseautage, à la recherche de nouvelles opportunités et à la planification stratégique. Profitez du pouvoir de la collaboration et de l'échange d'idées pour faire avancer vos objectifs de carrière.

Finance

Les finances peuvent nécessiter une attention particulière et une planification stratégique en novembre 2024. L'opposition entre Vénus et Jupiter le 3 novembre met en évidence la nécessité d'un équilibre entre les dépenses personnelles et la stabilité financière. Évitez les achats impulsifs et évaluez l'impact à long terme de vos décisions financières.

Le sesquiquadrate entre Vénus et Mars le 14 novembre pourrait apporter des défis ou des conflits financiers. Il est important de trouver un équilibre harmonieux entre vos désirs et vos responsabilités financières. Envisagez de créer un budget et de demander des conseils professionnels pour gérer efficacement vos ressources.

Santé

Gémeaux, novembre 2024 met l'accent sur l'importance de prendre soin de soi et de maintenir une approche équilibrée de votre santé et de votre bien-être. Le trigone du Soleil avec Neptune le 18 novembre améliore votre connexion intuitive à votre corps et à vos émotions. Faites attention à vos besoins physiques et émotionnels et recherchez des activités qui favorisent la relaxation, le rajeunissement et l'harmonie intérieure.

Cependant, l'opposition du Soleil avec Uranus le 12 novembre pourrait apporter des changements ou des perturbations inattendus à votre bien-être. Soyez adaptable et ouvert à de nouvelles approches pour maintenir votre équilibre physique et mental. Écoutez les signaux de votre corps et faites les ajustements nécessaires à vos routines et habitudes.

Voyage

Avec le trigone de Mercure avec Mars le 2 novembre, vous êtes imprégné d'un sens de l'aventure et de la curiosité. Envisagez de planifier de courts voyages ou de vous engager dans des activités qui procurent une stimulation mentale et un enrichissement culturel.

Le sextile du Soleil avec Pluton le 21 novembre encourage les voyages transformateurs et une profonde réflexion sur soi. C'est un moment propice aux retraites spirituelles ou à l'immersion dans la nature pour trouver réconfort et introspection. Adoptez le voyage comme moyen de découverte de soi et de croissance personnelle.

Aperçu des étoiles

Ce mois-ci, les étoiles s'alignent pour offrir aux Gémeaux une chance de transformation profonde et de croissance personnelle. L'énergie intense du Scorpion est un appel à plonger dans les profondeurs de votre âme et à faire face à toutes les peurs ou insécurités cachées. Au fur et à mesure que le mois avance, l'énergie du Sagittaire apporte un sens de l'aventure et une soif de connaissances. Embrassez ces énergies et soyez ouvert au changement. C'est un moment de découverte, à la fois interne et externe. Souvenez-vous qu'un grand pouvoir s'accompagne d'une grande responsabilité ; utilisez la sagesse acquise ce mois-ci pour le plus grand bien.

Meilleurs jours du mois : 2 , 12 , 18 , 21 , 26 , 27 et 30 novembre .

Décembre 2024

Horoscope

Gémeaux, alors que 2024 touche à sa fin , décembre apporte un mélange d'énergie transformatrice et d'opportunités de croissance personnelle. Le mois commence avec Vénus biquintile Jupiter le 1er décembre, renforçant votre optimisme et votre enthousiasme. Cet aspect vous encourage à vivre de nouvelles expériences et à élargir vos horizons.

La communication occupe le devant de la scène ce mois-ci, Mercure formant des aspects importants qui amplifient votre capacité à vous exprimer. Le trigone de Mercure avec Chiron le 2 décembre favorise les conversations de guérison et vous encourage à dire votre vérité avec compassion et empathie. C'est un moment propice pour résoudre les conflits et approfondir les liens dans vos relations.

Le 4 décembre, le Soleil place Saturne au carré, créant un besoin de discipline et de concentration dans vos efforts. Cet aspect peut apporter des défis ou des retards, mais avec détermination et persévérance, vous pouvez surmonter tous les obstacles qui se présentent à vous. Utilisez ce temps pour réévaluer vos objectifs et créer un plan solide pour l'avenir .

Le demi-carré du Soleil avec Vénus le 11 décembre souligne le besoin d'équilibre et de compromis dans vos relations. Il est important de trouver une harmonie entre vos désirs personnels et les besoins de votre partenaire. Pratiquez une communication ouverte et adoptez le travail d'équipe pour renforcer vos liens.

Décembre présente également des opportunités de transformation et d'autoréflexion. La conjonction entre le Soleil et Mercure le 5 décembre améliore votre agilité mentale et favorise une communication efficace. C'est un excellent moment pour réfléchir à des idées, partager des connaissances et s'engager dans des activités intellectuelles.

Aimer

Gémeaux, décembre 2024 apporte un mélange d'énergie passionnée et transformatrice à votre vie amoureuse. Le mois commence avec Vénus trigone Uranus le 2 décembre, déclenchant une étincelle d'excitation et apportant des rencontres romantiques inattendues. Embrassez la spontanéité et permettez-vous d'explorer de nouvelles connexions ou d'approfondir celles qui existent déjà.

Cependant, le carré entre Vénus et Uranus le 28 décembre peut introduire des défis ou des perturbations dans vos relations. Il est important de maintenir une communication ouverte et honnête et d'être prêt à s'adapter aux changements inattendus. Adoptez l'esprit de compromis et trouvez des moyens innovants de maintenir l'amour en vie.

Carrière

En termes de carrière, décembre 2024 offre des opportunités de croissance, de développement professionnel et de planification stratégique. Le demi-carré du Soleil avec Vénus le 6 décembre vous incite à trouver un équilibre entre vos aspirations personnelles et les exigences de votre travail. Recherchez la collaboration et la communication ouverte avec vos collègues pour favoriser un environnement de travail harmonieux et productif.

Le carré entre Mercure et Saturne le 27 décembre appelle à des efforts disciplinés et concentrés dans vos efforts professionnels. Cet aspect peut apporter des défis ou des retards, mais avec de la persévérance et une approche méthodique, vous pouvez surmonter tous les obstacles. Soyez patient et faites confiance à vos capacités pour traverser cette période avec succès.

Finance

Les finances nécessitent une attention particulière et une planification pratique en décembre 2024. Le demi-carré entre Vénus et Saturne le 5 décembre vous rappelle d'être conscient de vos responsabilités financières et de prendre des décisions stratégiques. Évitez les achats impulsifs et concentrez-vous sur la stabilité à long terme.

La conjonction entre Vénus et Pluton le 7 décembre apporte de l'intensité aux questions financières. C'est le moment d'évaluer vos engagements financiers, vos investissements et vos ressources partagées. Demandez des conseils professionnels si nécessaire et faites des choix éclairés qui correspondent à vos objectifs financiers à long terme.

Santé

Gémeaux, décembre 2024 met l'accent sur l'importance de prendre soin de soi et de maintenir une approche équilibrée de votre santé et de votre bien-être. Le trigone du Soleil avec Chiron le 10 décembre apporte un sentiment de guérison et de rajeunissement. Prenez le temps de nourrir votre corps, votre esprit et votre esprit. Incorporez des pratiques qui favorisent la relaxation, la gestion du stress et l'harmonie intérieure.

Cependant, le carré du Soleil avec Neptune le 18 décembre peut apporter des défis ou de la confusion en matière de santé. Il est important de rechercher des informations claires et fiables. Écoutez les signaux de votre corps et priorisez les pratiques d'auto-soins qui favorisent votre bien-être général.

Voyage

Décembre présente des opportunités de voyage et d'exploration, vous permettant d'élargir vos horizons et de vivre de nouvelles expériences. Le biquintile du Soleil avec Mars le 20 décembre vous insuffle de l'énergie et un sens de l'aventure. Envisagez de planifier de courts voyages ou de vous engager dans des activités qui procurent une stimulation mentale et un enrichissement culturel.

De plus, le biquintile du Soleil avec Uranus le 21 décembre vous encourage à faire preuve de spontanéité et à être ouvert aux opportunités de voyage inattendues. Soyez flexible dans vos projets et permettez-vous d'explorer de nouvelles destinations ou de vivre des expériences uniques.

Aperçu des étoiles

"Rappelez-vous, dans la danse du cosmos, vos choix façonnent votre destin. Choisissez consciemment et laissez votre lumière briller."

Meilleurs jours du mois : 2 , 10 , 20 , 21 , 23 , 24 et 29 décembre .

HOROSCOPE CANCER 2024

Aperçu Cancer 2024

Bienvenue, Cancer, à l'année 2024, une année de profonde transformation et de croissance. Les corps célestes se sont alignés d'une manière qui entraînera des changements significatifs dans divers aspects de votre vie. L'année sera marquée par une série d'aspects astrologiques qui influenceront votre carrière, vos relations, votre santé et votre développement personnel. En tant que crabe du zodiaque, vous êtes connu pour votre nature intuitive et émotionnelle, des traits qui vous guideront tout au long de l'année à venir.

L'année commence par un trigone Jupiter-Pluton prometteur le 2 juin, indiquant une période de puissance et d'influence dans votre carrière. Cet aspect suggère que votre travail acharné et votre détermination porteront leurs fruits, entraînant des progrès significatifs dans votre vie professionnelle. Vous pourriez vous retrouver à assumer plus de responsabilités et à prendre des décisions importantes qui façonneront votre cheminement de carrière. C'est le moment pour vous d'exercer votre pouvoir et d'affirmer vos compétences en leadership.

Cependant, le demi-carré entre Vénus et Saturne le 8 juin suggère des défis financiers. Vous devrez peut-être vous serrer la ceinture et prendre des décisions difficiles concernant vos finances. Mais rappelez-vous, Cancer, que ces défis sont temporaires et visent à renforcer vos compétences en gestion financière. C'est le moment de réévaluer vos habitudes financières et d'apporter les changements nécessaires.

Le trigone entre Vénus et Jupiter le 19 décembre apportera un soulagement bien nécessaire du stress financier. Cet aspect indique une période de croissance financière et d'abondance. Vous pouvez recevoir une offre d'emploi, une promotion ou un gain financier inattendu à cette époque. C'est le moment de célébrer vos réalisations et de profiter des fruits de votre travail.

En termes de relations, la conjonction entre Mercure et Vénus le 17 juin suggère une période d'harmonie et de compréhension. Il vous sera plus facile d'exprimer vos pensées et vos sentiments, ce qui conduira à des relations plus fortes et plus significatives. C'est le moment de conversations profondes et de compréhension mutuelle. Vous constaterez peut-être que vos relations se sont renforcées pendant cette période.

Cependant, le carré entre Mercure et le Vrai Nœud le 22 juin indique des conflits dans votre vie sociale. Vous pouvez vous retrouver en désaccord avec vos amis ou votre groupe social. N'oubliez pas, Cancer, que vous n'êtes pas d'accord. Utilisez vos compétences diplomatiques naturelles pour naviguer dans ces conflits. C'est le moment de défendre vos croyances et vos valeurs, même si cela signifie aller à l'encontre de la foule.

Le sextile entre Vénus et Chiron le 23 décembre apporte une énergie de guérison à vos relations. C'est le bon moment pour réparer des relations brisées et abandonner toutes les rancunes auxquelles vous vous êtes accroché. C'est le moment du pardon et de la réconciliation. Vous constaterez peut-être que vos relations sont guéries et renforcées pendant cette période.

Le semi-sextile entre Mars et Jupiter le 15 juin suggère une période de haute énergie et de vitalité. C'est le moment idéal pour commencer un nouveau régime de remise en forme ou pour vous pousser dans vos entraînements actuels. Votre niveau d'énergie sera élevé pendant cette période, ce qui en fait un moment idéal pour repousser vos limites physiques.

Cependant, le carré entre le Soleil et Neptune le 20 juin met en garde contre d'éventuels problèmes de santé liés au stress ou à l'épuisement. Assurez-vous de prendre soin de votre santé mentale pendant cette période et n'hésitez pas à demander de l'aide si nécessaire. C'est le moment de donner la priorité aux soins personnels et de vous assurer que vous prenez soin de votre santé mentale et émotionnelle.

Le trigone entre Mercure et Saturne le 26 juin apporte une période de stabilité et d'équilibre dans votre santé. C'est le bon moment pour se concentrer sur l'élaboration d'habitudes et de routines saines. C'est le moment pour vous de prendre le contrôle de votre santé et d'apporter des changements positifs à votre mode de vie.

Le quintile entre le Soleil et le Vrai Nœud le 3 juin indique une période de croissance spirituelle et de découverte de soi. C'est le moment idéal pour explorer de nouvelles pratiques spirituelles ou pour approfondir celles qui existent déjà. Vous pouvez vous sentir attiré par la méditation, le yoga ou d'autres pratiques spirituelles. C'est un moment d'introspection et de découverte de soi. Vous constaterez peut-être que vous acquérez de nouvelles connaissances sur vous-même et sur le monde qui vous entoure.

Le demi-carré entre Mercure et Uranus le 22 juin suggère une période d'intuitions et de révélations soudaines. Vous pouvez rencontrer un changement dans vos croyances ou vos perspectives pendant cette période. C'est le moment pour vous de remettre en question vos anciennes croyances et de vous ouvrir à de nouvelles idées. Vous constaterez peut-être que vous voyez le monde sous un nouveau jour après cette période.

Le quintile entre Jupiter et le vrai nœud le 13 décembre apporte une période de croissance personnelle et d'expansion. C'est le moment idéal pour se fixer de nouveaux objectifs personnels et sortir de sa zone de confort. C'est le moment pour vous de vous mettre au défi et de vous efforcer de vous épanouir. Vous constaterez peut-être que vous êtes capable de plus que vous ne le pensiez possible.

En conclusion, Cancer, 2024 est une année de croissance et de transformation. Bien qu'il y aura des défis en cours de route, rappelez-vous que ce sont des opportunités de croissance et d'apprentissage. Embrassez les changements et ayez confiance que l'univers vous guide vers votre plus grand bien. C'est une année pour vous de prendre votre pouvoir et de réaliser votre plein potentiel. N'oubliez pas, Cancer, que vous êtes intuitif et émotif, et que vous avez les compétences et les capacités nécessaires pour relever tous les défis qui se présentent à vous. Voici une année de croissance, de transformation et de succès.

janvier 202 4

Horoscope

En janvier 2024, Cancer, vous pouvez vous attendre à un mois rempli de défis et d'opportunités. Les aspects astrologiques de cette période influenceront divers domaines de votre vie, vous incitant à vous adapter, à communiquer efficacement et à prendre des décisions équilibrées.

Au début du mois, Vénus place Saturne le 1er janvier, créant un sentiment de tension et de restriction dans vos relations personnelles. Vous trouverez peut-être difficile d'exprimer vos affections et il pourrait être nécessaire de réévaluer la dynamique au sein de vos relations. Il est crucial de maintenir une communication ouverte et honnête avec vos proches, en trouvant un équilibre délicat entre votre besoin d'indépendance et votre engagement dans vos relations.

Le 3 janvier, Vénus forme un aspect en quinconce avec Jupiter, présentant quelques ajustements et défis en matière de cœur. Cet aspect peut vous obliger à réévaluer vos désirs et à faire des compromis pour maintenir l'harmonie dans vos relations amoureuses. La patience, la compréhension et une communication claire seront essentielles pour naviguer avec succès dans ces ajustements.

En termes de communication et d'activités intellectuelles, le 3 janvier apporte un aspect quintile entre Mercure et Saturne. Cet alignement favorise une communication structurée, ce qui en fait un excellent moment pour des discussions et une planification ciblées. Vos pensées et vos idées peuvent circuler avec clarté, vous permettant de vous exprimer efficacement dans les sphères personnelles et professionnelles.

Tout au long du mois de janvier, il est important de faire attention à l'équilibre entre votre vie personnelle et professionnelle. Les aspects indiquent la nécessité de donner la priorité aux soins personnels, au bien-être émotionnel et à une gestion financière responsable. En trouvant un équilibre entre vos différentes responsabilités et engagements, vous pourrez naviguer le mois avec plus d'aisance et de succès.

N'oubliez pas, Cancer, que le changement fait naturellement partie de la vie. Accepter l'inattendu et être ouvert à de nouvelles opportunités mènera à une croissance personnelle et à des résultats positifs. Malgré les défis qui peuvent survenir, votre capacité à vous adapter, à communiquer efficacement et à maintenir l'équilibre vous guidera finalement vers un mois épanouissant et transformateur.

Aimer

L'amour et les relations peuvent rencontrer quelques défis et opportunités en janvier 2024, Cancer. Les aspects astrologiques de ce mois vous incitent à communiquer ouvertement, à faire des ajustements et à trouver un équilibre entre vos désirs personnels et les besoins de votre partenaire.

L'aspect carré entre Vénus et Saturne le 1er janvier peut créer un sentiment de distance émotionnelle ou de restriction dans vos relations. Vous pouvez ressentir le besoin de protéger vos émotions ou avoir du mal à exprimer vos affections. Il est crucial d'aborder ces sentiments honnêtement et d'engager des conversations ouvertes avec vos proches. En reconnaissant vos préoccupations et en écoutant le point de vue de votre partenaire, vous pouvez travailler à trouver un terrain d'entente qui soutient la croissance de votre relation.

Le 3 janvier, Vénus forme un aspect en quinconce avec Jupiter, présentant des défis qui nécessitent des ajustements et des compromis en matière de cœur. Vous pourriez avoir des désirs contradictoires ou des attentes différentes au sein de vos relations amoureuses. Cet aspect met l'accent sur l'importance de la communication active, de la compréhension et de la flexibilité. En acceptant de rencontrer votre partenaire à mi-chemin et en trouvant un terrain d'entente, vous pouvez favoriser un sentiment d'harmonie et renforcer votre lien.

Pour les célibataires atteints de cancer, c'est le moment d'explorer vos propres désirs et de vous assurer que vous savez clairement ce que vous voulez vraiment dans une relation. Évitez de vous précipiter dans des engagements ou de compromettre vos valeurs. Profitez de cette occasion pour vous concentrer sur l'amour de soi, la croissance personnelle et la construction d'une base solide en vous-même.

Tout au long du mois, il est important de se rappeler que des relations saines exigent que les deux personnes expriment ouvertement leurs besoins et leurs sentiments. En favorisant une atmosphère de confiance, de compréhension et de compromis, vous pouvez relever les défis et saisir les opportunités de croissance et de liens plus profonds dans votre vie amoureuse.

Carrière

Janvier 2024 présente plusieurs aspects favorables qui impacteront votre carrière, Cancer. Les influences astrologiques de ce mois vous encouragent à accepter le changement, à poursuivre des idées innovantes et à aborder vos objectifs professionnels avec discipline et détermination.

Le trigone du Soleil avec Uranus le 9 janvier apporte des opportunités inattendues et une nouvelle perspective à votre cheminement de carrière. Cet aspect stimule votre créativité et vous incite à sortir des sentiers battus. Adoptez toutes les idées uniques ou les approches non conventionnelles qui surgissent pendant cette période, car elles peuvent conduire à des percées et à des avancées importantes dans votre vie professionnelle.

Le même jour, Mars forme un sextile avec Saturne, vous offrant l'endurance, la discipline et la concentration nécessaires pour exceller dans votre travail. Cet alignement renforce votre capacité à aborder les tâches de manière efficace et efficiente. Vous constaterez que votre travail acharné et votre dévouement portent leurs fruits, car vous faites des progrès notables vers vos objectifs de carrière.

Tout au long du mois de janvier, il est essentiel de maintenir un équilibre entre votre vie personnelle et professionnelle. Donnez la priorité aux soins personnels et assurez-vous de prendre du temps pour vous reposer et vous ressourcer. N'oubliez pas qu'un bon équilibre entre vie professionnelle et vie privée est essentiel au succès à long terme et au bien-être général.

Ce mois vous encourage également à établir une base solide dans vos efforts professionnels. Concentrez-vous sur l'amélioration de vos compétences, la recherche d'opportunités de croissance et l'entretien de relations positives avec vos collègues et vos supérieurs. Le réseautage et la collaboration peuvent jouer un rôle important dans l'élargissement de vos horizons professionnels et l'ouverture de portes vers de nouvelles possibilités.

Finance

En termes de finances, janvier 2024 exige une planification minutieuse, une prise de décision responsable et une concentration sur la stabilité à long terme, Cancer. Les aspects astrologiques de ce mois soulignent la nécessité de prudence et de gestion financière stratégique.

L'aspect semi-carré entre le Soleil et Saturne le 9 janvier vous rappelle de faire attention à vos habitudes de dépenses et de faire preuve de modération. Évitez les achats impulsifs et évaluez la valeur à long terme de vos choix financiers. Cet aspect appelle une gestion responsable de l'argent et une approche réaliste de vos objectifs financiers.

De plus, le demi-carré entre Saturne et le vrai nœud le 15 janvier souligne l'importance de prendre des décisions éclairées et d'éviter les investissements risqués. Prenez le temps de bien rechercher toutes les opportunités financières qui se présentent à vous. Demandez des conseils professionnels si nécessaire, car cela peut fournir des informations et des conseils précieux pour naviguer dans vos affaires financières.

Au cours de ce mois, il est crucial d'établir une base solide pour votre bien-être financier. Cela comprend la création d'un budget, la définition d'objectifs d'épargne réalisables et la priorité accordée à la stabilité financière. Envisagez de revoir vos placements actuels et de réévaluer vos plans financiers à long terme. Adopter une approche conservatrice et se concentrer sur la construction d'un avenir financier sûr vous sera très utile.

N'oubliez pas de faire preuve de patience et d'éviter de comparer votre situation financière à celle des autres. Le parcours financier de chaque individu est unique, et il est important de se concentrer sur ses propres progrès et croissance. En maintenant une approche disciplinée et prudente de vos finances, vous pouvez jeter les bases d'une prospérité et d'une sécurité financière futures.

Bien que l'accent soit mis ce mois-ci sur la gestion financière responsable, il est également important de trouver un équilibre entre la stabilité financière et la joie de vivre. Allouez des ressources aux expériences qui vous apportent joie et épanouissement. En pratiquant la pleine conscience dans vos décisions financières et en trouvant cet équilibre, vous pouvez naviguer en janvier 2024 avec plus de confiance et de tranquillité d'esprit.

Santé

Votre bien-être occupe le devant de la scène en janvier 2024, Cancer. Les aspects astrologiques de ce mois soulignent l'importance de faire attention à votre santé physique et émotionnelle. Il est crucial de donner la priorité aux soins personnels, de résoudre les problèmes persistants et de cultiver une approche holistique de votre bien-être.

L'aspect carré entre le Soleil et Chiron le 6 janvier peut faire apparaître des blessures émotionnelles et physiques qui nécessitent une guérison. Profitez de cette occasion pour vous livrer à une introspection, demander de l'aide si nécessaire et travailler à la résolution de tout problème non résolu. Le bien-être émotionnel est tout aussi important que la santé physique, alors assurez-vous de traiter tout déséquilibre ou traumatisme émotionnel sous-jacent.

Le 15 janvier, l'aspect en demi-carré entre le Soleil et Neptune peut prêter à confusion ou à un manque de clarté en matière de santé. Il est important de s'appuyer sur des sources d'information fiables et de faire preuve de discernement quant aux conseils que vous recevez. Tenez-vous en aux routines d'autosoins établies, donnez la priorité au repos et méfiez-vous de tout nouveau régime ou pratique de santé qui semble trop beau pour être vrai.

Tout au long du mois, établissez une routine de soins personnels qui favorise votre bien-être général. Cela inclut de nourrir votre corps avec des aliments nutritifs, de pratiquer une activité physique régulière et de privilégier un sommeil réparateur. Incorporez des techniques de gestion du stress telles que la méditation, des exercices de respiration profonde ou des activités qui vous apportent joie et détente.

Écouter les signaux de votre corps est crucial pendant cette période. Faites attention à tout signe de fatigue, de stress ou d'inconfort et prenez les mesures appropriées pour y remédier. Consultez des professionnels de la santé si nécessaire et soyez proactif dans la recherche du soutien et des conseils dont vous avez besoin pour maintenir votre santé.

Voyage

Bien que janvier 2024 ne mette pas en évidence les aspects importants liés aux voyages pour le cancer, il est essentiel d'aborder tout projet de voyage avec une préparation et une flexibilité approfondies. Les influences astrologiques au cours de ce mois peuvent apporter une certaine imprévisibilité ou des changements à vos préparatifs de voyage.

Si vous avez des voyages prévus, assurez-vous que tous les détails nécessaires et la logistique sont bien organisés. Vérifiez vos itinéraires de voyage, vos réservations et vos documents de voyage pour éviter toute surprise de dernière minute. Prévoyez du temps supplémentaire pour les retards inattendus ou les changements dans vos plans, car les aspects astrologiques indiquent une possibilité de circonstances imprévues.

Souplesse et adaptabilité seront vos alliées durant cette période. Gardez l'esprit ouvert et soyez prêt à ajuster vos plans de voyage si nécessaire. Considérez tous les détours ou changements inattendus comme des opportunités d'aventure et de croissance.

Si vous n'avez pas de plans de voyage spécifiques, envisagez d'explorer des destinations locales ou de faire de courtes excursions d'une journée pour vous ressourcer et vous ressourcer. S'engager dans des promenades dans la nature, visiter des parcs à proximité ou faire une courte pause dans votre routine habituelle peut procurer une sensation de rafraîchissement et de détente.

Aperçu des étoiles

Les étoiles de ce mois de janvier chuchotent une histoire d'équilibre pour les cancéreux. Votre nature nourricière est un cadeau, mais rappelez-vous de ne pas vous négliger dans le processus. Ce mois-ci concerne la mise en place de bases en matière d'amour, de carrière et de développement personnel. Écoutez votre intuition, mais faites aussi des plans bien pensés. Les étoiles sont alignées pour vous offrir un nouveau départ. Embrassez-le à bras ouverts et avec un cœur sage.

Jours du mois : 9 , 12 , 19 , 26 , 28 , 29 et 30 janvier .

Février 2024

Horoscope

Février 2024 apporte une énergie dynamique et transformatrice pour le Cancer, car les aspects astrologiques influencent divers aspects de votre vie. Ce mois-ci encourage l'autoréflexion, la guérison émotionnelle et la poursuite de la croissance personnelle. En mettant l'accent sur les relations, la carrière, les finances, la santé et les voyages, vous traverserez février avec détermination, adaptabilité et volonté d'accepter le changement.

En matière de cœur, le Cancer présente ce mois-ci un sac mélangé d'énergies. Le semi-sextile entre le Soleil et Vénus le 5 février apporte une douce influence d'harmonie et d'équilibre à votre vie amoureuse. Il vous encourage à trouver un juste milieu entre vos propres désirs et les besoins de votre partenaire. La communication et le compromis joueront un rôle essentiel dans le maintien de relations saines et harmonieuses.

Cependant, l'aspect carré entre Vénus et Chiron le même jour peut faire remonter à la surface des blessures émotionnelles. Cet aspect vous invite à guérir les blessures du passé et les problèmes non résolus dans vos relations. Profitez de cette occasion pour engager des conversations ouvertes et honnêtes avec votre partenaire et régler tout conflit persistant. En favorisant la guérison émotionnelle, vous pouvez favoriser des connexions plus fortes et plus authentiques.

En résumé, février 2024 est un mois transformateur pour le cancer, englobant divers aspects de votre vie. Embrassez l'énergie de guérison dans vos relations, saisissez les opportunités de carrière, pratiquez une gestion financière responsable, accordez la priorité aux soins personnels et abordez les voyages avec flexibilité. En naviguant tout au long du mois avec résilience, adaptabilité et volonté d'accepter le changement, vous ouvrirez la voie à une croissance personnelle et à un sentiment d'épanouissement plus profond.

Aimer

L'amour et les relations occupent une place centrale pour le Cancer en février 2024. Les aspects astrologiques de ce mois apportent un mélange d'énergies harmonieuses et d'opportunités de guérison émotionnelle, vous incitant à approfondir les connexions et à résoudre tous les problèmes non résolus.

Le 5 février, l'aspect semi-sextile entre le Soleil et Vénus apporte une influence douce et favorable à votre vie amoureuse. Cet alignement encourage le compromis, la coopération et la recherche d'un équilibre entre vos propres besoins et les désirs de votre partenaire. C'est un moment propice pour exprimer vos affections et entretenir les liens émotionnels au sein de vos relations.

Cependant, l'aspect carré entre Vénus et Chiron le même jour peut faire apparaître des blessures émotionnelles ou des blessures passées dans vos relations. Cet aspect vous invite à affronter et à guérir ces problèmes, favorisant un plus grand sentiment de bien-être émotionnel et d'authenticité au sein de vos relations. S'engager dans une communication ouverte et honnête avec votre partenaire sera essentiel pendant cette période.

Pour les célibataires atteints de cancer, ce mois-ci encourage l'autoréflexion et l'amour de soi. Profitez-en pour guérir les blessures émotionnelles du passé et concentrez-vous sur votre croissance personnelle. En cultivant une forte estime de soi et en résolvant tous les problèmes non résolus, vous ouvrez la voie pour attirer un partenariat romantique plus épanouissant et plus sain à l'avenir.

Rappelez-vous que l'amour est un voyage de croissance et de compréhension. En entretenant une communication ouverte et honnête, en pratiquant l'empathie et la compassion et en étant disposé à traiter et à guérir les blessures émotionnelles, vous pouvez approfondir vos relations et créer une vie amoureuse plus harmonieuse et épanouissante.

Carrière

Février 2024 présente des opportunités de croissance professionnelle et d'avancement pour les personnes atteintes de cancer. Les aspects astrologiques de ce mois encouragent l'affirmation de soi, la coopération et le fait de relever de nouveaux défis dans votre carrière.

La conjonction entre Vénus et Mars le 22 février apporte un mélange harmonieux d'affirmation de soi et de collaboration dans votre sphère professionnelle. Cet alignement favorise le travail en équipe, favorise des relations positives avec les collègues et entreprend de nouveaux projets avec confiance. Votre capacité à vous affirmer et à assumer des rôles de leadership sera soutenue pendant cette période.

De plus, l'aspect quintile entre Mercure et Jupiter le même jour élargit votre capacité intellectuelle et améliore vos capacités de résolution de problèmes. Vous pourriez être inspiré par de nouvelles idées et des approches novatrices dans votre travail. Saisissez ces opportunités pour élargir vos compétences et apporter des informations précieuses à vos projets ou à votre équipe.

Tout au long du mois, il est important de maintenir une approche proactive de votre carrière. Recherchez des opportunités d'apprentissage, que ce soit par le biais de programmes de formation, d'ateliers ou de mentorat. Cultiver des relations positives avec les supérieurs et les collègues, car ils peuvent fournir un soutien et des conseils précieux.

N'oubliez pas de définir des objectifs et des intentions clairs pour votre croissance professionnelle. Utilisez les aspects favorables pour vous affirmer, relever de nouveaux défis et saisir les opportunités d'avancement. En combinant votre assertivité avec un état d'esprit collaboratif et une volonté d'apprendre et de grandir, vous pouvez faire des progrès significatifs dans votre carrière en février 2024.

Finance

Les questions financières nécessitent une planification et un discernement minutieux pour les personnes atteintes de cancer en février 2024. Les aspects astrologiques de ce mois vous rappellent de donner la priorité à la stabilité, de faire preuve de prudence et de prendre des décisions éclairées concernant vos finances.

L'aspect carré entre Vénus et Jupiter le 24 février peut amener des tentations à se livrer à des dépenses impulsives ou à prendre des risques inutiles avec votre argent. Il est important de faire preuve de prudence et de s'assurer que vos choix financiers correspondent à vos objectifs à long terme. Prenez le temps d'évaluer les risques et les avantages potentiels de tout investissement ou décision financière que vous prenez.

Ce mois-ci appelle à une gestion financière responsable. Passez en revue votre budget, hiérarchisez les économies et assurez-vous que vos dépenses correspondent à vos revenus. Demandez des conseils professionnels si nécessaire, car une perspective objective peut fournir des informations et des conseils précieux pour votre parcours financier.

Envisagez d'explorer des moyens d'améliorer votre stabilité et votre sécurité financières. Cela peut impliquer de diversifier vos sources de revenus, de rechercher des opportunités de revenus passifs ou d'investir dans des actifs à long terme. Adoptez une perspective à long terme en ce qui concerne vos finances, en privilégiant la stabilité et la croissance durable aux gains à court terme.

N'oubliez pas que le bien-être financier ne consiste pas seulement à accumuler de la richesse, mais aussi à atteindre un sentiment de sécurité et de tranquillité d'esprit. En prenant des décisions financières réfléchies et éclairées, vous pouvez jeter les bases d'une prospérité et d'une liberté financière à long terme.

Santé

Février 2024 met l'accent sur l'importance des soins personnels et du bien-être émotionnel pour les personnes atteintes de cancer. Les aspects astrologiques de ce mois vous encouragent à donner la priorité à votre santé, à remédier à tout déséquilibre sous-jacent et à vous engager dans des activités qui favorisent le bien-être physique et émotionnel.

Le semi-sextile entre le Soleil et Neptune du 15 février vous invite à intégrer des techniques de relaxation et des pratiques de pleine conscience dans votre routine quotidienne. Participez à des activités telles que la méditation, le yoga ou passez du temps dans la nature pour favoriser un sentiment de paix intérieure et de tranquillité. Prenez le temps d'écouter les signaux de votre corps et de traiter rapidement tout déséquilibre physique ou émotionnel.

Le bien-être émotionnel joue un rôle crucial dans votre santé globale. L'aspect carré entre Vénus et Chiron le 5 février peut faire remonter des blessures émotionnelles passées ou des problèmes non résolus. Profitez de cette occasion pour vous engager dans une réflexion personnelle, demander de l'aide si nécessaire et travailler à la guérison de ces blessures émotionnelles. Envisagez d'explorer une thérapie, des conseils ou des pratiques holistiques pour soutenir votre bien-être émotionnel.

Il est important de maintenir une approche équilibrée de votre santé. Concentrez-vous sur le fait de nourrir votre corps avec des aliments nutritifs, de pratiquer une activité physique régulière et de donner la priorité à un sommeil réparateur. Établir une routine de soins personnels qui comprend ces éléments contribuera à votre vitalité et à votre bien-être général.

N'oubliez pas d'écouter les besoins de votre corps et de pratiquer l'auto-compassion. Si vous éprouvez des symptômes physiques persistants ou des problèmes de santé, consultez un médecin professionnel. Donnez la priorité à votre santé et à votre bien-être comme fondement d'une vie épanouie et dynamique.

Voyage

Février 2024 invite les personnes atteintes de cancer à aborder les projets de voyage avec adaptabilité et ouverture d'esprit. Bien que les aspects astrologiques de ce mois ne mettent pas spécifiquement en évidence les influences importantes du voyage, il est important d'accepter tout changement ou détour inattendu qui pourrait survenir au cours de vos voyages.

Conservez de la flexibilité dans vos projets de voyage et soyez prêt à faire face à des retards ou à des modifications imprévus. Acceptez ces changements comme des opportunités de nouvelles expériences et de croissance personnelle. Une volonté de s'adapter et de suivre le courant rendra vos expériences de voyage plus agréables et enrichissantes.

Si vous n'avez pas de plans de voyage spécifiques, envisagez d'explorer des destinations locales ou de faire de courtes excursions d'une journée pour vous ressourcer et vous ressourcer. S'engager dans des promenades dans la nature, visiter des parcs à proximité ou s'immerger dans des activités culturelles locales peut procurer un sentiment d'aventure et de détente.

Lors de vos déplacements, privilégiez les soins personnels et le bien-être. Faites des pauses au besoin, restez hydraté et privilégiez un sommeil réparateur. Engagez-vous dans des pratiques de pleine conscience pour rester ancré et vous immerger pleinement dans le moment présent.

Aperçu des étoiles

Acceptez les changements qui se présentent à vous, car ils offrent des opportunités d'évolution. N'oubliez pas que votre intelligence émotionnelle est votre force et votre empathie est votre guide. Restez ouvert à de nouvelles perspectives, maintenez l'équilibre dans vos relations et entretenez votre santé physique et émotionnelle. C'est le moment pour vous de briller, cher Crabe, dans tout votre éclat lunaire.

Jours du mois : 5 , 15 , 19 , 22 , 24 , 27 et 29 février .

Mars 2024

Horoscope

Mars 2024 apporte un mélange de profondeur émotionnelle, d'exploration spirituelle et d'opportunités de croissance personnelle pour les personnes atteintes de cancer. Les aspects astrologiques de ce mois encouragent l'autoréflexion, la guérison émotionnelle et une reconnexion avec votre moi intérieur.

Le sextile du Soleil avec Jupiter le 1er mars donne le ton du mois, favorisant l'optimisme, l'expansion et le sens de l'aventure. Vous pouvez ressentir un enthousiasme renouvelé et un désir d'explorer de nouvelles possibilités dans divers domaines de votre vie.

Le semi-sextile de Mercure avec Mars le même jour améliore vos compétences en communication et votre agilité mentale. Cet alignement favorise les conversations productives, l'affirmation de soi et la mise en œuvre de vos idées et de vos projets.

Le sextile de Vénus avec Chiron le 1er mars vous encourage à explorer vos blessures émotionnelles et à vous engager dans des pratiques de guérison. Cet alignement vous invite à embrasser la vulnérabilité, à rechercher du soutien et à travailler vers le bien-être émotionnel.

Tout au long du mois, la conjonction entre Mercure et Neptune le 8 mars renforce votre intuition, votre imagination et votre créativité. Cet alignement vous permet de puiser dans votre côté spirituel et d'explorer des activités artistiques ou de vous engager dans des pratiques qui approfondissent votre connexion avec le divin.

Le 18 mars apporte une conjonction entre Mercure et le Vrai Nœud, signalant un tournant important dans votre croissance personnelle. Cet alignement vous invite à aligner votre communication et vos pensées sur le but de votre vie, vous permettant d'exprimer votre moi authentique et de prendre des décisions qui soutiennent le voyage de votre âme.

Le sextile du Soleil avec Pluton le 21 mars renforce davantage votre transformation personnelle. C'est le moment d'embrasser votre pouvoir personnel, d'abandonner les vieux schémas et d'initier un changement positif dans votre vie.

Tout au long du mois, la conjonction de Vénus avec Saturne le 21 mars vous invite à explorer l'équilibre entre amour et responsabilité. Cet alignement soutient l'engagement et la stabilité dans vos relations tout en vous encourageant à fixer des limites saines et à assumer la responsabilité de votre propre bien-être émotionnel.

Le mois se termine avec Mars quintile Jupiter le 28 mars, amplifiant votre enthousiasme, votre motivation et votre désir de croissance. Cet aspect alimente vos ambitions et vous encourage à prendre des mesures audacieuses pour atteindre vos objectifs.

En résumé, mars 2024 offre aux personnes atteintes du cancer un puissant voyage de découverte de soi, de guérison émotionnelle et de croissance personnelle. Saisissez les opportunités d'expansion, puisez dans votre intuition et engagez-vous dans des pratiques qui nourrissent votre esprit, votre corps et votre âme. En vous alignant sur votre objectif, en acceptant la vulnérabilité et en entretenant vos relations, vous pouvez faire des progrès significatifs dans votre cheminement vers une vie plus épanouissante et authentique.

Aimer

En matière de cœur, mars 2024 encourage les personnes atteintes de cancer à explorer leurs profondeurs émotionnelles, à donner la priorité à l'amour de soi et à accepter la vulnérabilité dans leurs relations. Les aspects astrologiques de ce mois vous invitent à approfondir vos liens émotionnels, à guérir les blessures du passé et à favoriser un plus grand sentiment d'authenticité et d'intimité.

Le sextile de Vénus avec Chiron le 1er mars donne le ton pour le mois, encourageant la guérison émotionnelle et l'autoréflexion au sein de vos relations. Cet alignement vous invite à traiter toutes les blessures émotionnelles et à travailler vers une plus grande acceptation et amour de soi. Ce faisant, vous créez une base solide pour des relations plus épanouissantes et intimes avec votre partenaire.

La conjonction de Vénus avec Saturne le 21 mars apporte un sentiment d'engagement et de responsabilité dans vos relations. Cet alignement met l'accent sur l'importance de fixer des limites saines, d'établir la confiance et de favoriser la stabilité à long terme. C'est un moment propice pour solidifier votre engagement ou adopter une approche plus sérieuse de votre partenariat amoureux.

Tout au long du mois, la communication joue un rôle essentiel dans votre vie amoureuse. La conjonction entre Mercure et le vrai nœud le 18 mars améliore votre capacité à exprimer vos vrais sentiments et à aligner votre communication sur le but de votre âme. Cet alignement favorise les conversations sincères, approfondit la compréhension et favorise la connexion émotionnelle avec votre partenaire.

Accepter la vulnérabilité et l'ouverture d'esprit est essentiel pour renforcer vos relations pendant cette période. Le semi-sextile du Soleil avec Chiron le 7 mars vous encourage à reconnaître et à partager vos vulnérabilités émotionnelles, permettant un niveau de confiance et d'intimité plus profond.

Carrière

Les aspects astrologiques de ce mois vous encouragent à embrasser vos ambitions, à communiquer avec confiance et à rechercher de nouvelles voies pour réussir.

Le semi-sextile Mercure avec Mars le 1er mars améliore vos capacités de communication et votre agilité mentale dans la sphère professionnelle. Cet alignement vous permet d'exprimer vos idées, de prendre des mesures décisives et de vous affirmer avec confiance sur le lieu de travail.

La conjonction de Mercure avec le True Node le 18 mars marque un tournant important dans votre parcours professionnel. Cet alignement vous invite à aligner votre communication et vos pensées sur le but de votre vie, vous permettant de prendre des décisions de carrière qui soutiennent la croissance de votre âme. Faites attention aux synchronicités et aux conseils intuitifs, car ils peuvent vous conduire vers de nouvelles opportunités et voies d'avancement professionnel.

Tout au long du mois, il est essentiel d'être proactif et affirmé dans la poursuite de vos objectifs de carrière. Le sextile de Mars avec le True Node le 4 mars alimente votre ambition et vous encourage à prendre des mesures audacieuses pour réaliser vos aspirations. Saisissez les opportunités de croissance, réseautez avec des personnes influentes et faites confiance à vos capacités pour avoir un impact positif dans le domaine de votre choix.

Le demi-carré du Soleil avec Uranus le 9 mars apporte une bouffée d'énergie innovante à vos projets de carrière. Adoptez le changement, sortez des sentiers battus et soyez ouvert aux approches non conventionnelles. Cet aspect soutient votre capacité à vous adapter à de nouveaux défis et à surmonter toutes les limites professionnelles.

N'oubliez pas de communiquer vos idées, vos visions et vos ambitions avec clarté et confiance. La conjonction de Mercure avec Chiron le 20 mars améliore votre capacité à exprimer votre vrai moi et à communiquer vos désirs authentiques. Utilisez cet alignement pour vous défendre, rechercher des opportunités d'avancement et vous engager dans des collaborations significatives.

Finance

Mars 2024 met l'accent sur la stabilité financière, la prise de décision responsable et le potentiel de croissance financière pour les personnes atteintes de cancer. Les aspects astrologiques de ce mois vous encouragent à évaluer votre situation financière, à faire des choix éclairés et à créer une base solide pour la prospérité à long terme.

Le carré de Vénus avec Uranus le 3 mars invite à la prudence en matière financière. Cet alignement met en garde contre les dépenses impulsives ou les investissements risqués. Il est important d'aborder les décisions financières avec soin et d'éviter les risques inutiles pendant cette période.

La conjonction de Vénus avec Saturne le 21 mars apporte un sens des responsabilités et de la discipline à vos efforts financiers. Cet alignement vous encourage à établir un budget, à fixer des objectifs financiers et à prioriser la stabilité à long terme. En faisant preuve de diligence et de discipline dans vos pratiques financières, vous pouvez créer une base solide pour la croissance financière future.

Tout au long du mois, faites attention à votre instinct financier et faites confiance à votre intuition lorsque vous prenez des décisions financières. La conjonction de Mercure avec Neptune le 8 mars améliore vos capacités intuitives et vous encourage à écouter votre sagesse intérieure en matière financière. Faites confiance à votre intuition et demandez conseil à des conseillers financiers de confiance si nécessaire.

Le demi-carré de Mars avec Pluton le 25 mars nous rappelle d'aborder la dynamique du pouvoir financier avec prudence. Soyez conscient de toute influence manipulatrice ou contrôlante dans vos interactions financières et prenez des mesures pour protéger vos intérêts financiers.

Il est important de cultiver une approche équilibrée de vos finances, en vous concentrant à la fois sur l'épargne et l'investissement. Le sextile de Vénus avec Jupiter le 24 mars présente des opportunités de croissance et d'expansion financières. Cet alignement vous encourage à être ouvert à de nouvelles possibilités et à rechercher des investissements ou des entreprises qui ont le potentiel de prospérité à long terme.

N'oubliez pas de pratiquer la gratitude et la conscience de l'abondance en ce qui concerne vos finances. En vous concentrant sur ce que vous avez déjà et en appréciant l'abondance dans votre vie, vous attirez plus d'opportunités de croissance et de stabilité financières.

Santé

En termes de santé et de bien-être, mars 2024 encourage les personnes atteintes de cancer à donner la priorité aux soins personnels, au bien-être émotionnel et à une approche holistique de leur santé globale. Les aspects astrologiques de ce mois soulignent l'importance de trouver l'équilibre, de gérer le stress et de nourrir à la fois le corps et l'esprit.

Le semi-sextile du Soleil avec Chiron le 7 mars vous invite à aborder toutes les blessures émotionnelles qui pourraient affecter votre bien-être physique. Prenez le temps de réfléchir, engagez-vous dans des pratiques de guérison et demandez de l'aide si nécessaire. En entretenant votre santé émotionnelle, vous pouvez créer une base solide pour le bien-être général.

Le sextile de Mars avec Neptune le 19 mars soutient une approche holistique de la santé. Cet alignement vous encourage à explorer des thérapies alternatives, à vous engager dans des pratiques conscientes et à prioriser les rituels de soins personnels qui nourrissent à la fois votre corps et votre esprit. L'intégration d'activités telles que le yoga, la méditation ou les promenades dans la nature peut avoir un impact positif sur votre bien-être général.

Tout au long du mois, il est important de gérer le stress et de trouver des exutoires sains pour la libération émotionnelle. La conjonction du Soleil avec Neptune le 17 mars vous invite à privilégier le repos, la détente et le ressourcement. Écoutez les besoins de votre corps et autorisez-vous à faire des pauses si nécessaire.

Maintenir un mode de vie équilibré est la clé de votre bien-être pendant cette période. La conjonction de Vénus avec Saturne le 21 mars vous encourage à établir des routines saines, notamment des exercices réguliers, une bonne nutrition et un sommeil suffisant. En créant une base de soins personnels et d'équilibre, vous pouvez améliorer votre vitalité globale et votre niveau d'énergie.

Soyez conscient de toute tendance à surmener ou à négliger vos propres besoins. La conjonction de Mercure avec Mars le 22 mars nous rappelle de trouver un équilibre sain entre vie professionnelle et vie privée et de donner la priorité aux soins personnels. Évitez le stress excessif ou l'épuisement professionnel en fixant des limites et en pratiquant l'auto-compassion.

N'oubliez pas d'écouter les signaux de votre corps et de consulter un médecin si nécessaire. Faites attention à tout problème de santé récurrent et prenez des mesures proactives pour y remédier. Faites confiance à votre intuition lorsqu'il s'agit de votre santé et demandez conseil à des professionnels de la santé de confiance pour assurer un bien-être optimal.

Voyage

Mars 2024 offre aux personnes atteintes du cancer des opportunités de voyage, d'exploration et d'élargissement de leurs horizons. Les aspects astrologiques de ce mois vous encouragent à vivre de nouvelles expériences, à rechercher l'aventure et à élargir vos perspectives grâce aux voyages.

Le sextile de Mars avec le True Node le 4 mars enflamme votre sens de l'aventure et vous encourage à prendre des mesures audacieuses pour explorer de nouvelles destinations. Qu'il s'agisse d'une escapade spontanée d'un week-end ou d'un voyage plus prolongé, cet alignement prend en charge les plans de voyage qui s'alignent sur votre croissance et votre expansion personnelles.

Le semi-sextile du Soleil avec Uranus le 9 mars apporte un sentiment d'excitation et d'ouverture à de nouvelles expériences. Saisissez les opportunités inattendues ou les invitations à voyager qui se présentent à vous pendant cette période. C'est une période propice pour embrasser le changement et adopter de nouvelles cultures, coutumes et perspectives.

Tout au long du mois, il est important d'équilibrer votre désir d'exploration avec l'aspect pratique et la responsabilité. La conjonction de Vénus avec Saturne le 21 mars vous encourage à planifier et à organiser soigneusement vos préparatifs de voyage. Cet alignement vous rappelle de tenir compte de votre budget, de prioriser la sécurité et de vous assurer que vos plans de voyage correspondent à vos objectifs à long terme.

Au cours de vos voyages, prenez le temps de vous immerger dans la culture locale, de vous connecter avec les personnes que vous rencontrez et de vivre de nouvelles expériences. Participez à des activités qui élargissent vos connaissances et élargissent vos perspectives. Qu'il s'agisse d'essayer de nouvelles cuisines, d'explorer des sites historiques ou de participer à des aventures en plein air, permettez-vous de profiter pleinement de la richesse de l'expérience de voyage.

Il est également essentiel de donner la priorité aux soins personnels et de maintenir un sens de l'équilibre pendant le voyage. Le demi-carré de Mars avec Pluton le 25 mars vous rappelle d'être attentif à la dynamique du pouvoir et aux situations potentiellement difficiles. Pratiquez la conscience de soi, faites confiance à votre intuition et priorisez votre sécurité et votre bien-être à tout moment .

Aperçu des étoiles

Les étoiles parlent d'un équilibre entre rêver et faire pour le cancer en mars 2024. Embrassez votre profondeur émotionnelle et votre perspicacité intuitive, mais n'oubliez pas de les ancrer dans l'action pratique. C'est une période de croissance personnelle et d'exploration, à la fois dans vos relations et dans votre cheminement avec vous-même. Le cosmos vous encourage à rêver grand, mais aussi à prendre des mesures concrètes pour réaliser ces rêves. N'oubliez pas, cher Crabe, que vous êtes le maître de votre propre destin.

Meilleurs jours du mois : 4 , 7 , 17 , 18 , 21 , 24 et 28 mars .

Avril 2024

Horoscope

Avril apporte un mélange d'influences énergétiques et transformatrices pour les personnes atteintes de cancer. Alors que le Soleil se déplace à travers le Bélier, l'accent est mis sur l'expression de soi, la croissance personnelle et la prise en charge de votre vie. Vous pouvez ressentir une poussée de confiance et d'affirmation de soi, vous motivant à poursuivre vos objectifs et à affirmer vos besoins. Cependant, soyez conscient du demi-carré entre le Soleil et Saturne le 2 avril, qui pourrait créer des tensions et des obstacles. Profitez-en pour évaluer vos responsabilités et faire les ajustements nécessaires. La conjonction du Soleil avec Neptune le 3 avril vous encourage à puiser dans votre intuition et à vous engager dans des pratiques spirituelles pour vous guider intérieurement. De plus, le quintile de Mars Uranus le 3 avril suscite la créativité et le désir de liberté et d'individualité. Embrassez ces énergies pour initier des changements positifs dans votre vie.

Aimer

En matière d'amour, April apporte un mélange dynamique de passion et de profondeur émotionnelle. La conjonction Vénus-Neptune du 3 avril intensifie les vibrations romantiques et rêveuses, favorisant un lien émotionnel profond avec votre partenaire. C'est un moment propice pour exprimer votre amour par des gestes créatifs et des conversations sincères. Cependant, le demi-carré entre Vénus et Jupiter le 8 avril peut créer des défis dans les relations, notamment en ce qui concerne les différences de valeurs et de croyances. Une communication et une compréhension ouvertes seront essentielles pour trouver un terrain d'entente et maintenir l'harmonie. Les personnes célibataires atteintes d'un cancer peuvent éprouver une attirance intense pour quelqu'un de nouveau, mais il est important d'équilibrer la passion avec l'aspect pratique et d'assurer une compatibilité à un niveau plus profond.

Carrière

Sur le plan professionnel, April présente des opportunités de croissance et d'affirmation de soi. La conjonction du Soleil avec Chiron le 8 avril vous permet d'embrasser vos compétences et talents uniques, en montrant vos capacités à vos supérieurs et collègues. Cela peut mener à la reconnaissance et à l'avancement dans votre sphère professionnelle. Cependant, la conjonction de Mars avec Saturne le 10 avril indique un besoin de patience et de persévérance. Des défis et des retards peuvent survenir, vous obligeant à rester concentré et déterminé dans la poursuite de vos objectifs. Le sextile de Mars à Jupiter le 19 avril apporte une énergie positive et des opportunités d'expansion. Prenez des risques calculés et saisissez des perspectives favorables qui correspondent à vos objectifs de carrière à long terme.

Finance

Financièrement, April appelle à une approche équilibrée et à une prise de décision consciente. Le sextile Vénus-Pluton du 6 avril vous encourage à évaluer vos stratégies financières et à faire les ajustements nécessaires pour la stabilité et la croissance à long terme. Cependant, le demi-carré entre Vénus et Jupiter le 8 avril met en garde contre les dépenses impulsives ou la prise de risques inutiles. Soyez prudent et tenez compte de la situation dans son ensemble lorsque vous prenez des décisions financières. Le semi-sextile Vénus-Neptune du 28 avril vous rappelle de faire confiance à votre intuition et de demander des conseils financiers à des sources fiables. Évitez les investissements hâtifs et concentrez-vous sur des opportunités pratiques et bien documentées qui correspondent à vos objectifs financiers.

Santé

En matière de santé, April souligne l'importance de maintenir un équilibre entre le bien-être physique et émotionnel. Le semi-sextile du Soleil avec Saturne le 2 avril sert de rappel pour établir une routine qui donne la priorité aux soins personnels et à la discipline. Incorporez des exercices réguliers, des repas nutritifs et suffisamment de repos à votre vie quotidienne. La conjonction Mars-Neptune du 29 avril appelle à des pratiques réparatrices telles que la méditation, le yoga ou passer du temps dans la nature pour reconstituer vos niveaux d'énergie. Prenez le temps de gérer les facteurs de stress émotionnel et demandez de l'aide si nécessaire. Concentrez-vous sur le maintien d'un état d'esprit positif et sur votre bien-être général.

Voyage

Avril offre des opportunités favorables pour les voyages et l'exploration. Le sextile Mars-Jupiter du 19 avril suscite un sentiment d'aventure et de curiosité, vous incitant à explorer de nouveaux lieux et cultures. Qu'il s'agisse d'une courte escapade d'un week-end ou de vacances plus longues, vivez l'esprit d'aventure et élargissez vos horizons. Les voyages peuvent vous inspirer, élargir votre perspective et rajeunir votre esprit. Prenez des précautions et planifiez en conséquence pour assurer des expériences de voyage fluides et sûres. Si les voyages internationaux ne sont pas possibles, envisagez d'explorer des destinations locales ou de vous engager dans des expériences virtuelles qui vous permettent de satisfaire votre envie de voyager.

Aperçu des étoiles

"Croyez en vos capacités et mettez en valeur vos talents uniques. Votre confiance attirera des opportunités d'avancement."

Jours du mois : 2 , 8 , 10 , 19 , 21 , 28 et 29 avril .

Mai 2024

Horoscope

Le mois de mai apporte un mélange d'énergies transformatrices et communicatives pour les personnes atteintes de cancer. Alors que le Soleil se déplace vers le Taureau, l'accent est mis sur la stabilité, l'aspect pratique et une communication efficace. Ce mois-ci vous encourage à vous ancrer, à fixer des limites claires et à exprimer vos pensées et vos sentiments avec clarté. Le carré entre Vénus et Pluton le 1er mai peut apporter une certaine intensité et des luttes de pouvoir dans les relations, mais il offre également une opportunité de transformation et de croissance. Utilisez ce temps pour approfondir les connexions émotionnelles plus profondes et résoudre les problèmes sous-jacents. Le sextile Pluton de Mars le 3 mai enflamme votre passion et votre détermination, vous permettant de surmonter les obstacles et de faire des progrès significatifs dans votre vie personnelle et professionnelle.

Aimer

En matière d'amour, May souligne l'importance d'une communication ouverte et honnête dans les relations. Le demi-carré du Soleil avec Neptune le 3 mai peut créer une certaine confusion ou des attentes idéalistes. Il est essentiel d'avoir des conversations claires et sincères avec votre partenaire pour éviter les malentendus et vous assurer que vos besoins et vos désirs sont bien compris. C'est le moment d'être réaliste et pratique à propos de vos relations amoureuses. Réfléchissez à vos limites émotionnelles et assurez-vous qu'elles sont saines et respectées. La conjonction du Soleil avec Uranus le 13 mai apporte des changements inattendus et de l'excitation dans votre vie amoureuse. Embrassez la spontanéité et soyez ouvert à de nouvelles expériences. C'est le moment d'explorer des territoires inexplorés dans les relations, d'essayer de nouvelles activités ensemble et d'approfondir votre connexion à travers des aventures partagées. Les personnes célibataires atteintes d'un cancer peuvent être attirées par des conversations intellectuelles et stimulantes qui mènent à des liens significatifs. Gardez l'esprit ouvert et participez à des activités sociales où vous pourrez rencontrer des personnes partageant les mêmes idées qui partagent vos intérêts et vos valeurs.

Carrière

Sur le plan professionnel, May présente des opportunités de communication efficace et de croissance professionnelle. La conjonction Mercure-Chiron du 6 mai améliore vos compétences en communication et vous permet de vous exprimer avec authenticité et compassion. Cela peut conduire à de meilleures relations avec les collègues et les supérieurs, favorisant un environnement de travail positif. Utilisez ce temps pour partager vos idées, contribuer à des projets d'équipe et mettre en valeur vos talents uniques. La conjonction Vénus-Uranus du 18 mai apporte des idées innovantes et de nouvelles perspectives dans votre carrière. Acceptez les changements et soyez ouvert aux nouvelles opportunités qui pourraient se présenter à vous. C'est un moment propice pour réseauter et élargir vos relations professionnelles. Assistez à des événements de l'industrie, participez à des cours de développement professionnel et recherchez des mentors qui peuvent vous guider vers de nouveaux horizons. Le sextile Mars-Pluton du 18 mai vous donne la détermination et le dynamisme, vous permettant de surmonter les défis et de faire des progrès significatifs dans vos efforts professionnels. Exploitez cette énergie transformatrice pour vous attaquer à des projets ambitieux, affirmer vos compétences en leadership et avoir un impact positif sur votre lieu de travail.

Finance

Financièrement, May vous encourage à adopter une approche pratique et disciplinée. Le demi-carré Vénus-Neptune du 10 mai incite à la prudence en matière financière. Évitez les dépenses impulsives et prenez le temps d'évaluer l'aspect pratique et la valeur à long terme de vos investissements. Il est crucial d'avoir un budget en place et de prioriser vos objectifs financiers. Envisagez de demander conseil à des experts financiers ou d'explorer de nouvelles avenues pour augmenter vos revenus. Le sextile Vénus-Jupiter du 23 mai apporte une énergie positive et des opportunités de croissance financière. C'est un moment propice pour évaluer votre stratégie financière et faire les ajustements nécessaires. Concentrez-vous sur la stabilité à long terme et évitez de prendre des décisions financières hâtives basées sur des gains à court terme. En maintenant une approche pratique et disciplinée de vos finances, vous pouvez bâtir une base solide pour la prospérité future.

Santé

En termes de santé, May insiste sur l'importance des soins personnels et du maintien de l'équilibre. Le demi-carré du Soleil avec Chiron le 27 mai pourrait faire remonter des blessures émotionnelles ou des sensibilités. Prenez le temps d'aborder et de guérir tout facteur de stress émotionnel, en cherchant le soutien de vos proches ou de thérapeutes professionnels si nécessaire. Donnez la priorité aux activités de soins personnels qui nourrissent votre esprit, votre corps et votre âme. Incorporez des techniques de relaxation telles que la méditation, des exercices de respiration profonde ou des activités qui vous apportent joie et calme. Nourrissez votre corps avec des repas nutritifs, faites de l'exercice physique régulièrement et accordez la priorité à un repos suffisant pour maintenir votre bien-être général. Concentrez-vous sur l'établissement de routines saines qui soutiennent votre bien-être mental et émotionnel, vous permettant de relever tous les défis avec résilience et force intérieure.

Voyage

Mai offre des opportunités de voyage et d'exploration, en particulier avec le trigone du Soleil à Pluton le 22 mai. Cet aspect apporte un sentiment d'aventure et d'autonomisation, ce qui en fait un moment idéal pour planifier un voyage ou s'engager dans des activités qui élargissent vos horizons. Qu'il s'agisse d'une courte escapade ou de vacances plus longues, profitez de l'énergie transformatrice et utilisez le voyage comme un moyen d' élargir votre perspective et de découvrir de nouvelles cultures et expériences. Explorez des destinations qui offrent un mélange de détente et d'exploration, vous permettant de vous détendre tout en satisfaisant votre curiosité. Si le voyage n'est pas possible, envisagez d'explorer des destinations locales ou de vous livrer à des expériences virtuelles qui vous permettent de satisfaire votre envie de voyager. Participez à des activités qui stimulent votre esprit, comme visiter des musées, assister à des ateliers ou vous immerger dans la nature. Utilisez ces expériences comme des opportunités de croissance personnelle et de découverte de soi.

Aperçu des étoiles

C'est le moment de plonger dans votre subconscient, de guérir vos blessures émotionnelles et de vous préparer pour la nouvelle année personnelle à venir lorsque le Soleil entrera dans votre signe. N'oubliez pas, cher crabe, que les soins personnels ne sont pas égoïstes, mais une partie essentielle de votre voyage. Nourrissez votre esprit, votre corps et votre âme ce mois-ci.

Jours du mois : 8 , 13 , 18 , 22 , 23 , 28 et 31 mai .

Juin 2024

Horoscope

En juin, les personnes atteintes du cancer vivront un mois dynamique et transformateur qui apportera à la fois des défis et des opportunités. Les mouvements célestes vous poussent à vous concentrer sur les soins personnels, à entretenir vos relations et à aligner vos actions sur vos objectifs à long terme. C'est une période de croissance personnelle et de découverte de soi, alors que vous puisez dans votre intuition et prenez des décisions importantes pour votre avenir.

Le mois commence avec Mars en Bélier, formant un semi-sextile avec Uranus en Taureau. Cet alignement vous encourage à accepter le changement et à prendre des mesures audacieuses pour réaliser vos aspirations. C'est le moment de se libérer des vieux schémas et d'explorer de nouvelles possibilités. Cependant, faites attention aux actions impulsives et assurez-vous que vos choix correspondent à vos valeurs et à vos objectifs à long terme.

Le quintile du Soleil avec Neptune le 1er juin améliore votre intuition et votre imagination, ouvrant les portes à des activités créatives et spirituelles. Cet aspect vous incite à faire confiance à votre instinct et à vous engager dans des activités qui vous apportent joie et épanouissement.

Au fur et à mesure que le mois avance, Vénus entre en Gémeaux le 2 juin, ajoutant une touche de charme et de flirt à votre vie amoureuse. Le quintile de Vénus avec Neptune le 6 juin intensifie votre énergie romantique, favorise des liens émotionnels profonds et améliore votre intuition en matière de cœur. C'est le moment d'exprimer vos sentiments et d'entretenir vos relations.

Mercure, la planète de la communication, entre en Cancer le 17 juin, amplifiant votre capacité à exprimer vos pensées et vos émotions. Le carré de Mercure avec Chiron le 28 juin peut poser des problèmes de communication, vous obligeant à être patient et compatissant avec vous-même et avec les autres. Pratiquez l'écoute active et choisissez vos mots avec soin pour éviter les malentendus.

Aimer

Dans le domaine de l'amour, June apporte un mélange de passion, de romance et de croissance émotionnelle pour les personnes atteintes de cancer. Avec Vénus en Gémeaux, vous ressentirez un désir accru de connexion intellectuelle et de conversations stimulantes avec votre partenaire. C'est un excellent moment pour approfondir vos liens émotionnels grâce à une communication sincère et à des expériences partagées.

La conjonction du Soleil avec Vénus le 14 juin ajoute un élément d'excitation et d'enjouement à vos relations. Planifiez des rendez-vous romantiques, surprenez votre partenaire avec des gestes réfléchis et explorez de nouvelles activités ensemble. Cet alignement favorise un sentiment d'harmonie et de compréhension mutuelle dans vos relations.

Cependant, le carré de Vénus avec Neptune le 16 juin peut apporter des défis dans les relations. Faites attention à ne pas idéaliser votre partenaire ou à négliger les drapeaux rouges. Maintenir une communication ouverte et honnête pour assurer la clarté et éviter les malentendus.

Pour les célibataires atteints de cancer, c'est un moment propice pour rencontrer de nouvelles personnes et s'engager dans des activités sociales. L'énergie dynamique de Mars en Bélier alimente votre confiance et votre attrait, augmentant vos chances de former des liens significatifs.

Carrière

Le mois de juin offre aux personnes atteintes du cancer une période prometteuse pour la croissance de carrière et la réussite professionnelle. Le sextile du Soleil avec Jupiter apporte un regain de confiance et d'optimisme, vous permettant de mettre en valeur vos compétences uniques et de relever de nouveaux défis. C'est un moment opportun pour se fixer des objectifs ambitieux, chercher à progresser dans votre rôle actuel ou explorer de nouvelles opportunités de carrière. Le réseautage et la connexion avec des personnes influentes dans votre domaine peuvent s'avérer fructueux. Cependant, il est important d'être conscient du carré de Mercure avec Chiron, qui peut apporter des obstacles ou des doutes. Acceptez ces défis comme des opportunités de croissance et de confiance en vos capacités. Recherchez le soutien et les conseils de mentors ou de collègues pour surmonter les obstacles et faire des progrès significatifs dans votre carrière. En gardant un état d'esprit positif et en vous concentrant sur vos objectifs à long terme, vous attirerez le succès et la reconnaissance.

Finance

En termes de finances, June conseille aux personnes atteintes de cancer d'adopter une approche prudente et disciplinée. Le carré de Vénus avec Saturne nous rappelle d'être prudent avec vos dépenses et d'éviter les achats impulsifs. Il est essentiel de respecter votre budget, de hiérarchiser les dépenses essentielles et d'économiser pour une stabilité financière future. Cette période demande une planification et une gestion des ressources minutieuses. Cependant, le demi-carré de Mars avec Neptune met en garde contre les risques financiers potentiels ou les stratagèmes trompeurs. Faites preuve de prudence lorsque vous prenez des décisions d'investissement et recherchez soigneusement toutes les opportunités avant d'engager vos ressources. Au besoin, demandez conseil à un expert financier pour vous assurer de faire des choix éclairés. En maintenant une approche équilibrée et en étant conscient de vos décisions financières, vous pouvez assurer votre bien-être financier et bâtir une base solide pour l'avenir.

Santé

Les personnes atteintes de cancer devraient prioriser leur santé et leur bien-être en juin. Les influences planétaires dynamiques vous obligent à faire attention à la fois à votre santé physique et émotionnelle. Il est essentiel d'établir une routine équilibrée qui comprend des exercices réguliers, des repas nutritifs et un repos suffisant. S'engager dans des activités qui favorisent la relaxation et la réduction du stress, comme la méditation ou le yoga, peut être bénéfique. Soyez attentif à tout signe d'épuisement professionnel ou de tension émotionnelle, car les exigences du travail et de la vie personnelle peuvent être intenses. Prenez le temps de prendre soin de vous, participez à des activités qui vous procurent de la joie et demandez le soutien de vos proches si nécessaire. En nourrissant votre esprit, votre corps et votre esprit, vous améliorerez votre bien-être général et maintiendrez votre résilience face aux défis.

Voyage

June présente aux personnes atteintes du cancer des opportunités d'expériences de voyage passionnantes. Qu'il s'agisse d'une courte escapade ou de vacances plus longues, ce mois-ci vous encourage à explorer de nouveaux horizons et à embrasser différentes cultures. L'énergie est favorable pour se connecter avec des personnes d'horizons divers et élargir votre perspective. Si vous envisagez un voyage, il est maintenant temps de planifier et de vous lancer dans l'aventure. Cependant, n'oubliez pas de rester flexible et adaptable, car des circonstances imprévues peuvent survenir. Soyez ouvert à de nouvelles expériences et accueillez l'inattendu. Les voyages peuvent être enrichissants et offrir des informations précieuses qui contribuent à votre croissance personnelle et élargissent vos horizons.

Aperçu des étoiles

En juin 2024, les stars encouragent le Cancer à embrasser son vrai moi, à entretenir ses relations et à exprimer ouvertement ses sentiments. C'est le moment d'affirmer votre identité, de mettre en valeur vos talents et de faire entendre votre voix. Rappelez-vous, cher Crabe, votre sensibilité est une force, pas une faiblesse. Utilisez-le pour naviguer dans votre voyage avec grâce et compréhension.

Meilleurs jours du mois : 2 , 10 , 15 , 19 , 22 , 26 et 29 juin

Juillet 2024

Horoscope

Juillet apporte un mélange d'influences cosmiques pour les personnes atteintes de cancer, vous incitant à naviguer dans les profondeurs émotionnelles, à adopter la croissance personnelle et à vous connecter avec vos désirs intérieurs. Avec le Soleil en Cancer, vous ressentirez un sentiment renouvelé de conscience de soi et un désir d'authenticité.

L'exploration émotionnelle occupe le devant de la scène ce mois-ci alors que Jupiter se met en demi-carré avec Chiron le 1er juillet, vous incitant à affronter des blessures émotionnelles non résolues. Cet aspect offre une opportunité de guérison et de croissance, vous permettant de libérer les anciens schémas et d'adopter un état émotionnel plus puissant. Prenez le temps de l'introspection et demandez l'aide de proches ou de professionnels de confiance si nécessaire.

Le quintile de Mercure avec Mars le 1er juillet améliore vos compétences en communication et votre agilité mentale. Vous vous retrouverez à exprimer vos pensées avec confiance et clarté, ce qui en fait un excellent moment pour les négociations, les présentations ou les activités intellectuelles.

Cependant, méfiez-vous du demi-carré du Soleil avec Uranus le 1er juillet, car il peut apporter des perturbations inattendues ou des tendances rebelles. Restez adaptable et ouvert d'esprit, et soyez prêt à accepter le changement si nécessaire.

Le 2 juillet apporte un trigone harmonieux entre Mercure et Neptune, améliorant votre intuition et votre créativité. Cet aspect soutient les activités spirituelles, les efforts artistiques et la pensée imaginative. Utilisez ce temps pour vous plonger dans vos projets créatifs ou vous connecter avec votre moi supérieur par la méditation ou le travail de rêve.

Le 3 juillet, Mercure s'oppose à Pluton, intensifiant la dynamique de communication et approfondissant votre compréhension de la dynamique du pouvoir. Soyez conscient des luttes de pouvoir ou des tendances manipulatrices dans vos interactions. Concentrez-vous sur le maintien d'une communication ouverte et honnête tout en respectant les limites.

Aimer

En matière de cœur, juillet offre aux personnes cancéreuses des opportunités de liens profonds et d'approfondissement des liens. Le trigone entre Vénus et Saturne encourage la stabilité, l'engagement et la loyauté dans les relations. C'est un moment propice pour faire passer votre vie amoureuse au niveau supérieur.

Pour ceux qui entretiennent des relations engagées, c'est le moment idéal pour renforcer les bases de votre partenariat. Investissez du temps et de l'énergie dans la création d'expériences significatives et dans l'entretien de l'intimité émotionnelle. Planifiez des rendez-vous romantiques, engagez des conversations sincères et soutenez les rêves et les aspirations de chacun. Bâtir la confiance et une communication ouverte peut conduire à une relation plus épanouissante et harmonieuse.

Les personnes célibataires atteintes d'un cancer peuvent se retrouver à attirer un partenaire à long terme qui incarne des qualités de fiabilité et de sécurité. Saisissez les opportunités qui se présentent à vous et soyez ouvert à la création de liens significatifs. Cependant, n'oubliez pas d'écouter votre intuition et de ne pas vous précipiter dans des engagements. Prenez le temps de vraiment connaître l'autre personne et assurez-vous de la compatibilité à plusieurs niveaux.

Quel que soit votre statut relationnel, l'amour de soi et les soins personnels sont cruciaux pendant cette période. Nourrissez votre propre bien-être émotionnel, engagez-vous dans des activités qui vous apportent de la joie et maintenez des limites saines. En cultivant un fort sentiment de soi, vous attirez des relations saines et équilibrées dans votre vie.

Carrière

Les questions de carrière prennent de l'importance pour les personnes atteintes de cancer en juillet. Avec le quintile de Mercure avec Mars, vous avez la possibilité d'exploiter vos compétences intellectuelles et communicatives pour propulser votre croissance professionnelle.

C'est un excellent moment pour présenter vos idées, vous engager dans un réseautage stratégique et rechercher des opportunités d'avancement. Votre capacité à exprimer vos pensées et à vous connecter avec les autres peut mener à de nouvelles collaborations et à des perspectives de carrière passionnantes. Prenez l'initiative d'exprimer vos ambitions et de partager vos idées uniques.

Adoptez l'apprentissage et le développement des compétences, car ils jouent un rôle essentiel dans votre progression de carrière. Recherchez des opportunités de développement professionnel, assistez à des ateliers ou à des séminaires, ou inscrivez-vous à des cours qui améliorent votre expertise. En élargissant votre base de connaissances, vous vous positionnez comme un atout précieux dans votre domaine.

La collaboration et le travail d'équipe sont également mis en avant en juillet. Participez à des projets collaboratifs, échangez des idées avec des collègues et cultivez des relations positives avec vos pairs. Votre capacité à travailler harmonieusement au sein d'une équipe peut conduire à une productivité accrue et à un environnement de travail positif.

Il est important de trouver un équilibre entre votre vie professionnelle et votre bien-être personnel. Veillez à maintenir un équilibre sain entre le travail et la vie personnelle, à fixer des limites et à faire des pauses si nécessaire. En donnant la priorité aux soins personnels, vous pouvez éviter l'épuisement professionnel et maintenir votre productivité et votre efficacité au travail.

Finance

Le mois de juillet met l'accent sur les questions financières pour les personnes atteintes de cancer, vous invitant à être attentif à votre bien-être financier. Avec le carré de Vénus à Chiron, il est essentiel d'aborder tous les blocages émotionnels ou les croyances limitantes autour de l'argent pour créer une relation plus saine avec vos finances.

Évaluez vos habitudes de consommation et vos objectifs financiers. Établissez un budget réaliste qui vous permet de répondre à vos besoins tout en épargnant pour l'avenir. Envisagez de demander conseil à un professionnel de la finance pour vous assurer que vous prenez des décisions financières judicieuses.

C'est aussi un moment propice pour explorer de nouvelles sources de revenus ou des opportunités d'investissement. Cependant, soyez prudent et faites des recherches approfondies avant de vous engager dans une entreprise financière. Demandez conseil à des experts, si nécessaire, car ils peuvent vous fournir des informations précieuses et vous aider à prendre des décisions éclairées.

Maintenir une approche équilibrée de l'argent. Évitez les achats impulsifs ou les investissements risqués qui pourraient potentiellement nuire à votre stabilité financière. Concentrez-vous sur la sécurité financière à long terme et établissez de saines habitudes d'épargne. En cultivant un état d'esprit d'abondance et de responsabilité financière, vous pouvez créer une base solide pour votre avenir.

N'oubliez pas de profiter du moment présent et de ne pas laisser les soucis financiers éclipser votre bien-être général. Trouvez de la joie dans des plaisirs simples et pratiquez la gratitude pour l'abondance qui existe déjà dans votre vie. En adoptant un état d'esprit positif, vous pouvez attirer la prospérité et l'abondance financière.

Santé

En juillet, les personnes atteintes de cancer sont encouragées à donner la priorité à leur santé et à leur bien-être. Avec le carré du Soleil à Chiron, il peut y avoir des opportunités de guérison émotionnelle et de rajeunissement physique.

Faites attention à votre santé émotionnelle et cherchez des moyens de libérer les émotions ou le stress refoulés. Participez à des activités qui favorisent le bien-être émotionnel, telles que la méditation, la journalisation ou la thérapie. Entretenez vos relations et entourez-vous d'un réseau d'amis et de membres de votre famille.

La santé physique est également importante durant cette période. Établissez une routine d'exercice cohérente qui convient à vos préférences et à votre niveau d'énergie. Participez à des activités qui vous apportent de la joie, que ce soit le yoga, la natation ou la randonnée. Privilégiez les repas nutritifs et restez hydraté pour favoriser votre bien-être général.

Soyez conscient de votre niveau d'énergie et évitez de vous surmener. Trouvez un équilibre entre le travail, le repos et les loisirs. Pratiquez des rituels de soins personnels qui vous aident à vous détendre et à vous ressourcer, comme prendre des bains chauds, lire ou passer du temps dans la nature. Écoutez les signaux de votre corps et respectez son besoin de repos et de rajeunissement.

Des contrôles réguliers avec des professionnels de la santé sont essentiels pour surveiller votre santé et répondre à toute inquiétude. N'hésitez pas à demander un avis ou un soutien médical si nécessaire. La prévention est essentielle, alors prenez des mesures proactives pour maintenir votre santé et votre bien-être.

Rappelez-vous que la santé émotionnelle et physique sont interconnectées. En entretenant votre bien-être émotionnel et en prenant soin de votre corps physique, vous pouvez atteindre un équilibre harmonieux qui favorise votre santé et votre bonheur en général.

Voyage

Des opportunités de voyage se présentent aux personnes atteintes de cancer en juillet, offrant une chance d'explorer de nouveaux horizons et d'élargir leurs perspectives. Avec le trigone de Mars à Pluton, il y a un sentiment d'aventure et de transformation associé à vos voyages.

Lors de la planification de vos voyages, envisagez des destinations qui offrent un mélange de beauté naturelle et d'expériences culturelles. Cherchez des endroits où vous pouvez vous connecter avec la nature, comme des plages sereines, des montagnes majestueuses ou des forêts luxuriantes. S'immerger dans le pouvoir de guérison de la nature peut procurer un sentiment de paix et de rajeunissement.

L'exploration culturelle peut aussi être enrichissante durant cette période. Visitez des sites historiques, des musées ou participez aux traditions et coutumes locales. Saisissez l'opportunité de découvrir différentes cultures et d'élargir votre compréhension du monde.

Maintenez un équilibre entre exploration et détente lors de vos voyages. Accordez-vous du temps pour vous reposer et vous ressourcer, car des voyages excessifs peuvent parfois épuiser votre énergie. Engagez-vous dans des pratiques de soins personnels telles que la méditation, le yoga ou les soins de spa pour maintenir un sentiment d'équilibre et de bien-être.

Que vous voyagiez seul ou avec vos proches, vivez l'esprit d'aventure et restez ouvert à de nouvelles expériences. Connectez-vous avec les habitants, essayez de nouvelles cuisines et sortez de votre zone de confort. Le voyage ne concerne pas seulement la destination, mais aussi la transformation intérieure et la croissance personnelle qu'il peut apporter.

Assurez-vous de prendre les précautions de sécurité nécessaires lors de vos déplacements. Recherchez vos destinations, soyez au courant des coutumes et des lois locales et accordez la priorité à votre bien-être à tout moment . Une assurance voyage et une documentation appropriée sont essentielles pour assurer un voyage en douceur et sans tracas.

Embrassez la joie de l'exploration et permettez à vos voyages d'élargir vos horizons, tant à l'intérieur qu'à l'extérieur. Chaque voyage a le potentiel de créer des souvenirs durables et de façonner votre point de vue sur la vie.

Aperçu des étoiles

"Embrasse le flux et le reflux de la vie, car dans les vagues se cachent des trésors cachés de croissance et de transformation." - Les étoiles encouragent les personnes cancéreuses à adopter les cycles naturels de la vie, comprenant que les joies et les défis offrent des opportunités d'évolution personnelle.

Jours du mois : 2 , 9 , 13 , 18 , 22 , 30 et 31 juillet .

Août 2024

Horoscope

En août, les personnes atteintes de cancer peuvent s'attendre à une période dynamique et transformatrice dans divers aspects de la vie. Les influences astrologiques vous poussent à embrasser le changement, à libérer les anciens schémas et à entrer dans un sens renouvelé de soi.

Le mois commence avec Mars sextile au vrai nœud, indiquant un alignement harmonieux de vos actions et de votre chemin de vie. Vous avez un sens aigu du but et êtes motivé pour apporter des changements positifs dans votre vie. Utilisez cette énergie pour poursuivre vos objectifs et aligner vos actions sur vos aspirations à long terme.

Vénus place Uranus le 2 août, apportant des perturbations ou des surprises potentielles dans vos relations et vos finances. Il est essentiel de rester adaptable et ouvert d'esprit pendant cette période. Acceptez les changements inattendus et trouvez des solutions créatives aux défis qui se présentent.

Le biquintile du Soleil avec Saturne le 4 août est l'occasion de trouver un équilibre entre votre individualité et vos responsabilités. Vous pouvez ressentir un fort désir de stabilité et de structure dans votre vie. Utilisez cette énergie pour établir des routines saines et hiérarchiser vos objectifs à long terme.

Le quintile de Mars Neptune le 6 août améliore votre intuition et votre connexion spirituelle. Faites confiance à votre instinct et écoutez les conseils subtils de votre voix intérieure. Cette énergie soutient les activités créatives et imaginatives, vous permettant de canaliser vos émotions dans l'expression artistique.

La conjonction de Mercure avec Vénus le 7 août améliore la communication et les relations. Cet alignement favorise l'harmonie et la compréhension dans vos interactions avec les autres. C'est un excellent moment pour des conversations sincères et pour exprimer vos sentiments avec clarté et compassion.

Le quinconce du Soleil avec Saturne le 10 août peut apporter des défis ou des frustrations temporaires dans votre vie professionnelle ou personnelle. Restez patient et adaptable, et cherchez des solutions pratiques pour surmonter les obstacles.

Le quinconce de Vénus avec True Node le 11 août et le sesquiquadrate avec Chiron le 11 août soulignent l'importance d'équilibrer vos besoins personnels avec les besoins de vos relations. Trouvez un terrain d'entente où vous pouvez vous exprimer de manière authentique tout en tenant compte du bien-être des autres.

Le mois se poursuit avec divers aspects planétaires qui encouragent l'expression de soi, la communication et l'autoréflexion. Le sesquiquadrate du Soleil avec True Node le 14 août et le trigone avec Chiron le 15 août vous invitent à embrasser votre individualité et à partager vos dons uniques avec le monde.
Embrassez l'énergie transformatrice et utilisez-la pour aligner vos actions sur vos objectifs et aspirations à long terme.

Aimer

En matière d'amour, le mois d'août apporte un mélange d'énergies pour les personnes atteintes de cancer. Le carré de Vénus avec Uranus le 2 août pourrait introduire des changements ou des perturbations inattendus dans vos relations. Cela peut créer de l'excitation et de la nouveauté, mais aussi des défis pour trouver la stabilité et l'équilibre. Soyez ouvert aux nouvelles expériences et soyez prêt à vous adapter aux changements inattendus de votre vie amoureuse.

Le biquintile du Soleil avec Saturne le 4 août vous encourage à trouver un équilibre sain entre liberté personnelle et engagement dans vos relations. C'est le moment d'établir des limites et de prioriser vos propres besoins tout en entretenant vos partenariats. Recherchez la stabilité et la structure dans votre vie amoureuse tout en laissant place à la croissance et à l'individualité.

Le quinconce de Vénus avec Neptune le 4 août et le quinconce avec Pluton le 5 août appellent à la clarté et au discernement en matière de cœur. Soyez conscient des illusions potentielles ou des attentes irréalistes dans les relations. Prenez le temps de réévaluer vos valeurs, vos besoins et vos désirs pour vous assurer que vous êtes en alignement avec votre moi authentique. Évitez d'être trop influencé par des facteurs externes ou des pressions sociétales.

Le quintile de Mars Neptune le 6 août améliore votre connexion intuitive et spirituelle, vous permettant de puiser dans les domaines émotionnels plus profonds de vos relations. Faites confiance à votre instinct et écoutez les messages subtils de votre cœur. Cette énergie soutient les gestes romantiques, les expressions créatives de l'amour et l'approfondissement des liens émotionnels.

Le sesquiquadrate de Vénus avec Chiron le 11 août souligne l'importance de guérir et de traiter toute blessure ou insécurité passée qui pourrait affecter vos relations. C'est une opportunité de croissance émotionnelle et d'auto-réflexion, alors que vous travaillez sur des schémas relationnels ou des peurs qui peuvent entraver votre capacité à embrasser pleinement l'amour.

Le trigone du Soleil avec Chiron le 15 août favorise un sentiment de guérison émotionnelle et d'empathie dans vos relations. C'est un moment propice à une communication ouverte et honnête, où vous pouvez exprimer vos vulnérabilités et offrir un soutien à votre partenaire. Les liens profonds et l'intimité émotionnelle sont mis en évidence au cours de cette période.

Le trigone de Vénus avec Uranus le 27 août apporte de l'excitation et un désir de liberté dans votre vie amoureuse. Vous pouvez être attiré par des relations ou des expériences non conventionnelles qui offrent de la nouveauté et de l'aventure. Adoptez la spontanéité et explorez de nouvelles façons de vous connecter avec votre partenaire ou de rencontrer de nouveaux intérêts amoureux potentiels.

Carrière

Avec le biquintile du Soleil avec Saturne le 4 août, vous êtes encouragé à trouver un équilibre entre structure et innovation dans votre travail. C'est un moment propice pour établir des bases solides, fixer des objectifs réalistes et mettre en œuvre des plans à long terme. Concentrez-vous sur la construction d'une solide réputation professionnelle et le maintien d'une éthique de travail disciplinée.

Le biquintile de Mercure avec Neptune le 23 août améliore votre imagination et votre intuition, vous permettant d'exploiter votre potentiel créatif et de trouver des solutions innovantes aux défis sur le lieu de travail. Faites confiance à votre instinct et n'ayez pas peur de sortir des sentiers battus. Votre capacité à communiquer et à exprimer vos idées de manière captivante peut mener à des collaborations positives et à des projets réussis.

Le trigone de Vénus avec Jupiter le 14 août apporte une énergie favorable au réseautage, aux collaborations et à l'élargissement de votre cercle professionnel. C'est le moment idéal pour assister à des événements sociaux, participer à des projets d'équipe ou rechercher des opportunités de mentorat. Votre attitude positive et optimiste attirera du soutien et des opportunités de croissance.

La conjonction de Mars avec Jupiter le 14 août enflamme votre ambition et votre volonté d'exceller dans votre carrière. Vous pouvez ressentir un regain de confiance et d'enthousiasme, vous inspirant à relever de nouveaux défis et à poursuivre vos objectifs professionnels avec détermination. Cet alignement favorise les rôles de leadership, la prise de parole en public et les entreprises qui exigent de l'affirmation de soi et de l'initiative.

Le trigone du Soleil avec Chiron le 15 août souligne l'importance des soins personnels et du bien-être émotionnel au travail. Prenez le temps de prendre soin de vous et de créer un équilibre travail-vie sain. Cela améliorera votre productivité, votre créativité et votre satisfaction globale au travail. Recherchez des opportunités de croissance personnelle et de développement professionnel qui correspondent à vos passions et à vos valeurs.

Le trigone de Vénus avec Uranus le 27 août apporte des opportunités et des percées inattendues dans votre carrière. Soyez ouvert aux idées novatrices, adoptez le changement et soyez prêt à prendre des risques calculés. Cette énergie soutient les efforts entrepreneuriaux, les projets uniques et les collaborations qui apportent une perspective nouvelle et passionnante à votre vie professionnelle.

Finance

Le quinconce du Soleil avec Saturne le 10 août vous rappelle d'être discipliné et responsable en matière financière. Jetez un regard critique sur vos habitudes de dépenses et évaluez où vous pouvez faire des ajustements . C'est un moment propice pour créer un budget pratique et s'y tenir, en veillant à ce que vos dépenses soient alignées sur vos objectifs financiers.

L'opposition de Vénus avec Neptune le 28 août met en garde contre les décisions financières impulsives ou trop idéalistes. Méfiez-vous des stratagèmes pour devenir riche rapidement ou des investissements qui semblent trop beaux pour être vrais. Il est important de faire des recherches approfondies et de demander des conseils professionnels avant de prendre des engagements financiers importants. Faites confiance à votre instinct et faites preuve de discernement dans vos choix.

Le trigone Vénus-Pluton du 29 août apporte le potentiel de transformation financière et d'autonomisation. C'est un moment propice pour revoir vos stratégies financières et envisager des investissements à long terme qui peuvent vous apporter stabilité et croissance. Participez à la planification financière, consultez des experts et explorez les opportunités d'accumulation de richesse et de sécurité.

Le sesquiquadrate de Mercure avec True Node le 31 août suggère la nécessité d'une évaluation minutieuse de vos objectifs financiers et de l'alignement de vos actions avec vos vraies valeurs. Évaluez si vos objectifs financiers sont conformes à votre moi authentique et faites les ajustements nécessaires. Cet alignement vous encourage à donner la priorité aux efforts financiers qui contribuent à votre croissance et à votre épanouissement personnels.

Il est également crucial de maintenir une approche équilibrée de vos finances, en laissant place à la fois à l'aspect pratique et au plaisir. Traitez-vous dans la mesure du raisonnable, mais assurez-vous également d'épargner et d'investir judicieusement pour l'avenir. Cherchez des moyens d'accroître votre littératie financière et explorez des possibilités de revenus supplémentaires ou d'avancement professionnel.

N'oubliez pas de cultiver une attitude de gratitude et d'abondance, en appréciant les ressources dont vous disposez tout en recherchant la stabilité financière. Avec une planification minutieuse, un œil perspicace et un engagement envers vos objectifs financiers à long terme, vous pouvez naviguer dans le paysage financier en août avec confiance et résilience.

Santé

Le sesquiquadrate du Soleil avec Chiron le 6 août attire l'attention sur toute blessure émotionnelle ou problème non résolu qui pourrait affecter votre bien-être général. Prenez le temps de réfléchir à votre état émotionnel et engagez-vous dans des pratiques de guérison telles que la thérapie, la méditation ou la journalisation. Prendre soin de votre santé émotionnelle est essentiel pour maintenir une base solide pour votre bien-être physique.

La conjonction Mars-Jupiter du 14 août apporte un regain d'énergie et de motivation. Profitez de cette occasion pour pratiquer des activités physiques qui vous procurent de la joie et vous aident à rester en forme. Incorporez des routines d'exercices réguliers dans votre vie quotidienne, que ce soit par le biais d'activités de plein air, de séances d'entraînement en salle de sport ou de cours de groupe. Le mouvement et l'effort physique seront non seulement bénéfiques pour votre santé physique, mais contribueront également à votre bien-être mental et émotionnel.

Le trigone de Vénus avec Uranus le 27 août vous encourage à explorer de nouvelles façons de prendre soin de votre corps et d'améliorer votre vitalité globale. Envisagez d'intégrer des thérapies alternatives ou des pratiques holistiques dans votre routine de bien-être. Cela pourrait inclure l'acupuncture, le yoga, les remèdes à base de plantes ou les modalités de guérison énergétique. Adoptez une approche holistique de la santé qui nourrit à la fois votre corps et votre esprit.

Le sesquiquadrate de Mercure avec True Node le 31 août vous rappelle de faire attention à la connexion corps-esprit. Le bien-être mental joue un rôle important dans la santé physique, alors faites un effort pour cultiver des pensées positives et gérer efficacement le stress. Intégrez des techniques de réduction du stress dans votre routine quotidienne, telles que la méditation de pleine conscience, des exercices de respiration profonde ou des loisirs et des activités qui vous apportent de la joie.

N'oubliez pas de privilégier le repos et le rajeunissement. Planifiez des temps d'arrêt réguliers et assurez-vous de dormir suffisamment chaque nuit. Établissez une routine de sommeil cohérente et créez un environnement de sommeil paisible qui favorise un repos profond et réparateur.

Maintenir une alimentation équilibrée est également crucial pour votre santé globale. Concentrez-vous sur la consommation d'aliments entiers riches en nutriments et sur l'hydratation. Faites attention à toute sensibilité ou allergie alimentaire qui pourrait avoir un impact sur votre bien-être.

Voyage

Avec le trigone du Soleil vers Uranus le 4 août, vous ressentirez peut-être un besoin de spontanéité et une volonté de sortir de votre zone de confort. Cet aspect vous encourage à vivre des expériences de voyage uniques et à rechercher des destinations qui offrent un sentiment d'aventure et de nouveauté. Envisagez de visiter des lieux hors des sentiers battus ou de participer à des activités qui vous permettent de vous connecter avec la culture et les traditions locales.

Le carré Vénus-Mars du 22 août peut apporter des défis ou des retards dans les plans de voyage. Il est conseillé de rester flexible et patient pendant cette période. Si des obstacles inattendus surgissent, abordez-les avec un état d'esprit calme et adaptable. Profitez de cette occasion pour pratiquer la patience et la résilience, sachant que les retards ou les changements de plans peuvent conduire à des expériences nouvelles et inattendues.

Le 28 août apporte l'opposition de Vénus à Neptune, ce qui inspire un désir de détente et de rajeunissement. Cet aspect vous incite à rechercher des destinations offrant tranquillité et lien avec la nature. Envisagez des retraites, des escapades en spa ou des destinations connues pour leur beauté naturelle. S'engager dans des activités telles que la randonnée, les promenades sur la plage ou les promenades dans la nature peut vous aider à trouver la paix et à vous ressourcer.

Le sesquiquadrate de Mercure avec le vrai nœud le 31 août peut poser des problèmes de communication lors de vos voyages. Il est important de rester attentif à vos paroles et d'être patient et compréhensif dans vos interactions avec les autres. Gardez l'esprit ouvert et saisissez les occasions d'échange culturel et d'apprentissage.

Aperçus des étoiles

Août 2024 est une période de transition pour le Cancer. C'est le moment de réfléchir, de réorganiser et de réévaluer divers aspects de la vie, notamment les relations, la carrière et les finances. Bien qu'il puisse y avoir des moments de doute et d'incertitude, rappelez-vous que ceux-ci sont temporaires. Restez patient, prenez les choses dans la foulée et attendez avec impatience les changements favorables à venir.

Meilleurs jours du mois : 2 , 10 , 15 , 19 , 22 et 31 août .

Septembre 2024

Horoscope

En septembre, Cancer, vous ferez l'expérience d'un mélange de profondeur émotionnelle et de sens pratique, vous incitant à trouver un équilibre entre votre monde intérieur et vos responsabilités extérieures. Le mois commence avec Mercure formant un trigone avec Chiron le 2 septembre, favorisant les conversations de guérison et l'autoréflexion. Cet aspect vous encourage à exprimer vos émotions et à traiter les blessures émotionnelles qui pourraient entraver votre croissance personnelle.

Le 6 septembre, le Soleil place Jupiter au carré, ce qui présente des opportunités d'expansion, mais aussi un besoin de maintenir une perspective ancrée. Il est crucial de trouver un équilibre entre optimisme et sens pratique, en veillant à ne pas être submergé par des objectifs ambitieux ou des attentes irréalistes.

Mercure place Uranus le 7 septembre, améliorant vos capacités de communication mais provoquant également un conflit potentiel entre votre désir d'indépendance et le besoin de collaboration. Trouvez un terrain d'entente qui vous permet d'exprimer vos idées uniques tout en restant ouvert aux perspectives des autres.

La période du milieu du mois apporte des événements astrologiques importants qui ont un impact sur vos relations et votre expression personnelle. Le 12 septembre, le Soleil s'oppose à Saturne, défiant votre sens de soi et vous exhortant à affronter toutes les limitations que vous vous imposez. C'est une opportunité de croissance et de découverte de soi, alors que vous redéfinissez votre identité et embrassez votre pouvoir personnel.

Le carré de Mars avec Neptune le 13 septembre peut créer de la confusion ou un sentiment de désillusion dans votre vie professionnelle. Il est important de faire confiance à votre instinct et de vous méfier des tromperies potentielles ou des informations trompeuses. Prenez votre temps avant de prendre des décisions ou des engagements importants.

Au fur et à mesure que le mois avance, l'accent est mis sur les partenariats et les collaborations. Vénus trigone à Jupiter le 15 septembre, favorisant des connexions harmonieuses et apportant de la joie dans vos relations. C'est un excellent moment pour les rassemblements sociaux, les rencontres romantiques et les efforts de coopération. Saisissez les opportunités de croissance et d'expansion dans vos relations personnelles.

L'opposition du Soleil à Neptune le 20 septembre peut apporter un sentiment temporaire d'incertitude ou de confusion. Prenez le temps de l'introspection et de l'autoréflexion, car cet aspect vous pousse à réévaluer vos objectifs et à les aligner sur vos véritables passions et aspirations. Faites confiance à votre intuition et laissez tomber toutes les illusions qui pourraient entraver votre progression.

Aimer

En matière de cœur, septembre encourage le Cancer à embrasser la vulnérabilité et à s'ouvrir à des connexions émotionnelles plus profondes. Vénus s'oppose au Vrai Nœud le 3 septembre, apportant potentiellement des rencontres amoureuses ou des défis relationnels qui nécessitent une navigation prudente. Cet aspect vous invite à évaluer si certaines relations correspondent à vos objectifs à long terme et à votre croissance personnelle.

Au milieu du mois, Vénus trigone à Jupiter, créant une atmosphère harmonieuse et expansive pour l'amour. Les relations existantes peuvent s'approfondir et les cancers célibataires peuvent attirer des partenaires potentiels qui correspondent à leurs valeurs et à leurs aspirations. C'est le moment idéal pour exprimer vos affections, entretenir les liens que vous chérissez et explorer de nouvelles possibilités de connexion émotionnelle.

Carrière

Côté carrière, septembre présente des perspectives prometteuses pour les personnes atteintes de cancer. L'opposition entre le Soleil et Saturne le 8 septembre peut dans un premier temps mettre à l'épreuve votre sens de l'autorité et vous obliger à affronter des obstacles. Cependant, cela constitue une opportunité de croissance, de persévérance et de démonstration de votre résilience face à l'adversité.

En tant que Cancer, votre intuition naturelle et vos qualités nourricières seront particulièrement précieuses sur le lieu de travail ce mois-ci. Faites confiance à votre instinct lorsque vous prenez des décisions et comptez sur votre capacité à créer des environnements de travail harmonieux. Votre nature empathique fera de vous un membre d'équipe recherché, et votre capacité à comprendre les besoins et les émotions des autres sera déterminante pour résoudre les conflits et favoriser la coopération.

Finance

Septembre apporte stabilité et opportunités de croissance financière pour les personnes atteintes de cancer. Le trigone harmonieux entre Vénus et Jupiter le 15 septembre signale des perspectives financières positives et le potentiel de gains financiers grâce à des partenariats ou des coentreprises.

C'est le moment idéal pour se concentrer sur la planification financière et les investissements à long terme. Cependant, soyez prudent et assurez-vous de bien rechercher toutes les opportunités d'investissement avant de vous engager. Demandez conseil à un conseiller financier si nécessaire.

Santé

En termes de santé, septembre encourage les personnes atteintes de cancer à donner la priorité aux soins personnels et au bien-être émotionnel. L'opposition entre le Soleil et Neptune le 20 septembre peut apporter des moments de sensibilité émotionnelle et un besoin de détente et d'introspection.

Faites attention à vos besoins émotionnels et engagez-vous dans des activités qui favorisent la relaxation et la réduction du stress. S'engager dans la méditation, le yoga ou d'autres pratiques de pleine conscience peut apporter d'immenses avantages pour votre bien-être général. Prendre du temps pour prendre soin de soi et entretenir sa santé émotionnelle aura également un impact positif sur sa santé physique.

Voyage

Septembre offre des opportunités d'expériences de voyage significatives qui enrichissent votre perspective et élargissent vos horizons. Les aspects planétaires n'indiquent aucun défi ou perturbation significatif au cours de ce mois, offrant un environnement favorable pour explorer de nouvelles destinations, s'immerger dans différentes cultures ou se lancer dans des retraites spirituelles. Embrassez le pouvoir transformateur du voyage et laissez-vous inspirer par le monde qui vous entoure.

Aperçus des étoiles

Cher Cancer, acceptez les changements apportés par septembre et utilisez-les comme des opportunités de croissance. Ancrez-vous avec l'énergie terrestre de la Vierge et fixez-vous des objectifs pratiques pour différents aspects de votre vie.

Jours du mois : 3 , 8 , 15 , 16 , 20 , 22 et 26 septembre .

Octobre 2024

Horoscope

En octobre, Cancer, vous ferez l'expérience d'une énergie profonde et transformatrice qui influencera profondément divers domaines de votre vie. Ce mois-ci contient un puissant mélange d'alignements cosmiques qui vous invitent à vous lancer dans un voyage de découverte de soi, de transformation personnelle et d'action courageuse.

Les énergies célestes vous encouragent à plonger dans les profondeurs de vos émotions et à explorer votre monde intérieur. C'est un moment d'introspection et d'autoréflexion, où vous avez la possibilité de découvrir des aspects cachés de votre psychisme et de guérir des blessures émotionnelles. Ce travail intérieur ouvrira la voie à une croissance personnelle et à une meilleure compréhension de vous-même et de vos désirs.

Le trigone entre Mercure et Saturne le 22 octobre améliore vos compétences en communication et vos prouesses intellectuelles. C'est un excellent moment pour engager des négociations importantes, présenter vos idées avec conviction et établir de solides relations professionnelles. Votre capacité à articuler vos pensées de manière claire et concise laissera une impression positive sur les autres, ouvrant potentiellement des portes à des évolutions de carrière ou à de nouvelles opportunités.

En conclusion, octobre contient des énergies transformatrices qui vous invitent à vous lancer dans un voyage de découverte de soi, de croissance personnelle et d'action courageuse. En embrassant la profondeur de vos émotions, en entretenant vos relations et en donnant la priorité aux soins personnels, vous pouvez naviguer ce mois-ci avec grâce et en sortir plus fort et plus sage. N'oubliez pas d'équilibrer vos décisions financières, de saisir les opportunités professionnelles et de vivre les aventures qui vous attendent sur votre chemin d'évolution personnelle.

Aimer

Pour les cancéreux en couple, octobre présente une période d'intensité émotionnelle et un potentiel de connexion profonde. Le trigone entre Vénus et Mars le 8 octobre enflamme la passion et harmonise les énergies entre vous et votre partenaire. C'est une période de romance accrue, d'intimité et d'approfondissement des liens.

Cependant, le carré entre Vénus et Saturne le 28 octobre peut présenter des défis qui nécessitent de la patience et de la compréhension. Il est crucial de communiquer ouvertement, d'écouter avec empathie et de travailler ensemble pour trouver des compromis. Cette période peut conduire à un partenariat plus fort et plus résilient si elle est abordée avec compassion et volonté de grandir ensemble.

Pour les célibataires cancéreux, octobre apporte le potentiel de rencontres inattendues et d'opportunités romantiques. L'opposition entre Vénus et Uranus le 14 octobre peut déclencher une attraction intense ou conduire à une connexion avec quelqu'un qui défie votre zone de confort. Adoptez ces expériences comme catalyseurs de la croissance personnelle et de l'exploration de nouvelles possibilités.

Carrière

Dans votre vie professionnelle, octobre recèle un grand potentiel de croissance et d'avancement. L'opposition du Soleil à Chiron le 13 octobre appelle à l'autoréflexion et à la résolution de toute insécurité qui pourrait entraver votre progression. En reconnaissant ces obstacles et en les franchissant, vous ouvrez la voie à une confiance accrue et à des percées professionnelles.

Le trigone entre Mercure et Saturne le 22 octobre améliore vos compétences en communication et votre acuité mentale. C'est un excellent moment pour présenter vos idées, engager des négociations et établir de solides relations professionnelles. Votre capacité à exprimer vos pensées et à démontrer votre expertise sera très influente dans la réalisation de vos objectifs de carrière.

Finance

Financièrement, octobre présente un paysage mitigé qui nécessite une prise de décision prudente. Le trigone entre Vénus et Saturne le 4 octobre soutient la stabilité financière, les investissements judicieux et la planification à long terme. C'est le moment opportun pour évaluer vos objectifs financiers, créer un budget et faire des choix stratégiques qui correspondent à vos aspirations futures.

Cependant, le carré entre Vénus et Jupiter le 10 octobre met en garde contre les dépenses impulsives et les excès. Soyez conscient de vos choix financiers, résistez à la tentation de la gratification immédiate et privilégiez la sécurité financière à long terme. Faites preuve de discipline et recherchez un équilibre entre profiter des plaisirs de la vie et maintenir la responsabilité financière.

Santé

Votre bien-être et vos soins personnels occupent une place centrale en octobre, Cancer. L'aspect en quinconce du Soleil avec Uranus le 19 octobre nous rappelle de maintenir l'équilibre et d'éviter le surmenage. Nourrissez votre santé physique, mentale et émotionnelle en incorporant des pratiques de soins personnels à votre routine quotidienne.

Écoutez les signaux de votre corps et faites les ajustements nécessaires. Privilégiez les techniques de gestion du stress, faites de l'exercice régulièrement et nourrissez-vous avec des aliments sains. Créer un équilibre harmonieux entre le travail et le repos est essentiel pour maintenir votre bien-être général.

Voyage

Octobre offre des énergies favorables au voyage et à l'exploration. L'aspect biquintile entre Mercure et Jupiter le 23 octobre suscite votre sens de l'aventure et de la curiosité. Qu'il s'agisse d'une excursion d'une journée spontanée ou de vacances soigneusement planifiées, saisissez l'opportunité d'élargir vos horizons et de vous immerger dans de nouvelles expériences.

Soyez ouvert à la découverte de différentes cultures, essayez de nouvelles cuisines et interagissez avec des environnements inconnus. Les voyages élargissent non seulement votre perspective, mais offrent également de précieuses opportunités de croissance personnelle et de découverte de soi.

Aperçu des étoiles

"Acceptez l'inconfort de la croissance, car c'est le sol dans lequel vos rêves s'épanouissent. Faites confiance au processus et permettez-vous de vous transformer."

Jours du mois : 8 , 13 , 14 , 22 , 28 et 31 octobre .

Novembre 2024

Horoscope

Cher Cancer, novembre 2024 promet d'être un mois transformateur et dynamique pour vous. Les aspects planétaires indiquent un mélange d'énergies intenses et d'influences harmonieuses qui façonneront divers domaines de votre vie. C'est une période de découverte de soi, de guérison et de croissance.

Le sextile entre Jupiter et Chiron le 2 novembre donne le ton du mois en mettant l'accent sur la guérison personnelle et la croissance spirituelle. Cet aspect vous encourage à plonger dans vos blessures passées et à explorer des aspects plus profonds de votre psychisme. En acceptant la vulnérabilité et en apprenant de vos expériences passées, vous pouvez avancer avec plus de sagesse et de compréhension.

Le même jour, le trigone entre Mercure et Mars améliore vos capacités de communication et votre agilité mentale. Votre capacité à vous exprimer efficacement sera renforcée, ce qui en fera un excellent moment pour des conversations importantes, des négociations ou des activités intellectuelles. Cet aspect stimule également votre énergie et votre motivation, vous permettant de prendre des mesures décisives pour atteindre vos objectifs.

Le sextile entre Mercure et Pluton le 2 novembre amplifie encore vos prouesses mentales. Il vous donne la possibilité d'approfondir des sujets complexes et de découvrir des vérités cachées. Cet aspect soutient la recherche, l'investigation et la découverte d'idées profondes. C'est une période propice à l'introspection et à l'épanouissement personnel.

Cependant, l'opposition entre Mars et Pluton le 3 novembre apporte un potentiel de luttes de pouvoir et de conflits. Vous pouvez rencontrer de la résistance ou de l'opposition des autres pendant cette période. Il est crucial de gérer ces situations avec tact et diplomatie, en évitant autant que possible les confrontations. Cet aspect signale également un besoin d'examiner et de transformer tous les schémas émotionnels profondément ancrés ou les désirs cachés qui pourraient vous retenir.

L'opposition entre Vénus et Jupiter le 3 novembre met en lumière les relations et les interactions sociales. Cela peut intensifier vos désirs de plaisir et de romance. Cependant, il est essentiel d'éviter une indulgence excessive ou des attentes irréalistes. Utilisez ce temps pour renforcer les liens existants et explorer de nouvelles possibilités avec un cœur et un esprit ouverts. Équilibrez vos désirs avec une perspective pratique pour éviter toute déception.

Aimer

En matière de cœur, novembre 2024 offre des opportunités de liens émotionnels profonds et de croissance relationnelle. L'opposition entre Vénus et Jupiter le 3 novembre risque d'intensifier vos envies de plaisir et de romantisme. Cependant, il est important d'aborder les relations avec prudence et de tempérer vos attentes. Évitez les pièges de l'indulgence excessive et des fantasmes idéalistes. Concentrez-vous sur la création de liens significatifs basés sur la confiance, la compréhension et la communication ouverte. Pour ceux qui sont célibataires, cette période apporte le potentiel de nouvelles possibilités romantiques passionnantes. Prenez votre temps pour vraiment connaître les partenaires potentiels et permettre aux relations de se développer de manière organique.

Carrière

Cancer, novembre 2024 présente des opportunités de croissance et d'avancement dans votre carrière. Le trigone entre le Soleil et Saturne le 4 novembre apporte stabilité et soutien. Votre travail acharné et votre dévouement seront reconnus, ce qui pourrait mener à des avancements professionnels et à des responsabilités accrues. Cet aspect vous pousse à vous fixer des objectifs à long terme et à faire des plans pratiques pour votre avenir. Profitez de l'énergie positive pour jeter les bases solides de votre réussite professionnelle. Demandez conseil à des mentors ou à des supérieurs, car leurs conseils peuvent vous fournir des informations précieuses et vous aider à naviguer dans votre cheminement professionnel.

Finance

Financièrement, novembre 2024 appelle à la prudence et à la planification stratégique. Le carré entre Vénus et Neptune le 9 novembre peut introduire de la confusion ou de l'incertitude dans vos affaires financières. Il est crucial de faire preuve de prudence et d'éviter les décisions impulsives ou les investissements risqués. Prenez le temps d'examiner votre situation financière, de créer un budget et de demander des conseils professionnels si nécessaire. Restez concentré sur vos objectifs financiers à long terme et résistez à la tentation des stratagèmes pour devenir riche rapidement. Envisagez de diversifier vos sources de revenus et explorez des moyens pratiques d'épargner et d'investir judicieusement. Avec une planification minutieuse et une gestion financière disciplinée, vous pouvez maintenir la stabilité et travailler à la prospérité à long terme.

Santé

Cancer, votre bien-être prime en novembre 2024. Le sesquicarré entre le Soleil et Neptune le 4 novembre met l'accent sur le besoin de repos et de soins personnels. Faites attention à la fois à votre santé physique et émotionnelle, car cet aspect peut vous rendre plus sensible au stress ou à la fatigue. Incorporez des techniques de relaxation, telles que la méditation ou le yoga, à votre routine quotidienne pour trouver un équilibre intérieur. Pratiquez une activité physique régulière pour maintenir votre vitalité et renforcer votre système immunitaire. Nourrissez votre corps avec une alimentation saine, en vous assurant d'avoir un sommeil réparateur suffisant. Écoutez les besoins de votre corps et demandez de l'aide si vous vous sentez dépassé ou si vous rencontrez des difficultés émotionnelles. Privilégier les soins personnels pour maintenir le bien-être général.

Voyage

Novembre 2024 présente des opportunités d'expériences de voyage passionnantes et enrichissantes pour les Cancers. Le biquintile entre Vénus et Uranus le 12 novembre enflamme un sentiment d'aventure et de spontanéité. Cet aspect vous encourage à explorer de nouveaux horizons et à vivre des expériences uniques. Envisagez de planifier une courte escapade vers une nouvelle destination ou de vous engager dans des activités qui élargissent vos horizons. Les voyages offrent l'occasion de sortir de votre zone de confort et d'acquérir de nouvelles idées et de l'inspiration. Que vous vous lanciez dans un voyage en solo ou que vous voyagiez avec vos proches, adoptez l'esprit d'aventure et laissez le monde attiser votre curiosité. Soyez ouvert à l'inattendu, car ces expériences peuvent élargir votre perspective et enrichir votre vie.

Aperçu des étoiles

Le conseil des stars pour novembre 2024 est de ne pas tout prendre au pied de la lettre. En faisant cela, vous serez agréablement surpris du sérieux et de la constance de certaines personnes à votre égard.

Meilleurs jours du mois : 2 , 4 , 12 , 18 , 23 , 27 et 29 novembre .

Décembre 2024

Horoscope

En décembre 2024, Cancer, les mouvements planétaires apportent des changements et des opportunités importants dans divers aspects de votre vie. Alors que l'année touche à sa fin , c'est un temps de réflexion et de préparation pour la nouvelle année qui s'annonce. Les aspects de ce mois vous encouragent à vous concentrer sur la croissance personnelle, à entretenir des relations et à créer une base solide pour l'avenir.

Le mois commence par un aspect Vénus biquintile Jupiter le 1er décembre, favorisant une énergie harmonieuse qui favorise l'amour, l'abondance et l'expansion. Cet aspect améliore votre capacité à attirer la positivité et à approfondir les liens avec vos proches. C'est un moment idéal pour renforcer vos liens et exprimer ouvertement vos affections.

Le trigone de Mercure à Chiron le 2 décembre encourage les conversations de guérison et l'autoréflexion. Cet aspect vous aide à traiter les blessures émotionnelles et à trouver des solutions dans les relations. Utilisez ce temps pour engager un dialogue significatif et exprimer vos besoins et vos préoccupations avec compassion.

Dans le domaine de la carrière, le carré entre le Soleil et Saturne le 4 décembre peut apporter des défis et des responsabilités. Il est important de rester concentré et déterminé, même face aux obstacles. Cet aspect demande de la discipline et de la persévérance dans la poursuite de vos objectifs professionnels. Utilisez ce temps pour démontrer vos capacités et prouver votre valeur.

En ce qui concerne les finances, l'aspect Vénus trigone Uranus du 2 décembre apporte une touche d'excitation et des opportunités inattendues. Gardez l'esprit ouvert et soyez réceptif aux nouvelles idées ou investissements qui pourraient se présenter à vous. Cependant, soyez prudent et effectuez des recherches approfondies avant de prendre des décisions financières importantes.

Aimer

L'amour occupe le devant de la scène pour les Cancers en décembre 2024. L'aspect opposé de Vénus à Mars le 12 décembre enflamme la passion et l'intensité dans vos relations amoureuses. Cet aspect peut apporter des moments de conflit ou de luttes de pouvoir, mais il offre également une opportunité de croissance et d'approfondissement de la compréhension. Il est essentiel d'aborder tous les défis avec une communication ouverte, de l'empathie et une volonté de compromis.

Pour ceux qui recherchent l'amour, l'aspect sextile de Vénus avec Jupiter le 2 décembre crée une atmosphère d'optimisme et d'abondance. Cet aspect renforce votre charisme et votre attractivité, vous rendant plus susceptible d'attirer des partenaires potentiels. Saisissez les opportunités sociales et soyez ouvert à de nouvelles relations. Cependant, n'oubliez pas de ralentir les choses et de vous assurer que vous vous alignez vraiment sur les valeurs et les aspirations de vos intérêts amoureux potentiels.

Carrière

Du point de vue de la carrière, décembre 2024 offre à la fois des défis et des opportunités aux cancéreux. L'aspect Soleil carré Saturne le 4 décembre peut apporter un sentiment de pression et de responsabilité dans votre vie professionnelle. Il est crucial de rester concentré, organisé et discipliné pendant cette période. Embrassez vos tâches avec détermination et priorisez les objectifs à long terme. Cet aspect teste votre persévérance et votre résilience, vous permettant de démontrer vos capacités et votre engagement.

De plus, l'aspect Soleil biquintile de Mars le 20 décembre enflamme votre dynamisme et votre ambition. Utilisez cette énergie pour prendre des mesures décisives, vous affirmer et poursuivre vos aspirations professionnelles. Faites confiance à votre instinct et ayez confiance en vos capacités. Cet aspect donne un coup de fouet à la motivation et peut apporter des opportunités d'avancement ou de reconnaissance.

Finance

Décembre 2024 apporte un mélange de stabilité et d'opportunités financières inattendues pour les cancéreux. L'aspect Vénus trigone Uranus du 2 décembre peut introduire des voies uniques pour augmenter vos revenus. Restez ouvert aux nouvelles idées ou investissements qui se présentent à vous , mais soyez prudent et effectuez des recherches approfondies avant de vous engager dans toute entreprise financière.

L'aspect Vénus sextile Neptune du 4 décembre vous incite à trouver un équilibre entre praticité et générosité dans vos transactions financières. Il est important de donner la priorité à votre bien-être financier tout en tenant compte des besoins des autres. Cet aspect favorise les actes de gentillesse et peut vous inciter à redonner ou à contribuer à des causes caritatives.

N'oubliez pas de maintenir un budget et d'exercer une gestion financière responsable tout au long du mois. En gardant à l'esprit vos habitudes de dépenses et en priorisant vos objectifs financiers, vous pouvez tirer le meilleur parti des opportunités qui se présentent et bâtir une base stable pour votre avenir.

Santé

Sur le plan de la santé, décembre 2024 encourage les Cancers à privilégier les soins personnels et le bien-être. L'aspect Mercure carré Saturne le 6 décembre peut apporter des défis mentaux ou émotionnels. Il est essentiel de gérer les niveaux de stress et de pratiquer des routines de soins personnels qui soutiennent votre santé et votre vitalité globales.

Prenez le temps de vous détendre, participez à des activités qui vous procurent de la joie et maintenez un mode de vie équilibré. Envisagez d'incorporer la méditation, le yoga ou d'autres pratiques de pleine conscience dans votre routine quotidienne pour cultiver la paix intérieure et la clarté mentale.

Faites également attention à votre santé physique. Avec l'aspect Soleil carré Neptune le 18 décembre, il est important de vous assurer que vous vous reposez suffisamment et que vous adoptez des habitudes saines. Prenez soin de votre système immunitaire en nourrissant votre corps avec des aliments nutritifs et en restant hydraté.

Si vous vous sentez dépassé ou si vous avez des problèmes de santé, n'hésitez pas à demander l'aide de professionnels de la santé. N'oubliez pas que prendre soin de votre bien-être est essentiel pour maintenir votre équilibre et profiter des fêtes de fin d'année.

Voyage

Décembre 2024 présente des opportunités passionnantes de voyage et d'exploration pour les cancéreux. L'aspect Soleil biquintile Uranus du 21 décembre suscite un sens de l'aventure et un désir de nouvelles expériences. Envisagez de planifier un voyage spontané ou de vous lancer dans une aventure qui élargit vos horizons. Qu'il s'agisse d'une courte escapade ou de vacances plus longues, les voyages peuvent offrir de précieuses opportunités de croissance personnelle et de rajeunissement.

Lorsque vous voyagez, n'oubliez pas de donner la priorité à la sécurité et soyez prêt à faire face à toute circonstance imprévue. Prenez les précautions nécessaires, recherchez vos destinations et mettez en place des plans d'urgence. Embrassez l'esprit d'aventure tout en assurant votre bien-être.

Voyager avec des êtres chers peut approfondir vos relations et créer des souvenirs durables. Envisagez de planifier des voyages ou des activités qui vous permettent de créer des liens et de renforcer vos relations. Qu'il s'agisse d'une escapade romantique ou de vacances en famille, les expériences partagées peuvent favoriser des liens plus profonds et créer des moments précieux.

Aperçu des étoiles

Les astres en décembre 2024 murmurent un tournant pour le Cancer. C'est un mois de fins et de débuts. Embrassez les transformations avec grâce et gratitude. Il y a une forte poussée cosmique vers l'amélioration de soi et la croissance personnelle. Les choix que vous faites ce mois-ci résonneront tout au long de l'année à venir. Faites confiance à votre intuition et soyez maître de votre destin.

Jours du mois : 2, 10 , 13 , 19 , 20 , 24 et 31 décembre .

HOROSCOPE LION 2024

Aperçu Lion 2024

Lion, l'année 2024 sera une année de transformation et de croissance importantes pour vous. Les mouvements planétaires tout au long de l'année indiquent une période d'opportunités et de défis qui façonneront profondément votre vie. L'alignement du Soleil, de Mercure, de Vénus, de Mars et de Jupiter jouera un rôle crucial dans divers aspects de votre vie, y compris votre carrière, vos relations, votre santé et votre développement personnel. Approfondissons ce que l'année vous réserve.

L'année 2024 sera une année dynamique pour votre carrière. L'opposition du Soleil à Jupiter en décembre suggère une période d'expansion et de croissance dans votre vie professionnelle. Vous pourriez vous retrouver à assumer de nouvelles responsabilités ou à assumer un rôle de leadership. Cependant, cette croissance ne se fera pas sans difficultés. Le carré entre Mercure et Saturne en novembre indique des obstacles potentiels qui nécessiteront une planification et une prise de décision minutieuses. Vous devrez peut-être prendre des décisions difficiles ou naviguer dans des conversations difficiles au travail. Cependant, ces défis mèneront finalement à la croissance et au développement de votre carrière.

Financièrement, le sextile entre Vénus et Saturne en novembre indique une stabilité et une croissance potentielle de votre situation financière. C'est le bon moment pour investir ou économiser de l'argent. Cependant, le carré entre Vénus et Uranus en août suggère des dépenses ou des changements financiers inattendus potentiels. Il est important de se préparer à ces fluctuations potentielles et de gérer judicieusement ses finances.

Sur le plan des relations et de la vie sociale, l'opposition entre Vénus et Mars en juillet suggère de potentiels conflits ou désaccords dans vos relations personnelles. Ces conflits peuvent provenir de différences de valeurs ou de désirs. Cependant, ces défis offriront des opportunités de croissance et de compréhension. C'est le moment de pratiquer la patience et l'empathie et de travailler à l'amélioration de vos compétences en communication.

Le carré entre Vénus et Neptune en juin indique une période de confusion ou d'incompréhension dans vos relations. Vous pouvez vous retrouver à remettre en question vos relations ou à vous sentir incertain de vos sentiments. Il est important de communiquer clairement et honnêtement pendant cette période et de rechercher la clarté si nécessaire.

Le sesquiquadrate entre le Soleil et Chiron en juin suggère une période de guérison et de récupération en termes de santé. C'est le bon moment pour se concentrer sur les pratiques de soins personnels et de bien-être.

Vous pouvez vous retrouver attiré par des modalités de guérison telles que le yoga, la méditation ou la thérapie. Le trigone entre le Soleil et Mars en juillet indique une période de haute énergie et de vitalité. C'est le moment idéal pour s'engager dans des activités physiques ou pour commencer un nouveau régime de remise en forme.

L'année 2024 sera une année importante pour votre croissance spirituelle et votre développement personnel. La conjonction entre Vénus et Pluton en juillet suggère une période de profonde transformation et de croissance personnelle. Vous pouvez vous retrouver à remettre en question vos croyances ou vos valeurs et à chercher un sens plus profond à votre vie. C'est le moment d'accepter le changement et de vous permettre de grandir et d'évoluer.

Le sesquiquadrate entre Jupiter et Pluton en août indique une période d'éveil spirituel et de compréhension. Vous pouvez être attiré par des pratiques spirituelles ou des philosophies qui vous aident à comprendre le monde et votre place dans celui-ci. C'est le moment d'explorer votre spiritualité et de rechercher la sagesse et la compréhension.

Le sextile entre le Soleil et le Vrai Nœud en juillet suggère une période de développement personnel et de découverte de soi. C'est le moment d'explorer vos passions et vos intérêts et de poursuivre vos objectifs personnels. C'est le moment d'embrasser votre individualité et d'exprimer votre vrai moi.

En conclusion, Lion, l'année 2024 sera une année de croissance, de transformation et de découverte de soi. Bien qu'il y aura des défis en cours de route, ces défis offriront des opportunités de développement personnel et de compréhension. Embrassez le voyage et profitez au maximum des opportunités qui se présentent à vous.

janvier 2024

Horoscope

En janvier 2024, Lion, vous ferez l'expérience d'un mélange d'énergies célestes qui influenceront divers aspects de votre vie. Les aspects planétaires indiquent un mois dynamique et transformateur à venir. C'est un moment de croissance, d'introspection et de prise en charge de votre destin.

Le mois démarre avec un aspect carré entre Vénus en Sagittaire et Saturne en Poissons le 1er janvier. Cet alignement peut apporter des défis dans vos relations et vous obliger à établir des limites plus fortes. Il est important de communiquer ouvertement et honnêtement avec vos proches pendant cette période.

Aimer

Lion, en ce qui concerne les questions de cœur, janvier sera un mois d'introspection et d'évaluation. Vénus en Sagittaire forme un aspect carré avec Saturne en Poissons le 1er janvier, ce qui pourrait créer des tensions dans vos relations amoureuses. Il est crucial d'aborder tous les problèmes qui surviennent avec maturité et compréhension.

Au fur et à mesure que le mois avance, Vénus forme un aspect en quinconce avec Jupiter en Taureau le 3 janvier, indiquant un besoin d'équilibre et de compromis dans votre vie amoureuse. Prenez le temps de comprendre le point de vue de votre partenaire et de trouver un terrain d'entente.

Pour les Lions célibataires, c'est un moment de découverte de soi et de réflexion. Utilisez cette période pour explorer vos propres désirs et valeurs, afin d'attirer un partenaire qui s'aligne sur votre vrai moi.

Carrière

Lion, janvier apporte un mélange d'opportunités et de défis dans votre vie professionnelle. L'aspect quintile entre Mercure et Saturne le 3 janvier indique une période de résolution créative de problèmes et de réflexion stratégique. Vous avez la capacité de surmonter les obstacles et de trouver des solutions innovantes.

Cependant, gardez à l'esprit l'aspect carré entre Mercure en Sagittaire et Neptune en Poissons le 8 janvier, car cela peut apporter une certaine confusion ou une mauvaise communication dans votre environnement de travail. Restez concentré, revérifiez les détails et maintenez des lignes de communication claires pour éviter tout malentendu.

Ce mois-ci recèle également un potentiel d'avancement de carrière significatif, car Mars forme un trigone avec Jupiter le 12 janvier. Votre assurance et votre assertivité seront essentielles pour saisir de nouvelles opportunités et progresser vers vos objectifs professionnels. Faites confiance à vos capacités et avancez audacieusement.

Finance

Lion, vos perspectives financières pour janvier semblent stables et prometteuses. Avec Vénus biquintile Jupiter le 8 janvier, vous pourriez vivre un coup de chance ou une opportunité financière positive. Cet alignement vous encourage à adopter l'abondance et à prendre des décisions financières judicieuses.

Cependant, il est essentiel de rester prudent et d'éviter les dépenses impulsives, d'autant que Vénus forme un demi-carré avec Pluton le 10 janvier. Maintenez une approche équilibrée de vos finances et envisagez des objectifs à long terme avant de faire des investissements ou des achats importants.

Ce mois-ci est également le moment idéal pour revoir votre budget et vos plans financiers. Demandez des conseils professionnels si nécessaire et explorez les moyens d'améliorer votre sécurité financière. En adoptant une approche proactive, vous pouvez renforcer votre assise financière et vous préparer au succès à long terme.

Santé

Lion, votre bien-être est une priorité absolue en janvier. L'aspect carré du Soleil avec Chiron le 6 janvier peut faire apparaître des blessures émotionnelles ou des traumatismes passés qui nécessitent une guérison. Il est crucial de donner la priorité aux soins personnels et de demander le soutien de vos proches ou de professionnels si nécessaire.

Pour maintenir votre santé physique, il est recommandé de pratiquer une activité physique régulière et de suivre une alimentation équilibrée. Ce mois-ci, Mars forme un sextile avec Saturne le 9 janvier, vous offrant la discipline et la détermination nécessaires pour établir des habitudes saines.

Intégrez des techniques de gestion du stress à votre routine, telles que la méditation, des exercices de respiration profonde ou des activités que vous aimez. Trouver un équilibre sain entre travail et détente est essentiel pour votre bien-être général.

Voyage

Lion, janvier présente des opportunités de voyage et d’exploration. Bien que les voyages internationaux puissent encore être soumis à certaines restrictions, vous pouvez envisager des voyages locaux ou nationaux pour satisfaire votre envie de voyager.

Avec l'aspect trigone du Soleil à Uranus le 9 janvier, des expériences de voyage spontanées et uniques pourraient vous arriver. Embrassez l'inattendu et permettez-vous de sortir de votre zone de confort.

Si voyager n'est pas possible ce mois-ci, vous pouvez explorer d'autres moyens d'élargir vos horizons, comme en apprendre davantage sur différentes cultures, essayer de nouvelles cuisines ou vous connecter avec des personnes d'horizons divers. Ces expériences peuvent fournir des informations précieuses et élargir votre perspective.

Aperçu des étoiles

Les aspects astrologiques de janvier indiquent un mois de croissance, d'autoréflexion et de transformation pour le Lion. C'est le moment d'aborder la dynamique des relations, de se concentrer sur les évolutions de carrière et de prendre des décisions financières judicieuses. Prendre soin de votre bien-être physique et émotionnel est crucial pendant cette période. Profitez des opportunités de voyage et d'exploration, qu'elles soient proches ou lointaines. N'oubliez pas de faire confiance à votre intuition et de rester connecté à votre sagesse intérieure. Les étoiles soutiennent votre cheminement vers la croissance et l'épanouissement personnels.

Meilleurs jours du mois : 3, 9 , 12 , 15 , 19 , 28 et 29 janvier .

Février 2024

Horoscope

Février apporte une combinaison d'énergies célestes qui façonneront votre chemin, Lion. C'est un mois d'introspection, de croissance émotionnelle et de recherche d'équilibre dans divers aspects de votre vie. Les aspects planétaires encouragent l'autoréflexion et offrent des opportunités de transformation personnelle. La stabilité financière est importante, alors faites attention à vos habitudes de dépenses. Prenez soin de votre bien-être physique et mental grâce à des pratiques d'auto-soins. Saisissez les opportunités de voyage et d'exploration pour élargir vos horizons. Les étoiles vous guident vers la croissance personnelle et l'épanouissement.

Aimer

Lion, votre vie amoureuse en février sera influencée par des émotions profondes et un désir de relations significatives. L'aspect carré entre Vénus en Capricorne et Chiron en Bélier le 5 février peut faire apparaître des vulnérabilités et des blessures dans vos relations. Il est essentiel d'aborder ces questions avec compassion et communication ouverte.

Au fur et à mesure que le mois avance, l'aspect sextile entre Vénus et Mars le 22 février renforce votre énergie romantique, déclenchant passion et intensité dans vos relations. Cet alignement vous encourage à exprimer vos désirs et à entretenir le lien émotionnel avec votre partenaire.

Pour les Léos célibataires, ce mois-ci offre des opportunités de nouvelles relations et d'approfondissement des amitiés. Embrassez les événements sociaux et engagez-vous dans des activités qui correspondent à vos passions et à vos valeurs. En étant fidèle à vous-même, vous attirerez un amour authentique et épanouissant dans votre vie.

Carrière

Lion, février présente des opportunités de croissance et d'avancement dans votre vie professionnelle. La conjonction entre Mercure et Saturne le 28 février vous permet de penser stratégiquement et de prendre des décisions éclairées. Votre concentration et votre détermination vous aideront à surmonter les défis et à atteindre vos objectifs.

Cependant, gardez à l'esprit l'aspect carré entre Mars et Jupiter le 27 février, car cela peut entraîner des tensions ou des luttes de pouvoir sur le lieu de travail. Restez calme et diplomate dans vos interactions et concentrez-vous sur la recherche d'un terrain d'entente pour résoudre les conflits.

Ce mois-ci, il est essentiel de rester organisé, de communiquer clairement et de tirer parti de vos capacités naturelles de leadership. Faites confiance à votre instinct et prenez des risques calculés si nécessaire. Votre travail acharné et votre dévouement mèneront à la reconnaissance et au succès de votre carrière.

Finances

Lion, votre stabilité financière est un objectif clé en février. L'aspect semi-carré entre Vénus et Saturne le 23 février vous rappelle de faire attention à vos habitudes de dépenses et d'adopter une approche disciplinée de vos finances. Il est important de créer un budget réaliste et de s'y tenir pour maintenir la stabilité.

L'aspect sextile entre Vénus et Neptune le 13 février apporte une touche d'inspiration et de créativité à vos décisions financières. Envisagez d'explorer de nouvelles sources de revenus ou de nouvelles opportunités d'investissement qui correspondent à vos passions et à vos valeurs.

Ce mois-ci est également le moment idéal pour revoir vos plans financiers à long terme et demander des conseils professionnels si nécessaire. Restez ouvert aux approches novatrices et soyez prêt à adapter vos stratégies pour optimiser votre croissance et votre sécurité financières.

Santé

Lion, prendre soin de votre bien-être physique et émotionnel est crucial en février. La conjonction entre le Soleil et Mercure le 28 février souligne l'importance d'équilibrer votre esprit et votre corps. Faites attention à votre santé mentale et engagez-vous dans des activités qui favorisent la détente et la paix intérieure.

Il est essentiel d'écouter les besoins de votre corps et d'établir une routine de soins personnels qui comprend des exercices réguliers, des repas nutritifs et un repos suffisant. L'aspect semi-carré entre Mars et Neptune le 24 février vous rappelle de faire attention à votre niveau d'énergie et d'éviter le surmenage.

Ce mois-ci, privilégiez les techniques de gestion du stress telles que la méditation, le yoga ou les loisirs qui vous apportent joie et épanouissement. Entourez-vous d'un réseau d'amis et d'êtres chers qui vous soutiennent et vous encouragent dans votre parcours de bien-être.

Voyage

Lion, février offre des opportunités de voyage et d'exploration, qu'elles soient proches ou lointaines. Avec l'aspect quintile du Soleil par rapport à Uranus le 26 février, vous ressentirez peut-être un désir de spontanéité et d'aventure. Saisissez les occasions de visiter de nouveaux endroits, de découvrir différentes cultures ou de vous engager dans des activités de plein air qui enflamment votre sens de l'émerveillement.

S'il n'est pas possible de voyager sur de longues distances, envisagez d'explorer votre environnement local et de découvrir des trésors cachés dans votre propre arrière-cour. Participez à des excursions d'une journée, à des escapades d'un week-end ou visitez des endroits que vous avez toujours voulu explorer. La clé est de vous libérer de votre routine et de rechercher de nouvelles expériences qui élargissent vos horizons.

Aperçu des étoiles

Les énergies célestes de février encouragent la croissance personnelle, la guérison émotionnelle et la recherche de l'équilibre dans divers domaines de votre vie, Lion. C'est un mois pour approfondir les relations, faire des changements de carrière stratégiques et se concentrer sur la stabilité financière. Privilégiez les soins personnels et écoutez les besoins de votre corps. Saisissez les opportunités de voyage et d'exploration, que ce soit à travers des voyages physiques ou en élargissant vos horizons grâce à de nouvelles expériences. Les astres illuminent votre chemin et vous guident vers la découverte de soi et l'épanouissement.

Meilleurs jours du mois : 5, 13, 22, 26, 27 et 28 février.

Mars 2024

Horoscope

Mars apporte une combinaison d'énergies célestes qui auront un impact sur votre chemin, Lion. C'est un mois d'inspiration créative, de profondeur émotionnelle et de découverte de soi. Les aspects planétaires vous encouragent à embrasser votre intuition, à poursuivre vos passions et à rechercher l'équilibre dans divers aspects de votre vie. Les relations, la carrière, les finances et la santé nécessitent tous de l'attention et des soins. Prenez le temps de réfléchir et cultivez votre bien-être émotionnel. Mars offre également des opportunités d'expériences de voyage passionnantes qui élargissent vos horizons. Faites confiance à votre instinct et laissez les étoiles vous guider vers la croissance et l'épanouissement personnels.

Aimer

Lion, en mars, l'amour occupe le devant de la scène. L'aspect sextile entre Vénus et Chiron le 6 mars apporte la guérison et des liens émotionnels profonds dans vos relations. C'est le moment d'exprimer ouvertement vos sentiments et d'accepter la vulnérabilité. Les Lions célibataires peuvent se trouver attirés par des personnes compatissantes et compréhensives qui ont le potentiel d'établir une relation durable. Nourrissez vos relations par une communication ouverte, la confiance et des actes de gentillesse. Faites attention à l'aspect carré entre Vénus et Uranus le 3 mars, car il peut apporter des changements ou des perturbations inattendus dans votre vie amoureuse. Considérez ces changements comme des opportunités de croissance et de transformation.

Carrière

Mars présente des opportunités d'avancement de carrière et de croissance professionnelle, Leo. La conjonction entre Mercure et Neptune le 8 mars améliore votre créativité et votre intuition au travail. Faites confiance à votre instinct et comptez sur vos capacités naturelles de leadership pour prendre des décisions stratégiques. Cependant, gardez à l'esprit l'aspect carré entre Mars et Uranus le 9 mars, car il peut apporter des défis ou des perturbations inattendus dans votre vie professionnelle. Restez adaptable et abordez les obstacles avec un état d'esprit flexible. Concentrez-vous sur une communication, une collaboration et une résolution de problèmes efficaces pour surmonter tous les obstacles. Avec détermination et persévérance, vous pouvez faire des progrès significatifs dans votre carrière ce mois-ci.

Finance

La stabilité financière est un objectif clé pour Leo en mars. L'aspect semi-carré entre Vénus et Pluton le 12 mars vous rappelle d'être attentif à vos décisions financières et d'éviter les dépenses impulsives. Il est important de créer un budget, de suivre vos dépenses et de faire des investissements judicieux. L'aspect sextile entre Vénus et Jupiter le 24 mars offre des opportunités de croissance financière et d'abondance. Restez ouvert aux nouvelles sources de revenus ou aux opportunités financières inattendues qui pourraient se présenter à vous. Demandez conseil à des conseillers financiers de confiance si nécessaire. N'oubliez pas d'épargner et d'investir judicieusement pour assurer la stabilité financière à long terme.

Santé

En mars, prendre soin de son bien-être physique et mental est primordial, Lion. La conjonction entre le Soleil et Neptune le 17 mars vous invite à prioriser les pratiques de soins personnels et à entretenir votre santé émotionnelle. Participez à des activités qui favorisent la relaxation, comme la méditation, le yoga ou passer du temps dans la nature. L'aspect semi-carré entre Mars et Chiron le 27 mars vous rappelle de faire attention à votre niveau d'énergie et d'éviter de vous pousser trop fort. Équilibrez l'exercice physique avec suffisamment de repos et de récupération. Écoutez les besoins de votre corps et faites des choix conscients qui favorisent votre bien-être général.

Voyage

Mars offre des opportunités de voyage et d'exploration, Lion. L'aspect carré entre le Soleil et Uranus le 9 mars enflamme votre sens de l'aventure et vous encourage à rechercher de nouvelles expériences. Qu'il s'agisse d'une excursion d'une journée spontanée ou de vacances planifiées, saisissez l'opportunité de sortir de votre zone de confort et de découvrir de nouveaux horizons. Connectez-vous à différentes cultures, essayez les cuisines locales et plongez dans un nouvel environnement. Si le voyage n'est pas possible, explorez votre région et découvrez des trésors cachés. S'engager dans de nouvelles expériences et élargir vos horizons vous apportera inspiration et croissance personnelle.

Aperçus des étoiles

Les énergies célestes de mars mettent l'accent sur la profondeur émotionnelle, la croissance personnelle et l'équilibre, Lion. Faites confiance à votre intuition, acceptez la vulnérabilité et entretenez vos relations. Dans votre carrière, fiez-vous à votre instinct et adaptez-vous aux changements inattendus. La stabilité financière exige une prise de décision consciente et des investissements judicieux. Prenez soin de votre bien-être physique et mental grâce à des pratiques d'auto-soins. Saisissez les opportunités de voyage et d'exploration pour élargir vos horizons. Les étoiles vous guident vers la guérison émotionnelle, la créativité et l'épanouissement personnel.

Jours du mois : 6 , 9 , 12 , 17 , 24 , 27 et 28 mars .

Avril 2024

Horoscope

Avril apporte un mélange d'énergies dynamiques pour vous, Lion. C'est un mois d'expression de soi, de passion et de croissance. Les aspects célestes vous inspirent à embrasser votre individualité, à exprimer votre créativité et à poursuivre vos passions avec vigueur. C'est un moment de transformation personnelle et de prise de pouvoir. Cependant, soyez conscient du besoin d'équilibre et évitez les décisions impulsives. Entretenez vos relations, restez concentré sur votre carrière et faites attention à votre bien-être financier. Prenez soin de votre santé physique et mentale grâce à des pratiques d'auto-soins. Des opportunités de voyage peuvent se présenter, offrant une chance d'aventure et de nouvelles expériences. Faites confiance à la sagesse des étoiles lorsque vous naviguez dans les énergies d'avril.

Aimer

Lion, l'amour occupe le devant de la scène en avril. La conjonction entre Vénus et Chiron le 21 avril ouvre la porte à des liens émotionnels profonds et à la guérison dans vos relations. C'est un moment de pardon, de compassion et de compréhension. Les Lions célibataires peuvent être attirés par des partenaires qui reflètent leur force et leur authenticité. Acceptez la vulnérabilité et communiquez ouvertement vos besoins. Attention cependant à l'aspect semi-carré entre Vénus et Uranus le 10 avril, qui peut apporter des changements ou des perturbations inattendus dans votre vie amoureuse. Considérez ces changements comme des opportunités de croissance et de confiance dans le pouvoir transformateur de l'amour.

Carrière

Avril apporte des opportunités d'avancement de carrière et de croissance professionnelle, Lion. L'aspect sextile entre Mars et Jupiter le 19 avril booste votre confiance et votre ambition. C'est un moment propice pour prendre des mesures audacieuses, fixer de nouveaux objectifs et poursuivre vos aspirations professionnelles. Cependant, l'aspect semi-carré entre Mercure et Mars le 6 avril incite à la prudence dans la communication et la prise de décision. Choisissez vos mots avec soin et considérez l'impact de vos actions sur les autres. Maintenez une approche équilibrée du travail, en évitant l'impulsivité ou le surmenage. Recherchez la collaboration et soyez ouvert aux nouvelles idées qui peuvent faire avancer votre carrière.

Finance

La stabilité financière et la prise de décision consciente sont des objectifs clés pour Leo en avril. La conjonction entre Vénus et Neptune le 3 avril vous incite à faire confiance à votre intuition en matière financière.

Attention cependant à l'aspect semi-carré entre Vénus et Saturne le 30 avril qui vous rappelle de faire preuve de prudence et d'éviter les risques inutiles. Respectez votre budget, faites des investissements judicieux et demandez conseil à un professionnel si nécessaire. Avril présente des opportunités de croissance financière, mais nécessite une planification minutieuse et de la discipline. Restez concentré sur la stabilité à long terme et résistez aux dépenses impulsives. La patience et une approche stratégique mèneront au succès financier.

Santé

En avril, prendre soin de son bien-être physique et mental est primordial, Lion. La conjonction entre Mars et Neptune le 29 avril vous rappelle de faire attention à vos niveaux d'énergie et à vos limites émotionnelles. Pratiquez des routines de soins personnels qui rajeunissent votre corps et nourrissent votre âme. Incorporez des activités telles que le yoga, la méditation ou passez du temps dans la nature pour favoriser la relaxation et l'équilibre intérieur. Soyez conscient de l'aspect semi-carré entre le Soleil et Saturne le 2 avril, qui peut entraîner des baisses temporaires d'énergie ou des sensations de fatigue. Écoutez les besoins de votre corps, privilégiez le repos et recherchez un soutien émotionnel si nécessaire. Équilibrez travail et loisirs pour maintenir votre santé et votre bien-être en général.

Voyage

Avril offre des opportunités de voyage et d'exploration, Lion. La conjonction entre Vénus et Chiron le 21 avril vous incite à rechercher de nouvelles expériences et à élargir vos horizons. Qu'il s'agisse d'une excursion d'une journée spontanée ou d'une escapade planifiée, saisissez l'occasion de découvrir de nouvelles cultures, cuisines et paysages. Voyager seul ou avec des êtres chers peut approfondir vos relations et fournir des informations précieuses. Cependant, gardez à l'esprit l'aspect semi-carré entre Vénus et Saturne le 13 avril, qui peut nécessiter une planification et une budgétisation minutieuses des frais de voyage. Préparez-vous longtemps à l'avance et tenez compte des aspects pratiques tels que l'hébergement et le transport. Embrassez le sens de l'aventure et embrassez le monde avec un cœur et un esprit ouverts.

Aperçu des étoiles

Les alignements célestes d'avril vous guident vers la croissance personnelle, la guérison émotionnelle et l'expression de votre moi authentique. Faites confiance au pouvoir transformateur de l'amour, saisissez les opportunités d'avancement professionnel et prenez des décisions financières judicieuses. Nourrissez votre santé physique et mentale grâce à des pratiques d'auto-soins et équilibrez le travail avec la relaxation. Explorez de nouveaux horizons à travers les voyages et restez ouvert aux leçons et aux expériences qui vous attendent. Les étoiles vous rappellent votre force intérieure et vous encouragent à entrer dans votre pouvoir, permettant à votre lumière de briller de mille feux.

Meilleurs jours du mois : 4 , 8 , 11 , 15 , 19 , 22 et 25 avril

Mai 2024

Horoscope

Mai est un mois d'une profonde signification pour vous, Lion. Alors que le Soleil poursuit son voyage à travers le Taureau, il illumine votre secteur d'expression de soi, de créativité et de croissance personnelle. Les énergies célestes de ce mois-ci vous invitent à embrasser votre feu intérieur, à libérer vos passions et à accéder à votre pouvoir avec une confiance inébranlable. C'est une période de transformation profonde et un appel à honorer votre moi authentique.

La conjonction entre Vénus et Uranus le 18 mai déclenche une étincelle d'excitation et apporte des rencontres inattendues dans votre vie amoureuse. Cet alignement cosmique vous encourage à vous libérer des schémas conventionnels et à explorer de nouvelles connexions. Les Lions célibataires peuvent se retrouver attirés par des partenaires uniques et non conventionnels, tandis que ceux qui entretiennent des relations engagées peuvent ressentir une revitalisation de l'amour et une infusion d'énergie électrisante. Cependant, soyez prudent quant à l'aspect semi-carré entre Vénus et Mars le 29 mai, car il peut apporter des tensions ou des conflits dans les relations. Une communication ouverte et honnête est essentielle pour maintenir l'harmonie pendant cette période.

En résumé, mai est un mois de transformation pour vous, Lion. Embrassez votre moi authentique, suivez les désirs de votre cœur et faites confiance au voyage. Les énergies célestes soutiennent votre croissance personnelle, votre vie amoureuse, vos aspirations professionnelles, votre stabilité financière, votre santé et vos voyages. Laissez-vous guider par les étoiles alors que vous naviguez dans les profondes énergies de mai, et rappelez-vous que vous avez le pouvoir de façonner votre destin et de manifester vos rêves.

Aimer

Lion, l'amour occupe le devant de la scène en mai. La conjonction entre Vénus et Uranus le 18 mai apporte excitation et rencontres inattendues dans votre vie amoureuse. C'est le moment d'explorer de nouvelles connexions, d'embrasser la spontanéité et de se libérer des schémas conventionnels. Les Lions célibataires peuvent être attirés par des partenaires uniques et non conventionnels. Attention toutefois à l'aspect semi-carré entre Vénus et Mars le 29 mai, qui peut apporter des tensions ou des conflits. Pratiquez une communication ouverte et honnête pour maintenir l'harmonie dans vos relations. Embrassez la nature aventureuse et imprévisible de l'amour et ayez confiance que les bonnes relations se développeront.

Carrière

Mai apporte des opportunités de croissance de carrière et de développement professionnel, Leo. L'aspect sextile entre Mars et Pluton le 3 mai vous donne la détermination et la capacité de surmonter les obstacles. C'est une période propice pour affirmer vos ambitions, relever de nouveaux défis et progresser dans votre carrière.

Cependant, gardez à l'esprit l'aspect carré entre Mercure et Pluton le 17 mai, qui conseille la prudence dans la communication et la prise de décision. Choisissez judicieusement vos mots et évitez les luttes de pouvoir. Recherchez des collaborations et des opportunités de réseautage qui peuvent améliorer votre parcours professionnel. Embrassez vos compétences en leadership et faites confiance à vos capacités pour réussir.

Finance

La stabilité financière et la planification stratégique sont des priorités pour Leo en mai. La conjonction entre Vénus et Jupiter le 23 mai apporte des opportunités d'abondance et de croissance financière. C'est le moment d'élargir vos horizons financiers et de rechercher de nouvelles sources de revenus. Cependant, méfiez-vous de l'aspect semi-carré entre Vénus et Neptune le 10 mai, qui peut obscurcir votre jugement ou conduire à des dépenses impulsives. Maintenez une approche équilibrée de la gestion de l'argent et évitez les investissements risqués. Fixez-vous des objectifs financiers réalistes et respectez votre budget. Demandez conseil à un professionnel si nécessaire et faites confiance à votre instinct lorsque vous prenez des décisions financières.

Santé

En mai, donner la priorité à votre bien-être physique et mental est crucial, Lion. L'aspect semi-carré entre le Soleil et Neptune le 3 mai vous rappelle de maintenir des limites saines et de faire attention à vos niveaux d'énergie. Pratiquez des routines de soins personnels qui rajeunissent votre corps et nourrissent votre âme. L'exercice régulier, une bonne nutrition et un repos suffisant sont essentiels pour maintenir votre vitalité. Faites attention à ne pas vous dépasser ou à assumer trop de responsabilités. Recherchez le soutien de vos proches et intégrez des techniques de gestion du stress à votre routine quotidienne. Adoptez des pratiques de relaxation telles que la méditation ou passez du temps dans la nature pour favoriser l'équilibre intérieur et le bien-être général.

Voyage

Mai présente des opportunités de voyage et d'exploration, Lion. La conjonction entre Vénus et Uranus le 18 mai enflamme votre sens de l'aventure et vous encourage à embrasser la spontanéité. C'est un moment propice pour planifier une escapade ou entreprendre un voyage de découverte de soi. Ouvrez-vous à de nouvelles cultures, expériences et perspectives. Cependant, gardez à l'esprit les considérations pratiques et planifiez soigneusement vos voyages pour garantir des expériences fluides. Embrassez la liberté et l'inspiration qu'apportent les voyages et permettez-vous de sortir de votre zone de confort. Qu'il s'agisse d'une aventure en solo ou d'une expérience partagée avec des êtres chers, le mois de mai offre une chance de créer des souvenirs durables et d'élargir vos horizons.

Aperçu des étoiles

Mai apporte une puissante énergie de transformation et de croissance pour le Lion. Faites confiance à votre intuition et suivez les désirs de votre cœur. Embrassez le changement, soyez ouvert à de nouvelles expériences et permettez à votre moi authentique de briller. Ce mois-ci vous encourage à exploiter votre pouvoir personnel et à poursuivre vos passions avec confiance. N'oubliez pas de maintenir l'équilibre, de pratiquer une communication ouverte et de donner la priorité aux soins personnels. Les étoiles vous rappellent votre force inhérente et vous guident vers un chemin de découverte de soi et d'épanouissement. Faites confiance au voyage et embrassez les énergies transformatrices que May apporte.

Meilleurs jours du mois : 7 , 11 , 15 , 18 , 21 , 25 et 30 mai

Juin 2024

Horoscope

Cher Lion, préparez-vous pour un mois passionnant et transformateur à venir ! Les énergies cosmiques conspirent pour apporter des changements positifs et des opportunités sur votre chemin. Alors que le Soleil se déplace à travers les Gémeaux, votre secteur de communication et d'expression de soi, vos mots deviennent un outil puissant pour manifester vos désirs. C'est le moment idéal pour partager vos idées, engager des conversations significatives et captiver les autres avec votre charme charismatique. Embrassez le pouvoir de votre créativité et faites entendre votre voix. Soyez ouvert à de nouvelles expériences et embrassez les vents du changement qui soufflent en votre faveur.

Aimer

En matière de cœur, June apporte passion, intensité et une pointe d'imprévisibilité. L'aspect sextile entre le Soleil et True Node le 3 juin allume les flammes de la romance, apportant des liens émotionnels profonds et des rencontres passionnantes. Les Lions célibataires peuvent se trouver attirés par des individus magnétiques et captivants qui éveillent leurs désirs. Attention cependant à l'aspect carré entre Vénus et Neptune le 8 juin qui peut créer de la confusion ou des illusions dans les relations. L'honnêteté, la transparence et une communication ouverte sont essentielles pour relever ces défis et maintenir des relations harmonieuses. Plongez au cœur de vos émotions, exprimez vos vrais sentiments et forgez des liens basés sur la confiance et l'authenticité.

Carrière

Lion, ce mois-ci, les projecteurs brillent de mille feux sur vos efforts professionnels. L'aspect trigone entre Mercure et Saturne le 19 juin vous donne la concentration, la discipline et la réflexion stratégique. Votre capacité à communiquer vos idées avec précision et à obtenir le soutien de vos collègues et supérieurs est à son apogée. Profitez de cette énergie favorable pour poursuivre de nouvelles responsabilités, engager des négociations ou vous lancer dans des projets entrepreneuriaux. La conjonction entre Mercure et Vénus le 14 juin apporte des collaborations et des partenariats favorables qui peuvent mener au succès et à l'épanouissement. Cependant, gardez à l'esprit l'aspect carré entre Mercure et Chiron le 28 juin, qui peut temporairement défier votre confiance et votre prise de décision. Ayez confiance en vos capacités, demandez conseil si nécessaire et restez attaché à vos objectifs à long terme.

Finance

Lion, juin vous présente des perspectives financières mitigées. L'aspect carré entre Vénus et Saturne le 8 juin incite à la prudence en matière monétaire. Il est essentiel de pratiquer une budgétisation prudente, d'éviter les dépenses impulsives et de se concentrer sur la stabilité financière à long terme. Demandez conseil à un professionnel et effectuez des recherches approfondies avant de faire des investissements importants ou de prendre des décisions financières. Cependant, l'aspect sextile entre Vénus et Mars le 29 juin offre un potentiel de gains financiers grâce à des coentreprises ou des collaborations. Restez ouvert aux partenariats qui correspondent à vos valeurs et à vos objectifs à long terme. Exploitez votre charisme naturel et vos compétences en négociation pour obtenir des offres favorables et des opportunités financières avantageuses.

Santé

Lion, prendre soin de votre bien-être devient primordial en juin. L'aspect quintile du Soleil avec Neptune le 1er juin vous encourage à explorer des pratiques holistiques, la méditation ou des activités spirituelles qui améliorent votre bien-être émotionnel et mental. Trouvez un équilibre entre vos engagements professionnels et votre vie personnelle, en vous assurant de donner la priorité aux routines de soins personnels. S'engager dans des activités physiques qui vous procurent de la joie et aide à évacuer le stress est très bénéfique. Faites attention à vos besoins émotionnels et demandez le soutien de vos proches ou de professionnels si nécessaire. N'oubliez pas de prendre du temps pour vous, permettant des moments de solitude pour recharger et rajeunir votre énergie.

Voyage

Lion, juin vous invite à embarquer pour des voyages passionnants et à explorer de nouveaux horizons. La conjonction entre Mercure et Jupiter le 4 juin attise votre curiosité et enflamme une soif d'expériences nouvelles. Planifiez des courts séjours ou des escapades qui élargissent vos horizons et vous offrent le dépaysement. Qu'il s'agisse d'une aventure en solo ou de moments de qualité passés avec des êtres chers, saisissez l'opportunité de créer des souvenirs durables et d'acquérir de nouvelles connaissances. Les voyages peuvent également ouvrir la porte à de précieuses opportunités de réseautage et élargir vos relations professionnelles. Gardez l'esprit ouvert, soyez réceptif aux différentes cultures et laissez-vous immerger dans la beauté et la diversité du monde.

Aperçu des étoiles

Lion, les alignements célestes de juin vous permettent d'accepter le changement, d'exprimer votre créativité et de nourrir vos relations. C'est un mois où vos mots ont un pouvoir immense, vous permettant de captiver les autres avec votre charme et votre influence. Faites confiance à votre intuition et laissez votre passion vous guider en matière de cœur. Dans votre carrière, concentrez-vous sur une communication efficace, une réflexion stratégique et la création d'alliances qui soutiennent vos ambitions. Cultivez votre bien-être et faites de votre bien-être une priorité. Embrassez les aventures que les voyages apportent et laissez-les élargir vos horizons. N'oubliez pas que les étoiles sont alignées en votre faveur, alors saisissez les opportunités qui se présentent à vous !

Meilleurs jours du mois : 4, 8 , 14 , 19 , 22 , 28 et 29 juin .

Juillet 2024

Horoscope

En juillet, Lion, vous allez vivre une période dynamique et transformatrice. L'alignement de Jupiter en Gémeaux et de Chiron en Bélier suggère que vous serez mis au défi de faire face à toutes les insécurités et blessures profondément enracinées qui auraient pu entraver votre croissance personnelle. C'est une opportunité de guérison et de croissance, vous permettant de sortir plus fort et plus sûr de vous. La présence de Mercure quintile Mars met l'accent sur une communication efficace et l'affirmation de soi, vous permettant d'exprimer vos idées et vos désirs avec clarté et confiance. Cependant, méfiez-vous du demi-carré entre le Soleil en Cancer et Uranus en Taureau, qui peut introduire des perturbations ou des changements inattendus dans vos plans. Adoptez la flexibilité et l'adaptabilité pour relever ces défis avec succès.

Aimer

Lion, votre vie sentimentale en juillet se caractérise par une intensité et une transformation émotionnelles. Le trigone entre Vénus en Cancer et Saturne en Poissons indique la stabilité et l'engagement dans vos relations. C'est un excellent moment pour approfondir les liens émotionnels et construire une base solide. Cependant, le carré entre Vénus et Chiron peut faire apparaître des blessures émotionnelles non résolues, nécessitant une communication honnête et une vulnérabilité avec votre partenaire. Profitez de cette occasion pour guérir et renforcer votre connexion. Les Lions célibataires peuvent être attirés par des relations profondes et transformatrices, mais il est important de rester fidèle à votre moi authentique et de ne pas compromettre vos valeurs.

Carrière

Juillet présente des opportunités prometteuses pour votre carrière, Lion. Le sextile entre Mercure et Jupiter améliore vos compétences en communication et vos capacités intellectuelles, vous permettant d'articuler vos idées avec confiance et enthousiasme. Cela peut conduire à de nouvelles collaborations, à des négociations favorables et à des présentations réussies. Le trigone entre Mercure et le vrai nœud suggère que vos idées et vos actions s'alignent sur vos objectifs et aspirations à long terme, apportant reconnaissance et avancement. Cependant, soyez conscient de l'aspect sesquiquadrate entre Mercure et Neptune, qui peut introduire une certaine confusion ou des influences trompeuses. Faites confiance à votre intuition et recherchez la clarté pour prendre des décisions éclairées.

Finance

Lion, vos perspectives financières en juillet sont stables et sûres. Le trigone entre Vénus et Saturne indique une approche disciplinée et responsable des questions d'argent. C'est une période propice à la planification financière à long terme, aux investissements et à l'épargne. Le demi-carré entre le Soleil et Jupiter suggère le besoin de modération et de prudence, en évitant les dépenses excessives ou les décisions financières impulsives. Restez concentré sur vos objectifs financiers et résistez à la tentation de vous livrer à des dépenses inutiles. La prudence financière assurera la stabilité et la croissance future.

Santé

En termes de santé, le mois de juillet souligne l'importance des soins personnels et du bien-être émotionnel, Lion. Le carré entre le Soleil et Chiron peut soulever des problèmes émotionnels non résolus ou un inconfort physique. Prenez le temps de prendre soin de vous et de résoudre tout problème de santé persistant. L'intégration d'activités qui favorisent la relaxation et le soulagement du stress, comme la méditation ou des exercices doux, peut grandement améliorer votre bien-être général. N'oubliez pas d'écouter les besoins de votre corps et de demander conseil à un professionnel si nécessaire. Donner la priorité aux soins personnels vous aidera à maintenir votre équilibre et votre vitalité tout au long du mois.

Voyage

Juillet présente des opportunités d'expériences de voyage passionnantes et enrichissantes, Lion. Le sextile entre Mars et Neptune imprègne vos aventures d'inspiration, de créativité et d'un sens de l'aventure. Que vous vous lanciez dans une escapade spontanée d'un week-end ou dans un voyage international bien planifié, vous trouverez de la joie et de la croissance personnelle grâce à l'exploration. Embrasser de nouvelles cultures, s'immerger dans des environnements différents et s'ouvrir à des rencontres inattendues. Voyager peut élargir votre perspective et offrir de nouvelles perspectives, vous permettant de rentrer chez vous avec un sens renouvelé du but.

Aperçus des étoiles

L'alignement céleste de juillet vous pousse, Lion, à accepter le changement et la transformation. La présence de Jupiter et de Chiron signifie une période de croissance et de guérison, vous offrant la possibilité d'affronter et de surmonter des peurs ou des insécurités profondes. Ayez confiance en votre capacité à relever les défis et ayez confiance en votre propre résilience. Cette énergie transformatrice façonnera votre vie personnelle et professionnelle, jetant les bases d'un succès et d'un épanouissement durables. Embrassez les conseils des étoiles et saisissez les opportunités qui s'offrent à vous.

Jours du mois : 2 , 8 , 11 , 15 , 19 , 21 , 31 juillet .

Août 2024

Horoscope

Lion, le mois d'août vous apporte un mélange d'énergie dynamique et d'opportunités de transformation. Avec Mars sextile True Node, vous aurez la motivation et la détermination nécessaires pour poursuivre vos objectifs et aligner vos actions sur vos aspirations à long terme. Cependant, le demi-carré entre Mars et Chiron peut faire apparaître des insécurités ou des blessures qui doivent être soignées. Il est essentiel d'affronter ces défis et de travailler sur la croissance personnelle. L'aspect quintile entre Vénus et Jupiter améliore votre charme et vos interactions sociales, attirant des expériences positives et élargissant vos relations. Cependant, méfiez-vous du carré entre Vénus et Uranus, qui peut introduire des changements ou des perturbations inattendus dans vos relations. Adoptez l'adaptabilité et l'ouverture d'esprit pour naviguer avec succès dans ces changements.

Aimer

En matière de cœur, août offre au Lion une opportunité de croissance et d'approfondissement des relations. Le biquintile entre Vénus et Jupiter renforce votre charisme romantique, vous rendant plus séduisant et captivant pour des partenaires potentiels. C'est une période propice aux rencontres passionnées et aux liens significatifs. Cependant, l'aspect en quinconce entre Vénus et Neptune peut introduire une certaine confusion ou des attentes irréalistes. Assurez une communication ouverte et honnête pour éviter les malentendus et maintenir l'harmonie dans vos relations. Pour les Lions engagés, c'est le moment de nourrir et de renforcer le lien émotionnel avec votre partenaire, en soutenant la croissance et les aspirations de chacun.

Carrière

Lion, votre vie professionnelle en août est marquée par l'affirmation de soi et la détermination. Le biquintile entre Soleil et Saturne vous permet de prendre en main votre carrière et de progresser vers vos objectifs. Vos compétences en leadership et votre capacité à gérer les responsabilités brillent de mille feux pendant cette période. La conjonction de Mercure et Vénus apporte des compétences de communication et de négociation efficaces, ce qui en fait une période idéale pour une collaboration et des partenariats fructueux. Cependant, soyez conscient du carré entre le Soleil et Uranus, qui peut introduire des changements ou des perturbations inattendus dans vos projets professionnels. Adoptez la flexibilité et l'adaptabilité pour relever ces défis et les transformer en opportunités de croissance.

Finance

Le mois d'août présente des perspectives financières stables et sûres pour Leo. Le trigone entre Vénus et Uranus apporte des opportunités financières inattendues et des idées innovantes pour générer des revenus. Vous pouvez rencontrer de nouvelles perspectives d'investissement ou des sources de revenus non conventionnelles. Cependant, l'aspect quinconce entre Soleil et Saturne met en garde contre les décisions financières impulsives. Maintenez une approche équilibrée, en évaluant soigneusement les risques et les avantages avant de prendre des engagements financiers importants. Concentrez-vous sur la stabilité financière à long terme et engagez-vous dans une planification financière prudente pour assurer votre avenir.

Santé

En termes de santé, August rappelle à Leo de donner la priorité aux soins personnels et au bien-être émotionnel. L'aspect sesquiquadrate entre Soleil et Neptune suggère le besoin d'équilibre et de détente. Faites attention à votre santé mentale et émotionnelle, en vous assurant un repos et une gestion du stress adéquats. Participez à des activités qui favorisent la relaxation et le rajeunissement, comme la méditation, le yoga ou passer du temps dans la nature. Nourrir votre bien-être émotionnel améliorera votre vitalité globale et vous permettra d'aborder la vie avec une énergie et un enthousiasme renouvelés.

Voyage

Lion, le mois d'août offre des opportunités passionnantes de voyage et d'exploration. L'aspect quintile entre Mars et Neptune imprègne vos aventures de créativité, d'inspiration et d'un sens de l'aventure. Qu'il s'agisse d'une escapade d'un week-end spontanée ou de vacances bien planifiées, saisissez l'opportunité de vous immerger dans de nouvelles cultures, environnements et expériences. Voyager pendant cette période élargira vos horizons, stimulera votre esprit et vous fournira des informations précieuses. Embrassez l'inconnu et tirez le meilleur parti du pouvoir transformateur du voyage.

Aperçu des étoiles

L'alignement céleste en août met l'accent sur le besoin de croissance personnelle et de transformation, Lion. La présence de Jupiter et de Pluton vous pousse à affronter des peurs ou des insécurités profondes, permettant un développement personnel profond. C'est le moment de se libérer des croyances limitantes et d'embrasser votre véritable potentiel. Le quintile entre Jupiter et le vrai nœud indique que l'alignement de vos actions sur le but de votre vie conduira à des résultats favorables et à une croissance spirituelle. Faites confiance à la sagesse des étoiles et embrassez l'énergie transformatrice qui vous entoure.

Meilleurs jours du mois : 2 , 6 , 15 , 22 , 23 , 27 et 30 août .

Septembre 2024

Horoscope

Lion, septembre apporte une période d'autoréflexion, de communication et d'opportunités de croissance personnelle. Avec l'aspect trigone entre Mercure et Chiron, vous êtes encouragé à explorer et à guérir les blessures émotionnelles, favorisant une plus grande conscience de soi et une meilleure compréhension. C'est un moment propice à l'introspection et à l'engagement dans des conversations qui favorisent la guérison émotionnelle. L'aspect quintile entre le Soleil et Mars améliore votre énergie, votre motivation et votre assurance, vous permettant d' agir pour atteindre vos objectifs. Cependant, soyez conscient du carré entre Mars et Neptune, qui peut introduire une certaine confusion ou un manque de clarté. Il est essentiel de garder les pieds sur terre et de faire confiance à votre intuition pour relever ces défis avec succès.

Aimer

En matière de cœur, septembre offre au Lion des opportunités de liens profonds et de croissance émotionnelle. L'opposition entre Vénus et True Node peut apporter des tensions ou des désirs contrastés au sein de vos relations. Il est crucial de trouver un équilibre entre vos besoins personnels et les attentes de votre partenaire. Une communication ouverte et honnête sera la clé pour maintenir l'harmonie et trouver des solutions. L'aspect sesquiquadrate entre Vénus et Jupiter suggère le besoin de modération et d'équilibre dans l'amour et les relations. Prenez le temps de nourrir et d'apprécier le lien émotionnel que vous partagez avec votre partenaire, favorisant la confiance et la compréhension mutuelle.

Carrière

Septembre apporte des développements positifs et une croissance dans votre vie professionnelle, Lion. Le trigone entre le Soleil et Uranus ouvre les portes à de nouvelles opportunités et à des idées innovantes dans votre carrière. Adoptez le changement et soyez ouvert aux approches non conventionnelles qui peuvent mener au succès. L'aspect carré entre Mercure et Jupiter stimule vos compétences en communication et en négociation, ce qui en fait un excellent moment pour les collaborations, le réseautage et l'expansion de vos relations professionnelles. Cependant, méfiez-vous du quinconce entre Mercure et Chiron, qui peut introduire des défis ou des malentendus. Restez patient, écoutez attentivement et clarifiez tout malentendu pour maintenir des relations professionnelles harmonieuses.

Finance

Lion, septembre présente des perspectives financières favorables avec des opportunités de stabilité et de croissance. L'aspect trigone entre Mercure et Pluton améliore votre perspicacité financière, vous permettant de prendre des décisions éclairées et d'élaborer des stratégies efficacement. C'est le moment de se concentrer sur la planification financière à long terme et les opportunités d'investissement qui peuvent donner des résultats fructueux. Cependant, l'opposition entre Vénus et Saturne met en garde contre les dépenses impulsives ou les entreprises financières risquées. Faites preuve de prudence et d'une budgétisation disciplinée pour maintenir la stabilité financière et assurer la prospérité future.

Santé

En termes de santé, septembre rappelle au Lion de donner la priorité aux soins personnels et à l'équilibre. L'aspect sesquiquadrate entre Soleil et Pluton suggère le besoin de modération et d'éviter les extrêmes. Maintenez une approche équilibrée de votre bien-être, en vous concentrant à la fois sur votre santé physique et émotionnelle. Faites de l'exercice régulièrement, mangez des aliments nourrissants et pratiquez la pleine conscience pour favoriser la vitalité générale et la clarté mentale. Il est également essentiel de gérer le stress et de créer un espace de détente et de rajeunissement. Prendre soin de votre bien-être vous permettra d'aborder les défis avec résilience et de maintenir une santé optimale.

Voyage

Lion, septembre offre des opportunités de voyage et d'exploration qui élargiront vos horizons et stimuleront la croissance personnelle. L'aspect biquintile entre Vénus et Neptune insuffle à vos voyages inspiration, créativité et sens de l'aventure. Qu'il s'agisse d'un voyage spontané ou de vacances bien planifiées, saisissez l'opportunité de vous immerger dans de nouvelles cultures, expériences et environnements. Les voyages fourniront des informations précieuses, élargiront votre perspective et permettront une transformation personnelle. Embrassez l'inconnu et tirez le meilleur parti du pouvoir transformateur du voyage.

Aperçu des étoiles

L'alignement céleste en septembre encourage le Lion à se concentrer sur la croissance personnelle, l'autoréflexion et la communication efficace. Le trigone entre Mercure et Chiron vous invite à affronter les blessures émotionnelles et à vous engager dans des conversations de guérison qui favorisent la conscience et la compréhension de soi. Faites confiance à votre intuition et relevez tous les défis avec grâce et résilience. L'aspect quintile entre le Soleil et Mars vous insuffle de l'énergie, de la motivation et de l'assurance, vous permettant d'avancer avec confiance vers vos objectifs. Adoptez le changement, maintenez l'équilibre dans les relations et abordez les questions personnelles et professionnelles avec une perspective équilibrée.

Jours du mois : 2 , 10 , 12 , 15 , 19 , 25 et 30 septembre .

Octobre 2024

Horoscope

Lion, octobre apporte une énergie transformatrice et introspective alors que vous plongez profondément dans vos émotions et vos relations. Avec l'aspect sesquiquadrate entre Mercure et Uranus, vous pouvez rencontrer des changements ou des perturbations inattendus dans la communication. Il est important de rester adaptable et ouvert d'esprit pour naviguer avec succès dans ces changements. L'aspect trigone entre Vénus et Saturne favorise la stabilité et l'engagement dans votre vie amoureuse, encourageant des liens émotionnels plus profonds. Ce mois-ci est un moment d'introspection, de guérison émotionnelle et d'embrassement de vos passions. Faites confiance à votre intuition et soyez ouvert au pouvoir transformateur de l'amour et de la découverte de soi.

Aimer

En matière de cœur, octobre apporte un mélange d'intensité et de stabilité pour le Lion. Le trigone entre Vénus et Saturne met l'accent sur l'engagement et les liens émotionnels profonds. C'est le moment d'entretenir et de renforcer les relations, en se concentrant sur la stabilité à long terme et les objectifs communs. L'aspect carré entre Vénus et Uranus peut introduire des défis ou des perturbations inattendus dans votre vie amoureuse. Il est important d'accepter le changement et d'aborder les conflits avec une communication ouverte et une volonté de compromis. Ce mois offre des opportunités de croissance, une profondeur émotionnelle accrue et le potentiel d'une connexion plus profonde avec votre partenaire.

Carrière

Octobre offre à Leo des opportunités de croissance et d'avancement dans sa vie professionnelle. L'aspect carré entre Mercure et Mars peut apporter des défis ou des conflits sur le lieu de travail. Il est crucial de maintenir une approche diplomatique, de privilégier une communication efficace et de trouver des solutions constructives pour surmonter les obstacles. L'aspect trigone entre Mercure et Jupiter améliore vos compétences en communication, ce qui en fait un excellent moment pour les négociations, les présentations et les collaborations. Adoptez vos capacités naturelles de leadership, faites confiance à votre instinct et soyez ouvert aux idées novatrices qui peuvent propulser votre carrière vers l'avant.

Finance

En termes de finances, octobre appelle à la prudence et à une prise de décision prudente pour Leo. L'opposition entre Soleil et Pluton peut introduire des luttes de pouvoir ou des défis financiers. Il est crucial d'éviter les dépenses impulsives et de se concentrer plutôt sur la stabilité et la sécurité financières à long terme. L'aspect trigone entre Vénus et Mars encourage l'harmonie financière et le potentiel d'augmentation des revenus grâce à la collaboration ou aux coentreprises. Recherchez des opportunités de croissance financière qui correspondent à vos objectifs à long terme et maintenez des pratiques budgétaires disciplinées pour assurer la stabilité financière.

Santé

Octobre souligne l'importance des soins personnels et du bien-être émotionnel pour le Lion. L'aspect sesquiquadrate entre Soleil et Neptune peut apporter une certaine confusion ou un manque de clarté concernant votre santé et votre bien-être. Il est crucial de prioriser les routines de soins personnels, de fixer des limites saines et de pratiquer des techniques de gestion du stress. Prendre soin de votre santé émotionnelle est tout aussi important, alors prenez du temps pour l'auto-réflexion, la relaxation et les activités qui vous apportent de la joie. Faites attention à votre intuition et écoutez les besoins de votre corps, en vous assurant de prendre les mesures nécessaires pour maintenir votre bien-être général.

Voyage

Lion, octobre présente des opportunités d'expériences de voyage transformatrices qui élargissent vos horizons et vous permettent de vous développer personnellement. L'aspect biquintile entre Mercure et Neptune améliore vos expériences de voyage avec inspiration, créativité et sens de l'aventure. Embrassez l'inconnu, explorez de nouvelles cultures et établissez des liens significatifs au cours de vos voyages. Les voyages peuvent être un puissant catalyseur de transformation personnelle et de découverte de soi. Qu'il s'agisse d'une retraite spirituelle ou d'une exploration culturelle immersive, permettez-vous d'être ouvert au pouvoir transformateur du voyage.

Aperçu des étoiles

L'alignement céleste en octobre encourage le Lion à embrasser la transformation, les liens émotionnels profonds et l'autoréflexion. Le trigone entre Vénus et Saturne favorise la stabilité et l'engagement amoureux, vous incitant à privilégier la profondeur émotionnelle et les relations à long terme. Le trigone entre Mercure et Jupiter améliore vos compétences en communication et favorise les opportunités de croissance dans votre carrière. Cependant, le carré entre Mercure et Mars peut introduire quelques conflits, vous incitant à trouver des solutions diplomatiques. Gardez les pieds sur terre, faites confiance à votre intuition et accueillez le changement avec grâce et résilience.

jours du mois : 8 , 12 , 15 , 22 , 23 , 28 et 31 octobre .

Novembre 2024

Horoscope

Lion, novembre apporte un mélange d'énergie transformatrice et d'opportunités de croissance personnelle. Avec l'aspect sextile entre Jupiter et Chiron, vous êtes soutenu dans votre cheminement de guérison et de découverte de soi. Ce mois-ci vous encourage à explorer vos croyances, à élargir vos connaissances et à vivre de nouvelles expériences. L'aspect trigone entre Mercure et Mars améliore vos compétences en communication et vous donne le courage d'exprimer vos idées et vos opinions. C'est le moment d' agir , de prendre des décisions importantes et de poursuivre vos passions. Embrassez l'énergie transformatrice de novembre et permettez-vous de grandir et d'évoluer.

Aimer

En matière de cœur, novembre offre aux Lions des opportunités de croissance et d'approfondissement des relations. L'opposition entre Vénus et Jupiter peut introduire des défis ou des conflits dans les relations. Il est important de maintenir une communication ouverte et honnête pour surmonter tout malentendu ou toute différence. L'aspect trigone entre Vénus et Chiron favorise la guérison émotionnelle et vous encourage à abandonner les blessures du passé. Ce mois-ci appelle à la vulnérabilité et à l'authenticité dans les relations, permettant une intimité et une compréhension émotionnelles plus profondes.

Carrière

Novembre apporte des possibilités passionnantes et une croissance professionnelle pour Leo. L'opposition entre Mercure et Jupiter améliore vos compétences en communication et favorise de nouvelles opportunités dans votre carrière. C'est une période de réseautage, de négociations et de collaborations qui peuvent propulser vos efforts professionnels vers l'avant. L'aspect carré entre Mercure et Saturne peut introduire des défis ou des retards. Il est important de rester concentré, discipliné et patient lorsque vous naviguez à travers les obstacles. Faites confiance à votre instinct, croyez en vos capacités et relevez de nouveaux défis avec confiance.

Finance

En termes de finances, novembre encourage Leo à maintenir une approche équilibrée et disciplinée. L'aspect trigone entre Vénus et Saturne favorise la stabilité et la gestion financière responsable. C'est une période propice à la planification financière à long terme, aux investissements et à la construction d'une base solide pour votre avenir financier. L'aspect carré entre Vénus et Neptune peut introduire des défis ou des tentations financières. Il est important de garder les pieds sur terre et d'éviter les décisions impulsives. Donner la priorité à la stabilité financière et se concentrer sur une croissance durable plutôt que sur des gains à court terme.

Santé

Novembre souligne l'importance des soins personnels et du bien-être holistique pour Leo. L'aspect sesquiquadrate entre Soleil et Neptune peut apporter une certaine confusion ou un manque de clarté concernant votre santé et votre bien-être. Il est crucial de prioriser les routines de soins personnels, de maintenir un mode de vie sain et d'établir des limites pour éviter l'épuisement professionnel. Faites attention à votre santé émotionnelle et mentale, car elles jouent un rôle important dans le bien-être général. Engagez-vous dans des activités qui vous apportent de la joie, pratiquez la pleine conscience et recherchez l'équilibre dans tous les aspects de votre vie.

Voyage

Lion, novembre offre des opportunités d'expériences de voyage significatives et transformatrices. L'aspect biquintile entre Vénus et Mars renforce votre esprit aventurier et alimente votre désir de nouvelles expériences. Embrassez l'inconnu, explorez différentes cultures et participez à des activités qui élargissent vos horizons. Les voyages peuvent être une source d'inspiration, de croissance personnelle et de découverte de soi. Qu'il s'agisse d'une retraite spirituelle, d'une immersion culturelle ou d'une aventure dans la nature, laissez-vous emporter par le pouvoir transformateur du voyage et créez des souvenirs inoubliables.

Aperçus des étoiles

L'alignement céleste en novembre encourage le Lion à embrasser la croissance personnelle, les liens émotionnels profonds et la poursuite de nouvelles expériences. Le sextile entre Jupiter et Chiron soutient votre voyage de guérison et de découverte de soi, vous exhortant à abandonner les blessures du passé et à adopter de nouvelles croyances. L'opposition entre Vénus et Jupiter peut introduire des défis dans les relations, appelant à une communication et une compréhension ouvertes. Faites confiance à votre instinct, suivez vos passions et croyez en votre capacité à créer un changement positif dans votre vie.

Meilleurs jours du mois : 2 , 4 , 9 , 19 , 23 , 27 et 30 novembre .

Décembre 2024

Horoscope

Lion, décembre apporte un mélange d'énergie transformatrice et d'opportunités de croissance. Avec l'aspect biquintile entre Vénus et Jupiter, vous êtes soutenu pour élargir vos horizons, embrasser de nouvelles expériences et favoriser une attitude positive. Ce mois-ci vous encourage à puiser dans votre créativité, à exprimer votre personnalité unique et à poursuivre vos passions avec enthousiasme. L'opposition entre Mercure et Jupiter améliore vos compétences en communication, ce qui en fait un moment idéal pour le réseautage, les négociations et le partage de vos idées. Embrassez l'énergie transformatrice de décembre et faites confiance à votre capacité à créer un changement positif dans votre vie.

Aimer

En matière de cœur, décembre offre au Lion des opportunités de liens émotionnels profonds et de croissance. L'aspect trigone entre Vénus et Uranus enflamme l'excitation et la spontanéité dans les relations. C'est le moment d'explorer de nouvelles voies de connexion, d'accepter le changement et d'apporter une nouvelle énergie dans votre vie amoureuse. L'aspect semi-carré entre Vénus et Neptune peut introduire des défis ou de la confusion dans les relations. Il est important de garder les pieds sur terre et de maintenir une communication ouverte pour surmonter tout malentendu ou illusion. Adoptez l'authenticité, cultivez l'intimité émotionnelle et laissez l'amour se déployer naturellement.

Carrière

Décembre apporte des opportunités prometteuses et une croissance professionnelle pour Leo. L'opposition entre Mercure et Jupiter amplifie vos capacités de communication et favorise des collaborations et des négociations fructueuses. C'est le moment d'élargir vos connaissances, de partager vos idées et de prendre des risques calculés dans votre carrière. L'aspect carré entre Mercure et Saturne peut introduire des défis ou des retards. Il est crucial de rester concentré, discipliné et patient lorsque vous naviguez à travers les obstacles. Faites confiance à votre instinct, maintenez un état d'esprit positif et tirez parti de vos compétences et de votre expertise pour réussir professionnellement.

Finance

En termes de finances, décembre encourage Leo à adopter une approche pratique et disciplinée. L'aspect semi-carré entre Vénus et Saturne souligne l'importance d'une gestion financière responsable et d'une stabilité à long terme. C'est un moment propice pour établir un budget, planifier des finances et prendre des décisions éclairées concernant vos ressources. L'aspect carré entre Vénus et Uranus peut introduire des changements financiers ou des dépenses inattendus. Restez adaptable et ouvert d'esprit et recherchez des opportunités de croissance financière grâce à l'innovation et à la planification stratégique.

Santé

Décembre met en évidence l'importance de prendre soin de soi et de maintenir une approche équilibrée de votre bien-être. L'aspect semi-carré entre le Soleil et Vénus peut apporter des défis ou des fluctuations dans votre santé physique et émotionnelle. Il est important de donner la priorité aux routines de soins personnels, de maintenir un mode de vie sain et de demander de l'aide au besoin. Concentrez-vous sur des activités qui vous apportent de la joie et vous aident à trouver l'harmonie intérieure. Nourrissez votre bien-être émotionnel, pratiquez la pleine conscience et adoptez une approche holistique de la santé.

Voyage

Lion, décembre offre des opportunités d'expériences de voyage significatives et transformatrices. L'aspect biquintile entre Soleil et Uranus enflamme votre sens de l'aventure et vous encourage à explorer de nouvelles destinations et cultures. Adoptez la spontanéité, sortez de votre zone de confort et engagez-vous dans des activités qui élargissent vos horizons. Les voyages peuvent être une source d'inspiration, de croissance personnelle et de découverte de soi. Qu'il s'agisse d'une retraite spirituelle, d'une escapade dans la nature ou d'une expérience culturelle immersive, permettez-vous d'embrasser le pouvoir transformateur du voyage et de créer des souvenirs durables.

Aperçu des étoiles

L'alignement céleste en décembre encourage le Lion à embrasser la croissance personnelle, à élargir ses horizons et à favoriser des relations significatives. L'aspect biquintile entre Vénus et Jupiter soutient votre voyage de découverte de soi et encourage une attitude positive. L'opposition entre Mercure et Jupiter améliore vos compétences en communication, vous permettant d'exprimer vos idées et de négocier avec succès. Faites confiance à votre intuition, croyez en vos capacités et exploitez votre potentiel créatif. Décembre offre des opportunités de transformation, d'amour et de croissance professionnelle. Embrassez l'énergie de ce mois et permettez-lui de vous guider vers un avenir meilleur.

Jours du mois : 2, 4 , 10 , 18 , 19 , 21 , 31 décembre .

HOROSCOPE 2024 DE LA VIERGE

Aperçu Vierge 2024

Alors que nous entrons dans l'année 2024, Vierge, les corps célestes ont un récit unique à tisser pour vous. Cette année sera une période de croissance, de changement et d'opportunités. Les mouvements planétaires indiquent une année remplie de potentiel et de défis qui vous aideront à évoluer et à grandir. L'univers s'aligne d'une manière qui vous poussera à explorer de nouveaux horizons, à approfondir vos passions et à embrasser l'essence de qui vous êtes.

L'année 2024 sera une année importante pour votre carrière, Vierge. L'alignement de Mars et Jupiter en Gémeaux en juin suggère une période d'activité et d'opportunités accrues dans votre vie professionnelle. Cela peut se manifester de différentes manières - peut-être une promotion est-elle à l'horizon ou une nouvelle offre d'emploi qui correspond davantage à vos passions. Vous pourriez vous retrouver à assumer de nouvelles responsabilités ou à vous lancer dans de nouveaux projets. C'est le moment de sortir de votre zone de confort et de saisir ces opportunités.

Financièrement, le trigone entre Mercure en Cancer et Saturne en Poissons fin juin indique une stabilité. Vous constaterez peut-être que votre situation financière se solidifie, et cela pourrait être un bon moment pour épargner ou investir. C'est une année pour prendre des décisions financières judicieuses - envisagez de demander conseil à un conseiller financier ou de faire des recherches approfondies avant de prendre des décisions financières importantes.

Dans le domaine des relations, le passage de Vénus en Cancer à la mi-juin suggère une période de profondeur émotionnelle et de connexion. Vous pourriez vous sentir plus en phase avec vos proches et nouer des liens plus profonds. C'est le moment d'entretenir vos relations - passez du temps de qualité avec vos proches, exprimez ouvertement vos sentiments et renforcez vos liens.

Cependant, gardez à l'esprit le carré de Vénus avec le vrai nœud en Bélier plus tard dans le mois, ce qui peut entraîner des défis ou des conflits. Ces conflits peuvent tester votre patience et votre compréhension, mais n'oubliez pas qu'ils sont aussi des opportunités de croissance. Abordez ces situations avec empathie et communication ouverte.

Au niveau de votre vie sociale, cette année apportera des opportunités pour élargir votre cercle social. Vous pourriez vous retrouver à rencontrer de nouvelles personnes et à nouer de nouvelles amitiés. Saisissez ces opportunités et profitez de la richesse que des relations diverses peuvent apporter à votre vie.

Votre santé et votre bien-être sont mis en évidence en 2024, en particulier en août, avec le passage de Vénus en Vierge. C'est le moment de vous concentrer sur les soins personnels et de favoriser votre bien-être physique. Envisagez d'intégrer une nouvelle routine de remise en forme à votre emploi du temps ou essayez peut-être un nouveau régime alimentaire sain. C'est aussi le moment de faire attention à votre santé mentale - envisagez des pratiques comme la méditation ou le yoga pour maintenir un état d'esprit équilibré.

Cependant, le carré entre Vénus et Uranus en Taureau suggère un stress ou un bouleversement potentiel. Assurez-vous d'équilibrer votre temps et votre énergie et prenez également soin de votre santé mentale. N'oubliez pas qu'il n'y a pas de mal à faire une pause et à se reposer au besoin. Votre santé et votre bien-être doivent toujours passer en premier.

Spirituellement, 2024 est une année de croissance et de développement. Le sesquiquadrate entre Jupiter en Gémeaux et Pluton en Verseau en août suggère une période de profonde transformation. C'est une année pour explorer vos croyances et pratiques spirituelles, et vous pourriez vous retrouver attiré par de nouvelles philosophies ou façons de penser. Envisagez d'explorer différentes pratiques spirituelles - essayez peut-être la méditation ou plongez dans le monde de la pleine conscience.

Le sextile du Soleil avec Jupiter en Gémeaux en août indique également une période d'expansion personnelle et d'apprentissage. C'est le moment d'embrasser le développement personnel - envisagez de vous lancer dans un nouveau passe-temps, d'apprendre une nouvelle compétence ou peut-être de vous lancer dans un voyage de découverte de soi.

En conclusion, Vierge, 2024 est une année d'opportunités, de défis et de croissance. Des avancements de carrière à l'approfondissement des relations, en passant par le développement personnel et spirituel, les étoiles s'alignent pour offrir une année d'évolution significative. Embrassez le voyage et rappelez-vous que chaque défi est une opportunité de croissance.

Cette année, vous serez appelé à sortir de votre zone de confort et à accepter le changement. Il vous sera demandé d'approfondir vos relations, de nourrir votre santé et votre bien-être et d'explorer votre côté spirituel. Vous aurez la possibilité de grandir, d'apprendre et d'évoluer.

Dans votre carrière, soyez ouvert à de nouvelles opportunités et à de nouveaux défis. Ils vous pousseront à grandir et à évoluer d'une manière que vous n'auriez peut-être pas anticipée. Dans vos relations, soyez ouvert à l'approfondissement des liens et à la résolution des conflits. Ils vous enseigneront l'amour, la patience et la compréhension. Dans votre santé et votre bien-être, n'oubliez pas de prendre soin de vous. Votre bien-être physique et mental est crucial pour votre bonheur et votre réussite.

Dans votre croissance spirituelle et votre développement personnel, soyez ouvert aux nouvelles idées et pratiques. Ils vous aideront à vous comprendre et à comprendre le monde qui vous entoure à un niveau plus profond.

2024 est une année de croissance, de changement et d'évolution. C'est une année pour embrasser qui vous êtes et qui vous devenez. Alors, Vierge, entrez dans cette année avec un cœur ouvert et un esprit ouvert. Embrassez le voyage et la croissance qui l'accompagne. N'oubliez pas que les étoiles sont à vos côtés, vous guidant et vous soutenant à chaque étape du chemin.

En guise de conclusion, rappelez-vous qu'il s'agit de tendances générales et que les expériences individuelles peuvent varier. Écoutez toujours votre intuition et prenez les décisions qui vous conviennent. À une année 2024 transformatrice et enrichissante, Vierge !

Janvier 2024

Horoscope

Janvier 2024 apporte un mélange d'aspects planétaires qui auront un impact significatif sur les individus de la Vierge. Le mois commence par un aspect carré entre Vénus en Sagittaire et Saturne en Poissons le 1er janvier, ce qui peut créer des tensions dans vos relations. Il est important de communiquer ouvertement et honnêtement pour éviter les malentendus et les conflits. Le 3 janvier, Vénus forme un aspect en quinconce avec Jupiter, ce qui pourrait apporter quelques défis en matière d'amour et de romance. Il est conseillé de trouver un équilibre entre vos désirs et les attentes de votre partenaire.

Mercure forme un aspect quintile avec Saturne le même jour, vous offrant une clarté mentale et la capacité de prendre des décisions pratiques. Cet alignement soutient vos compétences en communication et vous aide à exprimer vos pensées efficacement. De plus, le 3 janvier, Mars forme un aspect semi-sextile avec Pluton, indiquant un besoin d'équilibre et de maîtrise de soi dans la gestion des dynamiques de pouvoir et des conflits.

Le Soleil forme un aspect quintile avec Neptune le 3 janvier, améliorant votre intuition et votre conscience spirituelle. C'est un excellent moment pour l'auto-réflexion et l'exploration de votre monde intérieur. Cependant, le 6 janvier, le Soleil met Chiron au carré, ce qui peut provoquer des blessures émotionnelles ou des insécurités. Profitez de cette occasion pour guérir et grandir des expériences passées.

Votre planète dominante, Mercure, forme un trigone avec Jupiter le 19 janvier, renforçant vos capacités intellectuelles et élargissant vos connaissances. C'est une période propice pour apprendre, étudier ou poursuivre de nouvelles entreprises. Cependant, soyez conscient de Vénus carré Neptune le même jour, ce qui peut créer des illusions ou des attentes irréalistes dans les relations. Prenez les choses lentement et assurez-vous que vos efforts romantiques reposent sur des bases solides.

Au fur et à mesure que le mois avance, le Soleil rejoint Pluton le 20 janvier, apportant intensité et transformation à votre vie. Cet alignement peut conduire à de profonds changements intérieurs et vous permettre de lâcher prise sur ce qui ne vous sert plus.

Dans l'ensemble, janvier 2024 est un mois de croissance et d'autoréflexion pour les individus de la Vierge. Il est essentiel de maintenir une communication ouverte dans les relations, de se méfier des attentes irréalistes et de saisir les opportunités de développement personnel et professionnel.

Aimer

En janvier 2024, les individus de la Vierge connaîtront un mélange d'influences en matière d'amour et de romance. L'aspect carré entre Vénus en Sagittaire et Saturne en Poissons le 1er janvier peut créer des défis et des tensions dans vos relations. Il est crucial de maintenir une communication ouverte et honnête pour naviguer à travers tout malentendu ou conflit qui pourrait survenir pendant cette période.

Le 3 janvier, Vénus forme un aspect en quinconce avec Jupiter, ce qui pourrait entraîner quelques ajustements et compromis dans votre vie amoureuse. Il est important de trouver un équilibre entre vos désirs personnels et les attentes de votre partenaire. Évitez de prendre des décisions impulsives et prenez le temps de comprendre les besoins et les perspectives de chacun.

Cependant, le 8 janvier, Vénus forme un aspect biquintile harmonieux avec Jupiter, apportant une période de joie, de croissance et d'abondance dans vos relations. Cet alignement améliore votre vie amoureuse, permettant des connexions émotionnelles plus profondes et une harmonie accrue. C'est un excellent moment pour exprimer votre affection et renforcer le lien avec votre partenaire.

Tout au long du mois, méfiez-vous de Vénus carré Neptune le 19 janvier, qui peut créer des illusions ou des attentes irréalistes dans vos efforts romantiques. Il est essentiel d'aborder les relations avec clarté et discernement, en veillant à ce que vos relations soient basées sur la confiance et la compréhension mutuelles.

Carrière

Janvier 2024 présente à la fois des défis et des opportunités dans votre vie professionnelle, Vierge. Le mois commence par un aspect carré entre Vénus en Sagittaire et Saturne en Poissons le 1er janvier. Cet alignement peut entraîner des obstacles ou des retards dans vos efforts de carrière. La patience et la persévérance sont essentielles pendant cette période. Concentrez-vous sur le perfectionnement de vos compétences, l'amélioration de votre éthique de travail et le maintien d'une attitude positive.

Le 19 janvier, Mercure forme un trigone avec Jupiter, apportant des influences favorables à l'avancement professionnel et à la croissance intellectuelle. Cet alignement améliore vos compétences en communication, ce qui en fait un excellent moment pour les négociations, les présentations ou le réseautage. Saisissez les occasions d'apprendre et d'élargir vos connaissances, car elles peuvent mener à la réussite professionnelle.

Cependant, méfiez-vous de Vénus carré Neptune le même jour, car cela peut apporter une certaine confusion ou des attentes irréalistes dans vos relations professionnelles. Assurez-vous d'avoir une compréhension claire de vos objectifs et de rester ancré dans vos aspirations.

Finance

Janvier 2024 présente un mélange d'influences en ce qui concerne vos finances, Vierge. L'aspect carré entre Vénus en Sagittaire et Saturne en Poissons le 1er janvier peut créer des contraintes financières ou des retards. Il est essentiel d'adopter une approche pratique et disciplinée de vos finances pendant cette période. Établir un budget, économiser et éviter les achats impulsifs vous aideront à maintenir la stabilité.

Le 8 janvier, Vénus forme un aspect biquintile avec Jupiter, indiquant une période favorable à la croissance financière et à l'abondance. Cet alignement peut apporter des opportunités ou des aubaines inattendues. Cependant, faites attention à ne pas trop dépenser ou à ne pas prendre de risques inutiles. Il est important de maintenir une approche équilibrée et de prendre des décisions éclairées.

Santé

En janvier 2024, il est crucial pour les individus de la Vierge de donner la priorité à leur santé et à leur bien-être. Le mois commence par un aspect carré entre Vénus en Sagittaire et Saturne en Poissons le 1er janvier. Cet alignement peut apporter une certaine tension émotionnelle ou physique. Prenez le temps de prendre soin de vous, participez à des activités qui vous apportent de la joie et recherchez le soutien de vos proches.

Le 6 janvier, le Soleil place Chiron au carré, ce qui peut déclencher des blessures émotionnelles ou des insécurités. Concentrez-vous sur la guérison et l'auto-compassion pendant cette période. S'engager dans une thérapie, la méditation ou d'autres pratiques de guérison peut être bénéfique.

Le trigone du Soleil avec Uranus le 9 janvier apporte une poussée d'énergie et des opportunités de changements positifs dans votre bien-être. Adoptez de nouvelles routines d'exercice, des améliorations alimentaires ou des approches holistiques pour maintenir un mode de vie sain.

Tout au long du mois, assurez-vous d'être à l'écoute des besoins de votre corps et de prendre régulièrement soin de vous. En maintenant une approche équilibrée de votre bien-être physique et émotionnel, vous pouvez naviguer en janvier avec résilience et vitalité.

Voyage

Janvier 2024 peut offrir des opportunités de voyage, d'exploration et d'aventure pour les individus de la Vierge. Cependant, il est important de prendre en compte les aspects planétaires dominants pour tirer le meilleur parti de vos voyages.

Le 8 janvier, Vénus forme un aspect biquintile avec Jupiter, renforçant votre enthousiasme pour de nouvelles expériences et connexions. Cet alignement favorise les interactions positives lors de vos voyages et offre des opportunités de croissance personnelle.

De plus, le 22 janvier, Mars forme un aspect quintile avec Neptune, insufflant à vos voyages créativité, inspiration et sens de l'aventure. C'est le moment idéal pour explorer de nouvelles destinations ou participer à des activités qui vous permettent de puiser dans votre imagination et d'élargir vos horizons.

Lors de la planification de vos voyages, assurez-vous de rester flexible et adaptable, car des changements ou des retards inattendus peuvent survenir en raison d'autres aspects planétaires. Saisissez les opportunités d'exploration et profitez des expériences qui se présentent à vous.

Aperçu des étoiles

Restez ancré, maintenez une approche disciplinée et saisissez les opportunités de croissance et d'amélioration personnelle. En gardant une perspective équilibrée et en étant adaptable aux changements, vous pouvez tirer le meilleur parti des énergies célestes et créer un début d'année épanouissant.

Jours du mois : 8 , 9 , 12 , 19 , 20 , 26 et 28 janvier

Février 2024

Horoscope

Février 2024 apporte un mélange d'énergies dynamiques et transformatrices pour les individus Vierge. Au fil du mois, il est important de maintenir une approche équilibrée dans les différents domaines de votre vie. Les aspects célestes encouragent l'autoréflexion, la guérison et la croissance, vous incitant à saisir de nouvelles opportunités et à apporter des changements positifs.

Aimer

Dans le domaine de l'amour et des relations, février présente à la fois des défis et des opportunités pour la Vierge. L'aspect carré entre Vénus et Chiron le 5 février peut faire remonter des blessures ou des insécurités passées, nécessitant une communication ouverte et une compréhension avec votre partenaire. Il est essentiel d'aborder ces situations avec empathie et compassion, en créant un espace sûr pour la guérison et la croissance. L'aspect sextile du Soleil avec Vénus et Chiron le même jour offre une chance d'approfondir les liens émotionnels et de renforcer votre lien. Utilisez cette énergie harmonieuse pour exprimer l'amour, l'appréciation et le soutien à vos proches. Les Vierges célibataires peuvent également connaître des développements positifs dans leur vie amoureuse, attirant des relations significatives et des partenariats potentiels.

Carrière

Votre carrière occupe le devant de la scène ce mois-ci, Vierge. L'aspect sextile de Mercure avec Jupiter le 19 février offre des opportunités de croissance, d'expansion et d'activités intellectuelles. C'est une période propice au réseautage, à l'apprentissage et au perfectionnement professionnel. Adoptez de nouvelles idées et approches qui correspondent à vos objectifs. Cet alignement améliore vos compétences en communication, ce qui facilite la transmission de vos idées et l'obtention du soutien de vos collègues et de vos supérieurs. Cependant, méfiez-vous de l'aspect carré de Mercure avec Uranus le 16 février, car il peut apporter des changements ou des perturbations inattendus dans votre vie professionnelle. Restez adaptable et flexible, prêt à pivoter et à saisir les nouvelles opportunités qui se présentent. Gardez un état d'esprit positif et faites confiance à vos capacités pour relever tous les défis qui se présentent à vous.

Finance

Février 2024 offre des opportunités de stabilité financière et de croissance pour les individus de la Vierge. L'aspect harmonieux entre Vénus et Uranus le 7 février apporte des changements positifs et des sources de revenus inattendues. Cet alignement peut apporter des aubaines financières, des offres d'emploi inattendues ou des opportunités d'investissement lucratives. C'est un moment propice pour prendre des risques calculés et explorer de nouvelles avenues de croissance financière. Cependant, faites attention aux dépenses excessives ou aux décisions financières impulsives. Maintenez une approche équilibrée de vos finances, en vous concentrant sur la budgétisation, l'épargne et les objectifs financiers à long terme. Envisagez de demander des conseils ou des conseils professionnels pour prendre des décisions financières éclairées et maximiser votre potentiel financier.

Santé

La santé et le bien-être nécessitent votre attention en février. L'aspect semi-sextile du Soleil avec Neptune le 15 février encourage les pratiques holistiques de guérison et de soins personnels. Cet alignement vous invite à privilégier les soins personnels, le repos et la relaxation. Engagez-vous dans des activités qui nourrissent votre esprit, votre corps et votre esprit. L'exercice régulier, une bonne nutrition et un sommeil suffisant sont essentiels pour maintenir votre bien-être. De plus, concentrez-vous sur les techniques de gestion du stress telles que la méditation, la pleine conscience ou la participation à des activités créatives. Soyez conscient de l'aspect semi-carré de Mercure avec Neptune le 12 février, qui peut apporter un peu de brouillard mental ou de confusion. Pratiquez la pleine conscience et recherchez la clarté pour maintenir votre bien-être général.

Voyage

Février est un mois propice aux voyages et à l'exploration. L'alignement de Vénus avec Mars le 22 février renforce votre sens de l'aventure, de la créativité et de l'inspiration. Cette énergie alimente votre désir d'explorer de nouveaux lieux, cultures et expériences. Saisissez les occasions de vous lancer dans de courts voyages ou de vous engager dans des activités qui vous apportent joie et épanouissement. Permettez-vous de sortir de votre zone de confort et de vous immerger dans un nouvel environnement. Cependant, gardez à l'esprit l'aspect carré de Mercure avec Uranus le 16 février, qui peut entraîner des changements inattendus ou des retards dans vos projets de voyage. Restez flexible et adaptable pour tirer le meilleur parti de vos trajets. Envisagez de planifier à l'avance et d'avoir des plans d'urgence en place pour faire face à des circonstances imprévues.

Aperçu des étoiles

Février 2024 recèle un potentiel de transformation pour les individus de la Vierge. C'est un mois de guérison, de croissance et d'autoréflexion. Les aspects célestes vous encouragent à saisir de nouvelles opportunités, à renforcer vos relations et à entretenir votre bien-être. Faites confiance au processus de développement personnel et professionnel, sachant que les défis que vous rencontrez sont des opportunités de croissance. Restez adaptable, maintenez une approche équilibrée et croyez en vos capacités à surmonter tous les obstacles qui se présentent à vous. Embrassez les énergies transformatrices de ce mois et permettez-leur de vous guider vers un chemin de vie plus épanouissant et authentique. N'oubliez pas d'écouter votre intuition et de demander le soutien de vos proches en cas de besoin. En vous alignant sur les énergies cosmiques, vous pouvez faire des progrès significatifs et manifester des changements positifs dans votre vie.

Meilleurs jours du mois : 5, 7 , 15 , 19 , 22 , 26 et 29 février

Mars 2024

Horoscope

Mars 2024 apporte un mélange d'énergies énergétiques et transformatrices pour les individus de la Vierge. Ce mois-ci vous encourage à accepter le changement, à explorer de nouvelles possibilités et à nourrir votre croissance personnelle. Au fur et à mesure que les aspects célestes se dévoilent, il est essentiel de maintenir un équilibre entre l'auto-réflexion et l'action dans divers domaines de votre vie.

Au cours de ce mois, vous pouvez ressentir un sens aigu de l'intuition et de la spiritualité. L'aspect sextile entre le Soleil et Jupiter le 1er mars offre des opportunités d'expansion personnelle et une connexion approfondie avec votre sagesse intérieure. Adoptez des pratiques spirituelles, la méditation ou la contemplation pour gagner en clarté et en perspicacité dans la direction de votre vie.

Aimer

En matière de cœur, le mois de mars apporte à la fois des défis et des opportunités aux personnes de la Vierge. L'aspect carré entre Vénus et Uranus le 3 mars peut introduire des changements ou des perturbations inattendus dans vos relations. Il est crucial de maintenir une communication ouverte, de la flexibilité et de l'adaptabilité pendant cette période.

Cependant, l'aspect sextile harmonieux entre Vénus et Jupiter le 12 mars apporte un potentiel de croissance et d'harmonie dans votre vie amoureuse. Cet alignement favorise la positivité, la générosité et une compréhension plus profonde de votre partenaire. Les Vierges célibataires peuvent également attirer des relations significatives ou éprouver un sentiment renouvelé d'amour-propre et d'estime de soi.

Carrière

Mars présente des opportunités de croissance de carrière et d'avancement pour les individus de la Vierge. La conjonction entre Mercure et Neptune le 8 mars améliore votre intuition et votre pensée créative, vous permettant de puiser dans des idées et des solutions innovantes. Faites confiance à votre instinct et adoptez des approches imaginatives dans vos projets professionnels.

L'aspect semi-sextile entre Mercure et Saturne le 16 mars encourage une pensée disciplinée et structurée. Cet alignement soutient votre capacité à vous concentrer, à planifier et à exécuter efficacement vos objectifs. Tirez parti de vos compétences organisationnelles et de votre souci du détail pour faire des progrès significatifs dans votre carrière.

Finance

Les aspects célestes de mars offrent une stabilité et une croissance financière potentielle aux individus de la Vierge. La conjonction entre Vénus et Saturne le 21 mars met l'accent sur l'aspect pratique, la discipline et la gestion financière responsable. Cet alignement vous encourage à évaluer vos objectifs financiers à long terme et à faire les ajustements nécessaires pour assurer votre stabilité financière.

L'aspect sextile entre Vénus et Jupiter le 24 mars apporte des opportunités favorables à l'expansion financière et à l'abondance. Il est essentiel de rester ouvert à de nouvelles possibilités et de faire preuve de diligence dans votre planification financière. Envisagez de demander des conseils d'experts ou d'explorer des opportunités d'investissement qui correspondent à vos objectifs à long terme.

Santé

Le maintien de votre bien-être physique et émotionnel est crucial en mars. La conjonction entre le Soleil et Neptune le 17 mars souligne l'importance des soins personnels, du repos et de la relaxation. Privilégiez les activités qui favorisent l'équilibre intérieur et la sérénité, comme la méditation, le yoga ou passer du temps dans la nature.

L'aspect semi-carré entre le Soleil et Uranus le 25 mars peut introduire des changements d'énergie inattendus ou des perturbations de votre bien-être. Soyez adaptable et adoptez la flexibilité dans votre routine de soins personnels. Concentrez-vous sur le maintien d'un mode de vie sain, y compris l'exercice régulier, une alimentation équilibrée et un sommeil de qualité pour soutenir votre santé globale.

Voyage

Mars offre des opportunités de voyage et d'exploration pour les individus de la Vierge. L'aspect sextile harmonieux entre Vénus et Uranus le 28 mars apporte excitation, aventure et envie d'explorer de nouveaux horizons. Saisissez les occasions de voyager, qu'il s'agisse d'une courte escapade d'un week-end ou d'un voyage plus long. Permettez-vous de sortir de votre zone de confort et de découvrir le pouvoir transformateur de nouveaux environnements.

Aperçu des étoiles

Les aspects célestes de mars encouragent les individus de la Vierge à accepter le changement, à favoriser leur croissance personnelle et à maintenir une approche équilibrée des divers aspects de la vie. Ce mois offre des opportunités d'expansion spirituelle, de relations harmonieuses, d'avancement professionnel et de stabilité financière. Restez adaptable, faites confiance à votre intuition et soyez ouvert à de nouvelles expériences. Embrassez l'énergie transformatrice de mars et laissez-la vous guider vers un avenir meilleur.

Meilleurs jours du mois : 3, 12 , 16 , 21 , 24 , 25 et 28 mars .

Avril 2024

Horoscope

Avril 2024 apporte une énergie dynamique et transformatrice pour les individus Vierge. Ce mois-ci vous encourage à accepter le changement, à affirmer votre individualité et à poursuivre vos passions avec confiance. Au fur et à mesure que les aspects célestes se dévoilent, il est essentiel de maintenir un équilibre entre l'expression de soi et l'aspect pratique dans divers domaines de votre vie.

Au cours de ce mois, vous pouvez ressentir un sentiment accru d'affirmation de soi et de détermination. La conjonction entre le Soleil et Chiron le 8 avril vous permet de guérir les blessures du passé, d'embrasser votre authenticité et d'exprimer votre vrai moi. Utilisez cette énergie pour vous libérer des croyances limitantes et poursuivre vos rêves sans crainte.

Aimer

En matière de cœur, avril apporte un mélange d'énergies passionnées et transformatrices pour les individus Vierge. La conjonction entre Vénus et Chiron le 21 avril vous invite à accepter la vulnérabilité et à approfondir les liens émotionnels. Cet alignement favorise la guérison et la croissance au sein des relations, favorisant une plus grande intimité et compréhension.

L'aspect semi-sextile entre Vénus et Mars le 27 avril renforce la passion et déclenche une chimie romantique. Cet alignement vous encourage à exprimer ouvertement vos désirs et vos besoins, favorisant une connexion plus profonde avec votre partenaire. Les Vierges célibataires peuvent attirer des relations intenses et transformatrices pendant cette période.

Carrière

Avril présente des opportunités d'avancement de carrière et de croissance professionnelle pour les individus de la Vierge. L'aspect sextile entre Mars et Jupiter le 19 avril apporte optimisme, enthousiasme et potentiel de progrès significatifs dans vos projets professionnels. Relevez de nouveaux défis et prenez des risques calculés pour élargir vos horizons et atteindre vos objectifs de carrière.

L'aspect semi-sextile entre Mercure et Saturne le 24 avril favorise une réflexion disciplinée et une planification stratégique. Cet alignement vous encourage à vous concentrer sur des objectifs à long terme, à développer des stratégies pratiques et à améliorer vos compétences organisationnelles. L'attention portée aux détails et une approche structurée mèneront à des résultats fructueux dans votre carrière.

Finance

Les aspects célestes en avril offrent une stabilité et des gains financiers potentiels pour les individus de la Vierge. L'aspect semi-sextile entre Vénus et Saturne le 30 avril souligne l'importance d'une gestion financière responsable. Cet alignement vous encourage à revoir votre budget, à prioriser les économies et à prendre des décisions financières judicieuses.

La conjonction entre Jupiter et Uranus le 20 avril apporte le potentiel d'opportunités financières et d'expansion inattendues. Restez ouvert à de nouvelles possibilités et soyez prêt à prendre des risques calculés dans vos efforts financiers. Demandez conseil à des professionnels de confiance pour prendre des décisions d'investissement éclairées.

Santé

Le maintien de votre bien-être physique et émotionnel est crucial en avril. La conjonction entre Mars et Neptune le 29 avril souligne l'importance du repos, de la relaxation et de la nourriture spirituelle. Équilibrez vos activités physiques avec des moments de tranquillité et d'autoréflexion pour soutenir votre santé globale.

L'aspect semi-sextile entre Mercure et Saturne le 28 avril vous rappelle d'établir des routines saines et de maintenir la discipline dans vos pratiques de soins personnels. Privilégiez une activité physique régulière, une alimentation équilibrée et un sommeil de qualité pour assurer un bien-être optimal. Incorporez des pratiques de pleine conscience ou de méditation pour réduire le stress et favoriser la clarté mentale.

Voyage

Avril offre des opportunités de voyage et d'exploration pour les individus de la Vierge. L'aspect semi-sextile entre Vénus et Uranus le 22 avril enflamme votre sens de l'aventure et vous encourage à rechercher de nouvelles expériences. Profitez des opportunités de voyage qui vous permettent d'élargir vos horizons et de vous connecter avec différentes cultures ou perspectives.

L'aspect semi-sextile entre Vénus et Jupiter le 23 avril améliore votre plaisir de voyager, apportant des expériences positives et expansives. Qu'il s'agisse d'une escapade d'un week-end ou d'un voyage plus long, profitez du pouvoir transformateur du voyage et permettez-lui d'inspirer la croissance personnelle et la découverte de soi.

Aperçus des étoiles

Les aspects célestes d'avril encouragent les individus de la Vierge à accepter le changement, à affirmer leur individualité et à poursuivre leurs passions sans crainte. Ce mois offre des opportunités de guérison, de transformation et de croissance dans divers domaines de la vie. Embrassez l'énergie dynamique et faites confiance à vos capacités à manifester des changements positifs. Alignez vos actions avec vos valeurs, et vous ferez l'expérience de progrès et d'épanouissement significatifs.

Meilleurs jours du mois : 3, 8 , 19 , 21 , 24 , 28 et 30 avril .

Mai 2024

Horoscope

En mai 2024, Vierge, vous pouvez vous attendre à un mois dynamique et transformateur à venir. Les aspects planétaires apporteront à la fois des défis et des opportunités, vous incitant à sortir de votre zone de confort et à embrasser la croissance. Vénus carré Pluton le 1er mai peut apporter des émotions intenses et des luttes de pouvoir dans vos relations, vous obligeant à trouver un équilibre entre l'affirmation de vos besoins et le maintien de l'harmonie.

Le sextile entre Mars et Pluton du 3 mai vous permet de prendre en main vos ambitions. Cet aspect vous encourage à puiser dans votre force intérieure et à faire des progrès significatifs dans votre carrière ou vos objectifs personnels. Cependant, le demi-carré entre le Soleil et Neptune le 3 mai met en garde contre les illusions ou les situations trompeuses. Gardez les pieds sur terre et faites confiance à votre intuition.

Aimer

Mai 2024 présente un mélange d'énergies en matière d'amour et de relations, Vierge. Le semi-sextile entre le Soleil et le Vrai Nœud le 5 mai offre des opportunités de connexions émouvantes et une compréhension plus profonde avec votre partenaire. C'est un moment propice pour renforcer le lien et travailler ensemble vers des aspirations communes.

Cependant, la conjonction de Mercure et Chiron le 6 mai pourrait raviver les blessures et les insécurités du passé, entraînant des problèmes de communication. Il est essentiel d'aborder les sujets sensibles avec empathie et honnêteté, en créant un espace sûr pour la guérison et la croissance.

Carrière

Dans votre carrière, mai 2024 apporte des possibilités passionnantes d'avancement et de reconnaissance, Vierge. Le sextile du Soleil avec Saturne le 7 mai fournit une base stable pour vos efforts professionnels. Votre travail acharné et votre dévouement seront remarqués, menant à de nouvelles opportunités et à des responsabilités accrues.

Le semi-sextile entre Mercure et Uranus le 9 mai enflamme votre pensée innovante et vos capacités de résolution de problèmes. N'hésitez pas à proposer de nouvelles idées ou à prendre des risques calculés. Adoptez le changement et l'adaptabilité, car ils seront des facteurs clés de votre succès ce mois-ci.

Finance

Mai 2024 met l'accent sur la stabilité financière et la gestion responsable de l'argent, Vierge. Le demi-carré entre Vénus et Neptune le 10 mai met en garde contre les dépenses impulsives ou les investissements risqués. Soyez prudent et fiez-vous à votre sens pratique pour prendre des décisions financières judicieuses.

Le semi-sextile entre Mercure et Jupiter le 13 mai favorise les négociations financières et les collaborations. C'est un moment propice pour demander conseil à des experts ou explorer de nouvelles opportunités d'investissement. Avec une planification minutieuse et une attention aux détails, vous pouvez vous assurer une situation financière plus solide.

Santé

Votre santé et votre bien-être nécessitent de l'attention et des soins personnels tout au long de mai 2024, Vierge. La conjonction entre le Soleil et Uranus le 13 mai peut apporter des changements ou des perturbations soudains à votre routine. Il est important de rester adaptable et de maintenir un état d'esprit positif pour naviguer efficacement dans ces changements.

Le demi-carré entre le Soleil et Mars le 20 mai vous rappelle de trouver un équilibre entre votre bien-être physique et mental. Intégrez des activités anti-stress à votre routine quotidienne et accordez la priorité aux soins personnels. Écoutez les besoins de votre corps et faites des ajustements en conséquence.

Voyage

Mai 2024 offre des opportunités d'exploration et d'aventure, Vierge. Le trigone entre le Soleil et Pluton le 22 mai soutient les voyages transformateurs et la croissance personnelle par le voyage. Qu'il s'agisse d'une courte escapade ou d'un long voyage, vivez des expériences qui élargissent vos horizons et approfondissent votre compréhension du monde.

La conjonction de Vénus et Jupiter le 23 mai renforce encore l'énergie positive pour les voyages et l'exploration. C'est le moment idéal pour planifier des vacances ou se livrer à des expériences culturelles. Embrassez les nouvelles perspectives et connexions qui se présentent à vous pendant vos voyages.

Aperçu des étoiles

Les énergies célestes de mai 2024 vous encouragent, Vierge, à accepter le changement, à entretenir vos relations et à investir dans votre croissance personnelle et professionnelle. C'est une période de transformation et de découverte de soi. Faites confiance à votre instinct et maintenez un équilibre entre l'ambition et les soins personnels. En alignant vos actions sur votre moi authentique, vous pouvez faire des progrès significatifs vers vos objectifs et manifester des changements positifs dans divers aspects de votre vie.

Meilleurs jours du mois : 7, 11 , 15 , 18 , 23 , 25 et 30 mai

Juin 2024

Horoscope

Juin 2024 apporte une énergie transformatrice pour vous, Vierge. Les aspects célestes de ce mois vous encouragent à plonger au plus profond de vous-même et à embrasser la croissance personnelle. Le semi-sextile de Mars avec Uranus le 1er juin déclenche une étincelle d'inspiration et vous encourage à explorer de nouvelles voies d'expression personnelle. Adoptez vos idées uniques et prenez des risques calculés.

Le quintile entre le Soleil et Neptune le 1er juin améliore votre intuition et vos capacités créatives. Vous pouvez trouver du réconfort dans des activités artistiques ou des pratiques spirituelles pendant cette période. Laissez libre cours à votre imagination et faites confiance aux conseils de votre sagesse intérieure.

Aimer

L'amour occupe le devant de la scène en juin 2024, Vierge. Le quintile entre Vénus et Neptune le 2 juin ouvre les portes à l'enchantement romantique et aux liens émotionnels profonds. Vous pouvez vous retrouver attiré par des expériences amoureuses rêveuses et idéalistes. Embrassez la magie mais restez ancré dans la réalité .

La conjonction de Mercure et Jupiter le 4 juin améliore la communication et la compatibilité intellectuelle dans les relations. C'est un moment de partage d'idées et de conversations significatives avec votre partenaire. Explorez de nouvelles profondeurs de compréhension et favorisez un sentiment de connexion émotionnelle.

Carrière

Juin 2024 présente des opportunités de croissance et d'avancement dans votre carrière, Vierge. Le trigone entre Jupiter et Pluton le 2 juin amplifie votre ambition et vous permet de faire des progrès significatifs vers vos objectifs professionnels. Embrassez vos capacités de leadership et cherchez des moyens d'étendre votre influence.

Le carré entre Vénus et Saturne le 8 juin peut apporter des défis et des obstacles sur le lieu de travail. La patience et la persévérance seront essentielles pour surmonter ces obstacles. Restez concentré sur vos objectifs à long terme et maintenez une éthique de travail assidue.

Finance

Les questions financières nécessitent une attention et une planification minutieuses en juin 2024, Vierge. Le demi-carré entre Mercure et le vrai nœud le 2 juin vous invite à réévaluer vos objectifs financiers et à faire les ajustements nécessaires. Demandez conseil à des professionnels de confiance et élaborez un budget pratique pour assurer la stabilité.

Le demi-carré entre Vénus et Uranus le 12 juin apporte des opportunités financières inattendues. Cependant, soyez prudent et évitez les dépenses impulsives ou les investissements risqués. Concentrez-vous sur la sécurité financière à long terme plutôt que sur les gains à court terme.

Santé

Votre bien-être et vos soins personnels priment en juin 2024, Vierge. Le carré entre le Soleil et Saturne le 9 juin vous rappelle de donner la priorité à votre santé physique et mentale. Établissez une routine cohérente de soins personnels qui comprend des exercices, une alimentation saine et des techniques de gestion du stress.

Le demi-carré entre Mercure et Mars le 11 juin peut apporter une tension physique ou mentale temporaire. Il est crucial d'écouter les besoins de votre corps et de vous accorder suffisamment de repos et de détente. Participez à des activités qui favorisent la paix intérieure et le rajeunissement.

Voyage

Juin 2024 offre des opportunités d'expériences de voyage significatives, Vierge. Le trigone entre le Soleil et Neptune le 20 juin renforce votre lien avec différentes cultures et votre exploration spirituelle. Envisagez de vous lancer dans un voyage qui enrichit votre âme et élargit vos perspectives.

Le semi-sextile entre Mercure et Uranus le 24 juin suscite un sentiment d'aventure et de curiosité. Embrassez la spontanéité et explorez de nouvelles destinations ou embarquez pour des escapades d'un week-end. Voyager apportera non seulement de la joie, mais offrira également des opportunités de croissance personnelle et de découverte de soi.

Aperçu des étoiles

Les énergies célestes de juin 2024 vous guident, Vierge, vers l'autoréflexion, la connexion émotionnelle et l'avancement professionnel. Embrassez votre intuition et laissez votre esprit créatif s'envoler. Restez diligent dans la gestion de vos finances et accordez la priorité aux soins personnels. Grâce à des expériences de voyage significatives et à l'élargissement de vos horizons, vous découvrirez de nouveaux aspects de vous-même. Faites confiance à l'énergie transformatrice de ce mois et soyez ouvert aux opportunités qui se présentent à vous.

Meilleurs jours du mois : 2, 4 , 8 , 12 , 20 , 24 et 29 juin .

juillet 2024

Horoscope

En juillet 2024, Vierge, les énergies célestes apportent une combinaison d'expériences transformatrices et d'opportunités de croissance personnelle. Vous êtes encouragé à plonger au plus profond de vous-même, à affronter toutes les blessures non résolues et à vous accepter. Le demi-carré entre Jupiter et Chiron le 1er juillet sert de catalyseur pour la guérison et vous encourage à faire face à toute insécurité ou douleur émotionnelle qui pourrait vous retenir. C'est un moment de réflexion intérieure et d'acceptation de vos vulnérabilités comme sources de force.

Aimer

L'amour occupe le devant de la scène en juillet 2024, Vierge. Le carré entre le Soleil et le Vrai Nœud le 2 juillet peut apporter des défis et des conflits dans les relations. Il est essentiel de communiquer ouvertement et honnêtement pour maintenir l'harmonie.

Le trigone entre Vénus et Saturne le 2 juillet favorise la stabilité et l'engagement dans les partenariats. C'est un moment propice pour approfondir les liens émotionnels et nourrir l'amour à long terme. Exprimez votre appréciation et votre dévouement à votre partenaire.

Carrière

Juillet 2024 présente des opportunités de croissance professionnelle et d'avancement pour la Vierge. L'opposition entre Mercure et Pluton le 3 juillet apporte une poussée d'ambition et le désir de pouvoir et d'influence dans votre carrière. Vous pouvez vous sentir obligé d'assumer de nouvelles responsabilités et de mettre en valeur vos capacités. C'est le moment de vous affirmer et d'avoir un impact positif sur votre lieu de travail. Embrassez vos compétences en leadership et démontrez votre compétence et votre dévouement. Le réseautage et l'établissement de relations professionnelles seront également bénéfiques pendant cette période.

Finance

Les questions financières nécessitent une attention et une planification minutieuses en juillet 2024, Vierge. Le carré entre Vénus et Chiron le 6 juillet peut apporter des insécurités ou des défis financiers. Il est important de faire confiance à votre instinct et de rechercher des solutions pratiques pour maintenir la stabilité financière. Passez en revue votre budget et vos dépenses pour identifier les domaines où des ajustements peuvent être apportés. Évitez les dépenses impulsives et concentrez-vous sur la sécurité financière à long terme. Demandez conseil à des professionnels de la finance si nécessaire et envisagez d'explorer de nouvelles sources de revenus ou d'opportunités d'investissement. Avec une planification minutieuse et de la discipline, vous pouvez atteindre la stabilité et la croissance financières.

Santé

Votre bien-être et vos soins personnels priment en juillet 2024, Vierge. Le carré entre le Soleil et Chiron le 15 juillet sert de rappel pour traiter tout déséquilibre émotionnel ou physique. Faites attention à votre santé globale et donnez la priorité aux pratiques de soins personnels qui nourrissent votre esprit, votre corps et votre âme. Participez à des activités qui favorisent la relaxation et la réduction du stress, comme la méditation, le yoga ou passer du temps dans la nature. Il est essentiel d'écouter les besoins de votre corps et d'établir une routine cohérente de soins personnels. Privilégiez un sommeil de qualité, des habitudes alimentaires nutritives et une activité physique régulière pour maintenir votre vitalité et votre bien-être.

Voyage

Juillet 2024 offre des opportunités d'expériences de voyage significatives pour la Vierge. Le trigone entre le Soleil et Neptune le 21 juillet renforce votre lien avec l'exploration spirituelle et l'immersion culturelle. Envisagez de vous lancer dans un voyage qui enrichit votre âme et élargit vos horizons. Qu'il s'agisse d'un pèlerinage sur un site sacré, d'une retraite de yoga ou d'une immersion culturelle dans un pays étranger, recherchez des destinations qui inspirent votre croissance spirituelle et vous permettent de vous connecter avec différentes cultures. Embrassez la beauté de nouveaux endroits, essayez de nouvelles expériences et dialoguez avec les habitants pour vous immerger pleinement dans la culture et acquérir une compréhension plus profonde du monde.

Aperçu des étoiles

Les énergies célestes de juillet 2024 vous guident, Vierge, vers l'auto-guérison, l'engagement dans les relations et la croissance professionnelle. C'est un moment d'introspection et de traitement des blessures émotionnelles qui pourraient entraver votre progression. Faites confiance à votre intuition et restez adaptable aux opportunités qui se présentent à vous. Les étoiles vous rappellent d'embrasser votre pouvoir personnel et de rechercher l'équilibre dans tous les domaines de votre vie. En écoutant votre sagesse intérieure, vous pouvez naviguer ce mois-ci avec grâce et faire des progrès significatifs dans votre cheminement personnel et professionnel.

Meilleurs jours du mois : 2, 8 , 15 , 21 , 23 , 30 et 31 juillet .

Août 2024

Horoscope

Chère Vierge, août 2024 vous apporte un mélange d'énergies célestes. Les aspects planétaires indiquent un mois d'opportunités, de défis et d'auto-réflexion. C'est le moment d'évaluer vos priorités, de faire les ajustements nécessaires et d'accepter les changements qui se présentent à vous.

L'influence de Mars en Gémeaux suggère une période d'activité mentale et de communication accrues. Vous pouvez vous retrouver engagé dans des conversations stimulantes et des opportunités de réseautage qui peuvent ouvrir des portes à la croissance personnelle et professionnelle. Cependant, méfiez-vous des prises de décision impulsives, car le demi-carré avec Chiron met en garde contre les actions hâtives.

Aimer

En matière de cœur, Vénus joue un rôle important en août. Le carré avec Uranus le 2 peut apporter des rencontres amoureuses inattendues ou un désir de liberté dans les relations. Cela pourrait créer des tensions, mais cela présente également une opportunité de croissance et de compréhension plus profonde.

Pour les Vierges célibataires, le quintile entre Vénus et Jupiter le 6 indique une période favorable à la romance et aux nouvelles relations. Faites un acte de foi et explorez les possibilités qui s'offrent à vous. Pour ceux qui entretiennent des relations engagées, le quinconce avec Neptune le 5 et le sesquiquadrate avec Chiron le 11 conseillent une communication ouverte et honnête pour maintenir l'harmonie et soigner toute blessure émotionnelle.

Carrière

Vos perspectives de carrière en août semblent prometteuses, le biquintile du Soleil avec Saturne le 4 renforçant vos capacités professionnelles. Cet aspect vous fournit la discipline et la concentration nécessaires pour exceller dans vos efforts. Les projets collaboratifs et le travail d'équipe sont mis en avant, car la conjonction entre Mercure et Vénus le 7 met l'accent sur une communication et une coopération efficaces.

Cependant, le quinconce entre le Soleil et Saturne le 10 peut vous obliger à réévaluer vos objectifs à long terme et à faire les ajustements nécessaires. Il est essentiel de trouver un équilibre entre votre vie personnelle et professionnelle pour éviter le burn-out. Faites confiance à votre instinct et prenez des décisions stratégiques qui correspondent à vos aspirations.

Finance

Les questions financières nécessitent une attention particulière en août, notamment en raison de l'opposition entre Vénus et Saturne le 19. Cet aspect peut entraîner des contraintes financières ou des dépenses imprévues, il est donc conseillé de pratiquer une gestion prudente de l'argent. Le biquintile entre Vénus et Chiron le 19 offre cependant des opportunités de guérison et de croissance financières. Envisagez de demander conseil à un conseiller financier de confiance pour prendre des décisions éclairées.

Santé

Votre bien-être est de la plus haute importance ce mois-ci. Le sesquiquadrate entre le Soleil et Neptune le 6 peut apporter des sentiments de fatigue ou de vulnérabilité émotionnelle. Privilégiez les soins personnels et recherchez des moments de détente et de rajeunissement. S'engager dans des activités telles que la méditation, le yoga ou passer du temps dans la nature peut aider à rétablir l'équilibre et à stimuler votre vitalité globale.

Le trigone entre le Soleil et Chiron le 15 offre une opportunité de guérison émotionnelle et physique. Utilisez ce temps pour répondre à tout problème de santé sous-jacent et explorer des modalités de guérison alternatives si nécessaire. N'oubliez pas de maintenir une alimentation équilibrée, de faire de l'exercice régulièrement et de vous reposer suffisamment pour favoriser votre bien-être.

Voyage

Le mois d'août présente des opportunités favorables de voyage et d'exploration, grâce au quintile entre Mars et Neptune le 6. Qu'il s'agisse d'une courte escapade ou d'un voyage prolongé, vous trouverez l'inspiration et le sens de l'aventure. Soyez ouvert à de nouvelles expériences et profitez de la spontanéité qui accompagne les voyages.

Aperçus des étoiles

Vierge, les énergies célestes du mois d'août vous encouragent à accepter le changement, à favoriser la communication et à prendre soin de vous. Bien que des défis puissent survenir, ils présentent des opportunités de croissance et de transformation. Ayez confiance en vos capacités, restez adaptable et maintenez un état d'esprit positif. En alignant vos actions sur vos intentions, vous pouvez tirer le meilleur parti des énergies cosmiques et manifester vos objectifs.

Meilleurs jours du mois : 7, 11 , 15 , 19 , 22 , 23 et 29 août .

Septembre 2024

Horoscope

En septembre 2024, Vierge, vous pouvez vous attendre à un mois rempli d'opportunités de croissance personnelle et d'amélioration de soi. Les aspects planétaires indiquent une concentration sur vos relations, à la fois romantiques et platoniques, ainsi que sur votre carrière et votre stabilité financière. C'est le moment de trouver un équilibre entre vos ambitions personnelles et vos relations avec les autres. Avec une planification minutieuse et une attention aux détails, vous pouvez faire des progrès significatifs dans divers domaines de votre vie. Cependant, il est important de rester ancré et réaliste, car des défis peuvent survenir en cours de route. Profitez des aspects positifs pour améliorer votre vie amoureuse, faire avancer vos objectifs professionnels, gérer judicieusement vos finances, donner la priorité à votre bien-être, vous lancer dans des aventures de voyage passionnantes et obtenir des informations précieuses des étoiles.

Les alignements célestes de septembre apportent des messages et des conseils importants pour la Vierge. Le quintile entre le Soleil et Mars le 2 septembre souligne l'importance de prendre des initiatives et de canaliser votre énergie vers vos objectifs. C'est un rappel de faire confiance à vos capacités et d'embrasser votre affirmation de soi. Le biquintile entre Mercure et Pluton le 12 septembre met l'accent sur le pouvoir de vos paroles et de votre intellect. Utilisez vos compétences en communication pour exprimer vos pensées efficacement et influencer positivement ceux qui vous entourent. Le quintile entre Mercure et Mars le 21 septembre améliore votre agilité mentale et renforce vos capacités de résolution de problèmes.

Aimer

En matière de cœur, septembre apporte une énergie harmonieuse pour la Vierge. Le trigone entre Mercure en Lion et Chiron en Bélier le 2 septembre signifie une opportunité de guérison et de croissance au sein de vos relations. Cet aspect encourage la communication ouverte et la vulnérabilité, vous permettant de traiter toute blessure émotionnelle et de renforcer les liens avec votre partenaire. Faites attention au biquintile entre Mercure et Neptune le 2 septembre qui renforce votre intuition et apporte une touche de romantisme à vos interactions. Cependant, le carré entre Vénus en Balance et le Vrai Nœud en Bélier le 3 septembre peut présenter certains défis, vous obligeant à trouver un équilibre entre vos propres besoins et les désirs de votre partenaire. Dans l'ensemble, septembre offre une période favorable pour nourrir l'amour et approfondir les relations.

Carrière

Les Vierges peuvent s'attendre à des développements positifs dans leur vie professionnelle en septembre. Le quintile du Soleil avec Mars le 2 septembre alimente votre ambition et votre motivation, vous permettant de prendre les devants et de progresser vers vos objectifs de carrière. Cependant, le carré entre Mars en Gémeaux et Neptune en Poissons le 3 septembre vous rappelle de rester prudent et d'éviter les prises de décision impulsives. La collaboration et le réseautage seront bénéfiques pour votre carrière, en particulier lorsque Vénus s'opposera au vrai nœud le 3 septembre, vous encourageant à établir des liens significatifs qui peuvent ouvrir des portes à de nouvelles opportunités. De plus, le biquintile entre Mercure et Jupiter le 10 septembre améliore vos compétences en communication, ce qui en fait un moment idéal pour présenter vos idées et engager des négociations. Dans l'ensemble, septembre présente des perspectives prometteuses d'évolution de carrière et de réussite professionnelle.

Finance

Les questions financières en septembre nécessitent une planification minutieuse et une prise de décision prudente pour la Vierge. Alors que le biquintile entre Vénus et Uranus le 15 septembre peut apporter des gains financiers inattendus, il est crucial de rester prudent et d'éviter les dépenses impulsives. L'opposition entre Vénus en Balance et Chiron en Bélier le 16 septembre suggère la nécessité de réévaluer vos priorités financières et de rechercher des solutions pratiques à tous les défis monétaires. Demandez conseil à des professionnels de confiance et concentrez-vous sur la stabilité financière à long terme. Le trigone entre Mercure et Pluton le 24 septembre améliore vos compétences analytiques, vous permettant de prendre des décisions financières stratégiques. En faisant preuve de prudence et en tenant compte de vos dépenses, vous pourrez maintenir votre équilibre financier et atteindre vos objectifs monétaires en septembre.

Santé

Votre bien-être et vos soins personnels occupent une place centrale en septembre, Vierge. Le sesquicarré entre le Soleil en Vierge et Pluton en Capricorne le 6 septembre vous rappelle d'équilibrer votre vie personnelle et professionnelle pour éviter l'épuisement professionnel. Prenez le temps d'évaluer vos besoins physiques et émotionnels et faites des soins personnels une priorité. L'opposition entre Mercure en Vierge et Neptune en Poissons le 25 septembre souligne l'importance de maintenir des frontières saines et d'éviter un stress excessif. Participez à des activités qui favorisent la relaxation, comme la méditation, le yoga ou passer du temps dans la nature. Nourrir votre esprit, votre corps et votre âme contribuera à votre bien-être général tout au long du mois.

Voyage

Septembre offre des opportunités d'expériences de voyage passionnantes pour la Vierge. Le biquintile entre Mercure et Neptune le 2 septembre renforce votre sens de l'aventure et de l'intuition, ce qui en fait un moment idéal pour des voyages spontanés ou pour explorer de nouvelles destinations. Le trigone entre Vénus en Balance et Jupiter en Gémeaux le 15 septembre apporte une énergie positive pour les voyages, indiquant que vous pouvez rencontrer de nouvelles cultures et forger des liens significatifs tout en explorant le monde. Cependant, restez toujours conscient de votre sécurité et respectez les directives ou restrictions de voyage en vigueur. Qu'il s'agisse d'une courte escapade ou d'un long voyage, les expériences de voyage en septembre peuvent élargir vos horizons et fournir des informations précieuses.

Aperçu des étoiles

Faites confiance à votre instinct et soyez proactif dans la poursuite de vos objectifs. Dans l'ensemble, les étoiles vous encouragent à embrasser vos forces, à communiquer avec clarté et à prendre des mesures décisives pour manifester vos désirs.

Jours du mois : 2 , 10 , 15 , 22 , 24 , 26 et 30 septembre .

Octobre 2024

Horoscope

En octobre 2024, Vierge, les aspects planétaires indiquent un mois d'introspection, de transformation et d'exploration émotionnelle profonde. C'est le moment de plonger dans les profondeurs de votre psychisme, de découvrir des vérités cachées et de libérer d'anciens schémas qui ne vous servent plus. Vous pouvez ressentir des émotions intenses et des conflits intérieurs, mais grâce à l'autoréflexion et à la guérison, vous avez la possibilité d' en sortir plus fort et plus autonome. Il est important de créer un équilibre harmonieux entre votre vie personnelle et professionnelle et de donner la priorité aux soins personnels pour traverser cette période de transformation. Faites confiance à votre intuition, acceptez le changement et permettez-vous d'évoluer et de grandir. Avec de la patience et de la persévérance, vous pouvez faire des progrès significatifs dans votre cheminement spirituel et créer une base solide pour votre avenir.

Aimer

En matière de cœur, octobre apporte une période de profonde introspection et de transformation pour la Vierge. Le sesquiquadrate entre Mercure en Balance et Uranus en Taureau le 2 octobre signifie un besoin d'indépendance émotionnelle et de découverte de soi dans les relations. Cet aspect peut apporter des changements ou des perturbations inattendus, mais ils servent de catalyseurs pour la croissance personnelle. Le trigone entre Vénus en Scorpion et Saturne le 4 octobre apporte stabilité et engagement à vos relations amoureuses, ainsi que l'opportunité de liens émotionnels profonds. Cependant, le carré entre Mercure en Scorpion et Mars en Cancer le 6 octobre peut créer des tensions et des problèmes de communication. Il est crucial d'exprimer vos émotions avec clarté et empathie. Acceptez la vulnérabilité et engagez-vous dans des conversations ouvertes et honnêtes pour renforcer vos relations. Octobre vous encourage à plonger dans les profondeurs de votre cœur et à entretenir des relations authentiques.

Carrière

Octobre apporte une énergie transformatrice à votre vie professionnelle, Vierge. Le trigone entre Mercure en Balance et Jupiter en Gémeaux le 8 octobre améliore vos compétences en communication, ce qui en fait le moment idéal pour présenter vos idées, négocier des contrats ou participer à des opportunités de réseautage. Cet aspect soutient la croissance intellectuelle et vous encourage à élargir vos horizons professionnels. L'opposition entre Mercure en Balance et Chiron en Bélier le 8 octobre peut faire remonter des blessures du passé ou des doutes sur soi, mais elle présente également une opportunité de guérison et d'autonomisation. Embrassez vos compétences et talents uniques et faites confiance à vos capacités pour surmonter tous les défis qui se présentent. Il est important de maintenir une approche équilibrée du travail et d'éviter de vous dépasser. Fixez des limites saines, donnez la priorité aux soins personnels et faites confiance au processus de transformation qui se déroule dans votre carrière.

Finance

Les questions financières nécessitent une attention et une planification minutieuses en octobre, Vierge. Le sesquiquadrate entre Vénus en Scorpion et Neptune en Poissons le 3 octobre met en garde contre les dépenses impulsives ou la prise de décisions financières basées uniquement sur les émotions. Prenez le temps d'évaluer vos objectifs financiers, d'établir un budget et de faire des choix éclairés. Le trigone entre Vénus et Saturne le 4 octobre apporte stabilité et praticité à vos efforts financiers. C'est une période propice aux investissements à long terme ou à la consolidation de vos assises financières. Cependant, l'opposition entre Vénus en Sagittaire et Uranus en Taureau le 14 octobre pourrait introduire des changements ou des perturbations financières inattendues. Restez adaptable et flexible dans la gestion de vos ressources. Demandez conseil à un professionnel si nécessaire et gardez à l'esprit vos responsabilités financières. En maintenant une approche prudente et équilibrée, vous pouvez naviguer dans le paysage financier et assurer la stabilité à long terme.

Santé

Votre bien-être physique et émotionnel occupe le devant de la scène en octobre, Vierge. L'opposition entre le Soleil en Balance et Uranus en Taureau le 4 octobre met en lumière le besoin d'équilibre et de soins personnels. Adoptez des pratiques qui favorisent l'harmonie et le soulagement du stress, comme la méditation, le yoga ou l'engagement dans des débouchés créatifs. Le carré entre le Soleil et Mars le 14 octobre peut apporter une poussée d'énergie, mais il est important de la canaliser judicieusement pour éviter l'épuisement. Faites des pauses, établissez des limites saines et priorisez les activités réparatrices. Le sesquiquadrate entre Vénus en Sagittaire et Mars en Cancer le 22 octobre vous rappelle de nourrir votre bien-être émotionnel et de maintenir un équilibre sain entre vie professionnelle et vie privée. Faites attention à vos besoins émotionnels et engagez-vous dans des pratiques de soins personnels qui favorisent votre santé globale. En honorant votre esprit, votre corps et votre âme, vous pouvez naviguer en octobre avec résilience et vitalité.

Voyage

Octobre présente des opportunités d'expériences de voyage significatives et transformatrices pour la Vierge. Le biquintile entre Mercure et Neptune le 16 octobre améliore votre intuition et votre créativité, ce qui en fait un moment idéal pour des retraites spirituelles ou pour visiter des destinations riches en importance culturelle et historique. Participez à des expériences de voyage conscientes et réfléchies qui vous permettent de vous connecter avec votre moi intérieur et d'acquérir une compréhension plus profonde du monde. Le trigone entre Vénus en Sagittaire et Neptune le 15 octobre renforce encore la nature spirituelle et transformatrice de vos voyages. Embrassez l'inconnu, sortez de votre zone de confort et laissez-vous inspirer par les nouveaux environnements que vous rencontrez. Qu'il s'agisse d'un voyage en solo ou d'une aventure de groupe, octobre offre le potentiel d'une croissance profonde et d'une découverte de soi à travers les voyages.

Aperçu des étoiles

Les alignements célestes d'octobre fournissent des informations et des conseils importants pour la Vierge. L'opposition entre le Soleil et Chiron le 13 octobre offre des opportunités de guérison profonde et d'introspection. C'est le moment d'affronter les blessures du passé et de travailler à la croissance personnelle. Le trigone entre Mercure et Saturne le 22 octobre améliore vos capacités d'analyse et soutient la pensée structurée. Utilisez cet aspect pour prendre des décisions stratégiques et solidifier vos plans. Le biquintile entre Vénus et Chiron le 30 octobre vous encourage à embrasser la vulnérabilité et la compassion dans vos relations, favorisant la guérison et la croissance. Faites confiance au pouvoir transformateur des stars et saisissez les opportunités de découverte de soi et d'autonomisation qu'apporte octobre.

Jours du mois : 8 , 13 , 15 , 22 , 24 , 27 et 31 octobre .

Novembre 2024

Horoscope

En novembre 2024, Vierge, les aspects planétaires indiquent un mois d'introspection, de croissance et de concentration sur les relations. C'est le moment d'approfondir les connexions, d'explorer vos propres désirs et valeurs et de rechercher l'équilibre intérieur. Les alignements célestes de novembre offrent des informations et des conseils importants pour la Vierge. Le sesquiquadrate entre le Soleil et Chiron le 11 novembre offre des opportunités de guérison profonde et d'introspection. Embrassez la vulnérabilité et affrontez les blessures du passé, permettant la croissance et la transformation personnelle. L'opposition entre Vénus et Chiron le 27 novembre met en évidence le besoin d'auto-compassion et de guérison émotionnelle dans les relations.

Le sextile entre Jupiter en Gémeaux et Chiron en Bélier le 2 novembre offre des opportunités de croissance personnelle et spirituelle. C'est le moment d'embrasser de nouvelles perspectives et d'élargir vos horizons. Le trigone entre Mercure en Scorpion et Mars en Cancer le 2 novembre améliore vos compétences en communication et votre assurance, vous permettant de vous exprimer avec clarté et passion. Embrassez l'énergie transformatrice de novembre et saisissez les opportunités de découverte de soi et de croissance qui s'offrent à vous.

Aimer

L'amour occupe le devant de la scène en novembre pour la Vierge, car les aspects planétaires offrent des opportunités d'approfondir les connexions émotionnelles et d'explorer vos désirs. L'opposition entre Vénus en Sagittaire et Jupiter en Gémeaux le 3 novembre peut apporter un sentiment d'agitation ou un désir de plus de liberté dans les relations. Il est important de communiquer vos besoins et de trouver un équilibre sain entre indépendance et engagement. Le trigone entre Vénus et Chiron le même jour favorise la guérison émotionnelle et la croissance au sein des partenariats. Une communication ouverte et honnête, ainsi qu'une volonté d'accepter la vulnérabilité, peuvent conduire à un niveau d'intimité plus profond. Faites attention aux besoins de votre partenaire et engagez-vous dans des activités qui nourrissent votre connexion émotionnelle. Novembre présente une période de transformation pour l'amour, où vous pouvez faire l'expérience de la croissance, de la compréhension et d'une expansion de vos horizons romantiques.

Carrière

Novembre met l'accent sur la carrière et la croissance professionnelle de la Vierge. Le trigone entre Mercure en Sagittaire et Mars en Cancer le 2 novembre améliore votre assurance et vos capacités de communication, ce qui en fait le moment idéal pour exprimer vos idées, négocier des contrats ou prendre la tête de projets d'équipe.

Cet aspect soutient la croissance intellectuelle et vous encourage à prendre des risques calculés. L'opposition entre Mercure et Jupiter le 18 novembre élargit vos horizons et vous encourage à explorer de nouvelles voies de développement professionnel. Saisissez les opportunités d'apprentissage et recherchez des mentors qui peuvent vous guider sur votre chemin. Il est important de maintenir un équilibre entre ambition et sens pratique, en veillant à ce que vos actions s'alignent sur vos objectifs à long terme. Utilisez cette période de transformation pour fixer des objectifs clairs et progresser vers leur réalisation.

Finance

Novembre exige une planification financière minutieuse et une prise de décision responsable pour la Vierge. Le carré entre Vénus en Sagittaire et Neptune en Poissons le 9 novembre met en garde contre les dépenses impulsives ou la prise de décisions financières basées uniquement sur les émotions. Il est important d'évaluer votre situation financière et de créer un budget réaliste. Demandez conseil à des professionnels si nécessaire et envisagez des investissements à long terme qui correspondent à vos objectifs financiers. Le sextile entre Vénus et Saturne le 22 novembre apporte stabilité et discipline à vos efforts financiers. C'est un moment propice pour revoir vos stratégies financières et faire les ajustements nécessaires. Concentrez-vous sur la construction d'une base solide et sur la gestion prudente de vos ressources. En maintenant une approche équilibrée et en pratiquant la pleine conscience financière, vous pouvez naviguer en novembre avec stabilité et sécurité financières.

Santé

Votre bien-être occupe le devant de la scène en novembre, Vierge. Le sesquiquadrate entre le Soleil en Scorpion et Neptune en Poissons le 4 novembre vous rappelle de donner la priorité aux soins personnels et d'établir des limites saines. Prenez du temps pour vous reposer et vous ressourcer, participez à des activités qui nourrissent votre corps et votre esprit et recherchez un soutien émotionnel si nécessaire. Le trigone entre le Soleil et Saturne le 4 novembre apporte un sentiment de stabilité et de discipline à vos routines de santé. Établissez des habitudes saines et engagez-vous à vous améliorer. Cependant, l'opposition entre le Soleil et Uranus le 16 novembre pourrait introduire des changements ou des perturbations inattendus. La flexibilité et l'adaptabilité sont essentielles pour maintenir l'équilibre et le bien-être pendant cette période. Écoutez les besoins de votre corps, pratiquez la pleine conscience et concentrez-vous sur des soins personnels holistiques pour naviguer en novembre avec vitalité et résilience.

Voyage

Novembre offre des opportunités d'expériences de voyage significatives et transformatrices pour la Vierge. Le biquintile entre Mercure et Mars le 7 novembre améliore votre communication et votre assurance, ce qui en fait un moment idéal pour les voyages d'affaires, le réseautage ou l'exploration de nouvelles destinations. Participez à des activités qui élargissent vos horizons et vous exposent à différentes cultures et perspectives. Le trigone entre Vénus en Capricorne et Saturne le 22 novembre apporte stabilité et structure à vos plans de voyage, assurant une logistique fluide et des expériences agréables. Exploitez le potentiel transformateur du voyage en sortant de votre zone de confort et en vous immergeant dans de nouveaux environnements. Que ce soit pour le travail ou le plaisir, novembre offre des opportunités de croissance personnelle et d'élargissement de vos horizons grâce aux voyages.

Aperçus des étoiles

Prenez soin de vous et communiquez vos besoins ouvertement et honnêtement avec vos proches. Faites confiance au pouvoir transformateur des stars et saisissez les opportunités de découverte de soi et d'autonomisation qu'apporte novembre.

Jours du mois : 2 , 4 , 6 , 9 , 17 , 19 et 22 novembre .

Décembre 2024

Horoscope

Les alignements célestes de décembre offrent un aperçu et des conseils profonds pour la Vierge. Les aspects planétaires indiquent un mois d'introspection, de transformation et de concentration sur la croissance personnelle. C'est le moment d'approfondir votre compréhension de vous-même, de libérer les anciens schémas et d'embrasser de nouveaux départs. Le trigone entre Vénus en Capricorne et Uranus en Taureau le 2 décembre offre des opportunités inattendues d'amour et d'expression personnelle. Acceptez le changement et soyez ouvert aux relations non conventionnelles. L'opposition entre le Soleil en Sagittaire et Jupiter en Gémeaux le 7 décembre vous encourage à élargir vos horizons et à explorer de nouvelles perspectives tandis que le quintile entre Jupiter et le Vrai Nœud le 13 décembre souligne l'importance de vous aligner sur le but de votre vie et d'embrasser votre vrai chemin . Embrassez la croissance intellectuelle, engagez-vous dans des opportunités d'apprentissage et recherchez de nouvelles expériences. Décembre présente une période de transformation pour la Vierge, où vous pouvez subir de profonds changements intérieurs et embrasser le potentiel de réinvention personnelle.

Aimer

L'amour prend une énergie transformatrice et dynamique en décembre pour la Vierge. Le trigone entre Vénus en Capricorne et Uranus en Taureau le 2 décembre apporte excitation et imprévisibilité à votre vie amoureuse. Adoptez la spontanéité et soyez ouvert à de nouvelles expériences et connexions. La conjonction entre Vénus et Pluton le 7 décembre intensifie vos émotions et offre des opportunités de guérison émotionnelle profonde au sein des relations. Il est important de communiquer honnêtement et authentiquement avec votre partenaire, car cela favorisera l'intimité et la compréhension. Le sextile entre Vénus et Neptune le 17 décembre apporte une touche de romantisme et d'idéalisme à votre vie amoureuse. Embrassez vos rêves et vos fantasmes tout en conservant une approche fondée et réaliste. Décembre offre le potentiel d'expériences transformatrices en amour, où des liens émotionnels profonds et une croissance personnelle peuvent prospérer.

Carrière

Décembre met l'accent sur la croissance de carrière et le développement professionnel de la Vierge. L'opposition entre Mercure en Sagittaire et Jupiter en Gémeaux le 4 décembre vous encourage à voir grand et à explorer de nouvelles opportunités. Adoptez un état d'esprit de croissance et recherchez des opportunités d'apprentissage qui élargissent vos connaissances et vos compétences. Le carré entre Mercure et Saturne le 6 décembre appelle à la discipline et au souci du détail dans votre travail. Concentrez-vous sur l'organisation et l'efficacité pour atteindre vos objectifs. La conjonction entre le Soleil et Mercure le 5 décembre améliore vos compétences en communication et apporte de la clarté à vos efforts professionnels. C'est un moment propice pour exprimer vos idées, collaborer avec les autres et faire avancer les projets. Exploitez le potentiel de transformation de décembre et poursuivez vos objectifs de carrière avec détermination et concentration.

Finance

Décembre nécessite une planification financière minutieuse et une approche équilibrée des questions d'argent pour la Vierge. Le demi-carré entre Vénus en Verseau et Saturne le 5 décembre vous rappelle de maintenir la discipline et la responsabilité financières. Établissez un budget réaliste et évitez les dépenses impulsives. Le sextile entre Vénus et Neptune le 4 décembre offre des opportunités de créativité financière et de prise de décision inspirée. Faites confiance à votre intuition et recherchez des investissements ou des entreprises qui correspondent à vos objectifs financiers à long terme. Cependant, le carré entre Vénus et Uranus le 28 décembre pourrait introduire des changements ou des perturbations inattendus dans votre situation financière. Il est important de s'adapter et de faire les ajustements nécessaires tout en restant concentré sur votre stabilité financière. En pratiquant la pleine conscience financière et en maintenant une approche équilibrée, vous pouvez naviguer en décembre avec sécurité financière et succès.

Santé

Votre bien-être occupe le devant de la scène en décembre, Vierge. Le carré entre le Soleil en Sagittaire et Saturne en Poissons le 4 décembre vous rappelle de donner la priorité aux soins personnels et d'établir des limites saines. Prenez du temps pour vous reposer, vous ressourcer et gérer votre stress. Le trigone entre le Soleil et Chiron le 10 décembre offre des opportunités de guérison émotionnelle et physique. Faites attention aux besoins de votre corps et engagez-vous dans des activités qui favorisent votre bien-être général. Le demi-carré entre Vénus et Neptune le 17 décembre appelle à l'équilibre et à la modération dans votre approche de la santé. Adoptez une approche holistique du bien-être, en vous concentrant sur l'alimentation de votre corps, de votre esprit et de votre esprit. En donnant la priorité aux soins personnels et en maintenant un mode de vie équilibré, vous pouvez naviguer en décembre avec vitalité et harmonie intérieure.

Voyage

Décembre offre des opportunités d'expériences de voyage significatives et transformatrices pour la Vierge. Le biquintile entre Vénus et Jupiter le 1er décembre renforce votre sens de l'aventure et de la curiosité. Découvrez de nouvelles destinations et plongez dans différentes cultures et expériences. Le semi-sextile entre le Soleil et Uranus le 21 décembre apporte des opportunités de voyage inattendues ou des voyages spontanés. Adoptez la flexibilité et soyez ouvert aux changements de dernière minute dans vos projets de voyage. Les voyages peuvent être une source d'inspiration, de croissance personnelle et de découverte de soi en décembre. Que ce soit pour le travail ou les loisirs, saisissez les opportunités d'élargir vos horizons et profitez du pouvoir transformateur du voyage.

Aperçu des étoiles

Faites confiance à la sagesse des étoiles et laissez leurs conseils vous inspirer et vous responsabiliser. Décembre offre le potentiel de profonds changements intérieurs et d'un sens renouvelé de l'objectif.

Meilleurs jours du mois : 2, 7 , 10 , 17 , 21 , 23 et 29 décembre .

HOROSCOPE 2024 BALANCE

Aperçu Balance 2024

L'année 2024 promet d'être une année de croissance et de transformation pour la Balance. Les mouvements planétaires indiquent une année remplie d'opportunités et de défis qui vous pousseront à évoluer et à grandir dans tous les aspects de votre vie. L'année sera marquée par des aspects planétaires importants impliquant Mars, Mercure, Vénus et Jupiter, qui influenceront votre carrière, vos relations, votre santé et votre développement personnel.

L'année 2024 sera une année de progrès et d'expansion dans votre carrière. La présence de Mars en Taureau en juin indique une période de travail acharné et de persévérance. Vous devrez peut-être faire face à certains obstacles, mais votre détermination vous aidera à les surmonter. L'aspect semi-sextile entre Mars et Jupiter en Gémeaux suggère des opportunités de croissance et d'expansion dans votre carrière. Vous pourriez vous retrouver à assumer de nouvelles responsabilités ou à vous lancer dans de nouveaux projets.

En septembre, l'aspect trigone entre Vénus en Balance et Jupiter en Gémeaux indique une période de prospérité financière. Vous pouvez recevoir des récompenses financières pour votre travail acharné ou vous pouvez trouver des opportunités de croissance financière. Cependant, l'aspect carré entre le Soleil en Vierge et Jupiter en Gémeaux en septembre suggère la nécessité d'une planification financière minutieuse. Évitez les dépenses impulsives et assurez-vous d'épargner pour l'avenir.

L'année 2024 sera une année d'approfondissement des relations et d'élargissement des liens sociaux. La conjonction entre Mercure et Vénus en Cancer en juin suggère un moment de communication émotionnelle dans vos relations. Vous pouvez vous retrouver à exprimer vos sentiments plus ouvertement, ce qui conduit à des liens plus profonds avec vos proches.

En août, l'aspect carré entre Vénus en Lion et Uranus en Taureau suggère une période de changement et d'imprévisibilité dans votre vie sociale. Vous pouvez rencontrer de nouvelles personnes qui remettent en question vos points de vue et vous poussent à grandir. Embrassez ces changements et apprenez des expériences qu'ils apportent.

L'année 2024 sera une année axée sur la santé et le bien-être. L'aspect quinconce entre le Soleil en Cancer et Pluton en Verseau en juin suggère un besoin d'équilibrer votre santé physique avec votre bien-être mental et émotionnel. Assurez-vous de prendre du temps pour prendre soin de vous et vous détendre.

En mai, l'aspect semi-sextile entre Mars en Bélier et Uranus en Taureau suggère une période d'énergie et de vitalité accrues. Utilisez cette énergie pour vous concentrer sur votre santé physique et votre bien-être. Pratiquez une activité physique régulière et maintenez une alimentation équilibrée pour assurer votre bien-être.

L'année 2024 sera une année de croissance spirituelle et de développement personnel. L'aspect quintile entre Jupiter et Saturne en mai suggère une période d'apprentissage et de croissance. Vous pouvez vous sentir attiré par des études spirituelles ou philosophiques qui vous aident à mieux vous comprendre et à mieux comprendre le monde qui vous entoure.

En juin, l'aspect carré entre Vénus en Cancer et Véritable Nœud en Bélier suggère un temps de découverte de soi. Vous pourriez vous retrouver à remettre en question vos valeurs et vos croyances, ce qui vous mènera à une compréhension plus profonde de qui vous êtes et de ce que vous attendez de la vie.

L'année 2024 sera une année de transformation pour la Balance. Les mouvements planétaires indiquent une année remplie d'opportunités de croissance dans tous les aspects de votre vie. Relevez les défis et les opportunités qui se présentent à vous et utilisez-les pour évoluer et grandir. N'oubliez pas que la clé pour naviguer avec succès cette année est l'équilibre - équilibre dans votre carrière et vos finances, équilibre dans vos relations et votre vie sociale, et équilibre dans votre santé et votre bien-être. Avec équilibre et persévérance, vous pouvez tirer le meilleur parti des opportunités que 2024 apporte.

Janvier 2024

Horoscope

Chère Balance, alors que vous entrez dans le mois de janvier 2024, les configurations célestes vous encouragent à vous concentrer sur l'établissement de l'équilibre et de l'harmonie dans tous les domaines de votre vie. C'est un moment d'auto-réflexion et d'introspection, vous permettant de faire les ajustements nécessaires et de trouver la paix intérieure. Votre diplomatie naturelle et votre capacité à voir les deux côtés d'une situation seront très appréciées pendant cette période.

Le mois commence avec Vénus au carré de Saturne le 1er janvier, indiquant des défis ou des responsabilités potentiels au sein de vos relations. Il est important d'aborder ces obstacles avec patience et une communication ouverte. En traitant directement les problèmes, vous pouvez favoriser la compréhension et trouver des solutions constructives.

En résumé, janvier offre des opportunités de croissance et de découverte de soi pour la Balance. Embrassez le besoin d'équilibre, d'harmonie et de sens pratique dans divers aspects de votre vie. En maintenant une approche holistique de votre bien-être et de vos relations, vous vous alignerez sur les énergies cosmiques et vous vous épanouirez dans le voyage à venir.

Aimer

En matière de cœur, janvier présente un mélange d'énergies pour la Balance. Le carré entre Vénus et Saturne le 1er janvier peut introduire des défis ou des responsabilités dans vos relations. La patience et une communication ouverte sont essentielles pour surmonter ces obstacles. Il est important d'aborder ces obstacles avec grâce et avec la volonté de trouver des solutions mutuellement bénéfiques. Cependant, le 3 janvier, l'aspect en quinconce entre Vénus et Jupiter suggère un potentiel de croissance et d'expansion dans votre vie amoureuse. Cet alignement vous encourage à explorer de nouvelles possibilités et à adopter des changements positifs dans vos relations. C'est un moment propice pour aborder toute question ou préoccupation, ainsi que pour exprimer ouvertement vos désirs et vos besoins. En engageant des conversations ouvertes et honnêtes, vous pouvez renforcer les fondations de vos partenariats. De plus, le 11 janvier, le trigone entre Vénus et Chiron favorise la guérison et la connexion émotionnelle. Cet alignement offre une opportunité de surmonter les blessures du passé et d'améliorer l'intimité au sein de vos relations. C'est un moment de vulnérabilité et de soutien émotionnel, vous permettant, à vous et à votre partenaire, d'approfondir votre connexion au niveau de l'âme. Soyez ouvert à recevoir et à donner de l'amour, car cet alignement peut apporter une guérison et une croissance profondes. Tout au long du mois de janvier, il est important de maintenir une approche équilibrée dans vos relations. Communiquez avec clarté, gentillesse et empathie, car le quintile de Mercure avec Saturne le 3 janvier souligne la nécessité de conversations claires et pratiques. En écoutant activement et en tenant compte des points de vue des autres, vous pouvez créer une atmosphère harmonieuse et aimante.

Carrière

Janvier met l'accent sur votre carrière, Balance. L'aspect biquintile entre Vénus et Jupiter le 8 janvier présente des opportunités de croissance professionnelle et de reconnaissance. Votre charme et votre diplomatie joueront un rôle important dans la création d'impressions positives et l'établissement de liens importants avec vos collègues et vos supérieurs. Cet alignement met l'accent sur l'importance du réseautage et de la mise à profit de vos compétences interpersonnelles pour faire avancer votre carrière. Cependant, il est crucial de maintenir une approche pratique et d'éviter d'être trop idéaliste, car le carré entre Mercure et Neptune le même jour peut obscurcir votre jugement. En gardant les pieds sur terre et en vous concentrant sur des objectifs réalistes, vous pouvez tirer le meilleur parti des opportunités qui se présentent à vous. Faites confiance à votre instinct et comptez sur votre capacité naturelle à équilibrer plusieurs perspectives.

Finance

En janvier, vos affaires financières nécessitent une attention particulière, Balance. L'aspect en demi-carré entre Vénus et Pluton le 10 janvier vous invite à la prudence en matière d'argent. Évitez les dépenses impulsives et privilégiez la sécurité financière à long terme plutôt que la gratification à court terme. L'heure est à la budgétisation responsable et aux décisions financières judicieuses. Envisagez de demander des conseils professionnels ou de vous renseigner sur les stratégies de placement pour faire des choix éclairés. L'alignement du carré de Mercure avec Neptune le 8 janvier nous rappelle d'être vigilant et d'éviter de tomber dans des stratagèmes financiers trompeurs. Faites confiance à votre intuition et effectuez des recherches approfondies avant de prendre des engagements financiers importants. En adoptant une approche pratique et disciplinée de vos finances, vous pouvez jeter les bases solides d'une prospérité à long terme.

Santé

Votre santé et votre bien-être sont de la plus haute importance en janvier, Balance. L'aspect semi-carré entre le Soleil et Saturne le 9 janvier nous rappelle doucement de donner la priorité aux soins personnels. Établir une routine d'exercice régulière, maintenir une alimentation équilibrée et se reposer suffisamment sont essentiels pour maintenir votre bien-être physique et mental. C'est un moment propice pour intégrer des techniques de gestion du stress, comme la méditation ou le yoga, dans votre routine quotidienne. De plus, le trigone entre le Soleil et Uranus le 9 janvier vous encourage à explorer des modalités de guérison alternatives et à adopter des approches innovantes pour votre santé. Soyez ouvert à essayer de nouvelles pratiques de bien-être qui correspondent à vos besoins uniques. Faites confiance à votre intuition et écoutez les messages que votre corps vous envoie. Prendre soin de votre santé vous permettra d'aborder d'autres domaines de votre vie avec énergie et vitalité.

Voyage

Janvier apporte des opportunités de voyage et d'exploration, Balance. L'aspect quintile entre Mars et Neptune le 22 janvier stimule votre sens de l'aventure et vous encourage à vous lancer dans de nouveaux voyages. Qu'il s'agisse d'une courte escapade ou d'une expédition plus longue, les voyages peuvent vous inspirer, élargir vos horizons et offrir une nouvelle perspective. Saisissez l'opportunité d'explorer différentes cultures, traditions et paysages. C'est une période de croissance personnelle et d'élargissement de votre vision du monde. Cependant, il est important de planifier soigneusement vos voyages et d'être conscient des perturbations ou des retards potentiels qui pourraient survenir. Restez flexible et ouvert aux changements inattendus dans vos projets de voyage. Utilisez vos talents de diplomate pour relever les défis qui peuvent survenir au cours de vos voyages. N'oubliez pas de prendre du temps pour l'introspection et la détente pendant vos voyages. Saisissez l'opportunité de vous déconnecter de votre routine quotidienne et de vous immerger dans de nouvelles expériences. Que vous voyagiez pour le plaisir ou pour les affaires, c'est le moment de trouver du plaisir à découvrir de nouveaux endroits et à créer des souvenirs impérissables.

Aperçu des étoiles

Alors que vous naviguez en janvier, Balance, les étoiles vous encouragent à adopter l'équilibre, l'harmonie et l'aspect pratique. C'est le moment de réfléchir sur soi et de faire les ajustements nécessaires pour créer une vie épanouissante. Faites confiance à votre nature diplomatique et à votre capacité à voir les deux côtés d'une situation. En maintenant un équilibre et une communication ouverte, vous pouvez surmonter tous les défis et saisir les opportunités qui se présentent à vous. Embrassez l'énergie transformatrice de la nouvelle année et utilisez-la pour créer une vie remplie d'amour, de succès et de bien-être.

Meilleurs jours du mois : 8, 11 , 12 , 19 , 23 , 27 et 29 janvier .

Février 2024

Horoscope

Février apporte un changement d'énergie pour la Balance, alors que vous vous retrouvez à embrasser une profonde introspection et une réflexion sur soi. Les aspects célestes soulignent l'importance de l'harmonie intérieure et de la croissance personnelle au cours de ce mois. C'est un moment d'introspection, de contemplation et de compréhension de vos propres besoins et désirs. Profitez de l'occasion pour vous reconnecter avec votre moi intérieur, réévaluer vos objectifs et faire les ajustements nécessaires pour vous aligner sur votre chemin authentique. Adoptez la solitude et les pratiques de soins personnels qui nourrissent votre esprit, votre corps et votre âme. Cette période d'autoréflexion jettera les bases d'une vie équilibrée et épanouissante.

Aimer

En matière de cœur, février apporte un mélange d'énergies pour la Balance. L'aspect carré entre Vénus et Chiron le 5 février peut apporter des défis émotionnels et le besoin de guérison dans les relations. Il est essentiel d'aborder ces difficultés avec compassion et compréhension. Accordez-vous, à vous et à votre partenaire, l'espace nécessaire pour exprimer votre vulnérabilité et traiter toute blessure non résolue. Le sextile entre Vénus et True Node le 6 février offre des opportunités de croissance et de connexions d'âme. Cet alignement vous encourage à aligner vos partenariats romantiques sur votre objectif supérieur. C'est un moment propice pour explorer des objectifs communs et envisager un avenir ensemble. Cependant, le carré entre Vénus et Jupiter le 24 février peut apporter des défis liés à l'équilibre entre vos désirs personnels et les besoins de vos relations. Il est important de trouver un compromis harmonieux et d'éviter d'être trop indulgent ou égocentrique. La communication et le dialogue ouvert seront essentiels pour relever ces défis. Embrassez l'énergie transformatrice et utilisez-la comme une opportunité d'approfondir vos liens émotionnels et de créer un environnement aimant et favorable.

Carrière

Dans votre vie professionnelle, Février présente une période favorable à la croissance et à l'avancement, Balance. L'aspect quintile entre Mercure et Jupiter le 22 février améliore vos compétences en communication et vos prouesses intellectuelles. Vous serez capable d'articuler efficacement vos idées et d'être reconnu pour vos contributions. C'est le moment de partager vos connaissances et de collaborer avec des collègues, car le travail d'équipe mènera au succès. Saisissez les opportunités de réseautage et sollicitez des commentaires pour affiner vos compétences et élargir votre réseau professionnel. Cependant, l'aspect semi-carré entre Vénus et Saturne le 10 février pourrait introduire des défis ou des responsabilités dans votre carrière. Restez concentré, maintenez une solide éthique de travail et persévérez à travers tous les obstacles qui se présentent à vous. En démontrant votre dévouement et votre fiabilité, vous gagnerez le respect et l'admiration de vos supérieurs. Il est également important de rechercher un équilibre sain entre vie professionnelle et vie privée pendant cette période. Privilégiez les soins personnels et évitez de vous surmener. En prenant soin de votre bien-être, vous aurez l'énergie et la clarté d'esprit nécessaires pour exceller dans vos projets professionnels.

Finance

Février met l'accent sur vos questions financières, Balance. L'aspect semi-sextile entre Vénus et Saturne le 23 février vous rappelle l'importance d'une planification financière responsable. Prenez le temps de revoir votre budget, d'évaluer vos dépenses et de faire les ajustements nécessaires pour assurer la stabilité et la sécurité. C'est un moment propice pour obtenir des conseils professionnels ou vous renseigner sur les stratégies d'investissement à long terme. Évitez les dépenses impulsives et privilégiez l'aspect pratique et les objectifs financiers à long terme. Le sextile entre Vénus et True Node le 29 février pourrait apporter des opportunités de croissance et de stabilité financières. Saisissez ces opportunités avec une approche équilibrée, en tenant compte à la fois des risques et des récompenses. Il est crucial de garder une perspective réaliste et d'éviter de prendre des risques financiers inutiles. En pratiquant la discipline et en prenant des décisions financières judicieuses, vous ouvrirez la voie à la prospérité et à l'abondance à long terme.

Santé

En février, il est important que la Balance accorde la priorité à sa santé et à son bien-être. La conjonction entre le Soleil et Mercure le 28 février amplifie votre énergie mentale et physique. C'est un moment propice pour s'adonner à des activités physiques qui vous procurent de la joie et stimulent votre vitalité globale. Des routines d'exercices réguliers, comme le yoga ou des séances d'entraînement cardio, vous aideront à maintenir un équilibre sain. Faites également attention à votre bien-être émotionnel, car l'aspect semi-carré entre Mars et Neptune le 28 février peut apporter des sensibilités émotionnelles. Engagez-vous dans des pratiques de soulagement du stress, telles que la méditation ou la journalisation, pour maintenir un état d'esprit équilibré. Prendre soin de votre santé émotionnelle aura un impact positif sur votre bien-être physique. Enfin, faites attention à vos choix alimentaires. Incorporez des aliments nutritifs à vos repas, en vous concentrant sur une alimentation équilibrée et équilibrée. Évitez les indulgences excessives ou l'alimentation émotionnelle, car cela peut perturber votre santé globale et votre niveau d'énergie. En donnant la priorité aux soins personnels et en créant de saines habitudes, vous améliorerez votre bien-être et aborderez la vie avec un sentiment renouvelé de vitalité.

Voyage

Février apporte des opportunités de voyage et d'exploration, Balance. La conjonction entre Vénus et Mars le 22 février éveille votre sens de l'aventure et vous encourage à vous lancer dans de nouveaux voyages. Qu'il s'agisse d'une escapade spontanée d'un week-end ou de vacances planifiées, les voyages vous offriront de nouvelles perspectives et de nouvelles expériences. Saisissez l'opportunité de vous immerger dans différentes cultures, de vous connecter avec diverses personnes et d'élargir vos horizons. C'est une période de croissance personnelle et d'élargissement de votre vision du monde. Cependant, il est essentiel de planifier soigneusement vos voyages et d'être attentif aux éventuelles perturbations ou restrictions de voyage qui pourraient survenir. Restez flexible et ouvert aux changements inattendus dans vos projets de voyage. Embrassez le frisson de la spontanéité tout en étant préparé à toute circonstance imprévue. Utilisez vos talents de diplomate pour relever les défis qui peuvent survenir au cours de vos voyages.

Aperçu des étoiles

Alors que vous naviguez en février, Balance, les étoiles vous encouragent à adopter l'équilibre, l'adaptabilité et la persévérance. C'est le moment de faire confiance à votre intuition et de suivre les désirs de votre cœur. Laissez votre sagesse intérieure vous guider dans la prise de décisions qui correspondent à votre moi authentique. Trouvez l'harmonie dans vos relations, votre carrière et votre bien-être personnel. Restez ouvert à la croissance et à la transformation, car les défis et les opportunités façonneront votre parcours. N'oubliez pas de prendre soin de vous, à la fois physiquement et émotionnellement, car cela fournira une base solide pour réussir. Embrassez les énergies célestes et utilisez-les pour manifester vos rêves et créer une vie remplie d'amour, d'abondance et d'épanouissement.

Meilleurs jours du mois : 5, 6 , 12 , 16 , 20 , 22 et 26 février .

Mars 2024

Horoscope

Mars apporte un mélange d'énergies transformatrices pour la Balance, vous encourageant à embrasser la croissance personnelle et la découverte de soi. Les aspects célestes soulignent l'importance de l'équilibre, de l'adaptabilité et de l'intuition. C'est le moment d'approfondir votre compréhension de vous-même et de votre place dans le monde. Saisissez les opportunités de transformation personnelle et prenez le temps de l'auto-réflexion et de l'introspection. Faites confiance à votre instinct et laissez votre intuition vous guider dans la prise de décisions qui correspondent à votre moi authentique. Restez ouvert à l'inattendu et soyez prêt à vous adapter aux circonstances changeantes. En maintenant un équilibre harmonieux entre votre monde intérieur et vos expériences extérieures, vous naviguerez ce mois-ci avec grâce et créerez une base solide pour vos projets futurs.

Aimer

En matière de cœur, mars présente un mélange dynamique d'énergies pour la Balance. L'aspect sextile entre Vénus et Chiron le 2 mars ouvre la porte à une guérison émotionnelle profonde et à une compréhension au sein des relations. C'est le moment de traiter toutes les blessures non résolues et de nourrir les liens émotionnels avec compassion et empathie. L'aspect carré entre Vénus et Uranus le 3 mars peut apporter des défis et des perturbations en amour. Il est important de rester ouvert d'esprit et flexible, car des événements ou des changements inattendus peuvent nécessiter une adaptation dans vos relations. Utilisez cette période comme une opportunité de croissance et d'expansion, en explorant de nouvelles façons de vous connecter avec votre partenaire et en trouvant des solutions innovantes aux conflits qui pourraient survenir. La conjonction entre Vénus et Saturne le 21 mars apporte stabilité et engagement dans vos relations. C'est une période propice aux partenariats à long terme et à la prise d'engagements significatifs. Embrassez la responsabilité et le dévouement nécessaires pour nourrir l'amour et créer une base solide pour l'avenir. La communication et l'ouverture d'esprit seront essentielles pour naviguer dans les complexités de l'amour au cours de ce mois de transformation.

Carrière

Dans votre vie professionnelle, Mars met l'accent sur l'expression de soi et la créativité pour la Balance. L'aspect semi-sextile entre Mercure et Mars le 1er mars améliore vos compétences en communication et votre affirmation de soi. Cet alignement vous permet d'exprimer vos idées et opinions avec confiance et clarté. C'est une période propice aux présentations, aux négociations et aux projets collaboratifs. Saisissez les occasions de partager votre point de vue unique et de contribuer aux efforts de l'équipe. Cependant, la conjonction entre Mercure et Neptune le 8 mars peut poser des problèmes pour maintenir la concentration et la clarté. Soyez conscient des erreurs de communication ou des malentendus potentiels et faites très attention en examinant les détails et les instructions. L'aspect semi-sextile entre Mercure et Saturne le 16 mars vous encourage à aborder votre travail avec discipline et responsabilité. Concentrez-vous sur les tâches qui nécessitent une attention aux détails et de la minutie. C'est le moment d'établir une base solide pour le succès futur en respectant les délais et en maintenant le professionnalisme. L'aspect sextile entre Mercure et Pluton le 28 mars améliore vos capacités de résolution de problèmes et votre réflexion stratégique. Adoptez cet alignement pour explorer des solutions innovantes et établir des liens puissants dans vos efforts professionnels. Dans l'ensemble, mars offre des opportunités de croissance, d'expression de soi et d'avancement stratégique dans votre carrière.

Finance

Le mois de mars souligne l'importance de la stabilité financière et de la gestion responsable de l'argent pour la Balance. L'aspect semi-sextile entre Vénus et Saturne le 12 mars vous rappelle d'aborder vos finances avec discipline et prudence. C'est le moment de revoir votre budget, d'évaluer vos dépenses et de faire les ajustements nécessaires pour assurer la stabilité et la sécurité à long terme. Évitez les dépenses impulsives et concentrez-vous sur l'aspect pratique et les investissements judicieux. La conjonction entre Vénus et Saturne le 21 mars renforce votre discipline financière et votre engagement envers des objectifs à long terme. Adoptez cet alignement pour créer une base solide pour votre avenir financier. Demandez conseil à un professionnel ou renseignez-vous sur les stratégies de placement qui correspondent à vos objectifs. L'aspect sextile entre Vénus et Jupiter le 24 mars offre des opportunités de croissance et d'expansion financières. C'est un moment propice pour explorer de nouvelles avenues de génération de revenus et envisager des investissements à long terme. Cependant, restez prudent et évaluez soigneusement les risques et avantages potentiels. Faites preuve de patience et évitez de prendre des décisions financières hâtives. En maintenant une approche équilibrée de vos finances, vous jetterez les bases de la stabilité et de la prospérité à long terme.

Santé

La conjonction entre Mercure et Neptune le 8 mars vous incite à prioriser votre santé émotionnelle et mentale. Engagez-vous dans des pratiques de pleine conscience, de méditation ou de journalisation pour maintenir un sentiment de calme intérieur et de clarté. Faites attention à vos idées intuitives et accordez-vous du temps pour l'introspection et l'autoréflexion. L'aspect semi-carré entre Mars et Chiron le 27 mars peut apporter quelques sensibilités émotionnelles. Prenez des précautions supplémentaires pour traiter les blessures émotionnelles ou les facteurs de stress. Cherchez le soutien de vos proches ou envisagez des conseils professionnels si nécessaire. L'aspect semi-carré entre le Soleil et Pluton le 21 mars vous rappelle de libérer tout bagage émotionnel et d'embrasser la transformation. Abandonnez les schémas ou habitudes négatifs qui peuvent affecter votre bien-être et adoptez des changements de style de vie positifs. Nourrissez votre corps avec des aliments sains et nutritifs, faites de l'exercice régulièrement et privilégiez un repos et un sommeil de qualité. Soyez conscient de votre niveau d'énergie et évitez le surmenage ou l'épuisement professionnel. Trouver un équilibre entre le travail et la vie personnelle pour maintenir un mode de vie harmonieux et sain.

Voyage

Mars présente des opportunités de voyage et d'exploration pour la Balance. L'aspect semi-sextile entre Mars et Neptune le 19 mars enflamme votre sens de l'aventure et vous encourage à rechercher de nouvelles expériences. Saisissez l'opportunité de vous lancer dans des voyages spontanés ou de planifier des vacances vers une destination qui captive votre imagination. Les voyages vous permettront non seulement de faire une pause dans votre routine quotidienne, mais aussi de vous donner des idées et de l'inspiration. Plongez dans différentes cultures, connectez-vous avec diverses personnes et explorez de nouveaux horizons. C'est le moment d' élargir votre perspective et d'acquérir une compréhension plus profonde du monde. Cependant, soyez conscient de toute restriction de voyage potentielle ou de toute circonstance imprévue qui pourrait avoir un impact sur vos projets. Restez flexible et prêt à vous adapter aux situations changeantes. Emballez votre sens de l'aventure et de la curiosité alors que vous naviguez sur de nouveaux territoires et créez des souvenirs durables. Embrassez la joie de la découverte et profitez des expériences qui élargissent vos horizons.

Aperçu des étoiles

Alors que vous voyagez en mars, Balance, les étoiles vous encouragent à adopter l'équilibre, l'expression de soi et la prise de décision responsable. C'est un mois de transformation et de croissance personnelle, appelant à l'autoréflexion et à l'adaptabilité. Faites confiance à votre intuition et à votre sagesse intérieure lorsque vous naviguez dans les complexités de l'amour, de la carrière, des finances et de la santé. Recherchez l'harmonie en vous-même et dans vos relations, et abordez les défis avec résilience et grâce. Restez ouvert à de nouvelles expériences et soyez prêt à vous adapter à des circonstances inattendues. En vous alignant sur les énergies célestes, vous naviguerez ce mois de transformation avec grâce et créerez un chemin de croissance et d'épanouissement.

Meilleurs jours du mois : 1 , 8 , 16 , 21 , 24 , 27 et 28 mars

Avril 2024

Horoscope

En avril, Balance, les énergies cosmiques vous invitent à vous concentrer sur l'expression de soi, la croissance personnelle et la recherche d'un équilibre dans divers domaines de votre vie. La conjonction entre Mercure et Vénus le 2 avril améliore vos compétences en communication et apporte de l'harmonie dans vos relations. C'est un moment propice aux conversations sincères et à la résolution de conflits ou de malentendus. Le semi-sextile du Soleil avec Saturne le 2 avril vous encourage à établir un sens de la discipline et de la structure dans votre vie. Cela soutiendra vos efforts et vous aidera à atteindre des objectifs à long terme. Considérez ce mois comme une opportunité d'auto-réflexion et d'introspection, alors que vous cherchez à aligner vos actions sur vos valeurs fondamentales. Adoptez votre sens inné de l'équité et trouvez des moyens d'harmoniser vos interactions et votre environnement. En cultivant une approche équilibrée et authentique, vous naviguerez en avril avec grâce et clarté.

Aimer

En matière de cœur, avril offre des opportunités d'approfondir les liens émotionnels et d'améliorer l'intimité de la Balance. La conjonction entre Vénus et Neptune le 3 avril insuffle à vos rencontres amoureuses un sentiment de magie et de tendresse. C'est le moment d'exprimer ouvertement votre amour et votre affection, créant une atmosphère romantique qui nourrit l'âme. Embrassez votre charme naturel et vos compétences en communication pour approfondir les liens émotionnels avec votre partenaire. Les Balances célibataires peuvent se trouver attirées par des individus spirituels ou compatissants qui résonnent avec leurs valeurs. Cependant, soyez conscient de toute idéalisation ou illusion qui pourrait obscurcir votre jugement. La conjonction du Soleil avec Chiron le 8 avril encourage la guérison dans les relations. Utilisez cette énergie pour traiter les blessures émotionnelles ou les traumatismes passés qui peuvent affecter votre capacité à vous connecter pleinement avec les autres. Pratiquez la communication ouverte, l'empathie et l'écoute active pour favoriser la compréhension et la croissance de vos partenariats. Nourrissez vos relations à travers des expériences partagées, des conversations sincères et des actes de gentillesse. N'oubliez pas de donner également la priorité à l'amour de soi et aux soins personnels, car cela constitue la base de relations saines et équilibrées. En favorisant la vulnérabilité émotionnelle et l'authenticité, vous créerez un espace d'amour et d'harmonie pour que l'amour s'épanouisse.

Carrière

Avril présente des opportunités de croissance de carrière et d'avancement professionnel pour la Balance. L'aspect sextile entre Mars et Jupiter le 19 avril apporte un élan de motivation et d'enthousiasme pour poursuivre vos ambitions. C'est un moment propice pour prendre des risques calculés et explorer de nouvelles avenues professionnelles. Faites confiance à votre instinct et saisissez les opportunités qui correspondent à vos passions et à vos objectifs à long terme. La conjonction entre Mercure et Vénus le 19 avril améliore vos compétences en communication, ce qui en fait un moment idéal pour le réseautage, les négociations et les projets collaboratifs. Votre capacité à articuler vos idées et à vous connecter avec les autres vous propulsera dans votre carrière. Cependant, gardez à l'esprit l'aspect semi-carré entre Vénus et Saturne le 30 avril, qui peut entraîner des difficultés ou des retards dans vos efforts professionnels. Faites preuve de patience et de persévérance, et ayez confiance que votre travail acharné finira par porter ses fruits. Restez adaptable et ouvert aux opportunités d'apprentissage, car elles peuvent conduire à des percées inattendues. Sollicitez les commentaires de mentors ou de collègues pour affiner vos compétences et élargir vos connaissances. Adoptez un état d'esprit proactif et déterminé, et vous ferez des progrès significatifs dans votre carrière en avril.

Finance

L'April encourage Libra à adopter une approche pragmatique et responsable de ses finances. L'aspect semi-sextile entre Mercure et Saturne le 16 avril souligne l'importance d'une planification financière et d'une budgétisation disciplinée. Prenez le temps d'évaluer votre situation financière, de fixer des objectifs financiers clairs et de créer un budget réaliste qui correspond à vos aspirations à long terme. La conjonction entre Vénus et Chiron le 21 avril pourrait faire remonter à la surface des déclencheurs émotionnels ou des blessures financières passées. Utilisez cette énergie comme une opportunité pour vous attaquer aux croyances ou schémas limitants qui pourraient entraver votre croissance financière. Demandez conseil à un conseiller financier ou à un mentor pour acquérir une nouvelle perspective sur les opportunités d'investissement ou les stratégies visant à accroître votre patrimoine. N'oubliez pas de trouver un équilibre entre épargner pour l'avenir et profiter du présent. Faites-vous plaisir occasionnellement mais évitez les achats impulsifs qui pourraient compromettre votre stabilité financière. Pratiquez la gratitude pour l'abondance dans votre vie et cultivez un état d'esprit d'abondance et de prospérité. Avec diligence, une prise de décision intelligente et une approche équilibrée, vous naviguerez en avril avec une stabilité financière et établirez une base solide pour vos futurs objectifs financiers.

Santé

En avril, l'accent mis par la Balance sur les soins personnels et le bien-être général est mis en évidence. L'aspect semi-carré entre Mars et Pluton le 13 avril pourrait apporter une énergie intense et des luttes de pouvoir potentielles. Canalisez cette énergie dans des activités physiques et faites de l'exercice pour relâcher toute tension et maintenir l'équilibre émotionnel. Participez à des activités qui favorisent le bien-être mental et émotionnel, comme la méditation, la tenue d'un journal ou passer du temps dans la nature. La conjonction du Soleil avec Mercure le 11 avril améliore votre clarté mentale et vos capacités cognitives. Profitez de cette période pour vous engager dans des activités stimulantes qui mettent votre esprit au défi, comme des puzzles, de la lecture ou l'apprentissage de nouvelles compétences. Il est crucial d'établir un équilibre travail-vie harmonieux pour éviter l'épuisement professionnel. Fixez des limites claires et donnez la priorité aux routines de soins personnels qui nourrissent votre esprit, votre corps et votre âme. Assurez-vous d'avoir suffisamment de sommeil réparateur, car il joue un rôle essentiel dans le maintien de votre santé globale. Si vous avez négligé des problèmes de santé, traitez-les rapidement pour éviter d'autres complications. Demandez l'aide de professionnels de la santé ou de praticiens holistiques pour créer un plan de bien-être personnalisé. N'oubliez pas d'écouter les signaux de votre corps et d'honorer vos besoins.

Voyage

En avril, Balance, les énergies célestes vous incitent à trouver un équilibre en vous et dans vos relations. Les aspects harmonieux entre Vénus, Mercure et Neptune soulignent l'importance de la communication ouverte, de l'empathie et de la compassion. Utilisez ce temps pour vous connecter profondément avec les autres, en favorisant des relations harmonieuses et en résolvant tout conflit. La conjonction entre le Soleil et Chiron vous invite à guérir les blessures émotionnelles et à embrasser la vulnérabilité, conduisant à la croissance personnelle et à une meilleure conscience de soi. Faites confiance à votre intuition et laissez-la vous guider dans la prise de décisions qui correspondent à votre moi authentique. Embrassez le pouvoir transformateur des énergies célestes et vous naviguerez en avril avec grâce et un sens aigu de l'harmonie intérieure.

Aperçu des étoiles

En avril, Balance, les énergies célestes vous incitent à trouver un équilibre en vous et dans vos relations. Les aspects harmonieux entre Vénus, Mercure et Neptune soulignent l'importance de la communication ouverte, de l'empathie et de la compassion. Utilisez ce temps pour vous connecter profondément avec les autres, en favorisant des relations harmonieuses et en résolvant tout conflit. La conjonction entre le Soleil et Chiron vous invite à guérir les blessures émotionnelles et à embrasser la vulnérabilité, conduisant à la croissance personnelle et à une meilleure conscience de soi. Faites confiance à votre intuition et laissez-la vous guider dans la prise de décisions qui correspondent à votre moi authentique. Embrassez le pouvoir transformateur des énergies célestes et vous naviguerez en avril avec grâce et un sens aigu de l'harmonie intérieure.

Meilleurs jours du mois : 2, 8 , 19 , 20 , 21 , 23 et 28 avril .

Mai 2024

Horoscope

En mai, Balance, les énergies célestes vous encouragent à vous concentrer sur l'expression de soi, la communication et la croissance personnelle. L'aspect carré entre Vénus et Pluton le 1er mai peut apporter de l'intensité et des luttes de pouvoir potentielles dans vos relations. Utilisez cette énergie comme une opportunité pour approfondir vos liens émotionnels et résoudre les problèmes sous-jacents. Le demi-carré du Soleil avec Neptune le 3 mai peut créer un sentiment de confusion ou d'incertitude. Prenez le temps de clarifier vos objectifs et vos aspirations, et faites confiance à votre intuition pour vous guider dans la prise de décisions importantes. La conjonction entre le Soleil et Uranus le 13 mai apporte une vague d'excitation et des opportunités inattendues de croissance et de transformation personnelles. Acceptez le changement et sortez de votre zone de confort. Maintenez l'équilibre et la stabilité en entretenant vos relations et en vous connectant avec vos proches. Prenez le temps d'écouter et de communiquer ouvertement pour éviter les malentendus. Les énergies célestes soutiennent le développement personnel et spirituel, alors engagez-vous dans des pratiques telles que la méditation, la journalisation ou l'exploration de nouvelles philosophies. Mai est un mois de croissance, de transformation et de recherche d'harmonie en vous-même et dans vos relations avec les autres.

Aimer

La conjonction entre Vénus et Jupiter le 23 mai crée une énergie harmonieuse et expansive dans vos relations. Cette période offre des opportunités pour approfondir les liens émotionnels, la croissance et les aventures partagées avec votre partenaire. Les Balances célibataires peuvent connaître une vague d'opportunités romantiques et de relations significatives pendant cette période. Embrassez de nouvelles expériences et sortez de votre zone de confort pour attirer l'amour dans votre vie. L'aspect carré entre Vénus et Mars le 29 mai pourrait apporter des défis et des conflits potentiels. Utilisez cette énergie comme une opportunité de croissance et de compréhension accrue au sein de vos relations. Pratiquez l'écoute active, l'empathie et la communication ouverte pour maintenir l'harmonie. La conjonction entre Mars et Chiron le 29 mai vous invite à affronter toute blessure ou insécurité en vous-même ou dans vos relations. La guérison est possible en abordant ces problèmes avec compassion et compréhension. Prenez le temps de réfléchir et de prendre soin de vous pour entretenir votre bien-être émotionnel.

Carrière

Mai présente des opportunités de croissance professionnelle et d'avancement pour la Balance. La conjonction entre Mercure et Chiron le 6 mai améliore vos compétences en communication et votre capacité à vous exprimer efficacement sur le lieu de travail. Utilisez cette énergie pour partager vos idées, collaborer avec des collègues et affirmer vos opinions en toute confiance. Le sextile entre Vénus et Saturne le 13 mai soutient la stabilité et le succès à long terme dans vos projets de carrière. Concentrez-vous sur la construction de bases solides et la mise en œuvre de stratégies pratiques pour atteindre vos objectifs professionnels. La conjonction entre le Soleil et Uranus le 13 mai offre des opportunités inattendues de croissance de carrière et de reconnaissance. Embrassez ces moments de changement et d'innovation et soyez ouvert à la prise de risques calculés. L'aspect trigone entre le Soleil et Pluton le 22 mai vous permet de puiser dans votre pouvoir personnel et de faire des progrès significatifs dans votre carrière. Faites confiance à votre instinct et laissez vos ambitions vous faire avancer. Cependant, soyez conscient des luttes de pouvoir potentielles ou des conflits qui pourraient survenir en raison de l'aspect carré entre Mercure et Pluton le 17 mai. Pratiquez la diplomatie, l'écoute active et trouvez un terrain d'entente pour résoudre tout conflit qui survient.

Finance

Mai apporte des opportunités financières favorables et une stabilité pour la Balance. La conjonction entre Vénus et Jupiter le 23 mai augmente votre abondance financière et vos opportunités de croissance. Cette période peut apporter des entreprises financières heureuses, des négociations favorables ou des aubaines inattendues. Cependant, soyez prudent lorsque vous dépensez trop ou prenez des décisions financières impulsives, en particulier lors de l'aspect carré entre Vénus et Mars le 29 mai. Il est essentiel de maintenir une approche équilibrée et d'envisager des objectifs financiers à long terme. Le sextile entre Vénus et Saturne le 13 mai soutient votre stabilité financière et vos investissements à long terme. Envisagez de mettre en œuvre des stratégies pratiques pour améliorer votre sécurité financière et créer une base solide pour vos projets futurs. Restez organisé, suivez vos dépenses et demandez conseil à un expert si nécessaire. L'aspect trigone entre le Soleil et Pluton le 22 mai vous permet de prendre des décisions financières judicieuses et de puiser dans votre pouvoir personnel pour attirer l'abondance. Concentrez-vous sur la planification stratégique et restez discipliné dans la gestion de vos finances. Dans l'ensemble, le mois de mai présente des perspectives financières favorables, mais il est important de faire preuve de prudence, de faire preuve de responsabilité financière et de prendre des décisions éclairées.

Santé

En mai, Balance, il est important de donner la priorité à votre santé et à votre bien-être. La conjonction entre Mars et Chiron le 29 mai souligne l'importance de traiter toute blessure physique ou émotionnelle. Faites attention à tout signe de déséquilibre ou d'inconfort et recherchez des conseils professionnels appropriés pour la guérison et le soutien. Adoptez des pratiques de soins personnels qui nourrissent votre corps, votre esprit et votre âme. Participez à des activités telles que le yoga, la méditation ou passez du temps dans la nature pour rétablir l'équilibre et favoriser l'harmonie intérieure. L'aspect carré entre le Soleil et Neptune le 3 mai peut créer un sentiment de confusion ou de manque de clarté concernant votre santé. Il est crucial d'écouter les signaux de votre corps et de faire confiance à votre intuition. Évitez le surmenage et privilégiez le repos et le rajeunissement en cas de besoin. La conjonction entre Vénus et Chiron le 21 mai vous invite à vous concentrer sur la guérison émotionnelle et l'amour de soi. Nourrissez votre bien-être émotionnel en vous engageant dans des activités qui vous apportent de la joie, en vous entourant d'influences positives et en recherchant le soutien de vos proches. Incorporez un régime alimentaire équilibré et nutritif à votre routine, en prêtant attention à tous les besoins ou sensibilités alimentaires spécifiques. Maintenez un programme d'exercice régulier qui correspond à vos préférences et favorise le bien-être général. N'oubliez pas de trouver un équilibre sain entre le travail et la vie personnelle pour éviter un stress excessif ou un épuisement professionnel. Mai est un mois pour les soins personnels, la guérison et l'adoption de pratiques qui favorisent le bien-être général.

Voyage

Mai offre des énergies favorables au voyage et à l'exploration pour la Balance. La conjonction entre Vénus et Uranus le 18 mai enflamme votre esprit aventureux et peut inspirer des voyages spontanés ou des expériences uniques. Saisissez les occasions de vous aventurer au-delà de votre environnement habituel et d'élargir vos horizons. Qu'il s'agisse d'une escapade d'un week-end ou d'un voyage plus long, les voyages vous permettent d'acquérir de nouvelles perspectives, d'élargir vos connaissances et de vous connecter à diverses cultures. Faites attention aux aspects pratiques de la planification des voyages, tels que la budgétisation, la logistique et les précautions de sécurité. La conjonction entre Mercure et Uranus le 31 mai renforce vos capacités de communication et votre curiosité intellectuelle lors de vos voyages. Engagez des conversations significatives, interagissez avec les habitants et soyez ouvert aux nouvelles idées et perspectives. Embrassez la spontanéité du voyage tout en étant conscient de vos limites et limites personnelles. May soutient votre désir d'exploration, de découverte de soi et de création de souvenirs durables grâce à des expériences de voyage.

Aperçu des étoiles

Mai apporte une énergie transformatrice pour la Balance, favorisant la croissance personnelle et améliorant votre capacité à communiquer efficacement. Les alignements célestes vous encouragent à accepter le changement, à explorer de nouvelles opportunités et à puiser dans votre pouvoir personnel. Prenez le temps de réfléchir sur vous-même, entretenez vos relations et accordez la priorité aux soins personnels. Faites confiance à votre intuition, écoutez les signaux de votre corps et prenez des décisions éclairées. Abordez les conflits avec diplomatie et trouvez un terrain d'entente pour la résolution. Mai est un mois d'équilibre, de transformation et d'expansion. En vous alignant sur les énergies des étoiles, vous pouvez traverser cette période avec grâce et saisir les opportunités de croissance qu'elle présente.

Jours du mois : 8 , 13 , 18 , 22 , 23 , 27 et 31 mai .

Juin 2024

Horoscope

En juin, Balance, l'énergie cosmique vous encourage à vous concentrer sur votre croissance personnelle et vos relations. Le mois commence avec Mars formant un semi-sextile avec Uranus le 1er juin, vous incitant à adopter de nouvelles idées et à explorer des possibilités passionnantes. Cet aspect vous encourage à sortir de votre zone de confort et à prendre des risques calculés. Les aspects quintiles entre le Soleil et Neptune le 1er juin et Vénus et Neptune le 2 juin renforcent votre intuition et votre créativité, vous permettant de puiser dans votre côté artistique et spirituel. Utilisez cette influence cosmique pour vous engager dans des activités qui nourrissent votre âme et vous apportent de la joie.

Aimer

Juin apporte une énergie harmonieuse à votre vie amoureuse, Balance. La conjonction entre le Soleil et Vénus le 4 juin renforce votre charme, votre magnétisme et votre attrait romantique. C'est un moment propice pour établir de nouvelles relations, approfondir les relations existantes et exprimer ouvertement votre affection. L'aspect sextile entre Vénus et Chiron le 11 juin encourage la guérison émotionnelle et la résolution de toutes les blessures passées dans les relations. Profitez de cette occasion pour avoir des conversations honnêtes et compatissantes avec votre partenaire, favorisant un sentiment plus profond de compréhension et d'intimité.

Pour les Balances célibataires, l'aspect trigone entre Mercure et Pluton le 4 juin vous permet d'attirer des partenaires potentiels qui résonnent avec votre moi authentique. Faites confiance à votre instinct et soyez ouvert à l'exploration de nouvelles connexions. L'aspect carré entre Vénus et Saturne le 8 juin peut présenter des défis ou des limites dans les relations. Cependant, avec de la patience, une communication ouverte et une volonté de surmonter les difficultés, vous pouvez surmonter tous les obstacles et renforcer votre lien.

Carrière

Juin apporte une énergie favorable à la croissance de carrière et aux efforts professionnels, Balance. La conjonction entre Mercure et Jupiter le 4 juin améliore vos compétences en communication et vos capacités intellectuelles, ce qui en fait un excellent moment pour les négociations, les présentations ou l'expansion de votre réseau. Cet alignement cosmique soutient votre capacité à vous exprimer avec clarté et à influencer les autres avec vos idées.

L'aspect sextile entre Mercure et Mars le 21 juin booste votre productivité et vous permet d'aborder les tâches avec efficacité et détermination. C'est un moment propice pour prendre des initiatives, poursuivre de nouveaux projets ou rechercher des évolutions de carrière.

Finance

Juin apporte un mélange d'énergies pour vos finances, Balance. L'aspect carré entre Vénus et Neptune le 26 juin peut apporter une certaine confusion ou des défis en matière financière. Il est crucial de faire preuve de prudence et d'éviter les dépenses impulsives ou de prendre des décisions financières basées sur des informations peu claires. Prenez le temps de revoir vos plans financiers, consultez des professionnels au besoin et assurez-vous de bien comprendre votre situation financière.

Sur une note positive, l'aspect trigone entre Mercure et Saturne le 26 juin soutient votre stabilité financière et votre planification à long terme. C'est un excellent moment pour créer un budget, organiser vos documents financiers et mettre en œuvre des stratégies qui favorisent la sécurité et la croissance financières. Restez discipliné et concentré sur vos objectifs financiers et évitez les risques ou les investissements inutiles.

Santé

En juin, il est essentiel que les Balance accordent la priorité à leur santé et à leur bien-être. L'aspect semi-sextile entre Mars et Neptune le 8 juin met en lumière le besoin d'équilibre entre bien-être physique et émotionnel. Pratiquez des activités qui favorisent la relaxation, comme le yoga, la méditation ou passez du temps dans la nature. Faites attention aux signaux de votre corps et traitez rapidement tout signe de déséquilibre. Prenez soin de vous, privilégiez le repos et nourrissez votre corps avec des aliments nutritifs.

L'aspect carré entre Mercure et Chiron le 28 juin pourrait faire émerger des défis émotionnels ou des blessures intérieures. Il est important de prendre le temps de traiter et de guérir ces émotions. Demandez l'aide d'amis de confiance, de votre famille ou d'un thérapeute si nécessaire. S'engager dans l'auto-réflexion et pratiquer l'auto-compassion contribuera à votre bien-être général.

Voyage

Juin offre des opportunités de voyage et d'exploration, Balance. L'aspect semi-sextile entre le Soleil et Jupiter le 28 juin enflamme votre sens de l'aventure et de la curiosité. Si vous en avez l'occasion, planifiez une escapade ou explorez de nouveaux endroits dans votre région. Voyager peut vous offrir des expériences précieuses, élargir vos horizons et rajeunir votre esprit.

Que vous vous lanciez dans un voyage physique ou que vous vous livriez à un voyage en fauteuil à travers des livres et des documentaires, utilisez ce temps pour approfondir vos connaissances, vous connecter avec différentes cultures et acquérir une nouvelle perspective sur la vie.

Aperçu des étoiles

Les alignements célestes de juin soulignent l'importance de l'équilibre, de l'expression de soi et de la croissance pour la Balance. Faites confiance à votre intuition, embrassez vos qualités uniques et communiquez vos pensées et vos sentiments avec clarté. Recherchez l'harmonie dans vos relations, tant personnelles que professionnelles, et abordez les défis avec patience et compréhension. Prenez soin de votre bien-être physique et émotionnel et saisissez les opportunités d'avancement personnel et professionnel. En vous alignant sur les énergies cosmiques, vous pouvez naviguer en juin avec grâce, authenticité et un sens renouvelé du but.

Meilleurs jours du mois : 4, 11 , 21 , 26 , 28 , 29 et 30 juin .

Juillet 2024

Horoscope

En juillet 2024, Balance, les mouvements célestes apportent un mélange d'énergies dynamiques qui façonneront votre mois. En tant que signe équilibré et diplomatique, vous pouvez vous retrouver à naviguer dans des changements et des opportunités inattendus. Ce mois-ci appelle à l'adaptabilité et à l'ouverture d'esprit alors que vous embrassez le flux et le reflux des courants astrologiques. Bien qu'il puisse y avoir des défis, rappelez-vous que ce sont des opportunités de croissance et de transformation personnelles. En restant ancré et en maintenant votre harmonie intérieure, vous pouvez tirer le meilleur parti des énergies en jeu.

Aimer

Le royaume de l'amour pour la Balance en juillet 2024 est marqué par des aspects à la fois harmonieux et stimulants. Le trigone entre Vénus et Saturne le 2 juillet favorise la stabilité et l'engagement dans vos relations. Cet alignement apporte un profond sentiment de sécurité et un désir de construire une base solide avec votre partenaire. C'est un excellent moment pour renforcer les liens amoureux et approfondir les liens émotionnels.

Cependant, le 6 juillet, le carré entre Vénus et Chiron pourrait faire remonter des blessures ou des insécurités passées. Il est important d'aborder ces questions avec compassion et communication ouverte. La guérison peut se produire lorsque vous êtes prêt à affronter et à résoudre tous les problèmes non résolus. Demandez l'aide de votre partenaire ou d'un confident de confiance si nécessaire.

Les Balances célibataires peuvent également ressentir les effets de ces aspects. Le trigone harmonieux entre Vénus et Saturne peut offrir des opportunités pour une connexion stable et durable. Pendant ce temps, le carré avec Chiron encourage l'auto-réflexion et la guérison des blessures relationnelles passées. Prenez ce temps pour donner la priorité à l'amour de soi et aux soins personnels, en vous permettant de guérir complètement avant de vous lancer dans un nouveau voyage romantique.

N'oubliez pas d'être patient avec vous-même et votre partenaire. Les relations exigent des efforts et de la compréhension. Utilisez les aspects positifs pour construire une base solide et relevez les défis qui se présentent avec honnêteté et empathie. Cela conduira à des liens émotionnels plus profonds et à un sentiment d'amour et d'harmonie plus fort dans vos relations.

Carrière

Dans le domaine de la carrière, juillet 2024 présente diverses opportunités de croissance et d'expansion pour la Balance. L'aspect quintile entre Mercure et Mars le 1er juillet améliore vos compétences en communication et votre assurance. Cet alignement vous permet d'exprimer vos idées en toute confiance et de laisser une impression durable sur vos collègues et vos supérieurs. C'est le moment idéal pour prendre la tête de projets, partager vos réflexions innovantes et mettre en valeur vos capacités.

Le sextile entre Mercure et Jupiter du 8 juillet amplifie votre capacité intellectuelle et présente des circonstances favorables à l'épanouissement professionnel. Vous pouvez vous retrouver engagé dans des collaborations fructueuses, des efforts éducatifs ou des opportunités de réseautage qui élargissent vos horizons. Cet alignement vous encourage à explorer de nouvelles avenues et à élargir vos compétences. Saisissez la chance d'apprendre et d'acquérir des connaissances qui vous propulseront dans votre carrière.

Finance

Juillet 2024 apporte des perspectives financières mitigées pour la Balance. Le trigone entre Vénus et Saturne le 2 juillet souligne l'importance de la stabilité et de l'aspect pratique dans vos affaires financières. Cet alignement favorise une planification à long terme, une épargne disciplinée et une prise de décision responsable. C'est le moment d'évaluer vos objectifs financiers et de créer une base solide pour la prospérité future.

Cependant, l'opposition entre Vénus et Pluton le 12 juillet incite à la prudence en matière de partenariats financiers ou de joint-ventures. La transparence et une communication claire sont essentielles pour éviter tout conflit ou malentendu potentiel. Effectuez des recherches approfondies et demandez conseil à un professionnel avant de conclure tout accord financier.

Maintenez une approche équilibrée de vos finances tout au long du mois. Bien que les aspects positifs offrent une stabilité et des opportunités de croissance, restez prudent et diligent dans vos transactions financières. Une budgétisation, une planification minutieuse et des dépenses réfléchies contribueront à votre sécurité financière à long terme.

Santé

Le mois de juillet exhorte la Balance à donner la priorité à son bien-être et à maintenir une approche équilibrée de la santé. L'opposition entre Mercure et Pluton le 3 juillet pourrait apporter des défis mentaux et émotionnels. Il est essentiel de prendre le temps d'introspection et d'identifier les schémas profondément ancrés ou les croyances limitantes susceptibles d'affecter votre bien-être général. Recherchez le soutien d'amis de confiance, de membres de votre famille ou de professionnels pour vous aider à naviguer dans ces luttes internes.

Le carré entre le Soleil et Chiron le 15 juillet peut avoir un impact sur votre vitalité et votre niveau d'énergie. Il est essentiel de maintenir un mode de vie équilibré, en incorporant des exercices réguliers, une bonne nutrition et un repos suffisant dans votre routine. Faites également attention à votre bien-être émotionnel. Participez à des activités qui favorisent la relaxation, la réduction du stress et les soins personnels. Prendre soin de votre santé mentale et physique vous permettra de relever plus efficacement les défis du mois.

Voyage

Juillet offre des opportunités de voyage et d'exploration pour la Balance. Le sextile entre Vénus et Uranus le 8 juillet pourrait apporter des opportunités de voyage inattendues ou des aventures spontanées. Embrassez ces expériences car elles peuvent conduire à une croissance personnelle et enrichir votre perspective. Permettez-vous de sortir de votre zone de confort et d'embrasser de nouvelles cultures, idées et environnements.

Cependant, soyez conscient du carré entre Mercure et Uranus le 21 juillet, qui peut perturber les plans de voyage ou créer des problèmes de communication. Il est conseillé d'avoir des plans d'urgence en place et de maintenir des lignes de communication ouvertes avec les compagnons de voyage ou les organisateurs. L'adaptabilité et la flexibilité seront essentielles pendant cette période. N'oubliez pas de donner la priorité à la sécurité et soyez prêt à faire face à toute circonstance imprévue.

Aperçu des étoiles

Les influences célestes de juillet 2024 vous poussent, Balance, à trouver un équilibre en vous-même et dans vos relations. Acceptez les changements et les défis inattendus comme des opportunités de croissance et de transformation. Faites confiance à votre intuition et gardez l'esprit ouvert tout au long de ce mois dynamique. N'oubliez pas de donner la priorité aux soins personnels et de demander de l'aide si nécessaire. Avec de la patience, de l'adaptabilité et un état d'esprit positif, vous pouvez surmonter tous les obstacles et atteindre l'harmonie dans tous les aspects de votre vie.

Meilleurs jours du mois : 2, 8 , 10 , 15 , 18 , 21 et 30 juillet .

Août 2024

Horoscope

En août 2024, Balance, les aspects astrologiques présentent un mois de découverte de soi, de croissance et d'énergie dynamique. Les mouvements célestes vous poussent à embrasser votre individualité et à affirmer vos désirs tout en conservant votre harmonie naturelle et votre diplomatie. Ce mois offre des opportunités de développement personnel et professionnel, ainsi que la possibilité d'approfondir vos relations et d'explorer de nouvelles expériences. En puisant dans votre sagesse intérieure et en maintenant votre équilibre, vous pouvez naviguer dans le mois avec grâce et épanouissement.

Aimer

Pour la Balance, le royaume de l'amour en août 2024 est marqué par un mélange d'aspects intenses et d'alignements harmonieux. Le sextile entre Mars et True Node le 1er août enflamme la passion et crée une connexion profonde dans vos relations. Cet alignement offre des opportunités de croissance émotionnelle et d'alignement de vos désirs avec ceux de votre partenaire.

Cependant, le carré entre Vénus et Uranus le 2 août peut apporter des changements ou des perturbations inattendus dans votre vie amoureuse. Il est crucial de rester ouvert d'esprit et flexible pendant cette période. Saisissez l'opportunité de vous libérer des vieux schémas et explorez de nouvelles façons d'exprimer votre amour et votre affection.

Pour les Balances célibataires, le quintile entre Vénus et Jupiter le 2 août apporte un sentiment d'aventure et d'optimisme dans votre recherche de l'amour. Soyez ouvert à de nouvelles expériences et relations, car elles peuvent conduire à des opportunités romantiques inattendues.

N'oubliez pas de communiquer ouvertement et honnêtement avec votre partenaire ou vos intérêts amoureux potentiels. La conjonction entre Mercure et Vénus le 7 août améliore vos capacités de communication, vous permettant d'exprimer vos émotions et vos désirs avec clarté et authenticité.

Carrière

Dans le domaine de la carrière, août 2024 présente un mélange de défis et d'opportunités pour la Balance. La conjonction entre Mars et Jupiter le 14 août apporte une poussée d'énergie et d'enthousiasme, vous propulsant vers des objectifs ambitieux et la réussite professionnelle. Cet alignement vous permet de prendre des mesures audacieuses, de prendre des décisions importantes et d'assumer des rôles de leadership.

Cependant, le carré entre le Soleil et Saturne le 10 août peut présenter des obstacles ou des retards dans votre cheminement de carrière. Il est essentiel de rester patient et résilient, sachant que les défis peuvent mener à de précieuses leçons et à une croissance personnelle. Restez concentré sur vos objectifs à long terme et persévérez malgré les revers.

Recherchez des collaborations et des partenariats qui correspondent à vos valeurs et soutiennent vos aspirations professionnelles. L'aspect biquintile entre Vénus et Chiron le 19 août vous encourage à rechercher des mentors ou des conseillers qui peuvent vous guider et vous aider à relever les défis.

Finance

Août 2024 met l'accent sur la stabilité financière et la prise de décision responsable pour la Balance. Le trigone entre Vénus et Pluton le 29 août met en lumière les opportunités de transformation financière et d'autonomisation. Cet alignement vous encourage à réévaluer vos objectifs financiers, à évaluer vos investissements et à prendre des décisions stratégiques qui mènent à la prospérité à long terme.

Cependant, les aspects en quinconce entre Vénus et Neptune le 4 août et Vénus et Saturne le 19 août appellent à la prudence et à une planification minutieuse en matière financière. Évitez les dépenses impulsives ou les investissements risqués pendant ces périodes. Au lieu de cela, concentrez-vous sur la création d'une base financière solide en établissant un budget, en épargnant et en faisant des choix éclairés.

Santé

En août 2024, le bien-être de la Balance exige attention et soins personnels. Les aspects sesquiquadrate entre le Soleil et Neptune le 6 août et le Soleil et Chiron le 30 août peuvent affecter votre niveau d'énergie et votre bien-être émotionnel. Il est essentiel de donner la priorité aux pratiques de soins personnels qui nourrissent votre corps, votre esprit et votre âme.

Participez à des activités qui favorisent la relaxation, comme la méditation, le yoga ou passer du temps dans la nature. Prenez soin de votre santé émotionnelle en entretenant des relations positives et en cherchant du soutien au besoin. Faites attention à votre niveau d'énergie et assurez-vous de vous reposer et de dormir suffisamment. Rappelez-vous que les soins personnels ne sont pas égoïstes mais nécessaires à votre bien-être général.

Voyage

Le mois d'août offre des opportunités de voyage et d'exploration pour la Balance. L'aspect biquintile entre Mercure et Neptune le 23 août renforce votre intuition et ouvre les portes à de nouvelles aventures. Saisissez ces opportunités de croissance personnelle et d'enrichissement culturel. Qu'il s'agisse d'une escapade spontanée d'un week-end ou de vacances tant attendues, permettez-vous d'explorer de nouveaux horizons et de créer des souvenirs impérissables.

Aperçu des étoiles

Les influences célestes d'août 2024 vous poussent, Balance, à embrasser votre individualité, à communiquer de manière authentique et à poursuivre vos passions avec détermination. Faites confiance à votre intuition et puisez dans votre nature diplomatique pour relever tous les défis qui se présentent à vous. En maintenant l'équilibre dans tous les aspects de votre vie et en prenant soin de vous, vous pouvez trouver l'harmonie et l'épanouissement. N'oubliez pas que votre voyage est unique et qu'en honorant votre vrai moi, vous pouvez briller de mille feux et avoir un impact positif sur ceux qui vous entourent.

Meilleurs jours du mois : 1, 7 , 14 , 19 , 23 , 29 et 30 août

Septembre 2024

Horoscope

Bienvenue en septembre, chère Balance ! Alors que la saison d'automne commence, les énergies célestes s'alignent pour vous offrir un mois de profonde découverte de soi, de relations équilibrées et de croissance personnelle. Vous aurez l'occasion de plonger profondément dans vos émotions, d'établir des liens harmonieux et de trouver un équilibre dans divers aspects de votre vie. Cette période de transformation appelle à l'introspection, à une communication ouverte et à la volonté de relever à la fois les défis et les opportunités qui se présentent à vous. En restant fidèle à votre moi authentique et en favorisant de véritables liens avec les autres, vous pouvez naviguer ce mois-ci avec grâce et créer une base solide pour votre succès futur.

Aimer

En matière de cœur, septembre 2024 recèle le potentiel de liens émotionnels profonds et d'approfondissement des relations existantes. L'opposition entre Vénus et le Vrai Nœud le 3 septembre éclaire l'importance d'équilibrer vos désirs avec les besoins et les aspirations de votre partenaire. Cet alignement vous pousse à plonger dans les profondeurs de vos émotions et à cultiver un sentiment d'authenticité et de vulnérabilité dans vos relations.

Pour les Balances célibataires, ce mois-ci peut apporter des rencontres inattendues et des opportunités romantiques. Gardez votre cœur ouvert et soyez réceptif aux énergies qui vous entourent. Le trigone entre Vénus et Jupiter le 15 septembre crée une atmosphère magnétique et expansive pour l'amour, vous encourageant à sortir de votre zone de confort et à embrasser de nouvelles possibilités romantiques.

Carrière

Septembre présente des aspects favorables à la croissance de carrière et au développement professionnel de la Balance. Le carré entre Mars et Neptune le 3 septembre peut temporairement assombrir votre cheminement de carrière avec confusion ou ambiguïté. Cependant, c'est l'occasion de faire confiance à votre intuition et de rechercher la clarté avant de prendre des décisions importantes. Prenez le temps de réévaluer vos objectifs, d'aligner vos actions sur vos aspirations à long terme et d'adopter un état d'esprit flexible.

L'aspect biquintile entre Mercure et Pluton le 12 septembre améliore vos capacités d'analyse et de résolution de problèmes, vous permettant de surmonter les obstacles et de trouver des solutions innovantes dans vos projets professionnels. La collaboration et le travail d'équipe peuvent jouer un rôle important dans votre réussite ce mois-ci. Saisissez les opportunités de travailler avec les autres, car elles peuvent conduire à des avancées remarquables dans votre carrière.

Finance

En termes de finances, septembre nécessite une planification diligente et une prise de décision pratique pour la Balance. L'opposition entre Vénus et Chiron le 16 septembre pourrait déclencher des insécurités ou des schémas émotionnels liés à l'argent. Il est crucial de s'attaquer à toutes les croyances limitantes entourant l'abondance et de cultiver un état d'esprit sain envers la prospérité. Demandez l'aide de conseillers financiers ou d'amis de confiance pour optimiser vos ressources et prendre des décisions éclairées.

L'aspect trigone entre Vénus et Jupiter le 15 septembre apporte un potentiel d'expansion et de croissance financière. Envisagez d'explorer de nouvelles opportunités d'investissement ou de demander des conseils sur la planification financière à long terme. Cet alignement vous invite à faire confiance à l'abondance de l'univers et à prendre des risques calculés en ce qui concerne votre bien-être financier.

Santé

Septembre met fortement l'accent sur les soins personnels et le bien-être émotionnel de la Balance. L'aspect sesquiquadrate entre le Soleil et Pluton le 6 septembre peut intensifier les émotions et créer un stress supplémentaire. Il est essentiel de donner la priorité à l'autoréflexion, de s'engager dans des techniques de relaxation et de demander de l'aide en cas de besoin. Entretenir des relations positives, maintenir un mode de vie équilibré et trouver des exutoires sains pour la gestion du stress sont essentiels à votre bien-être général pendant cette période.

Faites des rituels de soins personnels une pratique quotidienne et faites attention à votre santé mentale et émotionnelle. S'engager dans des activités telles que la méditation, la tenue d'un journal ou la recherche de conseils professionnels peut vous aider à relever les défis qui se présentent.

Voyage

Septembre offre des opportunités de voyage et d'exploration, vous permettant d'élargir vos horizons et d'élargir votre perspective. Le trigone entre le Soleil et Uranus le 19 septembre apporte un sentiment d'aventure et d'excitation à vos projets de voyage. Qu'il s'agisse d'une escapade spontanée d'un week-end ou d'un voyage planifié, saisissez l'opportunité d'explorer de nouveaux environnements et de vous immerger dans différentes cultures. Ces expériences vous procureront non seulement une détente, mais approfondiront également votre compréhension du monde et enrichiront votre croissance personnelle.

Aperçu des étoiles

Alors que vous avancez en septembre 2024, les influences célestes vous invitent à trouver un équilibre en vous-même et dans vos relations. Embrassez votre moi authentique, communiquez ouvertement et faites confiance à votre intuition. Cette période de transformation demande une profonde introspection, une croissance personnelle et la culture de relations harmonieuses. En adoptant les énergies transformatrices du mois, vous pouvez relever les défis avec grâce, découvrir de nouvelles voies d'épanouissement personnel et professionnel et jeter les bases solides d'un avenir meilleur.

Meilleurs jours du mois : 3, 12 , 15 , 19 , 22 , 25 et 30 septembre

Octobre 2024

Horoscope

Bienvenue dans le mois d'octobre transformateur et enchanteur, chère Balance ! Alors que les feuilles d'automne peignent le monde avec des teintes vibrantes, les énergies cosmiques vous invitent à vous lancer dans un profond voyage de découverte de soi et d'équilibre. Ce mois-ci, les alignements célestes jettent un léger coup de projecteur sur votre monde intérieur, vous incitant à plonger profondément dans vos émotions, à rechercher l'harmonie dans vos relations et à embrasser le pouvoir transformateur de l'introspection. En acceptant ces invitations cosmiques, vous pouvez ouvrir la voie à une croissance personnelle, forger des liens authentiques et créer une base solide pour un avenir rempli d'amour, de succès et d'épanouissement.

Aimer

Balance, tout au long du mois d'octobre, le cosmos tisse une tapisserie de profondeur émotionnelle et de liens passionnés dans votre vie amoureuse. L'aspect sesquiquadrate entre Vénus et Neptune le 3 octobre évoque un sentiment de désir émouvant et d'alignement spirituel dans les relations amoureuses. C'est le moment de plonger sans crainte dans les profondeurs de vos émotions, de vous ouvrir à la vulnérabilité et d'explorer les territoires inexplorés de l'intimité avec votre partenaire. Cet alignement met l'accent sur l'importance de la confiance, de la compassion et de l'expression authentique de vos désirs les plus profonds.

Pour les Balances célibataires, ce mois-ci apporte une danse fortuite de rencontres fortuites et d'attractions magnétiques. Le trigone entre Vénus et Mars le 8 octobre ouvre la voie à des relations passionnées et à des possibilités romantiques passionnantes. Laissez vos désirs s'envoler, embrassez l'enchantement du moment et laissez votre intuition vous guider vers des intérêts amoureux inattendus. L'univers conspire pour vous rapprocher des véritables désirs de votre cœur.

Carrière

Balance, octobre présente une symphonie céleste de croissance et d'avancement dans vos efforts professionnels. L'aspect carré entre Mercure et Mars le 6 octobre peut introduire des défis ou des conflits temporaires sur le lieu de travail. Cependant, ne vous découragez pas, car ces obstacles apparemment intimidants recèlent des opportunités de croissance personnelle et de triomphe professionnel. Embrassez les feux de l'affirmation de soi, puisez dans vos prouesses diplomatiques intérieures et communiquez vos idées avec clarté et confiance. Ce faisant, vous pouvez vous élever au-dessus de toute adversité et devenir une source d'inspiration pour vos collègues et supérieurs.

Le trigone entre Mercure et Jupiter le 8 octobre vous confère le don de l'éloquence, des horizons élargis et des collaborations passionnantes. Cet alignement amplifie vos compétences en communication, vous encourageant à partager vos idées, à forger de nouvelles relations et à explorer des voies de croissance professionnelle. Soyez ouvert aux opportunités de réseautage et engagez des conversations significatives avec des personnes partageant les mêmes idées. Les graines que vous plantez pendant cette période fertile ont le potentiel de se transformer en partenariats fructueux et en entreprises enrichissantes.

Finance

Balance, octobre appelle à une approche consciente et perspicace de vos finances. L'aspect quinconce entre Vénus et Jupiter le 10 octobre vous pousse à réévaluer vos décisions financières et à réévaluer vos objectifs à long terme. Prenez du recul, revoyez vos stratégies financières et assurez-vous qu'elles correspondent à vos aspirations. Faites preuve de prudence contre les dépenses impulsives et demandez conseil à un expert si nécessaire. Cette période exige une planification méticuleuse, une budgétisation et un effort conscient pour trouver un équilibre entre vos désirs et vos responsabilités financières.

Cependant, le cosmos vous accorde également ses bénédictions. Le trigone entre Vénus et Saturne le 4 octobre et le sextile entre Vénus et Pluton le 17 octobre insufflent stabilité et potentiel de croissance financière. Ces alignements servent d'ancres célestes, fondant vos efforts financiers et fournissant un terrain fertile pour des investissements ou des entreprises à long terme. Adoptez une approche prudente, exploitez vos compétences diplomatiques innées lorsque vous prenez des décisions financières et envisagez des stratégies qui correspondent à votre sécurité financière à long terme.

Santé

Balance, en octobre, le cosmos met l'accent avec amour sur votre bien-être, vous exhortant à donner la priorité aux soins personnels, à l'équilibre émotionnel et à l'alimentation holistique. L'aspect sesquiquadrate entre le Soleil et Chiron le 4 octobre vous invite à plonger dans les profondeurs de vos blessures émotionnelles et à vous lancer dans un voyage de guérison. Prenez le temps de réfléchir, reconnaissez vos vulnérabilités et recherchez le soutien de personnes de confiance ou de professionnels si nécessaire. Le bien-être émotionnel constitue le fondement de votre santé globale, et le traitement de toute blessure persistante permet une transformation et une croissance profondes.

L'aspect quinconce entre Mercure et Uranus le 11 octobre vous encourage à explorer des modalités de guérison alternatives, à adopter des pratiques de pleine conscience et à élargir vos connaissances sur le bien-être holistique. Embrassez le pouvoir de la méditation, du yoga ou d'autres formes de pratiques spirituelles qui résonnent avec votre âme. Nourrissez votre corps grâce à une alimentation saine, à des exercices réguliers et à un sommeil réparateur. N'oubliez pas de trouver un équilibre entre vos engagements sociaux et le besoin de solitude, en vous accordant suffisamment de temps pour l'introspection et le rajeunissement.

Voyage

Balance, octobre offre des opportunités d'expériences de voyage captivantes et transformatrices. Alors que le Soleil quinconce Uranus le 19 octobre, des invitations à des voyages inattendus ou des aventures spontanées pourraient vous arriver. Embrassez l'esprit de voyage et permettez-vous de sortir de votre zone de confort. Qu'il s'agisse d'un pèlerinage en solo vers une retraite spirituelle ou d'une excursion de groupe passionnante, faites confiance aux conseils de l'univers et saisissez les opportunités qui se présentent à vous. Ces voyages offrent un potentiel de croissance personnelle, de nouvelles perspectives et de liens profonds avec d'autres voyageurs.

Aperçu des étoiles

Chère Balance, alors que vous vous lancez dans la danse cosmique d'octobre, les énergies célestes vous invitent à vous abandonner au pouvoir transformateur de la découverte de soi, de l'équilibre et de l'harmonie. Embrassez la profondeur de vos émotions, nourrissez vos relations et engagez-vous dans une introspection significative. En alignant vos actions sur vos désirs authentiques, vous ouvrez la voie à une croissance personnelle, à des liens profonds et à un avenir rempli d'amour, de succès et d'épanouissement.

Jours du mois : 8 , 13 , 17 , 22 , 24 , 26 et 30 octobre .

Novembre 2024

Horoscope

Chère Balance, alors que la saison d'automne s'approfondit et que les feuilles tombent gracieusement, novembre apporte une énergie transformatrice et expansive dans votre vie. Ce mois est la promesse d'une croissance personnelle, d'une introspection et de relations harmonieuses. Les alignements cosmiques vous invitent à explorer de nouveaux horizons, à embrasser la profondeur de vos émotions et à vous lancer dans un profond voyage de découverte de soi.

La danse céleste de novembre vous encourage à plonger dans votre monde intérieur, à examiner vos croyances et vos valeurs et à les aligner sur votre moi authentique. C'est un moment de réflexion, d'introspection et de recherche de votre centre au milieu des circonstances extérieures en constante évolution. En embrassant cette énergie introspective, vous pouvez acquérir une compréhension plus profonde de vous-même, ouvrant la voie à la croissance personnelle et à la réalisation de soi.

Aimer

Balance, tout au long du mois de novembre, le cosmos tisse une tapisserie de profondeur émotionnelle et d'expériences transformatrices dans votre vie amoureuse. L'opposition entre Vénus et Jupiter le 3 novembre évoque un sentiment d'attraction magnétique et de croissance au sein de vos relations. Cet alignement vous encourage à élargir vos horizons, à engager des conversations significatives et à vous ouvrir à de nouvelles perspectives. Les Balances célibataires peuvent se trouver attirées par des individus qui les inspirent intellectuellement et partagent leur soif d'exploration.

Le trigone entre Vénus et Chiron le 3 novembre apporte la guérison et la compréhension au premier plan de vos relations amoureuses. Cet aspect vous invite à accepter la vulnérabilité, à communiquer vos besoins et à favoriser un environnement sûr et stimulant pour la croissance émotionnelle au sein de vos partenariats. C'est un moment pour approfondir le lien et trouver du réconfort dans le confort de la présence de votre bien-aimé.

Carrière

Balance, novembre présente des opportunités de croissance et d'avancement professionnels. Le trigone entre Mercure et Mars le 2 novembre dynamise vos compétences en communication, ce qui en fait un moment idéal pour les négociations, les présentations ou les projets collaboratifs. Vos paroles ont un impact puissant, vous permettant d'affirmer vos idées avec confiance et clarté. Utilisez vos capacités diplomatiques pour favoriser des relations de travail harmonieuses et trouver des solutions innovantes aux défis qui se présentent.

Le sextile entre Mercure et Pluton le 2 novembre vous donne la perspicacité et la réflexion stratégique. Cet alignement vous encourage à approfondir votre travail, à découvrir des potentiels cachés et à apporter des changements transformateurs qui ont un impact durable. Adoptez votre capacité naturelle à analyser et à synthétiser les informations et faites confiance à votre instinct lorsqu'il s'agit de prendre des décisions importantes. Votre approche perspicace ouvre la voie à la réussite de vos projets professionnels.

Finance

Balance, en novembre, le cosmos appelle à une approche équilibrée et consciente de vos finances. L'aspect carré entre Vénus et Neptune le 9 novembre vous invite à faire preuve de prudence et de discernement en matière de décisions financières. Méfiez-vous des illusions potentielles ou des promesses irréalistes. Prenez le temps d'examiner vos stratégies financières, demandez conseil à un expert si nécessaire et assurez-vous que vos investissements correspondent à vos objectifs à long terme. Une approche pratique et fondée vous aidera à naviguer à travers toutes les incertitudes.

Cependant, le sextile entre Vénus et Saturne le 22 novembre confère stabilité et potentiel de croissance financière. Cet alignement vous invite à cultiver une solide éthique de travail, à faire preuve de prudence dans vos habitudes de dépenses et à adopter une gestion financière responsable. En donnant la priorité à la discipline et à la sécurité à long terme, vous pouvez jeter les bases de la stabilité financière et de l'abondance.

Santé

Balance, novembre met l'accent sur l'importance des soins personnels et du bien-être holistique. L'aspect sesquiquadrate entre le Soleil et Neptune le 4 novembre appelle à un équilibre entre vos besoins physiques, émotionnels et spirituels. Prenez le temps de réfléchir sur vous-même, engagez-vous dans des activités qui vous apportent joie et paix, et nourrissez votre monde intérieur. Pratiquez la pleine conscience, la méditation ou d'autres techniques de relaxation pour atténuer le stress et restaurer votre bien-être général.

Le trigone entre le Soleil et Saturne le 4 novembre fournit une base solide pour établir des routines et des habitudes saines. Adoptez une activité physique régulière, une alimentation équilibrée et un sommeil réparateur. Faites attention à votre état émotionnel, en cherchant du soutien et des conseils en cas de besoin. En nourrissant votre esprit, votre corps et votre esprit, vous pouvez améliorer votre santé et votre vitalité globales, vous permettant de traverser le mois avec force et résilience.

Voyage

Balance, novembre offre des opportunités d'expériences de voyage transformatrices et enrichissantes. Le sextile du Soleil à Pluton le 21 novembre apporte un sentiment d'aventure et le potentiel d'une profonde transformation par le voyage. Envisagez d'explorer de nouvelles cultures, de vous immerger dans des retraites spirituelles ou de vous lancer dans des voyages basés sur la nature qui vous permettent de renouer avec votre moi intérieur. Ces expériences ont le pouvoir d'élargir vos horizons, d'offrir de nouvelles perspectives et de susciter un sens renouvelé de l'objectif.

Aperçu des étoiles

Chère Balance, alors que vous embrassez les énergies cosmiques de novembre, les alignements célestes vous guident vers une croissance transformatrice, des relations harmonieuses et une compréhension plus profonde de vous-même et des autres. En cultivant votre bien-être émotionnel, en adoptant l'équilibre dans vos efforts professionnels et en cultivant des habitudes financières conscientes, vous pouvez ouvrir la voie à un mois rempli d'épanouissement personnel et professionnel. Faites confiance à la sagesse des étoiles lorsque vous naviguez à travers les énergies transformatrices et laissez l'univers vous guider vers l'amour, le succès et l'harmonie intérieure.

Meilleurs jours du mois : 2 , 7 , 11 , 18 , 20 , 23 et 30 novembre

Décembre 2024

Horoscope

Alors que nous entrons dans le dernier mois de l'année, décembre revêt une immense signification et un potentiel de transformation pour vous, chère Balance. Les énergies cosmiques s'alignent pour soutenir votre voyage de découverte de soi, de croissance personnelle et de manifestation. Ce mois-ci marque une période charnière pour la réflexion, l'introspection et la définition des intentions pour l'année à venir. Les alignements célestes vous inspirent à plonger profondément à l'intérieur, à découvrir des vérités cachées et à aligner vos actions sur votre moi authentique. Embrassez cette période d'introspection, car elle ouvrira la voie à un début remarquable pour la nouvelle année. Faites confiance au processus et ayez confiance en vos capacités innées alors que vous naviguez sur la voie à suivre.

Aimer

Balance, en ce qui concerne les questions de cœur, décembre apporte un puissant mélange de passion, d'harmonie et de découverte de soi. Les configurations planétaires imprègnent votre vie amoureuse d'émotions accrues, de connexions profondes et d'expériences transformatrices. Avec Vénus biquintile Jupiter le 1er décembre, l'amour et la romance occupent le devant de la scène, créant une atmosphère d'optimisme, de joie et de possibilités élargies. Cet alignement céleste vous encourage à embrasser les aventures de l'amour, à exprimer votre affection et à favoriser des relations significatives. Si vous êtes célibataire, c'est le moment de rencontrer des partenaires potentiels qui possèdent les qualités que vous désirez. Pour ceux qui sont déjà en couple, cette période offre une chance d'approfondir votre lien, de raviver la flamme de la passion et de vous lancer dans de nouvelles aventures ensemble. Embrassez l'énergie de l'amour et laissez-la vous guider vers des relations épanouissantes et harmonieuses.

Carrière

Balance, décembre présente de nombreuses opportunités de croissance, de reconnaissance et d'avancement professionnel. L'interaction dynamique entre les énergies célestes propulse vos aspirations professionnelles et vous encourage à saisir les projecteurs. L'opposition entre Mercure et Jupiter le 4 décembre amplifie vos prouesses intellectuelles, vos capacités de communication persuasive et votre réflexion stratégique. Cet alignement cosmique vous permet de mettre en valeur vos capacités, de relever de nouveaux défis et de vous engager dans des négociations qui peuvent propulser votre carrière vers de nouveaux sommets. Faites confiance à vos talents, croyez en vos idées et entrez en scène avec confiance. Cependant, il est essentiel de naviguer dans les obstacles potentiels qui peuvent survenir. L'aspect carré du Soleil avec Saturne le 4 décembre peut introduire des revers ou des défis temporaires. Mais avec votre ténacité et votre résilience, vous pouvez surmonter ces obstacles et en sortir plus fort qu'avant. Adoptez un état d'esprit proactif, recherchez des solutions innovantes et maintenez un équilibre harmonieux entre ambition et responsabilité. En exploitant ces énergies, vous pouvez faire des progrès significatifs dans vos activités professionnelles.

Finance

Balance, décembre vous invite à adopter une approche équilibrée et prudente de vos finances. Les configurations célestes soulignent l'importance d'une gestion financière responsable et d'une prise de décision consciente. Bien que la saison des fêtes puisse vous inciter à faire des folies, il est crucial de garder une perspective réaliste et de vous en tenir à un budget bien pensé. Le semi Le carré entre Vénus et Saturne le 5 décembre vous rappelle de faire preuve de retenue et de discipline dans vos habitudes de dépenses. Cet alignement vous encourage à privilégier la stabilité financière à long terme plutôt que la gratification à court terme. C'est le moment d'évaluer vos objectifs financiers, de réévaluer vos stratégies de placement et d'apporter les ajustements nécessaires pour assurer une base solide pour l'avenir. Cherchez des conseils avisés, explorez de nouvelles avenues pour générer des revenus et concentrez-vous sur la construction d'un cadre financier durable. N'oubliez pas que de petites mesures prises maintenant peuvent entraîner des gains financiers importants à l'avenir. En adoptant une approche équilibrée de vos finances, vous pouvez naviguer le mois de décembre avec confiance et stabilité financières.

Santé

Balance, en décembre, votre bien-être occupe le devant de la scène. Les énergies célestes vous inspirent à donner la priorité aux soins personnels, à nourrir votre corps et à cultiver l'harmonie intérieure. Avec le trigone du Soleil à Chiron le 10 décembre, une profonde énergie de guérison imprègne votre être, facilitant le bien-être physique, émotionnel et spirituel. Cet alignement vous encourage à résoudre tout problème de santé persistant, à adopter des pratiques holistiques et à vous engager dans des activités qui favorisent l'équilibre et la vitalité. Prenez le temps de réfléchir, établissez une routine de soins personnels et accordez la priorité au repos et au rajeunissement. Il est crucial de trouver un équilibre harmonieux entre le travail et la vie personnelle pour éviter l'épuisement professionnel. Adoptez des pratiques de pleine conscience, comme la méditation ou le yoga, pour améliorer votre bien-être général. Nourrissez votre corps avec des aliments sains, restez hydraté et faites régulièrement de l'exercice physique pour maintenir votre vitalité et renforcer votre système immunitaire. N'oubliez pas d'écouter les signaux de votre corps et de faire des soins personnels une priorité non négociable. En prenant soin de votre bien-être, vous pouvez naviguer le mois de décembre avec une énergie, une vitalité et une résilience émotionnelle renouvelées.

Voyage

Balance, décembre présente des opportunités passionnantes de voyage et d'exploration. Les alignements célestes ouvrent les portes à de nouvelles expériences, à un enrichissement culturel et à l'aventure. Qu'il s'agisse d'une courte escapade ou d'un long voyage, le cosmos vous encourage à adopter l'esprit d'exploration et à élargir vos horizons. Avec le biquintile du Soleil vers Mars le 20 décembre, votre esprit aventureux s'enflamme, vous incitant à rechercher de nouvelles expériences et à vous immerger dans différentes cultures. Cet alignement imprègne vos voyages d'enthousiasme, de vitalité et de joie de vivre. Planifiez vos voyages en toute conscience, en permettant des détours spontanés et des rencontres fortuites en cours de route. Participez à des activités qui élargissent votre perspective, vous connectent avec différentes traditions et offrent des opportunités de croissance personnelle. Que vous vous lanciez dans une aventure en solo ou que vous voyagiez avec des êtres chers, décembre promet d'être une période transformatrice et enrichissante. Embrassez la joie de l'exploration, embrassez de nouvelles cultures et créez des souvenirs durables qui façonneront votre vision du monde.

Aperçu des étoiles

Balance, décembre apporte une symphonie cosmique d'énergies transformatrices. Les alignements célestes vous encouragent à vous lancer dans un voyage de découverte de soi, à embrasser les aventures amoureuses, à saisir les opportunités professionnelles et à donner la priorité à votre bien-être. Faites confiance à la sagesse de l'univers, écoutez votre intuition et alignez vos actions sur vos aspirations les plus profondes. Ce mois offre une profonde opportunité de croissance personnelle, ouvrant la voie à un début remarquable pour la nouvelle année. Embrassez les énergies transformatrices de décembre et laissez les étoiles vous guider vers un chemin d'épanouissement, d'harmonie et de réussite.

Meilleurs jours du mois : 2, 10 , 19 , 21 , 23 , 28 et 31 décembre .

HOROSCOPE 2024 DU SCORPION

Aperçu Scorpion 2024

Alors que nous entamons le voyage de 2024, les natifs du Scorpion se retrouveront au bord de changements de vie importants. Le cosmos s'est aligné d'une manière qui entraînera une année de transformation, de croissance et de découverte de soi. Les mouvements planétaires de Mars, Mercure, Vénus et Jupiter joueront un rôle central dans la formation de vos expériences tout au long de l'année. Cette année témoignera de votre résilience, de votre adaptabilité et de la profondeur de votre caractère.

L'année 2024 sera une année de progrès et d'expansion dans votre vie professionnelle. L'aspect semi-carré entre Mars en Taureau et Saturne en Poissons en juin indique une période de travail acharné et de persévérance. Cette période peut apporter des défis et des obstacles sur votre chemin, mais votre détermination et votre ténacité inhérentes vous aideront à les surmonter. L'aspect semi-sextile entre Mars et Jupiter en Gémeaux suggère des opportunités de croissance et d'expansion dans votre carrière. Cela pourrait se manifester sous la forme de nouvelles responsabilités, de projets ou même d'une promotion.

Sur le plan financier, la conjonction entre Mercure et Uranus en Taureau en mai laisse présager des gains financiers inattendus. Cela pourrait prendre la forme d'une augmentation, d'un bonus ou même d'une aubaine. Ces récompenses financières témoigneront de votre travail acharné et de votre dévouement. Cependant, l'aspect carré entre le Soleil en Gémeaux et Saturne en Poissons en juin suggère la nécessité d'une planification financière minutieuse. Il est important d'éviter les dépenses impulsives et d'épargner pour l'avenir. Envisagez d'investir votre argent judicieusement pour assurer une stabilité financière à long terme.

Dans le domaine des relations et de la vie sociale, 2024 sera une année d'approfondissement des liens et d'élargissement des cercles sociaux. La conjonction entre Mercure et Vénus en Cancer en juin suggère un moment de communication émotionnelle dans vos relations. Cette période vous encouragera à exprimer vos sentiments plus ouvertement, menant à des liens plus profonds avec vos proches. Ce sera une période de croissance émotionnelle et de compréhension, vous permettant de renforcer vos relations.

En août, l'aspect carré entre Vénus en Lion et Uranus en Taureau suggère une période de changement et d'imprévisibilité dans votre vie sociale. Vous pouvez rencontrer de nouvelles personnes qui remettent en question vos points de vue et vous poussent à grandir. Ces interactions élargiront vos horizons et vous aideront à acquérir de nouvelles perspectives. Embrassez ces changements et apprenez des expériences qu'ils apportent. Ils contribueront à votre croissance personnelle et à votre compréhension du monde.

En matière de santé et de bien-être, 2024 sera une année de concentration et d'équilibre. L'aspect quinconce entre le Soleil en Cancer et Pluton en Verseau en juin suggère un besoin d'équilibrer votre santé physique avec votre bien-être mental et émotionnel. Cette année, assurez-vous de privilégier les soins personnels et la relaxation. Cela pourrait signifier adopter un nouveau régime de remise en forme, adopter une alimentation plus saine ou même commencer la méditation ou le yoga.

En mai, l'aspect semi-sextile entre Mars en Bélier et Uranus en Taureau suggère une période d'énergie et de vitalité accrues. Utilisez cette énergie pour vous concentrer sur votre santé physique et votre bien-être. Pratiquez une activité physique régulière et maintenez une alimentation équilibrée pour assurer votre bien-être. Ce sera le moment de donner la priorité à votre santé et d'apporter les changements nécessaires à votre mode de vie.

L'année 2024 sera une année importante pour la croissance spirituelle et le développement personnel des natifs du Scorpion. L'aspect quintile entre Jupiter et Saturne en mai suggère une période d'apprentissage et de croissance. Vous pouvez vous sentir attiré par des études spirituelles ou philosophiques qui vous aident à mieux vous comprendre et à mieux comprendre le monde qui vous entoure. Ce sera un moment d'introspection et de découverte de soi, vous permettant d'acquérir une compréhension plus profonde de votre but et de votre direction dans la vie.

En juin, l'aspect carré entre Vénus en Cancer et Véritable Nœud en Bélier suggère un temps de découverte de soi. Cette période vous encouragera à remettre en question vos valeurs et vos croyances, menant à une compréhension plus profonde de qui vous êtes et de ce que vous attendez de la vie. Ce processus de découverte de soi sera un voyage transformateur, vous permettant de vous aligner plus étroitement avec votre vrai moi.

L'année 2024 sera une année de transformation pour le Scorpion. Les mouvements planétaires indiquent une année remplie d'opportunités de croissance dans tous les aspects de votre vie. Relevez les défis et les opportunités qui se présentent à vous et utilisez-les pour évoluer et grandir. N'oubliez pas que la clé pour naviguer avec succès cette année est l'équilibre - équilibre dans votre carrière et vos finances, équilibre dans vos relations et votre vie sociale, et équilibre dans votre santé et votre bien-être.

Cette année témoignera de votre résilience et de votre adaptabilité. Cela vous mettra au défi, mais cela vous récompensera également. Cela vous poussera hors de votre zone de confort, mais cela vous aidera également à grandir. Cela apportera des changements, mais cela apportera aussi des opportunités.

Ainsi, alors que vous naviguez à travers l'année 2024, n'oubliez pas de rester fidèle à vous-même. Adoptez les changements, saisissez les opportunités et continuez à grandir et à évoluer. Avec équilibre et persévérance, vous pouvez tirer le meilleur parti des opportunités que 2024 apporte.

N'oubliez pas que vous êtes un Scorpion - vous êtes résilient, vous êtes adaptable et vous êtes capable de grandes choses. Alors, entrez dans l'année 2024 avec confiance et optimisme, prêt à saisir les opportunités qui se présentent à vous. C'est votre année, Scorpion. Tirer le meilleur parti.

Janvier 2024

Horoscope

Cher Scorpion, alors que vous entrez en janvier 2024, les aspects planétaires indiquent un mois d'énergie dynamique et d'expériences transformatrices. Vous vous sentirez poussé à explorer de nouvelles possibilités et à plonger plus profondément dans vos émotions et vos passions.

Le mois commence avec Vénus en Sagittaire carré Saturne en Poissons le 1er janvier, donnant le ton pour une période d'introspection et de réévaluation de vos valeurs personnelles. Cet aspect vous invite à réfléchir sur vos désirs et vos objectifs à long terme, vous permettant de faire les ajustements nécessaires pour les aligner sur vos croyances fondamentales.

Le quintile de Mercure avec Saturne le 3 janvier améliore vos compétences en communication et vos prouesses intellectuelles. Vous trouverez plus facile d'articuler vos pensées et de vous engager dans des conversations profondes qui mènent à la croissance personnelle.

Le 9 janvier voit le Soleil carré Uranus et Saturne semi-carré, provoquant des changements inattendus dans votre carrière et vos ambitions. Il est crucial de rester adaptable et d'adopter des idées innovantes pendant cette période pour naviguer dans les changements avec grâce et créativité.

Le 20 janvier, le Soleil rejoint Pluton en Capricorne, marquant une période significative de transformation et de pouvoir personnel. Cet alignement vous pousse à affronter vos peurs, à embrasser votre force intérieure et à abandonner tout ce qui ne sert plus votre croissance.

Tout au long du mois de janvier, vous vivrez une profonde connexion avec vos émotions et votre intuition, grâce au sextile du Soleil avec Neptune le 15 janvier et au quintile avec Chiron le 24 janvier. Ces aspects offrent des opportunités de guérison et d'autoréflexion, vous permettant d'acquérir une compréhension plus profonde de votre paysage émotionnel.

Dans l'ensemble, janvier vous offre la possibilité de vous plonger dans vos désirs, de faire des choix de carrière stratégiques et d'explorer de profondes transformations. Embrassez l'énergie du changement, exploitez votre pouvoir personnel et faites confiance à votre intuition pour vous guider vers un mois épanouissant à venir.

Aimer

Au début du mois, Vénus carré Saturne le 1er janvier peut apporter des défis et des obstacles dans votre vie amoureuse. Il est essentiel de résoudre tous les problèmes qui persistent sous la surface, car cet aspect vous invite à affronter les barrières émotionnelles et à les surmonter.

Le 3 janvier, Vénus forme un aspect en quinconce avec Jupiter, soulignant la nécessité d'un équilibre entre vos désirs individuels et les besoins de votre partenaire ou de vos proches. Cet alignement encourage la communication ouverte et le compromis pour maintenir l'harmonie dans vos relations.

Tout au long du mois de janvier, le quintile de Mercure avec Saturne améliore vos compétences en communication et approfondit vos liens émotionnels. Il vous sera plus facile d'exprimer vos sentiments et de vous engager dans des conversations significatives qui renforcent vos liens.

Le carré du Soleil avec Uranus le 9 janvier apporte des changements et des changements inattendus dans votre vie amoureuse. Considérez ces surprises comme des opportunités de croissance et de découverte de soi. Si vous êtes célibataire, soyez ouvert à rencontrer quelqu'un qui remet en question votre point de vue et vous présente de nouvelles expériences.

Au milieu du mois, Vénus forme un demi-carré avec Pluton le 10 janvier, intensifiant vos passions et vos désirs. Cet aspect enflamme un profond désir de connexion émotionnelle et vous permet d'explorer les profondeurs de l'intimité au sein de vos relations.

Le 15 janvier, Vénus place Neptune, créant une atmosphère rêveuse et romantique. Cependant, soyez prudent et maintenez des limites claires pour éviter que des malentendus ou des illusions ne viennent obscurcir votre jugement.

Au fur et à mesure que le mois avance, Vénus en trigone Chiron le 11 janvier offre des opportunités de guérison dans les relations. Cet aspect favorise la croissance émotionnelle et vous permet de traiter les blessures du passé avec compassion et compréhension.

Carrière

Le mois commence avec Vénus carré Saturne le 1er janvier, vous incitant à réévaluer vos objectifs professionnels et à réévaluer vos ambitions à long terme. Prenez ce temps pour aligner votre cheminement de carrière sur vos valeurs fondamentales, en vous assurant que vous poursuivez un travail qui vous apporte épanouissement et satisfaction.

Le 3 janvier, Vénus forme un aspect en quinconce avec Jupiter, soulignant la nécessité d'un équilibre entre désirs personnels et responsabilités professionnelles. Cet alignement vous rappelle de maintenir l'harmonie entre votre vie professionnelle et vos relations personnelles.

Le quintile de Mercure avec Saturne le même jour améliore vos compétences en communication et vos prouesses intellectuelles. Il vous sera plus facile d'articuler vos idées, de négocier efficacement et de vous engager dans une planification stratégique pour faire avancer vos objectifs de carrière.

Le 9 janvier apporte un changement significatif dans votre paysage professionnel alors que le Soleil est au carré d'Uranus et au demi-carré de Saturne. Attendez-vous à des changements inattendus et à des opportunités qui vous obligent à vous adapter et à sortir des sentiers battus. C'est le moment d'adopter l'innovation, de prendre des risques calculés et de mettre en valeur vos compétences en leadership.

Le trigone du Soleil avec Uranus le 9 janvier amplifie encore votre capacité à innover et à faire des choix de carrière audacieux. Faites confiance à votre instinct et explorez des idées non conventionnelles pour propulser votre croissance professionnelle.

Le 12 janvier, Mars trigone Jupiter vous permet de prendre des mesures décisives pour atteindre vos objectifs de carrière. Cet aspect apporte de l'énergie, de l'enthousiasme et de la confiance pour poursuivre des projets ambitieux ou rechercher des promotions et des avancements.

Au fur et à mesure que le mois avance, le sextile de Mercure avec Saturne le 18 janvier améliore vos compétences organisationnelles et votre souci du détail. Cet alignement vous aide à gérer efficacement votre charge de travail, à respecter les délais et à maintenir une réputation professionnelle de fiabilité.

Le trigone de Vénus avec Jupiter le 28 janvier est de bon augure pour le réseautage, les collaborations et la croissance financière. Cet aspect offre des opportunités de relations professionnelles qui peuvent conduire au succès et à l'abondance à long terme.

Finance

Au début du mois, Vénus carré Saturne le 1er janvier attire l'attention sur vos responsabilités financières et la nécessité de dépenses disciplinées. Cet aspect vous encourage à revoir votre budget, à réduire les dépenses inutiles et à privilégier la stabilité financière.

Le 3 janvier, Vénus forme un aspect en quinconce avec Jupiter, vous rappelant de trouver un équilibre entre votre désir de confort matériel et vos objectifs financiers à long terme. Évaluez si vos dépenses correspondent à vos valeurs et faites des ajustements si nécessaire.

Le quintile de Mercure avec Saturne le même jour améliore votre perspicacité financière et vos compétences en matière de prise de décision. Cet alignement vous aide à faire des choix éclairés, à négocier des accords et à maximiser vos ressources.

Le carré du Soleil avec Uranus le 9 janvier pourrait entraîner des changements financiers ou des dépenses inattendus. Restez flexible et soyez prêt à adapter vos plans financiers en conséquence. Cet aspect vous encourage également à explorer des sources alternatives de revenus et des opportunités d'investissement innovantes.

Le 20 janvier marque un tournant important alors que le Soleil rejoint Pluton. Cet alignement vous invite à abandonner les schémas financiers obsolètes et à adopter une approche plus autonome et transformatrice de vos finances. Cela peut impliquer la restructuration de vos investissements, l'élimination de la dette ou la recherche de conseils professionnels pour une planification financière à long terme.

Au fur et à mesure que le mois avance, le trigone de Vénus avec Jupiter le 28 janvier offre des opportunités de croissance financière et d'abondance. Cet aspect favorise les négociations financières bénéfiques, les collaborations lucratives et les éventuelles mannes. Cependant, maintenez une approche équilibrée et évitez les dépenses impulsives ou excessives.

Santé

Au début du mois, Vénus au carré de Saturne le 1er janvier vous rappelle de donner la priorité aux soins personnels et d'établir des limites saines. Cet aspect vous encourage à trouver un équilibre entre vos responsabilités et votre bien-être personnel.

Le 3 janvier, Vénus en quinconce Jupiter vous invite à évaluer vos choix de vie et à faire des ajustements qui favorisent la santé et la vitalité globales. Envisagez d'incorporer de l'exercice, de saines habitudes alimentaires et des pratiques de réduction du stress dans votre routine quotidienne.

Le quintile de Mercure avec Saturne le même jour améliore votre bien-être mental et émotionnel. Cet aspect favorise l'introspection, l'autoréflexion et l'engagement dans des conversations ou une thérapie profondes pour acquérir des connaissances et la guérison.

Le carré du Soleil avec Uranus le 9 janvier pourrait apporter des changements ou des perturbations inattendus à vos routines de santé. Restez adaptable et ouvert à essayer de nouvelles approches de bien-être. Adoptez des idées novatrices, des thérapies alternatives ou des programmes d'exercices qui correspondent à vos besoins uniques.

Au milieu du mois, le sextile du Soleil avec Neptune le 15 janvier favorise le bien-être émotionnel et l'intuition. Cet aspect vous encourage à donner la priorité aux pratiques de soins personnels qui nourrissent votre âme, comme la méditation, la tenue d'un journal ou passer du temps dans la nature.

Tout au long du mois de janvier, faites attention à tout problème émotionnel ou psychologique susceptible d'affecter votre bien-être physique. Le quintile du Soleil avec Chiron le 24 janvier offre des opportunités de guérison émotionnelle et de découverte de soi. Faites preuve d'auto-compassion, recherchez le soutien de vos proches ou de professionnels et traitez toute blessure émotionnelle sous-jacente.

Voyage

Au début du mois, Vénus au carré de Saturne le 1er janvier peut entraîner des limitations ou des retards dans les projets de voyage. Il est essentiel de rester flexible et ouvert aux options alternatives ou aux détours inattendus.

Le 3 janvier, Vénus en quinconce Jupiter vous invite à rechercher un équilibre entre votre désir d'aventure et le besoin de stabilité. Cet aspect vous encourage à planifier judicieusement vos expériences de voyage, en tenant compte à la fois de votre croissance personnelle et de vos responsabilités.

Tout au long de janvier, le quintile de Mercure avec Saturne améliore vos compétences en communication et votre curiosité intellectuelle, ce qui en fait un excellent moment pour vous engager dans de nouvelles cultures, rencontrer des personnes d'horizons différents et élargir vos connaissances grâce aux voyages.

Le carré du Soleil avec Uranus le 9 janvier pourrait apporter des changements ou des perturbations inattendus à vos projets de voyage. Embrassez l'élément de surprise et permettez-vous d'explorer des destinations hors des sentiers battus ou des aventures spontanées.

Au milieu du mois, le sextile du Soleil avec Neptune le 15 janvier crée une atmosphère rêveuse et imaginative. Cet aspect favorise les expériences de voyage qui vous permettent de vous connecter avec votre côté spirituel ou créatif. Envisagez de visiter des lieux d'une beauté naturelle, de vous engager dans des retraites artistiques ou de vous lancer dans des voyages introspectifs.

Au fil du mois, gardez l'esprit ouvert et soyez prêt à sortir de votre zone de confort. Le quintile du Soleil avec True Node le 26 janvier vous invite à saisir de nouvelles opportunités et connexions qui peuvent avoir un impact profond sur votre croissance personnelle.

Aperçu des étoiles

Cher Scorpion, alors que vous naviguez en janvier 2024, les étoiles vous encouragent à adopter la transformation, la croissance personnelle et l'introspection. Ce mois-ci vous offre des opportunités d'aligner vos désirs sur vos valeurs fondamentales, de communiquer efficacement et de prendre des mesures stratégiques vers votre carrière et vos objectifs financiers. Vos relations et votre bien-être émotionnel bénéficieront d'une communication ouverte, de compromis et du traitement des blessures du passé. Grâce à des pratiques de soins personnels et à l'exploration, vous pouvez améliorer votre bien-être physique et émotionnel. Enfin, les expériences de voyage offrent un potentiel de croissance personnelle profonde et de connexion avec votre côté spirituel. Embrassez l'énergie transformatrice des étoiles et faites confiance à votre intuition pendant que vous naviguez le mois à venir.

Jours du mois : 3 , 9 , 12 , 15 , 20 , 28 et 30 janvier .

Février 2024

Horoscope

Le 2 février, Mars est en demi-carré avec Saturne, provoquant un choc temporaire entre votre affirmation de soi et votre sens des responsabilités. Il est crucial de trouver un équilibre entre prendre des mesures pour atteindre vos objectifs et être patient avec le processus.

Le sextile de Mercure avec Neptune le 5 février améliore votre intuition et votre créativité. Cet alignement vous invite à explorer votre côté imaginatif et à vous engager dans des activités artistiques ou des pratiques spirituelles qui nourrissent votre âme.

En matière d'amour, Vénus place Chiron le 5 février, évoquant potentiellement des blessures ou des insécurités non résolues au sein de vos relations. Profitez de cette occasion pour aborder ces problèmes avec compassion et communication ouverte. Le sextile du Soleil avec Chiron le même jour fournit une énergie de guérison, vous permettant d'approfondir les liens émotionnels et de cultiver la compréhension.

Le 6 février, le sextile du Soleil avec True Node amplifie votre intuition et vous guide dans la navigation sur le chemin de votre vie. Cet aspect vous encourage à faire confiance à votre instinct et à faire des choix alignés sur votre véritable objectif.

Au milieu du mois, le sextile de Mercure avec Chiron et True Node le 15 février favorise une communication curative et des liens significatifs. Cet alignement encourage les conversations profondes, l'expression de soi et le potentiel de rencontres transformatrices.

Le quintile du Soleil avec Jupiter le 16 février apporte une énergie harmonieuse et positive à votre vie. Cet aspect ouvre les portes aux opportunités, à la croissance et à l'expansion. Faites confiance à vos capacités et vivez de nouvelles expériences.

Aimer

Le 5 février, Vénus place Chiron au carré, faisant potentiellement remonter à la surface des blessures ou des insécurités non résolues. Cet aspect vous pousse à aborder ces problèmes en vous-même et dans vos relations avec compassion et compréhension. Une communication honnête et ouverte jouera un rôle crucial dans la guérison et la croissance.

Le sextile du Soleil avec Chiron le même jour fournit une énergie de soutien pour la guérison émotionnelle et vous permet d'approfondir les liens avec vos proches. Cet aspect favorise la compréhension, l'empathie et la volonté d'affronter ensemble la douleur passée.

Au milieu du mois, le sextile de Mercure avec Chiron et True Node le 15 février encourage les conversations sincères et les rencontres transformatrices. Cet alignement vous permet d'exprimer vos émotions et vos désirs les plus profonds, favorisant un niveau plus profond d'intimité et de connexion dans vos relations.

Tout au long du mois de février, l'accent est mis sur l'authenticité émotionnelle et la vulnérabilité. Il est essentiel de créer un espace sûr où vous et votre partenaire pouvez partager vos peurs, vos espoirs et vos rêves. La confiance est cruciale pendant cette période, car elle vous permet de relever ensemble des défis et de renforcer les liens entre vous.

Pour les Scorpions célibataires, ce mois-ci offre des opportunités de découverte de soi et de guérison. Engagez-vous dans l'autoréflexion, adoptez la croissance personnelle et permettez-vous d'être ouvert à de nouvelles connexions. L'énergie transformatrice qui vous entoure attire des individus qui s'alignent sur votre moi authentique.

Carrière

Le 5 février, le sextile du Soleil avec Chiron offre une énergie de soutien pour la croissance de carrière. Cet aspect vous encourage à embrasser vos talents uniques, à affronter les insécurités ou les blessures passées et à cultiver la confiance en vous dans vos efforts professionnels.

Au milieu du mois, le sextile de Mercury avec Chiron et True Node le 15 février améliore vos compétences en communication et favorise des liens significatifs dans votre environnement de travail. Cet alignement vous permet d'exprimer vos idées, de vous engager dans des collaborations productives et de créer un impact positif à travers vos paroles.

Tout au long du mois de février, l'adaptabilité et la flexibilité seront essentielles pour naviguer dans votre cheminement de carrière. Le quintile du Soleil avec Jupiter le 16 février offre des opportunités d'expansion et de croissance. Embrassez de nouvelles expériences, prenez des risques calculés et faites confiance à vos capacités pour saisir ces circonstances favorables.

De plus, la conjonction du Soleil avec Saturne le 28 février souligne l'importance de la discipline et de la responsabilité dans votre vie professionnelle. Cet aspect vous pousse à rester concentré, à travailler avec diligence et à honorer vos engagements. En faisant preuve de fiabilité et de persévérance, vous pouvez faire des progrès significatifs vers vos objectifs de carrière.

Au cours de ce mois, il est avantageux de s'engager dans une planification stratégique et de fixer des objectifs clairs. Évaluez vos ambitions à long terme, évaluez votre position actuelle et identifiez les domaines de croissance. Grâce à l'énergie transformatrice des étoiles, vous avez le potentiel de faire des progrès significatifs dans votre carrière.

Finance

Le 6 février, Vénus place le vrai nœud, offrant une opportunité de réévaluer vos stratégies financières et de vous assurer qu'elles correspondent à vos aspirations. Cet aspect vous invite à trouver un équilibre entre les désirs matériels et votre bien-être financier à long terme.

Tout au long du mois, l'énergie de l'adaptabilité et de la flexibilité sera essentielle dans la gestion de vos finances. Le sextile du Soleil avec Jupiter le 16 février offre des opportunités d'expansion financière et d'abondance. Cet aspect favorise des négociations financières favorables, des collaborations fructueuses et des gains financiers potentiels.

De plus, le sextile de Vénus avec Uranus le 27 février ouvre les portes à des opportunités financières innovantes et non conventionnelles. Acceptez l'inattendu et soyez ouvert à d'autres sources de revenus ou possibilités d'investissement qui correspondent à vos valeurs.

Il est important de rester diligent et discipliné dans la gestion de vos finances. La conjonction du Soleil avec Saturne le 28 février vous rappelle de donner la priorité à la responsabilité financière et de prendre des décisions éclairées. Évitez les dépenses impulsives et concentrez-vous sur la stabilité financière à long terme.

Tout au long du mois de février, il est avantageux de revoir votre budget, d'évaluer vos objectifs financiers et de faire des ajustements si nécessaire. Envisagez de demander des conseils professionnels ou de vous engager dans une planification financière pour maximiser vos ressources et établir une base solide pour votre avenir financier.

Santé

Le 5 février, le sextile du Soleil avec Chiron fournit une énergie de soutien pour la guérison émotionnelle. Cet aspect vous encourage à affronter et à traiter toute blessure émotionnelle ou traumatisme passé qui pourrait affecter votre bien-être. Engagez-vous dans une réflexion sur vous-même, recherchez le soutien de vos proches ou de professionnels, et permettez-vous de guérir et de grandir.

Au milieu du mois, le sextile de Mercure avec Chiron et True Node le 15 février améliore vos compétences en communication et soutient les conversations de guérison. Cet alignement vous encourage à exprimer vos émotions, à engager des conversations profondes et à rechercher la compréhension et la résolution dans vos relations.

Tout au long du mois de février, il est essentiel de privilégier les pratiques d'auto-soins qui favorisent à la fois votre santé physique et émotionnelle. Prenez du temps pour vous détendre, participez à des activités qui réduisent le stress et privilégiez les activités qui vous apportent joie et épanouissement.

La conjonction du Soleil avec Saturne le 28 février souligne l'importance de la discipline et de la structure dans le maintien de vos routines de santé. Cet aspect vous encourage à établir des habitudes saines, telles que l'exercice régulier, une alimentation équilibrée et un repos suffisant.

Soyez conscient de votre bien-être émotionnel tout au long du mois. Engagez-vous dans des activités qui favorisent l'équilibre émotionnel, telles que la journalisation, la méditation ou l'engagement avec la nature. Donnez la priorité à l'auto-compassion et accordez-vous de l'espace pour l'introspection et la croissance personnelle.

N'oubliez pas d'écouter les besoins de votre corps et de faire des soins personnels une priorité. En adoptant la guérison transformatrice, en favorisant votre bien-être physique et émotionnel et en maintenant un mode de vie équilibré, vous pouvez bénéficier d'une vitalité et d'un bien-être général améliorés.

Voyage

Le 6 février, le sextile du Soleil avec True Node amplifie votre intuition et vous guide dans la navigation sur le chemin de votre vie. Cet aspect vous encourage à faire confiance à votre instinct lorsque vous prenez des décisions de voyage et vous permet de vous connecter avec des destinations qui correspondent à votre croissance spirituelle ou personnelle.

Au milieu du mois, le sextile de Mercure avec Chiron et True Node le 15 février favorise des connexions significatives et des rencontres transformatrices pendant vos voyages. Engagez des conversations profondes, immergez-vous dans différentes cultures et permettez-vous d'être ouvert à de nouvelles expériences et perspectives.

Tout au long du mois de février, l'énergie est propice à l'exploration et à l'élargissement de vos horizons. Embrassez l'esprit d'aventure et envisagez de voyager vers des destinations qui offrent des opportunités de croissance personnelle, d'illumination spirituelle ou d'expériences uniques.

Soyez ouvert aux détours inattendus ou aux aventures spontanées. Le sextile entre Vénus et Uranus le 7 février vous encourage à vivre des expériences de voyage non conventionnelles et à explorer des destinations hors des sentiers battus.

Que vous vous lanciez dans un voyage en solo ou que vous voyagiez avec des êtres chers, permettez-vous d'être présent dans l'instant et immergez-vous pleinement dans les expériences qu'offre le voyage. Engagez-vous avec les habitants, recherchez des expériences culturelles authentiques et laissez-vous transformer par les lieux que vous visitez.

Aperçu des étoiles

Cher Scorpion, alors que vous naviguez en février 2024, les étoiles vous encouragent à adopter la croissance transformatrice, la guérison émotionnelle et l'adaptabilité. Ce mois-ci offre des opportunités de connexions profondes, de communication ouverte et d'évolution personnelle dans vos relations. Dans votre carrière, la planification stratégique, l'adaptabilité et la prise de décision responsable mèneront à des avancées significatives. Financièrement, l'équilibre et la flexibilité sont essentiels pour maximiser les ressources et connaître la croissance. Donner la priorité aux soins personnels et à l'introspection pour la santé et le bien-être en général. Adoptez des expériences de voyage transformatrices et permettez-leur d'élargir vos horizons. Faites confiance à la sagesse des étoiles alors que vous naviguez dans le mois à venir.

Meilleurs jours du mois : 5, 7 , 15 , 16 , 19 , 22 et 29 février

Mars 2024

Horoscope

En mars 2024, les Scorpions connaîtront une période profonde et transformatrice. Les alignements célestes au cours de ce mois auront un impact significatif sur leur croissance personnelle et leur découverte de soi. Les énergies en jeu inciteront les Scorpions à plonger profondément dans leurs émotions, à affronter leurs peurs et à accepter le changement.

Le sextile du Soleil avec Jupiter le 1er mars crée une énergie harmonieuse qui renforce la confiance et l'optimisme des Scorpions. Cet alignement les encourage à élargir leurs horizons et à poursuivre leurs rêves avec enthousiasme. C'est le moment de prendre des risques et d'explorer de nouvelles possibilités.

Le même jour, le semi-sextile de Mercure avec Mars suscite un sentiment d'affirmation de soi et de vigueur intellectuelle. Les Scorpions se trouveront motivés pour communiquer leurs idées et affirmer leurs opinions. Cet alignement peut ouvrir la voie à des discussions et des collaborations fructueuses.

Le sextile entre Vénus et Chiron le 1er mars favorise une guérison émotionnelle profonde et l'amour de soi pour les Scorpions. Cela les encourage à accepter leurs vulnérabilités et à abandonner les blessures du passé. Cet alignement favorise les relations nourricières et compatissantes dans leurs relations.

Au fur et à mesure que mars progresse, le semi-sextile de Mercure avec le vrai nœud le 2 mars apporte un sens du but et du destin aux Scorpions. Ils se sentiront guidés par leur intuition, les menant vers de nouvelles opportunités et rencontres qui correspondent à leur chemin de vie.

Cependant, les Scorpions doivent être conscients du demi-carré entre Mercure et Pluton le 2 mars, car il peut déclencher des luttes de pouvoir et des communications intenses. Il est essentiel que les Scorpions maintiennent la clarté et la diplomatie dans leurs interactions pour éviter les conflits inutiles.

Le carré entre Vénus et Uranus le 3 mars pourrait apporter des changements et des perturbations inattendus dans les relations et les finances des Scorpions. La flexibilité et l'adaptabilité seront essentielles pendant cette période.

Le 3 mars, le semi-sextile de Mercure avec Chiron favorise une profonde réflexion sur soi et une introspection pour les Scorpions. Ils sont encouragés à traiter les blessures émotionnelles et à rechercher la guérison par la thérapie, la méditation ou les pratiques d'auto-soins.

Le demi-carré entre Jupiter et Neptune le 3 mars met en évidence la nécessité d'un équilibre entre l'aspect pratique et l'idéalisme. Les Scorpions doivent se méfier des excès ou des attentes irréalistes pendant cette période.

Au fur et à mesure que le mois avance, le sextile de Mercure avec Uranus le 4 mars apporte des idées innovantes et des aperçus soudains aux Scorpions. Cet alignement soutient les percées intellectuelles et la pensée non conventionnelle.

Le sextile entre Mars et le vrai nœud le 4 mars enflamme la passion et la volonté de succès des Scorpions. Ils se sentiront motivés pour prendre des mesures décisives et poursuivre leurs objectifs avec détermination.

Ces aspects planétaires en mars ont préparé le terrain pour le voyage transformateur du Scorpion. En saisissant les opportunités de croissance et d'autoréflexion, ils peuvent émerger plus forts, plus conscients d'eux-mêmes et prêts à embrasser de nouveaux départs dans tous les aspects de leur vie.

Aimer

En matière d'amour, mars 2024 apporte un mélange d'intensité et de passion pour les Scorpions. Le sextile entre le Soleil en Poissons et Jupiter en Taureau crée une atmosphère de profonde connexion émotionnelle et de compréhension dans les relations. Cet alignement favorise un sentiment de chaleur et d'intimité, encourageant les Scorpions à ouvrir leur cœur et à exprimer leurs désirs à leurs partenaires. Les Scorpions célibataires peuvent vivre des rencontres amoureuses importantes pendant cette période, caractérisées par un fort sens de la chimie et de l'attirance mutuelle. Il est essentiel pour les Scorpions de communiquer ouvertement et honnêtement avec leurs partenaires, car cela approfondira les liens d'amour et de confiance. Cependant, les Scorpions doivent également être conscients des émotions intenses qui peuvent survenir pendant cette période et s'assurer qu'ils maintiennent un équilibre sain entre la passion et la stabilité émotionnelle.

Carrière

Mars 2024 offre des opportunités prometteuses aux Scorpions dans leur vie professionnelle. L'alignement de Mercure en Poissons et du Véritable Nœud en Bélier enflamme l'ambition des Scorpions et les pousse à poursuivre leurs objectifs de carrière avec détermination. C'est un moment favorable pour les Scorpions pour mettre en valeur leurs compétences et leurs talents uniques, menant à la reconnaissance et à l'avancement dans le domaine de leur choix. Les projets collaboratifs et le travail d'équipe apporteront également du succès, car les Scorpions excellent dans la coordination des efforts et l'inspiration des autres. Il est crucial pour les Scorpions de faire confiance à leur instinct et de prendre des risques calculés dans leurs projets de carrière. En adoptant leur assurance et en sortant de leur zone de confort, les Scorpions peuvent franchir des étapes importantes et se préparer à un succès à long terme.

Finance

Mars 2024 présente des perspectives financières favorables pour les Scorpions. Le sextile entre Mercure en Poissons et Uranus en Taureau apporte des gains financiers inattendus et des idées innovantes pour augmenter les revenus. Les Scorpions peuvent tomber sur de nouvelles opportunités d'investissement ou proposer des stratégies créatives pour renforcer leur stabilité financière. Il est crucial pour les Scorpions d'aborder les questions financières avec prudence et prudence, car des décisions impulsives peuvent entraîner des risques inutiles. Il est fortement recommandé de demander conseil à un conseiller financier ou d'effectuer des recherches approfondies avant de faire des choix d'investissement. De plus, les Scorpions devraient donner la priorité à la budgétisation et aux habitudes de dépenses disciplinées pour maintenir l'équilibre financier. En gardant à l'esprit leurs objectifs financiers et en prenant des décisions éclairées, les Scorpions peuvent faire des progrès significatifs pour atteindre la sécurité financière à long terme.

Santé

Mars 2024 met l'accent sur l'importance des soins personnels et du bien-être pour les Scorpions. L'alignement du Soleil en Poissons et de Chiron en Bélier invite les Scorpions à faire attention à leur santé physique et émotionnelle. C'est un moment de guérison et d'autoréflexion, car les Scorpions peuvent être confrontés à des blessures émotionnelles profondes et à des traumatismes passés. S'engager dans des pratiques telles que la méditation, le yoga et la thérapie soutiendra les Scorpions dans leur parcours de guérison. Il est crucial pour les Scorpions de nourrir leur bien-être émotionnel en pratiquant l'auto-compassion et en établissant des limites saines. De plus, le maintien d'une alimentation équilibrée et d'une routine d'exercice régulière améliorera leur vitalité physique. Les Scorpions devraient donner la priorité au repos et à la relaxation pour éviter l'épuisement professionnel, car les niveaux de stress peuvent être accrus pendant cette période de transformation. En accordant la priorité aux soins personnels et en s'attaquant à tout déséquilibre émotionnel ou physique, les Scorpions peuvent atteindre un plus grand sentiment de bien-être général.

Voyage

En termes de voyages, mars 2024 offre aux Scorpions des opportunités de se lancer dans des voyages qui favorisent la découverte de soi et la croissance personnelle. Les alignements au cours de ce mois créent un sentiment d'aventure et d'exploration. Les Scorpions peuvent se sentir attirés par des destinations qui offrent des expériences spirituelles ou des opportunités de réflexion profonde. Les voyages en solo ou les retraites axées sur le développement personnel et la découverte de soi seront particulièrement bénéfiques. Il est important pour les Scorpions d'embrasser l'inconnu et d'être ouverts à de nouvelles expériences culturelles lors de leurs voyages. Ils doivent se laisser immerger dans différentes perspectives et élargir leurs horizons. Voyager pendant cette période peut être transformateur et fournir des informations précieuses qui contribuent à la croissance personnelle et spirituelle des Scorpions.

Aperçu des étoiles

Les alignements célestes de mars 2024 offrent aux Scorpions une opportunité unique de profonde découverte de soi et de transformation. La combinaison de l'énergie intuitive des Poissons et de l'énergie affirmée du Bélier invite les Scorpions à embrasser leurs profondeurs émotionnelles tout en prenant des mesures courageuses. C'est le moment de faire confiance à leur sagesse intérieure et de puiser dans leur pouvoir inné. En alignant leurs actions avec leur moi authentique, les Scorpions peuvent manifester leurs désirs et créer une vie plus épanouissante. Les étoiles encouragent les Scorpions à accepter le changement, à affronter leurs peurs et à accéder à leur véritable pouvoir. L'énergie transformatrice de cette période ouvrira la voie à un avenir meilleur et mieux aligné.

Meilleurs jours du mois : 4, 7 , 12 , 16 , 20 , 23 et 28 mars

Avril 2024

Horoscope

Avril 2024 apporte un mélange d'émotions intenses et d'énergies transformatrices pour les Scorpions. Avec des alignements célestes influençant divers aspects de leur vie, les Scorpions connaîtront une croissance personnelle significative et des changements potentiels dans leurs relations, leur carrière, leurs finances, leur santé et leurs voyages.

Le mois commence par le semi-sextile de Mercure avec Vénus le 2 avril, créant une communication harmonieuse et renforçant les liens sociaux des Scorpions. Cet alignement encourage des conversations sincères et des liens émotionnels plus profonds avec les êtres chers.

Le semi-sextile du Soleil avec Saturne plus tard dans la journée inspire les Scorpions à établir une structure et une discipline dans leur vie. Ils se sentiront motivés pour se fixer des objectifs clairs et travailleront avec diligence pour les atteindre.

Le 3 avril, le Soleil forme un quintile avec Pluton, permettant aux Scorpions de puiser dans leur pouvoir intérieur et d'embrasser la transformation personnelle. Cet alignement les encourage à libérer les anciens schémas et à accéder à leur véritable potentiel.

Le quintile de Mars avec Uranus le même jour suscite la créativité et un esprit aventureux dans la vie des Scorpions. Ils se sentiront inspirés pour prendre des risques et explorer de nouvelles expériences qui élargissent leurs horizons.

La conjonction entre Vénus et Neptune le 3 avril amplifie les énergies romantiques et imaginatives du Scorpion. Ils seront attirés par des connexions éthérées et spirituelles, recherchant une intimité émotionnelle plus profonde.

La conjonction du Soleil avec le Vrai Noeud le 4 avril met en évidence le but de la vie des Scorpions et offre des opportunités alignées sur leur destin. Ils ressentiront un fort sentiment d'alignement et d'orientation dans leur vie.

Les Scorpions doivent se méfier des conflits potentiels le 6 avril lorsque Mercure forme un demi-carré avec Mars. Cet aspect peut entraîner des malentendus et des réactions impulsives. La patience et une communication claire seront essentielles pour éviter les conflits inutiles.

Le 8 avril, le semi-sextile du Soleil avec Jupiter élargit les horizons du Scorpion et offre des opportunités de croissance et d'abondance. Ils ressentiront un regain d'optimisme et d'enthousiasme dans leurs activités.

Cependant, les Scorpions doivent être conscients du demi-carré de Vénus avec Jupiter le même jour, car cela peut conduire à des décisions financières impulsives. Il est crucial pour les Scorpions de maintenir une approche équilibrée de leurs finances et d'éviter les dépenses excessives.

La conjonction du Soleil avec Chiron le 8 avril met l'accent sur le potentiel de guérison et de découverte de soi du Scorpion. Ils ont la possibilité d' aborder les blessures du passé et d'acquérir une compréhension plus profonde de leur paysage émotionnel.

Ces aspects planétaires en avril ont préparé le terrain pour que les Scorpions se lancent dans un voyage transformateur. En saisissant les opportunités de croissance personnelle, en maintenant l'équilibre de leurs finances et en entretenant leurs relations, les Scorpions peuvent naviguer ce mois-ci avec grâce et en sortir plus forts et plus conscients d'eux-mêmes.

Aimer

Dans le domaine de l'amour, avril 2024 apporte des changements importants pour les Scorpions. La conjonction Vénus-Neptune du 3 avril insuffle à leurs relations une énergie rêveuse et romantique. Cet alignement encourage les Scorpions à exprimer leurs émotions les plus profondes et à se connecter à un niveau spirituel avec leurs partenaires. Les Scorpions célibataires peuvent rencontrer des liens émouvants qui transcendent l'ordinaire.

Au fur et à mesure que le mois d'avril avance, les Scorpions ressentiront les effets transformateurs de la conjonction du Soleil avec Chiron le 8 avril. Cet alignement apporte la guérison et la croissance aux blessures passées, permettant aux Scorpions de libérer leur bagage émotionnel et d'aborder l'amour avec une sagesse et une conscience de soi retrouvées. Ils auront la possibilité de cultiver une dynamique relationnelle plus saine et d'abandonner les schémas qui ne les servent plus.

Cependant, les Scorpions doivent être conscients du demi-carré de Vénus avec Uranus le 10 avril, car cela peut entraîner des perturbations inattendues ou des attractions soudaines. Il est essentiel pour les Scorpions de naviguer dans ces changements avec une communication ouverte et une approche fondée, en veillant à ce qu'ils respectent leurs propres besoins tout en respectant les limites de leurs partenaires.

Pour les Scorpions dans des relations engagées, la conjonction Mars-Saturne du 10 avril signifie une période de responsabilité et de dévouement accrus. Cet alignement les pousse à bâtir des fondations solides dans leurs partenariats et à privilégier l'engagement à long terme. Cela peut demander de la patience et des efforts, mais les récompenses seront durables et gratifiantes.

Carrière

La conjonction Mars-Saturne du 10 avril apporte une poussée d'ambition et la détermination d'atteindre des objectifs de carrière. Les Scorpions se trouveront poussés à travailler dur, à démontrer leurs compétences et à assumer des responsabilités supplémentaires.

La conjonction du Soleil avec Mercure le 11 avril améliore la communication et les prouesses intellectuelles, ce qui en fait le moment idéal pour les Scorpions de présenter leurs idées et de collaborer avec des collègues. Leurs capacités de persuasion seront à leur apogée, leur permettant d'influencer les décisions et d'avoir un impact positif sur leur lieu de travail.

Cependant, les Scorpions doivent se méfier du demi-carré Mars-Pluton le 13 avril, car il peut entraîner des luttes de pouvoir ou des conflits avec des figures d'autorité. La diplomatie et la réflexion stratégique seront essentielles pour relever ces défis et maintenir des relations professionnelles.

Le sextile Mercure-Jupiter du 14 avril ouvre les portes à l'expansion et à la croissance de la carrière des Scorpions. Ils peuvent recevoir des opportunités de promotion, de formation avancée ou de reconnaissance de leurs talents. Il est important pour les Scorpions d'embrasser ces possibilités avec confiance et de saisir le moment pour élever leur statut professionnel.

Tout au long du mois d'avril, les Scorpions doivent également prêter attention à leur intuition et faire confiance à leur instinct lorsqu'ils prennent des décisions liées à leur carrière. Le sextile Vénus-Jupiter du 23 avril renforce leur capacité à attirer l'abondance et à créer des environnements de travail harmonieux. En cultivant des relations positives avec ses collègues et en restant fidèle à leurs valeurs, les Scorpions peuvent créer un parcours professionnel épanouissant et prospère.

Finance

La conjonction Vénus-Neptune du 3 avril pourrait inciter les Scorpions à se livrer à des dépenses impulsives ou à des attentes financières irréalistes. Il est important pour eux de faire preuve de modération et de maintenir une approche équilibrée de leurs finances.

Le semi-sextile du Soleil avec Saturne le 2 avril met l'accent sur le besoin de discipline et de planification financière à long terme. Cet alignement encourage les Scorpions à réévaluer leurs objectifs financiers et à créer une base solide pour une stabilité future. En mettant en œuvre des stratégies pratiques et en budgétisant judicieusement, les Scorpions peuvent progresser vers leurs objectifs financiers.

Les Scorpions doivent être conscients du demi-carré Vénus-Jupiter le 8 avril, ce qui peut créer une tentation de dépenser trop ou de faire des investissements risqués. Il est crucial pour les Scorpions de mener des recherches approfondies et de demander des conseils professionnels avant de prendre des décisions financières importantes.

Le carré du Soleil avec Pluton le 21 avril rappelle aux Scorpions d'être vigilants et d'éviter les luttes de pouvoir ou les situations financières manipulatrices. Ils doivent faire preuve de discernement et rester fidèles à leurs valeurs lorsqu'ils s'engagent dans des transactions financières ou des partenariats.

Le sextile Mars-Jupiter du 19 avril offre aux Scorpions l'occasion d'élargir leurs horizons financiers. Cet alignement peut apporter une augmentation des revenus, des entreprises commerciales potentielles ou des opportunités d'investissement favorables. Cependant, les Scorpions doivent aborder ces opportunités avec une attention particulière et s'assurer qu'elles correspondent à leurs objectifs financiers à long terme.

Santé

La conjonction Mars-Saturne du 10 avril souligne l'importance de la discipline et de la structure dans le maintien de la santé physique. L'exercice régulier, une bonne nutrition et des habitudes de sommeil cohérentes seront essentielles pour maintenir leur niveau d'énergie stable.

La conjonction du Soleil avec Mercure le 11 avril améliore l'acuité mentale et les capacités de communication. Cet alignement encourage les Scorpions à s'engager dans des activités qui stimulent leur esprit, comme lire, apprendre ou s'engager dans des conversations intellectuellement stimulantes. Le bien-être mental est vital, et les Scorpions devraient consacrer du temps aux techniques de relaxation et de gestion du stress pour maintenir l'équilibre.

Les Scorpions doivent être conscients du potentiel d'intensité émotionnelle et de transformation intérieure apporté par la conjonction du Soleil avec Chiron le 8 avril. Cet alignement peut déclencher des processus de guérison émotionnelle et faire remonter à la surface des problèmes non résolus. Il est important que les Scorpions pratiquent l'auto-compassion, recherchent du soutien si nécessaire et accordent la priorité au bien-être émotionnel pendant cette période de transformation.

Le sextile Vénus-Jupiter du 23 avril invite les Scorpions à se livrer à des activités qui apportent joie et plaisir. S'adonner à des passe-temps, passer du temps avec des êtres chers et nourrir leur côté créatif contribuera positivement à leur bien-être général.

Les Scorpions doivent également faire attention à leur niveau d'énergie et établir des limites saines pour éviter l'épuisement professionnel. Le demi-carré Mars-Pluton du 13 avril pourrait apporter des demandes de travail intenses ou des luttes de pouvoir qui pourraient avoir un impact sur leur bien-être. Donner la priorité aux soins personnels, fixer des limites et déléguer des tâches si nécessaire aideront à maintenir l'équilibre et à éviter le stress inutile.

Tout au long du mois d'avril, les Scorpions doivent écouter leur corps et leur intuition, en faisant des soins personnels une priorité. En favorisant leur bien-être physique, mental et émotionnel, les Scorpions peuvent naviguer le mois avec résilience et s'assurer qu'ils sont à leur meilleur pour embrasser les énergies transformatrices en jeu.

Voyage

Avec des alignements célestes influençant leur envie de voyager, les Scorpions peuvent se lancer dans des voyages qui élargissent leurs horizons et enrichissent leur vie.

La conjonction Vénus-Neptune du 3 avril imprègne les plans de voyage des Scorpions d'une énergie romantique et rêveuse. C'est le moment idéal pour les Scorpions de planifier des voyages vers des destinations connues pour leur beauté, leur richesse culturelle et leur signification spirituelle. Ils trouveront une grande joie à s'immerger dans de nouvelles expériences et à se connecter avec la culture locale.

Le semi-sextile du Soleil avec Jupiter le 8 avril encourage les Scorpions à s'aventurer au-delà de leurs zones de confort et à vivre de nouvelles aventures. Qu'il s'agisse d'explorer une nouvelle ville, de participer à des activités de plein air ou de se lancer dans un voyage en solo, les Scorpions trouveront une croissance personnelle et une inspiration dans leurs voyages.

Les Scorpions doivent être conscients du demi-carré Mars-Pluton le 13 avril, car il peut entraîner des luttes de pouvoir ou des affrontements au cours de leurs voyages. Il est essentiel pour les Scorpions de rester patients, de pratiquer la diplomatie et de relever tous les défis avec grâce. Flexibilité et adaptabilité seront leurs alliées pour assurer des expériences de voyage fluides.

Le sextile Vénus-Jupiter du 23 avril améliore la capacité des Scorpions à attirer des expériences positives et à forger des liens significatifs au cours de leurs voyages. C'est un moment opportun pour socialiser, rencontrer de nouvelles personnes et créer des souvenirs durables.

Tout au long du mois d'avril, les Scorpions devraient donner la priorité aux soins personnels et maintenir un équilibre entre exploration et détente pendant leurs voyages. Être attentif à leur bien-être physique et émotionnel leur permettra de savourer pleinement les expériences et de créer un voyage harmonieux.

Aperçu des étoiles

En avril 2024, les Scorpions sont invités à adopter les énergies transformatrices et à faire confiance au processus de croissance. Les alignements célestes signifient une période de guérison, d'expansion et de découverte de soi. Il est important pour les Scorpions d'écouter leur intuition, d'honorer leurs émotions et de faire des choix qui correspondent à leur moi authentique. En acceptant la vulnérabilité et en libérant les anciens schémas, les Scorpions libéreront leur véritable potentiel et connaîtront une profonde transformation personnelle. Les étoiles encouragent les Scorpions à croire en leur voyage et permettent à leur lumière intérieure de les guider vers une vie plus autonome et épanouissante.

Jours du mois : 4 , 8 , 14 , 19 , 21 , 23 et 30 avril .

Mai 2024

Horoscope

Mai 2024 apporte un mélange d'énergies transformatrices et d'opportunités de croissance pour les Scorpions. Le mois commence avec Vénus carré Pluton le 1er mai, ce qui peut apporter une certaine intensité aux relations amoureuses. Il est essentiel pour les Scorpions de maintenir une communication ouverte et honnête pour surmonter les défis potentiels.

Le sextile Mars-Pluton du 3 mai permet aux Scorpions de prendre en charge leurs désirs et de poursuivre leurs passions en toute confiance. Cet alignement les encourage à puiser dans leur force intérieure et leur affirmation de soi, menant à des percées dans divers domaines de la vie.

Le demi-carré du Soleil avec Neptune le 3 mai avertit les Scorpions de rester ancrés et perspicaces au milieu d'illusions ou de confusion potentielles. Il est crucial de se fier à son intuition et de rechercher la clarté avant de prendre des décisions importantes.

Le 6 mai marque un alignement significatif avec le demi-carré de Saturne à Pluton. Cette influence cosmique pousse les Scorpions à faire face à toutes les peurs ou insécurités profondes qui pourraient entraver leur croissance. En affrontant ces défis de front, les Scorpions peuvent vivre une profonde transformation personnelle.

La conjonction du Soleil avec Uranus le 13 mai suscite un sentiment de libération et un désir de changement dans la vie des Scorpions. C'est le moment d'embrasser leur individualité unique, d'explorer de nouvelles possibilités et de se libérer des limites.

Le trigone du Soleil avec Pluton le 22 mai confère aux Scorpions un sentiment accru de pouvoir et d'influence personnels. Cet alignement soutient leur capacité à apporter des changements significatifs et à avoir un impact positif sur leur environnement.

Tout au long du mois de mai, les Scorpions devraient embrasser les énergies transformatrices et faire confiance au processus de croissance. En puisant dans leur force intérieure, en maintenant une communication ouverte et en acceptant le changement, les Scorpions peuvent naviguer le mois avec confiance et vivre une profonde transformation personnelle et relationnelle.

.

Aimer

Le carré Vénus-Pluton du 1er mai peut faire émerger des défis relationnels ou une dynamique de pouvoir. Il est conseillé aux Scorpions d'aborder ces situations avec honnêteté, empathie et volonté de résoudre les problèmes sous-jacents.

Le sextile Mars-Pluton du 3 mai enflamme le désir des Scorpions de liens profonds et d'intimité. Cet alignement améliore leur magnétisme et leur énergie sexuelle, les rendant irrésistibles pour les partenaires potentiels. C'est le moment opportun pour les Scorpions d'explorer leurs désirs et de forger des liens significatifs.

Le 7 mai, le sextile du Soleil avec Saturne encourage les Scorpions à privilégier la stabilité et l'engagement dans leurs relations. C'est une période favorable pour solidifier les partenariats, approfondir les liens et construire une base solide pour un amour à long terme.

Le demi-carré Vénus-Neptune du 10 mai peut apporter des illusions romantiques ou de la confusion. Les Scorpions doivent faire confiance à leur intuition et rechercher la clarté avant de prendre des décisions ou des engagements majeurs. Il est crucial de faire la différence entre une connexion authentique et une allure superficielle.

Le 13 mai marque la conjonction du Soleil avec Uranus, ce qui peut apporter des changements inattendus ou des expériences amoureuses non conventionnelles. Les Scorpions peuvent être attirés par des individus uniques ou se trouver attirés par des personnes qui défient les normes sociales. Accepter ces différences peut mener à des relations passionnantes et transformatrices.

La conjonction Vénus-Uranus du 18 mai amplifie le désir de liberté et d'individualité des Scorpions dans les relations. Cet alignement les encourage à exprimer leur identité authentique et à rechercher des partenaires qui valorisent leur unicité. C'est le moment idéal pour explorer des dynamiques relationnelles alternatives et adopter l'ouverture d'esprit.

Le trigone du Soleil avec Pluton le 22 mai permet aux Scorpions de transformer leurs relations et de faire émerger des désirs cachés. Cet alignement soutient des liens émotionnels profonds, une passion intense et la possibilité de guérir et de grandir grâce à des expériences partagées.

Carrière

Le sextile Mars-Pluton du 3 mai active l'ambition et la motivation des Scorpions, leur permettant de prendre en charge leurs objectifs professionnels. Cet alignement les encourage à s'affirmer, à mettre en valeur leurs compétences et à poursuivre des positions d'autorité.

Le 7 mai, le sextile du Soleil avec Saturne apporte stabilité et discipline aux efforts de carrière du Scorpion. Ils sont encouragés à se concentrer sur le succès à long terme, à établir des bases solides et à démontrer leur fiabilité et leur dévouement. Cet alignement soutient les avancements de carrière, les promotions et la reconnaissance de leur travail acharné.

La conjonction du Soleil avec Uranus le 13 mai apporte des changements et des opportunités inattendus dans la vie professionnelle des Scorpions. C'est le moment d'adopter l'innovation, de sortir des sentiers battus et d'explorer de nouveaux cheminements de carrière ou de nouvelles entreprises. Les Scorpions peuvent ressentir un fort désir d'indépendance et une volonté de prendre des risques dans la poursuite de leurs ambitions.

La conjonction Mars-Pluton du 14 mai intensifie le dynamisme et la détermination des Scorpions. Cet alignement leur permet de relever les défis de front, de surmonter les obstacles et de démontrer leur résilience. La capacité des Scorpions à naviguer dans des situations complexes et à prendre des décisions stratégiques peut conduire à des percées importantes dans leur carrière.

Le sextile Jupiter-Neptune du 23 mai améliore l'intuition et les capacités visionnaires des Scorpions dans leurs activités professionnelles. Ils sont encouragés à faire confiance à leur instinct, à exploiter leur potentiel créatif et à explorer les opportunités qui correspondent à leur objectif supérieur. Cet alignement soutient les efforts dans les domaines des arts, de la spiritualité ou de l'humanitaire.

Tout au long du mois de mai, les Scorpions devraient embrasser leur pouvoir intérieur, prendre des risques calculés et rechercher des opportunités de croissance et d'expansion dans leur carrière. Il est important pour eux de maintenir un équilibre entre ambition et patience, car le succès peut nécessiter de la persévérance et une planification stratégique. En tirant parti de leurs forces, en acceptant le changement et en restant fidèles à leurs passions, les Scorpions peuvent faire des progrès significatifs dans leur vie professionnelle.

Finance

Le carré Vénus-Pluton le 1er mai peut entraîner des luttes de pouvoir financières ou la nécessité de gérer les ressources partagées avec des partenaires ou des membres de la famille. Il est conseillé aux Scorpions d'aborder ces situations avec transparence, une communication ouverte et une volonté de trouver des solutions mutuellement bénéfiques.

Le sextile Mars-Pluton du 3 mai active l'ingéniosité et la détermination des Scorpions pour améliorer leur situation financière. Cet alignement les encourage à prendre des mesures proactives, à rechercher des opportunités lucratives et à affirmer leur valeur dans les négociations ou les transactions financières.

Le 7 mai, le sextile du Soleil avec Saturne souligne l'importance de la stabilité financière et de la planification à long terme pour les Scorpions. Ils sont encouragés à évaluer leurs objectifs financiers, à établir des budgets et à prendre des décisions pratiques pour assurer leur avenir financier. Cet alignement favorise une épargne disciplinée, des stratégies d'investissement et une gestion financière avisée.

Le demi-carré Vénus-Neptune du 10 mai peut apporter des illusions financières ou des habitudes de dépenses peu pratiques. Les Scorpions doivent faire preuve de prudence et de discernement dans leurs choix financiers, en évitant les achats ou les investissements impulsifs. Il est crucial de faire la différence entre la valeur authentique et l'allure éphémère.

Le 13 mai marque la conjonction du Soleil avec Uranus, ce qui peut apporter des opportunités financières inattendues ou des changements soudains dans les revenus des Scorpions. Ils peuvent rencontrer des flux de revenus non conventionnels ou se trouver inspirés pour poursuivre des projets financiers innovants. C'est le moment d'adopter la flexibilité et l'adaptabilité dans leur approche financière.

La conjonction Vénus-Uranus du 18 mai amplifie le désir des Scorpions d'indépendance financière et d'efforts uniques pour gagner de l'argent. Cet alignement les encourage à sortir des sentiers battus, à explorer des projets entrepreneuriaux ou à adopter d'autres sources de revenus. Les Scorpions peuvent réussir en alignant leurs activités financières sur leurs passions authentiques.

Le trigone du Soleil avec Pluton le 22 mai permet aux Scorpions de prendre le contrôle de leur destin financier. C'est une période propice aux investissements stratégiques, aux transformations financières ou à la recherche de conseils professionnels pour l'accumulation de patrimoine. La capacité des Scorpions à puiser dans leur pouvoir personnel et à prendre des décisions éclairées peut entraîner une croissance financière importante.

Tout au long du mois de mai, les Scorpions devraient donner la priorité à la discipline financière, au discernement et à la planification à long terme. En étant proactifs, en restant adaptables et en tirant parti de leur ingéniosité, ils peuvent relever des défis financiers et capitaliser sur des opportunités lucratives. La recherche de conseils auprès de conseillers financiers ou de mentors de confiance peut également fournir des informations précieuses pour atteindre la stabilité et l'abondance financières.

Santé

En mai 2024, les Scorpions sont encouragés à donner la priorité à leur bien-être physique et émotionnel. Le demi-carré du Soleil avec Neptune le 3 mai peut apporter une certaine sensibilité et susceptibilité au stress émotionnel ou psychologique. Il est crucial pour les Scorpions de pratiquer les soins personnels, de maintenir des limites saines et de demander de l'aide en cas de besoin.

La conjonction Mars-Pluton du 14 mai active la vitalité physique et le dynamisme du Scorpion. Cependant, cet alignement peut également intensifier leurs niveaux d'énergie, conduisant à un épuisement potentiel ou à la nécessité d'une gestion efficace du stress. L'exercice régulier, les pratiques de pleine conscience et des débouchés sains pour la libération émotionnelle peuvent aider à maintenir l'équilibre et à prévenir l'épuisement.

Le demi-carré du Soleil avec Chiron le 27 mai pourrait apporter des opportunités de guérison émotionnelle aux Scorpions. C'est le moment de soigner toute blessure émotionnelle profonde, de rechercher une thérapie ou des conseils si nécessaire et de s'engager dans des activités qui favorisent l'amour de soi et l'acceptation de soi. Prendre soin de leur bien-être émotionnel est essentiel pour leur santé et leur vitalité globales.

Les Scorpions doivent faire attention à leurs habitudes alimentaires et s'assurer qu'ils nourrissent leur corps avec des aliments nutritifs. La conjonction Vénus-Jupiter du 23 mai peut augmenter leur appétit ou leur désir de se faire plaisir, ce qui rend important de maintenir une approche équilibrée de l'alimentation et de faire des choix conscients.

Le sextile Mars-Neptune du 29 mai encourage les Scorpions à intégrer des techniques de relaxation dans leur routine quotidienne. S'engager dans des activités telles que la méditation, le yoga ou passer du temps dans la nature peut favoriser leur bien-être émotionnel et aider à atténuer le stress.

Voyage

Mai 2024 offre des opportunités de voyage et d'exploration pour les Scorpions. La conjonction du Soleil avec Uranus le 13 mai apporte un sentiment d'aventure et de spontanéité. C'est un moment propice pour les voyages imprévus ou pour saisir des opportunités de voyage inattendues qui peuvent apporter de l'excitation et élargir les horizons des Scorpions.

Le sextile Mars-Pluton du 3 mai active le désir des Scorpions d'expériences de voyage transformatrices. Cet alignement les encourage à rechercher des destinations qui offrent aventure, croissance personnelle et opportunités de repousser leurs limites. Les Scorpions peuvent se retrouver attirés par des lieux riches en histoire, en importance culturelle ou en merveilles naturelles.

La conjonction Vénus-Uranus du 18 mai amplifie le désir des Scorpions d'expériences de voyage uniques et non conventionnelles. Ils peuvent être enclins à explorer des destinations hors des sentiers battus ou à s'engager dans des formes de voyage alternatives, telles que l'écotourisme ou le travail bénévole à l'étranger. Cet alignement soutient la soif de nouvelles expériences des Scorpions et leur volonté de sortir de leurs zones de confort.

Le trigone du Soleil avec Pluton le 22 mai permet aux Scorpions d'embrasser des expériences de voyage transformationnelles. Ils peuvent se retrouver attirés par des destinations qui offrent une croissance spirituelle, une découverte de soi ou des opportunités de réinvention personnelle. Les voyages des Scorpions pendant cette période peuvent avoir un impact profond sur leur perspective et leur chemin de vie global.

Les Scorpions devraient donner la priorité à la sécurité et à une planification minutieuse lorsqu'ils se lancent dans leurs aventures de voyage. Rechercher des destinations, comprendre les coutumes locales et prendre les précautions nécessaires peuvent garantir des expériences fluides et enrichissantes. Être ouvert à la sérendipité et embrasser l'inconnu peut également conduire à des rencontres inattendues et mémorables au cours de leurs voyages.

Aperçu des étoiles

En mai 2024, les aspects astrologiques indiquent que les Scorpions entrent dans une phase de transformation de leur vie. Les alignements soulignent l'importance d'embrasser le changement, de rechercher des opportunités de croissance personnelle et de prendre des risques calculés. C'est le moment pour les Scorpions de puiser dans leur pouvoir intérieur, d'affirmer leur valeur en matière professionnelle et financière, de donner la priorité aux soins personnels et d'explorer de nouveaux horizons grâce aux voyages. Les étoiles encouragent les Scorpions à faire confiance à leur instinct, à suivre leurs passions et à rester adaptables à l'inattendu. En alignant leurs actions sur leur moi authentique, les Scorpions peuvent vivre de profondes transformations et en sortir plus forts et plus épanouis.

Jours du mois : 7 , 13 , 18 , 22 , 23 , 29 et 30 mai .

juin 2024

Horoscope

Juin 2024 recèle un potentiel de transformation pour les Scorpions alors qu'ils adoptent le changement, la croissance personnelle et l'exploration de nouvelles possibilités. Le mois commence avec Mars en Bélier formant un semi-sextile avec Uranus en Taureau le 1er juin. Cet alignement active le désir d'indépendance des Scorpions et la poursuite de leurs passions uniques. Cela les encourage à se libérer des schémas limitatifs et à embrasser leur individualité.

Le quintile du Soleil avec Neptune le 1er juin enflamme la créativité et l'intuition des Scorpions, les incitant à puiser dans leurs capacités artistiques et à explorer les dimensions spirituelles. Ils peuvent trouver du réconfort dans des débouchés créatifs tels que la peinture, l'écriture ou la musique, qui peuvent servir de forme d'expression de soi et de guérison émotionnelle.

Le sextile de Mercure avec Neptune le 8 juin améliore les compétences de communication et l'empathie des Scorpions, ce qui en fait un excellent moment pour approfondir les liens avec des êtres chers ou engager des conversations compatissantes. Leurs paroles sont porteuses de profondeur émotionnelle et de compréhension, favorisant l'harmonie et des liens significatifs.

Vénus carré Saturne le 8 juin peut apporter des défis dans les relations et les partenariats pour les Scorpions. Cela demande de la patience, de l'engagement et une communication ouverte pour gérer les conflits ou les tensions qui peuvent survenir. La clé est de trouver un équilibre entre les besoins individuels et les besoins du partenariat.

La santé et le bien-être occupent le devant de la scène pour les Scorpions en juin. Le semi-sextile de Mars avec Neptune le 8 juin les encourage à privilégier les soins personnels et à trouver un équilibre harmonieux entre bien-être physique et émotionnel. C'est un moment propice pour adopter des pratiques holistiques telles que le yoga, la méditation ou la guérison énergétique pour nourrir leur esprit, leur corps et leur esprit.

Dans l'ensemble, juin est un mois de croissance et de découverte de soi pour les Scorpions. En acceptant le changement, en entretenant des relations et en donnant la priorité à leur bien-être, ils peuvent faire des progrès significatifs vers l'épanouissement personnel et l'autonomisation.

Aimer

Le carré du Soleil avec Saturne le 9 juin pourrait mettre à l'épreuve leurs relations, exigeant de la patience, de l'engagement et une volonté de résoudre tout problème sous-jacent. Il est important pour les Scorpions d'aborder les conflits avec une communication ouverte, de la compréhension et un véritable désir de résolution.

Le carré de Vénus avec Neptune le 16 juin ajoute une touche d'idéalisme romantique à la vie amoureuse des Scorpions. Cependant, il est crucial pour eux de garder une perspective réaliste et d'éviter de se laisser emporter par des illusions. Cet alignement appelle à la clarté et au discernement dans les affaires de cœur.

Le 19 juin, le quintile de Mercure avec Chiron améliore la capacité des Scorpions à communiquer leurs émotions et leurs vulnérabilités les plus profondes. C'est un moment opportun pour exprimer leurs besoins, leurs désirs et leurs peurs au sein de leurs relations. La vulnérabilité peut favoriser des liens émotionnels plus profonds et conduire à une plus grande intimité et confiance.

Le carré du Soleil avec Neptune le 20 juin peut apporter une certaine confusion émotionnelle ou incertitude. Les Scorpions doivent faire attention à ne pas idéaliser leurs partenaires ou à négliger les drapeaux rouges. Il est essentiel de faire confiance à son intuition et de rechercher la clarté grâce à une communication ouverte et honnête.

Le quintile de Vénus avec Chiron le 21 juin amplifie la capacité de guérison et de croissance des Scorpions au sein de leurs relations. Ils peuvent trouver du réconfort en soutenant leurs partenaires à travers des défis émotionnels ou en traitant des blessures passées qui affectent leur connexion. Cet alignement les encourage à cultiver l'empathie et la compassion dans leur vie amoureuse.

Tout au long du mois de juin, les Scorpions devraient donner la priorité à l'amour de soi et aux soins personnels, en nourrissant leur individualité au sein de leurs relations. En favorisant une communication ouverte, en pratiquant l'empathie et en restant fidèles à eux-mêmes, les Scorpions peuvent naviguer dans les complexités de l'amour avec authenticité et grâce.

Carrière

Juin 2024 offre d'importantes opportunités de croissance de carrière et d'avancement pour les Scorpions. Le trigone de Mercure avec Saturne le 26 juin améliore leurs compétences organisationnelles, leur souci du détail et leur capacité à planifier efficacement. Cet alignement favorise les projets à long terme, la réflexion stratégique et une éthique de travail disciplinée.

Le semi-sextile du Soleil avec Jupiter le 28 juin renforce la confiance, l'optimisme et les qualités de leadership des Scorpions. Ils peuvent se retrouver à des postes d'influence ou assumer de nouvelles responsabilités qui leur permettent de mettre en valeur leurs compétences et d'avoir un impact positif dans leur sphère professionnelle.

Le 29 juin, le sextile de Vénus avec Mars améliore la collaboration et le travail d'équipe. Les Scorpions prospèrent dans des environnements coopératifs, où ils peuvent apporter leurs perspectives et leurs talents uniques tout en valorisant les contributions des autres. Cet alignement les encourage à adopter la synergie et à créer des relations de travail harmonieuses.

Cependant, les Scorpions doivent être conscients du demi-carré de Mars avec Neptune le 29 juin, ce qui peut apporter des défis ou des incertitudes dans leurs efforts de carrière. Il est important pour eux de rester clairs, d'éviter les distractions et de rester concentrés sur leurs objectifs à long terme. Rester ancré et faire preuve de discernement dans leurs actions peut les aider à surmonter les obstacles potentiels.

Il est conseillé aux Scorpions de tirer parti de leur intuition naturelle et de leur ingéniosité tout au long du mois de juin. En faisant confiance à leur instinct et en recherchant des solutions innovantes, ils peuvent surmonter les obstacles et faire des progrès significatifs dans leur carrière. La mise en réseau et la création d'alliances peuvent également jouer un rôle central dans l'ouverture de nouvelles opportunités.

Finance

Juin 2024 présente un mélange d'opportunités financières et de mises en garde pour les Scorpions. Le sextile de Mercure avec Mars le 21 juin dynamise leurs activités financières, leur fournissant la motivation et la détermination nécessaires pour atteindre leurs objectifs financiers. C'est une période propice à la planification stratégique, à la budgétisation et à la recherche d'investissements rentables.

Le carré de Vénus avec Saturne le 8 juin rappelle aux Scorpions de faire preuve de prudence et de sens pratique dans leurs décisions financières. Ils doivent éviter les achats impulsifs ou les entreprises risquées et se concentrer plutôt sur la stabilité et la durabilité à long terme. La patience et la discipline sont essentielles pour bâtir une base financière solide.

Le quintile de Mercure avec Neptune le 8 juin améliore l'intuition du Scorpion et ses capacités créatives de résolution de problèmes en matière financière. Ils peuvent découvrir des idées ou des opportunités innovantes qui correspondent à leurs valeurs et à leurs aspirations financières. Cependant, il est important pour eux de maintenir une perspective réaliste et de faire des recherches approfondies sur tout investissement potentiel.

Les Scorpions doivent être conscients du carré de Vénus avec Neptune le 16 juin, ce qui peut créer une propension à dépenser trop ou à se livrer à des dépenses inutiles. Ils doivent faire preuve d'autodiscipline et éviter de prendre des décisions financières impulsives basées sur des désirs temporaires. La stabilité financière et les objectifs à long terme doivent primer.

Le 19 juin, le quintile de Mercure avec Chiron encourage les Scorpions à traiter toute blessure émotionnelle ou croyance concernant l'argent qui pourrait entraver leur croissance financière. En adoptant un état d'esprit d'abondance et en guérissant leur relation avec les finances, ils peuvent attirer plus de prospérité et de succès.

Santé

Le semi-sextile de Mars avec Uranus le 1er juin suscite leur intérêt pour des formes uniques d'exercice physique et des pratiques alternatives de bien-être. Ils peuvent trouver de la joie et de l'équilibre en explorant des activités telles que le yoga, les arts martiaux ou la danse, qui favorisent à la fois la forme physique et la clarté mentale.

Le carré du Soleil avec Saturne le 9 juin pourrait créer une baisse temporaire des niveaux d'énergie pour les Scorpions. Il est important pour eux de prendre soin d'eux-mêmes, de maintenir un mode de vie équilibré et de s'assurer qu'ils se reposent suffisamment et qu'ils se ressourcent. Écouter les besoins de leur corps et établir des limites saines est crucial pendant cette période.

Le carré de Vénus avec Neptune le 16 juin rappelle aux Scorpions d'être attentifs à leur bien-être émotionnel. Ils devraient donner la priorité aux pratiques de soins personnels qui nourrissent leur âme, comme la méditation, la tenue d'un journal ou passer du temps dans la nature. L'équilibre émotionnel et l'auto-compassion contribuent à la santé physique globale.

Les Scorpions sont encouragés à faire attention à leurs habitudes alimentaires et à leurs besoins nutritionnels tout au long du mois de juin. Le quintile de Mercure avec Chiron le 19 juin les aide à traiter tous les facteurs émotionnels ou psychologiques susceptibles d'affecter leur relation avec la nourriture. En adoptant des pratiques alimentaires conscientes et en recherchant des conseils professionnels si nécessaire, ils peuvent apporter des changements positifs à leurs habitudes alimentaires.

Le 28 juin, le carré de Mercure avec Chiron rappelle aux Scorpions de faire attention à leur santé mentale. Ils devraient s'engager dans des activités qui favorisent la clarté mentale et le bien-être émotionnel, comme la méditation, la thérapie ou s'adonner à des passe-temps qui leur apportent joie et détente.

Dans l'ensemble, June encourage les Scorpions à donner la priorité aux soins personnels, à établir des limites saines et à cultiver une approche holistique de leur bien-être. En prenant soin de leur santé physique, émotionnelle et mentale, ils peuvent traverser le mois avec vitalité et résilience.

Voyage

Juin 2024 offre aux Scorpions des opportunités d'explorer de nouveaux horizons et de se livrer à des expériences de voyage transformatrices. Le semi-sextile de Mars avec Uranus le 1er juin enflamme leur sens de l'aventure et leur désir d'exploration. Ils peuvent être attirés par des destinations uniques et hors des sentiers battus qui leur permettent de se connecter avec différentes cultures et d'élargir leurs perspectives.

Les Scorpions doivent être conscients du semi-sextile du Soleil avec Jupiter le 28 juin, ce qui peut créer une tendance à se dépasser ou à prendre trop d'engagements de voyage. Il est important pour eux de trouver un équilibre entre aventure et détente, en s'assurant qu'ils disposent de suffisamment de temps pour se ressourcer et prendre soin d'eux-mêmes pendant leurs voyages.

June encourage également les Scorpions à voyager en solo ou à se lancer dans des retraites personnelles qui favorisent la découverte de soi et l'introspection. Le carré du Soleil avec Neptune le 20 juin améliore leur connexion spirituelle et leur intuition, ce qui en fait un moment opportun pour des voyages d'introspection ou pour s'engager dans des pratiques de méditation et de pleine conscience.

Les Scorpions peuvent trouver l'inspiration dans le quintile de Mercure avec Neptune le 8 juin, ce qui les aide à se connecter avec les habitants et à s'immerger dans la richesse culturelle de leurs destinations. Ils peuvent avoir des rencontres profondes ou acquérir des connaissances précieuses grâce à leurs interactions avec différentes communautés.

Voyager en juin offre aux Scorpions la chance de rajeunir leur esprit, d'acquérir de nouvelles perspectives et d'élargir leurs horizons. Il est essentiel pour eux d'adopter la flexibilité, de pratiquer la pleine conscience et de saisir le potentiel de transformation qu'apporte le voyage.

Aperçu des étoiles

Juin 2024 invite les Scorpions à adopter la transformation, à donner la priorité aux soins personnels et à entretenir leurs relations. Les alignements indiquent des défis potentiels dans les relations et les finances, nécessitant de la patience et une communication ouverte. Cependant, les opportunités de croissance et de réussite sont abondantes dans leur carrière, leur santé et leurs voyages. En gardant les pieds sur terre, en faisant confiance à leur intuition et en se concentrant sur des objectifs à long terme, les Scorpions peuvent surmonter les obstacles et faire des progrès significatifs. Il est important pour eux d'écouter leur corps, de faire preuve d'auto-compassion et de trouver un équilibre dans la poursuite de leurs aspirations personnelles et professionnelles. Adopter le changement avec grâce et authenticité conduira à des résultats transformateurs.

Meilleurs jours du mois : 2, 8, 13 , 17 , 21 , 26 , 29 juin

Juillet 2024

Horoscope

Juillet 2024 est un mois de profonde transformation et de croissance pour les Scorpions. Alors que le Soleil se déplace à travers le Cancer, le signe précédant le Scorpion, il illumine les couches profondes de la psyché du Scorpion, encourageant l'autoréflexion et l'introspection. Les aspects planétaires de cette période indiquent une période d'émotions intenses, de changements importants et de puissantes opportunités d'évolution personnelle.

Au début du mois, le 1er juillet, Jupiter en Gémeaux forme un demi-carré avec Chiron en Bélier. Cet aspect met en lumière toutes les blessures non résolues ou les insécurités profondes que les Scorpions peuvent porter en eux. Cela les incite à affronter leurs vulnérabilités et à s'engager dans un travail de guérison pour retrouver la plénitude émotionnelle.

Le quintile de Mercure avec Mars le même jour amplifie l'acuité mentale et l'affirmation de soi du Scorpion. Ils possèdent un intellect aiguisé et la capacité de communiquer efficacement leurs idées et leurs désirs. Cet aspect permet aux Scorpions de s'exprimer avec confiance et d'affirmer leurs besoins dans divers domaines de la vie.

Au fur et à mesure que le mois avance, le Soleil en Cancer se met en demi-carré avec Uranus en Taureau le 1er juillet, générant un air d'imprévisibilité et d'agitation. Les Scorpions peuvent subir des changements soudains ou des perturbations dans leurs routines, ce qui peut être à la fois difficile et revigorant. Il est crucial pour les Scorpions d'adopter la flexibilité et l'adaptabilité pendant cette période.

Le 2 juillet, Mercure forme un trigone harmonieux avec Neptune en Poissons, renforçant l'intuition et les capacités imaginatives du Scorpion. Ils ont une sensibilité accrue aux énergies subtiles et peuvent puiser dans leur potentiel créatif. Cet aspect est favorable aux activités artistiques, aux pratiques spirituelles et à l'approfondissement des liens émotionnels avec les autres.

Cependant, le carré du Soleil avec le vrai nœud le même jour présente un défi cosmique pour les Scorpions. Il les exhorte à réévaluer l'orientation de leur vie et à faire les ajustements nécessaires pour s'aligner sur leur véritable objectif. Les Scorpions peuvent ressentir un sentiment de conflit entre leurs schémas passés et le chemin qu'ils aspirent à suivre. Ce carré les invite à libérer les vieux schémas et à embrasser une nouvelle trajectoire plus authentique et alignée avec le voyage de leur âme.

Tout au long du mois, les Scorpions peuvent rencontrer divers aspects planétaires qui soulignent l'importance de traiter les blessures émotionnelles et de s'engager dans la guérison intérieure. L'opposition entre Mercure et Pluton le 3 juillet indique la nécessité d'affronter des peurs profondément enracinées, des schémas psychologiques ou des luttes de pouvoir qui peuvent entraver la croissance personnelle. Il est essentiel pour les Scorpions de plonger dans leur subconscient et de s'engager dans des pratiques thérapeutiques pour provoquer une transformation profonde.

Aimer

Le mois de juillet apporte une exploration approfondie de l'amour et des relations pour les Scorpions. Avec Jupiter Chiron semi-carré dans les premiers jours du mois, il peut y avoir un travail de guérison nécessaire dans les partenariats romantiques. Cependant, le quintile de Mercure avec Mars le 1er juillet favorise une communication ouverte et honnête, permettant aux Scorpions d'exprimer leurs désirs et leurs préoccupations. Au fur et à mesure que le mois avance, le trigone entre Mercure et Neptune le 2 juillet améliore la connexion émotionnelle et la compréhension. Les Scorpions peuvent se retrouver attirés par des activités spirituelles ou artistiques avec leurs partenaires, approfondissant le lien. Le carré du Soleil avec le Vrai Noeud le 2 juillet apporte quelques défis, exhortant les Scorpions à réévaluer leurs objectifs relationnels et à faire les ajustements nécessaires. Vénus trigone Saturne le 2 juillet offre stabilité et engagement, permettant aux Scorpions de construire une base solide dans leurs relations. Vers la fin du mois, l'opposition de Vénus à Pluton le 12 juillet pourrait entraîner d'intenses luttes de pouvoir ou des expériences transformatrices en amour. Il est essentiel pour les Scorpions de faire face à tous les problèmes sous-jacents et de travailler à la guérison et à la croissance.

Carrière

Les perspectives de carrière des Scorpions en juillet 2024 sont prometteuses, mais non sans quelques obstacles. L'opposition entre Mercure et Pluton le 3 juillet signale des luttes de pouvoir potentielles ou des conflits avec des collègues ou des supérieurs. Il est crucial pour les Scorpions de maintenir la diplomatie et de trouver des moyens de résoudre les conflits à l'amiable. Cependant, le sextile entre Mars et Saturne le 5 juillet apporte la détermination et la discipline nécessaires pour surmonter les obstacles et atteindre les objectifs professionnels. Les Scorpions peuvent trouver que leur persévérance porte ses fruits, comme l'indique le sextile entre Vénus et Uranus le 8 juillet, apportant des opportunités inattendues ou des circonstances favorables dans leur carrière. Le sextile entre Jupiter et le Vrai Nœud du 9 juillet incite les Scorpions à élargir leur réseau professionnel et à rechercher des projets collaboratifs. De plus, le sextile de Mercure avec Jupiter le 8 juillet améliore les compétences de communication, ce qui permet aux Scorpions de transmettre plus facilement leurs idées et d'obtenir le soutien des autres. Il est essentiel pour les Scorpions de rester concentrés, adaptables et ouverts à de nouvelles possibilités, car le succès réside dans leur capacité à naviguer à travers les défis.

Finance

Juillet 2024 offre des perspectives mitigées pour les affaires financières du Scorpion. Avec le carré entre Vénus et Chiron le 6 juillet, les Scorpions devront peut-être faire face à des blessures financières passées ou à des problèmes qui ont affecté leur situation actuelle. Cependant, le trigone entre Vénus et Saturne le 8 juillet apporte la stabilité et le potentiel de gain financier grâce à une planification disciplinée et stratégique. C'est une période propice aux investissements à long terme ou aux collaborations financières. Le sextile entre Vénus et Uranus le 18 juillet pourrait apporter des opportunités financières ou des aubaines inattendues. Les Scorpions doivent rester prudents et prendre des décisions éclairées pour tirer le meilleur parti de ces alignements favorables. Il est conseillé de demander des conseils professionnels et de gérer judicieusement les ressources pour maintenir la stabilité financière tout au long du mois.

Santé

Le bien-être physique et émotionnel des Scorpions nécessite une attention particulière en juillet 2024. Le demi-carré entre le Soleil et Uranus le 1er juillet peut entraîner des perturbations ou des changements inattendus dans leurs routines quotidiennes, ce qui peut avoir un impact sur leur santé globale. Il est crucial pour les Scorpions de maintenir un mode de vie équilibré et de privilégier les pratiques de soins personnels. Le carré entre le Soleil et Chiron le 15 juillet peut apporter des opportunités de guérison émotionnelle, incitant les Scorpions à affronter des problèmes émotionnels profonds qui peuvent affecter leur bien-être. La recherche de soutien auprès de thérapeutes ou la participation à des activités telles que la méditation, le yoga ou le conseil peuvent aider au processus de guérison. De plus, la conjonction de Mars avec Uranus le 15 juillet exhorte les Scorpions à canaliser leur énergie et leur agressivité de manière constructive pour éviter un stress physique ou émotionnel inutile. Donner la priorité au repos, adopter des habitudes saines et pratiquer la pleine conscience contribueront au bien-être général du Scorpion tout au long du mois.

Voyage

Juillet 2024 offre aux Scorpions des opportunités de se lancer dans des voyages transformateurs, à la fois physiquement et métaphoriquement. Le trigone entre Vénus et Neptune le 11 juillet enflamme un sentiment d'aventure et d'envie de voyager. C'est le moment idéal pour les Scorpions de planifier des voyages qui leur permettent d'explorer de nouvelles cultures, d'élargir leurs horizons et d'acquérir des connaissances spirituelles. Qu'il s'agisse d'un voyage en solo ou avec des êtres chers, ces expériences auront un impact profond sur la croissance personnelle et la perspective des Scorpions. Cependant, il est crucial que les Scorpions restent prudents lors de leurs voyages, car le carré entre Mercure et Uranus le 21 juillet peut apporter des perturbations ou des défis inattendus. Planifier à l'avance , rester flexible et maintenir une communication ouverte aideront les Scorpions à surmonter tous les obstacles liés aux voyages.

Aperçu des étoiles

Les alignements célestes de juillet 2024 offrent aux Scorpions des opportunités de transformation, de croissance et de découverte de soi. Bien que des défis puissent survenir dans divers domaines de la vie, ils servent de catalyseurs pour le développement personnel et professionnel. Les configurations planétaires encouragent les Scorpions à affronter leurs peurs, à guérir les blessures émotionnelles et à accepter le changement. En maintenant une approche équilibrée, en exploitant leur détermination et en recherchant du soutien en cas de besoin, les Scorpions peuvent naviguer le mois avec résilience et en sortir plus forts. Les connaissances acquises au cours de cette période jetteront les bases de la réussite et de l'épanouissement futurs. Faire confiance au voyage et s'aligner sur les énergies cosmiques permettra aux Scorpions d'embrasser leur véritable potentiel et de manifester leurs désirs.

Meilleurs jours du mois : 2, 8 , 9 , 11 , 18 , 21 et 31 juillet .

Août 2024

Horoscope

Août 2024 marque une période de transformation pour les Scorpions alors qu'ils naviguent dans des énergies cosmiques intenses et se lancent dans un voyage de découverte de soi et de croissance. Avec de puissants aspects planétaires, ce mois présente aux Scorpions des opportunités de transformation personnelle profonde dans tous les aspects de leur vie. Les alignements célestes encouragent les Scorpions à plonger profondément en eux-mêmes, à affronter leurs peurs et à accepter le changement pour manifester leurs véritables désirs.

Le mois commence avec Mars sextile True Node le 1er août, déclenchant un sens du but et de la direction. Les Scorpions se sentent poussés à aligner leurs actions sur le chemin de leur âme, les propulsant vers la croissance et l'épanouissement. Cet aspect permet aux Scorpions de prendre des mesures décisives, de forger de nouvelles relations et de saisir les opportunités qui contribuent à leur développement global.

Tout au long du mois d'août, les Scorpions sont invités à trouver un équilibre entre leurs désirs personnels et leurs responsabilités dans leur carrière. La conjonction entre Mars et Jupiter le 14 août enflamme l'ambition et la volonté de succès des Scorpions. Ils sont motivés à élargir leurs horizons, à prendre des risques calculés et à poursuivre leurs objectifs professionnels avec passion et détermination.

Les Scorpions sont encouragés à donner la priorité aux soins personnels et au bien-être émotionnel. Les énergies intenses de ce mois peuvent nuire à leur santé physique et mentale. Il est important pour les Scorpions d'établir des routines saines, de s'engager dans des activités de réduction du stress et de demander de l'aide en cas de besoin. En nourrissant leur bien-être, les Scorpions peuvent maintenir l'équilibre et naviguer dans les énergies transformatrices du mois avec résilience et force.

Aimer

Mars forme un sextile avec le vrai nœud le 1er août, améliorant l'intuition des Scorpions et leur capacité à naviguer dans leurs relations avec clarté. Ils ont un sens aigu de ce qu'ils désirent dans un partenariat et peuvent prendre des décisions qui correspondent à leurs besoins émotionnels. Cependant, le demi-carré entre Mars et Chiron le même jour peut faire resurgir des moments de vulnérabilité ou des blessures du passé. Il est crucial pour les Scorpions d'aborder toute guérison émotionnelle nécessaire pour créer une base solide pour leur vie amoureuse.

de Vénus Jupiter le 2 août suscite un sentiment d'optimisme et d'expansion dans les relations amoureuses. Les Scorpions peuvent vivre des moments de joie et de connexion avec leurs partenaires. Cependant, le carré de Vénus avec Uranus le même jour introduit un élément d'imprévisibilité et de perturbations potentielles dans les relations. Il est important pour les Scorpions de maintenir une communication ouverte et une flexibilité pour relever ces défis.

Tout au long du mois, les Scorpions sont invités à trouver un équilibre entre leur propre individualité et les besoins de leurs partenaires. L'aspect en quinconce entre Vénus et Neptune le 4 août peut apporter quelques confusions ou malentendus en amour. Une communication claire et une harmonisation émotionnelle seront essentielles pour maintenir l'harmonie. Le biquintile entre Vénus et True Node le 6 août présente des opportunités de croissance et d'évolution dans les relations. Les Scorpions peuvent se trouver attirés par des partenaires qui soutiennent leur développement personnel et s'alignent sur leur objectif de vie.

Carrière

Août 2024 présente à la fois des opportunités et des obstacles dans la vie professionnelle des Scorpions. La conjonction entre Mars et Jupiter le 14 août insuffle aux Scorpions l'enthousiasme, l'ambition et la volonté de poursuivre leurs objectifs de carrière. Ils possèdent un fort désir de croissance et sont prêts à fournir les efforts nécessaires pour réussir. Cependant, le carré entre Mars et Saturne le 16 août peut apporter des défis ou de la résistance de la part de figures d'autorité ou de collègues. Il est important que les Scorpions restent patients, concentrés et adaptables face aux revers. Grâce à la détermination et à la planification stratégique, ils peuvent surmonter ces obstacles et faire des progrès significatifs.

Les Scorpions sont encouragés à puiser dans leur intuition et à tirer parti de leurs prouesses intellectuelles sur le lieu de travail. Le trigone entre Mercure et Chiron le 23 août améliore leur capacité à communiquer efficacement et avec empathie, favorisant des relations harmonieuses avec leurs collègues et leurs supérieurs. La collaboration et la recherche du soutien d'alliés de confiance seront bénéfiques pour l'avancement de carrière des Scorpions.

Finance

Les questions financières en août 2024 nécessitent une attention et une planification minutieuses pour les Scorpions. L'aspect en quinconce entre Vénus et Jupiter le 19 août peut créer des difficultés financières ou des dépenses imprévues. Il est important que les Scorpions fassent preuve de prudence et évitent les dépenses impulsives pendant cette période. L'opposition entre Vénus et Saturne le même jour souligne le besoin de discipline, de responsabilité et de planification financière à long terme. En adoptant une approche prudente et en évitant les risques inutiles, les Scorpions peuvent maintenir la stabilité financière.

Cependant, des opportunités de croissance financière et d'abondance sont également présentes. Le trigone entre Vénus et Uranus le 27 août apporte des gains financiers inattendus ou des idées innovantes pour augmenter les revenus. Les Scorpions peuvent réussir en explorant des voies non conventionnelles ou en adoptant leurs talents et compétences uniques. La recherche de conseils professionnels et l'élaboration d'un plan financier stratégique maximiseront ces opportunités.

Santé

Août 2024 met en évidence l'importance des soins personnels et du bien-être émotionnel pour les Scorpions. Les énergies intenses du mois peuvent avoir un impact sur leur santé physique et mentale. L'aspect sesquiquadrate entre le Soleil et Neptune le 6 août peut créer des moments de confusion ou de sensibilité émotionnelle. Il est crucial pour les Scorpions de donner la priorité aux pratiques de soins personnels telles que la méditation, les techniques de relaxation et la recherche d'un soutien émotionnel en cas de besoin.

Le carré entre le Soleil et Uranus le 19 août peut introduire des perturbations ou des changements soudains dans la routine, ce qui peut entraîner une augmentation des niveaux de stress. Il est essentiel pour les Scorpions de maintenir un mode de vie équilibré, de privilégier le repos et de s'engager dans des activités qui favorisent la relaxation et la clarté mentale. L'écoute des besoins de leur corps et la pratique de l'auto-compassion contribueront à leur bien-être général.

Voyage

Août 2024 offre des opportunités d'expériences de voyage transformatrices pour les Scorpions. L'aspect quinconce entre Vénus et Chiron le 23 août pourrait les inciter à se lancer dans un voyage de découverte de soi et de guérison. Qu'il s'agisse d'une aventure en solo ou accompagné d'êtres chers, voyager pendant cette période peut apporter des connaissances profondes et une croissance personnelle. Il est conseillé aux Scorpions d'adopter la spontanéité et d'explorer des destinations qui correspondent à leurs intérêts spirituels ou culturels. Cependant, il est essentiel de rester flexible et ouvert aux changements inattendus ou aux défis qui peuvent survenir pendant le voyage.

Aperçu des étoiles

Les alignements célestes d'août 2024 présentent aux Scorpions une puissante période de transformation et de croissance personnelles. Les émotions intenses et les défis qu'ils rencontrent servent de catalyseurs à leur évolution. La clé pour naviguer dans ce voyage transformateur réside dans l'autoréflexion, la guérison des blessures du passé et l'acceptation du changement. En puisant dans leur intuition, en communiquant efficacement et en cultivant des pratiques de soins personnels, les Scorpions peuvent exploiter les énergies cosmiques pour manifester leurs désirs et réaliser leur véritable potentiel.

Meilleurs jours du mois : 2, 14 , 15 , 23 , 27 , 29 et 30 août .

Septembre 2024

Horoscope

Septembre 2024 apporte un mois transformateur et mouvementé pour les Scorpions. Les alignements célestes et les aspects planétaires indiquent que des changements et des opportunités importants vous attendent dans divers aspects de votre vie. C'est une période de croissance, d'auto-réflexion et de nouveaux départs. Pendant ce temps, vous êtes encouragé à plonger profondément dans vos émotions, à affronter vos peurs et à abandonner les vieux schémas qui ne servent plus votre plus grand bien.

Les configurations planétaires de septembre vous guideront pour puiser dans votre force intérieure et votre résilience. En embrassant ces énergies, vous pouvez naviguer dans les changements et les défis qui se présentent à vous et créer la vie que vous désirez vraiment.

Ce mois est idéal pour l'exploration de soi et la découverte de soi. Prenez le temps de réfléchir à vos expériences passées et aux leçons qu'elles vous ont apprises. Cette introspection fournira des informations précieuses qui vous aideront à prendre des décisions importantes et à prendre des mesures proactives pour atteindre vos objectifs.

La guérison émotionnelle et la croissance personnelle seront des thèmes importants en septembre. L'alignement de Mercure trigone Chiron le 2 septembre favorisera une guérison émotionnelle profonde et vous aidera à faire face à toute blessure émotionnelle qui pourrait vous retenir. C'est le moment de libérer les vieux bagages émotionnels et d'embrasser un sens renouvelé de soi.

Alors que le Soleil quintile Mars le 2 septembre, vous ressentirez une poussée de motivation et d'affirmation de soi. Cet aspect vous permet de prendre votre vie en main et de vous affirmer avec confiance. Utilisez cette énergie pour poursuivre vos passions et prendre des mesures audacieuses pour atteindre vos objectifs.

Dans l'ensemble, septembre recèle un immense potentiel pour que les Scorpions se lancent dans un voyage transformateur. En acceptant les changements, en cultivant l'autoréflexion et en exploitant votre force intérieure, vous pouvez naviguer dans les changements à venir et créer une vie remplie d'épanouissement et de croissance.

Aimer

L'amour occupe le devant de la scène pour les Scorpions en septembre 2024, alors que les aspects et les alignements planétaires offrent des opportunités de connexions profondes, de croissance et de transformation dans les relations.

Le trigone entre Vénus et Jupiter le 15 septembre crée une atmosphère d'amour, d'harmonie et d'expansion. Cet aspect apporte une énergie positive à vos relations amoureuses, favorisant un sentiment de joie, de générosité et d'épanouissement émotionnel. C'est un moment merveilleux pour renforcer les liens, exprimer l'amour et l'affection et créer des expériences mémorables avec votre partenaire.

L'opposition entre Vénus et Chiron le 16 septembre peut apporter une guérison émotionnelle et une croissance dans les relations. Cet aspect vous invite à affronter d'éventuelles blessures ou insécurités non résolues, à la fois individuellement et en couple. En traitant ces vulnérabilités avec empathie et compassion, vous pouvez renforcer les fondements de votre relation et favoriser un niveau plus profond d'intimité et de confiance.

L'opposition de Vénus à Neptune le 21 septembre appelle à la clarté et au discernement en matière de cœur. Il est important d'éviter d'idéaliser les relations ou de se laisser emporter par des attentes irréalistes. Gardez les pieds sur terre et assurez-vous que vos activités amoureuses correspondent à vos valeurs et à vos objectifs à long terme. Faites confiance à votre intuition pour vous guider dans la prise de décisions judicieuses concernant l'amour et les partenariats.

Pour les Scorpions célibataires, le biquintile entre Vénus et Uranus le 15 septembre suscite l'excitation et le potentiel de rencontres amoureuses inattendues. Soyez ouvert à de nouvelles expériences et permettez-vous de sortir de votre zone de confort. Cet aspect vous encourage à adopter la spontanéité et à explorer des connexions qui peuvent apporter des surprises et une croissance personnelle.

La communication joue un rôle vital dans les relations, et le quintile de Mercure Mars le 21 septembre amplifie votre capacité à exprimer efficacement vos désirs, vos besoins et vos émotions. Utilisez cette énergie pour engager des conversations significatives, résoudre des conflits et approfondir les liens émotionnels avec vos proches.

Carrière

Dans le domaine de la carrière et des efforts professionnels, septembre apporte une énergie transformatrice et des opportunités pour les Scorpions. Les aspects et les alignements planétaires indiquent que c'est une période de croissance et d'avancement significatifs dans votre vie professionnelle.

L'alignement de Mercure trigone Pluton le 26 septembre vous donne de solides compétences en communication et la capacité d'influencer les autres. Cet aspect améliore vos capacités de résolution de problèmes et vous permet de prendre des arguments et de prendre des décisions convaincantes. Utilisez cette puissante énergie pour collaborer efficacement, négocier des accords ou présenter des idées innovantes sur le lieu de travail.

Le biquintile entre Mercure et Neptune le 2 septembre stimule votre créativité et votre intuition. Vous pouvez vous retrouver attiré par des approches non conventionnelles ou des solutions innovantes dans votre carrière. Faites confiance à votre instinct et sortez des sentiers battus pour avoir un impact positif et vous démarquer de la foule.

De plus, le quintile entre Mercure et Mars le 21 septembre amplifie encore votre acuité mentale et votre assurance. Cet aspect améliore votre réflexion stratégique et fournit le dynamisme nécessaire pour prendre des mesures décisives. Vous pouvez vous retrouver à assumer des rôles de leadership ou à lancer de nouveaux projets qui mettent en valeur vos capacités.

Cependant, il est essentiel de se méfier de l'aspect Mercure carré Jupiter le 21 septembre, car il peut conduire à un excès de confiance ou à de l'impulsivité. Prenez le temps d'évaluer soigneusement vos options et de considérer les conséquences à long terme avant de prendre des décisions importantes.

Finance

Septembre apporte un mélange d'opportunités et de défis dans le domaine des finances pour les Scorpions. Les aspects et les alignements planétaires indiquent qu'il est temps d'évaluer soigneusement votre situation financière, de prendre des décisions stratégiques et de faire preuve de prudence.

Le sesquiquadrate entre Vénus et Uranus le 8 septembre peut entraîner des dépenses inattendues ou des fluctuations de revenus. Il est crucial de rester vigilant et de maintenir une approche équilibrée de vos finances. Envisagez de créer un budget ou de revoir vos objectifs financiers pour assurer la stabilité et l'adaptabilité face à toute surprise financière.

Le trigone entre Vénus et Jupiter le 15 septembre a une influence positive sur vos efforts financiers. Cet aspect signifie l'abondance potentielle, la croissance et les opportunités d'expansion financière. Vous pouvez recevoir des nouvelles financières favorables ou connaître une augmentation de vos revenus. Cependant, il est important de gérer judicieusement vos ressources et d'éviter les dépenses excessives ou les investissements impulsifs.

L'opposition entre Vénus et Chiron le 16 septembre met l'accent sur le besoin de conscience émotionnelle et de guérison par rapport à votre bien-être financier. Prenez le temps d'aborder les croyances limitantes ou les schémas émotionnels qui pourraient avoir une incidence sur vos décisions financières. Cultivez un état d'esprit sain envers l'argent et l'abondance pour attirer des résultats financiers positifs.

Pour maximiser le succès financier, utilisez les compétences analytiques et l'attention portée aux détails accordées par l'opposition de Mercure à Neptune le 25 septembre. Cet aspect prend en charge une planification financière minutieuse, une budgétisation méticuleuse et une recherche approfondie avant de prendre des décisions financières ou des investissements majeurs.

Santé

Le mois de septembre met l'accent sur la santé et le bien-être des Scorpions. Les aspects et les alignements planétaires indiquent l'importance de prendre soin de votre bien-être physique, mental et émotionnel pendant cette période.

Le sesquiquadrate entre le Soleil et Pluton le 6 septembre pourrait apporter une énergie intense et le potentiel de luttes de pouvoir. Il est crucial de gérer les niveaux de stress et de prendre soin de soi pour éviter tout impact négatif sur votre santé. Participez à des activités qui favorisent la relaxation et l'équilibre, comme la méditation, le yoga ou passer du temps dans la nature.

Le trigone entre le Soleil et Uranus le 19 septembre offre un sursaut d'énergie et de vitalité. Cet aspect peut vous inciter à essayer de nouvelles routines d'exercices ou à vous lancer dans des projets liés à la santé. Saisissez cette opportunité pour introduire des changements de style de vie positifs, tels que l'incorporation d'une activité physique régulière, l'adoption d'un régime alimentaire nutritif et la priorité au repos et au sommeil adéquats.

Le quinconce entre Mercure et Chiron le 21 septembre souligne l'importance de maintenir le bien-être émotionnel car il affecte directement votre santé globale. Prenez le temps de réfléchir et demandez l'aide de vos proches ou d'un thérapeute si nécessaire. Nourrissez votre santé émotionnelle grâce à des pratiques telles que la journalisation, la pleine conscience ou la participation à des activités qui vous apportent de la joie.

L'opposition entre Mercure et Neptune le 25 septembre pourrait apporter un besoin de communication claire et d'informations précises concernant votre santé. Méfiez-vous des informations erronées ou des diagnostics erronés et demandez conseil à un professionnel si nécessaire. C'est le bon moment pour planifier des examens médicaux et régler tout problème de santé persistant.

Voyage

Septembre présente des opportunités de voyage et d'exploration pour les Scorpions. Qu'il s'agisse d'une courte escapade ou d'un long voyage, les aspects et les alignements planétaires suggèrent que les voyages peuvent être enrichissants et transformateurs pendant cette période.

Le biquintile entre Vénus et Uranus le 15 septembre suscite un sens de l'aventure et un désir de nouvelles expériences. Cela peut vous inciter à vous lancer dans des voyages spontanés ou à explorer des destinations inconnues. Embrassez l'excitation de découvrir de nouvelles cultures, cuisines et perspectives tout en élargissant vos horizons grâce aux voyages.

Le quinconce entre Vénus et Neptune le 21 septembre incite à la prudence en ce qui concerne les préparatifs de voyage et la logistique. Vérifiez à nouveau vos itinéraires, assurez-vous d'avoir tous les documents nécessaires et soyez conscient de tout retard ou malentendu potentiel. Planifier à l'avance et rester organisé vous aidera à éviter un stress inutile pendant vos voyages.

Pour ceux qui envisagent des voyages d'affaires ou des opportunités de réseautage, le quintile de Mercure Mars le 21 septembre améliore vos compétences en communication et en négociation. Cet aspect soutient des réunions, des conférences et des collaborations réussies. Profitez de cette énergie favorable pour nouer de nouvelles relations et laisser une impression durable dans vos projets professionnels.

En voyage, il est essentiel de prioriser votre bien-être. L'opposition Soleil à Neptune du 20 septembre vous rappelle d'écouter les besoins de votre corps et de prendre soin de vous pendant vos voyages. Faites des pauses, restez hydraté et privilégiez un sommeil réparateur pour vous assurer d'avoir l'énergie nécessaire pour profiter pleinement de vos expériences de voyage.

Si des voyages internationaux sont à votre agenda, soyez au courant de tout avertissement ou restriction de voyage en raison du climat mondial actuel. Restez informé des protocoles de santé et de sécurité et prenez les précautions nécessaires pour vous protéger et protéger les autres.

Aperçu des étoiles

Les alignements célestes de septembre indiquent une période de transformation et de croissance pour les Scorpions. La combinaison des aspects planétaires met en évidence l'importance d'embrasser le changement, l'autoréflexion et de prendre des mesures courageuses pour atteindre vos objectifs. Faites confiance à votre intuition et à votre sagesse intérieure lorsque vous naviguez dans les opportunités et les défis qui se présentent. Ce mois-ci offre un puissant changement énergétique, vous permettant de puiser dans votre force et votre résilience innées. Embrassez les énergies transformatrices et laissez les étoiles vous guider vers la découverte de soi, l'évolution personnelle et un sens renouvelé du but. En vous alignant sur le flux cosmique, vous pouvez manifester des changements positifs et créer un chemin de vie épanouissant.

Meilleurs jours du mois : 3, 15 , 19 , 22 , 25 , 26 et 30 septembre .

Octobre 2024

Horoscope

Octobre 2024 apporte une énergie puissante et transformatrice pour les Scorpions, influencée par les aspects astrologiques. Le sesquiquadrate entre Mercure en Balance et Uranus en Taureau le 2 octobre met en évidence le besoin de flexibilité mentale et d'adaptabilité. Cet aspect vous encourage à adopter de nouvelles idées et des approches innovantes.

Alors que Mercure forme un semi-sextile avec Vénus en Scorpion le 3 octobre, vos compétences en communication sont améliorées, permettant des conversations significatives et intimes dans vos relations. C'est un moment opportun pour exprimer vos émotions et approfondir vos relations.

Vénus, la planète de l'amour et de l'harmonie, forme un biquintile avec le vrai nœud le 3 octobre, vous encourageant à aligner vos activités romantiques sur votre objectif supérieur. Cet aspect vous incite à rechercher des relations qui soutiennent votre croissance personnelle et votre cheminement spirituel.

Le sesquiquadrate entre Vénus en Scorpion et Neptune en Poissons le 3 octobre peut apporter un sentiment d'idéalisme et de sensibilité à votre vie amoureuse. Soyez conscient des illusions potentielles ou des attentes irréalistes et assurez-vous de maintenir des limites saines.

Dans le domaine de la carrière, le quinconce entre Mercure en Balance et Saturne en Poissons le 4 octobre vous pousse à trouver un équilibre entre vos responsabilités professionnelles et votre besoin d'épanouissement personnel. Cela peut nécessiter des ajustements et une planification minutieuse pour atteindre cet équilibre.

Le sesquiquadrate entre le Soleil en Balance et Uranus en Taureau le 4 octobre apporte des changements et des opportunités inattendus dans votre carrière. Embrassez l'élément de surprise et soyez ouvert à de nouvelles voies et possibilités.

Avec Vénus trigone Saturne le 4 octobre, votre dévouement et votre travail acharné dans vos efforts professionnels sont reconnus et récompensés. Cet aspect améliore votre réputation et soutient vos objectifs à long terme.

Aimer

En octobre 2024, l'amour prend une tonalité passionnée et transformatrice pour les Scorpions, grâce aux aspects astrologiques. L'entrée de Vénus en Scorpion le 22 octobre intensifie votre magnétisme et votre attrait, vous rendant irrésistible pour les autres. Ce transit suscite des liens émotionnels profonds et fait naître des expériences profondes dans vos relations.

Le trigone entre Vénus en Scorpion et Saturne en Poissons le 4 octobre apporte stabilité et engagement dans votre vie amoureuse. Vous et votre partenaire pouvez renforcer votre lien grâce à des responsabilités partagées et à un soutien mutuel. Cet aspect favorise la confiance et approfondit votre connexion, ce qui en fait un moment idéal pour des engagements sérieux ou pour faire passer les relations au niveau supérieur.

Le 14 octobre, l'opposition entre Vénus en Sagittaire et Uranus en Taureau apporte des rencontres amoureuses passionnantes et inattendues. Cet aspect peut conduire à des attractions soudaines ou à des opportunités romantiques qui s'écartent de vos préférences habituelles. Embrassez ces expériences inattendues, car elles peuvent entraîner une croissance personnelle et une compréhension élargie de l'amour.

Le trigone entre Vénus et Mars le 8 octobre enflamme la passion et améliore votre connexion physique et émotionnelle avec votre partenaire. Cet aspect encourage les expériences sensuelles et intimes, approfondissant le lien entre vous. C'est le moment d'explorer vos désirs et d'exprimer votre amour avec passion et enthousiasme.

Pour les Scorpions célibataires, l'aspect biquintile entre Vénus et le Vrai Nœud le 22 octobre offre une opportunité de rencontres romantiques transformatrices. Cet alignement peut amener quelqu'un dans votre vie qui s'aligne sur le but de votre âme et soutient votre croissance personnelle et votre cheminement spirituel.

Cependant, il est important de garder à l'esprit le sesquiquadrate entre Vénus en Scorpion et Neptune en Poissons le 3 octobre. Cet aspect peut apporter une sensibilité et un idéalisme accrus, conduisant potentiellement à des attentes irréalistes ou à des illusions amoureuses. Maintenez une communication claire et assurez-vous que vos activités romantiques sont ancrées dans la réalité .

Carrière

Dans le domaine de la carrière, octobre 2024 présente à la fois des défis et des opportunités pour les Scorpions. Les aspects astrologiques influencent vos efforts professionnels et soulignent le besoin d'adaptabilité et de prise de décision stratégique.

L'aspect quinconce entre Mercure en Scorpion et Saturne en Poissons le 27 octobre vous oblige à faire des ajustements dans votre approche du travail. Cet alignement vous encourage à trouver un équilibre entre vos ambitions et les exigences pratiques de votre carrière. Cela peut impliquer de réévaluer vos objectifs à long terme et d'envisager des voies alternatives pour réussir.

L'opposition entre Mercure en Scorpion et Uranus en Taureau le 31 octobre apporte des changements et des percées inattendus dans votre vie professionnelle. Cet aspect peut conduire à des idées innovantes, à des opportunités soudaines ou à des défis inattendus qui nécessitent une réflexion et une adaptabilité rapides. Acceptez l'élément de surprise et faites confiance à votre capacité à gérer les situations imprévues.

Le sextile entre Mars en Cancer et Uranus en Taureau le 24 octobre dynamise votre dynamisme et votre créativité au travail. Cet aspect favorise la prise de risques calculés et la poursuite d'approches uniques pour atteindre vos objectifs professionnels. C'est un moment propice pour affirmer votre individualité et faire des gestes audacieux qui vous démarquent de la foule.

Le sesquiquadrate entre Mercure en Scorpion et Jupiter en Gémeaux le 17 octobre souligne l'importance d'une communication et d'un réseautage efficaces dans votre carrière. Cet aspect vous encourage à élargir vos relations professionnelles, à rechercher des opportunités de collaboration et à partager vos idées en toute confiance. Les événements de réseautage, les conférences ou les rassemblements sociaux liés à votre domaine peuvent être particulièrement fructueux pendant cette période.

Finance

Octobre 2024 apporte un mélange d'aspects favorables et difficiles dans le domaine des finances pour les Scorpions. Il est essentiel d'aborder vos questions financières avec prudence et de prendre des décisions éclairées.

Le trigone entre Vénus en Scorpion et Saturne en Poissons le 4 octobre soutient votre stabilité financière et encourage une gestion responsable de l'argent. Cet aspect favorise les placements à long terme et les plans d'épargne. C'est le bon moment pour revoir vos objectifs financiers et établir une base solide pour votre avenir.

L'opposition entre Vénus en Sagittaire et Uranus en Taureau le 14 octobre peut introduire des opportunités financières ou des dépenses inattendues. Soyez prudent avec les dépenses impulsives et assurez-vous que toutes les décisions financières correspondent à vos objectifs financiers à long terme. Faites preuve de prudence et envisagez de demander conseil à un professionnel avant de prendre des engagements financiers importants.

L'aspect biquintile entre Vénus et le Vrai Nœud le 22 octobre apporte des alignements financiers de bon augure. Cet alignement peut conduire à des rencontres financières fortuites ou à des opportunités qui correspondent au but de votre vie. Restez ouvert aux synchronicités et faites confiance à votre intuition en matière financière.

Le sesquiquadrate entre Vénus en Scorpion et Mars en Cancer le 27 octobre invite à la prudence dans les partenariats financiers ou les ressources partagées. Cet aspect peut créer des tensions ou des luttes de pouvoir liées à des efforts financiers conjoints. Maintenez des limites claires et une communication ouverte pour garantir des résultats équitables.

Santé

En octobre 2024, les aspects astrologiques influencent votre santé et votre bien-être en tant que Scorpion. Il est essentiel de donner la priorité aux soins personnels et de maintenir une approche équilibrée de votre bien-être physique et émotionnel.

L'aspect quinconce entre le Soleil en Scorpion et Neptune en Poissons le 20 octobre met en évidence le besoin de discernement et de modération dans vos routines de santé. Cet alignement vous rappelle d'être conscient de l'évasion potentielle ou de l'indulgence qui peuvent affecter votre bien-être général. Trouver un équilibre entre repos et productivité est crucial durant cette période.

Le sesquiquadrate entre Mercure en Scorpion et Neptune en Poissons le 21 octobre souligne l'importance des soins personnels mentaux et émotionnels. Cet aspect peut apporter une sensibilité ou une confusion accrue, affectant votre capacité à vous concentrer et à prendre des décisions judicieuses. Engagez-vous dans des pratiques telles que la méditation, la journalisation ou la thérapie pour nourrir votre bien-être émotionnel et maintenir la clarté mentale.

Le carré entre Mercure en Scorpion et Pluton en Capricorne le 13 octobre met en évidence le potentiel de luttes de pouvoir ou d'émotions intenses qui peuvent avoir un impact sur votre santé. Il est crucial de trouver des exutoires sains au stress et de gérer les conflits ou les charges émotionnelles. S'engager dans des activités physiques telles que le yoga, le jogging ou la danse peut aider à relâcher la tension et à favoriser le bien-être général.

L'opposition entre le Soleil en Scorpion et Chiron en Bélier le 13 octobre souligne le besoin d'auto-compassion et de guérison. Cet aspect peut faire remonter à la surface des blessures passées ou des déclencheurs émotionnels qui ont un impact sur votre bien-être. Prenez le temps de réfléchir sur vous-même, engagez-vous dans des pratiques de soins personnels et demandez le soutien de vos proches ou de professionnels si nécessaire.

N'oubliez pas d'écouter les besoins de votre corps et d'établir des routines saines qui favorisent l'équilibre et la vitalité. Maintenir une alimentation nutritive, rester hydraté et faire de l'exercice régulièrement sont des piliers fondamentaux de votre bien-être. Privilégiez un sommeil de qualité et autorisez-vous à vous reposer et à vous ressourcer si nécessaire.

Voyage

Octobre 2024 présente des opportunités favorables pour les Scorpions de se lancer dans des voyages transformateurs et d'explorer de nouveaux horizons. Les aspects astrologiques indiquent que les voyages peuvent servir de catalyseur pour la croissance personnelle et la découverte de soi.

L'aspect biquintile entre Vénus et le Vrai Nœud le 21 octobre vous encourage à aligner vos projets de voyage sur votre objectif supérieur. Cet alignement peut entraîner des rencontres ou des expériences fortuites qui contribuent à votre croissance spirituelle et à votre évolution personnelle.

Le sesquiquadrate entre Vénus en Scorpion et Neptune en Poissons le 15 octobre ajoute une touche d'idéalisme et de sensibilité à vos expériences de voyage. Il est essentiel de maintenir des attentes réalistes et de faire preuve de prudence lors de l'exploration de territoires inconnus. Faites confiance à votre intuition et laissez-vous émerveiller par la navigation dans de nouvelles cultures et de nouveaux environnements.

Le trigone entre Vénus en Scorpion et Mars en Cancer le 8 octobre améliore vos expériences de voyage, favorisant l'harmonie et le plaisir pendant vos voyages. Cet aspect suggère que des activités telles que des escapades romantiques, des retraites dans la nature ou des aventures de groupe peuvent être particulièrement enrichissantes pendant cette période.

Lors de la planification de vos voyages, envisagez des destinations qui correspondent à vos intérêts et à vos aspirations. Que vous recherchiez la croissance spirituelle, l'aventure ou l'immersion culturelle, choisissez des lieux qui résonnent avec les désirs de votre âme. S'engager avec les communautés locales, essayer de nouvelles cuisines et explorer des sites historiques peut offrir des expériences enrichissantes.

Cependant, il est important de rester conscient des perturbations potentielles ou des changements inattendus, étant donné l'aspect quinconce entre le Soleil en Balance et Uranus en Taureau le 19 octobre. Restez flexible dans vos projets de voyage et mettez en place des dispositions d'urgence pour faire face à toutes les circonstances imprévues.

Aperçu des étoiles

Les aspects astrologiques d'octobre 2024 indiquent une période de profonde transformation et de croissance personnelle pour les Scorpions. La combinaison d'émotions intenses, de liens profonds et de la volonté de réussir crée une énergie puissante pour la découverte de soi et l'autonomisation.

Les aspects vous encouragent à accepter le changement, à faire confiance à votre instinct et à relever les défis avec résilience. Cette phase de transformation recèle un immense potentiel d'évolution et d'épanouissement personnel. En vous engageant dans l'autoréflexion, en maintenant l'équilibre émotionnel et en poursuivant vos passions avec une détermination inébranlable, vous pouvez exploiter les énergies cosmiques pour manifester des changements positifs dans divers aspects de votre vie.

Jours du mois : 8 , 14 , 22 , 24 , 28 et 31 octobre

Novembre 2024

Horoscope

Novembre 2024 apporte une énergie transformatrice et dynamique pour les Scorpions, influencée par les aspects astrologiques. Ce mois présente des opportunités de croissance, des liens émotionnels profonds et une puissante découverte de soi. Alors que le Soleil se déplace à travers le Scorpion, vous êtes encouragé à embrasser votre force intérieure et à naviguer dans les profondeurs de vos émotions avec courage et résilience.

Le sextile entre Jupiter en Gémeaux et Chiron en Bélier le 2 novembre offre des opportunités de croissance personnelle et de guérison. Cet aspect vous invite à explorer de nouvelles perspectives et à élargir votre compréhension de vous-même et du monde qui vous entoure.

Le trigone de Mercure avec Mars le 2 novembre améliore vos compétences en communication et vos activités intellectuelles. Cet alignement favorise l'affirmation de soi et l'expression efficace, vous permettant d'articuler vos pensées et vos idées avec clarté et confiance.

L'opposition entre Mars en Cancer et Pluton en Capricorne le 3 novembre apporte une intensité et des luttes de pouvoir potentielles dans vos relations et votre carrière. Cet aspect vous encourage à affronter tous les problèmes sous-jacents et à les transformer en sources d'autonomisation personnelle.

Aimer

En novembre 2024, l'amour prend un ton transformateur et passionné pour les Scorpions, influencé par les aspects astrologiques. Ce mois offre des opportunités de liens émotionnels profonds, de croissance personnelle et d'expériences profondes dans vos relations.

L'opposition entre Vénus en Sagittaire et Jupiter en Gémeaux le 3 novembre pourrait apporter des désirs et des perspectives contrastées au sein de vos relations. Cet aspect encourage une communication ouverte et honnête pour combler les lacunes et favoriser la compréhension. Il est important de trouver un équilibre entre la liberté personnelle et le besoin de connexion, en laissant un espace pour la croissance individuelle tout en nourrissant les liens avec votre partenaire.

Le même jour, Vénus forme un trigone avec Chiron en Bélier, créant une atmosphère de guérison et de croissance dans votre vie amoureuse. Cet aspect vous invite à explorer la vulnérabilité et à exprimer vos émotions les plus profondes avec votre partenaire. C'est le moment d'embrasser vos blessures émotionnelles, de partager vos vulnérabilités et de créer un espace sûr pour l'intimité émotionnelle.

Le sesquiquadrate entre le Soleil en Scorpion et Neptune en Poissons le 4 novembre pourrait accroître votre sensibilité et votre idéalisme amoureux. Cet aspect appelle à la clarté et au discernement pour éviter les illusions potentielles ou les attentes irréalistes. Restez ancré dans la réalité tout en maintenant une approche compatissante et empathique de vos relations.

Le trigone entre le Soleil en Scorpion et Saturne en Poissons le 4 novembre apporte stabilité et engagement dans votre vie amoureuse. Cet aspect soutient les relations à long terme et offre une base solide pour la croissance mutuelle et les responsabilités partagées. C'est le moment d'approfondir votre engagement et de construire un partenariat sûr et durable.

Le biquintile entre Vénus et Uranus le 12 novembre favorise la spontanéité et l'excitation amoureuse. Cet aspect peut apporter des rencontres inattendues ou des opportunités romantiques qui s'écartent de vos préférences habituelles. Embrassez l'élément de surprise et soyez ouvert à l'exploration de nouvelles dimensions de l'amour et des relations.

Pour les Scorpions célibataires, l'opposition entre Vénus en Sagittaire et Jupiter en Gémeaux le 3 novembre peut vous inciter à élargir vos horizons et à vous engager dans de nouvelles expériences sociales. Cet alignement vous encourage à sortir de votre zone de confort, à rencontrer de nouvelles personnes et à adopter diverses perspectives dans votre recherche de l'amour.

Carrière

Novembre 2024 présente à la fois des opportunités et des défis dans le domaine de la carrière pour les Scorpions. Les aspects astrologiques influencent vos efforts professionnels, vous encourageant à prendre des risques calculés et à adopter des changements transformateurs.

Le trigone entre Mercure en Scorpion et Mars en Cancer le 2 novembre améliore votre assurance et votre motivation au travail. Cet alignement vous permet de poursuivre vos objectifs de carrière avec passion et détermination, en inspirant ceux qui vous entourent.

Le 12 novembre, le carré entre Mercure en Sagittaire et Saturne en Poissons peut apporter des obstacles ou des retards dans votre progression de carrière. Cet aspect vous pousse à faire preuve de patience, à maintenir la discipline et à aborder les défis avec un état d'esprit stratégique. En persévérant, vous pouvez surmonter les revers et réussir à long terme.

L'opposition entre Mercure en Sagittaire et Jupiter en Gémeaux le 18 novembre encourage l'ouverture d'esprit et une perspective plus large dans vos activités professionnelles. Cet aspect vous incite à adopter de nouvelles idées, à rechercher une croissance intellectuelle et à envisager des approches alternatives à la résolution de problèmes.

Finance

Novembre 2024 a des influences mitigées sur les finances du Scorpion, incitant à une réflexion approfondie et à une prise de décision stratégique. Les aspects astrologiques indiquent la nécessité d'une planification financière et de dépenses conscientes.

L'opposition entre Vénus en Sagittaire et Jupiter en Gémeaux le 3 novembre pourrait apporter des désirs contradictoires en ce qui concerne vos objectifs financiers. Il est important de trouver un équilibre entre profiter du moment présent et épargner pour l'avenir. Cherchez des conseils avisés et envisagez des stratégies financières à long terme avant de prendre des engagements financiers importants.

L'aspect quinconce entre Vénus en Capricorne et Mars en Lion le 14 novembre peut créer des tensions ou des défis liés à vos partenariats financiers ou à vos ressources partagées. Cet alignement vous encourage à maintenir une communication claire, à établir des limites et à garantir des résultats équitables dans les efforts financiers conjoints.

Le carré entre Vénus en Capricorne et Uranus en Taureau le 9 novembre suggère le potentiel de perturbations ou de dépenses financières inattendues. Il est essentiel d'avoir un plan d'urgence et de rester adaptable pour faire face à toute situation financière imprévue.

Santé

En termes de santé, novembre 2024 incite les Scorpions à donner la priorité aux soins personnels et au bien-être émotionnel. Les aspects astrologiques influencent votre vitalité physique et votre équilibre émotionnel, vous incitant à cultiver les deux aspects de votre bien-être.

Le sesquiquadrate entre le Soleil en Scorpion et Neptune en Poissons le 4 novembre souligne l'importance de maintenir des limites claires et de discernement dans vos interactions émotionnelles et énergétiques. Cet aspect vous rappelle de faire la distinction entre vos propres émotions et celles des autres, en protégeant votre énergie et en préservant l'équilibre émotionnel.

Le trigone entre le Soleil en Scorpion et Saturne en Poissons le 4 novembre offre stabilité et discipline dans vos routines de santé. Cet aspect vous encourage à établir des habitudes saines, à pratiquer l'autodiscipline et à adhérer à des régimes de bien-être structurés.

L'opposition entre le Soleil en Scorpion et Uranus en Taureau le 16 novembre pourrait entraîner des perturbations ou des changements inattendus dans votre état de santé. Il est essentiel de rester adaptable et de rechercher l'équilibre au milieu de toutes les circonstances imprévues. Engagez-vous dans des activités de réduction du stress, accordez la priorité au repos et maintenez une approche équilibrée de votre bien-être physique et émotionnel.

Voyage

Novembre 2024 présente des opportunités d'expériences de voyage transformatrices pour les Scorpions. Les aspects astrologiques influencent vos voyages, favorisent la croissance personnelle et élargissent vos horizons.

L'aspect biquintile entre Vénus et Uranus le 12 novembre vous encourage à adopter la spontanéité et à explorer des destinations ou des expériences de voyage non conventionnelles. Cet alignement suscite un sentiment d'aventure et offre des rencontres uniques qui élargissent votre perspective.

Le sesquiquadrate entre Vénus en Capricorne et Mars en Lion le 14 novembre suggère la nécessité d'une planification et d'une organisation minutieuses dans vos préparatifs de voyage. Cet aspect vous rappelle de prêter attention aux détails et à la logistique pour assurer un voyage fluide et agréable.

Envisagez des destinations qui offrent des opportunités d'introspection, de croissance spirituelle ou d'exploration culturelle. Qu'il s'agisse d'une retraite de méditation, d'une ville historique ou d'une merveille naturelle, choisissez des lieux qui correspondent à vos intérêts et à vos désirs.

Aperçu des étoiles

Novembre 2024 indique une période transformatrice de croissance et de découverte de soi pour les Scorpions. En adoptant des liens émotionnels profonds, en prenant des risques calculés dans votre carrière et en trouvant un équilibre dans vos finances, vous pouvez naviguer ce mois-ci avec grâce et résilience. N'oubliez pas de donner la priorité à votre bien-être physique et émotionnel, en vous engageant dans des pratiques de soins personnels et en maintenant des limites claires. Faites confiance au pouvoir transformateur de vos expériences et à la sagesse des étoiles alors que vous continuez à évoluer dans votre cheminement personnel.

Jours du mois : 2 , 12 , 18 , 20 , 24 , 27 et 30 novembre

Décembre 2024

Horoscope

Décembre 2024 apporte un mélange d'énergies transformatrices et d'opportunités de croissance pour les Scorpions, influencées par les aspects astrologiques. Ce mois-ci vous encourage à plonger profondément dans vos émotions, à réfléchir sur l'année écoulée et à vous préparer à un nouveau chapitre de découverte de soi et d'évolution personnelle.

L'aspect biquintile entre Vénus et Jupiter le 1er décembre insuffle à vos relations optimisme et un sentiment d'expansion. Cet alignement favorise l'harmonie et vous encourage à embrasser la joie et l'abondance au sein de vos relations.

Le trigone de Mercure avec Chiron le 2 décembre favorise la guérison et la croissance de votre communication. Cet aspect vous permet d'exprimer vos émotions et d'engager des conversations qui apportent compréhension et empathie à vos relations.

Alors que Vénus trigone à Uranus le 2 décembre, des opportunités romantiques excitantes et inattendues peuvent se présenter. Cet alignement vous encourage à vivre de nouvelles expériences et à explorer des chemins uniques vers l'amour et la connexion.

Aimer

En décembre 2024, l'amour prend un ton transformateur et introspectif pour les Scorpions, influencé par les aspects astrologiques. Ce mois offre des opportunités pour des connexions émotionnelles profondes, une réflexion sur soi et l'exploration d'expériences d'amour profondes.

L'aspect biquintile entre Vénus et Jupiter le 1er décembre insuffle à votre vie amoureuse un sentiment d'optimisme et d'expansion. Cet alignement vous encourage à embrasser l'abondance d'amour et de joie à votre disposition. C'est le moment d'ouvrir votre cœur à de nouvelles possibilités, que vous soyez célibataire ou en couple.

Le 2 décembre, Mercure forme un trigone avec Chiron, créant un environnement propice à la guérison et à la croissance de vos relations amoureuses. Cet aspect vous invite à engager des conversations sincères, à exprimer vos émotions et à explorer les aspects vulnérables de vos relations. Une communication honnête peut favoriser une compréhension plus profonde et renforcer les liens avec votre partenaire.

Le trigone entre Vénus en Capricorne et Uranus en Taureau le 2 décembre vous offre des opportunités romantiques inattendues et passionnantes. Cet alignement vous encourage à adopter la spontanéité et à saisir le frisson des nouvelles connexions. Soyez ouvert aux expériences non conventionnelles et laissez l'amour se déployer de manière surprenante.

Le carré entre Vénus en Verseau et Mars en Lion le 12 décembre crée une énergie dynamique et passionnée dans votre vie amoureuse. Cet aspect enflamme votre désir et intensifie la connexion avec votre partenaire. C'est le moment d'embrasser la passion, d'explorer vos désirs les plus profonds et d'exprimer votre affection avec audace.

Carrière

Décembre 2024 présente des opportunités de croissance professionnelle et de progrès pour les Scorpions. Les aspects astrologiques influencent votre secteur de carrière, vous incitant à poursuivre vos objectifs avec détermination et réflexion stratégique.

L'opposition entre Mercure en Sagittaire et Jupiter en Gémeaux le 4 décembre peut apporter des idées ou des croyances contradictoires dans vos efforts professionnels. Cet aspect vous encourage à considérer plusieurs perspectives et à engager un dialogue ouvert pour trouver des solutions créatives. Évitez de vous dépasser et concentrez-vous sur vos objectifs à long terme.

Le carré entre le Soleil en Sagittaire et Saturne en Poissons le 4 décembre peut présenter des défis ou des retards dans votre cheminement de carrière. Cet aspect vous rappelle de rester patient et discipliné, de respecter vos responsabilités et de travailler avec diligence pour surmonter les obstacles.

L'aspect biquintile entre Mars et Saturne le 4 décembre apporte un mélange harmonieux d'ambition et de discipline à vos activités professionnelles. Cet alignement soutient la planification stratégique, un effort constant et une approche méthodique pour atteindre vos objectifs professionnels.

Finance

En termes de finances, décembre 2024 incite les Scorpions à faire preuve de prudence et à s'engager dans des prises de décision pratiques. Les aspects astrologiques influencent votre secteur financier, soulignant l'importance de la budgétisation, de la planification à long terme et de l'examen attentif des investissements.

Le demi-carré entre Vénus en Verseau et Saturne en Poissons le 5 décembre pourrait amener un besoin de retenue et de discipline dans vos choix financiers. Cet aspect vous encourage à prioriser la stabilité financière et à prendre des décisions responsables concernant vos ressources.

Le carré entre Vénus en Verseau et Uranus en Taureau le 28 décembre pourrait créer des perturbations financières ou des dépenses inattendues. Il est essentiel d'avoir un plan d'urgence et de rester adaptable pour faire face à toute situation financière imprévue.

Prenez le temps de revoir vos objectifs financiers et d'établir une base solide pour votre croissance future. Demandez conseil à des professionnels de la finance si besoin et évitez les dépenses impulsives.

Santé

Décembre 2024 met en évidence l'importance des soins personnels et de l'équilibre dans votre bien-être physique et émotionnel. Les aspects astrologiques influencent votre secteur de la santé, vous incitant à privilégier le repos, le rajeunissement et les pratiques conscientes.

Le demi-carré entre le Soleil et Vénus le 11 décembre peut apporter un besoin d'équilibre dans votre routine de soins personnels. Cet aspect vous rappelle de répondre à la fois à vos besoins physiques et émotionnels, en trouvant l'harmonie entre le travail et la détente.

L'opposition entre Vénus en Verseau et Mars en Lion le 12 décembre pourrait créer des tensions ou des conflits entre vos désirs de plaisir et le besoin de discipline pour maintenir une bonne hygiène de vie. Efforcez-vous de modération et trouvez un équilibre qui vous permette de profiter de la saison des fêtes tout en cultivant votre bien-être.

Participez à des activités de réduction du stress, telles que la méditation, le yoga ou passez du temps dans la nature. Privilégiez un sommeil de qualité et des repas nourrissants pour soutenir votre vitalité globale.

Voyage

Décembre 2024 offre des opportunités d'expériences de voyage significatives qui élargissent vos horizons et approfondissent votre compréhension du monde. Les aspects astrologiques influencent votre secteur du voyage, favorisant l'exploration et l'immersion culturelle.

L'aspect biquintile entre Vénus et Jupiter le 1er décembre suscite un sentiment d'aventure et vous incite à vous lancer dans des voyages qui élargissent vos connaissances et votre vision du monde. Envisagez des destinations qui offrent de riches expériences culturelles, une signification historique ou une illumination spirituelle.

Le carré entre Vénus en Verseau et Uranus en Taureau le 28 décembre pourrait créer des changements ou des perturbations inattendus dans vos projets de voyage. Il est conseillé d'avoir des itinéraires flexibles et de faire les ajustements nécessaires pour tenir compte des circonstances imprévues.

Saisissez l'opportunité de vous connecter avec des personnes de cultures différentes, d'apprendre de nouvelles langues et de vous immerger dans les coutumes et traditions locales des lieux que vous visitez. Adoptez des pratiques de voyage conscientes, en respectant l'environnement et les communautés que vous rencontrez.

Aperçu des étoiles

Les aspects astrologiques de décembre 2024 apportent un mélange de défis et d'opportunités pour les Scorpions. En adoptant les énergies transformatrices, en favorisant une communication ouverte et en maintenant une approche disciplinée, vous pouvez naviguer ce mois-ci avec résilience et croissance. N'oubliez pas de donner la priorité à votre bien-être physique et émotionnel, de prendre des décisions stratégiques concernant vos finances et votre carrière, et de vous engager dans des expériences de voyage significatives qui élargissent votre perspective. Faites confiance à la sagesse des étoiles alors que vous entreprenez le voyage de la découverte de soi et préparez-vous pour l'année à venir.

Meilleurs jours du mois : 2 , 10 , 12 , 19 , 20 , 23 et 31 décembre .

HOROSCOPE SAGITTAIRE 2024

Aperçu Sagittaire 2024

Sagittaire, l'année 2024 sera pour vous une année d'exploration, de croissance et de découverte de soi. Les mouvements planétaires tout au long de l'année indiquent une période d'opportunités et de défis qui façonneront profondément votre vie. L'alignement du Soleil, de Mercure, de Vénus, de Mars et de Jupiter jouera un rôle crucial dans divers aspects de votre vie, y compris votre carrière, vos relations, votre santé et votre développement personnel. Approfondissons ce que l'année vous réserve.

L'année démarre avec une explosion d'énergie dans votre secteur de carrière. La conjonction entre Mercure et Uranus en Taureau en mai est un signal cosmique pour l'innovation. C'est le moment de sortir des sentiers battus. Votre créativité sera votre devise, alors investissez-la judicieusement. De nouvelles idées afflueront et vous pourriez vous retrouver au milieu de projets révolutionnaires. Cependant, un grand pouvoir s'accompagne d'une grande responsabilité. Le carré entre Mars et Pluton en juin est un rappel de la prudence. Des conflits sur le lieu de travail et des luttes de pouvoir peuvent survenir. Il est essentiel de maintenir votre intégrité et de rester fidèle à vos valeurs.

Alors que vous entrez dans la seconde moitié de l'année, l'aspect financier occupe le devant de la scène. Le sextile entre Vénus et Chiron en juin est un baume cicatrisant pour toutes les blessures financières que vous pourriez avoir. C'est une période de récupération financière. Réévaluez vos objectifs financiers et n'ayez pas peur de faire les ajustements nécessaires. Le réseautage est essentiel pendant cette période. Le quintile entre Vénus et le vrai nœud en juin suggère que l'établissement des bonnes connexions peut ouvrir des portes à des opportunités financières.

Dans le domaine des relations et de la vie sociale, le carré entre Vénus et Neptune en juin indique une période de confusion ou d'incompréhension. Vous pouvez vous retrouver à remettre en question vos relations ou à vous sentir incertain de vos sentiments. Il est important de communiquer clairement et honnêtement pendant cette période et de rechercher la clarté si nécessaire. N'oubliez pas que chaque relation a ses hauts et ses bas. C'est la façon dont vous relevez ces défis qui compte vraiment.

Le sextile entre Mercure et le vrai nœud en juin suggère que la communication sera essentielle pendant cette période. Qu'il s'agisse d'une relation amoureuse, d'une amitié ou d'un lien professionnel, assurez-vous d'exprimer clairement vos pensées et vos sentiments. C'est aussi le moment idéal pour élargir votre cercle social et rencontrer de nouvelles personnes.

En termes de santé et de bien-être, le sesquiquadrate entre le Soleil et Chiron en juin suggère une période de guérison et de récupération. C'est le bon moment pour se concentrer sur les pratiques de soins personnels et de bien-être. Qu'il s'agisse de commencer un nouveau régime de remise en forme, d'adopter une alimentation plus saine ou de suivre une thérapie, prenez des mesures pour améliorer votre santé et votre bien-être.

La dernière partie de l'année apporte de la vitalité. Le sextile entre le Soleil et Chiron en juin indique également une période de haute énergie et de vitalité. Utilisez cette énergie pour poursuivre des activités que vous aimez et qui contribuent à votre santé. Cela peut aller de la randonnée dans la nature à la pratique d'un nouveau sport.

L'année 2024 sera une année importante pour votre croissance spirituelle et votre développement personnel. Le quintile entre Jupiter et Saturne en mai suggère une période d'apprentissage et de croissance spirituelle. Vous pouvez vous sentir attiré par des études philosophiques ou spirituelles qui peuvent vous aider à comprendre le monde de manière plus profonde.

La conjonction entre Vénus et Pluton en juillet suggère une période de profonde transformation et de croissance personnelle. C'est le moment d'accepter le changement et de vous permettre de grandir et d'évoluer. Qu'il s'agisse de changer de vieilles habitudes, d'adopter de nouvelles perspectives ou de se lancer dans un nouveau voyage, adoptez les transformations qui se présentent à vous.

Le quintile entre Jupiter et le vrai nœud en décembre indique une période d'alignement spirituel et de but. Vous pouvez trouver un plus grand sens du but et de la direction dans votre vie, et vos actions peuvent être guidées par un appel plus élevé. C'est le moment d'aligner vos actions sur vos croyances et valeurs spirituelles.

Le demi-carré entre Mercure et Neptune en mai, et le carré entre Soleil et Neptune en décembre, suggèrent des périodes de confusion et d'incertitude. Ces temps peuvent remettre en question vos croyances et vous obliger à remettre en question vos hypothèses. Cependant, ces périodes d'incertitude peuvent également conduire à plus de clarté et de compréhension. Utilisez ces moments pour réfléchir à vos croyances et rechercher des vérités plus profondes.

Sagittaire, 2024 est une mosaïque d'expériences. Avec ses hauts et ses bas, elle promet d'être une année qui laissera une marque indélébile dans votre âme. Votre carrière verra des vagues de créativité, mais il est essentiel de les naviguer avec sagesse. Financièrement, l'année est prometteuse, mais elle nécessite une gestion avisée et l'établissement de liens qui correspondent à vos objectifs.

Dans les relations, la communication sera votre point d'ancrage. C'est une année pour forger des liens qui résonnent avec votre être intérieur. Votre santé et votre bien-être ont besoin d'attention, et l'intégration de pratiques qui nourrissent votre âme sera bénéfique.

Spirituellement, cette année est un voyage intérieur. C'est une quête de sagesse supérieure et d'embrasser la métamorphose qui est inévitable.

Alors que vous traversez les jours et les mois de 2024, rappelez-vous que les étoiles sont vos alliées. Écoutez leurs murmures, dansez à leur rythme mais ne perdez jamais de vue la flamme intérieure qui vous guide.

Que 2024 soit une année où vous atteindrez de nouveaux sommets, plongerez dans de nouvelles profondeurs et saisirez les possibilités illimitées qui vous attendent.

Janvier 2024

Horoscope

En janvier 2024, les individus Sagittaire connaîtront une période dynamique et transformatrice. Les aspects planétaires indiquent un mélange de défis et d'opportunités, exhortant les Sagittaires à adopter le changement et la croissance personnelle. Le mois commence par un aspect carré entre Vénus en Sagittaire et Saturne en Poissons, soulignant les conflits potentiels entre les désirs personnels et les responsabilités. Cela peut entraîner un sentiment de frustration et de limitation. Cependant, cela présente également une opportunité pour les Sagittaires de trouver un équilibre entre leurs aspirations et leurs obligations pratiques.

Le 3 janvier, Vénus forme un aspect en quinconce avec Jupiter, soulignant la nécessité pour les Sagittaires de faire des ajustements dans leurs relations et leurs questions financières. La communication est cruciale pendant cette période, car Mercure quintile Saturne, encourageant des discussions réfléchies et structurées. De plus, Vénus forme un aspect sesquiquadrate avec le vrai nœud, ce qui suggère que les Sagittaires pourraient avoir besoin de réévaluer leurs liens sociaux et de s'aligner sur des individus qui partagent leurs objectifs à long terme.

Mars, la planète de l'action et de l'énergie, semi-sextile Pluton le 3 janvier, stimulant une forte volonté de transformation personnelle. Cet aspect permet aux Sagittaires de libérer les anciens schémas et d'adopter une version plus autonome et authentique d'eux-mêmes. Le Soleil quintile Neptune le même jour, améliorant leur intuition et leur expression créative.

Aimer

Pour le Sagittaire, janvier 2024 présente une période passionnante pour l'amour et les relations. Vénus, la planète de l'amour, influence votre signe, apportant un sentiment de passion et de désir. Cependant, l'aspect carré entre Vénus en Sagittaire et Saturne en Poissons le 1er janvier peut introduire des tensions et des défis dans vos relations. Il est crucial de communiquer ouvertement et honnêtement avec votre partenaire pendant cette période pour résoudre les conflits qui pourraient survenir.

Au fur et à mesure que le mois avance, l'aspect quinconce entre Vénus en Sagittaire et Jupiter en Taureau le 3 janvier pourrait créer un sentiment de déséquilibre et d'ajustement dans votre vie amoureuse. Cet alignement peut vous obliger à réévaluer vos priorités et à trouver un équilibre harmonieux entre vos désirs personnels et les besoins de votre partenaire.

Dans l'ensemble, le mois recèle un potentiel de croissance et d'approfondissement des connexions. Le trigone entre Vénus en Sagittaire et Chiron en Bélier le 11 janvier apporte une guérison émotionnelle et l'opportunité de renforcer les liens avec vos proches. En se concentrant sur la communication ouverte, la confiance et la compréhension, le Sagittaire peut relever les défis et vivre un mois d'amour épanouissant et passionné.

Carrière

En termes de carrière, janvier 2024 apporte des opportunités prometteuses pour le Sagittaire. L'alignement entre Mercure et Saturne le 3 janvier indique une période de concentration mentale et de discipline. Cet aspect permet au Sagittaire d'aborder son travail avec clarté et précision, permettant une prise de décision et une résolution de problèmes efficaces.

Le trigone entre Mars en Sagittaire et Jupiter en Taureau le 12 janvier amplifie votre ambition et votre dynamisme, offrant des circonstances favorables à l'avancement professionnel. Cet alignement encourage le Sagittaire à prendre des risques calculés et à poursuivre ses objectifs avec détermination.

Cependant, l'aspect carré entre Vénus en Sagittaire et Neptune en Poissons le 19 janvier peut introduire une certaine confusion et des attentes irréalistes sur le lieu de travail. Il est essentiel pour le Sagittaire de rester ancré et pratique pendant cette période, en évitant les décisions impulsives ou en se laissant emporter par des idées grandioses.

Dans l'ensemble, janvier présente un mois de progrès et de croissance dans votre carrière. En utilisant votre optimisme naturel, votre adaptabilité et votre volonté de relever de nouveaux défis, le Sagittaire peut faire des progrès significatifs et réussir professionnellement.

Finance

Financièrement, janvier 2024 offre à la fois des opportunités et des défis pour le Sagittaire. L'aspect semi-sextile entre Mars en Sagittaire et Pluton en Capricorne le 3 janvier suggère la nécessité d'une planification financière et d'une gestion des ressources prudentes. Il est crucial pour le Sagittaire d'éviter les dépenses impulsives et de se concentrer sur la stabilité financière à long terme.

L'aspect biquintile entre Vénus en Sagittaire et Jupiter en Taureau le 8 janvier apporte une énergie positive et des gains financiers potentiels. Cet alignement favorise les opportunités d'investissement et les projets financiers. Cependant, il est important d'aborder ces opportunités avec prudence et une recherche approfondie pour éviter les risques inutiles.

L'aspect semi-carré entre Vénus en Sagittaire et Pluton en Capricorne le 10 janvier pourrait créer des tensions financières et des luttes de pouvoir. Il est conseillé au Sagittaire de faire preuve de prudence financière et d'éviter de s'engager dans des conflits financiers pendant cette période.

En maintenant une approche équilibrée des finances et en faisant preuve d'autodiscipline, le Sagittaire peut relever les défis et faire des progrès significatifs dans ses efforts financiers.

Santé

Janvier 2024 met en évidence l'importance des soins personnels et du bien-être général pour le Sagittaire. L'aspect carré entre le Soleil en Capricorne et Chiron en Bélier le 6 janvier peut faire apparaître des blessures et des vulnérabilités émotionnelles. Il est essentiel pour le Sagittaire de donner la priorité à sa santé mentale et émotionnelle pendant cette période et de demander le soutien de ses proches ou de professionnels si nécessaire.

Le trigone entre Mars en Sagittaire et Jupiter en Taureau le 12 janvier améliore votre vitalité physique et vos niveaux d'énergie. Cet alignement offre une excellente occasion pour le Sagittaire de s'engager dans des activités physiques, des routines d'exercice et d'adopter un mode de vie plus sain dans l'ensemble.

Cependant, l'aspect carré entre le Soleil en Verseau et Jupiter en Taureau le 27 janvier peut conduire à un certain excès ou à un manque de discipline en termes de santé et de bien-être. Il est crucial pour le Sagittaire de maintenir une approche équilibrée et d'éviter les comportements excessifs pendant cette période.

En donnant la priorité aux soins personnels, en maintenant un mode de vie équilibré et en recherchant un soutien émotionnel en cas de besoin, le Sagittaire peut profiter d'une bonne santé et de vitalité tout au long du mois de janvier.

Voyage

Janvier 2024 présente des opportunités favorables de voyage et d'exploration pour le Sagittaire. L'aspect semi-sextile entre Uranus en Taureau et le Vrai Nœud en Bélier le 23 janvier apporte des possibilités de voyage inattendues et la possibilité d'élargir vos horizons. Les individus Sagittaire peuvent être attirés par des voyages spontanés ou des expériences de voyage uniques pendant cette période.

La conjonction entre Vénus et Pluton en Capricorne le 30 janvier renforce encore le potentiel d'expériences de voyage transformatrices. Cet alignement peut impliquer des voyages qui entraînent une croissance personnelle, une découverte de soi ou une compréhension plus profonde de différentes cultures et perspectives.

Cependant, il est important pour le Sagittaire de tenir compte des aspects pratiques tels que les contraintes de budget et de temps avant de se lancer dans des projets de voyage. La planification et la préparation sont essentielles pour tirer le meilleur parti de ces opportunités de voyage.

En adoptant l'esprit d'aventure et en maintenant une approche flexible, le Sagittaire peut tirer le meilleur parti des opportunités de voyage présentées en janvier.

Aperçu des étoiles

Les étoiles conseillent au Sagittaire de se concentrer sur les soins personnels, une communication efficace et le maintien d'un sens de l'équilibre dans tous les efforts. En exploitant sa curiosité naturelle, son optimisme et son esprit aventureux, le Sagittaire peut saisir les opportunités présentées en janvier 2024 et créer un mois épanouissant et réussi.

Meilleurs jours du mois : 11, 12 , 19 , 23 , 26 , 28 , 30 janvier .

Février 2024

Horoscope

Février 2024 présente une période de transformation pour les individus Sagittaire, car les alignements célestes encouragent une introspection profonde, la croissance personnelle et des changements significatifs. Ce mois recèle le potentiel de transformations profondes dans divers aspects de la vie, exhortant le Sagittaire à saisir les opportunités d'auto-réflexion et d'avancement.

La conjonction entre le Soleil et Mercure en Poissons le 28 février signifie une période d'intuition et de conscience de soi accrues pour le Sagittaire. Cet alignement favorise une introspection profonde et encourage les individus à explorer leurs pensées et leurs émotions les plus intimes. C'est le moment de gagner en clarté, de prendre des décisions importantes et de se lancer dans un voyage de découverte de soi.

Tout au long du mois, les individus Sagittaire sont appelés à donner la priorité à leur bien-être émotionnel et à s'engager dans des routines de soins personnels. L'aspect semi-carré entre Mars en Verseau et Neptune en Poissons le 2 février incite à la prudence face aux efforts physiques excessifs et au besoin de repos. Maintenir une hygiène de vie équilibrée et être à l'écoute des besoins de l'organisme seront cruciaux durant cette période.

De plus, les aspects célestes de février inspirent le Sagittaire à entretenir des liens plus profonds dans leurs relations. L'aspect carré entre Vénus en Capricorne et Chiron en Bélier le 5 février offre l'opportunité d'une guérison émotionnelle et d'une croissance au sein des partenariats. Une communication honnête et ouverte jouera un rôle essentiel dans la résolution des conflits sous-jacents ou des blessures non résolues.

Aimer

En matière d'amour, février 2024 encourage les Sagittaires à se concentrer sur la guérison émotionnelle et à renforcer leurs liens. L'aspect carré entre Vénus en Capricorne et Chiron en Bélier le 5 février pourrait faire remonter des blessures et des insécurités passées, incitant le Sagittaire à y faire face dans leurs relations. En adoptant la vulnérabilité et la communication ouverte, le Sagittaire peut favoriser une intimité émotionnelle plus profonde avec son partenaire.

L'aspect sextile entre Vénus en Capricorne et Neptune en Poissons le 13 février améliore les expériences romantiques et favorise un sentiment de compassion et de compréhension. Cet alignement apporte une touche de magie et de romantisme à la vie amoureuse du Sagittaire, permettant des connexions émotionnelles plus profondes et des liens spirituels.

Dans l'ensemble, février invite le Sagittaire à se concentrer sur l'amour de soi, la compassion et l'entretien de leurs relations. En acceptant la vulnérabilité, en pratiquant l'écoute active et en favorisant un environnement favorable, le Sagittaire peut créer une base solide pour l'amour et cultiver des liens significatifs.

Carrière

Côté carrière, février 2024 présente des opportunités de croissance professionnelle et de réussite pour le Sagittaire. La conjonction entre Mercure et Pluton en Verseau le 5 février apporte une énergie transformatrice et une acuité mentale accrue. Cet alignement permet au Sagittaire d'aborder son travail avec une réflexion stratégique et de l'innovation.

L'aspect trigone entre Vénus en Capricorne et Uranus en Taureau le 7 février stimule la créativité et le potentiel d'avancements de carrière inattendus. Les individus Sagittaire peuvent se retrouver à explorer de nouvelles avenues ou à entreprendre des projets passionnants pendant cette période.

Cependant, l'aspect carré entre Mercure en Poissons et Jupiter en Taureau le 10 février peut créer des défis en termes de communication et de prise de décision. Il est crucial pour le Sagittaire de rester diligent, de rechercher la clarté et d'éviter de se précipiter dans des choix de carrière importants pendant cette période.

En exploitant leur optimisme naturel, leur adaptabilité et leur réflexion stratégique, le Sagittaire peut faire des progrès significatifs dans ses efforts de carrière en février.

Finance

Financièrement, février 2024 appelle à la prudence et à l'aspect pratique pour le Sagittaire. L'aspect semi-carré entre Vénus en Capricorne et Saturne en Poissons le 10 février pourrait introduire des restrictions et des défis financiers. Il est important pour le Sagittaire de faire preuve de discipline financière et d'éviter les dépenses impulsives pendant cette période.

La conjonction entre Vénus et Mars en Verseau le 22 février offre des opportunités de croissance financière et de stabilité. Cet alignement encourage le Sagittaire à explorer de nouvelles sources de revenus, à investir judicieusement et à envisager des objectifs financiers à long terme.

Cependant, l'aspect carré entre Vénus en Verseau et Jupiter en Taureau le 24 février peut créer une tendance à la dépense excessive ou à l'indulgence. Il est crucial pour le Sagittaire de maintenir une approche équilibrée des finances, de pratiquer la budgétisation et d'éviter les risques inutiles.

En étant conscient de ses décisions financières, en se fixant des objectifs réalistes et en adoptant une approche disciplinée, le Sagittaire peut assurer la stabilité financière et la croissance en février.

Santé

Février 2024 met en évidence l'importance des soins personnels et du bien-être émotionnel pour le Sagittaire. L'aspect semi-carré entre Mars en Verseau et Neptune en Poissons le 28 février pourrait poser des défis à l'énergie physique et à la vitalité. Il est important pour le Sagittaire de donner la priorité aux pratiques de repos, de relaxation et de soins personnels pour maintenir un équilibre sain.

L'aspect sextile entre Mercure en Poissons et Chiron en Bélier le 15 février soutient la guérison émotionnelle et encourage le Sagittaire à remédier à tout déséquilibre émotionnel ou traumatisme passé. Cet alignement offre une opportunité d'introspection, de thérapie ou de recherche de soutien auprès d'êtres chers.

Dans l'ensemble, les personnes Sagittaire devraient se concentrer sur le maintien d'un mode de vie sain, sur leur bien-être émotionnel et sur l'intégration d'activités qui favorisent la relaxation et le soulagement du stress. En donnant la priorité aux soins personnels, le Sagittaire peut surmonter tous les problèmes de santé et favoriser le bien-être général en février.

Voyage

Février 2024 présente des opportunités de voyage et d'exploration pour le Sagittaire. L'aspect sextile entre Vénus en Verseau et Mars en Verseau le 22 février encourage les expériences de voyage spontanées et aventureuses. Les individus Sagittaire peuvent se retrouver attirés par des destinations uniques ou s'engager dans des activités qui élargissent leurs horizons.

Cependant, il est important pour le Sagittaire de tenir compte des aspects pratiques tels que les contraintes de budget et de temps avant de planifier un voyage. Planifier à l'avance , rechercher des destinations et être flexible dans leurs itinéraires garantiront une expérience de voyage fluide et épanouissante.

En embrassant son amour de l'aventure, en recherchant de nouvelles expériences et en s'immergeant dans différentes cultures, le Sagittaire peut tirer le meilleur parti des opportunités de voyage présentées en février.

Aperçu des étoiles

Les étoiles encouragent le Sagittaire à embrasser sa nature intuitive, à maintenir une communication ouverte dans les relations et à aborder ses efforts avec patience et pleine conscience. En exploitant son optimisme naturel, son adaptabilité et sa réflexion stratégique, le Sagittaire peut relever les défis et saisir les opportunités présentées en février.

Jours du mois : 7 , 13 , 15 , 22 , 24 , 28 et 29 février .

Mars 2024

Horoscope

Mars 2024 apporte une énergie dynamique et transformatrice pour les individus Sagittaire. Ce mois recèle un potentiel de croissance personnelle significative, de guérison émotionnelle et d'opportunités passionnantes. Les aspects célestes invitent le Sagittaire à embrasser sa nature intuitive, à explorer ses profondeurs émotionnelles et à trouver un équilibre entre l'introspection et l'action.

La conjonction entre le Soleil et Neptune en Poissons le 17 mars amplifie les capacités spirituelles et intuitives du Sagittaire. Cet alignement encourage une introspection profonde, une réflexion sur soi et une connexion avec leur sagesse intérieure. Le Sagittaire peut se trouver attiré par des pratiques spirituelles, la méditation ou des efforts créatifs qui lui permettent de puiser dans sa conscience supérieure.

De plus, l'aspect sextile entre le Soleil en Bélier et Jupiter en Taureau le 1er mars renforce l'optimisme du Sagittaire et ouvre les portes à la croissance et à l'expansion. Cet alignement alimente l'esprit aventureux du Sagittaire et l'encourage à saisir de nouvelles opportunités avec confiance et enthousiasme.

Cependant, il est important que le Sagittaire soit conscient de l'aspect carré entre Vénus en Poissons et Uranus en Taureau le 3 mars. Cet alignement met en garde contre les prises de décision impulsives ou les changements soudains dans les relations ou les finances. Il est conseillé au Sagittaire d'aborder ces domaines de la vie avec prudence, en maintenant la stabilité et en tenant compte des implications à long terme de ses choix.

Dans l'ensemble, mars présente une période de découverte de soi, de croissance spirituelle et de possibilités passionnantes pour le Sagittaire. En embrassant leur nature intuitive, en entretenant leurs relations et en restant ancré dans l'aspect pratique, le Sagittaire peut tirer le meilleur parti de l'énergie transformatrice et créer un impact positif dans divers aspects de sa vie.

Aimer

En matière d'amour, mars 2024 invite les Sagittaires à explorer leurs profondeurs émotionnelles et à approfondir leurs relations. La conjonction entre Vénus et Saturne en Poissons le 21 mars apporte un sentiment de stabilité et d'engagement dans les relations. Les individus Sagittaire peuvent éprouver un niveau plus profond d'intimité émotionnelle et un sentiment de loyauté plus fort.

L'aspect semi-sextile entre Vénus en Poissons et Chiron en Bélier le 26 mars souligne l'importance de guérir et de traiter toute blessure émotionnelle dans les relations. Cet alignement encourage la communication ouverte, la vulnérabilité et le soutien mutuel.

Dans l'ensemble, March encourage le Sagittaire à donner la priorité au bien-être émotionnel, à favoriser une communication ouverte et honnête et à embrasser le pouvoir transformateur de l'amour. En entretenant leurs relations et en honorant leurs besoins émotionnels, le Sagittaire peut vivre des relations profondes et significatives.

Carrière

Sur le plan professionnel, mars 2024 présente des opportunités de croissance et d'expansion pour le Sagittaire. L'aspect sextile entre Mercure en Bélier et Pluton en Verseau le 10 mars améliore la communication et permet au Sagittaire d'exprimer ses idées et ses opinions en toute confiance. Cet alignement soutient la réflexion stratégique et les approches innovantes du travail.

L'aspect semi-sextile entre Mercure en Bélier et Saturne en Poissons le 16 mars souligne l'importance de la discipline et de la persévérance en matière de carrière. Les individus Sagittaire sont encouragés à rester concentrés et diligents dans leurs activités, car cet alignement améliore la productivité et le succès à long terme.

Cependant, la conjonction entre Mercure et Chiron en Bélier le 20 mars pourrait susciter des insécurités ou des doutes dans le domaine de la carrière. Il est crucial pour le Sagittaire de relever ces défis émotionnels et de demander du soutien en cas de besoin.

En adoptant sa curiosité naturelle, son adaptabilité et sa réflexion stratégique, le Sagittaire peut faire des progrès significatifs dans ses efforts de carrière en mars.

Finance

Financièrement, mars 2024 appelle à la prudence et à l'aspect pratique pour le Sagittaire. L'aspect carré entre Vénus en Poissons et Uranus en Taureau le 3 mars pourrait introduire des défis ou des changements financiers inattendus. Il est important que le Sagittaire reste adaptable et flexible dans son approche des finances pendant cette période.

L'aspect sextile entre Vénus en Poissons et Jupiter en Taureau le 24 mars offre des opportunités de croissance et d'expansion financières. Les personnes du Sagittaire peuvent rencontrer des perspectives financières favorables ou recevoir un soutien de sources inattendues.

Cependant, l'aspect semi-carré entre Vénus en Poissons et Pluton en Verseau le 25 mars avertit le Sagittaire d'éviter les dépenses impulsives ou excessives. Il est crucial de maintenir une approche équilibrée, de pratiquer la budgétisation et de prendre des décisions financières éclairées.

En étant conscient de ses choix financiers, en recherchant des conseils si nécessaire et en maintenant une approche disciplinée, le Sagittaire peut assurer la stabilité financière et la croissance en mars.

Santé

Mars 2024 souligne l'importance de maintenir un équilibre corps-esprit sain pour le Sagittaire. La conjonction entre le Soleil et Neptune en Poissons le 17 mars met l'accent sur le besoin de soins personnels, de repos et de relaxation. Les individus Sagittaire sont encouragés à donner la priorité à leur bien-être mental et émotionnel et à s'engager dans des activités qui favorisent la paix et la tranquillité intérieures.

L'aspect semi-carré entre le Soleil en Bélier et Uranus en Taureau le 25 mars peut apporter une certaine agitation ou un besoin de changement dans les routines physiques. Il est important pour le Sagittaire de trouver un équilibre entre spontanéité et stabilité, en veillant à maintenir un mode de vie cohérent et sain.

Dans l'ensemble, le Sagittaire devrait se concentrer sur les soins personnels, la gestion du stress et le maintien d'un mode de vie équilibré afin de promouvoir une santé et un bien-être optimaux en mars.

Voyage

Mars 2024 présente des opportunités de voyage et d'exploration pour le Sagittaire. L'aspect semi-sextile entre Mars en Poissons et Neptune en Poissons le 19 mars renforce le potentiel d'expériences de voyage spirituelles et transformatrices. Les Sagittaires peuvent se retrouver attirés par des destinations qui offrent un sentiment de paix, de connexion et de découverte de soi.

Cependant, il est important pour le Sagittaire de tenir compte des aspects pratiques tels que les contraintes de budget et de temps avant de planifier un voyage. Planifier à l'avance , rechercher des destinations et être ouvert à des opportunités inattendues vous assureront une expérience de voyage épanouissante et enrichissante.

En embrassant leur amour de l'aventure, en recherchant de nouvelles expériences et en laissant leur intuition les guider, le Sagittaire peut tirer le meilleur parti des opportunités de voyage présentées en mars.

Aperçu des étoiles

Ce mois-ci appelle à un équilibre entre l'intuition et l'action, la guérison émotionnelle et la vulnérabilité, et l'aspect pratique en matière financière.

Meilleurs jours du mois : 6, 10 , 17 , 20 , 21 , 24 et 28 mars .

Avril 2024

Horoscope

Avril devrait être un mois revigorant et transformateur pour les Sagittaires. Les mouvements célestes et les alignements planétaires auront un impact profond sur divers aspects de votre vie, vous incitant à embrasser la croissance personnelle et à rechercher de nouvelles opportunités.

Le semi-sextile entre Mercure en Bélier et Vénus en Poissons le 2 avril améliore vos capacités de communication et apporte un équilibre harmonieux à vos relations. Cet alignement encourage les conversations ouvertes et sincères, vous permettant de vous exprimer avec clarté et compassion. C'est un moment idéal pour résoudre les conflits, approfondir les liens émotionnels et renforcer les liens avec les êtres chers.

Alors que le Soleil semi-sextile Saturne en Poissons le 2 avril, vous ressentirez un sens de la discipline et de la responsabilité dans vos actions. Cet alignement vous permet de surmonter les défis et d'assumer des responsabilités supplémentaires avec grâce et détermination. Votre travail acharné et votre dévouement seront reconnus par vos supérieurs et vos collègues, ce qui pourrait mener à des avancements de carrière ou à un respect professionnel accru.

Aimer

En matière de cœur, la conjonction de Vénus et Neptune en Poissons le 3 avril crée une atmosphère enchanteresse et romantique pour les Sagittaires. Cet alignement augmente votre sensibilité, votre intuition et votre capacité d'empathie, vous permettant de vous connecter profondément avec votre partenaire. C'est le moment des conversations sincères, des gestes tendres et des rêves partagés. Les relations existantes connaîtront un sentiment renouvelé de passion et de proximité émotionnelle.

Pour les célibataires Sagittaire, la conjonction entre Vénus et Neptune offre des opportunités pour une connexion émouvante et spirituelle avec un partenaire potentiel. Vous pouvez vous retrouver attiré par quelqu'un qui partage vos idéaux, vos valeurs et votre vision spirituelle, créant ainsi un lien profond et significatif. Faites confiance à votre instinct et soyez ouvert aux possibilités qui se présentent. Cet alignement vous invite également à cultiver l'amour de soi et l'acceptation de soi, car c'est en honorant vos propres besoins que vous attirerez une relation compatible et épanouissante.

Carrière

Avril présente une période dynamique et proactive pour votre vie professionnelle, Sagittaire. Le semi-sextile du Soleil avec Saturne en Poissons le 2 avril vous imprègne de discipline, de détermination et d'une solide éthique de travail. Vous vous retrouverez plus concentré et engagé envers vos objectifs, ce qui entraînera des progrès significatifs dans votre carrière. Cet alignement souligne également l'importance de maintenir une approche structurée de votre travail, de gérer votre temps efficacement et de faire preuve de fiabilité.

Le demi-carré entre Mercure en Bélier et Mars en Poissons le 6 avril indique un besoin de communication prudente et de prise de décision stratégique. Cet alignement vous rappelle de considérer l'impact potentiel de vos paroles et actions sur les autres. Il est crucial de rester clair, d'éviter l'impulsivité et de réfléchir avant de parler. La collaboration et le travail d'équipe seront essentiels pendant cette période, car des conflits peuvent survenir si vous ne communiquez pas efficacement.

Finance

Avril apporte à la fois des opportunités et des mises en garde pour votre situation financière, Sagittaire. La conjonction de Vénus et Pluton en Bélier le 6 avril suggère le potentiel de croissance financière par le biais d'investissements ou de coentreprises. Cependant, soyez prudent et effectuez des recherches approfondies avant de prendre des décisions financières importantes. Demandez conseil à des professionnels si nécessaire pour vous assurer de faire des choix éclairés et d'atténuer les risques.

Le demi-carré entre Vénus en Bélier et Jupiter en Taureau le 8 avril déconseille les dépenses impulsives et vous invite à adopter une approche équilibrée des finances. Bien qu'il puisse y avoir des tentations de faire des folies ou de se livrer à des extravagances, il est essentiel de maintenir la discipline financière et de se concentrer sur la stabilité à long terme. Passez en revue votre budget, réduisez les dépenses inutiles et accordez la priorité à l'épargne. Envisagez de demander des conseils d'experts ou d'explorer de nouvelles opportunités d'investissement qui correspondent à vos objectifs financiers à long terme.

Santé

Entretenir son bien-être devient essentiel en avril, Sagittaire. Le semi-sextile entre Mars en Poissons et Uranus en Taureau le 3 avril vous encourage à explorer des pratiques et des routines de santé alternatives qui correspondent à vos besoins spirituels et physiques. S'engager dans des activités telles que le yoga, la méditation ou la guérison énergétique peut favoriser votre bien-être général et vous aider à trouver un équilibre intérieur.

Le semi-sextile entre Mercure en Bélier et Uranus en Taureau le 13 avril apporte une stimulation mentale et une pensée novatrice. C'est un excellent moment pour explorer de nouvelles pratiques de santé mentale, s'engager dans des activités créatives ou rechercher des défis intellectuels qui favorisent la croissance et l'expression de soi. Prenez le temps de donner la priorité aux soins personnels et d'écouter les signaux de votre corps. Entretenir votre bien-être physique grâce à une alimentation saine, à des exercices réguliers et à un repos suffisant contribuera à votre vitalité globale.

Voyage

Avril présente des opportunités d'aventures et d'exploration passionnantes pour les individus Sagittaire. La conjonction entre Jupiter et Uranus en Taureau le 20 avril suscite un désir de nouvelles expériences et élargit vos horizons. Cet alignement favorise les voyages alliant aventure, apprentissage et enrichissement spirituel. Que vous vous lanciez dans un voyage physique vers un pays étranger ou que vous vous immergiez dans différentes cultures et systèmes de croyances, il s'agit d'une période de transformation pour élargir votre perspective et embrasser de nouvelles expériences.

De plus, le semi-sextile entre Vénus en Bélier et Uranus en Taureau le 22 avril améliore encore vos perspectives de voyage. Des opportunités inattendues peuvent se présenter, vous permettant d'explorer des destinations uniques ou de vous engager dans des escapades spontanées. Embrassez l'esprit d'aventure et soyez ouvert aux possibilités qu'offrent les voyages. C'est à travers ces expériences que vous acquerrez une meilleure compréhension de vous-même et du monde qui vous entoure.

Aperçu des étoiles

N'oubliez pas d'équilibrer vos ambitions avec les soins personnels et de prendre le temps de nourrir votre bien-être émotionnel et physique. Ce mois transformateur recèle un immense potentiel de croissance, d'épanouissement et d'expansion de vos horizons.

Meilleurs jours du mois : 4, 10 , 19 , 20 , 21 et 24 avril

Mai 2024

Horoscope

Mai apporte une énergie dynamique et transformatrice pour les individus Sagittaire. Les mouvements célestes et les alignements planétaires auront un impact profond sur divers aspects de votre vie, vous incitant à accepter le changement, à rechercher de nouvelles expériences et à approfondir vos relations avec les autres.

Le carré entre Vénus en Taureau et Pluton en Verseau le 1er mai crée une énergie transformatrice dans vos relations et vos affaires financières. Cet alignement apporte intensité et profondeur à votre vie amoureuse, ainsi que le potentiel de transformations financières. C'est le moment de réévaluer vos valeurs, d'abandonner les schémas malsains et d'établir un sentiment plus fort d'estime de soi.

Alors que Mars en Bélier sextile à Pluton en Verseau le 3 mai, vous ressentirez une poussée d'énergie et de détermination dans la poursuite de vos objectifs. Cet alignement vous permet de prendre votre vie en main et de prendre des mesures audacieuses dans votre carrière ou vos projets personnels. C'est une période propice à la planification stratégique et à la prise de risques calculés qui peuvent mener au succès à long terme.

Aimer

En matière de cœur, mai apporte un mélange de passion, de croissance et de guérison pour le Sagittaire. La conjonction entre Vénus et Jupiter en Taureau le 23 mai crée une atmosphère d'amour, de joie et d'expansion dans vos relations. Cet alignement apporte de l'énergie positive, de l'harmonie et un désir accru d'engagement. Les relations existantes prospéreront à mesure que vous et votre partenaire ferez l'expérience d'un lien émotionnel profond et d'aspirations partagées.

Pour les célibataires Sagittaire, cet alignement signale le potentiel d'une rencontre amoureuse significative ou d'un approfondissement d'une connexion avec quelqu'un de spécial. Vous pouvez attirer un partenaire qui partage vos valeurs, votre vision et vos croyances spirituelles. Saisissez les opportunités d'amour et soyez ouvert aux possibilités qui se présentent.

Carrière

Mai présente une période transformatrice et puissante pour votre vie professionnelle, Sagittaire. La conjonction entre le Soleil et Jupiter en Taureau le 18 mai apporte expansion, abondance et opportunités de croissance dans votre carrière. Cet alignement ouvre les portes à de nouvelles entreprises, promotions ou reconnaissance pour votre travail acharné. C'est le moment de prendre des mesures audacieuses, de poursuivre vos ambitions et de mettre en valeur vos compétences et vos talents.

Le semi-sextile entre Mars en Bélier et Saturne en Poissons le 24 mai vous incite à trouver un équilibre entre affirmation de soi et discipline dans votre travail. Cet alignement vous aide à adopter une approche pratique et stratégique de vos objectifs de carrière. Il est important d'être patient, de travailler avec diligence et de rester concentré sur le succès à long terme. Votre dévouement et votre persévérance mèneront à des réalisations importantes.

Finance

Mai apporte un mélange d'opportunités et de défis dans vos affaires financières, Sagittaire. Le demi-carré entre Vénus en Taureau et Neptune en Poissons le 10 mai met en garde contre les dépenses impulsives ou les décisions financières hâtives. Il est essentiel de faire preuve de prudence, de revoir votre budget et de demander l'avis d'un expert avant de faire des investissements ou des engagements importants.

Le trigone entre Vénus en Gémeaux et Pluton en Verseau le 25 mai offre un potentiel de gains financiers grâce à des partenariats stratégiques ou des coentreprises. Cet alignement vous encourage à explorer des approches et des collaborations innovantes qui correspondent à vos objectifs financiers à long terme. Rester vigilant et concentré sur le maintien de la stabilité financière tout en poursuivant les opportunités de croissance.

Santé

Entretenir son bien-être devient essentiel en mai, Sagittaire. Le semi-sextile entre le Soleil en Gémeaux et Chiron en Bélier le 27 mai apporte une prise de conscience accrue de votre santé physique et émotionnelle. Cet alignement vous encourage à résoudre tout problème de santé persistant ou toute blessure émotionnelle. Recherchez des approches de guérison holistiques, engagez-vous dans des pratiques de soins personnels et accordez la priorité à la compassion et à l'acceptation de soi.

La conjonction entre Mars et Chiron en Bélier le 29 mai souligne l'importance de prendre soin de votre bien-être physique et mental. Écoutez les signaux de votre corps, reposez-vous si nécessaire et demandez de l'aide si vous rencontrez des problèmes de santé. Cet alignement vous invite également à vous engager dans des activités qui vous apportent joie, inspiration et nourriture spirituelle.

Voyage

Mai présente des opportunités d'expériences de voyage transformatrices et d'exploration pour les individus Sagittaire. La conjonction entre le Soleil et Uranus en Taureau le 13 mai suscite un désir d'aventure, de liberté et de sortir de votre zone de confort. Cet alignement vous encourage à vous lancer dans des voyages spontanés, à explorer de nouvelles cultures et à vivre des expériences inconnues qui élargissent vos horizons.

Le sextile entre Vénus en Taureau et Saturne en Poissons du 13 mai favorise les projets de voyage alliant détente, épanouissement spirituel et immersion culturelle. C'est un moment propice pour se connecter à différentes perspectives, s'engager dans des conversations significatives et approfondir votre compréhension du monde.

Aperçus des étoiles

Il est essentiel d'aborder les défis avec patience, prudence et esprit stratégique. Équilibrez vos aspirations personnelles et professionnelles avec des soins personnels et une prise de décision consciente. Les étoiles vous aident à aligner vos actions sur vos objectifs à long terme et à vivre une vie fidèle à votre moi authentique.

Meilleurs jours du mois : 13, 18 , 23 , 25 , 27 , 29 et 31 mai .

Juin 2024

Horoscope

Sagittaire, juin 2024 recèle un immense potentiel de croissance et de transformation dans divers aspects de votre vie. Avec le semi-sextile entre Mars en Bélier et Uranus en Taureau le 1er juin, vous ressentirez un élan de motivation et de détermination. Cet alignement enflamme votre esprit aventureux et vous incite à vivre de nouvelles expériences. Faites confiance à votre instinct et saisissez les opportunités qui se présentent à vous, car elles peuvent conduire à des développements passionnants et à une croissance personnelle significative.

L'aspect quintile entre le Soleil et Neptune le 1er juin améliore votre intuition et votre créativité. Votre imagination sera renforcée, ce qui en fera un moment idéal pour les activités artistiques ou l'exploration spirituelle. Utilisez cette influence cosmique pour vous connecter avec votre sagesse intérieure et puiser dans vos aspirations les plus profondes.

Aimer

En matière de cœur, juin apporte une énergie prometteuse pour le Sagittaire. Le sextile entre le Soleil et le Vrai Nœud du 3 juin favorise l'harmonie et la compréhension dans vos relations. Cet alignement encourage une communication ouverte et honnête, vous permettant d'approfondir vos relations avec votre partenaire. Si vous êtes célibataire, cet aspect apporte la possibilité de rencontrer quelqu'un qui partage vos valeurs et vos aspirations pour l'avenir.

Le 4 juin, Vénus et le vrai nœud forment un sextile, intensifiant le potentiel de connexions émouvantes et de rencontres romantiques. La conjonction entre le Soleil et Vénus le même jour amplifie l'énergie de l'amour et de l'harmonie, ce qui en fait un moment idéal pour les gestes romantiques et nourrir les liens existants. Que ce soit dans une relation engagée ou à la recherche de l'amour, June offre une opportunité de cultiver des liens significatifs et de vivre des moments de joie sincères.

Carrière

Sur le plan professionnel, June est la promesse de croissance et de succès pour le Sagittaire. L'aspect trigone entre Jupiter en Gémeaux et Pluton en Verseau le 2 juin vous permet d'embrasser le changement et de réussir grâce à la planification stratégique. Cet alignement favorise la collaboration et le réseautage, vous incitant à vous connecter avec les autres dans votre domaine professionnel. En créant des alliances et en explorant de nouvelles avenues, vous pouvez ouvrir des portes vers des opportunités et des progrès passionnants.

Cependant, le demi-carré entre Mars et Saturne le 14 juin vous rappelle de faire preuve de patience et de persévérance dans vos projets de carrière. Des défis peuvent survenir, mais avec de la détermination et une approche disciplinée, vous pouvez les surmonter. Restez concentré sur vos ambitions à long terme et ne laissez pas les revers vous décourager. Rappelez-vous que chaque obstacle est une opportunité de croissance et d'apprentissage.

Finance

Financièrement, June présente un mélange d'opportunités et de défis. L'aspect quintile entre Mercure et Neptune le 8 juin améliore votre intuition financière, vous permettant de prendre des décisions et des investissements judicieux. Faites confiance à votre instinct, mais demandez également conseil à des professionnels de confiance si nécessaire. Cet alignement favorise les efforts financiers créatifs, tels que l'investissement dans des entreprises artistiques ou l'exploration de nouvelles sources de revenus.

Cependant, l'aspect carré entre Vénus et Saturne le 8 juin peut introduire certaines contraintes financières, vous obligeant à budgétiser et à faire attention à vos dépenses. L'heure n'est pas aux achats impulsifs ni aux décisions financières risquées. Concentrez-vous plutôt sur la stabilité financière à long terme et envisagez de mettre en place un plan d'épargne. En maintenant une approche équilibrée et responsable, vous pouvez relever tous les défis et construire une base solide pour votre avenir.

Santé

En termes de santé et de bien-être, June encourage le Sagittaire à donner la priorité aux soins personnels et au bien-être holistique. Le demi-carré entre Mercure et Chiron le 6 juin vous rappelle de faire attention à votre santé mentale et émotionnelle. Prenez le temps de réfléchir, de gérer vos émotions et de demander de l'aide si nécessaire. S'engager dans des activités qui vous procurent de la joie et pratiquer la pleine conscience contribuera à votre bien-être général.

Juin présente également des opportunités d'activité physique et de rajeunissement. Le semi-sextile entre Mars et Jupiter le 15 juin alimente votre niveau d'énergie et vous incite à faire de l'exercice régulièrement. Qu'il s'agisse d'activités de plein air, de séances d'entraînement en salle de sport ou de séances de yoga, privilégiez le mouvement et la vitalité physique. Équilibrer travail et repos est crucial, alors assurez-vous d'intégrer des moments de détente et de rajeunissement dans votre routine.

Voyage

En ce qui concerne les voyages, juin offre au Sagittaire la possibilité d'explorer de nouveaux horizons et d'élargir ses perspectives. Le demi-carré entre Mercure et Uranus le 22 juin suscite un désir d'aventure et de spontanéité. Embrassez cette énergie cosmique en planifiant un voyage vers une destination qui captive votre imagination. Qu'il s'agisse d'une aventure en solo ou d'une excursion de groupe, voyager en juin peut vous apporter un dépaysement rafraîchissant et approfondir votre appréciation des différentes cultures.

Le semi-sextile entre Vénus et Jupiter le 22 juin renforce le plaisir de voyager et vous incite à rechercher de nouvelles expériences. Embrassez le sens de la découverte et soyez ouvert aux rencontres et opportunités inattendues lors de vos voyages. Découvrez la culture locale, essayez de nouvelles cuisines et plongez dans la beauté de votre environnement. Voyager en juin recèle le potentiel d'expériences transformatrices et de souvenirs inoubliables.

Aperçu des étoiles

Saisissez les opportunités qui se présentent à vous, faites confiance à vos capacités et restez fidèle à vos valeurs. Avec dévouement, persévérance et volonté d'embrasser le changement, vous naviguerez le mois avec grâce et ferez des progrès significatifs vers vos objectifs.

Meilleurs jours du mois : 3, 8 , 13 , 15 , 19 , 24 et 29 juin .

Juillet 2024

Horoscope

En juillet 2024, Sagittaire, vous ferez l'expérience d'un mélange d'influences énergétiques et transformatrices. Le mois commence avec Jupiter en Gémeaux Chiron semi-carré en Bélier, vous encourageant à faire face à toute blessure émotionnelle ou insécurité qui pourrait entraver votre croissance personnelle. Cet aspect vous invite à explorer vos croyances et à élargir vos connaissances, car Mercure quintile Mars, stimulant votre agilité mentale et votre volonté d'expression personnelle.

Le Soleil en Cancer est en demi-carré avec Uranus en Taureau, vous exhortant à accepter le changement et à vous libérer de toute restriction. Pendant ce temps, Mercure trigone Neptune améliore vos capacités intuitives, ce qui en fait un excellent moment pour l'introspection et les activités spirituelles. Soyez prudent, cependant, car le Soleil place le Vrai Nœud en Bélier, indiquant des conflits potentiels entre vos désirs personnels et votre sens du devoir.

Vénus trigone Saturne apporte stabilité et soutien dans vos relations, favorisant des liens et un engagement profonds. Cependant, méfiez-vous de l'opposition de Mercure à Pluton, qui peut conduire à des luttes de pouvoir ou à des défis de communication intenses. Le demi-carré d'Uranus avec le vrai nœud suggère un besoin d'équilibre entre votre individualité et votre rôle au sein de votre cercle social.

Aimer

En matière de cœur, juillet 2024 apporte des opportunités de croissance et de transformation pour le Sagittaire. Avec Vénus en Cancer, vous ferez l'expérience d'un lien émotionnel profond avec votre partenaire ou vos intérêts amoureux potentiels. Le trigone de Saturne encourage la stabilité et l'engagement, ce qui en fait un moment propice aux relations à long terme. Vous pouvez vous sentir enclin à approfondir le lien et à créer un sentiment de sécurité.

Cependant, des défis peuvent survenir alors que Vénus place Chiron, mettant en évidence des insécurités potentielles ou des blessures passées qui doivent être guéries. Cet aspect nécessite une communication ouverte et honnête avec votre partenaire pour surmonter les barrières émotionnelles. Il est crucial de régler tous les problèmes non résolus et de travailler ensemble à la guérison et à la compréhension.

Pour les célibataires Sagittaire, le trigone entre Vénus et Saturne peut attirer quelqu'un qui apprécie votre sincérité et votre loyauté. Soyez ouvert à nouer des liens et à vous permettre d'être vulnérable. Cependant, avec l'opposition entre Vénus et Pluton, il est essentiel de maintenir des frontières saines et de ne pas laisser la dynamique du pouvoir ou la possessivité affecter vos relations.

Carrière

Juillet 2024 présente à la fois des défis et des opportunités dans votre carrière, Sagittaire. Avec Mercure en Lion, vos compétences en communication sont renforcées, ce qui en fait un moment idéal pour exprimer vos idées et prendre la tête de projets. Le sextile entre Mercure et Jupiter améliore vos capacités de persuasion, vous permettant d'influencer efficacement les autres et d'élargir votre réseau professionnel.

Cependant, l'aspect carré entre Mercure et Uranus peut apporter des changements ou des conflits inattendus dans votre environnement de travail. Il est important de s'adapter rapidement aux nouvelles situations et de rester flexible dans son approche. Adopter des idées novatrices et prendre des risques calculés peut mener à des percées et à des avancements de carrière.

L'opposition entre Mercure et Pluton indique des luttes de pouvoir ou d'intenses négociations. Soyez prudent dans vos interactions avec vos collègues ou vos supérieurs et assurez-vous que votre communication reste respectueuse et diplomatique. Il peut également être avantageux de rechercher des commentaires constructifs et de s'engager dans une réflexion personnelle pour améliorer votre croissance professionnelle.

Finance

Financièrement, juillet 2024 présente un sac mitigé pour le Sagittaire. Le trigone entre Vénus et Saturne apporte stabilité et discipline à vos affaires financières. C'est un excellent moment pour établir un budget, planifier à long terme et faire des investissements judicieux. Votre approche pratique et votre souci du détail contribueront à la sécurité financière et à la prospérité.

Cependant, avec l'aspect carré entre Vénus et Chiron, il peut y avoir des facteurs émotionnels qui influencent vos habitudes de dépenses. Soyez conscient de tout achat impulsif ou axé sur le confort qui peut survenir à la suite de problèmes émotionnels non résolus. Concentrez-vous sur la recherche de moyens plus sains pour répondre aux besoins émotionnels qui n'impliquent pas de dépenses excessives ou d'indulgence.

Le demi-carré entre le Soleil et Uranus suggère le potentiel de dépenses imprévues ou de changements soudains dans votre situation financière. Il est crucial d'avoir un plan d'urgence en place et de maintenir une approche flexible pour s'adapter aux fluctuations financières qui pourraient survenir.

Prendre le temps d'examiner vos objectifs financiers et de demander des conseils professionnels peut vous aider à prendre des décisions éclairées et à assurer une stabilité à long terme. Envisagez d'explorer d'autres sources de revenus ou des opportunités d'investissement qui correspondent à vos valeurs et à vos aspirations à long terme

Santé

En termes de santé et de bien-être, juillet 2024 exhorte le Sagittaire à donner la priorité aux soins personnels et au bien-être émotionnel. Le demi-carré entre le Soleil et Uranus peut entraîner des fluctuations d'énergie soudaines ou des perturbations dans vos routines. Soyez attentif aux signaux de votre corps et adaptez vos activités en conséquence pour maintenir un équilibre sain.

Avec Mercure en Lion, il est essentiel de faire attention à votre santé mentale. Participez à des activités qui favorisent l'expression de soi et la créativité, car elles peuvent avoir un impact positif sur votre bien-être général. Des pratiques régulières de méditation ou de pleine conscience peuvent également vous aider à rester ancré et à atténuer le stress.

L'opposition entre Mercure et Pluton suggère la nécessité de résoudre tous les problèmes émotionnels profonds qui peuvent affecter votre santé mentale et physique. Envisagez de demander l'aide d'un thérapeute ou de vous engager dans des pratiques d'introspection pour libérer les charges émotionnelles et favoriser la guérison.

Maintenir un mode de vie équilibré est essentiel pendant cette période. Prenez le temps de faire de l'exercice régulièrement, de prendre des repas nutritifs et de vous reposer suffisamment. Le trigone entre Vénus et Saturne encourage les pratiques d'autodiscipline et de soins personnels qui soutiennent votre vitalité globale.

Voyage

En juillet 2024, Sagittaire, vous pourriez découvrir des opportunités de voyages ou d'exploration passionnants. Le trigone entre Vénus et Saturne indique une période propice à la planification de voyages offrant à la fois détente et enrichissement culturel. Envisagez des destinations qui correspondent à vos intérêts et vous permettent d'élargir vos connaissances et votre point de vue.

L'aspect carré entre Mercure et Uranus suggère le potentiel de plans de voyage spontanés ou de dernière minute. Restez ouvert aux opportunités inattendues qui pourraient se présenter et soyez prêt à adapter vos itinéraires ou vos horaires en conséquence. Cela peut mener à des aventures passionnantes et à des expériences mémorables.

Cependant, il est important de maintenir un équilibre entre l'exploration et les soins personnels. Le demi-carré entre le Soleil et Uranus peut perturber vos routines, entraînant potentiellement de la fatigue ou un épuisement professionnel. Assurez-vous d'intégrer des périodes de repos et des activités de soins personnels dans vos plans de voyage pour éviter l'épuisement.

Envisagez de vous engager dans des pratiques de voyage conscientes qui vous permettent de vous connecter avec votre environnement à un niveau plus profond. Embrassez de nouvelles cultures, essayez la cuisine locale et engagez-vous avec la communauté locale pour améliorer vos expériences de voyage.

Aperçu des étoiles

Vous êtes encouragé à explorer de nouvelles connaissances, à élargir vos horizons et à traiter toute blessure émotionnelle qui pourrait entraver votre progression.

jours du mois : 2 , 9 , 10 , 18 , 19 , 21 et 31 juillet .

Août 2024

Horoscope

En août 2024, Sagittaire, vous vivrez un mois dynamique et transformateur qui encourage la croissance personnelle et la découverte de soi. Le mois commence avec Mars sextile le vrai nœud, mettant en évidence les opportunités de croissance et les changements positifs dans votre chemin de vie. Cependant, le demi-carré entre Mars et Chiron suggère que vous devrez peut-être affronter et guérir toute blessure ou insécurité profonde qui pourrait entraver votre progression.

de Vénus Jupiter imprègne vos relations et vos interactions sociales d'harmonie et de positivité. C'est un moment de joie et de célébration, et vous pouvez vous retrouver entouré de personnes solidaires et partageant les mêmes idées. Cependant, méfiez-vous de l'aspect carré entre Vénus et Uranus, car il peut introduire des perturbations ou des changements inattendus dans votre vie amoureuse ou votre cercle social. Maintenez la flexibilité et l'adaptabilité dans vos relations pour relever les défis qui peuvent survenir.

Le biquintile du Soleil avec Saturne souligne l'importance de l'équilibre et de la responsabilité dans votre vie quotidienne. Il vous encourage à trouver un rythme harmonieux entre le travail et les loisirs, en vous assurant de prioriser vos obligations tout en gardant du temps pour les soins personnels et le plaisir personnel.

Aimer

Août 2024 apporte à la fois passion et défis à votre vie amoureuse, Sagittaire. Avec Vénus en Lion, vos activités romantiques sont empreintes de chaleur, de charisme et d'un désir de relations profondes. Vous rayonnez de confiance et attirez des partenaires potentiels qui apprécient votre expression authentique.

Le quintile entre Vénus et Jupiter améliore vos expériences romantiques, favorisant la joie, l'aventure et un sentiment d'expansion dans vos relations. Cet aspect vous encourage à vivre de nouvelles expériences et à vous ouvrir à l'amour sans crainte ni réserve.

Cependant, l'aspect carré entre Vénus et Uranus peut introduire des rebondissements inattendus dans votre vie amoureuse. Des changements soudains ou des attractions non conventionnelles pourraient remettre en question la dynamique de votre relation existante ou vous pousser hors de votre zone de confort. Il est crucial de maintenir une communication ouverte et honnête avec votre partenaire, en faisant preuve de flexibilité et d'adaptabilité pour faire face à tout changement inattendu.

Pour les célibataires Sagittaire, cette période peut apporter des perspectives romantiques passionnantes et non conventionnelles. Soyez ouvert à de nouvelles relations et tentez votre chance avec l'amour, même s'il s'écarte de vos attentes ou de vos schémas habituels.

Carrière

Août 2024 présente à la fois des défis et des opportunités dans votre carrière, Sagittaire. Avec Mars en Gémeaux, vous possédez un intellect aiguisé et des compétences de communication persuasives qui peuvent vous propulser vers l'avant dans vos activités professionnelles. La conjonction entre Mars et Jupiter amplifie encore votre ambition et votre dynamisme, ouvrant les portes de l'expansion et du succès.

Cependant, l'aspect carré entre Mars et Saturne indique des obstacles ou des conflits potentiels dans votre environnement de travail. Vous pouvez rencontrer de la résistance ou faire face à des limites dans la réalisation de vos objectifs. La patience et la persévérance seront essentielles pendant cette période, car vous devrez peut-être démontrer votre dévouement et votre volonté de surmonter les défis.

Il est crucial de maintenir une approche diplomatique dans vos interactions professionnelles, car le sesquiquadrate entre Mercure et Vénus peut apporter des défis de communication ou des luttes de pouvoir. Soyez attentif à vos paroles et cherchez un terrain d'entente pour favoriser des relations harmonieuses avec vos collègues et vos supérieurs.

Finance

Financièrement, août 2024 appelle une planification minutieuse et une approche pragmatique pour le Sagittaire. Le quinconce du Soleil avec Saturne vous rappelle de trouver un équilibre entre vos obligations financières et votre désir de plaisir personnel. Évitez les dépenses impulsives et concentrez-vous sur la stabilité financière à long terme.

Le biquintile entre Vénus et Pluton suggère des gains financiers potentiels grâce à des investissements ou des collaborations stratégiques. C'est un moment propice pour demander conseil à des experts financiers ou explorer des approches innovantes pour faire fructifier votre patrimoine. Cependant, soyez prudent et recherchez soigneusement toutes les opportunités financières avant de vous engager.

L'opposition entre Vénus et Neptune met en garde contre des attentes financières irréalistes ou des escroqueries potentielles. Faites preuve de discernement et faites confiance à votre instinct lorsque vous prenez des décisions financières. Recherchez la clarté et évitez de prendre des engagements financiers importants sans réflexion approfondie.

Envisagez de revoir votre budget et vos objectifs financiers pendant cette période. Mettre en œuvre des stratégies pratiques, telles que l'épargne et la budgétisation, pour assurer la sécurité financière. N'oubliez pas de trouver un équilibre entre profiter de vos ressources et planifier l'avenir .

Santé

En termes de santé et de bien-être, août 2024 encourage le Sagittaire à privilégier les soins personnels et l'équilibre émotionnel. Le sesquiquadrate du Soleil avec Chiron peut évoquer des blessures passées ou des défis émotionnels qui nécessitent une guérison. Prenez le temps d'aborder tout problème émotionnel sous-jacent et demandez l'aide de personnes ou de professionnels de confiance.

Le biquintile entre Mercure et Neptune améliore votre intuition et votre bien-être spirituel. Engagez-vous dans des pratiques telles que la méditation, le yoga ou la journalisation pour promouvoir la clarté mentale et l'équilibre émotionnel. Écoutez les besoins de votre corps et priorisez les routines de soins personnels qui favorisent votre bien-être général.

L'aspect carré entre Mars et Saturne peut introduire des défis ou des limitations physiques potentiels. Pratiquez la modération dans les activités physiques et évitez de vous pousser au-delà de vos limites. Incorporez des périodes de repos et de récupération à votre routine pour maintenir un équilibre sain entre activité et détente.

Maintenir une alimentation équilibrée est essentiel pendant cette période. Concentrez-vous sur le fait de nourrir votre corps avec des aliments nutritifs et de rester hydraté. Envisagez d'incorporer des pratiques de réduction du stress, telles que la pleine conscience ou des exercices doux, pour favoriser la vitalité globale.

Voyage

Août 2024 présente des opportunités de voyage et d'exploration pour le Sagittaire. Avec Vénus en Vierge, vous pouvez trouver du plaisir et de l'accomplissement dans la planification et l'organisation de vos expériences de voyage. L'attention portée aux détails et l'aspect pratique contribueront à des voyages fluides et agréables.

Le sesquiquadrate entre Vénus et Chiron suggère la nécessité d'une guérison émotionnelle lors de vos voyages. Il peut être bénéfique de s'engager dans une réflexion sur soi et de s'attaquer à tout déclencheur émotionnel qui survient lors de l'exploration de nouveaux environnements. Soyez ouvert à l'expérience de différentes cultures et perspectives, car cela peut approfondir votre croissance personnelle et élargir vos horizons.

Le biquintile entre Mercure et Neptune renforce votre sens de l'aventure et de la curiosité. Adoptez la spontanéité et soyez ouvert aux détours inattendus ou aux changements dans vos projets de voyage. Permettez-vous de vous connecter avec les aspects spirituels et mystiques des lieux que vous visitez.

Maintenez la flexibilité et l'adaptabilité dans vos itinéraires de voyage, car l'opposition entre Vénus et Jupiter peut introduire des changements ou des changements inattendus. Saisissez ces opportunités comme des opportunités de croissance et de nouvelles expériences.

Aperçu des étoiles

Laissez votre intuition vous guider alors que vous explorez de nouveaux horizons et embarquez pour des voyages passionnants. Faites confiance à votre force intérieure et embrassez le pouvoir transformateur des étoiles.

Jours du mois : 7 , 15 , 22 , 23 , 26 , 28 et 31 août .

Septembre 2024

Horoscope

Septembre 2024 apporte un mélange d'énergies intenses et d'opportunités de transformation pour le Sagittaire. Ce mois-ci, vous serez guidé pour plonger au plus profond de vous-même, affronter les blessures émotionnelles et embrasser la croissance personnelle. La présence de Mercure en Lion encourage la communication sincère et l'expression de soi, tandis que l'aspect trigone entre Mercure et Chiron favorise la guérison et la découverte de soi.

Le quintile du Soleil avec Mars vous insuffle un esprit dynamique et courageux, vous permettant de prendre des mesures audacieuses et de poursuivre vos passions. Cependant, soyez conscient du carré entre Mars et Neptune, car il peut introduire une certaine confusion ou tromperie dans vos poursuites. Faites confiance à votre instinct et restez clair pour éviter les pièges inutiles.

Dans le domaine des relations, l'opposition de Vénus avec le vrai nœud signifie une période d'introspection et d'autoréflexion. Vous pourriez vous retrouver à réévaluer vos désirs et à chercher à vous aligner sur votre véritable chemin. Il est essentiel de trouver un équilibre entre vos besoins personnels et les besoins de votre partenaire ou de vos proches. Une communication ouverte et honnête est essentielle pour maintenir l'harmonie et trouver un terrain d'entente.

Aimer

Septembre 2024 apporte une profonde exploration de l'amour et des relations pour le Sagittaire. Avec Vénus en Balance, vous recherchez l'équilibre et l'harmonie dans vos relations amoureuses. L'aspect en quinconce entre Vénus et Saturne vous incite à réévaluer vos engagements et à trouver un équilibre entre liberté personnelle et partenariat.

Le sesquiquadrate entre Vénus et Jupiter peut introduire des tensions et des désirs contradictoires dans votre vie amoureuse. Il est important de trouver un équilibre entre l'aventure et la stabilité, en veillant à honorer votre croissance personnelle tout en entretenant vos relations.

Pour les célibataires Sagittaire, cette période encourage l'auto-réflexion et l'exploration de vos véritables désirs. Faites confiance à votre intuition et prenez le temps de comprendre ce que vous recherchez vraiment chez un partenaire. Saisissez les opportunités de croissance et élargissez votre cercle social pour rencontrer des personnes partageant les mêmes idées qui correspondent à vos valeurs et à vos aspirations.

Carrière

Septembre 2024 présente à la fois des défis et des opportunités de croissance dans votre carrière, Sagittaire. Avec l'opposition du Soleil à Saturne, vous pouvez rencontrer des obstacles ou des limites dans la réalisation de vos objectifs professionnels. La patience, la persévérance et une approche stratégique sont essentielles durant cette période. Concentrez-vous sur la construction d'une base solide et démontrez votre engagement et votre dévouement à votre travail.

L'aspect trigone entre Mercure et Uranus améliore votre pensée innovante et créative, vous permettant de trouver des solutions uniques aux défis de votre vie professionnelle. Adoptez de nouvelles technologies ou approches qui peuvent rationaliser vos processus de travail et augmenter votre efficacité.

La collaboration et une communication efficace jouent un rôle crucial dans votre développement de carrière. Le sesquiquadrate entre Mercure et Neptune vous rappelle de maintenir la clarté et d'éviter les malentendus dans vos interactions professionnelles. Soyez proactif dans la recherche de clarté et assurez-vous que vos intentions et vos idées sont communiquées efficacement pour éviter tout malentendu.

Finance

Financièrement, septembre 2024 appelle une planification minutieuse et pratique pour le Sagittaire. L'aspect trigone entre Vénus et Jupiter suggère des gains financiers potentiels grâce à des investissements ou des collaborations stratégiques. C'est un moment propice pour demander conseil à des experts financiers ou explorer de nouvelles avenues de croissance du patrimoine. Cependant, méfiez-vous des dépenses excessives ou des décisions financières impulsives, car l'opposition entre Vénus et Chiron peut créer des déclencheurs émotionnels ou des vulnérabilités dans votre relation avec l'argent.

Le sesquiquadrate entre Vénus et Saturne vous rappelle de donner la priorité à la stabilité financière et à la planification à long terme. Élaborez une stratégie budgétaire et évaluez vos engagements financiers pour assurer une approche sûre et équilibrée de vos ressources. Recherchez des opportunités de développement professionnel ou des sources de revenus supplémentaires pour améliorer votre situation financière.

Santé

En termes de santé et de bien-être, septembre 2024 exhorte le Sagittaire à donner la priorité aux soins personnels et au bien-être émotionnel. L'aspect trigone entre le Soleil et Pluton encourage la transformation intérieure profonde et la guérison. Prenez le temps d'explorer les blessures émotionnelles ou les schémas qui peuvent affecter votre santé physique et mentale. Engagez-vous dans des pratiques telles que la thérapie, la méditation ou la journalisation pour soutenir votre parcours de guérison.

L'opposition entre Mercure et Neptune peut introduire un brouillard ou une confusion mentale. Donnez la priorité à la clarté mentale en mettant en œuvre des techniques de réduction du stress, telles que la pleine conscience ou des exercices doux. Assurez-vous de vous reposer et de vous détendre suffisamment pour maintenir votre vitalité générale.

Le maintien d'une alimentation équilibrée et d'une routine d'exercice régulière est crucial pendant cette période. Concentrez-vous sur le fait de nourrir votre corps avec des aliments nutritifs et de rester hydraté. Incorporez des activités physiques qui vous procurent de la joie et aident à libérer toute énergie ou tout stress refoulé.

Voyage

Septembre 2024 présente des opportunités de voyage et d'exploration pour le Sagittaire. Avec Vénus en Balance, vous recherchez la beauté, l'harmonie et les expériences culturelles lors de vos voyages. Saisissez les occasions de vous connecter à diverses cultures, d'élargir vos horizons et d'approfondir votre compréhension du monde.

L'aspect en quinconce entre Vénus et Uranus encourage la flexibilité et l'adaptabilité dans vos projets de voyage. Acceptez les détours ou les changements inattendus dans votre itinéraire, car ils peuvent mener à des expériences uniques et enrichissantes. Soyez ouvert à la spontanéité et immergez-vous pleinement dans les coutumes et traditions locales.

Le trigone entre Vénus et Jupiter améliore vos interactions sociales pendant le voyage. Saisissez les occasions de vous connecter avec des personnes partageant les mêmes idées, de nouer de nouvelles amitiés et de créer des souvenirs durables. Participez à des activités qui vous permettent de vous immerger dans la culture locale, comme essayer de nouvelles cuisines ou explorer des sites historiques.

Aperçu des étoiles

N'oubliez pas que l'univers conspire en votre faveur, vous encourageant à embrasser votre authenticité, à saisir toutes les opportunités et à enflammer le monde avec votre esprit vibrant.

Jours du mois : 2 , 10 , 15 , 19 , 22 , 26 , 30 septembre .

Octobre 2024

Horoscope

En octobre 2024, Sagittaire, vous pouvez vous attendre à un mois rempli d'opportunités de croissance et de développement personnel. Les aspects planétaires indiquent que vous pouvez vivre un changement significatif dans divers domaines de votre vie, vous incitant à accepter le changement et à explorer de nouvelles possibilités.

Ce mois-ci, votre nature aventureuse et optimiste sera amplifiée, vous poussant à sortir de votre zone de confort et à poursuivre des projets passionnants. L'influence de Mercure en Balance vous encourage à communiquer vos idées et opinions avec clarté et diplomatie, vous permettant de nouer des liens harmonieux avec les autres. C'est un moment propice pour s'engager dans des négociations ou des projets collaboratifs qui peuvent mener à des avantages mutuels.

En résumé, octobre 2024 apporte des perspectives passionnantes pour le Sagittaire. Adoptez le changement, entretenez vos relations, concentrez-vous sur la stabilité financière à long terme, accordez la priorité aux soins personnels et saisissez les opportunités de voyage. Ce faisant, vous tirerez le meilleur parti de l'énergie transformatrice qui vous entoure ce mois-ci.

Aimer

Sagittaire, préparez-vous pour un mois passionné et transformateur en amour en octobre 2024. Les aspects planétaires indiquent que vos relations subiront des changements importants, apportant à la fois des émotions intenses et une croissance profonde.

Vénus, la planète de l'amour et du désir, transitant par le Scorpion, intensifie vos penchants romantiques. Vous ferez l'expérience d'une poussée d'intensité dans vos partenariats et les liens émotionnels s'approfondiront. C'est un moment puissant pour créer des liens et de l'intimité, vous permettant d'explorer les profondeurs de vos émotions et de vous connecter avec votre partenaire au niveau de l'âme.

La communication jouera un rôle crucial dans vos relations ce mois-ci. L'influence de Mercure en Balance améliore votre capacité à exprimer vos pensées et vos émotions avec clarté et diplomatie. Profitez de cette occasion pour engager des conversations ouvertes et honnêtes avec votre partenaire. Discutez de vos désirs, de vos peurs et de vos aspirations, car cela favorisera une compréhension plus profonde et renforcera les fondements de votre relation.

Pour les Sagittaires célibataires, octobre apporte le potentiel de rencontres passionnées et de connexions transformatrices. Vous pouvez être attiré par des personnes qui stimulent votre esprit et remettent en question vos perspectives. Adoptez ces liens, mais assurez-vous qu'ils correspondent à vos valeurs et à vos objectifs à long terme.

Cependant, avec la présence de Saturne en Poissons, vous pouvez rencontrer des défis occasionnels dans votre vie amoureuse. L'influence de Saturne peut entraîner des problèmes liés à l'engagement ou aux limites émotionnelles. Il est important de communiquer ouvertement et honnêtement avec votre partenaire, en répondant à toute préoccupation ou insécurité qui pourrait survenir.

Carrière

Sagittaire, octobre 2024 présente des opportunités passionnantes de croissance et d'avancement professionnels. Les aspects planétaires indiquent que votre carrière s'épanouira à mesure que vous exploiterez vos capacités intellectuelles, vos compétences en communication et votre optimisme naturel.

L'influence de Jupiter en Gémeaux suscite une curiosité intellectuelle accrue et une soif de connaissances. C'est le moment idéal pour réseauter, assister à des séminaires ou à des ateliers et poursuivre des études. Votre enthousiasme et votre volonté d'apprendre attireront l'attention de vos supérieurs et de vos collègues, ouvrant la porte à de nouvelles opportunités et collaborations.

La présence de Mercure en Balance améliore vos compétences en communication, ce qui vous permet d'exprimer plus facilement vos idées, de négocier des contrats ou de vous engager dans des présentations persuasives. Utilisez cette compétence à votre avantage en prenant la tête des discussions et en partageant vos idées uniques. Votre éloquence et votre approche diplomatique impressionneront les autres et contribueront à votre réussite professionnelle.

Cependant, il est important de rester concentré et organisé pendant cette période de croissance. La présence de Saturne en Poissons vous rappelle de prêter attention aux détails, de respecter les délais et de maintenir une éthique de travail disciplinée. En faisant preuve de fiabilité et de responsabilité, vous gagnerez la confiance et le respect de vos supérieurs, ce qui pourrait mener à des promotions ou à des responsabilités accrues.

Les collaborations et les partenariats peuvent également jouer un rôle important dans votre carrière en octobre. Cherchez des occasions d'unir vos forces avec des personnes partageant les mêmes idées ou de participer à des projets de groupe. Travailler dans un environnement d'équipe favorisera la créativité, élargira vos perspectives et vous aidera à atteindre vos objectifs plus efficacement.

Finance

Sagittaire, octobre 2024 apporte un besoin de gestion financière responsable et de prise de décision prudente. Les aspects planétaires indiquent que bien qu'il existe des opportunités de gains financiers, il est important d'aborder vos finances avec un état d'esprit stratégique et une perspective à long terme.

La présence de Saturne en Poissons vous rappelle d'être discipliné et pratique en ce qui concerne vos choix financiers. Évitez les dépenses impulsives et privilégiez votre stabilité et votre sécurité financières. Il peut être judicieux de consulter un conseiller financier ou de créer un budget qui correspond à vos objectifs à long terme. En adoptant une approche prudente, vous pouvez protéger votre bien-être financier et établir une base solide pour l'avenir.

Le trigone de Vénus avec Saturne suggère que les investissements stratégiques et les collaborations peuvent apporter des récompenses financières. Si vous envisagez de conclure des partenariats ou d'explorer des opportunités d'investissement, le moment est peut-être propice pour le faire. Cependant, effectuez des recherches approfondies et évaluez soigneusement les risques avant de prendre des engagements financiers.

De plus, concentrez-vous sur l'amélioration de votre littératie financière en octobre. Renseignez-vous sur les stratégies d'investissement, les plans d'épargne et la gestion de l'argent. Adopter une approche proactive de votre bien-être financier vous permettra de prendre des décisions éclairées et de profiter des opportunités favorables lorsqu'elles se présentent.

Bien que la stabilité financière soit cruciale, ne la laissez pas éclipser votre plaisir de vivre. Permettez-vous de vous adonner à de petits plaisirs et à des expériences qui vous procurent de la joie, mais faites-le dans les limites de votre budget.

N'oubliez pas de mettre de côté des fonds pour les dépenses imprévues ou les urgences. Construire un filet de sécurité financière vous procurera la tranquillité d'esprit et vous protégera du stress financier à long terme.

Santé

Sagittaire, octobre 2024 souligne l'importance de donner la priorité à votre santé et à votre bien-être. Les aspects planétaires indiquent que le maintien d'un équilibre entre le bien-être physique et émotionnel est essentiel pour votre vitalité et votre bonheur en général.

Avec Mars transitant par le Cancer, vos niveaux d'énergie peuvent fluctuer et les émotions peuvent avoir un impact sur votre bien-être physique. Il est crucial de trouver des exutoires sains à vos émotions et de canaliser votre énergie positivement. Engagez-vous dans des activités physiques régulières qui vous apportent de la joie et vous aident à libérer toutes les émotions refoulées. Le yoga, la natation ou les exercices en plein air peuvent être particulièrement bénéfiques pour votre esprit et votre corps pendant cette période.

Le bien-être émotionnel joue un rôle important dans votre santé globale. Prenez le temps de réfléchir à vos sentiments et, si nécessaire, demandez l'aide d'un thérapeute ou d'un conseiller. Exprimer vos émotions de manière saine les empêchera de se manifester par des symptômes physiques ou des maux liés au stress.

Maintenir une alimentation équilibrée est essentiel pour soutenir votre niveau d'énergie et votre système immunitaire. Concentrez-vous sur l'incorporation d'aliments nourrissants dans vos repas, tels que des fruits et légumes frais, des protéines maigres et des grains entiers. Restez hydraté et évitez la consommation excessive d'aliments transformés ou sucrés.

Assurez-vous d'allouer suffisamment de temps pour le repos et le rajeunissement. Un sommeil de qualité est vital pour votre bien-être général et peut avoir un impact significatif sur votre niveau d'énergie et votre fonction cognitive. Établissez une routine relaxante à l'heure du coucher, créez un environnement de sommeil paisible et visez un horaire de sommeil cohérent.

En octobre, il est essentiel d'écouter les signaux de votre corps et de répondre rapidement à tout problème de santé. N'ignorez pas les symptômes et ne reportez pas les rendez-vous médicaux. Des soins proactifs et une intervention rapide soutiendront votre état de santé général et préviendront les complications potentielles.

Pratiquez des rituels de soins personnels qui nourrissent votre esprit, votre corps et votre âme. Engagez-vous dans des activités qui vous apportent de la joie, qu'il s'agisse de passer du temps dans la nature, de pratiquer la pleine conscience ou de poursuivre des passe-temps qui enflamment votre passion. Prendre soin de vous de manière holistique contribuera à votre bonheur et à votre bien-être général.

Voyage

Sagittaire, octobre 2024 présente des opportunités passionnantes de voyage et d'exploration. Les aspects planétaires indiquent que votre esprit d'aventure et votre désir de nouvelles expériences seront accrus, faisant de ce mois un moment idéal pour vous lancer dans des voyages qui élargissent vos horizons.

Qu'il s'agisse d'une courte escapade d'un week-end ou d'un voyage international plus long, adoptez l'esprit d'aventure et explorez de nouvelles destinations. Voyager pendant cette période vous inspirera, élargira vos connaissances culturelles et vous permettra de vous connecter avec des personnes partageant les mêmes idées.

Envisagez de visiter des lieux qui offrent des opportunités de croissance spirituelle ou de développement personnel. Les retraites, les ateliers ou les expériences culturelles immersives peuvent avoir un impact profond sur votre voyage de découverte de soi. S'engager avec différentes cultures et perspectives élargira votre compréhension du monde et favorisera la croissance personnelle.

En voyage, soyez ouvert aux rencontres inattendues et aux expériences fortuites. Embrassez la spontanéité et permettez-vous d'être pleinement présent à chaque instant. Tenez un journal de voyage pour capturer vos pensées, vos sentiments et vos expériences mémorables, car il servira de souvenir précieux de votre voyage.

Les préparatifs pratiques sont essentiels pour des voyages en douceur. Recherchez votre destination, familiarisez-vous avec les coutumes et traditions locales et assurez-vous d'avoir les documents de voyage nécessaires. Prenez les précautions de sécurité appropriées et restez informé de tout avis ou restriction de voyage.

Si les voyages internationaux ne sont pas possibles, envisagez d'explorer les attractions locales et les trésors cachés de votre propre région. Souvent, il y a des trésors cachés qui attendent d'être découverts près de chez vous. S'engager dans des aventures locales peut être tout aussi enrichissant et offrir une nouvelle perspective sur votre environnement.

N'oubliez pas de donner la priorité aux soins personnels lorsque vous voyagez. Faites des pauses au besoin, restez hydraté et privilégiez un sommeil réparateur. Pratiquer des activités physiques, telles que la randonnée ou le yoga, peut vous aider à rester énergique et équilibré tout au long de votre voyage.

Aperçu des étoiles

Les étoiles vous conseillent, Sagittaire, d'accepter le changement et de sortir de votre zone de confort.

Jours du mois : 4 , 8 , 12 , 14 , 22 , 28 et 31 octobre

Novembre 2024

Horoscope

Novembre apporte une énergie vibrante et aventureuse aux individus Sagittaire. Avec Jupiter, leur planète dirigeante, en Gémeaux, il y a un aspect sextile harmonieux avec Chiron en Bélier le 2 novembre. Cet alignement encourage les Sagittaires à embrasser leur curiosité naturelle et à explorer de nouveaux horizons. C'est le moment idéal pour approfondir leurs connaissances, s'engager dans des conversations significatives et entrer en contact avec des personnes partageant les mêmes idées.

De plus, le 2 novembre, Mercure en Scorpion forme un aspect trigone bénéfique avec Mars en Cancer, renforçant l'agilité mentale et les capacités de communication des Sagittaires. Cet alignement améliore leur capacité à exprimer leurs idées avec précision et passion, ce qui en fait des communicateurs persuasifs.

De plus, le sextile entre Mercure en Scorpion et Pluton en Capricorne le 2 novembre permet aux individus du Sagittaire de se plonger dans des conversations profondes et transformatrices. Ils ont la possibilité de découvrir des vérités cachées et d'acquérir une profonde compréhension d'eux-mêmes et des autres.

Aimer

En matière d'amour, les Sagittaires connaîtront un mélange d'excitation et de défis en novembre. Le 3 novembre, Vénus en Sagittaire s'oppose à Jupiter en Gémeaux, créant une énergie passionnée et intense. Les Sagittaires peuvent ressentir une forte attirance pour quelqu'un, mais doivent faire attention à ne pas laisser leur enthousiasme les aveugler sur les signaux d'alarme potentiels. Il est important d'équilibrer leur désir d'aventure avec une perspective ancrée.

L'aspect trigone entre Vénus en Sagittaire et Chiron en Bélier le même jour apporte guérison et croissance aux relations des Sagittaires. Ils ont la possibilité de soigner de vieilles blessures et de favoriser des liens émotionnels plus profonds. Les Sagittaires célibataires peuvent se trouver attirés par des individus qui incarnent les qualités qu'ils recherchent chez un partenaire, et cela pourrait conduire à un lien significatif et transformateur.

Carrière

En ce qui concerne leur carrière, les Sagittaires s'attendent à un mois dynamique et productif en novembre. L'aspect sesquiquadrate entre le Soleil en Scorpion et Neptune en Poissons le 4 novembre souligne l'importance de maintenir une vision claire et d'éviter les distractions. Les Sagittaires doivent faire confiance à leur intuition tout en restant ancrés dans la réalité pour atteindre leurs objectifs professionnels avec succès.

L'aspect trigone entre le Soleil en Scorpion et Saturne en Poissons le 4 novembre apporte stabilité et discipline aux efforts des Sagittaires. Ils peuvent exceller dans des domaines qui nécessitent une structure et une planification à long terme. C'est un moment opportun pour assumer de nouvelles responsabilités, mettre en valeur leurs compétences en leadership et obtenir la reconnaissance de leurs supérieurs.

De plus, l'opposition entre Mercure en Sagittaire et Jupiter en Gémeaux le 18 novembre encourage les Sagittaires à voir grand et à embrasser leurs prouesses intellectuelles naturelles. Ils peuvent se retrouver dans des situations où leurs idées et leurs opinions sont très appréciées, menant à des collaborations passionnantes et à une croissance professionnelle.

Finance

Les personnes du Sagittaire connaîtront des perspectives financières généralement positives en novembre. L'aspect en quinconce entre Vénus en Sagittaire et Uranus en Taureau le 7 novembre leur rappelle de maintenir un équilibre entre leur désir de spontanéité et le besoin de stabilité financière. Il est important pour les Sagittaires d'éviter les dépenses impulsives et de se concentrer plutôt sur des objectifs financiers à long terme.

L'aspect carré entre Vénus en Sagittaire et Neptune en Poissons le 9 novembre souligne l'importance de la clarté et du discernement en matière financière. Les Sagittaires doivent se méfier des illusions potentielles ou des opportunités d'investissement irréalistes. La recherche de conseils d'experts ou la réalisation de recherches approfondies peuvent les aider à prendre des décisions éclairées.

Santé

Les personnes Sagittaire devraient donner la priorité à leur bien-être physique et mental en novembre. L'opposition entre Mars en Cancer et Pluton en Capricorne le 3 novembre risque de créer des moments d'intensité et de bouleversement émotionnel. Il est essentiel pour les Sagittaires de trouver des exutoires sains pour leurs émotions, comme faire de l'exercice régulièrement, pratiquer la pleine conscience ou rechercher le soutien de leurs proches.

L'aspect sesquiquadrate entre le Soleil en Scorpion et Chiron en Bélier le 26 novembre encourage les Sagittaires à se concentrer sur les soins personnels et la guérison. Ils peuvent avoir besoin de traiter toute blessure physique ou émotionnelle persistante pour maintenir leur bien-être général. S'engager dans des activités qui apportent de la joie, comme passer du temps dans la nature ou poursuivre des passe-temps créatifs, peut fournir un sentiment d'équilibre indispensable.

Voyage

Novembre présente des opportunités passionnantes de voyage et d'exploration pour les individus Sagittaire. Avec Jupiter en Gémeaux sextile Chiron en Bélier le 2 novembre, les Sagittaires sont encouragés à embrasser leur esprit aventureux et à élargir leurs horizons. Qu'il s'agisse d'une courte escapade d'un week-end ou d'un voyage international plus long, c'est le moment idéal pour satisfaire leur envie de voyager et acquérir de nouvelles expériences culturelles.

L'aspect biquintile entre le Soleil et le Vrai Nœud le 3 novembre améliore encore les perspectives de voyage des Sagittaires. Ils peuvent se retrouver au bon endroit et au bon moment, rencontrant des moments fortuits et rencontrant des personnes inspirantes en cours de route. Les Sagittaires doivent rester ouverts aux détours spontanés et aux opportunités inattendues qui peuvent survenir au cours de leurs voyages.

Aperçu des étoiles

En novembre, il est conseillé aux Sagittaires d'équilibrer leur enthousiasme pour de nouvelles expériences avec une approche fondée. Bien qu'il soit important d'embrasser l'aventure et l'exploration, ils doivent également faire preuve de prudence et de discernement dans tous les domaines.

Meilleurs jours du mois : 2, 3 , 4 , 9 , 18 , 26 et 30 novembre .

Décembre 2024

Horoscope

Décembre apporte une énergie transformatrice aux individus Sagittaire, les encourageant à réfléchir, à grandir et à embrasser de nouvelles possibilités. L'aspect biquintile entre Vénus et Jupiter le 1er décembre suscite un sentiment d'optimisme et d'expansion dans la vie des Sagittaires. Cet alignement planétaire améliore leurs interactions sociales et apporte des expériences joyeuses et harmonieuses.

Le 2 décembre, Mercure en Sagittaire forme un aspect trigone bénéfique avec Chiron en Bélier, permettant aux Sagittaires d'exprimer leurs idées et leurs croyances avec compassion et sagesse. Cet alignement favorise des conversations significatives et offre des opportunités de croissance personnelle et de guérison par la communication.

De plus, l'aspect trigone entre Vénus en Capricorne et Uranus en Taureau le 2 décembre apporte des développements inattendus et passionnants dans le domaine de l'amour et des relations. Les Sagittaires peuvent ressentir une étincelle de passion ou rencontrer quelqu'un qui remet en question leurs perspectives et apporte un changement rafraîchissant dans leur vie.

Aimer

En matière de cœur, les Sagittaires peuvent s'attendre à un mois de croissance, d'intensité et de surprises. L'opposition entre Mercure en Sagittaire et Jupiter en Gémeaux le 4 décembre crée une énergie magnétique, attirant les Sagittaires vers des connexions intellectuelles et stimulantes. Ils peuvent être attirés par des personnes qui élargissent leur vision du monde et attisent leur curiosité.

La conjonction entre le Soleil et Mercure en Sagittaire le 5 décembre amplifie les capacités de communication et le charme des Sagittaires, les rendant irrésistibles en amour. C'est un moment opportun pour des conversations sincères, exprimer leurs sentiments et approfondir les liens émotionnels avec leurs partenaires.

Le trigone Vénus-Uranus du 2 décembre alimente un sentiment d'aventure et d'excitation dans les relations Sagittaire. Cela les encourage à embrasser la spontanéité et à explorer de nouvelles expériences ensemble. Les Sagittaires célibataires peuvent rencontrer des opportunités romantiques inattendues ou rencontrer quelqu'un qui remet en question leurs préférences habituelles, conduisant à une connexion passionnante et transformatrice.

Carrière

Décembre offre aux individus Sagittaire des opportunités d'avancement professionnel et de découverte de soi. L'aspect carré entre le Soleil en Sagittaire et Saturne en Poissons le 4 décembre apporte un sens de la discipline et de la structure à leurs efforts professionnels. Les Sagittaires sont encouragés à assumer leurs responsabilités, à se fixer des objectifs réalistes et à montrer leur fiabilité et leur dévouement.

Le sextile entre Vénus en Capricorne et Neptune en Poissons le 4 décembre améliore les capacités créatives et intuitives des Sagittaires. Cet alignement planétaire soutient la résolution de problèmes imaginative et les encourage à faire confiance à leur instinct dans leurs décisions de carrière.

De plus, le carré Jupiter-Saturne du 24 décembre présente aux individus Sagittaire des défis et des opportunités de croissance. Ils peuvent rencontrer des obstacles ou faire face à des changements dans leur cheminement professionnel, mais en s'adaptant et en restant résilients, ils peuvent jeter les bases de leur réussite et de leur avancement futurs.

Finance

Il est conseillé aux Sagittaires d'aborder leurs finances avec prudence et pragmatisme en décembre. L'aspect semi-carré entre Vénus en Verseau et Saturne en Poissons le 19 décembre leur rappelle de prendre des décisions éclairées et de résister aux dépenses impulsives. Établir un budget et s'y tenir aidera à maintenir la stabilité financière.

L'aspect carré entre Vénus en Verseau et Uranus en Taureau le 28 décembre amène un besoin de flexibilité financière. Les Sagittaires doivent être préparés aux dépenses imprévues et faire preuve d'adaptabilité dans la gestion de leurs ressources. Il est recommandé de demander des conseils professionnels et de maintenir une approche prudente des investissements pendant cette période.

Santé

En termes de santé et de bien-être, les individus Sagittaire sont encouragés à trouver l'équilibre et à donner la priorité aux soins personnels en décembre. L'aspect semi-carré entre le Soleil en Sagittaire et Mars en Lion le 12 décembre peut augmenter les niveaux d'énergie et conduire à l'agitation ou à l'impatience. L'exercice régulier, les pratiques de pleine conscience et la participation à des activités qui favorisent la relaxation aideront à canaliser leur énergie dans une direction positive.

L'opposition entre Vénus en Verseau et Mars en Lion le 12 décembre pourrait créer des moments de tension et d'émotions exacerbées. Il est important pour les Sagittaires de trouver des exutoires sains aux frustrations ou aux conflits qui surviennent, que ce soit par une communication ouverte ou en recherchant le soutien de leurs proches.

Voyage

Décembre offre des perspectives de voyage passionnantes pour les personnes Sagittaire. L'aspect biquintile entre le Soleil et Mars le 20 décembre enflamme un sentiment d'aventure et de spontanéité. Les Sagittaires peuvent se retrouver attirés par de nouvelles destinations ou des voyages impromptus qui offrent des opportunités de croissance personnelle et d'exploration culturelle.

L'aspect biquintile entre le Soleil et Uranus le 21 décembre améliore encore les expériences de voyage des Sagittaires. Ils peuvent rencontrer des rencontres inattendues ou des détours qui ajoutent une touche d'excitation et de nouveauté à leurs voyages. Adopter la flexibilité et être ouvert à de nouvelles expériences rendront leurs voyages mémorables et enrichissants.

Aperçu des étoiles

Adopter le changement tout en maintenant un sentiment de stabilité est essentiel pour naviguer dans les énergies transformatrices du mois. Les Sagittaires doivent faire confiance à leur intuition, communiquer ouvertement leurs désirs et aborder leurs finances avec prudence.

Meilleurs jours du mois : 2, 4 , 10 , 19 , 20 , 21 et 31 décembre .

HOROSCOPE CAPRICORNE 2024

Aperçu Capricorne 2024

Cher Capricorne, alors que vous entrez dans l'année 2024, le cosmos s'aligne d'une manière qui façonnera votre voyage de manière profonde. Les mouvements planétaires tout au long de l'année indiquent une période d'opportunités, de défis et de croissance. L'alignement du Soleil, de Mercure, de Vénus, de Mars et de Jupiter jouera un rôle crucial dans divers aspects de votre vie, y compris votre carrière, vos relations, votre santé et votre développement personnel.

L'année 2024 sera une année dynamique pour votre carrière. L'opposition du Soleil à Jupiter en décembre suggère une période d'expansion et de croissance dans votre vie professionnelle. Vous pourriez vous retrouver à assumer de nouvelles responsabilités ou à assumer un rôle de leadership. Cependant, cette croissance ne se fera pas sans difficultés. Le carré entre Mercure et Saturne en novembre indique des obstacles potentiels qui nécessiteront une planification et une prise de décision minutieuses. Vous devrez peut-être prendre des décisions difficiles ou naviguer dans des conversations difficiles au travail. Cependant, ces défis mèneront finalement à la croissance et au développement de votre carrière.

Financièrement, le sextile entre Vénus et Saturne en novembre indique une stabilité et une croissance potentielle de votre situation financière. C'est le bon moment pour investir ou économiser de l'argent. Cependant, le carré entre Vénus et Uranus en août suggère des dépenses ou des changements financiers inattendus potentiels. Il est important de se préparer à ces fluctuations potentielles et de gérer judicieusement ses finances.

Sur le plan des relations et de la vie sociale, l'opposition entre Vénus et Mars en juillet suggère de potentiels conflits ou désaccords dans vos relations personnelles. Ces conflits peuvent provenir de différences de valeurs ou de désirs. Cependant, ces défis offriront des opportunités de croissance et de compréhension. C'est le moment de pratiquer la patience et l'empathie et de travailler à l'amélioration de vos compétences en communication.

Le carré entre Vénus et Neptune en juin indique une période de confusion ou d'incompréhension dans vos relations. Vous pouvez vous retrouver à remettre en question vos relations ou à vous sentir incertain de vos sentiments. Il est important de communiquer clairement et honnêtement pendant cette période et de rechercher la clarté si nécessaire.

Le sesquiquadrate entre le Soleil et Chiron en juin suggère une période de guérison et de récupération en termes de santé. C'est le bon moment pour se concentrer sur les pratiques de soins personnels et de bien-être. Vous pouvez vous retrouver attiré par des modalités de guérison telles que le yoga, la méditation ou la thérapie. Le trigone entre le Soleil et Mars en juillet indique une période de haute énergie et de vitalité. C'est le moment idéal pour s'engager dans des activités physiques ou pour commencer un nouveau régime de remise en forme.

L'année 2024 sera une année importante pour votre croissance spirituelle et votre développement personnel. La conjonction entre Vénus et Pluton en juillet suggère une période de profonde transformation et de croissance personnelle. Vous pouvez vous retrouver à remettre en question vos croyances ou vos valeurs et à chercher une compréhension plus profonde de votre but dans la vie. C'est le moment d'accepter le changement et de vous permettre de grandir et d'évoluer.

Le quintile entre Jupiter et Saturne en mai suggère une période d'apprentissage et de croissance spirituelle. Vous pouvez vous sentir attiré par des études philosophiques ou spirituelles qui peuvent vous aider à comprendre le monde de manière plus profonde. C'est le moment d'explorer de nouvelles idées et perspectives et d'ouvrir votre esprit à de nouvelles possibilités.

En conclusion, Capricorne, l'année 2024 sera une année de croissance, de transformation et de découverte de soi. Bien qu'il y aura des défis en cours de route, ces défis offriront des opportunités de développement personnel et de compréhension. Embrassez le voyage et profitez au maximum des opportunités qui se présentent à vous. Restez ouvert à l'apprentissage et à la croissance, et n'ayez pas peur d'explorer de nouvelles voies. Votre esprit aventureux vous guidera à travers les hauts et les bas de l'année, vous menant vers de nouveaux sommets dans votre vie personnelle et professionnelle.

N'oubliez pas que les étoiles ne sont que des guides. Vous avez le pouvoir de façonner votre destin. Utilisez les informations de votre horoscope pour naviguer dans l'année, mais écoutez toujours votre voix intérieure. C'est votre guide le plus fiable. Voici une année remplie de croissance, de succès et de bonheur.

Janvier 2024

Horoscope

En janvier 2024, les individus Capricorne vivront un mois rempli d'opportunités et de défis dans divers aspects de leur vie. Les aspects planétaires de cette période mettent l'accent sur le besoin d'équilibre, d'autoréflexion et d'adaptation. Il est essentiel que les Capricornes restent concentrés, pratiques et résilients pour naviguer dans les énergies de ce mois.

Le mois commence avec Vénus au carré de Saturne le 1er janvier, ce qui donne le ton d'un besoin de trouver l'harmonie entre désirs et responsabilités. Les Capricornes peuvent ressentir la tension entre leurs ambitions personnelles et les obligations qu'ils ont envers leurs proches ou leur travail.

Le 3 janvier, Vénus forme un quinconce avec Jupiter, créant un besoin d'ajustements en matière d'amour et de relations. Les Capricornes peuvent se retrouver tiraillés entre leurs propres désirs et les attentes de leurs partenaires. Il est important de communiquer ouvertement et de trouver des compromis pour maintenir l'harmonie.

Le quintile de Mercure avec Saturne le même jour améliore les capacités intellectuelles des Capricornes, favorisant la réflexion stratégique et une communication efficace. Cet aspect soutient leurs efforts de carrière et encourage la recherche de conseils auprès de personnes expérimentées.

Tout au long du mois, les aspects continuent de souligner l'importance de l'introspection et de trouver un équilibre entre les sphères personnelle et professionnelle. Les Capricornes doivent faire attention à leur intuition et à leurs rêves, car le quintile du Soleil avec Neptune le 3 janvier améliore leurs capacités créatives et intuitives.

Le 6 janvier, le Soleil met Chiron au carré, apportant des défis potentiels liés à l'expression de soi. Les Capricornes peuvent avoir besoin de confronter leurs peurs et leurs insécurités afin de s'exprimer pleinement et d'embrasser leurs qualités uniques.

Ces aspects jettent les bases d'un mois transformateur, où les Capricornes ont la possibilité de grandir et d'évoluer dans divers domaines de leur vie. Il est crucial de rester ancré, adaptable et prêt à faire les ajustements nécessaires pour tirer le meilleur parti des énergies présentes.

Aimer

En janvier 2024, l'amour et les relations des individus Capricorne sont influencés par un mélange d'aspects stimulants et harmonieux. Vénus, la planète de l'amour, place Saturne au carré le 1er janvier, indiquant des conflits potentiels et des limites dans les relations. Les Capricornes peuvent ressentir le besoin d'équilibrer leurs désirs personnels avec leurs responsabilités et leurs engagements envers leurs partenaires.

Le 3 janvier, Vénus forme un quinconce avec Jupiter, apportant un besoin d'ajustements et de compromis en matière de cœur. Les Capricornes peuvent se retrouver tiraillés entre leurs propres besoins et les attentes de leurs partenaires. Il est important de communiquer ouvertement et honnêtement pour trouver un terrain d'entente qui satisfasse les deux parties.

Tout au long du mois, les aspects suggèrent l'importance de l'autoréflexion et de l'introspection dans les relations. Les Capricornes peuvent avoir besoin de réévaluer leurs propres désirs, valeurs et attentes d'un partenariat. Il est essentiel d'être patient et compréhensif avec ses proches, permettant la croissance et la transformation au sein de la relation.

Le trigone entre Vénus et Chiron le 11 janvier offre des opportunités de guérison émotionnelle et d'approfondissement des liens avec les êtres chers. Les Capricornes peuvent trouver du réconfort en entretenant des relations et en traitant toute blessure émotionnelle qui aurait pu entraver la croissance de la relation.

La communication joue un rôle crucial dans le maintien de l'harmonie dans les relations au cours de ce mois. Les aspects de Mercure, tels que le quintile avec Saturne et le trigone avec Jupiter, favorisent une communication et une compréhension efficaces. Les Capricornes doivent faire un effort pour exprimer clairement leurs sentiments et leurs pensées, tout en étant réceptifs aux besoins de leur partenaire.

Carrière

Les aspects planétaires de ce mois mettent en évidence l'ambition, la réflexion stratégique et la nécessité d'une prise de décision pratique. Les Capricornes sont encouragés à profiter de ces énergies pour avancer dans leur vie professionnelle.

Le quintile de Mercure avec Saturne le 3 janvier améliore les capacités intellectuelles des Capricornes et favorise la réflexion stratégique. Cet aspect leur permet de communiquer efficacement et de demander conseil à des personnes expérimentées. C'est une période propice au réseautage et à la formation de relations professionnelles bénéfiques.

Le trigone entre Mars et Jupiter le 12 janvier amplifie l'ambition et la volonté de succès des Capricornes. Cet aspect soutient leur croissance de carrière, apportant reconnaissance et opportunités d'avancement. Les Capricornes doivent prendre des risques calculés et saisir de nouvelles opportunités avec confiance et détermination.

Tout au long du mois, il est important que les Capricornes restent concentrés, disciplinés et engagés envers leurs objectifs. Le carré entre Mercure et Neptune le 8 janvier leur rappelle de vérifier les informations et de rester ancré dans les processus de prise de décision. L'attention portée aux détails et une planification minutieuse seront cruciales pour relever les défis potentiels.

Les Capricornes doivent également être conscients des luttes de pouvoir potentielles indiquées par le demi-carré de Vénus avec Pluton le 10 janvier. La diplomatie, l'empathie et l'affirmation de soi seront essentielles pour gérer les conflits et maintenir un environnement de travail harmonieux.

La collaboration et le travail d'équipe sont mis en avant au cours de ce mois. Le trigone entre Mercure et Jupiter le 19 janvier favorise les interactions positives et les opportunités de projets communs. Les Capricornes devraient être ouverts à apprendre des autres et à partager leurs connaissances et leur expertise.

Finance

Janvier 2024 apporte à la fois des opportunités et des défis dans le domaine financier pour les individus Capricorne. Les aspects planétaires de ce mois mettent en évidence la nécessité d'une planification minutieuse, de l'aspect pratique et de l'adaptabilité pour tirer le meilleur parti des énergies financières présentes.

Vénus place Saturne le 1er janvier, ce qui indique des contraintes et limitations financières potentielles. Les Capricornes devront peut-être faire preuve de prudence dans leurs dépenses et donner la priorité à leurs responsabilités financières par rapport à leurs désirs personnels.

Le 10 janvier, Vénus est en demi-carré avec Pluton, apportant des luttes de pouvoir potentielles et des émotions intenses liées aux finances. Les Capricornes doivent être conscients de la dynamique du pouvoir dans les transactions financières et éviter les investissements impulsifs ou risqués. Il est important de demander conseil à des conseillers financiers ou à des professionnels de confiance avant de prendre des décisions financières importantes.

Tout au long du mois, il est conseillé aux Capricornes de maintenir une approche équilibrée de leurs finances. Le trigone entre Vénus et Jupiter le 8 janvier offre des opportunités de croissance financière et d'abondance. Les Capricornes peuvent connaître une stabilité financière accrue et des gains grâce à des investissements judicieux ou à des entreprises commerciales.

Cependant, le carré entre Vénus et Neptune le 19 janvier rappelle aux Capricornes de se méfier des attentes financières irréalistes ou des opportunités financières trompeuses. Il est important d'évaluer soigneusement toutes les transactions financières et d'éviter les décisions impulsives.

Les Capricornes sont encouragés à se concentrer sur la planification financière à long terme et à se fixer des objectifs réalistes. Les aspects de Mercure avec Saturne et Jupiter les 8 et 19 janvier, respectivement, soutiennent la prise de décision financière stratégique et le potentiel de croissance financière grâce à une analyse minutieuse et à des investissements éclairés.

La budgétisation et la discipline financière sont cruciales au cours de ce mois. Les Capricornes devraient revoir leurs engagements financiers, réduire les dépenses inutiles et se concentrer sur la construction d'une base financière solide pour l'avenir.

En maintenant une approche pratique et prudente des finances, les individus Capricorne peuvent naviguer dans les énergies financières de janvier et se préparer à la stabilité financière et au succès à long terme.

Santé

Les aspects planétaires de ce mois soulignent l'importance des soins personnels, de l'équilibre et de la modération pour maintenir une santé optimale.

Le demi-carré entre le Soleil et Saturne le 9 janvier rappelle aux Capricornes de donner la priorité aux soins personnels et d'éviter le surmenage. Il est essentiel de trouver un équilibre entre le travail et le repos, en veillant à ce qu'ils consacrent suffisamment de temps à la détente et au ressourcement.

Le carré entre Mars et Chiron le 25 janvier met en évidence des vulnérabilités physiques ou émotionnelles potentielles. Les Capricornes peuvent avoir besoin de résoudre des problèmes de santé persistants ou des blessures émotionnelles pour maintenir leur bien-être général. La recherche de conseils professionnels ou du soutien de vos proches peut aider au processus de guérison.

Les Capricornes doivent faire attention à leur niveau de stress et trouver des exutoires sains pour la gestion du stress. S'engager dans des exercices réguliers, pratiquer des techniques de relaxation et incorporer des activités de soins personnels dans leurs routines quotidiennes contribuera à leur bien-être général.

Les aspects du Soleil avec Neptune le 15 janvier et du Soleil avec Chiron le 24 janvier améliorent le bien-être intuitif et spirituel des Capricornes. Il est important pour eux d'écouter leurs conseils intérieurs et de prioriser leurs besoins émotionnels et spirituels.

L'alimentation et la nutrition jouent un rôle important dans la santé des Capricornes au cours de ce mois. Il leur est conseillé d'adopter une alimentation équilibrée et nutritive, incorporant des fruits frais, des légumes et des aliments entiers. Rester hydraté et éviter une consommation excessive d'aliments ou de substances malsaines contribuera à leur bien-être général.

Des contrôles réguliers avec des professionnels de la santé sont également recommandés. Les Capricornes doivent s'assurer qu'ils planifient les rendez-vous médicaux nécessaires et suivent les traitements ou thérapies recommandés.

En donnant la priorité aux soins personnels, à la gestion du stress et au maintien d'un mode de vie sain, les individus Capricorne peuvent naviguer en janvier avec un bien-être physique et mental amélioré.

Voyage

En janvier 2024, les individus Capricorne peuvent avoir des opportunités de voyage, d'exploration ou de changement de décor. Les aspects planétaires de ce mois mettent en évidence la nécessité d'une planification minutieuse, de l'adaptabilité et de l'ouverture d'esprit dans les expériences de voyage.

Le carré entre Vénus et Saturne le 1er janvier suggère des retards ou des limitations potentiels dans les plans de voyage. Les Capricornes peuvent avoir besoin d'être flexibles et patients en ce qui concerne les préparatifs de voyage. Il est conseillé d'avoir des plans d'urgence et des options alternatives en place.

Les aspects de Vénus avec Jupiter le 8 janvier et Vénus avec Uranus le 19 janvier apportent des énergies favorables au voyage. Les Capricornes peuvent connaître des opportunités inattendues pour des voyages passionnants et agréables. Il est important de saisir ces opportunités et d'explorer de nouveaux horizons.

Les Capricornes devraient envisager d'incorporer des éléments d'aventure et de spontanéité dans leurs plans de voyage. Explorer de nouvelles destinations, tenter de nouvelles expériences et s'immerger dans différentes cultures seront gratifiants.

Il est essentiel pour les Capricornes d'équilibrer leurs aspirations de voyage avec leurs responsabilités et leurs engagements. Les aspects de Mercure avec Saturne et Jupiter les 8 et 19 janvier, respectivement, encouragent une planification pratique et une prise de décision consciente dans les préparatifs de voyage.

Pendant le voyage, les Capricornes doivent donner la priorité aux soins personnels et s'assurer qu'ils maintiennent une routine saine. Un repos adéquat, une bonne nutrition et une bonne hydratation sont essentiels pour maintenir les niveaux d'énergie pendant les voyages.

L'ouverture d'esprit et l'adaptabilité sont des qualités essentielles pour les Capricornes lors de leurs voyages. Des événements inattendus ou des changements de plans peuvent survenir, et il est important de les aborder avec un état d'esprit positif et flexible.

Les Capricornes devraient également faire un effort pour se connecter avec les habitants et s'immerger dans la culture et les traditions des lieux qu'ils visitent. L'établissement de liens significatifs et l'obtention d'informations uniques enrichiront leurs expériences de voyage.

En saisissant les opportunités de voyage, en planifiant consciencieusement et en restant ouvert à de nouvelles expériences, les individus Capricorne peuvent avoir des voyages épanouissants et mémorables en janvier 2024.

Aperçu des étoiles

Les étoiles soulignent l'importance d'une communication ouverte, d'une réflexion stratégique et d'une prise de décision pratique. En adoptant les énergies transformatrices de ce mois et en restant concentrés sur leurs objectifs, les Capricornes peuvent jeter les bases solides d'un succès et d'une croissance à long terme dans divers aspects de leur vie.

Jours du mois : 6 , 12 , 19 , 21 , 25 , 28 et 30 janvier .

Février 2024

Horoscope

Les aspects planétaires de ce mois mettent en évidence le besoin d'adaptabilité, d'autoréflexion et de prise de décision stratégique.

Le demi-carré entre Mars et Saturne le 2 février pourrait présenter des défis et des obstacles. Il est conseillé aux Capricornes de faire preuve de patience et de persévérance pour surmonter les revers qu'ils rencontrent. Il est important de rester concentré sur ses objectifs à long terme et de ne pas se laisser décourager par des obstacles temporaires.

La conjonction de Mercure et Pluton le 5 février apporte une énergie intellectuelle intense et le potentiel de profondes perspicacités. Les Capricornes peuvent se retrouver à plonger profondément dans leurs pensées et à gagner en clarté sur des questions importantes. Cet aspect les encourage à embrasser leur pouvoir intérieur et à l'utiliser pour apporter des changements transformateurs dans leur vie.

Le trigone entre Vénus et Uranus le 7 février apporte excitation et spontanéité à la vie amoureuse du Capricorne. C'est un moment propice pour de nouvelles relations amoureuses, pour explorer des relations non conventionnelles et pour se libérer des anciens schémas. Les Capricornes devraient embrasser leur côté aventureux et être ouverts aux opportunités amoureuses inattendues.

Les étoiles conseillent aux Capricornes d'embrasser le changement et la transformation en février. En restant adaptables, concentrés et ouverts à de nouvelles possibilités, ils peuvent tirer le meilleur parti des énergies dynamiques présentes et ouvrir la voie à une croissance personnelle et professionnelle.

Aimer

Les aspects planétaires de ce mois mettent en évidence le besoin d'introspection, de croissance émotionnelle et d'embrasser des relations non conventionnelles.

Le carré entre Vénus et Chiron le 5 février peut évoquer des blessures ou des insécurités passées dans les relations amoureuses. Les Capricornes devraient saisir cette occasion pour traiter tout bagage émotionnel, guérir de vieilles blessures et entretenir leur bien-être émotionnel. C'est un temps pour l'amour de soi et l'acceptation de soi.

La conjonction de Vénus et de Mars le 22 février enflamme la passion, le désir et le sens de l'aventure dans la vie amoureuse du Capricorne. Cet aspect apporte excitation et spontanéité, encourageant les Capricornes à explorer de nouvelles relations amoureuses et à exprimer leurs désirs avec confiance.

Les Capricornes sont encouragés à sortir de leur zone de confort et à adopter des relations ou des expériences non conventionnelles. Le sextile entre Vénus et Uranus le 7 février aide les Capricornes à se libérer des anciens schémas et à embrasser leur moi authentique dans l'amour. Cet aspect offre des opportunités de connexions inattendues et exaltantes.

La communication et la vulnérabilité émotionnelle jouent un rôle important dans le maintien de relations saines. Le sextile entre Mercure et Chiron le 15 février améliore la capacité des Capricornes à exprimer leurs émotions et à se connecter à un niveau plus profond avec leurs partenaires. C'est le moment idéal pour des conversations sincères et pour aborder tous les problèmes émotionnels non résolus.

Les Capricornes célibataires peuvent se retrouver attirés par des relations non conventionnelles ou non traditionnelles au cours de ce mois. La conjonction de Vénus et Mars le 22 février offre des opportunités de rencontres passionnées et passionnantes. Il est important que les Capricornes fassent confiance à leur instinct, suivent leurs désirs et soient ouverts à de nouvelles possibilités.

Pour ceux qui entretiennent des relations engagées, l'énergie de février encourage la croissance et la transformation. Les Capricornes devraient adopter une communication honnête, relever tous les défis et favoriser le sens de l'aventure dans leurs partenariats. Le sextile entre Vénus et True Node le 29 février soutient la croissance et l'évolution des relations à long terme.

Carrière

Février 2024 offre d'importantes opportunités et un potentiel de croissance pour les Capricornes dans leur vie professionnelle. Les aspects planétaires de ce mois mettent en évidence la nécessité d'une réflexion stratégique, d'adaptabilité et de prise de risques calculés.

Le sextile entre Mercure et Jupiter le 16 février apporte des énergies favorables à l'avancement et à l'expansion de carrière. Les Capricornes peuvent se voir offrir de nouvelles opportunités, des promotions ou une reconnaissance pour leur travail acharné et leur dévouement. Il est essentiel pour eux de mettre en valeur leurs compétences, de communiquer leurs idées avec confiance et de saisir le moment pour faire des progrès significatifs dans leur carrière.

Les Capricornes devraient embrasser leur nature ambitieuse et viser haut en fixant leurs objectifs de carrière. La conjonction de Vénus et Mars le 22 février encourage les Capricornes à prendre des risques calculés et à se lancer dans de nouvelles aventures. C'est le moment d'exploiter leur dynamisme intérieur, d'être proactif et de relever les défis avec confiance.

La collaboration et le réseautage jouent un rôle crucial dans la réussite professionnelle de Capricorne au cours de ce mois. Le sextile entre Mercure et True Node le 15 février renforce leur capacité à établir des liens et des alliances significatifs. Les Capricornes devraient chercher des occasions de collaborer avec des personnes partageant les mêmes idées, de partager leurs idées et de puiser dans la sagesse collective qui les entoure.

Il est important pour les Capricornes de maintenir un équilibre entre leurs ambitions professionnelles et leur bien-être personnel. Le demi-carré entre Mars et Saturne le 2 février leur rappelle d'éviter le surmenage et de donner la priorité aux soins personnels. Trouver un équilibre travail-vie harmonieux contribuera à leur productivité globale et à leur réussite à long terme.

La stabilité financière et la discipline sont également des considérations importantes dans le parcours professionnel de Capricorne. Le carré entre Vénus et Jupiter le 24 février met en garde contre les dépenses impulsives ou les décisions financières risquées. Les Capricornes doivent aborder leurs finances avec prudence, faire des investissements judicieux et se concentrer sur la stabilité financière à long terme.

Finance

Février 2024 apporte des perspectives financières mitigées pour les Capricornes. Les aspects planétaires de ce mois soulignent l'importance d'une planification minutieuse, de dépenses disciplinées et d'une prise de décision stratégique.

Les Capricornes doivent faire preuve de prudence dans leurs affaires financières, en particulier face aux investissements impulsifs ou risqués. Le carré entre Vénus et Jupiter le 24 février sert de rappel pour éviter les dépenses impulsives et se concentrer sur la stabilité financière à long terme. Il est conseillé aux Capricornes de demander des conseils financiers professionnels avant de prendre des décisions financières importantes.

Le sextile entre Vénus et Uranus le 7 février offre des opportunités inattendues de croissance financière et d'innovation. Les Capricornes peuvent rencontrer des avenues uniques et non conventionnelles pour générer des revenus ou élargir leur portefeuille financier. Il est important pour eux de garder l'esprit ouvert, de saisir ces opportunités et d'évaluer les risques encourus.

Les Capricornes devraient également se concentrer sur la construction d'une base solide pour leur avenir financier. La conjonction de Vénus et Mars le 22 février les encourage à prendre des risques calculés et à se lancer dans de nouvelles aventures. C'est un moment favorable pour les Capricornes pour élaborer des stratégies et prendre des mesures financières audacieuses qui correspondent à leurs objectifs à long terme.

Le sextile entre Mercure et Jupiter le 16 février apporte des énergies favorables à la croissance financière et à la prospérité. Les Capricornes peuvent connaître une augmentation de leurs revenus, des négociations réussies ou des accords financiers favorables. Il est crucial pour eux de tirer parti de leurs compétences en communication, de penser de manière stratégique et de saisir les opportunités d'avancement financier.

Le maintien de la discipline financière et de la budgétisation est essentiel pour les Capricornes au cours de ce mois. Ils doivent donner la priorité à l'épargne, suivre leurs dépenses et éviter les dépenses inutiles. Créer un plan financier solide et s'y tenir assurera une stabilité financière à long terme.

Santé

En février 2024, les Capricornes doivent donner la priorité à leur bien-être physique et émotionnel. Les aspects planétaires de ce mois soulignent l'importance des soins personnels, de la gestion du stress et du maintien d'un équilibre sain.

Les Capricornes peuvent connaître des fluctuations de leur niveau d'énergie et de leur état émotionnel. Le demi-carré entre Mars et Saturne le 2 février leur rappelle d'éviter le surmenage et de trouver un équilibre entre travail et repos. Il est crucial pour les Capricornes d'écouter leur corps, de dormir suffisamment et de recharger leurs réserves d'énergie.

Le bien-être émotionnel joue un rôle important dans la santé globale. La conjonction de Vénus et Mars le 22 février apporte des émotions et une passion accrues. Les Capricornes doivent prêter attention à leurs besoins émotionnels, prendre soin d'eux-mêmes et rechercher des exutoires sains pour leurs sentiments. S'engager dans des activités comme la méditation, tenir un journal ou rechercher le soutien de ses proches peut contribuer à son bien-être émotionnel.

Les Capricornes doivent également être conscients de leur niveau de stress au cours de ce mois. Le carré entre Vénus et Jupiter le 24 février met en garde contre un stress excessif et l'impact potentiel sur leur santé physique. Il est essentiel pour les Capricornes de pratiquer des techniques de gestion du stress telles que l'exercice, la méditation ou de s'adonner à des passe-temps qui apportent joie et détente.

Prendre soin de leur santé physique est de la plus haute importance. Les Capricornes devraient donner la priorité à l'exercice régulier et au maintien d'une alimentation équilibrée. Le sextile entre Mercure et True Node le 15 février soutient leur capacité à faire des choix éclairés concernant leur santé et leur bien-être. Les Capricornes peuvent tirer profit de la recherche de conseils professionnels sur la nutrition et de l'intégration de pratiques holistiques dans leur mode de vie.

Il est également important pour les Capricornes de résoudre tout problème de santé persistant ou de rechercher des soins préventifs. La conjonction de Vénus et de Mars le 22 février offre aux Capricornes l'occasion de prendre en charge leur santé et de programmer les examens ou consultations médicales nécessaires.

Voyage

Février 2024 présente des opportunités passionnantes de voyage et d'exploration pour les Capricornes. Les aspects planétaires de ce mois mettent en évidence le potentiel de voyages spontanés et aventureux, ainsi que la nécessité d'une planification minutieuse et de flexibilité.

La conjonction de Vénus et de Mars le 22 février apporte un sentiment d'aventure et d'envie de voyager aux projets de voyage des Capricornes. C'est un moment favorable pour eux d'embrasser leur côté spontané et de rechercher de nouvelles expériences. Les Capricornes peuvent se sentir attirés par des destinations uniques et hors des sentiers battus, ce qui leur permet d'élargir leurs horizons et d'élargir leurs perspectives.

Les Capricornes devraient être ouverts aux opportunités de voyage inattendues qui pourraient survenir. Le sextile entre Vénus et Uranus le 7 février offre la possibilité de voyages spontanés ou d'invitations de dernière minute. Il est important que les Capricornes restent flexibles et adaptables, car ces opportunités peuvent apporter des expériences passionnantes et mémorables.

Cependant, une planification minutieuse est toujours essentielle pour une expérience de voyage fluide. Les Capricornes devraient tenir compte des aspects pratiques tels que le transport, l'hébergement et la budgétisation. La conjonction de Vénus et Mars le 22 février les encourage à prendre des décisions calculées et stratégiques en matière d'organisation de voyage. La recherche de destinations, la création d'itinéraires et la préparation à toute éventualité garantiront une expérience de voyage sans stress.

Les Capricornes devraient également donner la priorité aux soins personnels pendant leurs voyages. Le carré entre Vénus et Jupiter le 24 février leur rappelle de trouver un équilibre entre exploration et repos. Il est important que les Capricornes fassent des pauses, s'engagent dans des activités de soins personnels et évitent le surmenage. Écouter leur corps et trouver des moments de détente et de rajeunissement amélioreront leur expérience de voyage globale.

Au cours de leurs voyages, les Capricornes peuvent également avoir l'occasion de se connecter avec des personnes de cultures et d'horizons différents. Le sextile entre Mercure et True Node le 15 février soutient leur capacité à communiquer et à former des liens significatifs. Engager des conversations avec les habitants, découvrir différentes coutumes et vivre des expériences culturelles enrichiront leurs voyages.

Aperçu des étoiles

Il est conseillé aux Capricornes d'accepter le changement, d'être ouverts à de nouvelles possibilités et de faire confiance à leur instinct. Les aspects planétaires de ce mois soulignent l'importance de naviguer à travers les défis et de saisir les nombreuses opportunités qui se présentent à vous.

Meilleurs jours du mois : 7, 15 , 16 , 22 , 24 et 29 février

Mars 2024

Horoscope

En mars 2024, les Capricornes connaîtront un mois dynamique et transformateur, tant sur le plan personnel que professionnel. Les aspects planétaires au cours de cette période indiquent une période de croissance, d'auto-réflexion et de prise de mesures audacieuses pour atteindre leurs objectifs.

Les Capricornes ressentiront un sens accru de l'intuition et de la profondeur émotionnelle. La conjonction du Soleil et de Neptune le 17 mars apporte une prise de conscience spirituelle et encourage les Capricornes à plonger dans leur moi intérieur. C'est un moment d'introspection, de méditation et d'exploration de leurs croyances spirituelles. En se connectant à leur intuition, les Capricornes peuvent acquérir des informations précieuses qui les guideront sur leur chemin.

Mars est un mois de croissance, d'autoréflexion et de progrès pour les Capricornes. En adoptant leur intuition, en se concentrant sur leurs objectifs de carrière, en gérant judicieusement leurs finances, en donnant la priorité à leur santé et en entretenant leurs relations, les Capricornes peuvent faire des progrès significatifs vers les résultats souhaités.

Aimer

Pour les Capricornes dans des relations engagées, la conjonction de Vénus et Saturne le 21 mars apporte un sentiment de stabilité, d'engagement et de planification à long terme. C'est un moment propice pour discuter d'objectifs communs, approfondir les liens émotionnels et solidifier les fondements de la relation. Les Capricornes doivent se concentrer sur une communication ouverte et honnête, démontrant leur dévouement envers leur partenaire et nourrissant le lien émotionnel entre eux.

Les Capricornes célibataires peuvent se retrouver attirés par des relations plus sérieuses et significatives. La conjonction de Vénus et Saturne le 21 mars les encourage à rechercher des partenariats qui correspondent à leurs objectifs et valeurs à long terme. Il est important que les Capricornes célibataires restent patients et ne se contentent pas de relations superficielles. Prendre le temps de l'autoréflexion, comprendre les besoins et les désirs personnels et être ouvert à de nouvelles possibilités ouvrira la voie à une relation épanouissante et engagée.

La profondeur émotionnelle et la vulnérabilité jouent un rôle important dans la vie amoureuse des Capricornes pendant cette période. Le demi-carré entre Vénus et Chiron le 14 mars rappelle aux Capricornes de faire face à toute blessure émotionnelle ou insécurité qui pourrait entraver leur capacité à se connecter pleinement avec les autres. En s'engageant dans des pratiques d'auto-guérison, en recherchant du soutien et en acceptant leur vulnérabilité, les Capricornes peuvent créer des liens plus profonds et plus authentiques avec leurs partenaires.

Les Capricornes devraient également donner la priorité au temps de qualité et aux gestes nourrissants dans leurs relations. Le sextile entre Vénus et Jupiter le 24 mars améliore les expériences romantiques, encourage les actes de gentillesse et favorise un sentiment d'aventure et de joie au sein des partenariats. Planifier des dates significatives, exprimer votre amour et votre appréciation et explorer de nouvelles activités ensemble renforcera le lien entre les Capricornes et leurs partenaires.

Carrière

La conjonction de Vénus et Saturne le 21 mars met en évidence la nécessité d'un travail acharné et d'un engagement dans le domaine professionnel. Les Capricornes devraient se concentrer sur la construction d'une base solide, démontrer leur fiabilité et assumer des responsabilités qui mettent en valeur leurs compétences et leur expertise. C'est un moment opportun pour demander la reconnaissance de leurs efforts et mettre en valeur leurs capacités de leadership.

Les Capricornes devraient également profiter des opportunités de réseautage et demander conseil à des mentors ou à des professionnels dans leur domaine. Le semi-sextile entre Mercure et Uranus le 22 mars encourage les Capricornes à sortir des sentiers battus, à adopter l'innovation et à explorer de nouvelles idées ou approches de leur travail. Collaborer avec des personnes partageant les mêmes idées et élargir leur réseau professionnel peut conduire à des opportunités passionnantes et à une croissance de carrière.

La prise de décision stratégique est cruciale pendant cette période. La conjonction de Mercure et de True Node le 18 mars signifie la nécessité pour les Capricornes d'aligner leurs actions sur leurs objectifs de carrière à long terme. C'est un moment propice pour évaluer leurs progrès, faire les ajustements nécessaires et fixer des objectifs réalistes et atteignables. Les Capricornes doivent hiérarchiser les tâches, gérer leur temps efficacement et rester organisés pour maximiser leur productivité.

Le demi-carré entre Mercure et Mars le 14 mars rappelle aux Capricornes de maintenir une approche équilibrée de leur travail. Il est important d'éviter les actions impulsives ou les confrontations qui peuvent entraver les relations professionnelles. Au lieu de cela, les Capricornes devraient canaliser leur énergie dans des efforts ciblés et déterminés. Adopter le travail d'équipe, une communication efficace et des solutions diplomatiques contribuera à un environnement de travail harmonieux et facilitera leur progression de carrière.

Les Capricornes devraient également envisager d'investir dans le développement professionnel et d'élargir leurs compétences. Le sextile entre Mercure et Jupiter le 18 mars favorise les activités éducatives, la participation à des ateliers ou à des conférences, ou la recherche d'une formation supplémentaire. En perfectionnant leurs capacités et en se tenant au courant des tendances de l'industrie, les Capricornes peuvent se positionner pour le succès et l'avancement futurs.

Finance

Les Capricornes devraient commencer par examiner leur situation financière et identifier les domaines qui nécessitent une attention particulière. Le demi-carré entre Vénus et Chiron le 14 mars rappelle aux Capricornes de tenir compte de tout facteur émotionnel ou psychologique susceptible d'influencer leurs habitudes financières. En comprenant leur relation avec l'argent et en travaillant vers un état d'esprit sain, les Capricornes peuvent prendre des décisions financières judicieuses.

La budgétisation et les habitudes de dépenses prudentes sont essentielles pendant cette période. Le demi-carré entre Vénus et Saturne le 12 mars rappelle aux Capricornes d'être disciplinés et consciencieux en ce qui concerne leurs dépenses. La création d'un budget, le suivi de leurs revenus et de leurs dépenses et l'identification des domaines dans lesquels ils peuvent réduire contribueront à leur stabilité financière globale.

Les Capricornes devraient également se concentrer sur la planification financière à long terme et les opportunités d'investissement. La conjonction de Vénus et Saturne le 21 mars souligne la nécessité d'une prise de décision stratégique et de se concentrer sur des objectifs à long terme. Les Capricornes devraient envisager de consulter un conseiller financier ou de mener des recherches approfondies avant de faire des investissements importants. C'est un moment propice pour explorer des pistes de croissance, comme l'immobilier, les actions ou l'épargne-retraite.

De plus, les Capricornes devraient accorder la priorité à la gestion de la dette et au règlement de toutes les obligations financières en suspens. Le demi-carré entre Vénus et Pluton le 25 mars exhorte les Capricornes à s'attaquer de front à tout fardeau financier. En créant un plan de remboursement de la dette, en recherchant des conseils professionnels si nécessaire et en adoptant des habitudes financières responsables, les Capricornes peuvent reprendre le contrôle de leur situation financière.

Il est également essentiel pour les Capricornes de maintenir un équilibre sain entre vie professionnelle et vie privée et d'éviter un stress excessif lié à leurs finances. Le demi-carré entre Mercure et Mars le 14 mars rappelle aux Capricornes de gérer leurs émotions et de prendre des décisions financières avec un état d'esprit clair et rationnel.

Santé

Les Capricornes doivent être conscients de leur état de santé général et prêter attention à tout signe de stress ou de fatigue. La conjonction de Vénus et de Mars le 22 mars pourrait entraîner une période d'activité accrue et d'exigences accrues. Il est crucial pour les Capricornes d'écouter leur corps, de fixer des limites réalistes et de donner la priorité aux pratiques de soins personnels telles que l'exercice régulier, un repos suffisant et une alimentation équilibrée.

Le bien-être émotionnel est tout aussi important pendant cette période. Le semi-sextile entre Vénus et Chiron le 14 mars encourage les Capricornes à faire face à toute blessure émotionnelle ou problème non résolu pouvant avoir un impact sur leur santé globale. Rechercher le soutien de vos proches, suivre une thérapie ou des conseils et pratiquer l'autoréflexion peut contribuer à la guérison émotionnelle et au bien-être général.

Les Capricornes doivent également être conscients de leur niveau de stress et adopter des techniques efficaces de gestion du stress. Le demi-carré entre Mercure et Mars le 14 mars rappelle aux Capricornes de trouver des exutoires sains au stress, comme la méditation, le yoga ou de s'adonner à des loisirs et à des activités qui apportent joie et détente. Il est essentiel de créer un équilibre entre le travail et la vie personnelle pour éviter l'épuisement professionnel et maintenir une santé optimale.

De plus, les Capricornes doivent faire attention à leur forme physique et s'engager dans des activités qui favorisent la force et la vitalité. La conjonction de Mars et Pluton le 14 mars signifie une période d'énergie et de détermination accrues. Les Capricornes peuvent canaliser cette énergie dans l'exercice physique, explorer de nouvelles routines de fitness ou se mettre au défi avec de nouveaux objectifs. Trouver des activités qui procurent du plaisir et un sentiment d'accomplissement contribuera au bien-être physique général.

Les Capricornes devraient également se concentrer sur le maintien d'une routine de sommeil saine. Le semi-sextile entre Mercure et Neptune le 21 mars rappelle aux Capricornes l'importance d'un repos et d'un rajeunissement de qualité. Créer un environnement de sommeil paisible, pratiquer des techniques de relaxation et assurer une quantité suffisante de sommeil chaque nuit améliorera la santé et la vitalité globales.

Voyage

Les Capricornes devraient embrasser leur esprit aventureux et envisager de planifier des voyages ou des escapades qui offrent de nouvelles expériences. Le sextile entre Vénus et Uranus le 9 mars encourage les Capricornes à explorer des destinations uniques, à s'engager dans des activités culturelles et à rechercher de nouvelles perspectives. Qu'il s'agisse d'un court week-end ou de vacances plus longues, les Capricornes devraient viser à élargir leurs horizons et à s'immerger dans différentes cultures.

Il est conseillé aux Capricornes de planifier leurs voyages à l'avance et de prêter attention aux détails pratiques. Le demi-carré entre Mercure et Mars le 14 mars rappelle aux Capricornes de donner la priorité à des recherches approfondies, de s'assurer que les documents de voyage nécessaires sont en règle et de prendre des dispositions pour l'hébergement et le transport. Être organisé et bien préparé contribuera à une expérience de voyage fluide et agréable.

Les Capricornes devraient également envisager d'intégrer des pratiques de bien-être dans leurs projets de voyage. La conjonction de Vénus et de Neptune le 21 mars suggère que les voyages axés sur la relaxation, le rajeunissement et la croissance spirituelle peuvent être particulièrement bénéfiques. Les retraites, les centres de bien-être ou les destinations connues pour leur beauté naturelle et leurs environnements sereins peuvent offrir aux Capricornes l'occasion de se ressourcer et de trouver la paix intérieure.

De plus, les Capricornes devraient faire un effort pour se connecter avec les habitants et s'engager dans des échanges culturels au cours de leurs voyages. Le sextile entre Mercure et Jupiter le 22 mars encourage les Capricornes à rechercher des expériences authentiques, à interagir avec la communauté locale et à adopter de nouvelles perspectives. Engager des conversations, essayer la cuisine locale et participer à des événements culturels enrichiront l'expérience de voyage et créeront des souvenirs durables.

Les Capricornes doivent également être conscients de leurs budgets de voyage et de leurs considérations financières. Le demi-carré entre Vénus et Saturne le 12 mars rappelle aux Capricornes de planifier soigneusement leurs dépenses et de tenir compte des aspects pratiques tels que les choix d'hébergement, les options de transport et les préférences de restauration. En étant attentifs à leurs finances, les Capricornes peuvent profiter de leurs voyages sans stress financier inutile.

Aperçu des étoiles

Go Stargazing Naked Night: Trouvez un endroit isolé le soir du 21 mars, enfilez votre costume d'anniversaire et laissez-vous tenter par la beauté impressionnante du ciel nocturne. Ressentez la connexion avec le cosmos et délectez-vous de la liberté de ne faire qu'un avec l'univers (assurez-vous de choisir un lieu légal et approprié !).

Jours du mois : 1 er , 9 , 14 , 18 , 21 , 22 et 25 mars

Avril 2024

Horoscope

Le mois commence avec Mercure en Bélier formant un semi-sextile avec Vénus en Poissons, indiquant un mélange harmonieux de communication et d'expression émotionnelle. Cet alignement vous encourage à rechercher un équilibre dans vos relations et à communiquer efficacement vos désirs.

Le Soleil en Bélier forme un semi-sextile avec Saturne en Poissons, soulignant l'importance de la discipline et de la responsabilité dans votre vie personnelle et professionnelle. Cette combinaison vous pousse à trouver un équilibre entre prendre des mesures énergiques et maintenir la stabilité.

Le 3 avril apporte un aspect quintile puissant entre le Soleil et Pluton, vous incitant à plonger profondément dans votre pouvoir intérieur et à puiser dans votre transformation personnelle. Cet alignement vous encourage à accepter le changement et à abandonner toute croyance ou schéma limitant qui ne vous sert plus.

Mars forme un quintile avec Uranus le 3 avril, déclenchant une vague d'énergie innovante et créative en vous. Cet aspect vous encourage à prendre des risques, à sortir des sentiers battus et à rechercher des opportunités uniques qui correspondent à votre moi authentique.

La conjonction entre Vénus et Neptune en Poissons le 3 avril renforce votre sensibilité émotionnelle et votre intuition en matière de cœur. Cet alignement apporte une énergie rêveuse et romantique, vous permettant de vous connecter à un niveau plus profond avec vos proches.

Le 4 avril, le Soleil rejoint le vrai nœud en Bélier, marquant un tournant important dans votre chemin de vie et votre destin. Cet alignement apporte un sens du but et de la clarté, vous guidant vers votre véritable vocation.

Le mois se poursuit avec divers aspects influençant votre vie personnelle et professionnelle, encourageant la croissance et la découverte de soi. Restez à l'écoute de ces énergies célestes car elles peuvent fournir des informations précieuses et des opportunités de développement personnel.

Aimer

En matière de cœur, avril recèle un immense potentiel pour les individus Capricorne. La conjonction entre Vénus et Neptune le 3 avril crée une énergie profondément romantique et enchanteresse, élevant vos liens émotionnels et favorisant un sentiment d'union spirituelle avec votre partenaire. Cet alignement vous invite à explorer les profondeurs de vos émotions et à exprimer votre amour avec authenticité et vulnérabilité.

Pour les célibataires, cet alignement peut apporter des rencontres avec des individus captivants et mystérieux qui résonnent avec votre âme. Faites attention aux indices subtils et faites confiance à votre intuition en ce qui concerne les perspectives romantiques potentielles.

Cependant, il est important de maintenir une perspective équilibrée et d'éviter d'idéaliser l'amour ou d'ignorer les drapeaux rouges. Prenez le temps d'évaluer les aspects pratiques de vos relations et assurez-vous qu'elles correspondent à vos objectifs et valeurs à long terme.

La communication est essentielle dans les relations amoureuses en avril, car la présence de Mercure en Bélier encourage un dialogue ouvert et honnête avec votre partenaire. Exprimez vos besoins et vos envies tout en écoutant attentivement les préoccupations de votre partenaire. En entretenant une communication efficace, vous pouvez créer des liens plus solides et résoudre les conflits qui pourraient survenir.

Carrière

Sur le plan professionnel, avril présente un mélange de défis et d'opportunités pour les individus Capricorne. L'alignement de Mars et Saturne en Poissons le 10 avril souligne l'importance de la discipline, de la persévérance et de la planification stratégique dans vos efforts professionnels.

Cette conjonction vous encourage à réévaluer vos objectifs à long terme et à faire les ajustements nécessaires pour rester sur la bonne voie. C'est le moment de poser des bases solides et de mettre en place des stratégies concrètes pour réaliser vos ambitions.

Bien que vous puissiez rencontrer des obstacles ou des retards, votre détermination et votre travail acharné vous aideront à les surmonter. Embrassez les leçons et les expériences qui se présentent à vous, car elles contribueront à votre croissance et à votre développement.

Les projets collaboratifs et le réseautage jouent un rôle important dans votre carrière en avril. Le semi-sextile entre le Soleil en Bélier et Jupiter en Taureau le 8 avril favorise les connexions positives et les opportunités d'expansion. Recherchez le soutien de collègues et de mentors et soyez ouvert à de nouveaux partenariats ou collaborations qui peuvent faire avancer votre carrière.

Il est crucial de maintenir une approche proactive et de saisir les opportunités de développement professionnel. Assistez à des ateliers, des séminaires ou des sessions de formation qui améliorent vos compétences et vos connaissances. En investissant dans votre croissance, vous vous positionnerez pour le succès futur.

N'oubliez pas d'équilibrer vos ambitions avec les soins personnels pour éviter l'épuisement professionnel. Trouvez des façons de gérer le stress et de maintenir un équilibre sain entre le travail et la vie personnelle. Une réflexion et une introspection régulières vous aideront à aligner votre cheminement de carrière sur vos valeurs et aspirations personnelles.

Finance

Les questions financières nécessitent une attention et une planification minutieuses en avril pour les individus Capricorne. La conjonction de Vénus et de Chiron en Bélier le 21 avril met l'accent sur la guérison et la croissance de votre relation avec l'argent.

Cet alignement vous incite à résoudre tous les problèmes émotionnels ou les croyances limitantes concernant les finances. C'est un moment propice pour demander conseil à des professionnels de la finance ou à des experts qui peuvent vous conseiller sur la gestion de patrimoine et les opportunités d'investissement.

Avril présente une opportunité de planification financière et de stabilité. Évaluez votre situation financière actuelle, révisez votre budget et fixez-vous des objectifs réalistes pour l'avenir. Envisagez des investissements à long terme qui correspondent à vos objectifs financiers, en assurant un équilibre entre le risque et la sécurité.

Soyez prudent avec les dépenses impulsives et évitez de prendre des décisions financières hâtives. Faites preuve de prudence et de discipline dans la gestion de vos ressources. Donnez la priorité à vos besoins par rapport aux désirs et maintenez une perspective réaliste sur vos capacités financières.

Profitez des aspects favorables en avril, comme le demi-carré entre Vénus et Jupiter le 8 avril. Cet alignement vous rappelle de trouver un équilibre sain entre profiter de votre patrimoine et épargner pour l'avenir. Envisagez de mettre de côté une partie de vos revenus pour l'épargne ou les investissements, assurant ainsi une stabilité financière à long terme.

N'oubliez pas que la véritable sécurité financière repose sur de saines pratiques financières, notamment la budgétisation, l'épargne et la gestion responsable de la dette. Demandez des conseils financiers si nécessaire, car des conseils professionnels peuvent fournir des informations et des stratégies précieuses pour créer de la richesse.

En adoptant une approche proactive et équilibrée de vos finances, vous pouvez naviguer dans les fluctuations de l'économie et créer une base solide pour la prospérité future. Restez concentré, restez discipliné et prenez des décisions financières éclairées pour atteindre vos objectifs financiers souhaités.

Santé

Votre santé et votre bien-être nécessitent une attention et des soins supplémentaires en avril. La présence de Mars en Poissons signifie l'importance de prendre soin de vos besoins physiques et émotionnels. Il est essentiel de prioriser les pratiques d'auto-soins pour maintenir votre bien-être général.

April appelle à une approche holistique de la santé, axée non seulement sur la forme physique, mais aussi sur le bien-être mental et émotionnel. Incorporez des exercices réguliers à votre routine, en choisissant des activités que vous aimez et qui nourrissent votre corps et votre esprit. S'engager dans des activités comme le yoga, la méditation ou le tai-chi peut aider à réduire le stress, augmenter la flexibilité et favoriser l'équilibre général.

Faites également attention à votre bien-être émotionnel. L'alignement de Mars et Chiron le 17 avril met l'accent sur la nécessité de traiter toute blessure ou traumatisme émotionnel susceptible d'affecter votre santé. Envisagez de demander une thérapie ou des conseils pour guérir et libérer tout bagage émotionnel qui pourrait avoir un impact sur votre bien-être général.

Maintenez une alimentation équilibrée et nutritive pour soutenir votre vitalité physique. Concentrez-vous sur l'incorporation d'aliments entiers, de fruits et légumes frais, de protéines maigres et de graisses saines dans vos repas. Restez hydraté et faites attention à la taille des portions pour maintenir un poids santé.

Privilégiez le repos et un sommeil de qualité pour permettre à votre corps de se ressourcer et de se ressourcer. Établissez une routine de sommeil cohérente et créez un environnement relaxant propice à un sommeil réparateur.

Faites attention à ne pas vous surmener ou à assumer trop de responsabilités. Les exigences de votre carrière et de votre vie personnelle peuvent parfois conduire à l'épuisement professionnel, alors assurez-vous de fixer des limites et de créer du temps pour la détente et les loisirs.

Écoutez votre corps et autorisez-vous à faire des pauses si nécessaire. Incorporez des techniques de gestion du stress, telles que des exercices de respiration profonde ou des pratiques de pleine conscience, dans votre routine quotidienne pour favoriser un sentiment de calme et d'équilibre intérieur.

En entretenant votre bien-être physique, mental et émotionnel, vous pouvez améliorer votre santé globale et votre résilience.

Voyage

L'alignement de Vénus et Jupiter le 23 avril crée une énergie harmonieuse, vous incitant à vous lancer dans de nouvelles aventures et à élargir vos horizons.

Que ce soit pour affaires ou pour le plaisir, voyager pendant cette période peut apporter des avantages significatifs. Il offre des opportunités de croissance personnelle, de réseautage et d'élargissement de votre perspective. Embrassez les expériences que les voyages apportent, car elles peuvent conduire à des connexions et des idées précieuses.

Lors de la planification de vos voyages, tenez compte à la fois de vos objectifs professionnels et personnels. Recherchez des destinations qui correspondent à vos objectifs de carrière, offrant des opportunités de réseautage ou de développement professionnel. Dans le même temps, choisissez des endroits qui offrent détente et ressourcement, vous permettant de vous détendre et de vous ressourcer.

Soyez ouvert à l'exploration de nouvelles cultures, traditions et cuisines. Participez à des expériences locales, connectez-vous avec la communauté locale et embrassez les aspects uniques de chaque destination. Cela enrichira votre expérience de voyage et vous fournira une compréhension plus profonde du monde.

Assurez un équilibre entre travail et loisirs lors de vos déplacements. Prévoyez du temps pour la détente et les soins personnels, en vous permettant de profiter pleinement de l'expérience. Connectez-vous avec la nature, participez à des activités de plein air et laissez-vous tenter par la cuisine locale pour tirer le meilleur parti de vos aventures de voyage.

Lorsque vous voyagez, restez conscient de votre santé et de votre sécurité. Suivez les conseils ou directives aux voyageurs et prenez les précautions nécessaires pour vous protéger et protéger les autres. Emportez des articles essentiels comme des désinfectants pour les mains, des masques et tous les médicaments nécessaires pour assurer votre bien-être tout au long de votre voyage.

Aperçu des étoiles

Puisez dans votre force intérieure et votre affirmation de soi, vous permettant de transcender tous les obstacles et de faire des progrès remarquables. Embrassez ce don cosmique et laissez-le vous permettre de manifester un changement positif dans tous les aspects de votre vie.

Jours du mois : 3 , 8 , 10 , 17 , 19 , 21 et 23 avril

Mai 2024

Horoscope

Au début du mois, Vénus place Pluton le 1er mai, soulignant le potentiel d'expériences émotionnelles intenses et de luttes de pouvoir dans les relations. Cet aspect vous pousse à gérer les conflits avec grâce et à rechercher des solutions qui respectent les besoins des deux parties.

Le sextile entre Mars et Pluton le 3 mai déclenche une poussée de pouvoir personnel et de détermination en vous. Cet alignement vous permet de surmonter les obstacles et d'atteindre vos objectifs avec une force inébranlable. Utilisez cette énergie pour prendre des mesures décisives et apporter des changements positifs dans divers domaines de votre vie.

Le 7 mai, le Soleil sextile Saturne, apportant stabilité et discipline à vos efforts. Cet alignement soutient vos efforts de croissance professionnelle et personnelle, soulignant l'importance de la patience, de la persévérance et de la planification stratégique.

La mi-mai apporte une puissante conjonction entre Vénus et Jupiter le 18 mai, amplifiant l'amour, l'abondance et les opportunités d'expansion. Cet alignement favorise des relations harmonieuses et ouvre les portes de la prospérité financière. Embrassez les bénédictions et soyez ouvert à recevoir l'abondance que l'univers offre.

Le mois se termine par une conjonction entre Mars et Chiron le 29 mai, marquant une période importante de guérison et de transformation. Cet aspect vous encourage à affronter et à guérir de vieilles blessures, vous permettant de prendre votre pouvoir et d'embrasser votre authenticité.

Tout au long du mois de mai, restez à l'écoute de votre intuition et de votre guidance intérieure. Faites confiance à votre instinct lorsque vous prenez des décisions et restez ouvert aux leçons et aux opportunités de croissance qui se présentent à vous. Embrassez les énergies transformatrices du mois et permettez-leur de vous propulser vers un avenir plus autonome et épanouissant.

Aimer

L'amour occupe le devant de la scène en mai pour les individus Capricorne, avec des influences célestes vous guidant vers des connexions plus profondes et des expériences émotionnelles profondes. Le carré entre Vénus et Pluton le 1er mai peut apporter une dynamique intense dans les relations, vous mettant au défi de naviguer dans les luttes de pouvoir et de transformer tous les schémas malsains.

Adoptez une communication ouverte et honnête avec votre partenaire, permettant la vulnérabilité et la compréhension. Travaillez ensemble pour trouver des résolutions qui respectent les besoins des deux individus et favorisent un sentiment d'harmonie et de croissance.

La conjonction entre Vénus et Jupiter le 18 mai amplifie les énergies romantiques, apportant des bénédictions et des opportunités d'amour et d'abondance. Si vous êtes célibataire, cet alignement peut introduire une perspective romantique importante ou approfondir une connexion existante.

Prenez le temps d'entretenir votre relation, de créer des expériences significatives ensemble et d'exprimer votre amour et votre appréciation. Planifiez des sorties romantiques ou des gestes surprises qui favorisent la connexion émotionnelle et l'intimité.

Pour ceux qui recherchent l'amour, cet alignement ouvre des portes pour de nouvelles connexions et élargit votre cercle social. Assistez à des événements sociaux, participez à des activités qui correspondent à vos intérêts et soyez ouvert à rencontrer quelqu'un de spécial. Faites confiance au timing de l'univers et sachez que l'amour peut venir au moment où vous vous y attendez le moins.

Tout au long du mois de mai, rappelez-vous l'importance de l'amour de soi et des soins personnels. Nourrissez votre propre bien-être émotionnel et maintenez un équilibre sain entre votre vie personnelle et votre relation. En prenant soin de vous, vous aurez plus à offrir à votre partenaire ou partenaires potentiels.

Carrière

May recèle un potentiel important de croissance de carrière et d'opportunités professionnelles pour les individus Capricorne. Le sextile entre Mars et Pluton le 3 mai alimente votre ambition et votre détermination, vous propulsant vers la réalisation de vos objectifs de carrière.

Embrassez votre pouvoir intérieur et prenez des mesures décisives. Faites confiance à vos capacités et ne craignez pas les projets stimulants ou les rôles de leadership. Votre persévérance et votre travail acharné seront reconnus et récompensés.

Le sextile du Soleil avec Saturne le 7 mai renforce la discipline et la stabilité dans vos efforts professionnels. Cet alignement souligne l'importance d'une planification minutieuse et d'une exécution stratégique. Prenez le temps d'analyser vos objectifs à long terme et de créer une feuille de route pour réussir.

La collaboration et le réseautage jouent un rôle important dans votre carrière en mai. Cherchez des occasions de vous connecter avec des collègues et des professionnels de l'industrie. Assistez à des événements de réseautage, des conférences ou des séminaires où vous pourrez mettre en valeur vos compétences et élargir votre réseau professionnel.

La conjonction entre Vénus et Jupiter le 18 mai apporte des bénédictions et des opportunités de prospérité financière. Cet alignement peut attirer l'abondance et le succès dans votre carrière, surtout si vous êtes impliqué dans des entreprises commerciales ou des négociations. Soyez ouvert à de nouveaux partenariats ou collaborations qui peuvent élargir vos horizons professionnels.

objectifs à long terme , mais restez adaptable aux changements et aux opportunités qui se présentent. La flexibilité et la polyvalence sont des qualités essentielles qui vous aideront à naviguer dans l'énergie dynamique du mois.

Continuez à investir dans votre développement professionnel et recherchez des opportunités de croissance. Suivez des cours, assistez à des ateliers ou participez à une auto-apprentissage pour améliorer vos compétences et vos connaissances. Adoptez une approche proactive et restez informé des tendances et des avancées de l'industrie.

En exploitant les énergies transformatrices de mai, vous pouvez faire des progrès significatifs dans votre carrière. Faites confiance à votre instinct, soyez ouvert à de nouvelles possibilités et saisissez les opportunités qui correspondent à vos objectifs à long terme. Avec dévouement et planification stratégique, le succès est à votre portée.

Finance

Mai présente à la fois des opportunités et des défis en matière de finances pour les individus Capricorne. Le carré entre Vénus et Pluton le 1er mai appelle à la prudence et à une gestion financière prudente. Soyez conscient des luttes de pouvoir ou des conflits qui peuvent survenir autour de questions d'argent.

Faites preuve de modération et évitez les dépenses impulsives. Respectez un budget et priorisez vos objectifs financiers. Cherchez des moyens de réduire les dépenses inutiles et d'économiser pour l'avenir.

La conjonction entre Vénus et Jupiter le 18 mai peut apporter des opportunités financières positives et de l'abondance. Cet alignement favorise les investissements, les partenariats commerciaux et les négociations financières. Cependant, soyez prudent et assurez-vous de mener des recherches approfondies et de demander des conseils professionnels avant de prendre des décisions financières importantes.

Prenez le temps d'examiner vos stratégies financières et de chercher des moyens d'accroître votre patrimoine. Envisagez des placements à long terme qui correspondent à vos objectifs financiers. Diversifiez votre portefeuille et demandez conseil à un expert si nécessaire.

Maintenir une approche disciplinée de la gestion de l'argent. Fixez-vous des objectifs financiers réalistes et établissez un plan d'épargne. Concentrez-vous sur la constitution d'un fonds d'urgence et sur la protection contre les dépenses imprévues.

Tenez compte des implications à long terme de vos décisions financières. Évitez de prendre des risques inutiles ou de vous livrer à des entreprises spéculatives. Une planification financière prudente et de la patience produiront des résultats plus durables.

N'oubliez pas de trouver un équilibre entre profiter de vos ressources et épargner pour l'avenir. Allouez une partie de vos revenus à des expériences qui apportent joie et épanouissement, tout en vous assurant de bâtir une base financière solide.

Passez régulièrement en revue vos progrès financiers et faites les ajustements nécessaires. Cherchez des opportunités pour augmenter vos revenus, que ce soit par le biais d'avancements de carrière, de projets parallèles ou de sources de revenus passives. En adoptant une approche proactive et stratégique de vos finances, vous pouvez atteindre la stabilité et la prospérité à long terme.

Santé

En mai, accordez la priorité aux soins personnels et au bien-être pour maintenir une santé optimale pour les individus Capricorne. Le demi-carré du Soleil avec Neptune le 3 mai pourrait apporter une baisse temporaire d'énergie ou une susceptibilité à la fatigue. Assurez-vous de vous reposer suffisamment et pratiquez des activités de soins personnels qui rajeunissent votre esprit, votre corps et votre esprit.

Maintenir une alimentation équilibrée et nutritive est essentiel pour votre bien-être. Concentrez-vous sur la consommation d'aliments entiers, de fruits frais, de légumes, de protéines maigres et de graisses saines. Restez hydraté et faites attention à la taille des portions pour soutenir votre santé globale.

L'exercice régulier est crucial pour votre bien-être physique et mental. Pratiquez des activités que vous aimez et qui favorisent la force, la flexibilité et la santé cardiovasculaire. Trouvez une routine qui vous convient et respectez-la, même si cela signifie incorporer des séances d'entraînement plus courtes à votre emploi du temps chargé.

Le bien-être mental et émotionnel est tout aussi important. Pratiquez des techniques de gestion du stress, telles que la méditation, des exercices de respiration profonde ou des pratiques de pleine conscience. Privilégiez les activités qui vous apportent de la joie, de la détente et un sentiment d'épanouissement.

Soyez conscient de tout problème de santé émotionnelle ou mentale qui pourrait survenir. Cherchez le soutien d'amis de confiance, de votre famille ou de professionnels si nécessaire. Aborder tous les problèmes sous-jacents permet un plus grand bien-être général.

Maintenez un équilibre sain entre vie professionnelle et vie privée et établissez des limites pour prévenir l'épuisement professionnel. Faites des pauses, courtes et longues, pour vous ressourcer et vous ressourcer. Connectez-vous avec la nature, pratiquez des loisirs ou passez du temps de qualité avec vos proches pour entretenir votre santé émotionnelle et mentale.

Des bilans de santé réguliers et des dépistages préventifs sont essentiels pour la détection précoce et la prévention des problèmes de santé potentiels. Restez proactif dans la gestion de votre santé et demandez conseil à un professionnel en cas de problème ou de symptôme.

En accordant la priorité aux soins personnels, en maintenant un mode de vie sain et en recherchant l'équilibre, vous pouvez favoriser votre bien-être général et vous épanouir en mai.

Voyage

Mai apporte des opportunités de voyage et d'exploration pour les individus Capricorne. Que ce soit pour les loisirs ou les affaires, les voyages peuvent offrir des expériences précieuses et des opportunités de croissance personnelle.

Planifiez soigneusement vos voyages en tenant compte à la fois de vos préférences personnelles et de vos objectifs de carrière. Choisissez des destinations qui correspondent à vos intérêts et offrent des opportunités de détente, d'enrichissement culturel et de développement personnel.

La conjonction entre Vénus et Jupiter le 18 mai renforce l'énergie positive pour les voyages. Cet alignement vous encourage à élargir vos horizons, à adopter de nouvelles cultures et à élargir votre perspective grâce à des expériences de voyage immersives.

En voyage, soyez ouvert à la spontanéité et permettez-vous de vous immerger pleinement dans la culture locale. Participez à des expériences authentiques, essayez la cuisine locale et connectez-vous avec la communauté locale. Saisissez l'opportunité d'apprendre et d'approfondir votre compréhension des différentes cultures et traditions.

Maintenez la flexibilité dans vos projets de voyage, car des changements ou des opportunités imprévus peuvent survenir. Préparez-vous à d'éventuels retards ou perturbations et mettez en place des plans d'urgence.

L'assurance voyage peut vous offrir une tranquillité d'esprit et une protection supplémentaires pendant vos voyages.

Lors de vos déplacements, privilégiez les soins personnels et le bien-être. Faites des pauses pour vous reposer et recharger vos batteries, surtout si votre itinéraire de voyage est chargé. Équilibrez exploration et détente, en vous assurant d'avoir le temps de vous ressourcer et de profiter pleinement de l'expérience.

Soyez conscient de votre santé et de votre sécurité lorsque vous voyagez. Suivez les conseils ou directives aux voyageurs et prenez les précautions nécessaires pour vous protéger et protéger les autres. Restez informé des coutumes, lois et réglementations locales de votre destination pour garantir une expérience de voyage fluide et agréable.

Embrassez les énergies transformatrices du voyage et permettez-leur d'élargir vos horizons, d'approfondir votre compréhension du monde et de favoriser la croissance personnelle.

Aperçu des étoiles

Embrassez l'esprit aventureux et laissez tomber vos cheveux. Engagez-vous dans des activités qui vous apportent joie et spontanéité. Permettez-vous de prendre des risques calculés et sortez de votre zone de confort.

Meilleurs jours du mois : 7, 13 , 18 , 19 , 23 , 28 et 29 mai .

Juin 2024

Horoscope

Juin apporte une énergie dynamique et transformatrice aux individus Capricorne. C'est un mois de croissance, de découverte de soi et de nouveaux départs. Les configurations célestes vous encouragent à sortir de votre zone de confort et à accepter le changement.

Ce mois-ci, vous ressentirez peut-être une forte envie d'explorer différents aspects de votre vie, tant à l'intérieur qu'à l'extérieur. Le semi-sextile Mars-Uranus du 1er juin enflamme votre désir de liberté et d'indépendance. Cela vous motive à vous libérer des vieux schémas et à adopter une expression plus authentique de vous-même.

Le quintile du Soleil avec Neptune le 1er juin améliore votre intuition et votre connexion spirituelle. Vous pouvez trouver l'inspiration dans vos rêves et vos visions intérieures, vous guidant vers plus de clarté et de compréhension.

La conjonction de Mercure avec Jupiter le 4 juin amplifie vos compétences en communication et vos activités intellectuelles. Cet alignement prend en charge l'apprentissage, le réseautage et l'élargissement de votre base de connaissances. C'est un moment propice pour les activités éducatives, l'écriture ou le partage de vos idées avec les autres.

La conjonction du Soleil avec Vénus le 4 juin apporte l'harmonie, l'amour et une plus grande appréciation de la beauté dans votre vie. Cet alignement améliore vos relations, à la fois romantiques et platoniques, et vous encourage à nourrir et à exprimer vos affections.

Le carré Vénus-Saturne du 8 juin peut apporter des défis dans vos relations ou vos finances. Il appelle à un équilibre entre la responsabilité et les désirs personnels. Faites preuve de prudence en matière financière et maintenez une communication ouverte et honnête dans vos relations.

Le carré Mercure-Saturne du 12 juin peut apporter des obstacles temporaires dans votre communication et votre prise de décision. Il est important de rester patient, minutieux et diligent dans vos actions. Utilisez ce temps pour revoir et réévaluer vos plans avant d'aller de l'avant.

Le carré du Soleil avec Neptune le 20 juin met en garde contre l'illusion et la confusion. Soyez conscient de la tromperie ou de l'auto-tromperie, et recherchez la clarté et le discernement dans vos interactions et vos décisions.

Dans l'ensemble, juin présente une période de transformation et d'introspection pour les individus Capricorne. Acceptez le changement, faites confiance à votre intuition et concentrez-vous sur la croissance personnelle et la découverte de soi.

Aimer

En juin, les individus Capricorne connaissent des développements importants dans leur vie amoureuse. Les aspects célestes créent une énergie harmonieuse et passionnée, favorisant des connexions plus profondes et des rencontres romantiques.

La conjonction du Soleil avec Vénus le 4 juin apporte une vague d'amour, de beauté et d'harmonie dans vos relations. Cet alignement améliore votre capacité à exprimer vos affections et renforce le lien avec votre partenaire. Si vous êtes célibataire, cet alignement augmente votre magnétisme et votre attractivité, vous rendant plus ouvert à l'amour et à de nouvelles relations.

Le sextile Vénus-Mars du 11 juin suscite passion et désir dans vos relations amoureuses. Il enflamme un sentiment d'aventure et vous encourage à explorer de nouvelles dimensions d'intimité et de plaisir avec votre partenaire. C'est le moment idéal pour raviver les flammes de la passion ou se lancer dans de nouvelles aventures amoureuses.

Le carré Vénus-Neptune du 16 juin pourrait introduire quelques illusions ou idéalisations dans votre vie amoureuse. Il est important de garder les pieds sur terre et de maintenir des attentes réalistes. La communication et la clarté sont essentielles pour relever tous les défis qui surviennent pendant cette période.

Le sextile du Soleil avec Chiron le 22 juin favorise la guérison et la croissance au sein de vos relations. Il offre une opportunité pour une compréhension plus profonde, le pardon et la guérison émotionnelle. Utilisez cette énergie pour traiter les blessures ou les conflits persistants et favoriser une connexion plus forte et plus compatissante avec votre partenaire.

La conjonction Mercure-Vénus du 17 juin améliore vos capacités de communication et votre charme. Il prend en charge les conversations significatives, les expressions d'amour et la capacité d'écouter et de comprendre vraiment les besoins et les désirs de votre partenaire.

Que vous soyez célibataire ou en couple, June vous encourage à vous ouvrir à de nouvelles possibilités et expériences amoureuses. Embrassez l'énergie transformatrice et laissez votre cœur vous guider vers des connexions et un épanouissement plus profonds.

Carrière

La conjonction Mercure-Jupiter du 4 juin amplifie vos capacités de communication et vos prouesses intellectuelles. C'est une période propice au réseautage, au partage de vos idées et à l'expansion de vos relations professionnelles. Cet alignement soutient les activités éducatives et peut offrir des opportunités passionnantes d'apprentissage ou d'enseignement.

Le semi-sextile Mars-Neptune du 8 juin inspire la créativité et l'intuition dans votre travail. Il vous encourage à sortir des sentiers battus et à explorer des solutions innovantes aux défis. Faites confiance à votre instinct et puisez dans vos capacités imaginatives pour faire des progrès significatifs dans vos projets ou objectifs de carrière.

Le carré du Soleil avec Saturne le 9 juin peut présenter des obstacles temporaires ou des retards dans vos efforts professionnels. Cela demande de la discipline, de la patience et de la persévérance. Restez concentré sur vos objectifs à long terme et maintenez une approche pratique pour surmonter les défis qui se présentent.

Le carré Mercure-Saturne du 12 juin peut apporter des défis de communication ou de prise de décision dans votre environnement de travail. Il est important de rester diligent, minutieux et minutieux dans vos tâches. Revérifiez votre travail et assurez-vous de la clarté de votre communication pour éviter les malentendus.

Le carré du Soleil avec Neptune le 20 juin met en garde contre la tromperie ou la confusion dans vos interactions professionnelles. Soyez vigilant et maintenez des limites claires dans vos relations de travail. Faites confiance à votre instinct et recherchez la clarté avant de prendre des décisions importantes.

Finance

Juin apporte un mélange d'opportunités financières et d'aspects de mise en garde pour les individus Capricorne. C'est un mois pour être conscient de vos décisions financières et maintenir une approche équilibrée des questions d'argent.

Le carré Vénus-Saturne du 8 juin peut introduire des défis ou des restrictions financières. Elle exige une gestion financière responsable et une prise de décision prudente. Évitez les achats impulsifs ou les investissements risqués pendant cette période. Concentrez-vous sur la stabilité à long terme et faites preuve de prudence dans vos transactions financières.

Le carré Vénus-Neptune du 16 juin met en garde contre les illusions ou les tromperies dans vos transactions financières. Méfiez-vous des escroqueries potentielles ou des promesses irréalistes. Il est important de mener des recherches approfondies et de demander des conseils professionnels avant de prendre des décisions financières importantes.

Le carré Mercure-Saturne du 12 juin pourrait apporter des contraintes financières ou des retards. Il est essentiel de faire preuve de patience et de budgétiser judicieusement vos ressources. Revoyez vos plans financiers et faites les ajustements nécessaires pour assurer la stabilité et éviter les dépenses inutiles.

La conjonction Mercure-Jupiter du 4 juin peut apporter des opportunités financières positives grâce au réseautage, à l'éducation ou à l'élargissement de vos relations professionnelles. C'est un moment propice pour demander des conseils financiers ou explorer de nouvelles sources de revenus. Restez ouvert à l'apprentissage et aux investissements stratégiques qui correspondent à vos objectifs à long terme.

Le carré du Soleil avec Saturne le 9 juin vous rappelle de faire preuve de discipline et de responsabilité dans vos affaires financières. Respectez votre budget et évitez les dépenses impulsives. Retardez les décisions financières majeures jusqu'à ce que vous ayez soigneusement évalué tous les risques et avantages.

Santé

June met fortement l'accent sur les soins personnels et le bien-être holistique pour les individus Capricorne. Les aspects célestes vous incitent à prioriser votre santé et à établir des routines durables pour le bien-être physique et mental.

Le semi-sextile Mars-Neptune du 8 juin vous inspire à explorer des modalités de guérison alternatives et à puiser dans votre sagesse intuitive pour une santé optimale. Écoutez les signaux de votre corps et faites attention à tout déséquilibre émotionnel ou énergétique qui pourrait affecter votre bien-être. Incorporez des pratiques de pleine conscience, de la méditation ou des exercices doux dans votre routine pour rétablir l'harmonie et l'équilibre.

Le sextile du Soleil avec Chiron le 22 juin favorise la guérison émotionnelle et l'acceptation de soi. Il vous encourage à traiter toutes les blessures émotionnelles sous-jacentes ou les schémas qui peuvent avoir un impact sur votre santé. Si nécessaire, demandez l'aide de professionnels ou de thérapeutes de confiance, car ils peuvent vous fournir des conseils précieux sur votre parcours de guérison.

La conjonction Mercure-Vénus du 17 juin améliore votre capacité à communiquer vos besoins et vos désirs, à vous-même et aux autres. Utilisez cet alignement pour exprimer vos émotions, établir des limites saines et entretenir des relations positives qui contribuent à votre bien-être général.

Le carré du Soleil avec Neptune le 20 juin appelle à la prudence en termes de limites physiques et émotionnelles. Soyez conscient des pertes d'énergie potentielles ou des situations qui compromettent votre bien-être. Donnez la priorité aux soins personnels, au repos et au rajeunissement pour maintenir une santé optimale pendant cette période.

Voyage

Le semi-sextile Mars-Neptune du 8 juin enflamme votre envie de voyager et votre désir d'aventure. Il vous incite à explorer de nouvelles destinations ou à revisiter des lieux familiers avec une nouvelle perspective. Faites confiance à votre intuition et suivez les désirs de votre cœur lors de la planification de vos voyages.

La conjonction Mercure-Jupiter du 4 juin améliore vos compétences en communication et votre curiosité intellectuelle. Cet alignement soutient les voyages éducatifs, les échanges culturels ou les événements de réseautage. Envisagez de combiner votre amour pour l'apprentissage avec vos projets de voyage, car cela peut conduire à des expériences enrichissantes et à des liens significatifs.

Le carré du Soleil avec Saturne le 9 juin pourrait introduire des retards ou des obstacles dans vos projets de voyage. Il est essentiel de rester flexible et adaptable, car des changements inattendus peuvent survenir. Maintenez une communication ouverte avec les compagnons de voyage ou les organisateurs pour relever les défis en douceur.

Le carré du Soleil avec Neptune le 20 juin vous rappelle de rester vigilant lors de vos déplacements. Méfiez-vous des escroqueries potentielles ou des situations trompeuses. Recherchez vos destinations, prenez les précautions de sécurité nécessaires et faites confiance à votre instinct pour vous assurer une expérience de voyage sûre et agréable.

Aperçu des étoiles

Le semi-sextile Mars-Neptune du 8 juin insufflera à votre vie un esprit aventureux et imaginatif. C'est le moment idéal pour s'adonner à des passe-temps créatifs, explorer de nouvelles activités récréatives ou renouer avec votre sens du plaisir.

Jours du mois : 4 , 11 , 17 , 20 , 22 , 26 et 29 juin .

Juillet 2024

Horoscope

Le demi-carré Jupiter-Chiron du 1er juillet peut faire apparaître des blessures émotionnelles ou des croyances limitantes qui doivent être traitées. Utilisez cette énergie pour vous engager dans l'auto-guérison et recherchez le soutien de personnes ou de thérapeutes de confiance qui peuvent vous aider dans votre cheminement de croissance personnelle.

Le carré du Soleil avec Uranus le 1er juillet vous encourage à accepter le changement et à libérer les anciens schémas qui ne servent plus votre plus grand bien. Soyez ouvert aux opportunités inattendues et soyez prêt à sortir de votre zone de confort pour vivre des percées personnelles.

Le trigone Mercure-Neptune du 2 juillet améliore votre intuition et votre expression créative. C'est un moment propice à l'introspection, à la journalisation ou à l'engagement dans des activités artistiques qui vous permettent de puiser dans votre sagesse intérieure.

Le trigone Vénus-Saturne du 2 juillet apporte stabilité et soutien dans vos relations. Elle favorise l'engagement, la loyauté et la compréhension mutuelle. Si vous êtes en partenariat, cet alignement vous encourage à approfondir votre connexion grâce à une communication ouverte et à des responsabilités partagées.

Le sextile Mars-Saturne du 5 juillet vous permet de prendre des mesures pratiques et disciplinées dans votre carrière et vos ambitions. C'est un moment propice pour travailler dur, rester concentré et persévérer dans l'atteinte de vos objectifs professionnels.

Le carré du Soleil avec Chiron le 15 juillet peut apporter des défis émotionnels ou des déclencheurs liés à votre estime de soi et à votre identité personnelle. Profitez de cette occasion pour vous engager dans des pratiques de soins personnels, rechercher la guérison intérieure et pratiquer l'auto-compassion.

Le quintile Jupiter-Neptune du 18 juillet vous invite à explorer vos croyances spirituelles ou philosophiques et à puiser dans votre intuition. Il soutient votre quête de connaissances et de compréhension supérieures.

Aimer

Le trigone Vénus-Saturne du 2 juillet soutient des partenariats stables et engagés. Cela encourage une communication ouverte, des responsabilités partagées et un sentiment de sécurité au sein de votre relation. Cet alignement favorise la loyauté, la confiance et l'amour durable.

Le sextile Mars-Saturne du 5 juillet souligne l'importance de la patience, du dévouement et du travail acharné pour maintenir une relation harmonieuse. Utilisez cette énergie pour résoudre tout conflit non résolu, renforcer votre lien émotionnel et construire une base solide pour l'avenir.

Le trigone Vénus-Neptune du 11 juillet renforce votre nature romantique et compatissante. Il apporte un sentiment de rêverie et d'inspiration à votre vie amoureuse. Cet alignement encourage les actes de gentillesse, la connexion émotionnelle et l'expression d'un amour inconditionnel envers votre partenaire.

Le carré du Soleil avec Chiron le 15 juillet peut faire apparaître des blessures émotionnelles ou des insécurités dans les relations. Il est essentiel de pratiquer l'auto-compassion et une communication ouverte pour relever les défis qui se présentent. Cherchez le soutien de votre partenaire et cultivez un espace sûr pour la vulnérabilité et la guérison.

Le sextile Vénus-Jupiter du 21 juillet apporte joie, positivité et aventure à votre vie amoureuse. C'est un moment propice pour explorer de nouvelles expériences, faire des escapades romantiques ou s'engager dans des activités qui ravivent l'étincelle dans votre relation.

Le trigone Vénus-Chiron du 30 juillet vous invite à embrasser la vulnérabilité et la guérison émotionnelle au sein de votre relation. Il encourage les conversations à cœur ouvert et l'expression d'empathie et de compassion envers votre partenaire.

Carrière

Le sextile Mars-Saturne du 5 juillet vous permet de prendre des mesures pratiques et disciplinées pour atteindre vos aspirations professionnelles. C'est un moment propice pour travailler dur, rester concentré et démontrer votre fiabilité et votre dévouement à vos supérieurs et collègues.

Le carré du Soleil avec Chiron le 15 juillet pourrait faire émerger des insécurités ou des blessures émotionnelles liées à votre identité professionnelle. Il est crucial de s'engager dans une réflexion sur soi et de s'attaquer à toute croyance limitante qui pourrait entraver votre croissance. Profitez de cette occasion pour pratiquer l'auto-compassion et redéfinir votre sens de la valeur et le but de votre carrière.

Le trigone Vénus-Saturne du 2 juillet soutient la stabilité et l'engagement dans votre environnement de travail. Il encourage la collaboration, la communication ouverte et un sentiment de loyauté et de soutien mutuel entre collègues. Cet alignement est favorable aux projets à long terme et à l'établissement de relations professionnelles solides.

Le quintile Jupiter-Neptune du 18 juillet vous invite à puiser dans votre intuition et à explorer des approches innovantes de votre travail. C'est un moment propice pour faire confiance à votre instinct et sortir des sentiers battus. Embrassez votre côté créatif et laissez votre imagination vous guider vers de nouvelles opportunités et solutions.

Le sextile Mercure-Jupiter du 19 juillet améliore vos compétences en communication et élargit votre base de connaissances. C'est un moment propice pour s'engager dans le réseautage, rechercher un mentorat ou poursuivre des études ou une formation supplémentaires qui peuvent améliorer vos perspectives de carrière.

Le biquintile Mercure-Saturne du 30 juillet vous donne des compétences pratiques en résolution de problèmes et une attention aux détails. Utilisez cette énergie pour vous attaquer à des tâches difficiles, mettre en œuvre des systèmes efficaces et démontrer votre fiabilité et votre compétence à vos supérieurs.

Finance

Le trigone Vénus-Saturne du 2 juillet soutient la stabilité financière et une gestion disciplinée de l'argent. Il vous encourage à faire des choix responsables, à budgétiser judicieusement et à établir une base solide pour votre avenir financier. Cet alignement souligne l'importance des investissements et de l'épargne à long terme.

Le carré du Soleil avec Chiron le 15 juillet pourrait faire apparaître des insécurités financières ou des blessures liées à l'estime de soi. Profitez de cette occasion pour aborder toutes les croyances limitantes concernant l'argent et recadrer votre état d'esprit en faveur de l'abondance et de l'autonomisation financière. Demandez conseil à un professionnel si nécessaire pour améliorer votre littératie financière et prendre des décisions éclairées.

Le sextile Mars-Saturne du 5 juillet vous exhorte à faire preuve de diligence et de discipline dans vos efforts financiers. C'est un moment propice pour travailler vers des objectifs financiers, rembourser des dettes et établir un sentiment de sécurité financière. Prenez des mesures pratiques pour atteindre l'indépendance financière et envisagez des stratégies à long terme.

Le quintile Jupiter-Neptune du 18 juillet vous invite à faire confiance à votre intuition en matière financière. Écoutez vos conseils intérieurs lorsque vous prenez des décisions financières et soyez ouvert aux opportunités non conventionnelles. Cependant, soyez prudent et faites des recherches approfondies avant de vous engager dans une entreprise financière.

Le trigone Vénus-Neptune du 11 juillet améliore votre capacité à attirer l'abondance financière par des efforts créatifs ou des actes de compassion. C'est un moment propice pour explorer les activités secondaires ou poursuivre des projets qui correspondent à vos passions et peuvent générer des revenus supplémentaires.

Le biquintile Mercure-Saturne du 30 juillet soutient une planification financière pratique et une attention aux détails. Utilisez cette énergie pour revoir vos objectifs financiers, créer un budget réaliste et envisager des investissements à long terme qui correspondent à vos valeurs et à vos aspirations financières.

Santé

Le carré du Soleil avec Chiron le 15 juillet peut faire apparaître des blessures émotionnelles ou des vulnérabilités qui peuvent avoir un impact sur votre bien-être général. Il est essentiel de pratiquer l'auto-compassion, de s'engager dans des techniques de gestion du stress et de demander de l'aide si nécessaire. Concentrez-vous sur des activités qui nourrissent votre santé émotionnelle, comme la journalisation, la méditation ou la thérapie.

Le sextile Mars-Saturne du 5 juillet vous donne la discipline et la détermination nécessaires pour adopter un mode de vie sain. C'est un moment propice pour établir ou renforcer des habitudes saines, telles que l'exercice régulier, une alimentation équilibrée et un repos suffisant. Fixez-vous des objectifs de mise en forme réalisables et respectez-les.

Le trigone Vénus-Neptune du 11 juillet encourage les pratiques de soins personnels qui favorisent le bien-être émotionnel et mental. Participez à des activités qui vous apportent joie et détente, comme passer du temps dans la nature, pratiquer la pleine conscience ou vous adonner à des activités créatives.

Le biquintile Mercure-Saturne du 30 juillet prend en charge les routines pratiques de soins personnels et l'attention portée aux détails dans votre régime de santé. Prenez le temps d'évaluer vos besoins physiques, planifiez des bilans de santé réguliers et assurez-vous de maintenir un mode de vie équilibré.

Le quintile Jupiter-Neptune du 18 juillet vous invite à explorer des approches holistiques de votre santé. Envisagez des thérapies alternatives, telles que l'acupuncture ou la guérison énergétique, pour soutenir votre bien-être général. Faites confiance à votre intuition lorsque vous prenez des décisions liées à la santé et demandez conseil à des professionnels si nécessaire.

Le trigone Vénus-Saturne du 2 juillet souligne l'importance de l'amour de soi et des soins personnels dans le maintien de la santé globale. Privilégiez les activités qui nourrissent votre âme et vous apportent un sentiment d'épanouissement et de contentement. Prenez du temps pour vous et établissez des limites saines pour éviter l'épuisement professionnel.

Voyage

La conjonction Mars-Uranus du 15 juillet suscite un sentiment de spontanéité et un désir d'expériences de voyage uniques. Envisagez d'explorer des destinations hors des sentiers battus ou de vous engager dans des activités qui vous font sortir de votre zone de confort. Embrassez l'inattendu et laissez-vous ouvrir à de nouvelles aventures.

Le carré du Soleil avec Jupiter le 23 juillet pourrait entraîner des difficultés ou des retards dans les projets de voyage. Il est important de rester flexible et adaptable pendant cette période. Profitez de cette occasion pour pratiquer la patience et trouver d'autres moyens de satisfaire votre envie de voyager, comme explorer les attractions locales ou planifier de futurs voyages.

Le trigone Vénus-Uranus du 8 juillet augmente le potentiel de rencontres inattendues et d'expériences fortuites lors de vos voyages. Adoptez la spontanéité et soyez ouvert aux nouvelles connexions ou opportunités qui peuvent survenir.

Le carré Mercure-Uranus du 21 juillet vous incite à faire attention à la communication et à la logistique lors de vos déplacements. Vérifiez à nouveau les préparatifs de voyage, restez organisé et préparez-vous à d'éventuels retards ou changements. C'est un moment propice pour adopter la technologie et utiliser des applications ou des outils de voyage pour améliorer votre expérience de voyage.

Le quintile Jupiter-Neptune du 18 juillet vous invite à aborder votre voyage avec émerveillement et curiosité. Embrassez l'esprit d'aventure et recherchez des expériences qui correspondent à vos intérêts et valeurs personnels. Découvrez la culture locale, essayez de nouvelles cuisines et plongez dans les aspects uniques des destinations que vous visitez.

L'opposition du Soleil avec Pluton le 23 juillet pourrait entraîner des luttes de pouvoir ou des problèmes de contrôle lors de vos voyages. Il est essentiel de maintenir une perspective équilibrée, de pratiquer l'affirmation de soi et d'établir des limites saines lorsque vous rencontrez des situations difficiles. Priorisez votre sécurité et votre bien-être tout en profitant de vos expériences de voyage.

Aperçu des étoiles

C'est le mois pour se libérer de la routine, se laisser aller et créer des histoires qui feront parler de lui en ville. Profitez de la balade, Capricorne, et faites de juillet un mois inoubliable !

Meilleurs jours du mois : 8, 11 , 18 , 23 , 26 , 30 et 31 juillet .

Août 2024

Horoscope

Cher Capricorne, préparez-vous pour un mois d'août mouvementé et transformateur ! Les aspects planétaires auront un impact significatif sur divers domaines de votre vie, offrant à la fois des opportunités et des défis pour la croissance et l'évolution personnelles.

Avec Mars en Gémeaux sextile True Node en Bélier, vos compétences en communication seront renforcées et des opportunités de réseautage se présenteront. C'est un moment propice pour exprimer vos idées, négocier des accords et collaborer avec les autres. Utilisez vos capacités de persuasion et votre assertivité pour progresser dans vos relations professionnelles et personnelles.

Vénus en Lion enflammera votre côté romantique et stimulera votre énergie créative. Alors que Vénus place Uranus en Taureau, des rencontres romantiques inattendues ou des événements sociaux passionnants peuvent vous arriver. Embrassez la spontanéité et permettez-vous de vivre le frisson de nouvelles connexions et aventures. Vos talents artistiques s'épanouiront pendant cette période, alors canalisez votre créativité dans des projets qui vous apportent joie et satisfaction.

Cependant, préparez-vous à certains aspects difficiles car le Soleil quinconce Saturne en Poissons et sesquiquadrates Chiron en Bélier. Vous pouvez vivre un conflit entre vos ambitions et votre bien-être émotionnel. Il est essentiel de trouver un équilibre entre vos aspirations professionnelles et la prise en charge de votre santé mentale et émotionnelle. Concentrez-vous sur l'établissement de limites saines et sur la pratique des soins personnels pour maintenir un sentiment de stabilité et de paix intérieure.

Le mois d'août présente également une opportunité d'introspection et de guérison, car Mercure trigone à Chiron. Prenez ce temps pour réfléchir sur les blessures passées et engager une réflexion sur soi. Envisagez de demander l'aide d'un thérapeute ou de vous engager dans des pratiques spirituelles pour faciliter la guérison émotionnelle et la croissance personnelle.

Aimer

En matière de cœur, Capricorne, le mois d'août apporte un mélange d'excitation et d'imprévisibilité. Avec Vénus en Lion carré Uranus en Taureau, attendez-vous à des rebondissements inattendus dans votre vie amoureuse. Des attractions ou des surprises soudaines peuvent bouleverser vos relations existantes ou amener de nouvelles personnes dans votre vie. Embrassez la spontanéité et soyez ouvert à l'exploration de nouvelles connexions.

Pour ceux qui entretiennent des relations engagées, le carré entre Vénus et Uranus peut créer une certaine tension ou un désir de liberté. Il est important de maintenir une communication ouverte et honnête avec votre partenaire pour surmonter les difficultés qui se présentent. Trouvez des façons créatives d'injecter de la passion et de l'excitation dans votre relation tout en respectant le besoin d'indépendance de chacun.

Si vous êtes célibataire, c'est le moment idéal pour sortir de votre zone de confort et essayer de nouvelles expériences de rencontres. Les événements sociaux, les fêtes ou les activités de groupe peuvent mener à des rencontres passionnantes. Cependant, n'oubliez pas d'écouter votre intuition et de prendre les choses à un rythme qui vous convient.

Carrière

Le mois d'août présente plusieurs opportunités de croissance de carrière et d'avancement pour le Capricorne. Avec Mars en Gémeaux sextile True Node en Bélier, vos compétences en communication et vos capacités de réseautage joueront un rôle essentiel dans votre réussite professionnelle. Concentrez-vous sur l'établissement de liens, le partage de vos idées et la collaboration avec les autres.

Ce mois-ci, vous pourriez vous retrouver impliqué dans des négociations ou des accords, car Vénus en Lion est carrée à Uranus en Taureau. Faites confiance à votre instinct et soyez ouvert aux solutions innovantes. Cependant, faites preuve de prudence lorsque vous prenez des décisions impulsives et assurez-vous d'évaluer soigneusement tous les accords ou contrats avant de les finaliser.

Capricorne, votre ambition naturelle et votre travail acharné seront reconnus comme le Soleil en quinconce avec Saturne en Poissons. Votre dévouement et votre engagement envers vos objectifs ne passeront pas inaperçus. Cet aspect vous encourage à persévérer dans les défis et à démontrer vos compétences en leadership.

Restez adaptable et ouvert aux opportunités d'apprentissage, comme Mercure trigone à Chiron. Participez à un développement professionnel, recherchez des mentors ou assistez à des ateliers qui élargissent vos compétences et améliorent vos perspectives de carrière. N'oubliez pas de maintenir un bon équilibre entre vie professionnelle et vie privée et accordez la priorité aux soins personnels pour éviter l'épuisement professionnel.

Finance

Capricorne, vos perspectives financières en août sont influencées par le carré entre Vénus en Lion et Uranus en Taureau. Cet aspect peut entraîner des dépenses imprévues ou des fluctuations financières. Il est crucial de faire preuve de prudence et de maintenir une approche équilibrée des questions d'argent.

Évitez les dépenses impulsives et concentrez-vous sur la budgétisation et l'épargne. Passez en revue vos objectifs financiers et envisagez de demander conseil à un planificateur financier ou à un conseiller pour prendre des décisions éclairées. Recherchez des moyens innovants d'augmenter vos revenus ou explorez de nouvelles opportunités d'investissement.

L'aspect en quinconce du Soleil avec Saturne vous rappelle de maintenir la discipline et d'être prudent avec les engagements financiers. Adoptez une approche prudente des investissements à long terme et évaluez soigneusement les risques. Évitez de prendre des décisions hâtives et comptez sur des recherches approfondies et des conseils d'experts avant de conclure des accords financiers importants.

Santé

Capricorne, votre bien-être en août nécessite attention et soins personnels. L'aspect en quinconce du Soleil avec Saturne vous rappelle de trouver un équilibre entre vos responsabilités professionnelles et votre santé physique et mentale. Évitez de vous surmener et privilégiez les pratiques d'auto-soins.

Avec Mars en Gémeaux sextile True Node en Bélier, l'exercice physique et les activités actives vous seront grandement bénéfiques. Participez à des activités qui vous font bouger, comme le jogging, la danse ou la participation à des sports d'équipe. Cela améliorera non seulement votre forme physique, mais améliorera également votre humeur et votre bien-être général.

Le trigone entre Mercure et Chiron vous encourage à vous concentrer sur la guérison émotionnelle et l'autoréflexion. Prenez du temps pour l'introspection, engagez-vous dans des pratiques de pleine conscience et demandez l'aide de thérapeutes ou de guérisseurs si nécessaire. La tenue d'un journal ou la participation à des activités créatives peuvent également vous aider à gérer vos émotions et à maintenir votre équilibre mental.

Maintenez une alimentation équilibrée et privilégiez les repas nutritifs. Envisagez d'explorer de nouvelles recettes ou d'incorporer des superaliments dans votre alimentation pour augmenter votre niveau d'énergie. Un repos et une relaxation adéquats sont essentiels, alors assurez-vous de dormir suffisamment et de qualité chaque nuit.

Si vous vous sentez dépassé ou stressé, n'hésitez pas à demander de l'aide à vos proches ou à des professionnels. Donner la priorité à votre bien-être vous permettra de faire face aux exigences de la vie quotidienne avec résilience et vitalité.

Voyage

Avec Mars en Gémeaux sextile True Node en Bélier, c'est le moment idéal pour planifier de courts voyages ou des escapades de week-end. Embrassez l'esprit aventureux et recherchez de nouvelles expériences qui élargissent vos horizons.

Alors que Vénus est au carré d'Uranus, des opportunités de voyage inattendues peuvent survenir. Soyez ouvert aux aventures spontanées ou aux invitations au voyage. Cependant, gardez de la flexibilité dans vos plans, car il peut y avoir des changements ou des retards inattendus en cours de route.

Lorsque vous voyagez, assurez-vous de prendre les précautions nécessaires et privilégiez la sécurité. Faites attention aux avis de voyage, suivez les directives sanitaires et prenez des décisions éclairées concernant vos destinations.

Les voyages peuvent offrir une pause rafraîchissante dans la routine et offrir des opportunités de croissance personnelle. Embrassez la diversité des nouvelles cultures, essayez les cuisines locales et participez à des expériences immersives. Que vous exploriez de nouvelles villes ou renouiez avec la nature, permettez-vous d'être pleinement présent et ouvert au pouvoir transformateur du voyage.

Aperçu des étoiles

Embrassez la joie du moment présent et cultivez un esprit ludique. Rappelez-vous, la vie est une aventure, et parfois le plaisir le plus fou vient d'expériences inattendues.

Meilleurs jours du mois : 1, 10 , 15 , 22 , 25 , 27 et 30 août .

Septembre 2024

Horoscope

Le mois commence avec Mercure en trigone Chiron, vous permettant de communiquer vos émotions et de guérir les blessures du passé. Cet aspect vous encourage à exprimer votre vulnérabilité et à rechercher la compréhension de votre entourage.

Avec le quintile Soleil Mars, vous ressentirez un élan de motivation et d'affirmation de soi. Cette énergie vous permet de prendre votre vie en main et de poursuivre vos objectifs avec détermination. Profitez de cette période pour prendre des décisions audacieuses et affirmer vos limites.

Cependant, le carré entre Mars et Neptune le 3 septembre met en garde contre les actions impulsives ou les attentes irréalistes. Restez ancré et recherchez la clarté avant de vous engager dans des efforts majeurs. Faites confiance à votre intuition et discernez entre les opportunités réelles et les distractions illusoires.

En amour et dans les relations, Vénus s'oppose au Vrai Nœud, créant une tension dynamique entre engagement et indépendance. Cet aspect vous pousse à trouver un équilibre entre vos besoins personnels et les attentes de votre partenaire. Adoptez une communication ouverte et faites des compromis pour surmonter tous les défis relationnels.

Aimer

L'opposition entre Vénus et le vrai nœud souligne le besoin d'équilibre et de compromis dans les relations. Il est important d'honorer vos propres désirs tout en tenant compte des besoins et des aspirations de votre partenaire.

Pour ceux qui entretiennent des relations engagées, cet aspect peut apporter une compréhension plus profonde des désirs et des objectifs de l'autre. Utilisez ce temps pour réévaluer vos visions partagées et faire des ajustements pour renforcer le lien entre vous. Cultivez une communication ouverte et honnête, permettant la croissance et le soutien mutuel.

Si vous êtes célibataire, cet aspect peut conduire à des rencontres fortuites ou à des attirances inattendues. Restez ouvert à de nouvelles connexions et profitez des possibilités qui s'offrent à vous. Cependant, évitez de vous précipiter dans les engagements et prenez le temps d'évaluer la compatibilité à long terme des partenaires potentiels.

La vulnérabilité émotionnelle et l'autoréflexion sont essentielles pendant cette période. Recherchez la clarté en vous-même avant de poursuivre une nouvelle romance, en vous assurant que vos choix correspondent à vos valeurs et à vos aspirations. Faites confiance à votre intuition pour vous guider vers des relations qui soutiennent votre croissance personnelle et votre bonheur.

Carrière

Avec Mars trigone Saturne, votre détermination et votre discipline mèneront à des résultats tangibles. Profitez de cette énergie de soutien en fixant des objectifs clairs et en mettant en œuvre des plans structurés.

L'opposition du Soleil à Saturne vous rappelle de trouver un équilibre entre l'ambition et les soins personnels. Bien qu'il soit important de vous consacrer à votre carrière, n'oubliez pas de donner la priorité à votre bien-être et de maintenir un bon équilibre travail-vie personnelle. Évitez de vous dépasser et reconnaissez l'importance du repos et du rajeunissement.

L'opposition de Mercury au True Node indique la nécessité d'une communication et d'une collaboration efficaces sur le lieu de travail. Adoptez le travail d'équipe et recherchez des opportunités de réseautage et de formation d'alliances. Votre capacité à vous connecter avec les autres et à partager vos idées contribuera grandement à votre réussite professionnelle.

Capricorne, c'est aussi une période pour affiner vos compétences et renforcer votre expertise. Engagez-vous dans le développement professionnel et recherchez des mentors ou des cours qui élargissent vos connaissances. Adoptez les nouvelles technologies et restez à jour avec les tendances de l'industrie pour rester compétitif dans votre domaine.

Finance

L'opposition du Soleil à Neptune met en garde contre les illusions financières et les attentes irréalistes. Évitez les dépenses impulsives ou les investissements risqués pendant cette période.

Concentrez-vous sur la budgétisation et l'examen de vos objectifs financiers. Demandez conseil à un professionnel si nécessaire et adoptez une approche pratique et disciplinée pour gérer votre argent. Tenez compte de la stabilité financière à long terme et prenez des décisions éclairées fondées sur des recherches et des analyses approfondies.

Le trigone entre Vénus et Jupiter offre des opportunités financières positives. Cet aspect apporte chance et abondance, mais il est important de faire preuve de prudence et de ne pas compter uniquement sur le hasard. Combinez votre travail acharné et votre dévouement avec une approche soucieuse des finances pour tirer le meilleur parti de cette énergie favorable.

Capricorne, donnez la priorité à l'épargne et à la construction d'une base financière solide. Envisagez des placements à long terme ou une planification de la retraite pour assurer votre sécurité financière. Évitez les risques inutiles et restez concentré sur vos objectifs financiers.

Santé

R L'opposition entre le Soleil et Neptune peut affecter votre niveau d'énergie et votre bien-être général. Soyez conscient du stress et prenez des mesures proactives pour le gérer efficacement.

Participez à des activités anti-stress telles que le yoga, la méditation ou des exercices réguliers. Ces pratiques vous aideront non seulement à gérer le stress, mais aussi à améliorer votre bien-être physique et mental général. Privilégiez un sommeil de qualité et établissez une routine de sommeil cohérente.

Nourrissez votre corps avec des repas nutritifs et une alimentation équilibrée. Incorporez des fruits frais, des légumes et des grains entiers à vos repas, fournissant à votre corps des nutriments essentiels. Restez hydraté et limitez la consommation d'aliments transformés et de boissons sucrées.

Maintenez une routine d'exercice régulière qui convient à vos préférences et à votre style de vie. Trouvez des activités que vous aimez, comme marcher, faire du jogging ou participer à un cours de conditionnement physique. L'activité physique augmentera votre niveau d'énergie, améliorera votre humeur et favorisera votre santé globale.

Prenez le temps d'introspection et de bien-être émotionnel. Participez à des activités qui vous apportent joie et détente, comme des passe-temps, des activités créatives ou passer du temps dans la nature. Donnez la priorité à votre santé mentale et demandez l'aide de thérapeutes ou de conseillers si nécessaire.

Restez conscient de votre état émotionnel et faites preuve d'auto-compassion. Soyez doux avec vous-même dans les moments difficiles et laissez de la place au traitement émotionnel. Entourez-vous d'un réseau de soutien d'êtres chers qui vous élèvent et vous encouragent.

Voyage

Avec Mars au carré du vrai nœud, il peut y avoir un désir d'aventure et de nouvelles expériences. Adoptez l'esprit de spontanéité et soyez ouvert aux opportunités de voyage inattendues qui se présentent.

Lors de la planification de vos voyages, envisagez des destinations qui offrent un mélange de détente et d'aventure. Cherchez des endroits qui offrent des possibilités à la fois de rajeunissement et d'exploration. Qu'il s'agisse d'une escapade à la plage ou d'une randonnée aventureuse, trouvez un équilibre qui correspond à vos préférences.

Lorsque vous voyagez, restez adaptable et préparez-vous à d'éventuels changements ou retards. Gardez une trace des avis de voyage et suivez les directives de santé pour assurer un voyage sûr et agréable. Planifiez à l'avance et prenez les dispositions nécessaires pour rendre votre voyage plus fluide.

Plongez dans la culture locale et profitez de la diversité des nouvelles expériences. Engagez-vous avec les habitants, essayez la cuisine traditionnelle et visitez des sites historiques ou naturels. Les voyages peuvent être une expérience transformatrice qui élargit vos perspectives et favorise la croissance personnelle.

Capricorne, pensez à trouver des moments de solitude et de réflexion lors de vos voyages. Prenez le temps de vous ressourcer et de vous connecter avec vous-même au milieu de l'excitation de nouveaux environnements. La journalisation ou la capture de souvenirs à travers la photographie peut être un moyen significatif de documenter vos expériences.

Aperçu des étoiles

Capricorne, les étoiles vous encouragent à embrasser votre côté créatif. Engagez-vous dans des activités artistiques, essayez de nouveaux passe-temps et laissez libre cours à votre imagination.

Jours du mois : `2 , 10 , 12 , 15 , 19 , 26 et 30 septembre .

Octobre 2024

Horoscope

Embrassez l'énergie transformatrice qui imprègne ce mois-ci et utilisez-la pour vous débarrasser des anciens schémas et croyances qui ne vous servent plus. Concentrez-vous sur la croissance personnelle et l'amélioration de soi. Plongez dans vos émotions et acceptez la vulnérabilité, car cela conduira à une guérison profonde et à un développement personnel.

Les relations et les connexions jouent un rôle important ce mois-ci. L'alignement entre Vénus et le Vrai Nœud le 3 octobre encourage les rencontres significatives et les connexions profondes. Que ce soit dans les amitiés ou les relations amoureuses, privilégiez l'authenticité et la communication ouverte. Nourrissez vos relations et favorisez le soutien et la compréhension mutuels.

Restez à l'écoute de l'équilibre entre vos besoins personnels et les besoins de vos relations. Évitez de devenir trop centré sur vous-même ou de négliger vos proches. Trouvez l'harmonie en équilibrant votre propre croissance avec le maintien de liens solides et sains.

Aimer

Capricorne, octobre apporte un approfondissement des liens émotionnels dans votre vie amoureuse. L'alignement entre Vénus et Neptune le 15 octobre améliore les expériences romantiques et favorise un sentiment de connexion spirituelle et émotionnelle avec votre partenaire. C'est le moment d'embrasser la romance, d'exprimer votre affection et d'approfondir le lien avec votre bien-aimé.

Pour ceux qui sont célibataires, ce mois-ci offre des opportunités de relations significatives. L'alignement entre Vénus et Jupiter le 23 octobre apporte un sentiment d'optimisme et d'expansion dans votre vie sociale. Ouvrez-vous à de nouvelles possibilités et soyez réceptif à rencontrer quelqu'un de spécial.

Cependant, il est important de maintenir un équilibre entre votre croissance personnelle et vos relations. L'alignement entre Vénus et Saturne le 28 octobre vous rappelle de donner la priorité à la stabilité et à l'engagement dans votre vie amoureuse. Assurez-vous que vos actions s'alignent sur vos objectifs de relation à long terme et que vous investissez du temps et des efforts dans la construction d'une base solide.

La communication et le dialogue ouvert sont essentiels pour favoriser des relations saines. Utilisez l'énergie de l'opposition de Mercure à Uranus le 30 octobre pour exprimer vos pensées et vos émotions avec clarté et authenticité. Cet alignement encourage des conversations honnêtes qui peuvent conduire à la croissance et à la compréhension dans vos relations.

Carrière

En octobre, Capricorne, votre carrière occupe le devant de la scène. L'alignement entre Mercure et Mars le 6 octobre améliore votre assurance et vos compétences en communication, ce qui en fait un moment propice pour présenter vos idées, négocier des contrats ou mettre en valeur vos capacités professionnelles.

Ce mois-ci, vous vous sentirez peut-être poussé à relever de nouveaux défis et à élargir vos compétences. L'alignement entre Mercure et Jupiter le 8 octobre soutient votre croissance intellectuelle et vous encourage à poursuivre des opportunités d'apprentissage ou à vous engager dans un développement professionnel. Saisissez ces opportunités pour améliorer vos perspectives de carrière.

Capricorne, l'alignement entre le Soleil et Pluton le 22 octobre vous permet de puiser dans votre pouvoir personnel et de faire des choix de carrière stratégiques. Utilisez cette énergie pour fixer des objectifs clairs, élaborer un plan d'action solide et prendre des risques calculés. Faites confiance à votre instinct et comptez sur votre détermination et votre travail acharné pour réussir.

Il est crucial de maintenir un équilibre sain entre vie professionnelle et vie privée. L'alignement entre Vénus et Mars le 8 octobre vous rappelle de trouver l'harmonie entre vos aspirations professionnelles et vos relations personnelles. Donnez la priorité aux soins personnels et cultivez votre bien-être pour maintenir votre productivité et votre satisfaction globale dans votre carrière.

Finance

Capricorne, octobre offre des opportunités de stabilité financière et de croissance. L'alignement entre Vénus et Saturne le 4 octobre souligne l'importance de la responsabilité financière et de la discipline. C'est un moment propice pour réévaluer votre budget, évaluer vos objectifs financiers à long terme et faire les ajustements nécessaires.

L'alignement entre Vénus et Jupiter le 5 octobre ouvre les portes à l'expansion financière et à l'abondance. Soyez ouvert à de nouvelles sources de revenus et saisissez les opportunités de croissance. Cependant, soyez prudent et évitez les dépenses impulsives ou les investissements risqués. Il est essentiel de trouver un équilibre entre la jouissance des fruits de votre travail et le maintien d'une assise financière solide.

Ce mois-ci, concentrez-vous sur la planification financière à long terme et les stratégies d'investissement. L'alignement entre Mercure et Neptune le 16 octobre améliore vos capacités intuitives et vous aide à prendre des décisions financières judicieuses. Faites confiance à votre instinct et demandez conseil à un expert si nécessaire.

Capricorne, l'alignement entre Vénus et Pluton le 17 octobre vous encourage à prendre le contrôle de votre situation financière et à transformer toute croyance ou schéma limitant autour de l'argent. C'est le moment d'embrasser l'autonomisation financière et de créer un avenir financier solide.

N'oubliez pas de donner la priorité au bien-être financier en plus de vos autres objectifs. L'alignement entre Mercure et Chiron le 27 octobre vous rappelle de nourrir votre relation avec l'argent et de résoudre tout blocage émotionnel ou toute croyance susceptible d'entraver votre croissance financière. Cultivez un état d'esprit positif et une mentalité d'abondance pour attirer la prospérité dans votre vie.

Santé

En octobre, Capricorne, privilégiez votre bien-être physique et mental. L'alignement entre le Soleil et Uranus le 4 octobre apporte un sursaut de vitalité et d'énergie. Utilisez cette vigueur renouvelée pour établir des habitudes saines et engagez-vous dans des routines d'exercice régulières. Participez à des activités qui vous procurent de la joie et vous aident à maintenir un mode de vie actif.

Les soins personnels et la gestion du stress sont cruciaux pour votre santé globale. L'alignement entre Vénus et Saturne le 4 octobre vous rappelle d'établir des limites saines et de trouver un équilibre entre votre vie personnelle et professionnelle. Prenez le temps de vous détendre, de vous ressourcer et de participer à des activités qui favorisent la paix intérieure et la relaxation.

Capricorne, l'alignement entre Mercure et Neptune le 12 octobre vous encourage à prioriser le bien-être mental et émotionnel. Pratiquez la pleine conscience, la méditation ou la journalisation pour calmer votre esprit et gagner en clarté. Cherchez un soutien émotionnel en cas de besoin et n'hésitez pas à contacter un thérapeute ou un conseiller de confiance.

Il est essentiel de maintenir une alimentation saine et de privilégier les repas nutritifs. L'alignement entre Vénus et Mars le 8 octobre soutient vos efforts pour nourrir votre corps avec des aliments sains. Concentrez-vous sur l'incorporation de fruits frais, de légumes et de grains entiers dans votre alimentation. Restez hydraté et assurez-vous de dormir suffisamment pour soutenir votre santé globale.

Voyage

L'alignement entre Mercure et Jupiter le 8 octobre renforce votre curiosité et votre désir d'explorer de nouveaux horizons. Envisagez de planifier un voyage vers une destination qui suscite votre intérêt ou de vous immerger dans une culture différente.

Si les plans de voyage ne sont pas réalisables ce mois-ci, vous pouvez toujours satisfaire votre envie de voyager en vous engageant dans des aventures locales ou en planifiant des excursions d'une journée vers les attractions à proximité. Découvrez des trésors cachés dans votre propre jardin et adoptez l'esprit d'exploration.

L'alignement entre Vénus et Mars le 8 octobre encourage les escapades romantiques ou les expériences de voyage avec votre bien-aimé. Qu'il s'agisse d'une escapade d'un week-end ou de vacances plus longues, privilégiez le temps de qualité ensemble et créez des souvenirs durables.

Lors de vos déplacements, assurez-vous de privilégier votre bien-être et votre sécurité. Restez organisé, revérifiez les préparatifs de voyage et respectez toutes les directives de santé et de sécurité nécessaires. Prenez le temps de vous détendre et de savourer les moments de détente et de rajeunissement qu'apporte le voyage.

Capricorne, utilisez les voyages comme une opportunité de croissance personnelle et de découverte de soi. Permettez-vous de sortir de votre zone de confort et de vivre de nouvelles expériences. Qu'il s'agisse d'essayer des cuisines locales, de participer à des activités d'aventure ou de se connecter avec les habitants, laissez l'esprit du voyage élargir vos horizons et apporter de la joie dans votre vie.

Aperçu des étoiles

Capricorne, embrassez l'inattendu et laissez briller votre côté sauvage. Suivez un cours de danse spontanée, chantez au karaoké ou adonnez-vous à un passe-temps créatif.

Meilleurs jours du mois : `4, 8 , 15 , 17 , 22 , 27 et 31 octobre

Novembre 2024

Horoscope

L'alignement entre Jupiter et Chiron le 2 novembre encourage la guérison et la découverte de soi. Embrassez la croissance personnelle et explorez vos croyances et vos philosophies. C'est le moment d'élargir vos horizons et d'approfondir votre compréhension de vous-même et du monde qui vous entoure.

Les relations occupent le devant de la scène ce mois-ci, Capricorne. L'alignement entre Vénus et Jupiter le 3 novembre suscite des liens romantiques et sociaux. Ouvrez votre cœur à de nouvelles expériences et approfondissez les liens existants. L'alignement entre le Soleil et Saturne le 4 novembre souligne l'importance de l'engagement et de la stabilité dans vos relations. Concentrez-vous sur l'entretien et le renforcement des liens qui comptent pour vous.

Aimer

En matière de cœur, Capricorne, novembre offre d'importantes opportunités pour approfondir les liens émotionnels et favoriser des relations harmonieuses. L'alignement entre Vénus et Jupiter le 3 novembre renforce votre charme naturel et votre charisme, vous rendant irrésistible pour les autres. C'est un moment de romance, de socialisation et d'élargissement de votre cercle d'amis.

Si vous êtes dans une relation engagée, l'alignement entre Vénus et Mars le 7 novembre enflamme la passion et intensifie le lien émotionnel avec votre partenaire. C'est un moment propice pour des moments intimes et raviver l'étincelle dans votre relation. Exprimez ouvertement votre amour et votre affection et faites un effort pour créer des expériences significatives ensemble.

Pour les Capricornes célibataires, l'alignement entre Vénus et Uranus le 12 novembre apporte des rencontres inattendues et passionnantes. Soyez ouvert à de nouvelles connexions et adoptez la spontanéité dans votre vie amoureuse. Faites confiance à votre instinct et suivez votre cœur, car cela peut vous conduire à une expérience romantique transformatrice.

La communication est la clé des relations, Capricorne. L'alignement entre Mercure et Jupiter le 18 novembre améliore votre capacité à exprimer vos sentiments et à articuler vos besoins. Prenez le temps d'engager des conversations sincères avec votre partenaire et d'approfondir votre connexion émotionnelle.

Carrière

L'alignement entre Mercure et Mars le 2 novembre renforce votre agilité mentale et votre affirmation de soi sur le lieu de travail. C'est une période propice aux négociations, à la présentation d'idées et à la conduite de projets.

L'alignement entre Vénus et Saturne le 22 novembre vous encourage à vous concentrer sur des objectifs de carrière à long terme et à établir une base solide. Prenez des risques calculés et démontrez votre fiabilité et votre dévouement à votre travail. Votre approche disciplinée et votre souci du détail seront remarqués par vos supérieurs et vos collègues.

Ce mois-ci, il est crucial d'équilibrer l'ambition avec les soins personnels. L'alignement entre Mercure et Vénus le 26 novembre vous rappelle de donner la priorité à votre bien-être tout en poursuivant vos objectifs de carrière. Faites des pauses au besoin, réfléchissez à vous-même et trouvez des moments de paix au milieu de votre emploi du temps chargé.

Capricorne, l'alignement entre Jupiter et le vrai nœud le 29 novembre apporte une énergie transformatrice à votre cheminement de carrière. Faites confiance au processus et restez ouvert à de nouvelles opportunités et possibilités. Adoptez la croissance et élargissez votre réseau professionnel. Demandez conseil à des mentors et puisez dans votre sagesse intérieure pour prendre des décisions de carrière éclairées.

Finance

Capricorne, novembre présente des perspectives financières mitigées. L'alignement entre Mercure et Mars le 2 novembre améliore votre sens des finances et encourage une planification financière proactive. C'est un moment propice pour analyser vos dépenses, créer un budget et explorer de nouvelles opportunités d'investissement.

Cependant, l'alignement entre Vénus et Neptune le 9 novembre incite à la prudence en matière de décisions financières. Méfiez-vous des dépenses impulsives ou des investissements risqués. Prenez le temps d'évaluer les risques potentiels et demandez conseil à un expert si nécessaire.

L'alignement entre Vénus et Jupiter le 16 novembre offre des opportunités de croissance financière et d'abondance. Restez ouvert à de nouvelles sources de revenus et adoptez un état d'esprit positif en matière d'argent. Concentrez-vous sur la planification financière à long terme et donnez la priorité à l'épargne pour l'avenir.

Capricorne, l'alignement entre Vénus et Chiron le 27 novembre vous rappelle de guérir toute blessure émotionnelle ou croyance limitante autour de l'argent. Pratiquez la gratitude et l'état d'esprit d'abondance pour attirer la prospérité financière dans votre vie. Demandez l'aide de conseillers financiers ou de mentors pour mieux comprendre vos objectifs et stratégies financiers.

Santé

Capricorne, votre bien-être devrait être une priorité absolue en novembre. L'alignement entre Mercure et Mars le 2 novembre stimule votre énergie physique et votre concentration mentale. Utilisez cette vitalité accrue pour faire de l'exercice régulièrement, maintenir une alimentation équilibrée et donner la priorité aux pratiques de soins personnels.

Cependant, l'alignement entre le Soleil et Neptune le 4 novembre vous rappelle de trouver un équilibre entre productivité et repos. Évitez de vous surmener et écoutez les signaux de votre corps pour vous reposer et vous ressourcer. Intégrez des techniques de relaxation, telles que la méditation ou le yoga, à votre routine quotidienne pour réduire le stress et améliorer votre bien-être général.

Capricorne, le bien-être émotionnel est tout aussi important. L'alignement entre Vénus et Saturne le 12 novembre encourage l'introspection et la guérison émotionnelle. Prenez le temps de l'introspection, connectez-vous avec vos émotions et recherchez le soutien d'amis ou de professionnels de confiance si nécessaire.

L'alignement entre Vénus et Uranus le 14 novembre offre des opportunités de rajeunissement et d'essayer de nouvelles pratiques de bien-être. Explorez des thérapies alternatives ou engagez-vous dans des débouchés créatifs pour exprimer et libérer des émotions.

N'oubliez pas de donner la priorité aux soins personnels et de maintenir un équilibre sain entre le travail et la vie personnelle. L'alignement entre le Soleil et Mars le 27 novembre vous rappelle d'affirmer des limites saines et d'éviter un stress excessif. Réservez du temps pour des activités qui vous apportent joie et détente, comme passer du temps dans la nature ou vous adonner à des passe-temps.

Voyage

Capricorne, novembre apporte des énergies favorables au voyage et à l'exploration. L'alignement entre Mercure et Vénus le 7 novembre améliore vos compétences en communication, ce qui en fait un moment idéal pour les voyages d'affaires ou les événements de réseautage. Embrassez de nouvelles expériences culturelles et soyez ouvert à la création de liens significatifs avec des personnes d'horizons différents.

Si vous envisagez des vacances, l'alignement entre Vénus et Mars le 8 novembre offre des opportunités de voyages aventureux. Explorez des destinations qui offrent un équilibre entre détente et activités passionnantes. Que vous soyez attiré par la beauté sereine de la nature ou l'énergie vibrante des villes animées, permettez-vous de vous immerger dans de nouveaux environnements et créez des souvenirs durables.

Si le voyage n'est pas possible, envisagez des excursions locales d'une journée ou des escapades de week-end. Découvrez des joyaux cachés dans votre propre région et trouvez de la joie en explorant les attractions à proximité. Rappelez-vous que les voyages peuvent aussi être un voyage intérieur de découverte de soi et de croissance. Prenez le temps de l'introspection et de la réflexion, même si vous ne voyagez pas physiquement.

Capricorne, adoptez l'esprit d'aventure et saisissez les opportunités pour élargir vos horizons. L'alignement entre Mercure et Jupiter le 29 novembre vous encourage à élargir vos connaissances et à vous engager dans des activités intellectuelles. Envisagez d'assister à des ateliers, des conférences ou de vous inscrire à des cours qui correspondent à vos intérêts.

Aperçu des étoiles

" Embrassez l'inconnu, car en lui se trouvent les graines de la croissance et de la transformation. Faites confiance au voyage, car les étoiles se sont alignées pour vous guider vers votre plus haut potentiel. Ayez foi en vos capacités, car vous êtes capable d'atteindre la grandeur. Rappelez-vous que la vraie sagesse vient à la fois du succès et de l'échec, alors embrassez chaque expérience comme une leçon précieuse. Trouvez de la joie dans le moment présent, car c'est le seul moment qui existe vraiment. Puisse votre chemin être illuminé par les étoiles, et puissiez-vous trouver l'accomplissement et but à chaque pas que vous faites."

Meilleurs jours du mois : 2, 7 , 12 , 18 , 22 , 26 et 29 novembre .

Décembre 2024

Horoscope

Décembre apporte un puissant mélange d'énergies cosmiques qui auront un impact profond sur le Capricorne. Au début du mois, le Soleil est en Sagittaire ardent, illuminant votre secteur de croissance intérieure et de spiritualité. Cet alignement vous encourage à plonger au plus profond de vous-même, à rechercher la sagesse et l'introspection. Vous pouvez vous sentir attiré par les pratiques spirituelles, la méditation ou l'autoréflexion pour gagner en clarté et vous connecter à votre objectif supérieur.

Au milieu du mois, le Soleil entre dans votre propre signe du Capricorne, marquant le début de votre année astrologique personnelle. Cela apporte une poussée d'énergie et de vitalité, revigorant vos ambitions et vos aspirations. Vous ressentirez un sens renouvelé du but et de la détermination, prêt à relever de nouveaux défis et à atteindre vos objectifs. Il est essentiel d'exploiter efficacement cette énergie et de trouver un équilibre entre ambition et patience.

Cependant, Saturne, votre planète dirigeante, forme un carré avec Jupiter le 24 décembre, ce qui peut créer une tension entre votre désir d'expansion et votre besoin de structure. Vous pouvez ressentir un tiraillement entre l'exploration de nouveaux horizons et le respect des routines établies. La clé est de trouver un terrain d'entente qui permet la croissance tout en maintenant la stabilité. Faites confiance à votre sagesse intérieure pour vous guider dans la prise des bonnes décisions.

Aimer

En matière de cœur, décembre apporte une énergie transformatrice et passionnée pour le Capricorne. Vénus, la planète de l'amour, entre dans votre signe le 4 décembre, intensifiant votre magnétisme et renforçant votre attrait romantique. Cet alignement vous permet d'exprimer vos désirs et d'attirer des connexions positives. Si vous êtes célibataire, c'est un excellent moment pour vous mettre en valeur et saisir de nouvelles opportunités romantiques. Pour ceux qui sont déjà en couple, l'influence de Vénus approfondit votre lien émotionnel et renforce la connexion avec votre partenaire.

Le 13 décembre, Vénus forme un sextile avec Chiron, le guérisseur blessé, offrant une opportunité de guérison et de croissance au sein de vos relations. Utilisez cette énergie pour résoudre tous les problèmes non résolus et favoriser une plus grande compréhension et compassion avec votre partenaire. La vulnérabilité émotionnelle peut conduire à une profonde guérison et transformation.

Cependant, le carré de Vénus avec Uranus le 28 décembre peut introduire une certaine imprévisibilité ou agitation dans votre vie amoureuse. Des changements soudains ou des événements inattendus pourraient perturber l'harmonie. Il est crucial de rester ouvert et adaptable pendant cette période. Une communication efficace et une volonté de compromis aideront à surmonter les défis qui se présentent. Embrassez le pouvoir transformateur de l'amour et permettez-lui d'inspirer la croissance personnelle au sein de vos relations.

Carrière

Le carré du Soleil avec Saturne le 4 décembre pourrait entraîner des obstacles ou des retards dans vos projets professionnels. Cet aspect teste votre persévérance et votre engagement envers vos objectifs. Restez concentré, déterminé et patient pendant cette période. Évitez de douter de vous-même ou de céder aux frustrations. Utilisez plutôt cette période pour affiner vos stratégies, améliorer vos compétences et prouver votre dévouement.

La conjonction du Soleil avec Mercure le 5 décembre améliore vos compétences en communication et vos capacités intellectuelles. Cet alignement favorise les projets collaboratifs, les séances de brainstorming et la présentation de vos idées en toute confiance. Vos collègues et supérieurs reconnaîtront vos contributions et apprécieront votre apport. Utilisez ce temps pour réseauter, partager votre expertise et faire une impression durable dans votre sphère professionnelle.

De plus, Mars, la planète de l'action et de la motivation, forme un quintile avec Uranus tout au long du mois de décembre, stimulant l'innovation et la créativité dans votre carrière. Adoptez des approches non conventionnelles, prenez des risques calculés et explorez de nouvelles idées. Cette énergie dynamique alimente votre ambition et vous propulse vers le succès. Faites confiance à votre instinct et saisissez les opportunités qui se présentent à vous. Votre capacité à vous adapter aux circonstances changeantes s'avérera bénéfique lorsque vous naviguerez dans un paysage professionnel en constante évolution.

Finance

Les finances nécessitent une réflexion et une planification minutieuses en décembre, Capricorne. L'entrée de Vénus dans votre signe le 4 décembre bénit votre secteur financier avec stabilité et abondance. Vous avez le potentiel d'attirer la prospérité et de cultiver une base financière sûre. C'est un excellent moment pour évaluer vos habitudes de dépenses, créer un budget et vous concentrer sur des objectifs financiers à long terme.

L'alignement entre Vénus et Uranus le 2 décembre offre la possibilité de gains financiers inattendus ou d'opportunités innovantes de gagner de l'argent. Restez ouvert à de nouvelles entreprises et soyez prêt à prendre des risques calculés. Cependant, le carré de Vénus avec Uranus le 28 décembre pourrait introduire une certaine instabilité ou des tendances de dépenses impulsives. Soyez prudent et réfléchissez avant de prendre des décisions financières importantes. Il est important de maintenir une approche équilibrée et de privilégier la stabilité aux indulgences à court terme.

Envisagez de demander des conseils professionnels ou de vous engager dans une planification financière pour vous assurer un avenir sûr. Des investissements judicieux et une approche disciplinée de la gestion de l'argent vous seront très utiles. Utilisez votre nature pratique et votre réflexion stratégique pour faire des choix éclairés et maximiser votre potentiel financier. Avec des efforts diligents et une perspective à long terme, vous pouvez construire un cadre financier solide qui soutient vos aspirations et procure un sentiment de sécurité.

Santé

Décembre souligne l'importance du bien-être holistique pour le Capricorne. Alors que le Soleil transite par le Sagittaire et le Capricorne, faites attention à votre santé physique, mentale et émotionnelle. L'opposition du Soleil à Jupiter le 7 décembre vous rappelle de trouver un équilibre et d'éviter les excès dans votre routine quotidienne. Une indulgence excessive ou la négligence des pratiques de soins personnels peuvent entraîner des déséquilibres et de faibles niveaux d'énergie. Trouvez un terrain d'entente qui nourrit votre corps et votre esprit sans compromettre votre bien-être général.

Le trigone du Soleil avec Chiron le 10 décembre favorise la guérison et l'amélioration de soi. Cet aspect vous permet de résoudre tout problème de santé persistant et d'adopter des approches holistiques du bien-être. Envisagez d'intégrer la méditation, des pratiques de pleine conscience et des activités physiques douces dans votre routine quotidienne. Prenez le temps de réfléchir sur vous-même, identifiez les domaines de croissance et engagez-vous à des changements de style de vie positifs.

Privilégiez un repos adéquat et un sommeil de qualité pour refaire le plein d'énergie. Avec la saison des fêtes occupée, faites des soins personnels une partie non négociable de votre routine. Déléguez des responsabilités si nécessaire, fixez des limites et entraînez-vous à dire non pour éviter le stress inutile et la surcharge.

Faites également attention à votre bien-être émotionnel. Cherchez du soutien auprès de vos proches ou envisagez une thérapie ou des conseils si nécessaire. L'équilibre émotionnel est la clé de la santé et de la vitalité globales. Maintenez une attitude positive, pratiquez la gratitude et cultivez l'auto-compassion.

Voyage

Décembre invite le Capricorne à embrasser l'aventure et à élargir ses horizons grâce aux voyages. L'alignement du Soleil avec Mars le 20 décembre enflamme votre envie de voyager et enflamme le désir de nouvelles expériences. Qu'il s'agisse d'une escapade spontanée d'un week-end ou d'un voyage international soigneusement planifié, saisissez l'opportunité d'explorer des territoires inconnus et d'élargir vos perspectives.

Cependant, le carré de Mercure avec Neptune le 28 décembre invite à la prudence et à l'attention aux problèmes de communication ou aux retards liés aux voyages. Vérifiez à nouveau les itinéraires de voyage, restez flexible en cas de changements inattendus et maintenez une communication ouverte avec vos compagnons de voyage. Embrassez l'esprit d'aventure et soyez ouvert aux expériences transformatrices que les voyages peuvent offrir.

Lors de la planification de vos voyages, pensez à des destinations qui offrent un mélange de détente et d'immersion culturelle. Qu'il s'agisse d'explorer des sites historiques, de se connecter avec la nature ou de se livrer à des cuisines locales, privilégiez les expériences qui correspondent à vos intérêts et à vos valeurs. Voyager avec des êtres chers ou des amis proches peut améliorer le plaisir et créer des souvenirs durables.

Lorsque vous embarquez dans vos voyages, pensez à prendre soin de votre bien-être. Restez hydraté, reposez-vous suffisamment et prenez soin de vous même lorsque vous êtes loin de chez vous. Engagez-vous dans des activités qui rajeunissent et nourrissent votre corps et votre âme. Embrassez la liberté et l'expansion qu'apportent les voyages et permettez-leur d'inspirer la croissance personnelle et la découverte de soi.

Aperçu des étoiles

"Équilibrez l'ambition avec la patience et laissez votre intuition guider vos actions."

Meilleurs jours du mois : 2, 10 , 15 , 19 , 20 , 24 et 31 décembre .

HOROSCOPE 2024 VERSEAU

Aperçu Verseau 2024

Verseau, alors que vous entrez dans l'année 2024, le cosmos s'aligne d'une manière qui façonnera votre voyage de manière profonde. Les mouvements planétaires tout au long de l'année indiquent une période d'opportunités, de défis et de croissance. L'alignement du Soleil, de Mercure, de Vénus, de Mars et de Jupiter jouera un rôle crucial dans divers aspects de votre vie, y compris votre carrière, vos relations, votre santé et votre développement personnel. Approfondissons ce que l'année vous réserve.

L'année commence avec un fort accent sur votre carrière. La conjonction entre Mercure et Uranus en Taureau en mai suggère une période d'innovation et de créativité dans votre vie professionnelle. Vous pouvez vous retrouver à entreprendre de nouveaux projets ou à explorer de nouvelles idées qui peuvent mener à une croissance de carrière. Cependant, le carré entre Mars et Pluton en juin indique des défis et des conflits potentiels au travail. Il est important de rester concentré et de ne pas laisser les conflits faire dérailler votre progression.

Alors que vous entrez dans le deuxième trimestre, l'aspect financier occupe le devant de la scène. Le sextile entre Vénus et Chiron en juin est un baume cicatrisant pour toutes les blessures financières que vous pourriez avoir. C'est une période de récupération financière. Réévaluez vos objectifs financiers et n'ayez pas peur de faire les ajustements nécessaires. Le réseautage est essentiel pendant cette période. Le quintile entre Vénus et le vrai nœud en juin suggère que l'établissement des bonnes connexions peut ouvrir des portes à des opportunités financières.

Le troisième trimestre de l'année apporte un mélange de défis et d'opportunités dans votre carrière. La conjonction entre Mercure et Uranus en Taureau en mai suggère une période d'innovation et de créativité dans votre vie professionnelle. Vous pouvez vous retrouver à entreprendre de nouveaux projets ou à explorer de nouvelles idées qui peuvent mener à une croissance de carrière. Cependant, le carré entre Mars et Pluton en juin indique des défis et des conflits potentiels au travail. Il est important de rester concentré et de ne pas laisser les conflits faire dérailler votre progression.

Alors que l'année touche à sa fin , l'attention se porte à nouveau sur votre vie financière. Le sextile entre Vénus et Chiron en juin est un baume cicatrisant pour toutes les blessures financières que vous pourriez avoir. C'est une période de récupération financière. Réévaluez vos objectifs financiers et n'ayez pas peur de faire les ajustements nécessaires. Le réseautage est essentiel pendant cette période. Le quintile entre Vénus et le vrai nœud en juin suggère que l'établissement des bonnes connexions peut ouvrir des portes à des opportunités financières.

En termes de relations et de vie sociale, le carré entre Vénus et Neptune en juin indique une période de confusion ou d'incompréhension dans vos relations. Il est important de communiquer clairement et honnêtement pendant cette période et de rechercher la clarté si nécessaire. Le sextile entre Mercure et le Vrai Nœud en juin suggère également que la communication et les interactions sociales seront particulièrement importantes pendant cette période. C'est un bon moment pour construire et renforcer les relations.

Au fil de l'année, vous constaterez que votre vie sociale s'accélère. Il y a un sentiment de camaraderie et d'appartenance qui vous enveloppe. Participez à des activités sociales, mais veillez à ne pas trop vous engager. L'équilibre est la clé.

Votre santé et votre bien-être sont des domaines qui nécessitent une attention particulière cette année. Le sesquiquadrate entre le Soleil et Chiron en juin est un appel à la guérison. C'est le moment d'intégrer des pratiques de bien-être dans votre routine quotidienne. Que ce soit par le yoga, la méditation ou simplement passer du temps dans la nature, entretenir votre bien-être est essentiel.

La dernière partie de l'année apporte de la vitalité. Le sextile entre le Soleil et Chiron en juin est une énergie rajeunissante. Engagez-vous dans des activités physiques qui non seulement renforcent votre corps, mais apportent également de la joie à votre âme.

Sur le plan spirituel, 2024 est une année de profonde croissance et d'apprentissage. Le quintile entre Jupiter et Saturne en mai est une salle de classe cosmique. C'est une période d'apprentissage spirituel et de recherche d'une sagesse supérieure. Vous êtes appelé à approfondir les mystères de la vie.

La conjonction entre Vénus et Pluton en juillet est un catalyseur de transformation. C'est une période de se débarrasser des vieilles peaux et d'émerger à nouveau. Embrassez les changements et permettez-vous de grandir et d'évoluer.

En conclusion, Verseau, l'année 2024 sera une année de croissance, de transformation et de découverte de soi. Bien qu'il y aura des défis en cours de route, ces défis offriront des opportunités de développement personnel et de compréhension. Embrassez le voyage et profitez au maximum des opportunités qui se présentent à vous. Restez ouvert à l'apprentissage et à la croissance, et n'ayez pas peur d'explorer de nouvelles voies. Votre esprit aventureux vous guidera à travers les hauts et les bas de l'année, vous menant vers de nouveaux sommets dans votre vie personnelle et professionnelle.

N'oubliez pas que les étoiles ne sont que des guides. Vous avez le pouvoir de façonner votre destin. Utilisez les informations de votre horoscope pour naviguer dans l'année, mais écoutez toujours votre voix intérieure. C'est votre guide le plus fiable. Voici une année remplie de croissance, de succès et de bonheur.

Janvier 2024

Horoscope

Janvier est un mois d'énergie transformatrice pour le Verseau. Les alignements célestes présentent un mélange unique d'opportunités et de défis qui façonneront divers aspects de votre vie. Au début du mois, vous pourriez vivre un affrontement entre vos désirs et vos responsabilités, indiqué par Vénus en Sagittaire au carré de Saturne en Poissons le 1er janvier. Ce conflit pourrait créer un sentiment de frustration et entraver votre capacité à trouver un équilibre.

Cependant, le 3 janvier, Vénus forme un aspect en quinconce avec Jupiter, vous incitant à faire des ajustements dans votre vie amoureuse. Il est essentiel d'être flexible et ouvert d'esprit pour gérer tous les problèmes relationnels pendant cette période. Simultanément, Mercure est le quintile de Saturne, vous offrant une clarté mentale et la capacité de communiquer efficacement. Profitez de cet alignement pour résoudre tout malentendu ou conflit persistant dans vos interactions personnelles.

Les émotions peuvent être vives le 9 janvier alors que le Soleil place Chiron, faisant remonter à la surface des blessures non résolues. Cela peut être une période de transformation pour la guérison et la croissance personnelle. Profitez de cette occasion pour réfléchir sur les expériences passées et s'engager dans des pratiques d'auto-soins qui favorisent le bien-être émotionnel.

Le milieu du mois est prometteur pour le Verseau en matière d'amour et de relations. Le 12 janvier, Mars trigone à Jupiter, alimentant votre passion et votre confiance dans les projets romantiques. Cet aspect apporte une énergie harmonieuse, vous permettant d'exprimer vos désirs avec charisme et charme. C'est un excellent moment pour approfondir la connexion avec votre partenaire ou prendre des mesures audacieuses pour trouver un nouvel intérêt amoureux.

En résumé, janvier présente un mélange de défis et d'opportunités pour le Verseau. La clé pour naviguer avec succès ce mois-ci réside dans le maintien d'une approche flexible et ouverte d'esprit. Donnez la priorité aux soins personnels, faites preuve de prudence en matière financière et adoptez l'énergie transformatrice pour favoriser la croissance personnelle et des liens plus profonds dans l'amour et les relations.

Aimer

Pour le Verseau, l'amour occupe le devant de la scène en janvier alors que les énergies célestes stimulent à la fois les défis et les opportunités dans les relations. Le mois commence avec Vénus carré Saturne, ce qui peut créer des tensions et des obstacles potentiels dans votre vie amoureuse. Vous pouvez vous sentir limité ou accablé par les responsabilités, il est donc essentiel de trouver un équilibre entre les désirs personnels et les engagements. Une communication ouverte et honnête est cruciale pendant cette période pour résoudre tout problème relationnel et trouver des solutions mutuellement satisfaisantes.

Le 3 janvier, Vénus forme un aspect en quinconce avec Jupiter, vous incitant à faire des ajustements dans votre approche de l'amour et des relations. C'est le moment d'être flexible et adaptable, car vos attentes peuvent nécessiter une révision. Adopter un compromis et rechercher un terrain d'entente contribuera à l'harmonie des relations. Les Verseaux célibataires peuvent être attirés par des personnes qui remettent en question leurs préférences habituelles, ce qui conduit à des relations passionnantes et inattendues.

Le milieu du mois apporte une opportunité importante pour l'amour et la romance. Mars trigone à Jupiter le 12 janvier, suscitant passion et confiance dans vos interactions. Votre charisme et votre personnalité magnétique attireront sans effort des partenaires potentiels. Cet alignement vous encourage à prendre des mesures audacieuses en matière de cœur. Que vous commenciez une nouvelle relation ou approfondissiez une relation existante, c'est un moment de joie et d'épanouissement.

Vers la fin du mois de janvier, Vénus place Neptune au carré, exigeant la prudence en matière d'amour. N'oubliez pas d'idéaliser des partenaires ou de romancer des situations sans fondement solide. Prenez le temps d'évaluer l'authenticité et la compatibilité d'un partenaire potentiel avant de vous engager pleinement. Faites confiance à votre instinct et faites preuve de discernement lorsque vous explorez des opportunités romantiques.

Carrière

Les individus Verseau connaîtront une énergie dynamique et transformatrice dans leur vie professionnelle en janvier. Les aspects célestes indiquent un mélange de défis et d'opportunités qui façonneront votre trajectoire de carrière.

Au début du mois, Vénus est au carré de Saturne, créant des obstacles et des limites potentiels dans vos efforts professionnels. Vous pouvez rencontrer des difficultés ou des retards dans la réalisation de vos objectifs, entraînant un sentiment de frustration ou de stagnation. Cependant, la persévérance et une approche stratégique vous aideront à surmonter ces défis. Concentrez-vous sur la vision à long terme et restez attaché à vos aspirations professionnelles.

Le 3 janvier, Mercure quintile Saturne, offrant une clarté mentale et des compétences de communication efficaces. Cet alignement favorise les négociations, les présentations et les projets collaboratifs. Utilisez cette période pour exprimer vos idées et apporter une contribution significative aux efforts de l'équipe. Vos idées et votre pensée novatrice seront appréciées et reconnues par vos collègues et vos supérieurs.

La mi-janvier apporte une poussée de motivation et de confiance dans votre cheminement de carrière. Mars trigone à Jupiter le 12 janvier, enflammant votre ambition et votre volonté de réussir. Cet aspect vous incite à prendre des risques calculés et à vous affirmer dans les situations professionnelles. Saisissez les opportunités de croissance et d'avancement, car votre détermination et votre travail acharné donneront des résultats fructueux.

Finance

Les personnes Verseau devront faire preuve de prudence et de prudence dans leurs affaires financières en janvier. Les aspects célestes indiquent la nécessité d'une planification minutieuse et d'une prise de décision stratégique pour assurer la stabilité et la prospérité.

Au début du mois, Vénus place Saturne au carré, soulignant les éventuelles limitations ou obstacles financiers. Cet aspect sert de rappel pour pratiquer la discipline et éviter les dépenses impulsives. Il est crucial de respecter un budget et de prioriser les dépenses essentielles. Envisagez de revoir vos objectifs financiers et de faire les ajustements nécessaires pour les adapter à votre situation actuelle.

Le 8 janvier, Vénus biquintile Jupiter, offrant une influence financière positive. Cet alignement peut apporter des opportunités de croissance et d'abondance. Cependant, il est important d'aborder ces opportunités avec discernement et d'éviter de prendre des risques excessifs. Prenez des décisions éclairées et demandez conseil à un expert si nécessaire pour maximiser vos gains financiers.

Le milieu du mois met l'accent sur la planification financière à long terme. Vénus place Neptune le 19 janvier, soulignant l'importance de la clarté et de l'aspect pratique dans vos décisions financières. Méfiez-vous des illusions potentielles ou des attentes irréalistes concernant les investissements ou les entreprises financières. Prenez le temps de bien rechercher et évaluer les opportunités avant d'engager vos ressources. Il peut également être avantageux de réévaluer vos objectifs financiers et de vous assurer qu'ils correspondent à vos aspirations à long terme.

Santé

Le maintien d'une santé et d'un bien-être optimaux devrait être une priorité pour les personnes Verseau en janvier. Les aspects célestes soulignent l'importance de prendre soin de soi et d'adopter de saines habitudes pour favoriser son bien-être physique et émotionnel.

Au début du mois, Vénus est au carré de Saturne, ce qui peut contribuer à un sentiment de manque d'énergie ou de fatigue. Il est essentiel d'écouter votre corps et de vous assurer que vous vous reposez et vous détendez suffisamment. Faites attention à tout signe de stress ou d'épuisement professionnel et faites les pauses nécessaires pour vous ressourcer. Incorporez des techniques de gestion du stress dans votre routine quotidienne, comme la méditation, le yoga ou la pratique d'activités qui vous apportent joie et détente.

Le 9 janvier, le Soleil met Chiron au carré, attirant l'attention sur le bien-être émotionnel. Cet aspect peut faire apparaître des blessures non résolues ou des défis émotionnels. Il est important de reconnaître et de résoudre ces problèmes pour favoriser la guérison et la croissance personnelle. Envisagez de demander l'aide d'un thérapeute ou d'un conseiller pour gérer efficacement les difficultés émotionnelles.

Le milieu du mois apporte une poussée de vitalité et d'énergie physique. Mars trigone à Jupiter le 12 janvier, procurant un regain de motivation et d'endurance. Profitez de cette énergie en faisant régulièrement de l'exercice et des activités physiques que vous aimez. Cet alignement soutient également des approches proactives pour maintenir la santé globale, telles que l'adoption d'un régime alimentaire nutritif et l'incorporation de pratiques de réduction du stress.

Vers la fin janvier, le semi-sextile du Soleil avec Saturne peut contribuer à un sentiment de fatigue ou de manque d'énergie. Il est crucial de prioriser les soins personnels pendant cette période. Assurez-vous de dormir suffisamment, de nourrir votre corps avec des repas nutritifs et de pratiquer la pleine conscience pour favoriser votre bien-être général.

N'oubliez pas d'écouter les signaux de votre corps et d'honorer vos besoins physiques et émotionnels. Incorporez des pratiques de soins personnels qui favorisent l'équilibre, la relaxation et le rajeunissement. En donnant la priorité à votre santé et à votre bien-être, vous pouvez naviguer en janvier avec vitalité et maintenir une base solide pour une santé optimale tout au long de l'année.

Voyage

Pour les individus Verseau, janvier présente des opportunités de voyage et d'exploration. Les aspects célestes indiquent un sens de l'aventure et un désir de nouvelles expériences. Cependant, il est important de planifier soigneusement vos déplacements et de tenir compte des défis potentiels qui pourraient survenir.

Au milieu du mois, Mars trigone à Uranus, enflammant un esprit de spontanéité et d'aventure. Cet alignement vous encourage à accepter l'inattendu et à sortir de votre zone de confort. Si vous avez envie de changer d'air, c'est le moment idéal pour planifier une escapade ou explorer de nouvelles destinations. Qu'il s'agisse d'une escapade d'un week-end ou d'un voyage plus prolongé, permettez-vous de vivre de nouvelles expériences et de vous immerger dans différentes cultures.

Bien que le désir d'aventure soit fort, il est crucial de l'équilibrer avec l'aspect pratique et la préparation. Tenez-vous au courant des avertissements aux voyageurs et tenez compte de toute perturbation ou restriction potentielle qui pourrait affecter vos projets. Il est également conseillé d'avoir un itinéraire flexible et des plans de secours en cas d'imprévus.

Prenez le temps de faire des recherches et de planifier soigneusement vos voyages. Tenez compte de facteurs tels que le transport, l'hébergement et toute considération culturelle ou de sécurité. Adoptez des pratiques de voyage responsables et durables, en respectant les coutumes locales et l'environnement des lieux que vous visitez.

Au cours de vos voyages, saisissez l'opportunité d'élargir vos horizons et d'apprendre de différentes cultures et perspectives. Soyez ouvert à de nouvelles expériences, connectez-vous avec les habitants et créez des souvenirs qui enrichiront votre croissance personnelle.

S'il n'est pas possible de voyager pendant cette période, vous pouvez toujours explorer de nouvelles attractions locales ou faire des excursions d'une journée vers des destinations proches. Découvrez des joyaux cachés dans votre propre arrière-cour et appréciez la beauté et la diversité de votre environnement.

Aperçu des étoiles

"Embrassez le pouvoir de la vulnérabilité et ouvrez votre cœur à des connexions plus profondes. C'est à travers la vulnérabilité que la véritable intimité se forge."

Meilleurs jours du mois : 8 , 12 , 19 , 22 , 25 , 28 et 30 janvier .

Février 2024

Horoscope

Le mois commence avec Mars semi-carré Saturne le 2 février, présentant un défi qui teste votre détermination et votre résilience. Cet aspect vous encourage à surmonter les obstacles et à persévérer vers vos objectifs. Le sextile entre Mercure et Neptune le 2 février améliore votre intuition et vos capacités de communication, vous permettant d'exprimer vos idées avec clarté et compassion.

La seconde moitié de février met l'accent sur l'autoréflexion et la croissance personnelle. L'aspect Mercure sextile Jupiter le 22 février amplifie vos capacités mentales et élargit vos horizons. Cet alignement favorise l'apprentissage, l'enseignement et l'engagement dans des discussions philosophiques. Saisissez les opportunités de croissance intellectuelle et profitez de la joie de l'apprentissage tout au long de la vie.

Dans l'ensemble, février 2024 invite les individus Verseau à embrasser leur unicité, à rechercher une croissance personnelle et à élargir leurs horizons. C'est un mois de découverte de soi, de communication améliorée et de recherche d'idées innovantes. Embrassez l'énergie transformatrice et faites confiance à votre capacité à relever les défis et à saisir les opportunités qui s'offrent à vous.

Aimer

Le semi-sextile du Soleil avec Vénus le 5 février insuffle à vos relations chaleur et affection. Cet aspect encourage les gestes romantiques, les conversations sincères et une connexion émotionnelle plus profonde avec votre partenaire. C'est un excellent moment pour exprimer votre amour et votre appréciation.

Cependant, l'aspect de Vénus carré Chiron le même jour peut faire apparaître des blessures passées et des vulnérabilités émotionnelles dans les relations. Il est crucial d'aborder tout conflit ou déclencheur avec compassion, compréhension et volonté de guérir ensemble. Profitez de cette occasion pour aborder les problèmes non résolus et favoriser un sentiment plus profond d'intimité émotionnelle.

Le 9 février, le semi-sextile de Mercure avec Saturne vous invite à communiquer clairement vos besoins et vos limites. Des conversations ouvertes et honnêtes avec votre partenaire aideront à établir une base solide fondée sur la confiance et le respect. N'oubliez pas d'écouter attentivement le point de vue de votre partenaire et de trouver des solutions mutuellement bénéfiques.

Alors que nous entrons dans la seconde moitié du mois, le demi-carré du Soleil avec True Node le 20 février pourrait poser des problèmes dans les relations. Il est essentiel de surmonter ces obstacles avec patience et compréhension. Évitez les réactions impulsives et concentrez-vous plutôt sur la recherche d'un compromis équilibré qui honore à la fois votre individualité et votre engagement dans la relation.

Le véritable nœud sextile de Vénus le 29 février améliore vos liens sociaux et offre des opportunités de nouvelles rencontres romantiques ou d'approfondissement des liens existants. Vous pourriez être attiré par des personnes qui partagent votre vision de l'avenir et qui vous inspirent intellectuellement. Embrassez ces connexions et laissez l'amour se dérouler naturellement.

Carrière

La conjonction entre Vénus et Mars le 22 février enflamme votre ambition et votre dynamisme, vous donnant l'énergie et la détermination nécessaires pour poursuivre vos objectifs de carrière. Cet alignement vous permet de vous affirmer avec confiance et de prendre des mesures audacieuses vers le succès.

La conjonction de Mercure avec Saturne le 28 février apporte une approche pratique et disciplinée à votre travail. Vous êtes susceptible de vous concentrer sur les objectifs à long terme, la planification stratégique et le souci du détail. C'est le moment idéal pour revoir vos responsabilités professionnelles, rationaliser votre flux de travail et rechercher des moyens d'améliorer votre efficacité et votre productivité.

L'aspect Mars carré Jupiter le 27 février offre des opportunités de croissance et d'expansion dans votre carrière. Vous pouvez rencontrer de nouveaux projets, promotions ou entreprises passionnantes qui testent vos compétences et vous poussent hors de votre zone de confort. Relevez ces défis avec enthousiasme et confiance, car ils ont le potentiel de propulser votre croissance professionnelle.

Cependant, l'aspect de Mars au carré de Neptune le 28 février pourrait introduire des incertitudes et des revers potentiels. Il est crucial de garder les pieds sur terre, de maintenir des attentes réalistes et de faire preuve de prudence lors de la prise de décisions importantes. Utilisez votre intuition et votre discernement pour naviguer dans toutes les complexités qui surviennent et recherchez le soutien de collègues ou de mentors de confiance si nécessaire.

L'aspect Vénus carré Jupiter du 10 février vous rappelle de trouver un équilibre entre ambition professionnelle et épanouissement personnel. Bien qu'il soit essentiel de poursuivre vos objectifs de carrière, ne négligez pas les soins personnels et le maintien d'un équilibre travail-vie sain. Nourrissez vos relations personnelles et engagez-vous dans des activités qui vous apportent joie et détente, car elles contribuent à votre bien-être général et à votre réussite.

N'oubliez pas de puiser dans votre nature innovante et visionnaire tout au long du mois. Vos perspectives et vos idées uniques ont le potentiel d'avoir un impact significatif dans votre domaine. Adoptez la collaboration, sortez des sentiers battus et tirez parti de votre créativité pour trouver des solutions non conventionnelles aux défis.

Finance

L'aspect Vénus carré Neptune du 25 février vous rappelle de faire preuve de prudence et de discernement en ce qui concerne les décisions financières. Soyez conscient des illusions potentielles ou des attentes irréalistes qui pourraient entraîner des risques ou des pertes financières. Il est essentiel de mener des recherches approfondies et de demander des conseils d'experts avant de faire des investissements ou des engagements financiers importants.

Cependant, l'aspect Vénus trigone Uranus du 7 février apporte des opportunités financières et des percées inattendues. Vous pouvez recevoir une aubaine soudaine, un bonus inattendu ou une proposition commerciale lucrative. Restez ouvert d'esprit et réceptif à ces bénédictions inattendues, car elles ont le potentiel d'améliorer votre situation financière.

La conjonction de Mercure avec Saturne le 28 février met l'accent sur la discipline et la responsabilité financières. Cet alignement vous encourage à revoir vos objectifs financiers, à créer un budget réaliste et à vous concentrer sur la stabilité financière à long terme. C'est un moment propice pour évaluer vos habitudes de dépenses, éliminer les dépenses inutiles et établir un plan d'épargne solide.

L'aspect Mars sextile Neptune du 7 février vous invite à explorer des moyens innovants et créatifs d'améliorer votre situation financière. Envisagez d'autres sources de revenus ou opportunités d'investissement qui correspondent à vos compétences et intérêts uniques. Votre capacité à sortir des sentiers battus peut conduire à des percées financières et à une prospérité accrue.

Il est important de trouver un équilibre entre la prudence financière et les opportunités de croissance. La conjonction de Vénus avec Mars le 22 février vous rappelle d'être proactif et affirmé dans la poursuite de vos objectifs financiers. Prenez des risques calculés et affirmez-vous avec confiance lorsqu'il s'agit de négocier des accords ou de rechercher des opportunités plus rémunératrices.

N'oubliez pas de donner la priorité à votre bien-être financier en pratiquant l'autodiscipline et en évitant les dépenses impulsives ou inutiles. Concentrez-vous sur la construction d'une base financière solide qui soutient vos objectifs à long terme et vous procure un sentiment de sécurité.

Santé

Le semi-sextile du Soleil avec Neptune le 15 février souligne l'importance de maintenir un équilibre sain entre votre esprit, votre corps et votre esprit. Cet aspect vous rappelle de donner la priorité aux soins personnels et de vous engager dans des activités qui favorisent le bien-être général.

Avec l'aspect Mercure semi-carré Neptune le 23 février, il est crucial de faire attention à votre santé mentale. Prenez du temps pour la relaxation, la méditation et l'introspection pour combattre le stress et l'anxiété. S'engager dans des activités qui stimulent votre esprit, comme la lecture, les puzzles ou les activités créatives, peut aider à maintenir la clarté mentale et l'équilibre émotionnel.

L'aspect Mars carré Jupiter du 27 février vous incite à la prudence dans les activités physiques. Bien que vous puissiez vous sentir plein d'énergie et motivé, il est important d'éviter de vous surmener ou de vous engager dans des activités à haut risque. Concentrez-vous sur le maintien d'une routine d'exercice cohérente qui convient à votre niveau de forme physique et consultez un professionnel de la santé avant de relever des défis physiques intenses.

La conjonction du Soleil avec Mercure le 28 février souligne l'importance de la communication et de la recherche de soutien pour vos besoins de santé. Si vous avez des inquiétudes ou des questions concernant votre bien-être, n'hésitez pas à contacter des professionnels de la santé ou des conseillers de confiance qui peuvent vous guider et vous aider.

Faites attention à vos habitudes de sommeil et assurez-vous de bénéficier d'un repos réparateur suffisant. L'aspect sextile de Vénus à Neptune le 13 février crée un environnement favorable à la relaxation et au rajeunissement. Envisagez d'intégrer des activités apaisantes dans votre routine quotidienne, comme prendre des bains chauds, pratiquer le yoga ou la méditation, et vous adonner à des passe-temps qui vous apportent joie et tranquillité.

Nourrissez votre corps avec des aliments nutritifs et maintenez une alimentation équilibrée. L'aspect de Vénus carré Chiron le 5 février vous rappelle d'être conscient des habitudes alimentaires émotionnelles ou d'utiliser la nourriture comme mécanisme d'adaptation. Recherchez des alternatives plus saines pour gérer le stress ou les émotions, telles que la pratique d'activités physiques, la connexion avec des êtres chers ou la pratique de techniques de pleine conscience.

Voyage

Le semi-sextile du Soleil avec Uranus le 26 février suscite un désir d'exploration et de découverte. Cet aspect vous encourage à sortir de votre zone de confort et à saisir les opportunités de voyage et d'aventure.

Si vous envisagez un voyage, c'est un excellent moment pour planifier et prendre des dispositions . Qu'il s'agisse d'une escapade spontanée d'un week-end ou de vacances bien planifiées, laissez votre esprit aventureux vous guider. Envisagez d'explorer des destinations inconnues ou de vous engager dans des activités qui élargissent vos horizons et élargissent votre perspective.

Cependant, il est essentiel de faire preuve de prudence et d'être flexible dans vos projets de voyage. L'aspect Mars carré Jupiter le 27 février suggère la nécessité d'une planification et d'une évaluation des risques minutieuses. Faites attention aux avis de voyage, aux conditions météorologiques et à toute perturbation potentielle qui pourrait avoir un impact sur votre voyage. Maintenez un plan de sauvegarde et préparez-vous aux changements imprévus.

Au cours de vos voyages, profitez des opportunités d'immersion culturelle et de connexion avec les communautés locales. Le quintile de Vénus True Node le 20 février améliore votre capacité à établir des liens significatifs avec les personnes que vous rencontrez en cours de route. Engagez des conversations, essayez la cuisine locale et plongez dans les expériences uniques que chaque destination a à offrir.

Profitez de la technologie pour faciliter des expériences de voyage fluides. Le quintile de Mercure Uranus le 27 février privilégie l'utilisation d'outils et d'applications numériques qui rendent la navigation, la communication et la planification de voyage plus accessibles. Utilisez des applications de voyage, des outils de traduction et des ressources en ligne pour améliorer votre expérience de voyage et rester en contact avec vos proches à la maison.

Soyez conscient de votre sécurité personnelle lors de vos déplacements. L'aspect Neptune en demi-carré de Mars le 28 février met en évidence le besoin de vigilance et de conscience de votre environnement. Faites confiance à votre instinct, suivez les directives locales et prenez les précautions nécessaires pour assurer un voyage sûr et agréable.

N'oubliez pas d'équilibrer votre désir d'exploration avec les soins personnels pendant vos voyages. Voyager peut être physiquement et mentalement exigeant, il est donc crucial de privilégier le repos, l'hydratation et une nutrition adéquate. Faites des pauses, dormez suffisamment et écoutez les besoins de votre corps pour éviter la fatigue du voyage ou l'épuisement professionnel.

Aperçu des étoiles

Acceptez le changement et soyez ouvert aux nouvelles expériences, car elles détiennent la clé de la croissance personnelle. Faites confiance à votre intuition et suivez les désirs de votre cœur, même s'ils divergent des attentes des autres.

Jours du mois : 5 , 7 , 15 , 19 , 22 , 24 et 29 février .

Mars 2024

Horoscope

Cher Verseau, au cours du mois de mars, vous vous retrouverez plongé dans une énergie dynamique et transformatrice qui encourage la croissance et l'évolution personnelles. Le mois commence avec le Soleil en Poissons, activant votre secteur de la spiritualité et de l'introspection. Cet alignement céleste vous invite à vous connecter avec votre sagesse intérieure et à explorer les profondeurs de votre psychisme. Prenez du temps pour l'autoréflexion, la méditation et la contemplation pour gagner en clarté et en compréhension du but de votre vie.

Mercure, la planète de la communication et de l'intellect, voyage également à travers les Poissons, améliorant vos facultés intuitives et imaginatives. Cette période est idéale pour les efforts créatifs, les études spirituelles et l'approfondissement de votre compréhension des sujets métaphysiques. Votre intuition sera renforcée et vous pourrez recevoir des conseils précieux de vos rêves ou de vos éclairs intuitifs.

Vénus, la planète de l'amour et de la beauté, entre en Verseau le 1er mars, insufflant à vos relations harmonie, compassion et une touche d'excentricité. C'est un moment propice pour exprimer votre moi authentique et embrasser vos qualités uniques dans vos relations avec les autres. Laissez vos amitiés et vos relations amoureuses évoluer naturellement et cultivez les liens qui apportent joie et épanouissement à votre vie.

Aimer

En matière de cœur, mars apporte un mélange de passion, de profondeur émotionnelle et de besoin de liberté dans vos relations. Avec Vénus en Verseau, votre charme naturel et votre magnétisme sont amplifiés, attirant les autres vers vous. Vous dégagez une énergie unique et captivante qui suscite intrigue et fascination. C'est le moment idéal pour embrasser votre individualité et exprimer votre moi authentique dans des relations romantiques.

Cependant, Vénus carré Uranus le 3 mars pourrait introduire des rebondissements inattendus dans votre vie amoureuse. Des attractions soudaines, des relations non conventionnelles ou un désir d'une plus grande indépendance pourraient créer une dynamique excitante mais imprévisible. Soyez ouvert à l'exploration de nouvelles dynamiques relationnelles, mais assurez également une communication claire et une compréhension mutuelle pour maintenir l'harmonie.

Pour ceux qui sont déjà en couple, l'influence de Mars en Verseau intensifie la passion et enflamme le sens de l'aventure. Vous et votre partenaire pouvez vous lancer dans des efforts communs, explorer de nouveaux passe-temps ou vous engager dans des discussions intellectuelles qui approfondissent votre lien. Cependant, soyez conscient de l'aspect Mars carré Uranus le 9 mars, car il peut apporter des tensions ou des conflits concernant la liberté personnelle et l'expression individuelle. Une communication honnête et ouverte sera essentielle pour relever ces défis et trouver des solutions harmonieuses.

Si vous êtes célibataire, c'est le moment d'embrasser votre indépendance et de vous concentrer sur votre croissance personnelle. Utilisez vos qualités et intérêts uniques pour attirer des personnes partageant les mêmes idées qui apprécient votre individualité. Ne vous précipitez pas dans les engagements ; permettre aux relations de se dérouler naturellement et organiquement.

Carrière

Avec le Soleil en Poissons, vous apportez une approche compatissante et intuitive à votre travail, ce qui vous rend très attentif aux besoins des autres. Cette nature empathique peut être un atout précieux dans les domaines qui impliquent la guérison, le conseil ou les efforts créatifs.

La conjonction de Mercure avec Neptune le 8 mars améliore vos compétences en communication et votre pensée imaginative. C'est un excellent moment pour réfléchir, résoudre des problèmes et trouver des solutions innovantes aux défis liés au travail. Votre capacité à puiser dans votre intuition et à sortir des sentiers battus vous distinguera de vos collègues et fera bonne impression sur vos supérieurs.

Cependant, l'influence de Mars en Verseau peut introduire une certaine tension et compétitivité sur le lieu de travail. Bien que votre assurance et votre dynamisme soient louables, soyez conscient des conflits qui peuvent survenir en raison d'opinions divergentes et de luttes de pouvoir. Recherchez des solutions diplomatiques et utilisez votre diplomatie naturelle et votre capacité à voir la situation dans son ensemble pour désamorcer les tensions sur le lieu de travail.

L'aspect Mercure carré de Mars le 14 mars peut apporter des défis supplémentaires, tels que des problèmes de communication ou des conflits avec des collègues ou des supérieurs. Il est crucial de rester calme et composé, en évitant les confrontations inutiles. Pratiquez l'écoute active et exprimez-vous avec assurance et respect pour maintenir un environnement de travail harmonieux.

Le 18 mars marque la conjonction de Mercure avec le vrai nœud, indiquant des opportunités importantes de croissance et d'avancement professionnels. Cet alignement favorise le réseautage, la collaboration et la formation d'alliances stratégiques qui peuvent propulser votre carrière vers l'avant. Faites attention aux mentors potentiels ou aux personnes influentes qui peuvent vous guider sur votre chemin vers le succès.

Finance

L'alignement de Vénus avec Saturne le 21 mars suggère un besoin de sens pratique et de discipline en ce qui concerne vos questions financières. C'est le moment de réévaluer votre budget, de hiérarchiser vos dépenses et d'envisager des objectifs financiers à long terme.

L'aspect Vénus carré Uranus le 3 mars peut introduire des dépenses ou des fluctuations financières inattendues. Soyez prêt à vous adapter et à faire les ajustements nécessaires pour maintenir la stabilité financière. Évitez les dépenses impulsives et concentrez-vous sur la construction d'une base solide pour votre sécurité financière future.

La conjonction de Mercure avec Neptune le 8 mars vous encourage à faire confiance à votre intuition lorsque vous prenez des décisions financières. Faites attention aux indices subtils et aux messages qui vous guident vers des investissements judicieux ou des opportunités financières. Cependant, méfiez-vous des escroqueries potentielles ou des stratagèmes financiers trompeurs. Effectuez des recherches approfondies et demandez conseil à un professionnel avant de vous engager dans une entreprise financière majeure.

Le demi-carré du Soleil avec Pluton le 21 mars pourrait entraîner des luttes de pouvoir ou des conflits financiers. Il est important de maintenir la transparence financière et d'éviter de s'impliquer dans des pratiques contraires à l'éthique. Respectez vos principes et évitez de compromettre votre intégrité pour des gains financiers à court terme.

L'aspect de Vénus sextile à Jupiter le 24 mars apporte des perspectives financières positives et des opportunités d'expansion. Cet alignement favorise les investissements, les partenariats ou les collaborations qui ont un potentiel de croissance à long terme et d'abondance financière. Envisagez de diversifier vos sources de revenus ou d'explorer de nouvelles avenues pour générer de la richesse.

Santé

La conjonction du Soleil avec Neptune le 17 mars met en évidence le lien entre l'esprit, le corps et l'esprit. Cet alignement met l'accent sur le besoin d'équilibre et d'harmonie dans votre bien-être général. Faites attention à vos signaux intuitifs et écoutez les messages subtils que votre corps vous envoie. Incorporez des pratiques comme la méditation, le yoga ou la pleine conscience pour favoriser la paix intérieure et la relaxation.

Le carré de Mars avec Uranus le 9 mars peut apporter une poussée d'énergie et d'agitation. Bien qu'il puisse être tentant de repousser vos limites physiques ou de vous engager dans des activités de haute intensité, soyez conscient des risques d'accidents ou de blessures. Ménagez-vous et canalisez votre énergie dans des activités qui offrent un exutoire sain à votre dynamisme.

Le demi-carré du Soleil avec Jupiter le 19 mars vous incite à trouver un équilibre entre indulgence et modération. Bien qu'il soit important de profiter des plaisirs de la vie, veillez à ne pas trop vous adonner à des habitudes ou à des vices malsains. Pratiquez une alimentation consciente, maintenez une alimentation équilibrée et faites de l'exercice régulièrement pour garder votre corps dans un état optimal.

La conjonction de Mercure avec Chiron le 20 mars attire l'attention sur la guérison émotionnelle et l'autoréflexion. Prenez le temps d'explorer les blessures émotionnelles ou les traumatismes qui pourraient avoir un impact sur votre bien-être général. Demandez l'aide de personnes de confiance ou envisagez une thérapie ou des conseils pour résoudre tout problème sous-jacent susceptible d'affecter votre santé.

Le semi-sextile de Vénus avec Chiron le 26 mars souligne l'importance de l'amour de soi et des soins personnels. Nourrissez vos relations et entourez-vous de personnes positives et solidaires qui contribuent à votre bien-être général. Participez à des activités qui vous apportent joie, détente et rajeunissement.

Voyage

Le sextile du Soleil avec Jupiter le 1er mars apporte une énergie optimiste et expansive qui favorise les voyages à des fins éducatives ou spirituelles. Envisagez des destinations qui offrent des opportunités de croissance personnelle, d'exploration culturelle ou d'enrichissement spirituel. S'engager dans des activités comme des retraites, des ateliers ou visiter des sites sacrés peut fournir des expériences profondes pendant cette période.

La conjonction de Mercure avec Neptune le 8 mars renforce votre imagination et votre désir d'évasion. C'est une période idéale pour les voyages qui impliquent des activités créatives ou artistiques, comme assister à des festivals de musique, explorer des galeries d'art ou s'immerger dans des paysages naturels qui inspirent votre créativité.

La conjonction de Vénus avec Saturne le 21 mars favorise les voyages en mettant l'accent sur la structure et la responsabilité. Cela peut être un moment propice pour les voyages d'affaires, les événements de réseautage ou les conférences où vous pouvez établir des liens précieux et faire une impression durable. Planifiez votre itinéraire de voyage avec un souci de praticité et d'efficacité.

Le sextile de Mars avec True Node le 24 mars encourage les expériences de voyage aventureuses et spontanées. Saisissez les opportunités qui vous permettent de sortir de votre zone de confort, de vous adonner à des activités physiques ou d'explorer de nouveaux territoires. Les sports d'aventure, les randonnées ou l'exploration de cultures inconnues peuvent procurer un sentiment d'excitation et de croissance personnelle.

Le sextile du Soleil avec Pluton le 21 mars apporte une énergie transformatrice à vos projets de voyage. Envisagez des destinations ayant une signification historique ou des lieux qui ont une signification spirituelle profonde. Explorer des ruines antiques, des sites archéologiques ou s'engager dans des retraites de découverte de soi peut avoir un impact profond sur votre croissance personnelle et votre compréhension du monde.

Lors de la planification de votre voyage, il est essentiel de prendre en compte les aspects pratiques tels que le budget, la logistique et la sécurité. Faites des recherches approfondies sur les destinations, vérifiez les avis de voyage et assurez-vous d'avoir une couverture d'assurance appropriée. Soyez ouvert aux détours inattendus ou aux changements de plans, car ils peuvent conduire à des expériences inattendues et mémorables.

Aperçu des étoiles

Embrassez la puissance de votre point de vue unique. Vous possédez un esprit visionnaire et une capacité innée à voir au-delà de l'ordinaire. Faites confiance à votre intuition et suivez votre instinct lorsque vous prenez des décisions importantes.

Meilleurs jours du mois : 1er, 7, 12, 18, 21, 24 et 28 mars.

Avril 2024

Horoscope

En avril 2024, Verseau, vous pouvez vous attendre à un mois dynamique et transformateur rempli d'opportunités de croissance personnelle et de changements positifs. Les énergies célestes s'alignent pour apporter de l'excitation et des percées potentielles dans divers aspects de votre vie. C'est un temps pour l'expression de soi, l'exploration et la prise de risques calculés. Préparez-vous pour un mois d'innovation, de liens sociaux et d'introspection.

Le mois commence avec Mercure formant un aspect semi-sextile avec Vénus le 2 avril. Cet alignement apporte harmonie et facilité à vos compétences en communication, améliorant votre capacité à vous exprimer clairement et avec compassion. C'est le moment idéal pour avoir des conversations importantes ou négocier des accords.

Alors que le Soleil semi-sextile Saturne plus tard dans la journée, vous pouvez ressentir un sens des responsabilités et de la discipline guidant vos actions. Utilisez cette énergie pour vous concentrer sur vos objectifs à long terme et faire des progrès constants dans vos efforts personnels et professionnels. La combinaison des énergies Bélier et Poissons apporte un mélange d'affirmation de soi et d'intuition à votre processus de prise de décision.

Le 3 avril, le Soleil forme un quintile avec Pluton, offrant des opportunités de transformation personnelle et d'autonomisation. Vous pouvez ressentir un approfondissement de la conscience de soi et un désir de libérer les anciens schémas qui ne vous servent plus. Cet aspect vous encourage à embrasser votre pouvoir personnel et à apporter des changements positifs dans votre vie.

Mars forme également un quintile avec Uranus le même jour, insufflant à vos actions originalité et spontanéité. Cet aspect stimule votre désir de liberté et d'indépendance, vous incitant à explorer de nouvelles façons d'aborder les tâches et les défis. Embrassez vos idées uniques et embrassez votre rebelle intérieur.

Vénus rejoint Neptune le 3 avril, créant une énergie rêveuse et romantique dans vos relations. Cet aspect renforce votre sensibilité et votre compassion, ce qui en fait un moment idéal pour approfondir les liens émotionnels et exprimer vos sentiments. Attention toutefois à ne pas vous perdre dans des illusions ou à ne pas devenir trop idéaliste.

La conjonction du Soleil avec le Vrai Nœud le 4 avril marque un tournant important dans votre chemin de vie. C'est le moment de vous aligner sur votre véritable objectif et de saisir les opportunités qui se présentent à vous. Faites attention aux synchronicités et aux coups de pouce intuitifs, car ils peuvent vous guider vers votre destin.

Aimer

Avec Vénus et Neptune unissant leurs forces en Poissons le 3 avril, votre vie amoureuse est imprégnée d'une énergie rêveuse et compatissante. Cet alignement renforce votre intuition et ouvre la porte à des connexions émotionnelles profondes.

Si vous êtes en couple, c'est une période de sensibilité et de compréhension accrues entre vous et votre partenaire. Vous pouvez vous retrouver engagé dans des conversations profondes, explorant vos espoirs, vos rêves et vos vulnérabilités. Cet alignement vous encourage à exprimer votre amour de manière imaginative et romantique, créant un lien plus profond entre vous et votre partenaire.

Pour les Verseaux célibataires, la conjonction Vénus-Neptune présente des opportunités pour des connexions nouvelles et passionnantes. Vous pouvez être attiré par des personnes qui dégagent un air mystérieux ou qui possèdent des qualités artistiques et spirituelles. Cependant, il est important de maintenir un équilibre entre la fantaisie et la réalité pour éviter d'idéaliser des partenaires potentiels. Restez ouvert d'esprit et faites confiance à votre intuition pour vous guider vers des connexions significatives.

Au fur et à mesure qu'avril progresse, la conjonction du Soleil avec Mercure le 11 avril amplifie la communication et la connexion intellectuelle dans vos relations. Cet alignement encourage les conversations sincères, où vous et votre partenaire pouvez exprimer vos désirs et préoccupations les plus profonds. C'est un moment merveilleux pour exprimer l'amour par des mots, que ce soit par des lettres sincères, de la poésie ou des discussions engageantes.

Cependant, sachez que le carré du Soleil avec Pluton le 21 avril peut faire remonter à la surface une dynamique de pouvoir ou des émotions intenses. Cet aspect peut déclencher des transformations profondes au sein des relations, révélant des problèmes cachés qui doivent être résolus. Profitez de cette occasion pour affronter tout bagage émotionnel et favoriser une dynamique plus saine dans votre vie amoureuse.

Carrière

Le demi-carré entre Mercure et Mars le 6 avril pourrait créer quelques problèmes mineurs de communication et de collaboration. Il est crucial de rester patient et diplomate lorsqu'il s'agit de traiter avec des collègues ou des supérieurs. Évitez de vous précipiter dans les conflits et concentrez-vous plutôt sur la recherche d'un terrain d'entente et d'un compromis.

Le 8 avril, le semi-sextile du Soleil avec Jupiter apporte un regain d'optimisme et d'énergie expansive à vos activités professionnelles. Cet alignement favorise la prise de risques calculés, l'exploration de nouvelles opportunités et l'élargissement de votre réseau professionnel. Saisissez les opportunités de croissance et mettez en valeur vos idées et vos talents innovants.

La conjonction du Soleil avec Chiron le 8 avril met en évidence le potentiel de guérison et de croissance personnelle au sein de votre carrière. Cet alignement peut faire ressortir des blessures ou des insécurités passées liées à votre vie professionnelle. Utilisez ce temps pour aborder toutes les croyances auto-limitantes et embrassez vos compétences et vos forces uniques. L'auto-réflexion et l'auto-compassion mèneront à une confiance et à une réussite accrues.

Au fur et à mesure qu'avril progresse, la conjonction du Soleil avec Mercure le 11 avril améliore vos compétences en communication et vos prouesses intellectuelles. Cet alignement prend en charge les négociations, les présentations et les projets collaboratifs. Votre capacité à articuler des idées et à participer à des discussions productives sera déterminante pour l'avancement de votre carrière.

La conjonction Mars-Saturne du 10 avril vous rappelle de vous concentrer sur la discipline et la persévérance. C'est une période de planification stratégique, d'attention aux détails et d'efforts constants. Le travail acharné et la détermination porteront leurs fruits, vous permettant de surmonter les obstacles et d'atteindre vos objectifs professionnels.

Finance

La conjonction de Vénus et Neptune en Poissons le 3 avril pourrait inspirer un certain idéalisme financier. Vous pourriez être tenté de faire des achats impulsifs ou d'investir dans des projets spéculatifs. Bien qu'il soit important de laisser libre cours à votre créativité et à votre imagination, faites preuve de prudence et évitez de prendre des décisions financières hâtives. Prenez le temps d'évaluer les conséquences à long terme avant d'engager vos ressources.

Le semi-sextile du Soleil avec Jupiter le 8 avril apporte une énergie positive à votre secteur financier. Cet alignement signifie une croissance et une expansion potentielles de vos flux de revenus. Vous pouvez recevoir des opportunités inattendues d'augmenter vos revenus ou trouver des moyens de maximiser vos ressources existantes. C'est le moment idéal pour explorer de nouvelles avenues pour la stabilité financière et demander des conseils professionnels si nécessaire.

Le demi-carré entre Vénus et Jupiter le 10 avril vous rappelle de trouver un équilibre entre vos désirs et vos responsabilités financières. Évitez les dépenses excessives ou la prise de risques inutiles avec votre argent. Il est essentiel de maintenir une approche pratique et de faire des choix éclairés qui correspondent à vos objectifs financiers à long terme.

Le demi-carré du Soleil avec Saturne le 20 avril souligne l'importance de la discipline et de la planification financière. Cet aspect vous rappelle de respecter votre budget, de privilégier l'épargne et d'éviter les achats impulsifs. Ayez une vision réaliste de votre situation financière et prenez des décisions stratégiques qui soutiennent votre sécurité financière à long terme.

Santé

Le demi-carré entre Mercure et Mars le 6 avril pourrait entraîner une légère augmentation du stress mental et physique. Prenez note de tout signe de tension ou de fatigue et assurez-vous d'intégrer des techniques de relaxation dans votre routine quotidienne. Pratiquez des exercices de respiration profonde, de la méditation ou participez à des activités qui vous aident à vous détendre et à relâcher les tensions.

Le 13 avril, le semi-sextile de Mercure avec Uranus vous encourage à rechercher une stimulation mentale et à vous engager dans des activités qui mettent votre intellect au défi. Cet alignement favorise l'agilité mentale et les compétences en résolution de problèmes. Envisagez d'explorer de nouveaux passe-temps, des opportunités d'apprentissage ou de vous engager dans des conversations stimulantes pour garder votre esprit vif et énergique.

Le demi-carré Mars-Pluton du 13 avril vous rappelle d'être conscient des luttes de pouvoir et de l'impact du stress sur votre bien-être physique. Faites des pauses au besoin, pratiquez des techniques de gestion du stress et accordez la priorité à un sommeil réparateur. Adopter un mode de vie équilibré et des limites saines contribuera à votre santé globale.

La conjonction du Soleil avec Mercure le 11 avril améliore vos compétences en communication, ce qui peut avoir un impact positif sur votre bien-être mental et émotionnel. Exprimer ouvertement vos pensées et vos sentiments, que ce soit par le biais d'un journal, d'exutoires créatifs ou de dialogue avec vos proches, peut être thérapeutique et favoriser votre santé mentale.

Il est essentiel de maintenir une approche équilibrée de votre santé physique. Faites attention à vos habitudes alimentaires, en vous assurant d'avoir une alimentation équilibrée et nutritive. Incorporez des exercices réguliers à votre routine, en choisissant des activités que vous aimez et qui favorisent à la fois la force et la flexibilité.

Écoutez les besoins de votre corps et traitez rapidement tout problème de santé mineur. Soyez proactif dans la planification des examens de routine et demandez un avis médical si nécessaire. Adopter une approche préventive de votre santé contribuera à un bien-être à long terme.

Voyage

La conjonction Vénus-Neptune du 3 avril imprègne vos projets de voyage d'un sentiment d'aventure et de romantisme. Vous pouvez être attiré par des destinations qui ont un attrait mystique ou artistique. Envisagez d'explorer les villes côtières, les stations balnéaires ou les villes connues pour leur patrimoine artistique et culturel. Embrassez la beauté d'un nouvel environnement et laissez-vous inspirer par les expériences uniques que vous rencontrez.

Le semi-sextile du Soleil avec Jupiter le 8 avril ajoute une touche de chance et d'abondance à vos projets de voyage. Cet alignement favorise la planification de voyages qui offrent à la fois croissance personnelle et plaisir. Vous pouvez trouver des occasions de vous connecter avec des personnes partageant les mêmes idées ou de participer à des activités de groupe qui enrichissent vos expériences de voyage. Embrassez les moments spontanés et soyez ouvert aux rencontres inattendues qui améliorent votre voyage.

Si vous prévoyez un voyage international, tenez compte des restrictions de voyage ou des considérations logistiques dues à des circonstances extérieures. Restez à jour sur les conseils aux voyageurs et suivez les consignes de sécurité pour assurer un voyage en douceur et en toute sécurité. La flexibilité et l'adaptabilité seront essentielles pour faire face aux changements imprévus ou aux défis qui pourraient survenir.

Si les voyages longue distance ne sont pas possibles pendant cette période, envisagez d'explorer des destinations locales ou de vous lancer dans des excursions d'une journée vers des lieux d'intérêt à proximité. Saisissez l'opportunité de découvrir des joyaux cachés dans votre propre arrière-cour et appréciez la beauté et la diversité de votre environnement local.

Aperçu des étoiles

Verseau, les étoiles ont un message spécial pour vous en avril 2024. Embrassez vos bizarreries et excentricités uniques, car ce sont elles qui vous font briller. N'ayez pas peur de sortir des sentiers battus et de remettre en question le statu quo. Embrassez votre esprit rebelle et laissez-le vous guider vers des solutions innovantes et des idées révolutionnaires.

Meilleurs jours du mois : 3, 8 , 11 , 13 , 19 , 21 et 28 avril .

Mai 2024

Horoscope

Au début du mois, Vénus place Pluton le 1er mai, signalant un changement potentiel dans vos relations et votre dynamique financière. Cet aspect peut mettre au premier plan des émotions intenses et des luttes de pouvoir. Il est essentiel de maintenir une communication ouverte et honnête, en fixant des limites et en respectant les limites des autres. Soyez conscient de tout programme caché ou comportement manipulateur, et recherchez l'authenticité et l'équilibre dans vos relations.

Le 6 mai, le demi-carré de Saturne avec Pluton met l'accent sur la nécessité d'une discipline et d'une planification minutieuse dans vos efforts. Cet alignement vous rappelle d'évaluer vos objectifs à long terme et de prendre des décisions stratégiques qui correspondent à votre vision de l'avenir. Évitez de vous laisser submerger par les pressions extérieures et concentrez-vous sur la création de bases solides pour votre réussite.

La conjonction de Mercure avec Chiron le 6 mai offre des opportunités de guérison émotionnelle et d'autoréflexion. Cet alignement vous encourage à affronter et à guérir les blessures du passé ou les croyances limitantes qui peuvent entraver votre croissance personnelle. Acceptez la vulnérabilité et demandez l'aide d'amis ou de professionnels de confiance si nécessaire. Ce travail introspectif ouvrira la voie à une plus grande acceptation de soi et à une plus grande autonomie.

Au fur et à mesure que le mois de mai avance, le sextile du Soleil avec Saturne le 7 mai améliore votre discipline et votre éthique de travail. Cet aspect soutient vos efforts de carrière, vous permettant de progresser régulièrement vers vos objectifs professionnels. Adoptez une structure et hiérarchisez vos responsabilités pour maximiser votre productivité et atteindre un succès à long terme.

La conjonction du Soleil avec Uranus le 13 mai inaugure une énergie d'excitation et d'innovation. Cet alignement stimule votre désir de liberté et d'indépendance, vous incitant à adopter vos idées et approches uniques. C'est le moment de sortir des sentiers battus, de prendre des risques et d'accepter le changement. Faites confiance à votre intuition et laissez votre créativité s'épanouir.

Vers la fin du mois, le trigone du Soleil avec Pluton le 22 mai vous permet de transformer et de transcender les limites. Cet aspect apporte des connaissances approfondies et la capacité de puiser dans votre pouvoir personnel. Utilisez cette énergie pour libérer les anciens schémas, embrasser vos forces et poursuivre vos passions avec une vigueur renouvelée.

Aimer

Le carré entre Vénus et Pluton le 1er mai peut apporter de l'intensité et des luttes de pouvoir dans vos interactions amoureuses. Il est important d'aborder ces situations avec une communication ouverte et honnête, en établissant des limites saines et en abordant tout problème sous-jacent. Cet aspect vous encourage à plonger dans les profondeurs de vos relations, à découvrir des dynamiques cachées et à travailler à la transformation et à la guérison.

Le 10 mai, Vénus est en demi-carré avec Neptune, ajoutant une touche d'idéalisme et de romantisme à votre vie amoureuse. Vous pouvez vous retrouver à aspirer à une connexion profonde avec votre âme ou à vous adonner à des fantasmes romantiques. Cependant, il est crucial de maintenir un équilibre entre l'idéalisme et la réalité. Gardez vos attentes ancrées et communiquez ouvertement avec votre partenaire pour assurer une connexion saine et authentique.

Au fur et à mesure que le mois de mai avance, la conjonction du Soleil avec Uranus le 13 mai suscite un sentiment d'excitation et de spontanéité dans votre vie amoureuse. Cet alignement vous encourage à embrasser votre individualité et à exprimer vos désirs et intérêts uniques. C'est le moment de se libérer de la routine et d'explorer de nouvelles façons de se connecter avec votre partenaire. Adoptez des idées non conventionnelles et permettez à votre relation d'évoluer et de grandir.

Le trigone du Soleil avec Pluton le 22 mai approfondit l'intensité et l'énergie transformatrice de votre vie amoureuse. Cet aspect vous encourage à faire face à toutes les barrières émotionnelles et à abandonner les schémas qui ne vous servent plus. En acceptant la vulnérabilité et en étant ouvert au changement, vous pouvez connaître une croissance profonde et un sens renouvelé de la passion dans vos relations.

Pour les Verseaux célibataires, le mois de mai offre des opportunités de rencontrer quelqu'un avec qui vous partagez une profonde connexion d'âme. Embrassez les événements sociaux, rejoignez de nouvelles communautés et permettez-vous d'être ouvert à des rencontres inattendues. Faites confiance à votre intuition lorsqu'il s'agit de partenaires potentiels et n'ayez pas peur de tenter votre chance en amour.

Carrière

Le sextile du Soleil avec Saturne le 7 mai améliore votre discipline et votre éthique de travail. Cet alignement vous encourage à rester concentré et engagé envers vos objectifs. En hiérarchisant vos responsabilités et en adoptant une structure, vous pouvez faire des progrès constants et obtenir des résultats tangibles. Utilisez ce temps pour établir une base solide pour votre réussite professionnelle.

Le 13 mai, la conjonction du Soleil avec Uranus enflamme votre esprit d'entreprise et votre désir d'innovation. Cet aspect vous encourage à sortir des sentiers battus, à accepter le changement et à poursuivre vos idées non conventionnelles. Faites confiance à votre intuition et n'ayez pas peur de prendre des risques calculés dans vos projets de carrière. Votre approche unique et votre volonté d'adopter de nouvelles technologies ou stratégies peuvent mener à des percées et à une reconnaissance.

Le trigone entre le Soleil et Pluton le 22 mai vous permet de puiser dans votre pouvoir personnel et de transformer votre vie professionnelle. Cet aspect apporte des connaissances approfondies et la capacité de surmonter les limites. Embrassez vos forces et exploitez-les pour avoir un impact positif. Utilisez cette énergie transformatrice pour libérer les anciens schémas, accéder à des rôles de leadership ou lancer des projets importants.

Tout au long du mois de mai, il est essentiel de favoriser une communication efficace et d'établir de solides relations professionnelles. Des opportunités de réseautage peuvent se présenter et les collaborations peuvent mener à des résultats fructueux. Adoptez le travail d'équipe et la collaboration tout en mettant en valeur vos compétences et contributions individuelles.

Pour ceux qui recherchent une évolution de carrière ou envisagent un changement de carrière, le mois de mai offre des énergies favorables. Soyez ouvert à de nouvelles opportunités, explorez des voies alignées sur vos passions et vos intérêts, et soyez proactif dans la recherche d'opportunités de croissance et de développement. Faites confiance à votre instinct et laissez votre moi authentique transparaître dans les interactions professionnelles.

Finance

Le carré entre Vénus et Pluton le 1er mai pourrait entraîner des défis financiers et une dynamique de pouvoir. Il est important d'être prudent et d'éviter les dépenses impulsives ou les décisions financières risquées pendant cette période. Concentrez-vous sur le maintien d'une approche équilibrée et sur le respect de votre budget. Examinez de plus près vos relations financières et assurez-vous qu'elles correspondent à vos valeurs et à vos objectifs à long terme.

Le 10 mai, Vénus est en demi-carré avec Neptune, soulignant l'importance de la clarté et de l'aspect pratique en matière financière. Méfiez-vous des illusions potentielles ou des attentes irréalistes en matière d'investissements financiers ou d'entreprises. Adoptez une approche mesurée, faites des recherches approfondies et demandez conseil à un professionnel si nécessaire. Le maintien d'une perspective réaliste vous aidera à prendre des décisions éclairées et à protéger vos intérêts financiers.

Au fur et à mesure que le mois de mai avance, la conjonction du Soleil avec Uranus le 13 mai apporte des opportunités financières inattendues et un désir d'indépendance financière. Adoptez vos idées novatrices et sortez des sentiers battus lorsqu'il s'agit de vos activités financières. Explorez de nouvelles avenues pour générer des revenus et soyez ouvert aux méthodes non traditionnelles de croissance financière. Cependant, assurez-vous d'évaluer les risques et les avantages avant de faire des sauts financiers majeurs.

Le trigone entre le Soleil et Pluton le 22 mai améliore votre perspicacité financière et vous permet de prendre des décisions transformatrices. Cet aspect vous incite à revoir vos stratégies financières et à apporter les ajustements nécessaires. Envisagez des investissements à long terme, des plans d'épargne ou des stratégies qui correspondent à vos objectifs de stabilité financière et de croissance. Demandez des conseils professionnels si nécessaire pour maximiser votre potentiel financier.

Tout au long du mois de mai, il est important de maintenir une approche pratique de vos finances. Respectez votre budget, privilégiez l'épargne et évitez les dépenses inutiles. Examinez régulièrement votre situation financière, suivez vos dépenses et identifiez les domaines dans lesquels vous pouvez réduire ou optimiser vos ressources.

Adoptez un état d'esprit d'abondance et de gratitude pour les bénédictions financières de votre vie. Adoptez des habitudes financières responsables, cultivez une relation saine avec l'argent et soyez ouvert aux opportunités de croissance et de prospérité.

Santé

Le demi-carré du Soleil avec Neptune le 3 mai vous rappelle de faire attention à votre bien-être émotionnel. Il est important d'aborder tout sentiment d'accablement ou de stress. Participez à des activités qui favorisent la relaxation et la paix intérieure, comme la méditation, le yoga ou passer du temps dans la nature. Prendre des pauses et créer des limites contribuera à votre santé mentale et émotionnelle globale.

Le 13 mai, la conjonction du Soleil avec Uranus suscite un désir de spontanéité et de liberté. Adoptez des activités physiques qui correspondent à votre individualité et vous apportent de la joie. Envisagez d'essayer de nouvelles routines de conditionnement physique ou des aventures en plein air qui procurent un sentiment d'excitation et de revigoration. Soyez ouvert à l'exploration d'approches novatrices en matière d'exercice et de bien-être.

Le trigone du Soleil avec Pluton le 22 mai vous permet d'adopter des changements transformateurs dans vos habitudes de santé. Cet aspect vous encourage à vous débarrasser des anciens schémas et à adopter des choix de vie plus sains. C'est un moment propice pour vous concentrer sur l'alimentation de votre corps avec des aliments nutritifs, sur votre hydratation et sur un sommeil réparateur suffisant. Envisagez d'intégrer des activités de réduction du stress, telles que la méditation ou la tenue d'un journal, dans votre routine quotidienne.

Tout au long du mois de mai, faites attention à votre niveau d'énergie et évitez le surmenage. Écoutez les besoins de votre corps et faites de l'auto-soin une priorité. Trouvez un équilibre entre travail et détente pour éviter le burn-out. Si vous ressentez un inconfort physique ou des problèmes de santé, demandez conseil à un professionnel et traitez-les rapidement.

Rappelez-vous que les soins personnels vont au-delà de la santé physique. Nourrissez votre bien-être émotionnel en favorisant des relations saines, en fixant des limites et en vous engageant dans des activités qui vous apportent joie et épanouissement. Cultivez un état d'esprit positif, pratiquez la gratitude et profitez des moments d'autoréflexion.

Voyage

Le 13 mai, la conjonction du Soleil avec Uranus enflamme un sentiment d'aventure et de spontanéité dans vos projets de voyage. Cet alignement vous encourage à adopter des destinations uniques et des expériences non conventionnelles. Envisagez d'explorer des lieux hors des sentiers battus ou de vous engager dans des activités qui repoussent vos limites et enflamment votre sens de la découverte.

Le trigone entre le Soleil et Pluton le 22 mai ajoute de la profondeur et de l'énergie transformatrice à vos expériences de voyage. Cet aspect vous invite à explorer des destinations qui ont un impact profond sur votre croissance et votre transformation personnelles. Qu'il s'agisse d'une retraite spirituelle, d'une aventure pleine de nature ou d'une immersion dans une culture différente, saisissez les opportunités d'exploration et d'expansion intérieures.

Tout au long du mois de mai, tenez compte des restrictions de voyage ou des considérations logistiques dues à des circonstances extérieures. Restez à jour sur les conseils aux voyageurs et suivez les consignes de sécurité pour assurer un voyage fluide et sécurisé. S'il n'est pas possible de voyager sur de longues distances, envisagez d'explorer des destinations locales ou de faire des excursions d'une journée vers des lieux d'intérêt à proximité. Il peut y avoir des joyaux cachés et des expériences significatives à découvrir dans votre propre arrière-cour.

Lorsque vous embarquez pour vos voyages, n'oubliez pas de donner la priorité aux soins personnels et au bien-être. Faites des pauses si nécessaire, restez hydraté et veillez à maintenir un équilibre sain entre l'exploration et la relaxation. Participez à des activités qui vous apportent de la joie et vous permettent de vous ressourcer, qu'il s'agisse de vous adonner à la cuisine locale, de pratiquer la pleine conscience dans la nature ou de vous immerger dans des expériences culturelles.

Aperçu des étoiles

Acceptez l'inattendu et faites confiance à votre intuition. Le chemin de la sagesse consiste à être ouvert au changement, même si cela défie votre zone de confort. Embrassez les qualités uniques qui font de vous ce que vous êtes et laissez-les briller de mille feux.

Jours du mois : 13 , 16 , 18 , 22 , 23 , 25 et 30 mai .

Juin 2024

Horoscope

Avec Mars en Bélier semi-sextile Uranus en Taureau le 1er juin, vous êtes infusé d'un sursaut d'énergie et d'enthousiasme. Cette combinaison vous permet de prendre des mesures audacieuses pour manifester vos désirs et vous libérer de toute limitation. Utilisez cet élan énergétique pour poursuivre vos passions et affirmer votre individualité.

Le quintile du Soleil avec Neptune le 1er juin améliore vos capacités intuitives et stimule la créativité. Embrassez votre côté artistique et engagez-vous dans des activités qui vous permettent de vous exprimer librement. Faites confiance à votre instinct et faites attention aux messages subtils de l'univers.

Le sextile de Mercure avec Neptune le 2 juin approfondit votre imagination et renforce vos compétences en communication. Cet aspect encourage les conversations significatives et compatissantes. Recherchez la connexion et la compréhension dans vos interactions avec les autres.

Au fur et à mesure que le mois avance, la conjonction du Soleil avec Vénus le 4 juin apporte une énergie harmonieuse et aimante dans votre vie. Cet alignement améliore vos relations, favorisant des liens profonds et des liens émotionnels. C'est le moment d'exprimer vos affections et d'apprécier la beauté qui vous entoure.

Le 8 juin apporte un carré entre Vénus et Saturne, mettant au défi vos relations et vos questions financières. Il est important d'aborder ces domaines avec patience, maturité et volonté de surmonter tous les obstacles. Recherchez des solutions pratiques et communiquez ouvertement pour trouver résolution et stabilité.

Le carré du Soleil avec Saturne le 9 juin pourrait entraîner des revers ou des responsabilités temporaires. Restez concentré et résilient, sachant que le travail acharné et la persévérance mèneront au succès à long terme. Gardez un état d'esprit positif et faites confiance à vos capacités pour surmonter tous les défis.

Le 19 juin, le quintile de Mercure avec Chiron vous invite à embrasser votre guérisseur intérieur. Utilisez vos mots et votre intelligence pour inspirer et élever les autres. Vos idées et votre sagesse ont le pouvoir d'apporter la guérison et la transformation à ceux qui vous entourent.

Aimer

Avec la conjonction du Soleil avec Vénus le 4 juin, une vague d'amour et d'harmonie déferle sur vos projets romantiques. Cet alignement améliore votre magnétisme et apporte un plus grand sentiment d'appréciation et d'affection à vos relations. C'est un moment merveilleux pour exprimer votre amour, couvrir votre partenaire d'affection et créer des moments de beauté et de romance ensemble.

Le carré entre Vénus et Saturne le 8 juin peut présenter des défis dans votre vie amoureuse. Cela pourrait soulever des questions d'engagement, de responsabilité ou d'objectifs à long terme. Il est essentiel de communiquer ouvertement et honnêtement avec votre partenaire, en répondant à toutes les préoccupations ou craintes qui pourraient survenir. La patience, la compréhension et la volonté de surmonter les difficultés renforceront votre lien.

Le 11 juin tient le sextile entre Vénus et Chiron, offrant des opportunités de guérison émotionnelle et de croissance dans vos relations. Cet aspect encourage la vulnérabilité et la communication authentique, permettant des connexions émotionnelles plus profondes et la résolution des blessures passées. Prenez le temps d'écouter et de soutenir votre partenaire, en favorisant un environnement de confiance et de compréhension.

Au fur et à mesure que juin avance, le carré du Soleil avec Neptune le 20 juin peut apporter une certaine confusion ou des illusions en matière de cœur. Il est important de maintenir la clarté et de fixer des limites saines pour éviter tout malentendu. Faites confiance à votre intuition et recherchez une communication honnête pour naviguer dans ces complexités.

Le 26 juin, Vénus place le vrai nœud, apportant un besoin de croissance et d'évolution dans votre vie amoureuse. Saisissez les opportunités de transformation et d'expansion, même si cela nécessite de sortir de votre zone de confort. Cet aspect peut conduire à des changements passionnants et à de nouvelles connexions qui correspondent à votre croissance personnelle.

Tout au long du mois de juin, il est crucial de cultiver l'amour de soi et les soins personnels. Embrassez votre individualité et honorez vos propres besoins et désirs. Lorsque vous vous nourrissez, vous apportez un sentiment de plénitude et d'épanouissement à vos relations.

Carrière

Avec la conjonction du Soleil avec Vénus le 4 juin, votre charme, votre charisme et votre énergie créative brillent de mille feux sur le lieu de travail. Cet alignement améliore votre capacité à collaborer efficacement avec les autres et favorise des relations harmonieuses avec vos collègues. Profitez de cette occasion pour mettre en valeur vos talents et partager des idées novatrices qui peuvent élever votre statut professionnel.

Le 8 juin, le carré entre Vénus et Saturne pourrait introduire des défis dans votre cheminement de carrière. Vous pouvez rencontrer des obstacles ou faire face à des limitations qui nécessitent de la patience et de la persévérance. Utilisez ce temps pour réévaluer vos objectifs à long terme, affiner vos stratégies et vous concentrer sur la construction d'une base solide pour réussir. Adoptez une éthique de travail disciplinée et restez dévoué à vos aspirations professionnelles.

Le carré du Soleil avec Saturne le 9 juin souligne davantage le besoin de discipline et d'engagement dans votre carrière. Cela peut entraîner des revers temporaires ou des responsabilités qui testent votre détermination. Restez concentré sur vos objectifs et gardez un état d'esprit positif. Votre persévérance et votre détermination ouvriront la voie à un succès à long terme.

A mesure que le mois de juin avance, le carré du Soleil avec Neptune le 20 juin vous incite à vous méfier des illusions ou des situations peu claires dans votre vie professionnelle. Faites attention aux détails et recherchez la clarté dans vos efforts liés au travail. Faites confiance à votre intuition et comptez sur vos compétences analytiques pour naviguer à travers les défis qui se présentent.

Le 28 juin apporte le carré de Mercure avec Chiron, offrant une opportunité de guérison et de croissance dans votre carrière. Cet aspect peut faire ressortir des blessures ou des insécurités passées qui doivent être traitées.

Utilisez ce temps pour l'introspection et l'auto-réflexion, vous permettant de guérir et de libérer toute croyance auto-limitante qui pourrait entraver votre progression.

Tout au long du mois de juin, restez proactif dans la recherche d'opportunités de développement professionnel. Adoptez les nouvelles technologies, développez vos compétences et restez informé des tendances de l'industrie. Votre volonté de vous adapter et d'apprendre contribuera à votre croissance et vous ouvrira des portes vers des possibilités passionnantes.

Finance

Le carré entre Vénus et Saturne le 8 juin peut apporter des défis et des limites à vos finances. Il est essentiel de faire preuve de prudence dans vos habitudes de dépenses et d'adopter une approche disciplinée en matière de budgétisation. Cherchez des moyens de réduire les dépenses inutiles et priorisez les objectifs financiers à long terme.

Le 11 juin, le sextile entre Vénus et Chiron offre des opportunités de guérison et de transformation dans votre état d'esprit financier. Cet aspect vous invite à aborder toutes les peurs ou insécurités sous-jacentes entourant l'argent. Adoptez un état d'esprit axé sur la croissance et recherchez des conseils ou une formation pour élargir vos connaissances financières.

Au fur et à mesure que le mois avance, le carré du Soleil avec Neptune le 20 juin pourrait apporter des incertitudes ou des illusions financières. Soyez vigilant dans les transactions financières et évitez de prendre des décisions impulsives. Faites confiance à votre intuition et demandez conseil à un professionnel si nécessaire pour assurer la clarté et la stabilité financière.

Le 26 juin, Vénus place le vrai nœud, signalant le besoin de croissance et d'évolution dans vos activités financières. Cet aspect peut présenter des opportunités de diversifier vos sources de revenus ou d'explorer de nouvelles avenues d'investissement. Gardez l'esprit ouvert et soyez prêt à vous adapter aux circonstances changeantes.

Tout au long du mois de juin, il est crucial de maintenir une approche équilibrée de vos finances. Concentrez-vous sur la construction d'une base financière solide en épargnant, en investissant judicieusement et en planifiant l'avenir . Cherchez des opportunités pour augmenter vos revenus grâce à des flux supplémentaires ou des idées innovantes.

Santé

Avec le carré du Soleil avec Saturne le 9 juin, il est essentiel de faire attention à toute éventuelle fatigue physique ou mentale. Cet aspect peut apporter des défis temporaires qui nécessitent du repos et du rajeunissement. Écoutez les signaux de votre corps et assurez-vous de dormir suffisamment, de vous nourrir d'aliments nutritifs et de faire de l'exercice régulièrement.

Le 11 juin, le sextile entre Vénus et Chiron offre une opportunité de guérison émotionnelle et de soins personnels. Prenez le temps de traiter les blessures émotionnelles ou les facteurs de stress qui pourraient affecter votre bien-être général. Engagez-vous dans des activités qui vous apportent de la joie, faites preuve d'auto-compassion et demandez le soutien de vos proches ou de professionnels si nécessaire.

Le carré du Soleil avec Neptune le 20 juin peut apporter un brouillard émotionnel ou mental. Il est important de donner la priorité à la clarté et de maintenir des limites saines. Pratiquez la pleine conscience et participez à des activités qui favorisent la relaxation et la réduction du stress, comme la méditation ou passer du temps dans la nature.

Tout au long du mois de juin, concentrez-vous sur la recherche d'un équilibre entre le travail, le repos et les loisirs. Évitez le surmenage et autorisez-vous à faire des pauses si nécessaire. Intégrez des techniques de gestion du stress à votre routine quotidienne, comme des exercices de respiration profonde ou des loisirs qui vous procurent de la joie.

Le 26 juin, Vénus place le vrai nœud, soulignant le besoin d'amour de soi et de soins personnels. Faites attention à votre bien-être émotionnel et pratiquez l'auto-compassion. Engagez-vous dans des activités qui nourrissent votre âme, que ce soit par l'expression créative, la connexion avec des êtres chers ou des rituels de soins personnels.

Voyage

Le carré entre Vénus et Saturne le 8 juin peut présenter des défis ou des retards dans vos projets de voyage. Il est important de rester flexible et adaptable, car des circonstances imprévues peuvent survenir. Ayez des plans d'urgence en place et maintenez un état d'esprit positif, en considérant tout changement comme une opportunité de croissance et de nouvelles expériences.

Le 11 juin, le sextile entre Vénus et Chiron imprègne vos voyages d'opportunités de guérison émotionnelle et de croissance personnelle. Au fur et à mesure que vous explorez de nouveaux lieux et cultures, soyez ouvert à la connexion avec les communautés locales et plongez-vous dans leurs traditions. Participez à des activités qui élargissent votre compréhension des différentes perspectives et permettent une transformation personnelle.

Au fil du mois, le carré du Soleil avec Neptune le 20 juin vous rappelle de rester attentif aux détails de vos préparatifs de voyage. Assurez-vous d'avoir tous les documents nécessaires, faites des copies de sauvegarde des informations importantes et restez vigilant contre les escroqueries potentielles ou les erreurs de communication. Faites confiance à votre intuition et recherchez la clarté si quelque chose ne semble pas clair.

Tout au long du mois de juin, permettez-vous de profiter de la spontanéité et de la liberté qu'apporte le voyage. Participez à des activités qui correspondent à votre esprit aventureux, qu'il s'agisse d'explorer la nature, d'essayer la cuisine locale ou de vivre des expériences palpitantes. Embrassez l'inconnu et sortez de votre zone de confort, car ces expériences ont le potentiel d'élargir vos perspectives et de créer des souvenirs durables.

Le 26 juin amène le carré entre Vénus et le vrai nœud, indiquant le potentiel de rencontres et de connexions fortuites lors de vos voyages. Saisissez ces opportunités pour rencontrer de nouvelles personnes et élargir votre réseau. Engagez des conversations significatives et soyez ouvert à apprendre des expériences des autres.

Aperçu des étoiles

Embrassez le rire et ne prenez pas la vie trop au sérieux. Permettez à votre enfant intérieur de jouer et de trouver de la joie dans les plaisirs simples. Embrassez la magie de l'univers et ayez confiance qu'il vous réserve d'incroyables surprises.

Meilleurs jours du mois : 4, 9 , 14 , 20 , 24 , 26 et 29 juin .

Juillet 2024

Horoscope

Juillet 2024 apporte un mélange d'opportunités pour le Verseau. Avec Jupiter en Gémeaux Chiron semi-carré, vous pouvez ressentir un sens aigu de l'introspection et un désir de guérir les blessures du passé. Cette introspection peut conduire à des percées et à une croissance personnelle. Le demi-carré du Soleil avec Uranus le 1er juillet peut apporter des changements ou des perturbations inattendus, vous incitant à adopter la flexibilité et l'adaptabilité.

Le trigone de Mercure avec Neptune le 2 juillet améliore vos capacités intuitives et créatives, ce qui en fait un excellent moment pour les activités artistiques et l'exploration spirituelle. Cependant, gardez à l'esprit l'opposition de Mercure avec Pluton le 3 juillet, car cela peut entraîner des conversations intenses ou des luttes de pouvoir. Pratiquez la diplomatie et maintenez l'ouverture d'esprit pendant cette période.

Le carré du Soleil avec le vrai nœud le 2 juillet vous invite à réfléchir à vos relations et à vos connexions avec les autres. Cet aspect vous encourage à aligner votre croissance personnelle sur le cheminement collectif, en favorisant des relations et des collaborations significatives.

Aimer

En matière de cœur, Verseau, juillet 2024 apporte un mélange de profondeur émotionnelle et de possibilités romantiques. Vénus trigone Saturne le 2 juillet favorise la stabilité et l'engagement dans les relations. C'est un moment propice pour renforcer les liens avec votre partenaire par une communication ouverte et des responsabilités partagées.

Cependant, Vénus carré Chiron le 6 juillet peut faire apparaître certaines vulnérabilités émotionnelles et blessures passées dans les relations. Profitez de cette occasion pour aborder tous les problèmes non résolus, rechercher la guérison et approfondir le lien avec votre proche.

Carrière

Juillet 2024 présente des opportunités passionnantes d'avancement de carrière et de croissance professionnelle, Verseau. Mercure quintile Uranus le 7 juillet enflamme votre pensée novatrice et apporte de nouvelles idées sur la table. Adoptez votre point de vue unique et explorez des solutions créatives aux défis au travail.

Vénus sextile Jupiter le 8 juillet renforce votre charme et vos compétences en réseautage. C'est un excellent moment pour élargir vos contacts professionnels, collaborer avec des personnes partageant les mêmes idées et rechercher de nouvelles opportunités d'avancement professionnel.

Mercure sextile Jupiter le 8 juillet soutient davantage vos compétences en communication et vos activités intellectuelles. Utilisez ce temps pour engager des discussions fructueuses, présenter vos idées et présenter votre travail en toute confiance.

Finance

Dans le domaine des finances, Verseau, juillet 2024 vous encourage à être prudent et diligent dans vos affaires d'argent. Vénus opposition Pluton le 12 juillet met en garde contre les dépenses impulsives et les risques financiers. Examinez de plus près vos décisions financières et assurez-vous qu'elles correspondent à vos objectifs à long terme.

Mars sextile Neptune le 20 juillet apporte un mélange harmonieux d'action et d'intuition. C'est un moment propice pour faire confiance à votre instinct lorsque vous faites des choix financiers. Envisagez de demander conseil à des professionnels de confiance et de mener des recherches approfondies avant de faire des investissements importants.

Santé

Votre bien-être est de la plus haute importance en juillet 2024, Verseau. Le carré du soleil de Chiron le 15 juillet met en évidence le besoin de guérison émotionnelle et de soins personnels. Prenez le temps de nourrir votre bien-être émotionnel grâce à des pratiques telles que la méditation, la tenue d'un journal ou la recherche du soutien d'un thérapeute ou d'un conseiller.

La conjonction Mars-Uranus du 15 juillet peut apporter une poussée d'énergie, mais aussi un besoin d'équilibre et d'enracinement. Faites attention à vos limites physiques et évitez le surmenage. Incorporez des activités comme le yoga, la méditation ou des promenades en plein air pour maintenir un sentiment d'équilibre intérieur.

Voyage

Juillet 2024 offre des opportunités de voyage et d'exploration, Verseau. Le quintile de Jupiter Neptune le 18 juillet apporte un sens de l'aventure et élargit vos horizons. Envisagez de planifier un voyage vers une destination qui éveille votre curiosité et vous permet de vous connecter avec différentes cultures et perspectives.

Le Soleil sextile Uranus le 18 juillet encourage la spontanéité et les nouvelles expériences. Sortez de votre zone de confort et engagez-vous dans des activités qui vous stimulent et vous inspirent. Qu'il s'agisse d'une escapade d'un week-end ou d'un voyage plus long, les voyages peuvent fournir des informations précieuses et élargir votre vision du monde.

Aperçu des étoiles

N'oubliez pas d'embrasser le côté spontané et ludique de la vie. Le quintile de Vénus Mars le 22 juillet vous incite à profiter des plaisirs du moment présent et à laisser vos passions vous guider.

Jours du mois : 1er , 8 , 15 , 18 , 20 , 22 et 31 juillet .

Août 2024

Horoscope

En août 2024, Verseau, vous entrez dans une période de transformation et d'introspection. Les aspects planétaires indiquent une période d'auto-réflexion, de croissance personnelle et d'exploration intérieure. C'est l'occasion de plonger profondément dans vos émotions, vos rêves et vos désirs pour mieux vous comprendre.

Mars sextile True Node le 1er août dynamise vos connexions et collaborations. C'est un moment propice pour s'engager dans un travail d'équipe, un réseautage et des interactions sociales qui correspondent à vos objectifs et à vos aspirations.

de Vénus Jupiter le 2 août apporte un mélange harmonieux d'amour, d'abondance et d'optimisme. Cet alignement améliore vos relations, favorisant la joie et l'harmonie dans votre vie personnelle.

Le biquintile Saturne du Soleil le 4 août souligne l'importance de la discipline et de la structure pour atteindre vos objectifs à long terme. Utilisez ce temps pour évaluer vos engagements, fixer des limites et faire des plans concrets pour l'avenir .

Aimer

En matière de cœur, Verseau, août 2024 offre un mélange de passion et d'introspection. Vénus carré Uranus le 2 août peut apporter des changements ou des perturbations inattendus dans vos relations. Il est crucial d'adopter une flexibilité et une communication ouverte pour relever tous les défis qui se présentent.

Le 15 août, Vénus biquintile Chiron encourage la guérison et la croissance émotionnelle dans vos relations. Profitez de cette occasion pour traiter les blessures du passé, approfondir les liens et favoriser un plus grand sentiment d'empathie et de compréhension avec votre partenaire.

Carrière

Août 2024 présente d'importantes opportunités de croissance professionnelle et d'avancement de carrière, Verseau. Mars sextile Neptune le 6 août améliore votre intuition et votre créativité au travail. Faites confiance à votre instinct et explorez des approches innovantes de résolution de problèmes et de prise de décision.

Mercury biquintile True Node le 12 août améliore vos compétences en communication et favorise la collaboration. Cet alignement favorise le travail d'équipe, un réseautage efficace et le partage d'idées. Utilisez ce temps pour vous connecter avec des personnes influentes qui peuvent vous aider à atteindre vos objectifs de carrière.

Finance

Dans le domaine des finances, Verseau, août 2024 appelle à une approche équilibrée et à une prise de décision prudente. Le Soleil en quinconce de Saturne le 10 août souligne la nécessité d'une planification et d'une gestion financières responsables. Évaluez votre budget, hiérarchisez vos dépenses et envisagez des investissements à long terme qui correspondent à vos objectifs financiers.

Vénus trigone Pluton le 29 août apporte des opportunités financières favorables et un potentiel d'augmentation de la richesse et des ressources. Cependant, soyez prudent et demandez conseil à un professionnel avant de prendre des engagements financiers importants.

Santé

Votre bien-être est de la plus haute importance en août 2024, Verseau. Le Soleil biquintile Neptune du 15 août encourage une approche holistique de la santé et du bien-être. Engagez-vous dans des pratiques qui nourrissent votre esprit, votre corps et votre esprit, comme la méditation, le yoga ou les activités créatives.

Le carré de Mars à Saturne le 16 août souligne l'importance de maintenir une approche équilibrée de l'activité physique. Évitez le surmenage et soyez conscient de vos limites pour éviter l'épuisement professionnel ou les blessures. Incorporez le repos et la relaxation à votre routine pour favoriser le bien-être général.

Voyage

Août 2024 offre des opportunités de voyage et d'exploration, Verseau. Le quintile solaire Jupiter le 22 août suscite un sentiment d'aventure et élargit vos horizons. Envisagez de planifier un voyage vers une destination qui correspond à vos intérêts et vous permet de vous immerger dans de nouvelles cultures et expériences.

Le trigone Vénus Uranus le 27 août encourage la spontanéité et les expériences de voyage uniques. Sortez de votre zone de confort et explorez des destinations hors des sentiers battus ou participez à des activités qui vous mettent au défi et vous inspirent.

Aperçu des étoiles

Verseau, alors que vous naviguez en août 2024, embrassez la dualité de votre nature. Embrassez votre côté non conventionnel et célébrez votre point de vue unique. N'oubliez pas de trouver un équilibre entre l'introspection et les liens sociaux. Nourrissez vos relations tout en vous donnant de l'espace pour l'autoréflexion. Surtout, restez fidèle à vous-même et laissez briller votre authenticité.

Jours du mois : 2 , 6 , 12 , 115 , 22 , 27 et 31 août .

Septembre 2024

Horoscope

Verseau, septembre 2024 apporte un mélange d'introspection et d'influences extérieures dans votre vie. C'est un moment d'introspection profonde et d'évaluation de votre place dans le monde. Les aspects planétaires indiquent un besoin d'équilibre et d'harmonie entre votre croissance personnelle et vos interactions avec les autres.

Mercure trigone Chiron le 2 septembre invite à la guérison et à la conscience de soi. Utilisez ce temps pour traiter les blessures émotionnelles et embrasser l'auto-compassion. C'est une opportunité de cultiver une compréhension plus profonde de vos propres vulnérabilités et de développer des moyens plus sains de communiquer et de se connecter avec les autres.

Le quintile du Soleil Mars le 2 septembre déclenche une poussée d'énergie et de motivation. Canalisez cette force dynamique pour poursuivre vos passions et prendre des mesures audacieuses pour atteindre vos objectifs. Saisissez les opportunités de croissance et mettez-vous au défi de sortir de votre zone de confort.

Aimer

En matière de cœur, septembre 2024 présente une période d'introspection et de croissance pour le Verseau. L'opposition de Vénus True Node le 3 septembre peut apporter un sentiment temporaire de déséquilibre ou de tension dans vos relations. Cet alignement nécessite une réévaluation de vos besoins, de vos valeurs et de vos désirs pour vous assurer que vos partenariats s'alignent sur votre croissance personnelle. Il est important de communiquer ouvertement et honnêtement avec vos proches pendant cette période.

Mars carré Neptune le 3 septembre exige de la prudence dans les entreprises romantiques. Cet aspect apporte le potentiel d'illusions et d'attentes irréalistes. Il est crucial de garder les pieds sur terre et de se concentrer sur une communication claire, la confiance et des objectifs communs pour maintenir des relations saines. Méfiez-vous des situations idéalisantes ou romantiques et concentrez-vous plutôt sur l'établissement de liens authentiques basés sur l'authenticité et la compréhension mutuelle.

Carrière

Dans le domaine de la carrière et des activités professionnelles, septembre 2024 exhorte le Verseau à trouver un équilibre entre aspirations personnelles et collaboration. L'opposition du Soleil à Saturne le 8 septembre souligne l'importance de la responsabilité, de la discipline et de la planification à long terme dans votre carrière. C'est le moment d'évaluer vos engagements professionnels et de vous assurer qu'ils correspondent à vos valeurs et à vos ambitions. Prenez les mesures nécessaires pour atteindre vos objectifs de carrière tout en conservant un sentiment d'intégrité et d'authenticité.

Mercure carré Uranus le 7 septembre peut apporter des changements ou des perturbations inattendus sur le lieu de travail. Il est crucial d'adopter la flexibilité, l'adaptabilité et la pensée novatrice pour relever tous les défis qui se présentent. Cet aspect vous encourage également à sortir des sentiers battus et à explorer de nouvelles approches de votre travail. Saisissez les opportunités d'apprentissage et de croissance et soyez ouvert aux idées non conventionnelles qui peuvent propulser votre carrière vers l'avant.

Finance

Septembre 2024 appelle le Verseau à faire preuve de prudence et à se concentrer sur la stabilité financière. Vénus sesquiquadrate Uranus le 8 septembre met en garde contre les dépenses impulsives ou les investissements risqués. Il est essentiel de pratiquer la discipline financière, d'établir un budget et de demander l'avis d'un expert avant de prendre des décisions financières importantes. Adoptez une approche prudente et privilégiez la sécurité financière à long terme aux gains à court terme.

Mercure trigone Pluton le 24 septembre offre des opportunités de croissance financière et d'autonomisation. Cet alignement encourage la planification stratégique, la recherche et l'analyse dans vos efforts financiers. Envisagez d'explorer de nouvelles avenues pour augmenter vos revenus, comme les investissements ou les flux de revenus passifs. Cependant, assurez-vous de mener des recherches approfondies et de demander des conseils professionnels avant de prendre des engagements financiers importants.

Santé

Votre bien-être occupe le devant de la scène en septembre 2024, Verseau. Le trigone Uranus du Soleil le 19 septembre enflamme un sentiment de vitalité et promeut des approches innovantes en matière de santé et de soins personnels. Adoptez de nouvelles routines d'exercices, des pratiques de bien-être et explorez des modalités de guérison alternatives qui résonnent en vous. C'est un moment propice pour se libérer des vieilles habitudes et adopter des choix de vie plus sains.

Mars trigone Saturne le 30 septembre met l'accent sur la discipline et la cohérence dans le maintien de votre bien-être physique et mental. Utilisez cette énergie pour établir une routine structurée, fixer des objectifs de santé réalistes et respectez-les. Donnez la priorité aux soins personnels et établissez des limites saines pour gérer efficacement le stress.

Voyage

Septembre 2024 présente des opportunités de voyage et d'exploration, Verseau. Vénus trigone Jupiter le 15 septembre apporte des expériences positives en matière de voyage, d'aventure et d'élargissement de vos horizons. Envisagez de planifier un voyage ou de vous lancer dans une nouvelle aventure qui vous permettra d'explorer différentes cultures, d'élargir vos perspectives et de créer des souvenirs durables.

Cependant, avec Mercure carré Jupiter le 21 septembre, il est crucial de rester pratique et de tenir compte de la logistique lors de la préparation des plans de voyage. Faites attention aux détails, revérifiez les réservations et mettez en place des plans d'urgence pour atténuer tout problème potentiel. Adoptez la spontanéité, mais faites également preuve de prudence et de préparation lors de vos voyages.

Aperçu des étoiles

N'oubliez pas que la voie du succès consiste à combiner innovation et action concrète. Faites confiance à votre sagesse intérieure et faites des pas audacieux et inspirés vers vos rêves.

Jours du mois : 2 , 7 , 15 , 19 , 24 , 26 et 30 septembre .

Octobre 2024

Horoscope

Octobre apporte une énergie dynamique et transformatrice au Verseau, ouvrant la voie à une croissance personnelle, à des opportunités passionnantes et à une profonde introspection. Au fil du mois, vous vous retrouverez dans un voyage de découverte de soi, avec le potentiel de percées importantes et de profondes transformations dans divers aspects de votre vie.

Le sesquiquadrate Uranus du Soleil le 4 octobre marque le début d'une période d'auto-réflexion et l'envie de se libérer des anciens schémas et limitations. Cet alignement vous encourage à accepter le changement, à remettre en question le statu quo et à explorer de nouvelles possibilités. C'est une période de réinvention personnelle et de repousser les limites de votre propre potentiel. Embrassez cette énergie et utilisez-la pour alimenter vos ambitions et vous lancer dans des projets innovants qui correspondent à vos véritables passions et objectifs.

En résumé, octobre présente Verseau avec une période de croissance transformatrice, à la fois personnellement et professionnellement. Embrassez l'énergie du changement, entretenez vos relations, saisissez les opportunités de carrière et donnez la priorité aux soins personnels. Faites confiance à votre intuition, embrassez votre individualité et lancez-vous dans de nouvelles aventures avec un sentiment d'excitation et d'ouverture d'esprit. En exploitant les énergies transformatrices du mois, vous pouvez ouvrir la voie à un chapitre épanouissant et stimulant de votre vie.

Aimer

Dans le domaine de l'amour, Octobre présente au Verseau une série d'expériences intenses et transformatrices. L'alignement céleste de Vénus biquintile True Node le 3 octobre produit une énergie soul et karmique qui ne manquera pas d'approfondir vos liens avec les autres. Pendant ce temps, vous pouvez rencontrer des personnes qui ont un impact profond sur votre vie, et vous pouvez même vous sentir attiré par des âmes sœurs ou des âmes sœurs. Il est essentiel d'embrasser ces rencontres avec un cœur et un esprit ouverts, car elles ont le potentiel de catalyser la croissance personnelle et l'éveil spirituel.

Au fur et à mesure que le mois avance, le trigone harmonieux entre Vénus et Mars du 8 octobre ajoute une dimension passionnelle et romantique à vos relations. Cet alignement allume les flammes du désir et renforce le lien entre vous et votre partenaire. Vous ferez l'expérience d'un sens aigu de la sensualité et d'un profond désir d'intimité émotionnelle. Utilisez ce temps pour exprimer ouvertement vos désirs et explorer de nouveaux niveaux de connexion avec votre bien-aimé. Pour ceux qui sont célibataires, cet alignement peut apporter une rencontre passionnante qui déclenche une romance enflammée.

Cependant, il est important de maintenir une approche équilibrée dans vos relations. L'intense énergie d'octobre peut également apporter des défis et des confrontations émotionnelles. L'opposition de Mercure à

Chiron le 8 octobre pourrait révéler de vieilles blessures ou des insécurités en vous-même ou chez votre partenaire. Il est crucial d'aborder ces sujets sensibles avec compassion et compréhension. Profitez de cette occasion pour guérir et grandir ensemble, en renforçant les fondations de votre relation.

Carrière

En octobre, Verseau peut s'attendre à une période prometteuse et transformatrice dans sa carrière. Le sesquiquadrate Uranus du Soleil le 4 octobre vous encourage à vous libérer des schémas de travail conventionnels et à explorer des idées innovantes. Cet aspect vous pousse à accepter le changement et à sortir de votre zone de confort. C'est un excellent moment pour remettre en question les systèmes existants, proposer de nouvelles stratégies ou même envisager des cheminements de carrière alternatifs. Votre approche unique et avant-gardiste sera valorisée et appréciée par vos collègues et supérieurs.

Le trigone entre Mercure et Jupiter le 8 octobre améliore encore vos compétences en communication et apporte des interactions favorables sur le lieu de travail. Cet alignement amplifie votre capacité à exprimer vos idées, à articuler vos pensées et à vous engager dans des discussions significatives. Votre style de communication persuasif et vos prouesses intellectuelles auront un impact positif sur vos relations professionnelles et peuvent mener à des collaborations passionnantes ou à des opportunités d'avancement.

Cependant, il est essentiel de trouver un équilibre entre vos idées novatrices et l'aspect pratique. Bien qu'il soit important d'explorer de nouvelles avenues, soyez conscient des risques potentiels encourus. Demandez conseil à des mentors ou à des collègues de confiance avant de prendre des décisions importantes concernant votre carrière. En combinant votre point de vue unique avec une approche fondée, vous pouvez naviguer avec succès dans le paysage professionnel et faire des progrès significatifs dans votre parcours professionnel.

Finance

Octobre exhorte le Verseau à aborder ses finances avec une planification minutieuse et un œil perspicace. L'aspect carré entre Mercure et Mars le 6 octobre nous rappelle de faire attention aux dépenses impulsives et aux décisions financières hâtives. Il est crucial d'évaluer votre situation financière de façon réaliste et d'éviter de prendre des risques inutiles. Créez un budget et respectez-le, en vous concentrant sur les dépenses essentielles et en donnant la priorité à la stabilité financière à long terme.

Cependant, le trigone entre Vénus et Saturne le 4 octobre a une influence stabilisatrice sur vos affaires financières. Cet alignement favorise la discipline et l'aspect pratique dans votre approche de l'argent. Il vous sera plus facile de vous contrôler, de résister aux tentations et de faire des choix financiers responsables. Envisagez de consulter un conseiller financier ou un expert pour vous assurer que vos objectifs financiers à long terme sont sur la bonne voie et bien protégés.

De plus, le trigone entre Vénus et Mars le 8 octobre peut apporter des opportunités financières inattendues grâce à des collaborations ou des coentreprises. Cet aspect favorise le travail d'équipe et les efforts de coopération, ce qui peut entraîner une augmentation des revenus ou des gains financiers. Soyez ouvert à l'exploration de nouvelles avenues pour générer de la richesse, telles que des investissements ou des entreprises parallèles, mais abordez-les avec prudence et effectuez des recherches approfondies avant d'engager vos ressources.

Santé

L'aspect sesquiquadrate entre le Soleil et Uranus le 4 octobre sert de rappel pour incorporer la variété et la spontanéité dans votre routine de remise en forme. Explorez différentes formes d'exercices ou d'activités physiques qui vous procurent de la joie et vous gardent motivé. Envisagez de vous engager dans des activités qui favorisent la clarté mentale et le bien-être émotionnel, comme le yoga, la méditation ou les promenades dans la nature.

Avec le trigone entre Vénus et Mars le 8 octobre, les énergies favorisent une relation harmonieuse et amoureuse avec votre corps. Utilisez ce temps pour vous faire dorloter et vous adonner à des rituels de soins personnels qui favorisent votre bien-être physique et émotionnel. Concentrez-vous sur le maintien d'une alimentation équilibrée, sur un repos suffisant et sur l'établissement de routines saines qui soutiennent votre niveau d'énergie et votre vitalité globale.

Cependant, il est important d'être conscient du potentiel de stress ou de submersion émotionnelle au cours du mois. Prenez des mesures proactives pour gérer les niveaux de stress grâce à des techniques de relaxation, des pratiques de pleine conscience et en recherchant le soutien de vos proches ou de professionnels si nécessaire. N'oubliez pas que les soins personnels englobent non seulement l'aspect physique, mais également les domaines émotionnel et mental, alors donnez la priorité à votre santé mentale et à votre bien-être émotionnel en plus de votre forme physique.

Voyage

L'énergie du mois vous encourage à vous libérer de la routine et à explorer des territoires inconnus. Qu'il s'agisse d'une escapade spontanée d'un week-end ou d'un voyage plus important, embrassez l'esprit d'aventure et embrassez l'inconnu.

Le trigone entre Mercure et Jupiter le 8 octobre améliore vos compétences en communication et facilite les interactions positives lors de vos voyages. Cet aspect favorise les conversations engageantes, les échanges culturels et la possibilité de nouer des liens significatifs avec les personnes que vous rencontrez en cours de route. Soyez ouvert à de nouvelles expériences et embrassez la diversité du monde qui vous entoure.

Lors de la planification de vos voyages, tenez compte des considérations pratiques et assurez-vous que vous disposez de tous les documents, hébergements et mesures de sécurité nécessaires. Faites des recherches approfondies sur votre destination, y compris les coutumes et les directives locales, pour tirer le meilleur parti de votre expérience de voyage et assurer un voyage en douceur.

.

Aperçu des étoiles

N'oubliez pas, Verseau, que votre perspective unique et votre approche non conventionnelle de la vie sont vos plus grands atouts. Embrassez votre individualité et osez être différent. N'ayez pas peur de défier les normes sociétales et de poursuivre vos passions avec un enthousiasme sans vergogne. Faites confiance à votre intuition et laissez votre visionnaire intérieur vous guider. N'oubliez pas que c'est votre unicité qui vous propulsera vers de grands sommets et inspirera les autres à sortir des sentiers battus.

Meilleurs jours du mois : 3, 8 , 12 , 15 , 22 , 24 et 31 octobre .

Novembre 2024

Horoscope

Cher Verseau, novembre 2024 contient une tapisserie d'événements célestes qui influenceront grandement votre vie. Préparez-vous pour un mois rempli d'énergie dynamique et d'expériences transformatrices. En tant que Verseau, vous êtes naturellement enclin aux activités intellectuelles et aux idées uniques, et ce mois-ci vous offrira de nombreuses occasions d'exprimer votre esprit d'innovation.

L'alignement planétaire en novembre apporte un mélange harmonieux d'optimisme, de prouesses intellectuelles et de profondeur émotionnelle. Jupiter, la planète de l'expansion et de la croissance, forme un sextile avec Chiron le 2 novembre, vous insufflant un sens aigu de la sagesse et de la compréhension. Cet alignement vous encourage à explorer de nouvelles connaissances et à élargir vos horizons. Embrassez cette énergie en recherchant des opportunités éducatives ou en vous engageant dans des discussions philosophiques qui élargissent votre perspective.

Le même jour, Mercure forme un trigone avec Mars, renforçant vos compétences en communication et vous donnant l'énergie nécessaire pour exprimer vos pensées avec clarté et conviction. Cet alignement favorise les activités intellectuelles, le réseautage et les projets collaboratifs. Profitez de cette période pour engager des conversations stimulantes et entrer en contact avec des personnes partageant les mêmes idées qui partagent votre vision.

Un aspect planétaire significatif se produit le 3 novembre lorsque Mars s'oppose à Pluton, générant une énergie intense en vous. Cet aspect peut apporter des luttes de pouvoir ou des confrontations, mais il offre également une opportunité de transformation profonde et de croissance personnelle. Il est essentiel de canaliser cette énergie de manière constructive, en évitant les conflits et en se concentrant plutôt sur l'introspection et l'autoréflexion. Utilisez cette période pour identifier et libérer les schémas destructeurs ou les croyances limitantes qui entravent votre progression.

Aimer

L'opposition entre Vénus et Jupiter le 3 novembre peut créer un sentiment d'agitation dans vos relations amoureuses. Vous pouvez vous retrouver à remettre en question vos désirs et à rechercher une plus grande liberté personnelle. Il est crucial de communiquer vos besoins avec honnêteté et compassion à votre partenaire, en veillant à ce que votre quête d'indépendance ne conduise pas à des malentendus ou à des conflits.

Pour les Verseaux célibataires, cet alignement offre une opportunité d'explorer de nouvelles avenues romantiques et d'embrasser des rencontres spontanées. Permettez-vous de sortir de votre zone de confort et de participer à des activités ou à des événements où vous pourrez rencontrer des personnes partageant les mêmes idées. Gardez un cœur et un esprit ouverts, car l'amour peut survenir de manière inattendue.

Au fur et à mesure que le mois avance, Vénus forme des aspects harmonieux avec Chiron, Saturne et Neptune, apportant un sentiment de stabilité et de profondeur émotionnelle à vos relations. Ces aspects encouragent la vulnérabilité, l'empathie et les liens authentiques. C'est un moment propice pour approfondir les liens avec votre partenaire ou exprimer vos sentiments à quelqu'un que vous aimez.

Si vous recherchez un engagement à long terme, le semi-sextile entre Vénus et Pluton le 11 novembre apporte une énergie transformatrice à votre vie amoureuse. Cet aspect peut entraîner un changement significatif dans votre relation amoureuse ou apporter de nouvelles perspectives dans votre compréhension de l'amour. Saisissez cette opportunité de croissance et acceptez les changements qui surviennent.

Dans l'ensemble, novembre vous encourage à équilibrer votre besoin de liberté avec votre désir de connexion émotionnelle. En communiquant ouvertement, en acceptant la vulnérabilité et en étant réceptif aux nouvelles expériences, vous pouvez favoriser des relations harmonieuses et significatives.

Carrière

Les alignements célestes de ce mois favorisent l'innovation, la croissance intellectuelle et la collaboration. Préparez-vous à des percées et des opportunités importantes qui peuvent propulser votre carrière vers de nouveaux sommets.

Le trigone entre Mercure et Mars le 2 novembre renforce vos compétences en communication et renforce vos prouesses intellectuelles. Cet alignement vous encourage à exprimer vos idées avec confiance et clarté, ce qui en fait un excellent moment pour les négociations, les présentations ou les événements de réseautage. Votre capacité à articuler des concepts complexes et à persuader les autres d'adopter votre vision est renforcée, ouvrant des portes à de nouvelles possibilités.

Au fur et à mesure que le mois avance, l'opposition entre Mercure et Jupiter le 18 novembre apporte une énergie expansive à votre vie professionnelle. Cet alignement vous incite à voir grand, à explorer de nouveaux territoires et à relever des défis intellectuels. Vous pouvez être attiré par les opportunités éducatives ou rechercher des collaborations avec des personnes qui partagent votre passion pour l'innovation et le changement.

De plus, l'aspect harmonieux entre Mercure et Chiron le 19 novembre améliore vos capacités de résolution de problèmes et vous encourage à sortir des sentiers battus. Vous pouvez découvrir des solutions uniques à des problèmes complexes ou trouver des moyens innovants d'améliorer vos processus de travail. Adoptez votre penchant naturel pour les idées et les approches non conventionnelles, car elles ont le potentiel de révolutionner votre cheminement de carrière.

De plus, l'opposition entre Mercure et Jupiter le 18 novembre renforce vos capacités de persuasion et élargit votre réseau professionnel. Cet alignement présente des opportunités pour de nouveaux partenariats, collaborations ou entreprises commerciales. Participez à des événements de réseautage, contactez des personnes influentes et favorisez les relations qui correspondent à vos aspirations professionnelles.

Il est important de noter que l'opposition entre Vénus et Mars le 14 novembre pourrait introduire des conflits temporaires ou des luttes de pouvoir au sein de votre entreprise. Pratiquez la diplomatie et cherchez un terrain d'entente pour résoudre les tensions. Maintenir un environnement de travail harmonieux est essentiel pour votre productivité globale et votre réussite.

Finance

Les alignements célestes soulignent l'importance d'une gestion financière prudente, d'une prise de décision stratégique et d'une approche équilibrée de l'accumulation de richesse.

Le trigone entre Vénus et Chiron le 3 novembre augmente votre intuition financière et vous donne un aperçu de l'amélioration de votre situation financière. Cet alignement vous encourage à réfléchir à vos habitudes de dépenses, à réévaluer vos objectifs financiers et à faire des ajustements qui correspondent à vos aspirations à long terme. Envisagez de demander conseil à un conseiller financier ou d'explorer des opportunités d'investissement susceptibles de donner des résultats fructueux.

Cependant, il est crucial de faire preuve de prudence lors de l'opposition entre Vénus et Jupiter le 3 novembre, car elle peut apporter des envies d'achats extravagants ou des dépenses impulsives. Maintenez une perspective équilibrée et évaluez les conséquences à long terme de vos décisions financières. Concentrez-vous sur la culture de la stabilité et de la sécurité financières plutôt que de succomber à des indulgences de courte durée.

L'aspect carré entre Vénus et Neptune le 9 novembre ajoute une couche de complexité à vos affaires financières. Cet alignement peut introduire de la confusion ou de la tromperie, ce qui rend essentiel de faire preuve de diligence raisonnable et d'éviter de conclure des arrangements financiers douteux. Soyez prudent avec les investissements et examinez méticuleusement toutes les offres ou opportunités qui semblent trop belles pour être vraies.

Pour naviguer avec succès dans le paysage financier, adoptez l'aspect harmonieux entre Vénus et Saturne le 22 novembre. Cet alignement instille discipline, pragmatisme et perspective à long terme. Il vous encourage à créer une base solide pour votre avenir financier, à vous concentrer sur l'épargne et à établir des pratiques durables qui favorisent votre bien-être général.

Santé

Le trigone entre Mercure et Chiron le 19 novembre renforce votre capacité à communiquer efficacement vos besoins en matière de santé. C'est le moment idéal pour demander des conseils médicaux, engager des discussions ouvertes avec des professionnels de la santé et explorer des modalités de guérison alternatives qui résonnent en vous. Faites confiance à votre intuition lorsqu'il s'agit de votre bien-être et prenez les mesures nécessaires pour répondre à tout problème de santé.

Le sesquiquadrate entre Mercure et Mars le 6 novembre peut apporter une énergie mentale et physique accrue, mais il introduit également un risque d'agitation et d'épuisement potentiel. Il est crucial de trouver un équilibre entre la productivité et les soins personnels pendant cette période. Donnez la priorité à l'exercice régulier, intégrez des techniques de soulagement du stress dans votre routine et assurez-vous de vous reposer suffisamment pour éviter l'épuisement.

L'opposition entre le Soleil et Uranus le 16 novembre pourrait apporter des perturbations ou des changements inattendus à votre santé et à vos routines quotidiennes. Restez adaptable et ouvert à l'ajustement de vos plans si nécessaire. Saisissez l'opportunité de vous libérer des habitudes stagnantes et d'explorer de nouvelles pratiques de bien-être qui correspondent à vos besoins uniques.

Pour soutenir votre bien-être général, il est essentiel d'établir une routine qui nourrit votre esprit, votre corps et votre esprit. Concentrez-vous sur le maintien d'une alimentation équilibrée, en incorporant des exercices réguliers et en consacrant du temps à des activités qui vous apportent joie et détente. Donnez la priorité à la santé mentale en vous engageant dans des pratiques de pleine conscience, en recherchant un soutien émotionnel si nécessaire et en favorisant les liens avec vos proches.

N'oubliez pas d'écouter les signaux de votre corps et de respecter vos limites. Si vous vous sentez dépassé ou si vous avez des problèmes de santé persistants, demandez conseil à un professionnel. Les soins personnels et l'autocompassion sont des éléments essentiels du maintien d'une santé et d'un bien-être optimaux.

Voyage

Les alignements célestes au cours de ce mois vous encouragent à embrasser votre envie de voyager et à vous lancer dans des voyages qui inspirent la croissance personnelle et élargissent votre perspective.

Le sextile entre Jupiter et Chiron le 2 novembre insuffle à vos expériences de voyage un sentiment de sagesse et de croissance spirituelle. Cet alignement ouvre les portes à des opportunités de voyage éducatives et transformatrices. Envisagez de vous lancer dans un voyage qui correspond à vos intérêts, qu'il s'agisse de visiter des sites sacrés, d'assister à des retraites spirituelles ou de vous immerger dans différentes cultures. Ces expériences ont le potentiel d'enrichir profondément votre vie et d'élargir votre compréhension du monde.

Le trigone entre Mercure et True Node le 6 novembre améliore votre capacité à vous connecter avec des personnes d'horizons divers et à vous engager dans des échanges culturels significatifs. Si vous prévoyez un voyage pendant cette période, profitez de l'occasion pour rencontrer des habitants, nouer de nouvelles amitiés et vous immerger dans les coutumes et traditions locales. Les liens que vous établissez au cours de vos voyages peuvent avoir un impact profond et durable sur votre perspective et votre croissance personnelle.

Cependant, il est important de faire preuve de prudence et de flexibilité dans vos projets de voyage en raison des perturbations potentielles causées par l'opposition entre le Soleil et Uranus le 16 novembre. Restez informé de tout changement dans les restrictions de transport ou de voyage et ayez des plans d'urgence en place. Embrassez l'inattendu et soyez ouvert aux détours spontanés ou aux itinéraires alternatifs qui peuvent mener à des découvertes inattendues.

Aperçu des étoiles

Équilibrez votre désir de liberté avec un sens des responsabilités et de l'engagement. Cultivez des habitudes financières disciplinées et prenez des décisions qui correspondent à vos aspirations à long terme.

Meilleurs jours du mois : 6, 11 , 19 , 19 , 22 , 27 et 30 novembre .

Décembre 2024

Horoscope

Cher Verseau, alors que l'année touche à sa fin, décembre 2024 présente un mélange d'énergie transformatrice et d'opportunités de croissance personnelle. Ce mois-ci, les alignements célestes vous encouragent à réfléchir à vos expériences passées, à embrasser votre individualité unique et à vous préparer pour la nouvelle année à venir.

Le biquintile entre Vénus et Jupiter le 1er décembre renforce votre optimisme et inspire un sentiment de joie et d'abondance. Cet alignement vous invite à célébrer les bénédictions de votre vie et à favoriser des relations harmonieuses. Embrassez la saison des fêtes avec un cœur ouvert, en répandant l'amour et la joie autour de vous.

Alors que décembre se déroule, le trigone entre Mercure et Chiron le 2 décembre renforce vos compétences en communication et encourage les conversations de guérison. Cet alignement offre une opportunité d'exprimer vos pensées et vos émotions avec compassion et vulnérabilité. Engagez-vous dans des discussions profondes et significatives qui peuvent mener à la croissance personnelle et à la guérison émotionnelle.

L'aspect carré entre le Soleil et Saturne le 4 décembre apporte un sentiment de discipline et de responsabilité dans votre vie. Cet alignement nécessite une planification minutieuse et une prise de décision stratégique. C'est le moment d'évaluer vos objectifs, d'établir des routines pratiques et de jeter les bases du succès de l'année à venir. Tirez parti des leçons de persévérance et de détermination pour relever les défis qui se présentent.

En matière de cœur, le demi-carré entre Vénus et Saturne le 5 décembre pourrait introduire des tensions ou des difficultés passagères dans vos relations. Il est essentiel d'aborder ces situations avec patience et communication ouverte. Concentrez-vous sur l'entretien des liens qui comptent le plus pour vous et sur la recherche d'un terrain d'entente avec vos proches.

La conjonction entre le Soleil et Mercure le 5 décembre intensifie votre clarté mentale et améliore votre capacité à vous exprimer efficacement. Utilisez cet alignement pour organiser vos pensées, définir des intentions claires et engager des conversations significatives. Vos mots ont le pouvoir d'inspirer et d'influencer les autres, alors choisissez-les judicieusement.

De plus, l'opposition entre Vénus et Mars le 12 décembre pourrait apporter des conflits temporaires ou des luttes de pouvoir dans vos relations amoureuses. Il est crucial de trouver un équilibre entre vos besoins individuels et les désirs de votre partenaire. Pratiquez l'empathie, le compromis et le dialogue ouvert pour favoriser des relations harmonieuses.

Alors que l'année touche à sa fin, le sextile entre Vénus et Chiron le 23 décembre offre une opportunité de guérison émotionnelle et d'autoréflexion. Prenez le temps d'évaluer votre bien-être émotionnel et engagez-vous dans des activités qui vous apportent joie et paix intérieure. Donnez la priorité aux soins personnels et fixez des intentions pour un nouveau départ dans l'année à venir.

En résumé, décembre vous invite à réfléchir sur vos expériences passées, à entretenir vos relations et à vous préparer à de nouveaux départs. Adoptez les leçons de discipline et de responsabilité, communiquez avec compassion et accordez la priorité à votre bien-être émotionnel. L'énergie transformatrice de ce mois ouvre la voie à un début prometteur pour la nouvelle année.

Aimer

Le trigone entre Vénus et Uranus le 2 décembre suscite de l'excitation et un désir de liberté dans votre vie amoureuse. Cet alignement vous encourage à vous libérer des schémas stagnants et à adopter la spontanéité dans vos relations. Explorez de nouvelles expériences ensemble, engagez-vous dans des activités aventureuses et laissez votre amour évoluer et grandir.

Cependant, il est important de naviguer dans les tensions temporaires apportées par le demi-carré entre Vénus et Saturne le 5 décembre. Cet aspect peut introduire des défis ou des limites dans vos relations. La patience, une communication ouverte et une volonté de compromis sont essentielles pour maintenir l'harmonie et l'équilibre.

L'opposition entre Vénus et Mars le 12 décembre pourrait intensifier les passions et déclencher des conflits. Il est crucial de canaliser cette énergie de manière constructive, en évitant les luttes de pouvoir et en adoptant plutôt une communication et un compromis sains. Recherchez la compréhension, soyez ouvert au point de vue de votre partenaire et trouvez des solutions créatives à tout conflit qui survient.

Alors que l'année touche à sa fin, le sextile entre Vénus et Chiron le 23 décembre vous invite à panser vos blessures émotionnelles et à favoriser des liens plus profonds. Cet alignement encourage la vulnérabilité et l'ouverture d'esprit , permettant une croissance émotionnelle et des liens nourrissants. Prenez le temps d'avoir des conversations sincères, exprimez vos émotions de manière authentique et écoutez avec empathie les besoins de votre partenaire.

Pour les Verseaux célibataires, ce mois offre une opportunité d'introspection et de croissance personnelle. Embrassez l'énergie transformatrice et concentrez-vous sur l'amour de soi et les soins personnels. Utilisez ce temps pour clarifier vos désirs, définir des intentions pour le type d'amour que vous souhaitez attirer et vous engager dans des activités qui vous apportent joie et épanouissement. En entretenant votre relation avec vous-même, vous créez une base solide pour de futures relations amoureuses.

N'oubliez pas que l'amour est un voyage de croissance et de découverte. Adoptez les leçons et les transformations qui se présentent, communiquez avec honnêteté et compassion et cultivez des liens qui soutiennent votre bien-être émotionnel.

Carrière

Dans le domaine de la carrière et des activités professionnelles, décembre 2024 offre au Verseau des opportunités de réfléchir, de réévaluer ses objectifs et de préparer le terrain pour le succès de l'année à venir. Les alignements célestes au cours de ce mois inspirent une réflexion stratégique, des idées innovantes et une concentration sur la croissance personnelle dans le domaine que vous avez choisi.

Le trigone entre Mercure et Chiron le 2 décembre améliore vos compétences en communication et encourage une profonde introspection. Cet alignement vous invite à réfléchir à vos objectifs de carrière, à évaluer vos progrès et à identifier les domaines dans lesquels vous pouvez développer davantage vos compétences. Engagez-vous dans une réflexion personnelle et sollicitez les commentaires de mentors ou de collègues pour obtenir des informations précieuses.

L'opposition entre Mercure et Jupiter le 4 décembre attise votre curiosité intellectuelle et stimule votre désir d'expansion et de croissance. Cet aspect vous encourage à voir grand, à relever de nouveaux défis et à envisager des opportunités qui correspondent à vos aspirations à long terme. Participez à des activités de développement professionnel, élargissez votre base de connaissances et adoptez un état d'esprit d'apprentissage tout au long de la vie.

L'aspect carré entre le Soleil et Saturne le 4 décembre apporte un sens de la discipline et de la responsabilité à votre vie professionnelle. Cet alignement nécessite une planification méticuleuse et une prise de décision stratégique. Prenez le temps d'évaluer vos objectifs, d'évaluer vos progrès et d'établir des routines pratiques qui soutiennent vos ambitions. Concentrez-vous sur le succès à long terme et restez engagé dans la voie que vous avez choisie.

De plus, le sextile entre Vénus et Neptune le 17 décembre améliore votre créativité et votre intuition dans votre carrière. Cet aspect ouvre les portes à des idées innovantes, à une résolution de problèmes imaginative et à la capacité d'inspirer les autres avec votre approche unique. Embrassez votre instinct créatif et faites confiance à vos conseils intuitifs pour faire des choix professionnels judicieux.

Alors que l'année touche à sa fin , il est important de prendre le temps de la réflexion et de se fixer des intentions pour l'année à venir. Évaluez vos réalisations professionnelles, reconnaissez votre croissance et envisagez les prochaines étapes de votre parcours professionnel. Embrassez l'énergie transformatrice de décembre pour jeter les bases d'un cheminement de carrière réussi et épanouissant à l'avenir.

Finance

En termes de finances, décembre 2024 encourage le Verseau à aborder ses questions monétaires avec prudence, discipline et une perspective à long terme. Les alignements célestes au cours de ce mois soulignent l'importance d'une planification minutieuse, d'une prise de décision responsable et de trouver un équilibre entre la stabilité financière et l'épanouissement personnel.

Le biquintile entre Vénus et Jupiter le 1er décembre apporte une énergie optimiste et abondante à vos affaires financières. Cet alignement vous invite à célébrer les bénédictions de votre vie et à cultiver un état d'esprit de gratitude. Cependant, il est important de faire preuve de modération et d'éviter les dépenses impulsives. Concentrez-vous sur des choix financiers judicieux qui correspondent à vos objectifs à long terme.

Le demi-carré entre Vénus et Saturne le 5 décembre pourrait introduire des tensions ou des limitations passagères dans votre situation financière. Cet aspect vous rappelle de faire preuve de prudence, de maintenir une perspective réaliste et de prendre des décisions qui privilégient la stabilité financière. La budgétisation, l'épargne et la gestion financière responsable sont essentielles pour relever les défis qui se présentent.

L'aspect carré entre Vénus et Uranus le 28 décembre apporte un désir de liberté financière et des approches non conventionnelles de vos finances. Bien que cet aspect puisse susciter des idées ou des opportunités innovantes, il est essentiel d'évaluer soigneusement les risques encourus. Recherchez des conseils professionnels, effectuez des recherches approfondies et pesez les récompenses potentielles par rapport aux pièges potentiels avant de prendre des décisions financières importantes.

Pour naviguer avec succès dans votre paysage financier, adoptez le demi-carré entre Vénus et Neptune le 17 décembre. Cet alignement vous incite à faire preuve de discernement et de prudence en matière d'investissements ou de partenariats financiers. Évitez de prendre des décisions impulsives et examinez toutes les offres qui semblent trop belles pour être vraies. Gardez une perspective équilibrée et faites confiance à votre intuition pour vous guider vers des choix financiers judicieux.

la fin de l'année , prenez le temps de réfléchir à vos objectifs financiers, de réévaluer vos stratégies et de définir vos intentions pour l'année à venir. Concentrez-vous sur la stabilité financière à long terme, une budgétisation responsable et cultivez une relation saine avec l'argent. En pratiquant la discipline, en faisant preuve de prudence et en adoptant une approche équilibrée, vous pouvez naviguer avec confiance dans votre parcours financier et jeter les bases de votre succès futur.

Santé

En termes de santé et de bien-être, décembre 2024 invite le Verseau à donner la priorité aux soins personnels, au bien-être émotionnel et à trouver un équilibre entre les exigences de la période des fêtes. Les alignements célestes au cours de ce mois vous encouragent à écouter votre corps, à entretenir votre santé mentale et à établir des routines saines qui favorisent votre bien-être général.

Le demi-carré entre le Soleil et Saturne le 4 décembre apporte un sens de la discipline et de la responsabilité à vos pratiques de santé. Cet alignement nécessite des soins personnels équilibrés, en veillant à ce que vous donniez la priorité au repos, à l'exercice et aux repas nourrissants. Trouvez un rythme harmonieux qui favorise votre bien-être au milieu des exigences du temps des Fêtes.

L'opposition entre le Soleil et Jupiter le 7 décembre peut amener une tendance à l'indulgence ou à se dépasser. Il est important de garder une perspective équilibrée et d'éviter les excès qui peuvent impacter votre santé physique et mentale. Pratiquez une alimentation consciente, fixez des limites et priorisez les activités qui favorisent la relaxation et la réduction du stress.

Le demi-carré entre Vénus et Neptune le 17 décembre souligne l'importance du bien-être émotionnel et de l'autoréflexion. Prenez le temps de vous engager dans des activités qui nourrissent votre âme, comme la méditation, la tenue d'un journal ou des activités créatives. Connectez-vous avec vos proches et demandez de l'aide si nécessaire, car la saison des fêtes peut parfois évoquer des émotions mitigées.

À la fin de l'année , il est essentiel de réfléchir à vos objectifs de santé et de définir vos intentions pour l'année à venir. Évaluez votre bien-être général, identifiez les domaines qui nécessitent une attention et établissez des habitudes réalistes et durables. Donnez la priorité aux soins personnels, engagez-vous dans des activités qui vous apportent joie et détente, et favorisez les liens avec vos proches pour soutenir votre santé mentale et émotionnelle.

N'oubliez pas d'écouter les signaux de votre corps et d'honorer vos besoins. Prenez votre temps pendant la saison des fêtes, fixez des limites et trouvez des moments de solitude pour réfléchir et vous ressourcer. En donnant la priorité à votre bien-être, vous jetez les bases d'un début d'année sain et épanouissant.

Voyage

En termes de voyages, décembre 2024 offre au Verseau des opportunités d'exploration aventureuse et d'évasions rajeunissantes. Les alignements célestes au cours de ce mois vous encouragent à embrasser votre envie de voyager, à rechercher de nouvelles expériences et à trouver des moments de réconfort et de réflexion au milieu de la saison des fêtes.

Le sextile entre Vénus et Jupiter le 1er décembre imprègne vos expériences de voyage de joie, d'optimisme et d'un sentiment d'abondance. Cet alignement vous encourage à vous lancer dans des voyages qui élèvent votre esprit et élargissent vos horizons. Qu'il s'agisse d'une courte escapade ou d'une aventure plus longue, saisissez l'opportunité de vous immerger dans de nouvelles cultures, de vous connecter avec les habitants et de créer des souvenirs durables.

L'aspect carré entre Vénus et Uranus le 28 décembre pourrait introduire des changements ou des perturbations inattendus dans vos projets de voyage. Restez adaptable et flexible, car des circonstances imprévues peuvent nécessiter des ajustements. Embrassez l'aventure et considérez les détours comme des opportunités de nouvelles découvertes et d'expériences spontanées.

Lorsque vous planifiez vos voyages, considérez le demi-carré entre Vénus et Saturne le 5 décembre. Cet alignement vous rappelle de tenir compte de votre budget et de considérations pratiques. Assurez-vous que vos plans de voyage correspondent à vos objectifs financiers et privilégiez les expériences qui offrent un équilibre entre le plaisir et les dépenses responsables.

Pour ceux qui recherchent le rajeunissement, le demi-carré entre Vénus et Neptune le 17 décembre vous invite à vous lancer dans une retraite ou à vous engager dans des activités qui nourrissent votre âme. Explorez des destinations tranquilles, plongez dans la nature ou consacrez du temps à la détente et à l'autoréflexion. Profitez de cette occasion pour vous déconnecter de l'agitation de la vie quotidienne et profiter du pouvoir de guérison du voyage.

fin de l'année , réfléchissez aux expériences de voyage qui ont enrichi votre vie et fixez des intentions pour vos futurs voyages. Embrassez l'énergie transformatrice du voyage, permettez-lui d'élargir votre perspective et créez des opportunités de croissance personnelle et de découverte de soi.

Aperçu des étoiles

Trouvez de la joie dans des moments simples et fixez des intentions pour la nouvelle année. Embrassez le pouvoir transformateur de l'amour, communiquez ouvertement et avec compassion dans vos relations et favorisez les liens qui soutiennent votre croissance émotionnelle. Faites confiance à la sagesse des étoiles alors que vous entrez dans une nouvelle année pleine de possibilités.

Meilleurs jours du mois : 2, 10 , 19 , 20 , 23 , 29 et 31 décembre .

HOROSCOPE 2024 DES POISSONS

Aperçu Poissons 2024

Chers Poissons, alors que vous entrez dans l'année 2024, le cosmos s'aligne d'une manière qui façonnera votre voyage de manière profonde. Les mouvements planétaires tout au long de l'année indiquent une période d'opportunités, de défis et de croissance. L'alignement de Mercure, Uranus, Soleil, Vénus, Mars, Jupiter, Saturne, Neptune, Chiron et Pluton jouera un rôle crucial dans divers aspects de votre vie, y compris votre carrière, vos relations, votre santé et votre développement personnel.

L'année commence avec Mercure en Taureau formant un demi-carré avec Neptune en Poissons fin mai, suggérant une période de confusion potentielle ou d'incompréhension au travail. Il est important de communiquer clairement et honnêtement pendant cette période et de rechercher la clarté si nécessaire. Le Soleil en Gémeaux formant un demi-carré avec Chiron en Bélier fin mai suggère également que la guérison et le rétablissement peuvent être des thèmes dans votre vie professionnelle en ce moment.

En juin, Mercure en Taureau forme un sextile avec Saturne en Poissons, indiquant une période de stabilité et de croissance potentielle de votre situation financière. C'est le bon moment pour investir ou économiser de l'argent. Cependant, le carré entre Vénus et Uranus en août suggère des dépenses ou des changements financiers inattendus potentiels. Il est important de se préparer à ces fluctuations potentielles et de gérer judicieusement ses finances.

En termes de relations et de vie sociale, le carré entre Vénus et Neptune en juin indique une période de confusion ou d'incompréhension dans vos relations. Il est important de communiquer clairement et honnêtement pendant cette période et de rechercher la clarté si nécessaire. Le sextile entre Mercure et le Vrai Nœud en juin suggère également que la communication et les interactions sociales seront particulièrement importantes pendant cette période. C'est un bon moment pour construire et renforcer les relations.

Au fil de l'année, vous constaterez que votre vie sociale s'accélère. Il y a un sentiment de camaraderie et d'appartenance qui vous enveloppe. Participez à des activités sociales, mais veillez à ne pas trop vous engager. L'équilibre est la clé.

Votre santé et votre bien-être sont des domaines qui nécessitent une attention particulière cette année. Le sesquiquadrate entre le Soleil et Chiron en juin est un appel à la guérison. C'est le moment d'intégrer des pratiques de bien-être dans votre routine quotidienne. Que ce soit par le yoga, la méditation ou simplement passer du temps dans la nature, entretenir votre bien-être est essentiel.

La dernière partie de l'année apporte de la vitalité. Le sextile entre le Soleil et Chiron en juin est une énergie rajeunissante. Engagez-vous dans des activités physiques qui non seulement renforcent votre corps, mais apportent également de la joie à votre âme.

Sur le plan spirituel, 2024 est une année de profonde croissance et d'apprentissage. Le quintile entre Jupiter et Saturne en mai est une salle de classe cosmique. C'est une période d'apprentissage spirituel et de recherche d'une sagesse supérieure. Vous êtes appelé à approfondir les mystères de la vie.

La conjonction entre Vénus et Pluton en juillet est un catalyseur de transformation. C'est une période de se débarrasser des vieilles peaux et d'émerger à nouveau. Embrassez les changements et permettez-vous de grandir et d'évoluer.

Dans l'ensemble, Poissons, l'année 2024 sera une année de croissance, de transformation et de découverte de soi. Bien qu'il y aura des défis en cours de route, ces défis offriront des opportunités de développement personnel et de compréhension. Embrassez le voyage et profitez au maximum des opportunités qui se présentent à vous. Restez ouvert à l'apprentissage et à la croissance, et n'ayez pas peur d'explorer de nouvelles voies. Votre esprit aventureux vous guidera à travers les hauts et les bas de l'année, vous menant vers de nouveaux sommets dans votre vie personnelle et professionnelle.

Janvier 2024

Horoscope

Janvier 2024 présente un mélange dynamique d'énergies pour les individus Poissons. Le mois commence par un aspect difficile alors que Vénus place Saturne le 1er janvier. Cet aspect peut entraîner des obstacles et un sentiment de restriction, en particulier dans vos relations personnelles ou vos questions financières. Vous pouvez ressentir un manque d'harmonie et trouver difficile d'exprimer vos émotions. Il est important d'aborder ces défis avec patience et un état d'esprit résilient. Cet aspect vous pousse à réévaluer vos engagements et à faire les ajustements nécessaires pour trouver un équilibre. Utilisez ce temps pour réfléchir à vos valeurs et priorités.

Cependant, à mesure que le mois avance, plusieurs aspects positifs offrent un soutien et des opportunités de croissance. Le 3 janvier, Mercure quintile Saturne, améliorant votre clarté mentale et vos capacités de communication. Cet alignement vous permet de vous exprimer avec précision et authenticité. Vos idées et vos pensées ont du poids, ce qui en fait un moment opportun pour engager des conversations, des négociations ou des discussions importantes. Utilisez vos capacités de communication améliorées pour établir des liens solides avec les autres.

Aimer

En janvier 2024, le domaine de l'amour et des relations pour les Poissons pourrait connaître des fluctuations. L'aspect en quinconce entre Vénus et Jupiter le 3 janvier signifie la nécessité d'ajustements et de compromis dans vos relations amoureuses. Cet aspect vous met au défi de trouver un équilibre harmonieux entre vos désirs personnels et les besoins de votre partenaire. Il est crucial de communiquer ouvertement et honnêtement, en recherchant la compréhension et la coopération. Soyez patient et prêt à faire des compromis pour maintenir l'harmonie dans vos relations.

Malgré ces défis initiaux, un aspect trigone entre Vénus et Chiron le 11 janvier apporte une guérison émotionnelle et des liens plus profonds dans vos relations. Cette période offre l'occasion de soigner les blessures du passé, de nourrir l'intimité émotionnelle et de favoriser un lien plus fort avec vos proches. C'est le moment de pratiquer l'empathie, la compassion et le pardon. En acceptant la vulnérabilité et l'ouverture d'esprit , vous pouvez créer un sentiment plus profond de connexion et de compréhension avec votre partenaire.

Les individus Poissons célibataires peuvent également trouver cette période propice à la découverte de soi et à la guérison. Adoptez des pratiques d'amour-propre et de soins personnels pour construire une base solide pour les relations futures. Engagez-vous dans des activités qui vous apportent de la joie et vous permettent d'exprimer votre moi authentique. Utilisez ce temps pour clarifier vos désirs et vos intentions pour de futurs projets romantiques.

Carrière

Janvier 2024 offre des opportunités prometteuses de croissance de carrière et d'avancement pour les individus Poissons. L'aspect trigone entre Mars et Jupiter le 12 janvier enflamme votre motivation, votre ambition et votre réussite professionnelle. Cet alignement alimente votre volonté d'atteindre vos objectifs, de prendre des risques calculés et de saisir de nouvelles opportunités. Votre assurance et votre confiance seront remarquées par vos supérieurs et vos collègues, ce qui conduira à une reconnaissance positive et à des avancements de carrière. Faites confiance à vos capacités et saisissez le moment pour faire des progrès significatifs dans votre parcours professionnel.

De plus, l'aspect sextile entre Mercure et Saturne le 18 janvier améliore votre concentration, vos compétences organisationnelles et votre souci du détail. Cet alignement soutient votre capacité à planifier efficacement, à fixer des objectifs réalistes et à prendre des engagements à long terme. C'est un excellent moment pour engager une réflexion stratégique, établir des relations professionnelles ou demander conseil à des mentors ou à des experts dans votre domaine. Utilisez vos compétences analytiques pour analyser votre trajectoire de carrière actuelle et identifier les domaines de croissance et d'amélioration. Cet aspect vous encourage à prendre des mesures pratiques pour atteindre vos objectifs de carrière à long terme.

Finance

Les questions financières en janvier 2024 nécessitent un examen attentif et une prise de décision prudente pour les individus Poissons. L'aspect semi-carré entre Vénus et Pluton le 10 janvier suggère la nécessité d'une prudence financière. Il est crucial de faire attention à vos dépenses, d'éviter les achats impulsifs et de vous concentrer sur la stabilité financière à long terme. Cet aspect vous rappelle l'importance d'épargner et de budgétiser judicieusement. Évaluez vos objectifs financiers et ajustez vos habitudes de dépenses en conséquence. Cherchez des occasions de réduire les dépenses inutiles et envisagez des investissements à long terme qui correspondent à vos aspirations financières.

Cependant, l'aspect biquintile entre Vénus et Uranus le 19 janvier offre des opportunités inattendues de gains financiers. Cet alignement vous encourage à rester ouvert aux nouvelles idées, à adopter l'innovation et à être prêt à prendre des risques calculés. C'est un moment propice pour explorer d'autres sources de revenus, envisager des options d'investissement ou se lancer dans des projets entrepreneuriaux. Cependant, il est essentiel de mener des recherches approfondies et de demander des conseils professionnels avant de prendre des décisions financières importantes. Faites confiance à votre intuition et faites des choix éclairés basés sur une solide compréhension des risques et avantages potentiels.

N'oubliez pas de maintenir une approche équilibrée de vos finances, en trouvant l'harmonie entre l'aspect pratique et la saisie de nouvelles opportunités. Cultivez un état d'esprit d'abondance et restez ouvert aux bénédictions financières inattendues. Avec une planification minutieuse et une prise de décision judicieuse, vous pouvez atteindre la stabilité et faire croître votre patrimoine à long terme.

Santé

Les individus Poissons doivent donner la priorité à leur bien-être physique et émotionnel en janvier 2024. L'aspect carré entre le Soleil et Chiron le 6 janvier souligne l'importance des soins personnels et de la résolution de tout problème de santé persistant. Cet alignement vous encourage à prêter attention aux signaux de votre corps et à rechercher des soins médicaux appropriés ou des thérapies holistiques au besoin. Il est crucial d'être à l'écoute de vos besoins physiques et émotionnels, car les négliger peut nuire à votre bien-être général. Prenez le temps de vous reposer, de vous ressourcer et de vous adonner à des activités qui nourrissent votre esprit, votre corps et votre âme.

L'aspect sextile entre le Soleil et Neptune le 15 janvier favorise la guérison spirituelle et émotionnelle. Participez à des activités qui vous procurent un sentiment de paix et de tranquillité. La méditation, le yoga, passer du temps dans la nature ou rechercher des débouchés créatifs peuvent vous aider à maintenir un équilibre sain entre votre monde intérieur et votre monde extérieur. Cette période est l'occasion d'approfondir votre connexion avec votre moi intérieur et de puiser dans votre intuition. En donnant la priorité à votre bien-être émotionnel, vous pouvez relever les défis de la vie quotidienne avec plus de résilience et de grâce.

De plus, assurez-vous d'avoir un système de soutien en place. Contactez vos proches, vos amis ou des professionnels qui peuvent vous guider et vous aider si vous rencontrez des problèmes de santé. Il est important de demander de l'aide et de ne pas hésiter à demander de l'aide en cas de besoin. N'oubliez pas que les soins personnels sont une pratique continue et que de petits efforts constants peuvent avoir un impact significatif sur votre santé et votre vitalité globales.

Voyage

Des opportunités de voyage pourraient se présenter pour les Poissons en janvier 2024, grâce à l'aspect quintile entre Mars et Neptune le 22 janvier. Cet aspect alimente votre envie de voyager et votre désir d'exploration. Vous vous sentirez peut-être inspiré de vous lancer dans un voyage qui vous permettra d'élargir vos horizons, d'élargir vos connaissances et de découvrir de nouvelles cultures. Envisagez de planifier un voyage vers une destination qui correspond à vos intérêts et à votre curiosité.

Lorsque vous voyagez, assurez-vous de donner la priorité aux soins personnels et au bien-être. Faites attention à vos besoins physiques et émotionnels pendant votre voyage. Permettez-vous de vous immerger dans les expériences, en savourant les images, les sons et les goûts d'un nouvel environnement. Cette période peut également présenter des opportunités de croissance spirituelle et de découverte de soi. Participez à des activités qui favorisent l'autoréflexion, telles que la journalisation, la méditation ou la connexion avec la nature.

De plus, si voyager n'est pas possible pendant cette période, vous pouvez explorer les opportunités locales d'expériences culturelles et de nouvelles aventures. Cherchez des événements, des ateliers ou des activités dans votre communauté qui élargissent vos horizons et offrent une nouvelle perspective.

N'oubliez pas d'aborder le voyage avec un esprit ouvert et une volonté d'embrasser l'inconnu. Laissez le voyage se dérouler naturellement et soyez ouvert aux leçons et aux expériences qui se présentent à vous. Voyager peut être transformateur, fournir des informations précieuses et élargir votre perspective sur la vie.

Aperçu des étoiles

"Le véritable amour nécessite de la compréhension, des compromis et une acceptation inconditionnelle. Nourrissez vos relations avec patience et compassion."

Meilleurs jours du mois : 9, 12 , 19 , 23 , 28 et 30 janvier .

Février 2024

Horoscope

Chers Poissons, en février 2024, les énergies célestes apportent un mélange d'opportunités et d'introspection. Ce mois-ci présente un puissant mélange d'aspects transformateurs, vous incitant à plonger profondément dans l'auto-réflexion et à embrasser le potentiel de croissance.

Le mois commence avec Mars formant un demi-carré avec Saturne le 2 février. Cet aspect peut créer un sentiment de frustration ou de tension dans vos ambitions et votre dynamisme. Il est essentiel de canaliser votre énergie de manière constructive et de trouver des exutoires sains à tout sentiment d'agitation.

Le 5 février, le Soleil et Vénus interagissent avec Chiron, indiquant un besoin de guérison émotionnelle et de soins personnels dans vos relations. Prenez le temps de traiter les blessures ou les conflits, en favorisant un sentiment d'harmonie et de compréhension.

La conjonction de Mercure avec Pluton le 5 février amplifie vos compétences en communication et vous donne des idées profondes. Vous possédez la capacité de découvrir des vérités cachées et de transformer vos schémas de pensée pendant cette période.

L'interaction entre Jupiter et Saturne le 6 février souligne l'importance de l'équilibre et de la planification à long terme. Exploitez cette énergie pour créer une base solide pour vos projets futurs.

Tout au long du mois, Vénus forme des aspects bénéfiques avec Neptune, Uranus et Jupiter, améliorant votre créativité, votre intuition et vos relations amoureuses. Embrassez vos penchants artistiques et laissez votre imagination s'envoler. Faites confiance à votre instinct en matière de cœur et explorez de nouvelles possibilités dans vos relations.

Aimer

En matière de cœur, février 2024 recèle un potentiel de liens émotionnels profonds et de guérison. L'aspect carré entre Vénus et Chiron le 5 février peut évoquer des blessures passées ou des défis relationnels. Cependant, le sextile du Soleil avec Chiron le même jour offre des opportunités de croissance et de résolution.

Le sextile de Vénus avec Uranus le 7 février introduit l'excitation et la spontanéité dans votre vie amoureuse. Embrassez de nouvelles expériences et soyez ouvert aux connexions inattendues. Cette énergie peut également vous encourager à vous libérer des anciens schémas et à explorer différentes approches des relations.

Pour ceux qui sont déjà engagés dans des partenariats, le sextile de Vénus avec True Node le 29 février apporte l'harmonie et un sens du destin à votre connexion. Faites confiance au chemin que vous parcourez ensemble et célébrez le voyage.

Carrière

En ce qui concerne votre carrière, février 2024 présente des opportunités de croissance et d'avancement. L'aspect sextile entre Mars et Neptune le 7 février améliore votre créativité et votre intuition, vous permettant d'apporter de nouvelles perspectives et des idées innovantes à votre travail. Faites confiance à votre instinct et puisez dans vos capacités imaginatives.

L'aspect quintile entre Mercure et Jupiter le 22 février améliore vos compétences en communication et élargit vos horizons intellectuels. C'est une période propice au réseautage, à l'apprentissage et à l'exploration de nouvelles opportunités professionnelles. Adoptez la collaboration et recherchez des mentors ou des conseillers qui peuvent soutenir votre croissance de carrière.

Finance

Financièrement, février 2024 vous encourage à faire preuve de prudence et de diligence dans vos affaires monétaires. L'aspect semi-carré entre Vénus et Saturne le 10 février vous rappelle d'être responsable et pratique dans vos décisions financières. Évitez les dépenses impulsives et concentrez-vous sur la stabilité à long terme.

Le sextile entre Vénus et Neptune le 13 février ouvre des opportunités de gains financiers grâce à des efforts créatifs ou à des investissements intuitifs. Faites confiance à votre instinct et envisagez des approches non conventionnelles pour améliorer votre situation financière.

Santé

Votre bien-être occupe le devant de la scène en février 2024. La conjonction du Soleil avec Mercure le 28 février vous donne la clarté mentale et la capacité de communiquer efficacement vos besoins. Profitez de cette énergie pour exprimer vos émotions et chercher du soutien si nécessaire.

Le demi-carré entre Mars et Neptune le 28 février vous rappelle de trouver un équilibre sain entre productivité et soins personnels. Évitez le surmenage et écoutez les signaux de votre corps pour vous reposer et vous ressourcer.

Nourrir votre bien-être émotionnel est crucial ce mois-ci. Pratiquez des activités qui favorisent la détente et la paix intérieure. Envisagez la méditation, le yoga ou la thérapie pour remédier à tout déséquilibre émotionnel et cultiver un sentiment d'harmonie en vous-même.

Voyage

Février 2024 offre des opportunités de voyage et d'exploration. Bien que les voyages physiques puissent varier en fonction des circonstances extérieures, vous pouvez toujours vous lancer dans des aventures virtuelles ou locales qui élargissent vos horizons.

Le demi-carré entre Mars et Neptune le 24 février vous encourage à rechercher l'inspiration et à puiser dans votre sens de l'émerveillement. Participez à des retraites spirituelles, visitez des lieux sacrés ou explorez de nouvelles cultures à travers des livres, des films ou des plateformes en ligne.

Permettez-vous de sortir de votre zone de confort et d'embrasser l'inconnu. L'aventure vous attend, et grâce au voyage, qu'il soit physique ou métaphorique, vous pouvez acquérir des connaissances et des expériences précieuses.

Aperçu des étoiles

"Embrassez l'énergie transformatrice en vous. Plongez profondément dans l'auto-réflexion et vous en sortirez plus fort et plus sage. Faites confiance à votre instinct, nourrissez votre bien-être et favorisez des relations harmonieuses. N'oubliez pas que les étoiles vous guident, mais c'est vous qui façonne votre destin."

Meilleurs jours du mois : 6, 7 , 13 , 22 , 24 , 28 et 29 février .

Mars 2024

Horoscope

Chers Poissons, en mars 2024, les énergies cosmiques vous invitent à embrasser votre nature intuitive et compatissante. Ce mois-ci contient des aspects transformateurs qui éveilleront votre conscience spirituelle et approfondiront votre connexion avec le monde qui vous entoure.

Le mois commence avec le Soleil formant un sextile avec Jupiter le 1er mars, offrant des opportunités de croissance, d'abondance et d'expression de soi. C'est une période propice pour poursuivre vos rêves et élargir vos horizons. Ayez confiance en vos capacités et laissez votre optimisme vous guider.

Le semi-sextile de Mercure avec Mars le 1er mars améliore vos compétences en communication et vos activités intellectuelles. Vos idées et vos idées auront un fort impact sur les autres, alors utilisez cette énergie pour vous exprimer avec assurance et clarté.

Vénus forme un sextile avec Chiron le 1er mars, favorisant la guérison et l'harmonie dans vos relations. Acceptez la vulnérabilité et ouvrez-vous à des liens plus profonds avec vos proches. C'est un temps pour le pardon et la compréhension.

Aimer

En matière de cœur, mars 2024 offre des opportunités de liens émotionnels profonds et de croissance spirituelle. L'aspect semi-sextile entre Vénus et Chiron le 26 mars favorise la guérison et la compassion dans vos relations. Soyez ouvert à la vulnérabilité et permettez-vous d'être vu et compris par vos proches.

Le sextile entre Vénus et Uranus le 28 mars apporte excitation et spontanéité à votre vie amoureuse. Embrassez de nouvelles expériences et laissez vos relations évoluer naturellement. Faites confiance au voyage et accueillez l'inattendu.

Pour ceux qui sont engagés dans des partenariats, la conjonction entre Vénus et Saturne le 21 mars souligne l'importance de l'engagement et de la loyauté. Utilisez cette énergie pour renforcer les fondations de votre relation et établir ensemble des objectifs à long terme.

Pour les célibataires Poissons, c'est un moment propice pour explorer de nouvelles connexions et laisser votre intuition vous guider. Faites confiance à votre instinct et soyez ouvert à l'inattendu.

Carrière

En ce qui concerne votre carrière, mars 2024 recèle un potentiel de croissance et de réussite professionnelles. Le demi-carré entre Mercure et Mars le 14 mars vous encourage à prendre des mesures affirmées et à affirmer vos idées avec confiance. Faites confiance à votre instinct et entrez dans des positions de leadership.

La conjonction entre Vénus et Saturne le 21 mars apporte un sentiment de stabilité et de discipline à vos projets de carrière. Cet aspect souligne l'importance de la structure et de la planification à long terme. Utilisez cette énergie pour fixer des objectifs clairs et travaillez avec diligence pour les atteindre.

Finance

Financièrement, mars 2024 vous encourage à être prudent et stratégique dans vos affaires d'argent. La conjonction de Vénus avec Saturne le 21 mars souligne l'importance de la planification et de la stabilité financières à long terme. C'est un moment propice pour évaluer vos objectifs financiers et prendre des décisions pratiques pour assurer votre avenir.

Le semi-sextile entre Vénus et Pluton le 25 mars vous rappelle de maintenir un équilibre sain entre les possessions matérielles et votre sentiment intérieur de valeur. Évitez de vous laisser prendre par des validations externes et concentrez-vous sur votre valeur intrinsèque.

Santé

Votre bien-être occupe le devant de la scène en mars 2024. La conjonction du Soleil avec Neptune le 17 mars améliore votre intuition et votre connexion spirituelle, procurant un sentiment de paix intérieure et d'harmonie. Engagez-vous dans des pratiques telles que la méditation, le yoga ou l'expression de soi créative pour nourrir votre âme.

Prenez soin de votre santé physique en écoutant les besoins de votre corps et en maintenant un mode de vie équilibré. Donnez la priorité aux soins personnels et assurez-vous de vous reposer et de vous détendre suffisamment. Cherchez du réconfort dans la nature et entourez-vous d'énergie positive.

Voyage

Mars 2024 offre des opportunités d'expériences de voyage spirituelles et transformatrices. Bien que les voyages physiques puissent varier en fonction des circonstances extérieures, vous pouvez toujours vous lancer dans des voyages de l'esprit et de l'âme.

Le semi-sextile entre Mars et Neptune le 19 mars vous encourage à rechercher des retraites spirituelles, à visiter des lieux sacrés ou à vous engager dans des activités qui élèvent votre âme. Permettez-vous de vous connecter avec différentes cultures, croyances et perspectives.

Immergez-vous dans des pratiques spirituelles ou engagez-vous dans une réflexion personnelle tout en explorant de nouveaux environnements, que ce soit physiquement ou métaphoriquement. Grâce aux voyages, vous pouvez élargir votre conscience et acquérir une compréhension plus profonde de vous-même et du monde qui vous entoure.

Aperçu des étoiles

N'oubliez pas que vous avez le pouvoir de manifester vos rêves. Croyez en vous, faites confiance au voyage et laissez votre lumière intérieure vous guider.

Meilleurs jours du mois : 1, 9 , 17 , 18 , 19 , 21 et 25 mars

Avril 2024

Horoscope

Chers Poissons, avril 2024 est un mois rempli d'énergies diverses qui auront un impact significatif sur divers aspects de votre vie. En tant que Poissons, vous êtes naturellement à l'écoute du flux et du reflux des émotions et de l'intuition, et ce mois-ci testera votre capacité à naviguer à travers ces énergies tout en maintenant l'équilibre et la stabilité.

Le mois commence avec Mercure en Bélier formant un semi-sextile avec Vénus en Poissons. Cet alignement encourage une communication ouverte et favorise des relations harmonieuses. C'est le moment idéal pour exprimer vos sentiments et vous connecter avec vos proches à un niveau plus profond. Profitez de cette occasion pour renforcer vos liens émotionnels et résoudre tout conflit persistant.

Le Soleil en Bélier forme également un semi-sextile avec Saturne en Poissons, apportant un sentiment de discipline et de structure à votre vie. Vous pouvez vous sentir motivé pour vous fixer des objectifs réalistes et travailler avec diligence pour les atteindre. Cet alignement souligne l'importance d'assumer la responsabilité de vos actions et de prendre des décisions pratiques qui auront un impact positif sur votre avenir.

Le 3 avril, le Soleil forme un quintile avec Pluton, amplifiant votre pouvoir personnel et votre transformation intérieure. Cet aspect vous permet de puiser dans vos forces cachées et d'apporter des changements significatifs dans votre vie. C'est un moment pour se découvrir et embrasser votre véritable potentiel. Faites confiance à votre instinct et saisissez les opportunités qui se présentent à vous.

Mars forme également un quintile avec Uranus le même jour, vous insufflant une explosion de créativité et d'innovation. Vous pouvez vous retrouver attiré par des projets ou des activités uniques qui vous permettent d'exprimer votre individualité. Embrassez vos impulsions créatives et laissez libre cours à votre imagination.

L'alignement le plus significatif pour votre signe se produit le 10 avril lorsque Mars rejoint Saturne en Poissons. Cette puissante conjonction apporte un mélange d'énergie et de discipline à votre carrière et à vos ambitions. C'est le moment de prendre des mesures pratiques pour atteindre vos objectifs et de surmonter tous les obstacles qui se présentent à vous. Avec détermination et persévérance, vous pouvez faire des progrès significatifs dans vos projets professionnels.

Aimer

En matière de cœur, avril 2024 apporte un mélange de romance, de profondeur émotionnelle et de liens spirituels pour les Poissons. La conjonction Vénus-Neptune du 3 avril crée une atmosphère rêveuse et enchanteresse, améliorant votre capacité à vous connecter avec votre partenaire à un niveau profond. Cet alignement inspire l'amour inconditionnel, la compassion et la compréhension. C'est le moment d'approfondir vos liens émotionnels et d'exprimer votre affection de manière significative.

Pour les Poissons célibataires, cet alignement peut apporter des connexions émouvantes et transformatrices. Vous pouvez rencontrer quelqu'un qui comprend et apprécie vos qualités uniques. Soyez ouvert aux nouvelles expériences et faites confiance à votre intuition lorsqu'il s'agit de questions de cœur. Acceptez la vulnérabilité et laissez-vous emporter par la magie de l'amour.

La conjonction du Soleil avec Chiron le 8 avril offre des opportunités de guérison et de croissance au sein de vos relations. C'est le moment de traiter les blessures émotionnelles ou les traumatismes passés qui pourraient affecter votre vie amoureuse. Engagez-vous dans une communication ouverte et honnête avec votre partenaire et travaillez ensemble pour guérir et renforcer votre lien. Embrassez le pardon et la compassion, permettant à votre relation d'évoluer vers une connexion plus profonde et plus significative.

Le sextile Vénus-Pluton du 6 avril intensifie votre passion et votre désir. Cet alignement vous encourage à explorer vos désirs les plus profonds et à embrasser le pouvoir transformateur de l'amour. C'est le moment d'embrasser l'intimité et d'approfondir vos connexions émotionnelles et physiques.

Carrière

La conjonction Mars-Saturne du 10 avril met l'accent sur le travail acharné et le dévouement. Vous devrez canaliser votre énergie dans des efforts ciblés pour atteindre vos objectifs professionnels. Cet alignement vous encourage à assumer vos responsabilités et à entreprendre des tâches difficiles avec détermination. Votre capacité à persévérer à travers les obstacles vous vaudra le respect et la reconnaissance de vos supérieurs.

Le semi-sextile du Soleil avec Jupiter le 8 avril offre des opportunités de croissance et d'expansion. Vous pouvez recevoir de nouvelles offres d'emploi, des promotions ou des invitations à collaborer sur des projets passionnants. Cet alignement favorise la prise de risques calculés et l'exploration de nouvelles avenues dans votre carrière. Faites confiance à votre instinct et ayez confiance en vos capacités.

Finance

La conjonction Vénus-Neptune du 3 avril peut créer une approche rêveuse et idéaliste des questions d'argent. Il est important de garder une perspective réaliste et d'éviter les dépenses impulsives ou les décisions financières risquées. Soyez prudent et fiez-vous à des conseils pratiques pour gérer vos finances.

Le demi-carré du Soleil avec Saturne le 20 avril apporte un besoin de discipline et de responsabilité financières. C'est le moment de réévaluer votre budget, de prioriser vos dépenses et de faire des choix judicieux en matière d'investissements. Évitez les dépenses inutiles et concentrez-vous sur la stabilité financière à long terme.

Santé

Votre santé et votre bien-être nécessitent une attention particulière en avril 2024, Poissons. La conjonction Mars-Saturne du 10 avril peut entraîner un épuisement physique et mental. Faites des pauses, accordez la priorité aux soins personnels et assurez-vous de vous reposer suffisamment pour recharger votre énergie. L'intégration de techniques de relaxation telles que la méditation ou le yoga peut vous aider à maintenir l'équilibre et à réduire le stress.

La conjonction du Soleil avec Chiron le 8 avril souligne l'importance de traiter tout problème de santé persistant ou blessure émotionnelle. Cherchez des soins médicaux appropriés et prenez des mesures proactives vers la guérison. Cet alignement met également l'accent sur la connexion corps-esprit, alors concentrez-vous sur des approches holistiques du bien-être.

Voyage

Les voyages ne sont peut-être pas l'objectif principal des Poissons en avril 2024, mais il existe encore des opportunités favorables pour l'exploration et l'aventure. Le sextile Mars-Jupiter du 19 avril enflamme votre envie de voyager et vous encourage à rechercher de nouvelles expériences. Qu'il s'agisse d'une courte escapade ou d'un road trip spontané, saisissez l'opportunité d'élargir vos horizons et de vous immerger dans différentes cultures.

Aperçu des étoiles

N'oubliez pas que le voyage est aussi important que la destination. Embrassez les leçons, embrassez la beauté et embrassez la magie de votre existence unique.

Meilleurs jours du mois : 3, 8 , 10 , 19 , 20 et 22 avril .

Mai 2024

Horoscope

Chers Poissons, préparez-vous pour un mois d'énergie transformatrice et de changements puissants en mai 2024. Les alignements planétaires enflammeront votre intuition, inspireront la croissance personnelle et apporteront des changements significatifs dans divers aspects de votre vie. C'est le moment d'embrasser votre sagesse intérieure, de faire confiance au voyage et de vous ouvrir à de nouvelles possibilités.

Mai commence avec Vénus carré Pluton le 1er mai, intensifiant vos émotions et mettant en évidence la dynamique du pouvoir dans les relations. Cet aspect vous encourage à réfléchir à vos propres désirs et à établir des limites saines. Il est essentiel de communiquer ouvertement et honnêtement pour favoriser la compréhension et l'harmonie.

Le 6 mai, Mercure s'aligne sur Chiron en Bélier, offrant des opportunités de guérison et d'expression de soi. Embrassez le pouvoir de vos mots et engagez-vous dans des conversations sincères. Cet alignement encourage également l'autoréflexion et vous permet de puiser dans vos capacités spirituelles et intuitives.

Le sextile du Soleil avec Saturne le 7 mai apporte stabilité et praticité à votre vie. C'est un moment propice pour fixer des objectifs clairs, organiser vos responsabilités et vous engager dans une action disciplinée. Cet alignement soutient vos efforts professionnels et vous aide à construire une base solide pour réussir.

Aimer

En matière de cœur, mai 2024 apporte des expériences dynamiques et transformatrices pour les Poissons. La conjonction Vénus-Jupiter du 23 mai enflamme la passion, élargit vos opportunités romantiques et vous encourage à embrasser la joie de l'amour. Cet alignement peut entraîner des rencontres passionnantes et approfondir les liens existants.

Pour les Poissons célibataires, cet alignement peut inaugurer une période d'attraction et d'énergie magnétique accrues. Embrassez les possibilités qui se présentent et soyez ouvert à de nouvelles expériences romantiques. Faites confiance à votre instinct et suivez les désirs de votre cœur.

Pour ceux qui entretiennent des relations engagées, la conjonction Vénus-Jupiter apporte harmonie et joie. C'est le moment de célébrer l'amour et d'apprécier la beauté de votre partenariat. Planifiez des escapades romantiques ou adonnez-vous à des activités qui approfondissent votre lien émotionnel.

Carrière

Votre carrière occupe le devant de la scène en mai 2024, Poissons. Le semi-sextile Mars-Saturne du 24 mai met l'accent sur l'importance de la discipline, de la persévérance et de la planification stratégique. Cet alignement nécessite une approche ciblée et structurée de vos efforts professionnels. En restant dévoué et en faisant des efforts constants, vous pouvez surmonter les obstacles et atteindre vos objectifs.

Le trigone du Soleil avec Pluton le 22 mai vous permet de vous transformer personnellement et de vous responsabiliser dans votre carrière. C'est le moment de puiser dans vos forces cachées et de saisir de nouvelles opportunités. Faites confiance à votre instinct et suivez vos passions. Prenez des risques calculés et sortez de votre zone de confort. Cet alignement peut apporter des avancées et une reconnaissance favorables.

Finance

En termes de finances, mai 2024 nécessite une attention particulière et une prise de décision judicieuse pour les Poissons. Le carré Vénus-Pluton le 1er mai peut apporter des complexités financières et des luttes de pouvoir. Il est crucial de maintenir la stabilité financière en se concentrant sur la budgétisation, en évitant les dépenses inutiles et en recherchant des conseils d'experts au besoin.

Le demi-carré du Soleil avec Neptune le 3 mai met en évidence le besoin de clarté et de discernement en matière financière. Soyez prudent lorsque vous effectuez des investissements ou concluez des accords financiers. Prenez le temps de rassembler toutes les informations nécessaires et réfléchissez aux implications à long terme.

Santé

Votre bien-être et vos soins personnels sont de la plus haute importance en mai 2024, Poissons. Le demi-carré du Soleil avec Chiron le 27 mai vous encourage à donner la priorité à votre santé mentale et émotionnelle. Il est essentiel de faire des pauses, de pratiquer des rituels de soins personnels et de demander de l'aide en cas de besoin. S'engager dans des activités qui nourrissent votre âme, comme la méditation, la tenue d'un journal ou passer du temps dans la nature, améliorera votre bien-être général.

Faites attention à votre niveau d'énergie et établissez une routine équilibrée qui vous permet de vous reposer et de vous ressourcer. Nourrir votre corps et votre esprit vous permettra de naviguer dans les énergies transformatrices du mois avec grâce et résilience.

Voyage

Mai 2024 présente des opportunités de voyage et d'exploration pour les Poissons. La conjonction Vénus-Uranus du 18 mai apporte des expériences inattendues et passionnantes lors de vos voyages. C'est le moment de s'ouvrir à de nouvelles destinations et de vivre le frisson de la spontanéité. Qu'il s'agisse d'une courte escapade ou d'un voyage prolongé, permettez-vous de vous immerger dans de nouvelles cultures, d'élargir vos horizons et de créer des souvenirs inoubliables.

De plus, le semi-sextile Mars-Saturne du 24 mai prend en charge les déplacements à des fins professionnelles. Si vous avez des plans de voyage d'affaires ou liés au travail, cet alignement offre stabilité et concentration. C'est un moment propice pour réseauter, assister à des conférences ou explorer des opportunités dans de nouveaux endroits.

Aperçu des étoiles

"Embrasse l'inconnu et fais confiance à ton intuition. L'univers a une façon de te guider vers ton vrai chemin."

Meilleurs jours du mois : 7, 13 , 18 , 22 et 23 mai .

Juin 2024

Horoscope

En juin 2024, Poissons, les énergies cosmiques s'alignent pour soutenir votre croissance personnelle et votre exploration intérieure. Ce mois présente des opportunités de découverte de soi, de guérison émotionnelle et d'élargissement de vos horizons. L'alignement du Soleil avec Jupiter amplifie votre optimisme et vous encourage à rêver grand. C'est le moment de puiser dans votre intuition, de faire confiance à votre instinct et de vous fixer des objectifs ambitieux. Cependant, la présence de Vénus au carré de Saturne vous rappelle de maintenir une approche pratique et d'assurer un équilibre entre vos rêves et vos responsabilités. En combinant votre nature imaginative avec une action fondée, vous pouvez manifester vos désirs et réussir à long terme.

Juin est un mois d'introspection et d'introspection pour les Poissons. L'alignement harmonieux du Soleil et de Neptune augmente votre conscience spirituelle et approfondit votre connexion avec les royaumes invisibles. Vous pouvez vous sentir attiré par la méditation, la contemplation et l'exploration de pratiques métaphysiques qui nourrissent votre âme. Cette concentration vers l'intérieur vous permet de clarifier votre objectif et d'aligner vos actions sur votre moi supérieur.

Aimer

En matière de cœur, juin apporte une profondeur de connexion émotionnelle pour les Poissons. L'alignement de Vénus et de Mars enflamme la passion, intensifie les rencontres amoureuses et approfondit les relations existantes. C'est un mois de sensibilité accrue et d'intuition accrue en matière d'amour. Les Poissons célibataires peuvent attirer des partenaires potentiels qui apprécient leur profondeur émotionnelle et leur vulnérabilité. Cependant, le carré entre Vénus et Saturne vous rappelle de procéder avec prudence et d'éviter de vous précipiter dans des engagements. Prenez le temps de discerner la véritable compatibilité et assurez-vous que vos besoins émotionnels correspondent à ceux de votre partenaire. Communiquez ouvertement, exprimez vos sentiments et établissez des limites saines. Nourrir l'amour de soi et les soins personnels est également crucial pendant cette période, car cela jette les bases de relations nourrissantes et harmonieuses.

Pour ceux qui sont déjà en couple, juin offre une opportunité de renforcer le lien grâce à une connexion et une compréhension émotionnelles profondes. Engagez des conversations sincères, exprimez votre appréciation et soyez réceptif aux besoins de votre partenaire. Il est important de créer un espace sûr pour une communication ouverte et honnête, permettant la croissance et le soutien mutuel. Nourrissez les aspects émotionnels de votre relation et privilégiez le temps de qualité ensemble. N'oubliez pas que l'amour nécessite à la fois de la passion et de l'engagement, et qu'avec un effort conscient, vous pouvez cultiver une relation amoureuse durable et épanouissante.

Carrière

Sur le plan professionnel, juin présente des opportunités de croissance et de reconnaissance pour les Poissons. L'alignement du Soleil avec Jupiter élargit vos horizons professionnels et invite l'abondance dans votre vie professionnelle. C'est un excellent moment pour mettre en valeur vos compétences, assumer de nouvelles responsabilités et poursuivre vos objectifs en toute confiance. Réseautez avec des collègues, demandez conseil à des mentors et explorez des voies qui correspondent à vos passions. Relevez de nouveaux défis et sortez de votre zone de confort pour démontrer vos capacités. En combinant vos capacités intuitives avec l'aspect pratique, vous pouvez faire des progrès significatifs dans votre carrière. Cependant, il est important de rester concentré et discipliné dans votre approche de travail. Évitez de disperser votre énergie ou de prendre trop d'engagements. Fixez-vous des objectifs clairs, hiérarchisez les tâches et maintenez un équilibre sain entre vie professionnelle et vie privée. N'oubliez pas de célébrer vos réalisations en cours de route et de cultiver un état d'esprit positif.

Finance

Juin apporte un besoin de prudence financière et de prise de décision responsable pour les Poissons. Le carré entre Vénus et Saturne souligne l'importance de la budgétisation, de la planification à long terme et des choix financiers éclairés. Il est crucial d'évaluer votre situation financière, de prioriser les dépenses et d'éviter les dépenses impulsives. C'est un moment propice pour revoir vos objectifs financiers, demander des conseils professionnels si nécessaire et établir une base solide pour la prospérité future. Envisagez de mettre en place des stratégies d'épargne et d'investissement, et gardez à l'esprit vos habitudes de dépenses. Évitez de vous comparer aux autres et concentrez-vous sur votre propre parcours financier. Avec de la discipline et une approche pratique, vous pouvez créer un avenir financier stable et sûr. N'oubliez pas que le bien-être financier ne consiste pas seulement à accumuler de la richesse mais aussi à trouver un équilibre entre le confort matériel et l'épanouissement émotionnel.

Santé

En termes de santé et de bien-être, June encourage les Poissons à donner la priorité aux soins personnels et aux pratiques de bien-être holistiques. L'alignement du Soleil avec Neptune augmente votre sensibilité, ce qui rend essentiel de maintenir des limites saines et de protéger votre énergie. Nourrissez votre bien-être émotionnel en vous engageant dans des activités qui vous apportent joie et détente. C'est un moment propice pour explorer les techniques de pleine conscience, la méditation et les exercices physiques doux comme le yoga ou la natation. Faites attention à votre intuition et écoutez les signaux de votre corps. Reposez-vous et ressourcez-vous si nécessaire, car un bon repos est crucial pour maintenir votre bien-être général. Soyez conscient des facteurs de stress émotionnels et recherchez des exutoires sains pour traiter et libérer toute tension accumulée. Se connecter avec la nature et passer du temps près de l'eau peut être particulièrement thérapeutique pour les Poissons pendant cette période. N'oubliez pas que prendre soin de votre santé mentale et émotionnelle est tout aussi important que de veiller à votre bien-être physique.

Voyage

Les voyages ont un potentiel de transformation pour les Poissons en juin. Qu'il s'agisse d'un voyage physique ou d'une aventure métaphorique de découverte de soi, profitez du pouvoir transformateur du voyage. L'alignement de Mercure et Uranus encourage la spontanéité, la curiosité intellectuelle et l'élargissement de vos perspectives. Engagez des conversations avec des personnes d'horizons divers, immergez-vous dans de nouvelles cultures et élargissez votre compréhension du monde. Les voyages peuvent offrir des informations précieuses, de l'inspiration et une croissance personnelle. Si le voyage physique n'est pas possible, explorez de nouveaux territoires intellectuels ou spirituels à travers des livres, des cours ou des communautés en ligne. La clé est de rester ouvert d'esprit et réceptif aux leçons et aux expériences que les voyages, sous leurs diverses formes, apportent dans votre vie.

Aperçu des étoiles

"Équilibrez l'ambition avec la compassion, car le vrai succès consiste à avoir un impact positif."

Meilleurs jours du mois : 2, 6 , 11 , 13 , 17 , 22 , 29 juin .

Juillet 2024

Horoscope

Chers Poissons, juillet apporte un mélange d'énergies transformatrices et d'opportunités d'introspection. L'alignement de Jupiter et Chiron au début du mois encourage la guérison et la croissance en profondeur. C'est le moment de soigner les blessures émotionnelles, de libérer les anciens schémas et d'embrasser un nouveau sens de la conscience de soi. Ce processus peut exiger du courage et de la vulnérabilité, mais les récompenses seront profondes. Faites confiance au voyage et permettez-vous d'embrasser la transformation qui vous attend.

Le carré du Soleil avec Uranus le 1er juillet pourrait apporter des changements et des perturbations inattendus dans votre routine quotidienne. Restez flexible et adaptable lorsque vous naviguez dans ces changements, car ils peuvent finalement vous conduire vers de nouvelles possibilités passionnantes. Embrassez l'élément de surprise et ayez confiance que l'univers vous guide vers votre plus grand bien.

Aimer

En matière de cœur, juillet offre des opportunités pour approfondir les liens émotionnels et favoriser une plus grande intimité. Le trigone entre Vénus et Saturne le 2 juillet crée une énergie stable et harmonieuse dans vos relations. C'est le moment de cultiver la confiance, l'engagement et la loyauté avec votre partenaire. Les Poissons célibataires peuvent attirer un partenaire potentiel à long terme qui partage leurs valeurs et leurs désirs d'une relation engagée.

Cependant, l'opposition entre Vénus et Pluton le 12 juillet pourrait apporter une certaine intensité et des luttes de pouvoir dans les relations. Il est important de maintenir une communication ouverte et honnête, en traitant tout problème sous-jacent qui pourrait survenir. Utilisez ce temps pour approfondir vos liens émotionnels et explorer les profondeurs de vos connexions.

Carrière

Juillet présente des opportunités prometteuses d'avancement de carrière et de croissance professionnelle pour les Poissons. L'alignement de Mercure trigone Neptune le 2 juillet améliore votre intuition et votre créativité, ce qui en fait un excellent moment pour réfléchir de manière innovante et résoudre des problèmes. Utilisez cette clarté mentale accrue pour poursuivre vos objectifs professionnels avec enthousiasme et détermination. Le sextile entre Mercure et Jupiter le 8 juillet amplifie vos compétences en communication, ce qui en fait un moment idéal pour le réseautage, les négociations et la collaboration. Embrassez cette énergie pour élargir vos relations professionnelles et rechercher de nouvelles opportunités de croissance. Cependant, méfiez-vous de l'influence de l'aspect sesquiquadrate entre Mercure et Pluton le 14 juillet, qui peut entraîner des luttes de pouvoir ou des agendas cachés dans votre environnement de travail. Faire preuve d'intégrité et de diplomatie face à des situations difficiles. Dans l'ensemble, July vous encourage à prendre des risques calculés, à faire confiance à vos capacités et à faire des choix proactifs qui correspondent à vos aspirations professionnelles à long terme.

Finance

Juillet apporte des perspectives financières favorables pour les Poissons, avec des opportunités de stabilité et d'abondance. Le trigone entre Vénus et Saturne le 2 juillet soutient vos efforts financiers, apportant praticité et discipline à votre gestion financière. Cet alignement encourage les dépenses responsables et la planification financière à long terme. Envisagez de demander conseil à un expert financier pour garantir des investissements judicieux et des stratégies efficaces d'accumulation de patrimoine. Méfiez-vous des dépenses impulsives et privilégiez la sécurité financière. L'influence de l'aspect biquintile entre Mercure et Saturne le 10 juillet renforce encore votre sens financier, vous permettant de prendre des décisions judicieuses et de trouver des solutions innovantes pour améliorer votre bien-être financier. N'oubliez pas d'équilibrer l'aspect pratique avec vos activités créatives, en vous permettant de profiter des fruits de votre travail tout en maintenant votre stabilité financière.

Santé

En termes de santé et de bien-être, July exhorte les Poissons à donner la priorité aux soins personnels et à maintenir un mode de vie équilibré. Le demi-carré entre le Soleil et Jupiter le 18 juillet peut entraîner une tendance à abuser ou à négliger des habitudes saines. Pratiquez la modération et l'autodiscipline pour éviter toute conséquence négative potentielle. Le trigone entre le Soleil et Neptune le 21 juillet soutient votre bien-être émotionnel et spirituel. Engagez-vous dans des activités qui nourrissent votre âme, comme la méditation, la journalisation ou passer du temps dans la nature. Embrassez votre côté créatif et explorez les débouchés artistiques pour trouver réconfort et inspiration. Soyez conscient de votre santé physique en maintenant une alimentation équilibrée, en faisant de l'exercice régulièrement et en vous reposant suffisamment. Écoutez les besoins de votre corps et pratiquez des rituels de soins personnels qui vous rajeunissent et vous dynamisent.

Voyage

Juillet offre des perspectives passionnantes de voyage et d'exploration pour les Poissons. Le carré entre Mercure et Uranus le 21 juillet encourage la spontanéité et la stimulation intellectuelle. Saisissez les opportunités d'élargir vos horizons en voyageant physiquement ou en vous immergeant dans de nouvelles cultures et expériences. Les voyages peuvent fournir des informations précieuses, élargir vos perspectives et inspirer la croissance personnelle. Si les déplacements physiques ne sont pas possibles, envisagez d'explorer de nouveaux territoires intellectuels par le biais de livres, de cours ou de communautés en ligne. Faites preuve de curiosité et restez ouvert aux leçons et aux expériences que les voyages, sous leurs diverses formes, apportent dans votre vie. N'oubliez pas de donner la priorité à votre sécurité et à votre bien-être lorsque vous voyagez et soyez ouvert à l'inattendu, car cela peut conduire à des expériences transformatrices et à de nouvelles connexions.

Aperçu des étoiles

"N'oubliez pas que vous êtes un être divin au potentiel infini. Ayez confiance en votre voyage et croyez en votre propre magie."

Meilleurs jours du mois : 2, 8 , 15 , 18 , 21 , 23 et 30 juillet

Août 2024

Horoscope

Chers Poissons, bienvenue dans le mois d'août transformateur ! Les alignements célestes apportent une énergie dynamique et puissante dans votre vie, encourageant la croissance personnelle et la découverte de soi. Ce mois-ci est une période d'une grande importance pour vous alors que vous naviguez à travers divers aspects de votre vie, notamment l'amour, la carrière, les finances, la santé et les voyages.

Les mouvements planétaires soulignent l'importance de l'équilibre et des soins personnels. Il est crucial pour vous de donner la priorité à votre bien-être pendant cette période de croissance et de changement. Prenez le temps de réfléchir à vos émotions, vos désirs et vos aspirations, car cela vous permettra de prendre des décisions conscientes et de vous aligner sur votre véritable objectif.

Le carré entre Vénus en Lion et Uranus en Taureau le 2 août peut apporter des changements ou des perturbations inattendus dans vos relations. Cet alignement pourrait se manifester par des changements soudains dans votre vie amoureuse ou un besoin de liberté et d'indépendance. Il est important d'être ouvert à l'adaptabilité et d'accepter le compromis, car cela peut conduire à de nouvelles compréhensions et à une croissance au sein de vos partenariats. Donnez-vous et à votre partenaire l'espace pour exprimer votre individualité tout en maintenant la connexion que vous partagez.

En résumé, le mois d'août recèle un immense potentiel pour votre croissance personnelle et spirituelle, Poissons. Embrassez les énergies transformatrices et saisissez les opportunités qui se présentent à vous. N'oubliez pas de maintenir l'équilibre, de donner la priorité aux soins personnels et d'écouter votre intuition. Ce faisant, vous naviguerez ce mois-ci avec grâce et en sortirez plus fort et plus sage.

Aimer

En matière de cœur, août présente à la fois des défis et des opportunités pour les Poissons. Le carré entre Vénus en Lion et Uranus en Taureau le 2 août peut apporter des changements ou des perturbations inattendus dans vos relations. Cela pourrait se manifester par des changements soudains dans votre vie amoureuse ou par un besoin de liberté et d'indépendance. Il est crucial d'être ouvert à l'adaptabilité et d'accepter le compromis, car cela peut conduire à de nouvelles compréhensions et à une croissance au sein de vos partenariats. Donnez-vous et à votre partenaire l'espace pour exprimer votre individualité tout en maintenant la connexion que vous partagez.

Le 10 août, l'aspect biquintile entre Vénus et Pluton amplifie l'intensité de la passion et des liens émotionnels profonds. Cet alignement vous encourage à explorer les profondeurs de vos émotions et à forger des expériences transformatrices dans vos relations. Embrassez la vulnérabilité et l'honnêteté, car elles sont les bases pour favoriser des relations plus profondes avec votre partenaire.

Attention cependant à l'aspect en quinconce entre Vénus et Jupiter le 19 août. Cet alignement peut poser des difficultés pour trouver un équilibre entre vos désirs personnels et les besoins de votre partenaire. Il est essentiel de s'engager dans une communication ouverte et honnête pour maintenir l'harmonie dans vos relations. N'oubliez pas que le compromis est essentiel et qu'en trouvant un terrain d'entente, vous pouvez renforcer le lien que vous partagez.

Carrière

Le mois d'août offre des opportunités d'avancement de carrière et de croissance professionnelle pour les Poissons. La conjonction entre Mercure et Vénus le 7 août améliore vos compétences en communication et en réseautage, ce qui en fait un moment idéal pour collaborer et établir des liens dans votre vie professionnelle. Votre charme naturel et votre charisme laisseront une impression durable sur les autres, ouvrant des portes à de nouvelles opportunités.

L'aspect sesquiquadrate entre Mercure et Pluton le 14 août peut entraîner des luttes de pouvoir ou des défis sur le lieu de travail. Il est crucial de maintenir le professionnalisme et l'intégrité pendant cette période. Concentrez-vous sur la recherche de solutions pratiques pour surmonter les obstacles et collaborez avec les autres pour atteindre vos objectifs. En faisant preuve de résilience et d'adaptabilité, vous pouvez relever ces défis avec grâce et succès.

Le 14 août, la conjonction entre Mars et Jupiter enflamme votre ambition et votre désir de réussir. Cet alignement puissant vous propulse vers l'avant et vous encourage à prendre des risques, à poursuivre de nouvelles entreprises et à accéder à des rôles de leadership. Cependant, il est important de trouver un équilibre entre l'affirmation de soi et la diplomatie. En favorisant un environnement collaboratif, vous pouvez inspirer et motiver ceux qui vous entourent, créant ainsi une atmosphère de travail harmonieuse.

Finance

Août apporte un besoin de planification financière et de prise de décision prudentes pour les Poissons. L'aspect quinconce entre Vénus en Vierge et Neptune en Poissons le 4 août pourrait obscurcir votre jugement en matière d'argent. Il est crucial d'adopter une approche prudente et de demander conseil à des experts financiers avant de prendre des décisions financières importantes. Faites attention à vos habitudes de consommation et évitez les achats impulsifs. Concentrez-vous sur l'aspect pratique et la stabilité à long terme pour assurer la sécurité financière.

Le trigone entre Vénus et Uranus le 27 août apporte des opportunités de stabilité financière et des aubaines inattendues. Cependant, il est important de faire preuve de prudence et de résister à la tentation de trop dépenser. Adoptez une approche disciplinée de vos finances, en tenant compte de la budgétisation et de l'épargne pour les projets futurs. En réévaluant vos objectifs financiers et en faisant les ajustements nécessaires, vous pouvez aligner vos aspirations sur vos ressources monétaires.

Santé

En termes de santé et de bien-être, le mois d'août met l'accent sur le besoin d'équilibre et de soins personnels pour les Poissons. L'aspect en quinconce entre le Soleil en Lion et Neptune en Poissons le 29 août peut apporter un sentiment de confusion ou de manque de clarté en matière de santé. Il est important d'écouter les signaux de votre corps et de faire confiance à votre instinct. Concentrez-vous sur le maintien d'une alimentation équilibrée, faites de l'exercice régulièrement et obtenez suffisamment de repos et de relaxation.

L'aspect biquintile entre Mercure et Neptune le 23 août améliore votre intuition et votre connexion spirituelle. Cet alignement encourage des pratiques telles que la méditation, le yoga ou la journalisation, qui peuvent vous aider à trouver la paix intérieure et à promouvoir le bien-être général. Adoptez des activités qui nourrissent votre âme et procurent un sentiment de calme et de tranquillité.

N'oubliez pas de donner la priorité aux soins personnels et de vous engager dans des activités qui vous apportent joie et rajeunissement. Entourez-vous d'influences positives et recherchez le soutien de vos proches en cas de besoin. En entretenant votre santé physique, émotionnelle et spirituelle, vous pouvez naviguer le mois avec grâce et vitalité.

Voyage

Le mois d'août présente des opportunités de voyage et d'exploration pour les Poissons. L'aspect biquintile entre Mercure et Neptune le 23 août améliore votre intuition et votre connexion aux royaumes spirituels. Embrassez les voyages qui permettent la croissance personnelle et l'éveil spirituel. Qu'il s'agisse d'un voyage physique ou d'une exploration intérieure, faites confiance à votre instinct et suivez les conseils de votre cœur. Recherchez des destinations qui résonnent avec votre âme et offrez des opportunités de découverte de soi. Envisagez de visiter des lieux connus pour leur beauté naturelle, leur richesse culturelle ou leur signification spirituelle. Participez à des activités qui stimulent la créativité et inspirent. Soyez ouvert aux nouvelles cultures et perspectives, car elles peuvent offrir des informations précieuses et approfondir votre compréhension du monde.

Aperçu des étoiles

"Trouvez la paix dans le moment présent, car c'est là que réside le vrai bonheur et rappelez-vous, vous êtes co-créateur de votre destin. Faites confiance au pouvoir en vous de manifester vos rêves."

Meilleurs jours du mois : 2, 7 , 14 , 15 , 23 , 27 et 31 août .

Septembre 2024

Horoscope

Septembre est un mois rempli d'énergie dynamique et d'opportunités importantes pour les individus Poissons. Les mouvements célestes et les aspects planétaires indiquent une période de croissance, de transformation et de découverte de soi. Il est essentiel pour les Poissons de puiser dans leur nature intuitive, d'accepter le changement et d'exploiter leur intelligence émotionnelle pour tirer le meilleur parti de ce mois de transformation.

En septembre, les individus Poissons connaîtront un sentiment accru de conscience de soi et une connexion plus profonde avec leurs émotions. Le mois commence avec Mercure formant un trigone avec Chiron le 2 septembre, créant une atmosphère de guérison émotionnelle et d'introspection. Cet alignement encourage les Poissons à s'engager dans des conversations significatives, à rechercher la compréhension et à libérer toutes les blessures émotionnelles qui pourraient les retenir.

En résumé, septembre est un mois d'immense croissance, de transformation et de découverte de soi pour les individus Poissons. En puisant dans leur intuition, en adoptant le changement et en maintenant une approche équilibrée dans divers domaines de la vie, les Poissons peuvent traverser cette période dynamique avec succès et en sortir plus forts et plus sages.

Aimer

L'amour et les relations seront un thème central pour les Poissons en septembre. Le mois commence avec Mercure formant un trigone harmonieux avec Chiron, améliorant la communication et la guérison émotionnelle dans les partenariats. Cet aspect favorise les conversations ouvertes et les connexions profondes.

Le 3 septembre, Mars place Neptune au carré, créant une certaine confusion et des conflits potentiels dans les relations amoureuses. Il est crucial pour les individus Poissons de clarifier leurs limites et d'éviter de sacrifier leurs besoins au nom de l'harmonie.

Vénus s'oppose au Vrai Nœud le 3 septembre, indiquant un temps de réflexion et de réévaluation en matière d'amour. Certains Poissons peuvent ressentir le besoin de réévaluer leur dynamique relationnelle et de rechercher un meilleur équilibre entre leurs propres désirs et les besoins de leurs partenaires.

Au fil du mois, Vénus forme un quinconce avec Saturne le 11 septembre, soulignant l'importance de l'engagement et de la responsabilité dans les relations. Les individus Poissons peuvent se sentir obligés de réévaluer leurs objectifs à long terme et de faire des ajustements pour s'aligner sur leurs partenaires.

Carrière

Les perspectives de carrière des Poissons en septembre sont influencées par divers aspects planétaires. Le mois commence avec le quintile Soleil Mars le 2 septembre, favorisant l'ambition, le dynamisme et la capacité à prendre des mesures affirmées dans les efforts professionnels. Cet alignement renforce la confiance et encourage les Poissons à poursuivre leurs objectifs avec enthousiasme.

Le 7 septembre, Mercure place Uranus au carré, indiquant des changements et des perturbations inattendus sur le lieu de travail. Les individus Poissons doivent être prêts à s'adapter rapidement et à penser de manière créative pour surmonter tous les obstacles qui se présentent.

L'opposition entre le Soleil et Saturne le 8 septembre attire l'attention sur les objectifs de carrière à long terme. C'est le moment pour les individus Poissons d'évaluer leur trajectoire professionnelle, d'examiner leurs réalisations et de faire les ajustements nécessaires pour s'assurer que leur travail correspond à leurs aspirations.

Le quinconce de Mercure avec Neptune le 8 septembre appelle à la clarté et à une communication prudente. Les individus Poissons doivent prêter attention aux détails et éviter les malentendus qui pourraient avoir un impact sur leurs relations professionnelles.

Le quintile entre Mercure et Jupiter le 10 septembre offre des opportunités de croissance intellectuelle et des perspectives élargies. Les individus Poissons devraient rechercher de nouvelles connaissances, s'engager dans le réseautage et envisager de nouvelles possibilités dans leur carrière.

.

Finance

Les perspectives financières pour les Poissons en septembre comportent un mélange d'opportunités et de défis. Il est crucial que les individus Poissons fassent preuve de prudence et adoptent une approche disciplinée de leurs affaires monétaires.

Le 15 septembre, Vénus est trigone à Jupiter, indiquant des gains et opportunités financiers potentiels. Les individus Poissons doivent être ouverts à l'exploration de nouvelles perspectives d'investissement ou à la recherche de conseils auprès d'experts financiers pour tirer le meilleur parti de cet alignement favorable.

Cependant, l'opposition de Vénus à Chiron le 16 septembre suggère la nécessité d'être prudent et d'évaluer soigneusement les décisions financières. Les individus Poissons devraient éviter les achats impulsifs ou les entreprises risquées pendant cette période.

Le carré entre Vénus et Pluton le 22 septembre suscite des conflits financiers potentiels ou des luttes de pouvoir. Il est essentiel que les individus Poissons accordent la priorité à une communication ouverte et honnête lorsqu'ils traitent de questions financières impliquant des partenaires ou des associés commerciaux.

Tout au long du mois, les individus Poissons doivent maintenir une approche équilibrée de leurs finances. Il est conseillé de créer un budget, de suivre les dépenses et de demander des conseils professionnels si nécessaire. En pratiquant la pleine conscience et la discipline, les Poissons peuvent naviguer avec succès dans le paysage financier.

Santé

Les individus Poissons devraient porter une attention particulière à leur bien-être physique et émotionnel en septembre. Les aspects planétaires suggèrent un besoin de prendre soin de soi et de maintenir un équilibre sain entre l'esprit, le corps et l'âme.

Le sesquiquadrate entre le Soleil et Pluton le 6 septembre souligne l'importance de la transformation de soi et de la croissance personnelle. Les individus Poissons devraient se concentrer sur la libération de tout bagage émotionnel qui pourrait affecter leur bien-être général.

L'opposition de Mercure à Neptune le 25 septembre apporte un potentiel de brouillard mental et de confusion. Il est essentiel que les individus Poissons accordent la priorité au repos, à la relaxation et à la pratique d'activités qui favorisent la clarté mentale et l'équilibre émotionnel.

L'exercice régulier, une alimentation équilibrée et un repos suffisant sont cruciaux pour les individus Poissons tout au long du mois de septembre. S'engager dans des activités qui favorisent le bien-être spirituel, comme la méditation ou le yoga, peut également contribuer au maintien de la santé globale.

Voyage

Des opportunités de voyage se présentent aux individus Poissons en septembre, offrant une chance de nouvelles expériences et de croissance personnelle. Il est essentiel de bien planifier ses déplacements et de rester adaptable à tout changement imprévu.

Le 25 septembre, l'opposition du Soleil à Neptune suggère que les individus Poissons doivent faire preuve de prudence lorsqu'ils voyagent, s'assurer qu'ils ont tous les documents nécessaires et suivre attentivement les consignes de sécurité.

Le quinconce entre Vénus et Neptune le 21 septembre pourrait entraîner des perturbations de voyage potentielles ou des changements inattendus dans les plans. Les individus Poissons doivent rester flexibles et avoir des options de sauvegarde en place pour relever tous les défis qui se présentent.

Qu'ils se lancent dans un voyage physique ou explorent de nouveaux horizons en eux-mêmes, les individus Poissons doivent embrasser l'esprit d'aventure et rester ouverts aux leçons et aux expériences que les voyages peuvent apporter.

Aperçu des étoiles

"Nourrissez vos rêves, car ils sont les graines de votre avenir. Avec passion et persévérance, vous pouvez les transformer en réalité. Rappelez-vous également, chers Poissons, que prendre soin de soi n'est pas un luxe mais une nécessité. Prenez le temps de nourrir votre esprit , corps et esprit. »

Meilleurs jours du mois : 2, 15 , 19 , 21 , 22 , 26 , 30 septembre .

Octobre 2024

Horoscope

Octobre apporte une énergie puissante et transformatrice pour les individus Poissons. Avec les mouvements célestes et les aspects planétaires qui influencent leur vie, ce mois-ci recèle un potentiel de croissance, d'introspection et de changements profonds. Les individus Poissons sont encouragés à embrasser leur intuition, à plonger profondément dans leurs émotions et à utiliser leur créativité pour naviguer dans cette période de transformation.

Le mois commence avec Mercure formant un sesquiquadrate avec Uranus le 2 octobre. Cet alignement peut entraîner des changements ou des perturbations inattendus dans la communication. Il est conseillé aux individus Poissons de rester adaptables et ouverts d'esprit pour relever efficacement tous les défis qui se présentent.

Dans l'ensemble, octobre est un mois de transformation pour les individus Poissons. En embrassant leur intuition, en entretenant leurs relations, en restant prudent avec les finances, en accordant la priorité aux soins personnels et en planifiant soigneusement leurs aventures de voyage, les Poissons peuvent traverser cette période avec grâce et en sortir plus forts et plus sages.

Aimer

L'amour et les relations occupent le devant de la scène pour les Poissons en octobre. Les aspects planétaires indiquent une période d'introspection, de guérison émotionnelle et le potentiel de connexions profondes.

Le semi-sextile entre Mercure et Vénus du 3 octobre attire l'attention sur l'équilibre entre désirs personnels et partenariats harmonieux. Les individus Poissons peuvent se retrouver à réfléchir à leurs besoins et à la manière dont ils s'alignent sur leurs relations. Il est essentiel de s'engager dans une communication ouverte et honnête, exprimant ses désirs et ses préoccupations avec clarté et compassion.

Le 7 octobre, Vénus quintile Pluton, renforçant l'intensité et le potentiel de transformation des relations amoureuses. Cet alignement encourage les individus Poissons à explorer les profondeurs de leurs émotions et à accepter la vulnérabilité dans leurs relations. C'est une période de croissance émotionnelle profonde et d'intimité accrue.

Cependant, des défis peuvent survenir le 10 octobre lorsque Vénus forme un quinconce avec Jupiter et Chiron. Les individus Poissons peuvent se sentir déchirés entre leurs désirs personnels et les attentes de leurs partenaires ou les normes sociétales. Il est crucial de trouver un équilibre entre les besoins individuels et les objectifs communs au sein des relations.

Le mois progresse avec Vénus en trigone avec Neptune le 15 octobre, favorisant des liens émotionnels profonds et un alignement spirituel dans les partenariats. Les individus Poissons peuvent éprouver une compassion, une empathie et une compréhension intuitive accrues des besoins de leur partenaire.

Carrière

Octobre offre des opportunités d'avancement de carrière et de croissance pour les individus Poissons. Les aspects planétaires indiquent une période favorable au développement professionnel et à la reconnaissance.

Le biquintile entre Vénus et le vrai nœud le 3 octobre suggère que les individus Poissons devraient faire confiance à leur instinct et explorer de nouvelles voies pour développer leur carrière. C'est le moment d'aligner leurs objectifs professionnels avec leur moi authentique et de rechercher des opportunités qui résonnent avec leurs passions.

Le 4 octobre, Vénus trigone à Saturne, apportant stabilité et soutien en matière de carrière. Cet alignement souligne l'importance de la discipline, du dévouement et d'une solide éthique de travail. Les individus Poissons peuvent être reconnus pour leur travail acharné et se retrouver dans une position d'autorité ou de leadership.

Cependant, le carré entre Mercure et Mars le 6 octobre nécessite une planification minutieuse et une attention aux détails. Les individus Poissons doivent éviter les décisions impulsives et donner la priorité à la réflexion stratégique dans leurs efforts professionnels. Il est important de rester concentré, de communiquer clairement et de maintenir une approche professionnelle pour atteindre les résultats souhaités.

Tout au long du mois d'octobre, les individus Poissons doivent également prêter attention aux opportunités de réseautage et aux collaborations. Le biquintile entre Mercure et Jupiter le 23 octobre améliore la croissance intellectuelle et élargit les perspectives. C'est un moment propice pour entrer en contact avec des mentors, demander conseil à des experts dans leur domaine et explorer de nouvelles possibilités dans leur carrière.

En adoptant leur intuition naturelle, en restant disciplinés et en restant ouverts à de nouvelles opportunités, les individus Poissons peuvent faire des progrès significatifs dans leur vie professionnelle en octobre.

Finance

Les questions financières nécessitent un examen attentif et du discernement pour les individus Poissons en octobre. Les aspects planétaires suggèrent un besoin de prudence et de planification stratégique.

Le semi-sextile entre Mercure et Uranus le 2 octobre pourrait entraîner des changements ou des perturbations financières inattendus. Les individus Poissons doivent rester adaptables et être prêts à apporter les ajustements nécessaires à leur budget ou à leurs plans financiers.

Le 3 octobre, Vénus forme un sesquiquadrate avec Neptune, soulignant l'importance de la clarté et du discernement dans les décisions financières. Les individus Poissons doivent se méfier des illusions potentielles ou des attentes irréalistes concernant les investissements financiers. Il est conseillé de demander conseil à un professionnel et d'évaluer soigneusement les risques avant de s'engager dans une entreprise financière majeure.

Le quinconce entre Mercure et Saturne le 4 octobre appelle une gestion financière responsable et une approche disciplinée des questions financières. Les individus Poissons devraient revoir leurs objectifs financiers, créer un budget réaliste et donner la priorité à l'épargne. Il est crucial d'éviter les dépenses impulsives et de se concentrer sur la stabilité à long terme.

Santé

En octobre, les individus Poissons devraient donner la priorité à leur bien-être physique et émotionnel. Les aspects planétaires suggèrent un besoin de soins personnels, de guérison émotionnelle et de maintien de l'équilibre.

Le quinconce entre Mercure et Saturne le 4 octobre peut apporter des défis mentaux et émotionnels. Les individus Poissons doivent faire attention à leur niveau de stress et trouver des exutoires sains pour gérer tout sentiment de dépassement. S'engager dans des activités qui favorisent la relaxation, comme la méditation, le yoga ou passer du temps dans la nature, peut être bénéfique pour maintenir l'équilibre émotionnel.

Le carré entre Mercure et Pluton le 13 octobre pourrait également apporter de l'intensité et des luttes de pouvoir potentielles. Il est crucial pour les individus Poissons de fixer des limites saines et de donner la priorité aux soins personnels pendant cette période. Prendre des pauses, pratiquer l'autocompassion et rechercher le soutien de proches ou de professionnels peuvent aider à gérer le stress et le bien-être émotionnel.

Tout au long du mois d'octobre, les individus Poissons devraient donner la priorité à une approche équilibrée de leur santé. L'exercice régulier, une alimentation nutritive et un repos suffisant sont essentiels pour maintenir la vitalité physique. De plus, se concentrer sur la guérison émotionnelle, comme la thérapie ou la tenue d'un journal, peut contribuer au bien-être général et à l'harmonie intérieure.

Voyage

Des opportunités de voyage se présentent aux individus Poissons en octobre, offrant une chance de nouvelles expériences et de croissance personnelle. Les aspects planétaires suggèrent la nécessité d'une planification minutieuse et de l'adaptabilité.

Le carré entre Mercure et Mars le 6 octobre appelle une attention aux détails et une réflexion stratégique dans les plans de voyage. Les individus Poissons doivent s'assurer qu'ils disposent de tous les documents nécessaires, prendre des dispositions à l'avance et rester flexibles pour gérer tout changement ou défi inattendu pouvant survenir au cours de leur voyage.

Le 14 octobre, Vénus s'oppose à Uranus, ce qui peut apporter des perturbations ou des événements inattendus pendant le voyage. Les individus Poissons doivent être préparés à d'éventuels changements d'itinéraires ou retards. La flexibilité et un état d'esprit positif vous aideront à surmonter tous les défis liés aux voyages.

Tout au long du mois d'octobre, les individus Poissons devraient aborder les voyages avec un esprit ouvert et un esprit d'aventure. Adopter de nouvelles cultures, explorer des territoires inconnus et s'engager dans des expériences significatives peuvent contribuer à la croissance et à la transformation personnelles.

En planifiant à l'avance , en restant adaptable et en embrassant le voyage, les individus Poissons peuvent tirer le meilleur parti de leurs expériences de voyage en octobre.

Aperçu des étoiles

"Faites confiance au flux et au reflux de vos émotions, chers Poissons, car en eux se trouvent les secrets du voyage de votre âme et en matière de cœur, écoutez les murmures de l'intuition, car ils détiennent la clé de connexions profondes et d'un amour authentique."

Jours du mois : 8 , 12 , 15 , 21 , 22 , 28 et 31 octobre .

Novembre 2024

Horoscope

Novembre apporte une énergie dynamique et transformatrice pour les individus Poissons. Les aspects planétaires indiquent une période d'introspection, de croissance et de percées potentielles dans divers domaines de la vie.

Le sextile entre Jupiter et Chiron le 2 novembre donne le ton à la découverte de soi et à la guérison. Les individus Poissons sont encouragés à explorer leurs profondeurs intérieures, à affronter les blessures émotionnelles et à embrasser la croissance personnelle. Cet alignement offre une opportunité de profonde transformation spirituelle et émotionnelle.

Le 4 novembre, le Soleil forme un sesquiquadrate avec Neptune, exhortant les Poissons à équilibrer leurs rêves et leurs idéaux avec l'aspect pratique. Il est important de rester ancré et réaliste tout en poursuivant ses aspirations. La recherche de conseils auprès de mentors ou de personnes de confiance peut fournir des informations précieuses pendant cette période.

Tout au long du mois de novembre, le trigone entre le Soleil et Saturne le 4 novembre offre stabilité et soutien dans divers domaines de la vie. Cet alignement améliore la discipline, la responsabilité et une approche méthodique pour atteindre les objectifs à long terme. Les individus Poissons peuvent faire des progrès significatifs en restant concentrés, organisés et engagés dans leurs efforts.

Dans l'ensemble, novembre est un mois de transformation pour les individus Poissons. En adoptant l'autoréflexion, en maintenant l'équilibre et en restant ouvert à de nouvelles expériences, ils peuvent faire des progrès significatifs dans la croissance personnelle, les relations, la carrière et le bien-être général.

Aimer

En novembre, les individus Poissons peuvent connaître de profonds changements et une croissance dans leur vie amoureuse. Les aspects planétaires indiquent une période de découverte de soi, de guérison émotionnelle et de relations transformatrices.

L'opposition entre Vénus et Jupiter le 3 novembre amène un besoin d'équilibre dans les relations amoureuses. Les individus Poissons peuvent se retrouver tiraillés entre leurs désirs personnels et les attentes de leurs partenaires. Il est essentiel de s'engager dans une communication ouverte et honnête, d'exprimer ses besoins et ses limites et de trouver un compromis qui favorise la croissance des deux individus.

Le trigone entre Vénus et Chiron le 3 novembre signifie une opportunité de guérison émotionnelle et de connexion profonde dans les partenariats. Les individus Poissons peuvent expérimenter une profonde compréhension de leurs propres vulnérabilités et de celles de leurs partenaires. En adoptant l'empathie, la compassion et l'écoute active, ils peuvent favoriser des relations qui favorisent la croissance personnelle et la guérison mutuelle.

Tout au long du mois de novembre, les individus Poissons sont encouragés à se lancer dans un voyage d'amour-propre et d'acceptation de soi. Le sextile entre Mercure et Mars le 2 novembre améliore les compétences de communication, leur permettant d'exprimer leurs besoins et leurs désirs en toute confiance. En embrassant leur moi authentique, ils peuvent attirer et cultiver des relations qui correspondent à leurs véritables valeurs et aspirations.

Pour les individus Poissons dans des relations engagées, le trigone entre Vénus et Saturne le 22 novembre apporte stabilité et soutien. Cet alignement favorise l'engagement, la loyauté et le sens de la responsabilité partagée. C'est un moment propice pour renforcer les liens, approfondir la confiance et travailler vers des objectifs à long terme en tant que couple.

Carrière

Novembre offre d'importantes opportunités de croissance de carrière et d'avancement pour les individus Poissons. Les aspects planétaires indiquent une période de concentration accrue, d'affirmation de soi et de réflexion stratégique.

Le sextile entre Mercure et Mars le 2 novembre améliore les compétences de communication et l'affirmation de soi sur le lieu de travail. Les individus Poissons seront aptes à exprimer leurs idées, à affirmer leurs opinions et à initier des collaborations productives. Cet alignement leur permet de prendre des mesures décisives et de faire des progrès significatifs dans leurs efforts professionnels.

Tout au long du mois de novembre, les individus Poissons sont encouragés à embrasser leurs capacités créatives et leur pensée novatrice. L'opposition entre Mercure et Jupiter le 18 novembre stimule la curiosité intellectuelle et l'expansion des connaissances. S'engager dans des opportunités d'apprentissage, rechercher de nouvelles perspectives et être ouvert aux idées non conventionnelles contribuera à leur croissance professionnelle et à leur réussite.

Le trigone entre le Soleil et Saturne le 4 novembre offre stabilité et soutien en matière de carrière. Les individus Poissons sont susceptibles d'être reconnus pour leur travail acharné, leur dévouement et leur discipline. Cet alignement les encourage à se concentrer sur des objectifs à long terme, à maintenir une approche méthodique et à assumer des rôles de leadership avec confiance.

Le carré entre Vénus et Neptune le 9 novembre appelle au discernement et à la clarté en matière financière. Les individus Poissons doivent faire preuve de prudence lorsqu'il s'agit de décisions financières, d'investissements ou de collaborations. La recherche de conseils auprès de conseillers financiers de confiance et la réalisation de recherches approfondies vous aideront à gérer les risques potentiels et à assurer la stabilité.

Finance

Novembre met l'accent sur les questions financières pour les individus Poissons. Les aspects planétaires indiquent un besoin de discernement, de sens pratique et de planification stratégique dans la gestion de leurs finances.

Le carré entre Vénus et Neptune le 9 novembre invite à la prudence et à la clarté dans les décisions financières. Les individus Poissons doivent éviter les dépenses impulsives ou les investissements sans recherches approfondies. Il est essentiel de demander conseil à des conseillers financiers de confiance et de maintenir une approche réaliste de leurs objectifs financiers.

Tout au long du mois de novembre, les individus Poissons sont encouragés à revoir leur budget et à identifier les domaines dans lesquels ils peuvent économiser ou réduire leurs dépenses. L'opposition entre Mercure et Jupiter le 18 novembre stimule la curiosité intellectuelle et l'expansion des connaissances. S'engager dans des cours de littératie financière ou demander conseil à des experts financiers peut contribuer à leur croissance et à leur stabilité financières.

Le trigone entre Vénus et Saturne le 22 novembre offre stabilité et soutien en matière financière. Cet alignement améliore la discipline, la gestion financière responsable et une approche méthodique pour atteindre les objectifs financiers à long terme. Les individus Poissons sont encouragés à rester concentrés, organisés et engagés dans leurs plans financiers.

Il est également important pour les individus Poissons de cultiver un état d'esprit d'abondance et de saisir les opportunités de croissance financière. En tirant parti de leur créativité, de leur intuition et de leurs compétences uniques, ils peuvent attirer la prospérité et explorer de nouvelles avenues pour générer des revenus.

Santé

Novembre met l'accent sur le bien-être physique et émotionnel des individus Poissons. Les aspects planétaires indiquent un besoin de soins personnels, de gestion du stress et d'une approche équilibrée de la santé.

L'opposition entre le Soleil et Uranus le 16 novembre pourrait entraîner des perturbations ou des changements inattendus dans les habitudes de santé. Les individus Poissons doivent donner la priorité aux soins personnels, écouter les besoins de leur corps et être adaptables dans l'ajustement de leurs pratiques de bien-être. L'intégration de techniques de pleine conscience, telles que la méditation ou le yoga, peut aider à maintenir l'équilibre émotionnel pendant les périodes d'incertitude.

Tout au long du mois de novembre, il est important que les individus Poissons gèrent efficacement leur niveau de stress. S'engager dans des activités de réduction du stress, telles que l'exercice, passer du temps dans la nature ou rechercher des débouchés créatifs, contribuera à leur bien-être général. Maintenir un équilibre sain entre vie professionnelle et vie privée et établir des limites dans la vie personnelle et professionnelle est crucial pour gérer le stress.

Le trigone entre le Soleil et Neptune le 18 novembre offre une opportunité de rajeunissement spirituel et émotionnel. Les individus Poissons peuvent puiser dans leur nature intuitive et compatissante pour soutenir leur bien-être mental et émotionnel. L'exploration de pratiques telles que la méditation, la tenue d'un journal ou la recherche d'une thérapie peut améliorer la conscience de soi et apporter une guérison émotionnelle.

Le maintien d'un régime alimentaire nutritif et d'une routine d'exercices réguliers est vital pour les Poissons en novembre. Nourrir leur corps avec des aliments sains et s'engager dans des activités physiques qu'ils aiment favoriseront la vitalité et la santé globale. Il est conseillé de consulter des professionnels de la santé ou des nutritionnistes pour personnaliser leur régime alimentaire et leur programme d'exercices.

Voyage

Novembre présente des opportunités de voyage et d'exploration pour les individus Poissons. Les aspects planétaires indiquent un désir d'aventure, d'expériences culturelles et d'élargissement des horizons.

Le sextile entre Vénus et Saturne le 22 novembre apporte une énergie favorable au voyage. Les individus Poissons peuvent se lancer dans de nouvelles aventures, explorer différentes cultures et élargir leurs horizons. Planifier à l'avance et rester ouvert aux opportunités inattendues rendra les expériences de voyage mémorables et enrichissantes.

En novembre, les individus Poissons sont encouragés à s'engager dans des expériences de voyage conscientes et immersives. L'opposition entre Mercure et Jupiter le 18 novembre stimule la curiosité intellectuelle et l'expansion des connaissances. Explorer des sites historiques, s'engager dans les traditions locales ou rechercher des opportunités d'éducation tout en voyageant améliorera leur expérience globale et leur croissance personnelle.

Il est conseillé aux individus Poissons de donner la priorité aux soins personnels et de maintenir leur bien-être pendant leurs voyages. S'assurer un repos suffisant, rester hydraté et être conscient de ses besoins physiques et émotionnels contribuera à une expérience de voyage positive et épanouissante.

Les individus Poissons peuvent également trouver utile de se connecter avec les communautés locales ou de faire du bénévolat pendant leurs voyages. En s'immergeant dans la culture et en redonnant aux communautés qu'ils visitent, ils peuvent forger des liens significatifs et avoir un impact positif.

Aperçu des étoiles

"La communication est la clé d'une relation harmonieuse. Exprimez vos besoins, écoutez attentivement et trouvez un compromis qui favorise à la fois votre croissance et celle de vos proches."

Meilleurs jours du mois : 2, 4 , 9 , 16 , 18 , 22 et 27 novembre .

Décembre 2024

Horoscope

Décembre apporte un mélange de défis et d'opportunités pour les individus Poissons. Les aspects planétaires indiquent le besoin d'équilibre, d'adaptabilité et d'autoréflexion. C'est un mois de croissance, de transformation et d'introspection.

L'opposition entre le Soleil et Saturne le 4 décembre peut apporter un sentiment de limitation ou un besoin de discipline dans divers domaines de la vie. Il est conseillé aux individus Poissons d'assumer leurs responsabilités, d'évaluer leurs objectifs à long terme et de faire les ajustements nécessaires pour réussir.

La conjonction entre le Soleil et Mercure le 5 décembre améliore les compétences de communication et la clarté intellectuelle. C'est un excellent moment pour s'exprimer, initier des conversations importantes et partager des idées avec les autres.

L'aspect carré entre Mercure et Saturne le 6 décembre peut présenter des défis en matière de communication et de prise de décision. Les Poissons doivent faire preuve de patience, demander conseil en cas de besoin et aborder les conflits avec un état d'esprit diplomatique.

Dans l'ensemble, décembre encourage les individus Poissons à assumer leurs responsabilités, à améliorer leurs compétences en communication et à relever les défis avec résilience et adaptabilité. C'est un mois de croissance personnelle, de transformation et de développement de liens significatifs.

Aimer

En décembre, l'amour et les relations occupent le devant de la scène pour les Poissons. Les aspects planétaires indiquent des opportunités pour approfondir les relations, répondre aux besoins émotionnels et favoriser la croissance des partenariats romantiques.

La conjonction entre le Soleil et Mercure le 5 décembre améliore la communication et la compatibilité intellectuelle dans les relations. Les individus Poissons sont encouragés à exprimer leurs sentiments, à engager des conversations significatives et à partager leurs désirs et leurs aspirations avec leurs partenaires.

L'opposition entre Vénus et Mars le 12 décembre pourrait apporter quelques défis dans les relations amoureuses. Il est essentiel que les individus Poissons soient patients, compréhensifs et ouverts aux compromis. En favorisant une communication ouverte, en abordant les conflits de manière constructive et en faisant preuve d'empathie, ils peuvent surmonter les défis et renforcer leurs liens.

Le trigone entre Vénus et Jupiter le 19 décembre apporte harmonie, optimisme et opportunités sociales. Cet aspect favorise les rencontres amoureuses, l'approfondissement des liens et l'élargissement des cercles sociaux. Les individus Poissons célibataires peuvent attirer des partenaires potentiels pendant cette période.

Le demi-carré entre Vénus et Neptune le 17 décembre peut créer des moments de confusion ou d'idéalisation dans les relations. Il est crucial pour les individus Poissons de maintenir des attentes réalistes, de communiquer ouvertement et de remédier à toute vulnérabilité émotionnelle. L'honnêteté et la clarté contribueront à la croissance et à la stabilité de leurs relations amoureuses.

Carrière

Décembre présente à la fois des défis et des opportunités dans le secteur de la carrière pour les individus Poissons. Les aspects planétaires indiquent le besoin d'adaptabilité, de résilience et d'une approche stratégique de la croissance de carrière.

L'opposition entre le Soleil et Saturne le 4 décembre peut apporter des défis professionnels ou un besoin d'efforts disciplinés. Il est conseillé aux individus Poissons d'évaluer leurs objectifs à long terme, d'améliorer leurs compétences et de faire les ajustements nécessaires pour surmonter les obstacles et réussir.

L'aspect carré entre Mercure et Saturne le 6 décembre peut créer des problèmes de communication ou des retards dans la prise de décision. Les Poissons doivent faire preuve de patience, demander conseil en cas de besoin et aborder les conflits avec un état d'esprit diplomatique. En maintenant leur professionnalisme et en adoptant une approche axée sur les solutions, ils peuvent surmonter les obstacles et progresser dans leur carrière.

La conjonction entre le Soleil et Mercure le 5 décembre améliore les compétences de communication et la clarté intellectuelle. C'est un excellent moment pour les individus Poissons pour exprimer leurs idées en toute confiance, s'engager dans des projets collaboratifs et partager leur expertise. Le réseautage et l'établissement de relations avec des collègues et des supérieurs peuvent ouvrir des portes à l'avancement professionnel.

Le trigone entre Vénus et Jupiter le 19 décembre apporte optimisme, abondance et opportunités de croissance professionnelle. Les individus Poissons doivent rester ouverts à de nouvelles possibilités, prendre des risques calculés et rechercher un mentorat ou des conseils pour améliorer leurs perspectives de carrière.

.

Finance

L'opposition entre le Soleil et Saturne le 4 décembre pourrait créer des défis financiers ou un besoin de dépenses disciplinées. Les individus Poissons doivent évaluer leurs objectifs financiers, créer un budget et faire preuve de prudence dans leurs dépenses. Évitez les achats impulsifs et privilégiez la stabilité financière à long terme.

Le demi-carré entre Vénus et Saturne le 5 décembre pourrait apporter un besoin de retenue financière et de gestion responsable de l'argent. Les individus Poissons doivent donner la priorité à l'épargne, éviter les dépenses inutiles et demander des conseils professionnels lorsqu'ils prennent des décisions financières importantes.

Le trigone entre Vénus et Jupiter le 19 décembre offre des opportunités de croissance financière et d'abondance. C'est un excellent moment pour explorer de nouvelles avenues de génération de revenus, investir judicieusement et rechercher des opportunités potentielles de stabilité financière.

Le demi-carré entre Vénus et Neptune le 17 décembre peut créer des moments de confusion financière ou d'idéalisation. Les individus Poissons doivent maintenir des attentes réalistes, mener des recherches approfondies avant de prendre des engagements financiers et demander conseil à des conseillers de confiance.

Santé

L'opposition entre le Soleil et Saturne le 4 décembre pourrait créer des défis financiers ou un besoin de dépenses disciplinées. Les individus Poissons doivent évaluer leurs objectifs financiers, créer un budget et faire preuve de prudence dans leurs dépenses. Évitez les achats impulsifs et privilégiez la stabilité financière à long terme.

Le demi-carré entre Vénus et Saturne le 5 décembre pourrait apporter un besoin de retenue financière et de gestion responsable de l'argent. Les individus Poissons doivent donner la priorité à l'épargne, éviter les dépenses inutiles et demander des conseils professionnels lorsqu'ils prennent des décisions financières importantes.

Le trigone entre Vénus et Jupiter le 19 décembre offre des opportunités de croissance financière et d'abondance. C'est un excellent moment pour explorer de nouvelles avenues de génération de revenus, investir judicieusement et rechercher des opportunités potentielles de stabilité financière.

Le demi-carré entre Vénus et Neptune le 17 décembre peut créer des moments de confusion financière ou d'idéalisation. Les individus Poissons doivent maintenir des attentes réalistes, mener des recherches approfondies avant de prendre des engagements financiers et demander conseil à des conseillers de confiance.

Voyage

En décembre, les Poissons peuvent se sentir attirés par les voyages et l'exploration. Les aspects planétaires indiquent des opportunités pour de nouvelles expériences, un enrichissement culturel et des horizons en expansion.

La conjonction entre le Soleil et Mercure le 5 décembre améliore les compétences de communication, ce qui en fait un excellent moment pour les individus Poissons pour se lancer dans des aventures de voyage, s'engager avec différentes cultures et vivre de nouvelles expériences. Il est conseillé de planifier des voyages qui impliquent une stimulation intellectuelle, comme la visite de sites historiques ou la participation à des événements éducatifs.

Le trigone entre Vénus et Jupiter le 19 décembre offre des opportunités d'expériences de voyage joyeuses et enrichissantes. Les individus Poissons devraient envisager des destinations de voyage qui correspondent à leurs intérêts et offrent des opportunités de croissance personnelle et de détente. C'est un moment propice pour se connecter avec des êtres chers, explorer de nouveaux environnements et créer des souvenirs durables.

Le demi-carré entre Vénus et Neptune le 17 décembre peut créer des moments d'indécision ou de confusion concernant les projets de voyage. Les individus Poissons doivent mener des recherches approfondies, demander conseil à des experts en voyages et faire confiance à leur intuition lorsqu'ils prennent des décisions liées aux voyages.

Aperçu des étoiles

"Faites confiance à votre intuition dans tous les aspects de la vie. Votre sagesse intérieure vous guidera vers le chemin de l'épanouissement et du bonheur."

Meilleurs jours du mois : 2, 5 , 12 , 19 , 23 , 24 et 31 décembre .

Made in the USA
Columbia, SC
08 November 2023